東洋古典譯註叢書 137

譯註 明清八大家文鈔 1

歸有光·方苞

著者 歸有光 · 方苞 編者 王文濡

책임번역 李相夏

공동번역 金玟榮 金成恩 安埈奭 禹羅映

전통문화연구회

飜譯委員

責任飜譯　　李相夏
共同飜譯　　金玟榮 金成恩 安埈奭 禹羅映
企劃編輯　　東洋古典飜譯編輯委員會
原文校閱　　吳圭根
飜譯研究管理　南賢熙
潤　文　　朴勝珠
校　訂　　李孝宰
出　版　　郭成龍 金主賢 崔多情
裝　幀　　김진디자인

圖書管理

弘報管理　　李和春
普　及　　徐源英
古典情報化　　東洋古典情報化研究室

東洋古典譯註叢書를 발간하면서

우리의 古典國譯事業은 민족문화 진흥의 기초사업으로 1960년대부터 政府 支援으로 古文獻 現代化 작업을 추진하여 많은 成果를 거두었다. 당시 이 사업 추진의 先行課題로 東洋古典이라 일컬어지는 중국의 基本古典을 먼저 飜譯하여야 한다는 學界의 주장이 있었음에도 불구하고 우리 고전이 아니라는 일부의 偏狹한 視角과 財政 事情 등으로 인하여 배제되어 왔다.

전통적으로 중국의 기본고전은 우리 歷史와 함께 숨쉬며 각종 교육기관의 敎科書로 활용됨은 물론이고 지식인들의 必讀書가 되어 왔으며, 우리 文化의 基底에 자리잡고 거의 모든 방면의 體系와 根幹을 형성하여 왔다. 그래서 학문연구의 기본서 역할을 해 왔을 뿐만 아니라 오늘날에도 우리의 國學徒 및 東洋學 研究者들에게 같은 역할을 하고 있음은 주지의 사실이다. 그럼에도 불구하고 中國古典은 우리 것이 아니라 하여 專門機關의 飜譯對象에 포함하지 않음으로써, 대부분 原典에서의 직접 번역이 아닌 重譯이나 拔萃譯의 방식이 주를 이루면서 敎養水準으로 出版되어 왔다.

오늘날 東洋 三國 중에서 우리의 東洋學 연구가 가장 부진한 이유는, 東洋基本古典에 대한 폭넓은 이해의 부족과 漢文古典 讀解力의 저하에 기인함을 우리는 솔직히 인정하여야 한다. 따라서 이들 중국고전에 대한 신뢰할 만한 國譯이 이루어지는 것이 한국학 연구를 촉진시키는 시급한 先行課題라 할 수 있다.

이에 韓國學 및 東洋學의 연구와 古典現代化의 基盤構築을 위해서는, 전문기관으로 하여금 동양고전을 단기간에 각 분야의 專門 研究者와 漢學者가 상호 협동하여 연구번역하여 飜譯의 傳統性과 效率性, 研究의 專門性을 높일 수 있도록 政策的 配慮가 있어야 한다.

이에 本會에서는 元老 및 中堅 漢學者와 斯界의 專攻者로 하여금 協同硏究飜譯하여 공부하는 사람들이 믿고 引用하거나 깊이 있는 註釋 등을 활용할 수 있게 하고, 知識人들의 敎養을 증진시켜 줄 수 있는 東洋古典의 國譯書 간행을 지속적으로 추진해 왔다. 근래에 다행히 이 사업에 대하여 각계 지도층의 폭넓은 이해와 지원에 힘입어 2001년도부터 國庫補助를 받아 東洋古典譯註叢書를 간행하게 되었다. 이를 계기로 우리 先學의 註釋과 見解를 반영하는 등 국역사업의 內實을 기하게 되었음을 이 자리를 빌려 衷心으로 감사드리며, 아울러 國譯에 參與하신 관계자 여러분의 勞苦에 깊은 謝意를 표한다.

끝으로 우리의 이러한 작업은 오랜 역사 위에 축적된 先賢들의 業績과 現代學問을 이어주는 튼튼한 架橋와 礎石이 되어 진정한 韓國學과 東洋學 발전에 기여할 것을 굳게 믿으며, 21세기를 우리 文化의 世紀로 열어 가는 밑거름이 되도록 우리의 力量을 本 事業에 경주하고자 한다. 江湖諸賢의 부단한 관심과 지원을 기대해 마지않는다.

社團法人 傳統文化硏究會 理事長 李啓晃

凡 例

1. 본서는 ≪譯註 明淸八大家文鈔≫ 제1책으로, ≪明淸八大家文鈔≫ 중 歸有光(明)의 ≪歸震川文鈔≫와 方苞(淸)의 ≪方望溪文鈔≫를 譯註한 것이다.
2. 본서의 底本은 王文濡(淸)가 編輯한 ≪明淸八大家文鈔≫ 中國 進步書局의 石印本(1915)이다.
3. 본서는 원전의 傳統性과 번역의 現代性을 구현하기 위해 노력하였다.
4. 原文에는 우리나라 전통방식의 懸吐를 하였다.
5. 原註는 ①, ②, ③ 등으로 표기하였다.
6. 飜譯은 原義에 충실하게 하되, 이해가 어려운 부분은 意譯 또는 補充譯을 하였다.
7. 飜譯文은 한글과 한자를 혼용하였으며, 맞춤법과 띄어쓰기는 한글 맞춤법과 표준어 규정을 따랐다.
8. 원문이나 번역문의 한자 중에 僻字나 讀音이 특수한 글자는 한글로 音을 달아주었다.
9. 譯註는 校勘, 人物, 制度, 官職, 역사적 사건, 인용문의 出典, 異說, 故事, 전문용어, 難解語 등에 관한 사항을 밝혔다.
10. 校勘은 원문의 誤字, 脫字, 衍文, 倒文 등을 대상으로 하였다.
11. 본서의 校勘에 사용된 符號는 다음과 같다.

    ( )〔 〕: (저본의 誤字)〔교감한 正字〕

    〔 〕: 저본의 脫字 보충

    ( ): 저본의 衍字 삭제
12. 본서에 사용한 주요 부호는 다음과 같다.

    “ ”: 對話, 각종 인용

    ‘ ’: “ ” 안에서 재인용, 강조

    「 」: ‘ ’ 안에서 재인용, 강조

    『 』: 「 」 안의 재인용

    ( ): 원문에서는 讀音이 다른 글자나 僻字의 音, 번역문에서는 간단한 譯註

    〔 〕: 번역문의 이해를 돕기 위한 原文의 漢字나 句節, 譯註에서 인용한 原文

    ≪ ≫: 書名

    〈 〉: 篇章名, 作品名, 補充譯

目 次

권2 方望溪文鈔

〔附 錄〕

解 題

禹羅映*)

1. 緖言

≪明淸八大家文鈔≫는 淸末民初의 출판인 王文濡가 明代의 歸有光, 淸代의 方苞·劉大櫆·姚鼐·梅曾亮·曾國藩·張裕釗·吳汝綸 8인의 散文 총 386편을 編選한 책이다. 청대의 7인은 모두 安徽城 桐城縣 지역 출생으로 청 중엽부터 民國 초기 이르기까지 광범위한 문파를 형성한 桐城派의 대표 문인이며, 명대의 귀유광은 동성파의 淵源으로 간주되는 인물이다. 그러므로 본서는 소위 '동성파 문선집'이라 할 수 있다.

본서는 민국 4년(1915) 上海의 進步書局에서 石印本으로 초간되었고, 이후 文明書局을 비롯한 상해 소재 출판사에서 중간되며 폭넓게 읽혔다. 2008년에는 上海世紀出版集團에서 출간한 ≪世紀人文系列叢書≫의 일부로서 校點集評本이 간행되었다.

2. 編者 王文濡의 생애와 출판 활동

왕문유(1867~1935)는 민국 시기 상해의 출판계에서 활동한 출판인이자 교육자이다. 原名은 承治, 字는 均卿, 號는 學界閑民·天壤王郎·吳門老均·蟲天子·新舊廢物 등이다. 原籍은 안휘성 廣德縣인데, 先代에 吳興(지금의 浙江 湖州市) 南潯鎭으로 이주하였다. 어렸을 때 아버지를 여의고 가난한 집안에서 성장하였으며, 詩詞와 古文에 뛰어났고 성품이 강직하였다고 한다. 光緖 9년(1883)에 16세의 나이로 秀才가 되었고 이듬해 博士弟子員이 되었다. 1898년 康有爲와 梁啓超를 위시한 혁신파가 일으킨 變法自彊運動에 맞서 西太后를 중심으로 한 보수파가 戊戌政變을 일으켰을 때, 이를 비판하는 글을 올렸다가 서태후의 분노를 사서 은거하였다. 1900년에 新學을 제창하여 明理學塾을 창건한

*) 서울대학교 중어중문학과

李維奎의 초빙을 받아 潯溪書院에서 강의하였다.

1902년부터 상해 출판계로 진출하여 활발한 출판 활동을 하였다. 商務印書館과 中華書局의 編輯을 역임하였으며, 國學扶輪社의 창건에도 참여하였다. 宣統 元年(1909)에는 蘇州에서 창건된 진보적 성향의 문학결사단체 南社의 설립에 참여하였다. 남사의 문인들은 詩文을 통해 時政을 비판하고 애국심과 辛亥革命의 이념을 고취하고자 하였다. 그는 이 시기에도 문명서국 · 진보서국 등 다수 출판사의 편집을 역임하면서 많은 시문집을 편집하여 출판하였다. 1914년에는 여성 독자를 대상으로 한 ≪香豔雜志≫를 창간하기도 하였다. 만년에는 杭州로 이주하여 저술활동에 매진하다가 1935년 68세의 나이로 사망하였다.

왕문유는 중국 역대 문헌의 정리와 간행을 자신의 소임으로 삼고 평생에 걸쳐 왕성한 출판 활동을 하였다. 그가 편선 · 출판한 서적은 대부분 역대의 시문을 교감 · 편선한 叢書 · 選本 · 讀本 · 評註本이다. ≪명청팔대가문초≫ 외에도 ≪續古文觀止≫, ≪國朝文匯≫, ≪清詩評註讀本≫, ≪晚唐詩選≫, ≪宋元明詩評註讀本≫, ≪清代騈文評註讀本≫, ≪清文評註讀本≫, ≪古文辭類纂評註≫, ≪南北朝文評註讀本≫, ≪音注陸放翁詩≫, ≪說庫≫, ≪香艶叢書≫ 등 40여 종에 달하는 서적을 편찬하였다. 편선 대상은 정통 문학에 속하는 시 · 고문 · 변려문뿐만 아니라 尺牘 · 說話 · 對聯 등에 이르기까지 광범위하며, 시기상으로도 秦漢代부터 청말의 작품까지 아우르고 있다.

3. ≪明清八大家文鈔≫의 시대적 · 문화적 배경

본서에 대해 알기 위해서는 民國 初期의 시대적 · 문화적 동향을 알 필요가 있다. 이때는 청 중엽부터 문단을 지배하던 동성파의 위세가 여전히 남아 있었다. 동성파는 康熙 연간 안휘성 동성현 출생의 방포를 기점으로 형성된 문파이다. 방포의 제자 유대괴로부터 문장을 배운 요내에 이르러 계보와 文論을 갖춘 하나의 문파로 자리 잡았는데, 그들은 자신들의 문학적 연원을 명대의 귀유광에게서 찾았다. 동성파는 발전 과정상 명대 귀유광의 태동기, 청대 방포와 유대괴의 창건기, 요내와 姚門四弟子(梅曾亮 · 管同 · 姚瑩 · 方東樹)의 발전기, 증국번과 曾門四弟子(黎庶昌 · 張裕釗 · 吳汝綸 · 薛福成)의 중흥기, 嚴復과 林紓의 末期로 구분할 수 있다.

동성파의 지향은 "學行은 程朱를, 문장은 韓愈 · 歐陽脩를 계승한다."[1]로 요약할 수 있다. 즉, 사상 · 학술 방면으로는 당시 주류를 차지하던 考證學을 비판하고 程朱理學을 추종하였으며, 문학 방면으로는 변려문을 지양하고 唐宋八家와 귀유광의 古文을 모범으로 삼았다. 그들은 '文以載道'의 입장에서 실용적이고 간명한 글을 썼으며, 과도한 수사나 공허한 내용을 배격하여 질실하고 아정한 문풍을 추구하였다. 또한 동성파 문인들은 이론과 창작 면에서 모두 큰 성과를 거두었다. '義法'을 비롯한 창작 이론을 성립하고 義理·考證·辭章의 합일을 주장하였으며, 이에 근거하여 雅潔한 문장을 창작하여 자신들의 이론을 증명해 내었다. 그리고 ≪古文約選≫(方苞), ≪古文辭類纂≫(姚鼐)을 비롯한 古文選集을 활발하게 편찬하였는데, 이는 동성파의 문론과 문장을 전파하기 위한 일종의 교본 역할을 하였다.

동성파 문인의 대부분이 고문뿐만 아니라 時文(八股文)의 대가로 명망이 높았으며 교육 활동에 종사하였다. 이로 인해 동성이라는 지역적 범위를 넘어서 중국 전역에 광범위한 문파를 형성할 수 있었고, 수백 명의 문인을 배출함으로써 명실상부 중국 최대의 문학 유파로 자리 잡았다.

한편, 청말은 太平天國의 난과 서구 문화의 유입으로 인해 정국이 매우 혼란한 시기였다. 지식인들 사이에서는 구제도와 문학에 대한 반성과 회의가 일어났으며 신학에 대한 열망이 팽배하였다. 이런 시대적 분위기 하에서 동성파 역시 예외일 수 없었다. 동성파는 장기간 문단의 주류를 차지한 결과 창작 면에서 경색과 답보를 거듭하고 있었기 때문이다. 이때 증국번을 중심으로 하는 湘鄉派가 등장함으로써 동성파 고문이 새로운 활기를 띠게 된다. 증국번 역시 동성파의 계승자로 자임했으므로, 상향파는 동성파의 支流로 볼 수 있다.[2)]

또한, 민국 시기에 들어서서 과거 제도가 폐지되고 신학 교육이 시작되면서, 동성파의 고문은 그 위상과 성격에 있어서 큰 변화를 겪게 된다. 동성파의 문장은 본래 과거 시험의 문체인 팔고문 학습의 도구로 널리 활용되었는데, 1905년을 기점으로 과거 제도가 폐지되면서 이러한 기능이 크게 약화되었다. 그리고 1917년부터 文言文에 대한 반성과 더불어 白話文運動이 시작되면서, 중국의 전통적인 文語, 즉 '古文'이 과연 무엇인가에 대한 고민이 시작되었다. 바로 이때 동성파의 간명하면서도 실용적인 문장이 중국의 전통적 문어를 대표할 수 있는 '國文'으로 주목받게 된다. 예컨대 청말의 오여륜이 편찬한 ≪桐城吳氏古文讀本≫ 등을 비롯한 讀本類 선본은 신학 교육 체제에서 사용할 국문

---

1) "吾鄉方望谿先生, 少時自言其祈嚮, 有曰學行繼程朱之後, 文章在韓歐之間."(方東樹, ≪考槃集文錄≫ 卷4 〈方望谿先生年譜序〉)

2) 백광준, 〈桐城派에서 湘鄉派로-曾國藩의 지향에 대한 고찰〉, ≪中國文學≫ 61, 한국중국어문학회, 2009 참조.

교과서로서의 성격을 강하게 지니고 있다.[3)]

왕문유의 ≪명청팔대가문초≫ 역시 이러한 시대적 분위기 속에서 간행된 것이다. 그러나 여타의 독본류 서적과는 달리 전통적인 선본의 형태를 취하고 있다. 이 책은 초학자보다는 상위의 독자를 겨냥한 교본일 뿐만 아니라, 동성파의 文脈을 일목요연하게 정리함으로써 전통 고문을 총결하려는 시도의 일환이라 할 수 있다.

서구 문물의 충격으로 전통 문화가 와해되어 가는 상황에서, 왕문유는 국가와 민족의 명운과 활로를 탐색하여 새로운 문화를 수용하는 한편, 중국 문화의 명맥을 보전할 방안을 편선 활동에서 찾았다. 그는 편선이라는 가장 전통적인 방식으로 新舊 문화의 조화를 꾀한 것이다.

4. ≪明淸八大家文鈔≫의 編選 기준과 '八代家'

중국문학사에서 선본은 ≪昭明文選≫ 이래로 유구한 역사와 전통을 지니고 있다. 魯迅이 "문장의 작법에 관해 자신의 견해가 있는 작가는 자신의 주장을 발표하고 유포하는 수단으로 선본을 출판한다."[4)]라고 말했던 것처럼, 선본은 문인 또는 문파가 자신의 문학 노선을 드러내는 주요한 수단이었다. 선본의 간행과 유행은 문파의 존속과 위세에 직결되는 것이라 할 수 있다.

唐宋古文 선본은 南宋의 呂祖謙이 편찬한 ≪古文關鍵≫에서 연원을 찾을 수 있다. ≪고문관건≫은 과거 응시자를 위해 편찬된 산문 창작의 교본으로서, 韓愈・柳宗元・歐陽脩・蘇洵・蘇軾을 비롯한 당송 문인의 산문 62편이 수록되어 있다. ≪고문관건≫ 이후 樓昉의 ≪崇古文訣≫, 謝枋得의 ≪文章軌範≫, 黃堅의 ≪古文眞寶≫를 비롯한 각종 산문 선집이 편찬되었다. 명초에 이르러 朱右가 한유・유종원・구양수・소순・소식・소철・증공・왕안석 8인의 산문을 엮어 ≪八先生文集≫을 편찬하였는데, 이때 '八大家'라는 명칭이 처음 사용되었다. 주우는 ≪唐宋六大家文衡≫을 편찬하기도 하였는데, '육대가'는 소순・소식・

3) 김화진, 〈만청 고문 선집의 변천과 문화・교육적 함의〉, ≪중국어문학논집≫ 84, 중국어문학연구회, 2014 참조.

4) "凡選本, 往往能比所選各家的全集或選家自己的文集更流行, 更有作用. 冊數不多, 而包羅諸作, 固然也是一種原因, 但還在近則由選者的名位,遠則憑古人之威靈, 讀者想從一個有名的選家, 窺見許多有名作家的作品.……凡是對於文術, 自有主張的作家, 他所賴以發表和流布自己的主張的手段, 倒並不在文心文則詩品詩話, 而在出選本"(魯迅, ≪集外集・選本≫, ≪魯迅全集≫ 卷7, 人民文學出版社. 2005, 138면)

소철 三蘇를 一家로 간주한 것이므로 실제적으로는 팔대가를 말한다. 하지만 주우는 당시 영향력이 그다지 큰 인물이 아니었기 때문에 이 책들 역시 크게 유행하지는 않았다. 명나라 중엽에 들어 唐順之가 ≪文編≫을 편찬하면서, 당송 산문 중에서는 이 8인의 문장을 선별하였다. 당순지와 교류하며 문학적 자양분을 흡수한 茅坤은 ≪문편≫을 기초로 하여 ≪唐宋八大家文抄≫를 편찬하였는데, “1, 2백 년 동안 집집마다 송독하였을 만큼”[5] 선풍적 인기를 누렸다. 모곤의 ≪당송팔대가문초≫를 기점으로, 소위 ‘팔대가’라는 명칭이 문파를 분류하고 정립하는 기준으로 자리잡게 된다.

청대에 들어서도 ‘팔대가’를 기준으로 한 산문 선집이 많이 출판되었다. 일례로 乾隆 29년(1764)에 간행된 劉肇虞의 ≪元明八代家古文≫은 원대의 虞集·揭傒斯, 명대의 楊士奇·王守仁·歸有光·唐順之·王愼中·艾南英 8인의 선집이고, 道光 25년(1845)에 간행된 李祖陶의 ≪金元明八大家文選≫은 금대의 元好問, 원대의 姚燧·吳澄·虞集, 명대의 宋濂·王守仁·歸有光·唐順之 8인의 선집이다. 이런 八代家類 산문 선집은 모두 ≪당송팔대가≫의 명성을 빌려 출판 시장에서의 성공을 도모한 것이나, 크게 유행하지는 못하였다.

왕문유의 ≪명청팔대가문초≫는 ≪소명문선≫ 이래의 선본 전통을 이어받되, 직접적으로는 모곤의 ≪당송팔대가문초≫를 계승한 것이다. 그는 〈明淸八大家文鈔序〉에서 팔대가 선정 기준을 “師法의 전승과 정신 면모의 유사함〔師法之相承 精神面目之相似〕”이라고 밝혔는데, 이는 바로 동성파 문론과 문장의 계승 여부가 편선 기준이라는 것이다. 이 기준에 따라 그는 명대의 귀유광, 청대의 방포·유대괴·요내·매증량·증국번·장유쇠·오여륜 8인을 선별하였다. 각 문인별 신록 편수는 귀유광 59편, 방포 52편, 유대괴 42편, 요내 60편, 매증량 57편, 증국번 41편, 장유쇠 42편, 오여륜 25편이다. 문체 면에서는 論·序·跋·書를 비롯한 전통적 문체뿐만 아니라 명청대에 활발히 창작되었던 壽序와 墓誌銘도 두루 선별하였다. 내용 면에서는 經說·史論·文論이 드러나는 작품을 선별하되, 유대괴의 〈祭望溪先生文〉, 〈送姚姬傳南歸序〉, 요내의 〈望溪先生集外文序〉, 〈跋方望溪先生與鄂張兩相國書稿後〉, 〈劉海峯先生傳〉, 증국번의 〈書歸震川文集後〉, 장유쇠의 〈歸震川評點史記後序〉 등 동성파 문인 사이의 계보와 교류 양상을 확인할 수 있는 작품 역시 수록하였다. ≪명청팔대가문초≫에 실린 글 중에는 현전하는 각 문인의 문집에 수록되지 않은 작품도 일부 포함되어 있으므로, 명청대 문학 연구에 참고할 수 있는 중요한 자료가 된다.

다만, 유의할 점은 ‘명청팔대가’라는 명칭에 대해 아직 학계에서 일치된 학설이 없다

5) “一二百年以來, 家弦戶誦”.(≪四庫全書總目提要≫ 卷189 集部)

는 사실이다. 근 600년에 걸친 명청 兩代에 출현한 多岐多樣한 문파 중에서 8인을 선별해내는 작업은 쉽지 않다. 이는 명청대 문학에 대한 전반적인 정리와 이해가 선행되어야만 하는 일이기 때문이다. 이로 인해 '명청팔대가'의 선별은 민국 초엽에 들어서서야 산발적으로 이루어졌으며, 편선자에 따라 다양한 양태를 띤다. 민국 20년(1931)에 徐世昌이 편선한 ≪明淸八大家文鈔≫는 왕문유의 ≪명청팔대가문초≫와 마찬가지로 동성파 산문 선집이지만, 유대괴 대신 賀濤를 포함시킨 점이 특징이다. 한편 근래에 들어서 중국 고전 문학 연구의 권위자인 錢仲聯의 편선으로 ≪明淸八大家文選叢書≫가 2001년 蘇州大學出版社에서 간행되었다. 명대의 劉基 · 歸有光 · 王世貞과 청대의 顧炎武 · 姚鼐 · 張惠言 · 龔自珍 · 曾國藩 8인을 선별하였는데, 특정 문파에 국한하지 않고 명청대에 문학적 영향력이 컸던 인물을 고른 것이다.

동성파는 본디 지역적 성격이 강한 문파이다. 그러나 왕문유는 동성파의 '文統'을 기준으로 명청대 산문을 편선함으로써, 동성이라는 지역적 범위와 청대라는 시간적 범위를 벗어나는 거대한 文脈을 확립할 수 있었다. 그는 동성파의 위상을 명청 양대에 걸친 정통 문파로 격상시켰으며, 명청대 문학 사이에 존재하는 일정한 단절 현상을 극복하고 양대의 문학을 일목요연하게 정리하는 데 성공하였다. 이런 점에서 왕문유의 ≪명청팔대가문초≫는 근대 이행기에 최초로 출판된 명청 고문 선집으로서 매우 큰 의의가 있다고 하겠다.

5. 中國과 朝鮮에서의 桐城派 문학 수용 양상

동성파는 청말민초까지 광범위한 문단을 형성하면서 강력한 영향력을 발휘하였다. 이는 동성파의 학술적 · 문학적 지향이 정주이학과 팔고문을 통해 사회 질서를 유지하고자 했던 청나라의 봉건 이념에 부합하였기 때문이다. 동성파가 흥기하던 청 중엽부터 이미 동성파 학술의 협소함과 배타적 성격에 대한 비판이 존재하였고, 동성파의 고문은 時文(팔고문)에 불과하다는 비난도 적지 않았다. 그런데 아편전쟁 이후 거대한 사회변혁으로 국가의 근간이 흔들리면서, 동성파 문학은 토대 자체를 상실하게 될 위험에 직면한다. 상술하였듯이 동성파 문장의 위상을 國文으로서 제고하려는 움직임이 일어나는 한편, 1915년의 新文化運動을 기점으로 전통 문학에 대한 공격이 격렬해지면서 동성파 역시 척결 대상이 되었다. 신문화운동의 주역인 陳獨秀는 〈文學革命論〉에서 명대의 前後七子와 귀유광, 청대의 桐城三祖인 방포, 유대괴, 요내를 '十八妖魔'로 단정하였다.[6] 그는 韓愈부터 증국번에 이르는 文以載道의 문장이 문학의 '혁명'을 막았으며 이들의 문학은 모두 옛것을 모방한 것으로서 단 한 글자도 존재 가치가 없다고 하면서, 동성파 문학을 비롯한 전통 문학 자체를 부정하였다. 梁啓超 역시 ≪清代學術概論≫에서 동성파의 문장과 학술은 "더 이상 논할 가치가 없다."며 부정적 견해를 피력하였다.[7)] 더구나 周作人 등에 의해 소위 '진보적' 문파로서 公安派가 집중 조명되는 과정에서 동성파는 상대적으로 외면받아왔다.

그러나 최근 들어 중국 고전 문학에 대한 균형적 이해를 꾀하고자 하는 움직임이 일어나면서, 동성파가 사상・학술・문학의 통합을 지향했으며 구체적인 문학 이론과 작품 세계를 구축하는 데도 성공하였던 만큼 동성파 문학에 대한 재평가와 연구가 활발히 이루어지고 있다.

한편, 동성파는 文以載道의 유가적 문학관을 바탕으로 한 純正雅潔하고 和順平易한 문풍을 제창하였는데, 이는 조선 후기 문단의 흐름과 합치한다. 16세기부터 조선 문단에는 전후칠자로 대표되는 復古派와 袁宏道로 대표되는 공안파의 문장이 광범위하게 유행하였으나, 결과적으로 이는 명청대 문학에 대한 단선적인 이해를 초래하였다. 이런 편중성은 결국 조선 문인들에게 명청대 문학에 대한 갈증을 느끼게 하였고, 후기로 갈수록 그동안 외면되거나 미처 수용되지 못했던 명청대 문인에 대한 독서가 이루어지기 시작한다. ≪명청팔대가문초≫가 유입되기 이전부터, 이미 조선에서는 동성파에 대한 관심이 존재하였으며, 명대 唐宋派의 일원이자 동성파의 연원으로 추대된 귀유광의 문집은 특히 열독되었다. 正祖는 "명대의 문장 중에 王陽明(王守仁)이 第一이고 귀유광의 문집도 읽을 만하다."라고 하며 귀유광을 긍정적으로 평가하였다.[8)] 당시 문인들 사이에서 유행하던 小說體와 小品體의 문장을 순정한 고문으로 바꾸기 위해 강력한 문화 정책을 취했던 정조의 입장에서, 당송 고문을 계승하여 질실하며 평순한 문체를 사용한 귀유광이 선호되었으리라는 사실은 쉽게 짐작할 수 있다.

丁若鏞의 경우 閻若璩의 ≪尚書古文疏證≫을 통해 귀유광의 經學을 접하였다.[9)] 그리고

---

6) "此妖魔爲何. 卽明之前後七子及八家文派之歸方劉姚是也. 此十八妖魔輩, 尊古蔑今, 咬文嚼字. 稱霸文壇, 反使蓋代文豪若馬東籬, 若施耐庵. 若曹雪芹諸人之姓名. 幾不爲國人所識."(陳德秀, ≪陳獨秀選集≫, 天津人民出版社, 1990, 50면에서 재인용)

7) "然此派者, 以文而論, 因襲矯揉, 無所取材. 以學而論, 則獎空疏, 閼創獲, 無益於社會. 且其在清代學界, 始終未嘗占重要位置, 今後亦斷不復能自存, 置之不論焉可耳."(梁啓超, ≪清代學術概論≫, 商務印書館(香港)有限公司, 1920, 64면)

8) "今人多愛明清文集, 此甚可怪. 明文章則當以王陽明爲第一, 歸震川張太岳集亦可讀."(正祖, ≪弘齋全書≫ 卷161 〈文學[一]〉)

金昌協 · 韓致奫 · 趙龜命 · 兪晩柱 · 洪奭周 · 成海應을 비롯한 다수 문인들에게서 ≪震川集≫을 읽은 흔적이 보이는데, 이들은 귀유광을 司馬遷과 당송팔가의 문장을 계승하여 後七子의 대척점에 선 인물로 파악하였다. 일례로 李德懋는 귀유광을 方孝孺 · 王守仁 · 唐順之와 함께 하나의 文派로 분류한 뒤 후칠자 및 공안파와는 구분되는 別派로 정의하였으며,[10] 李宜顯 역시 귀유광을 비롯한 당송파 문인들이 구양수와 증공을 비롯한 당송 작가들을 본받아 후칠자의 난삽하고 浮華한 병통이 없으며 아정하다는 평가를 내린 바 있다.[11] 이를 통해 17세기 후반부터 귀유광의 문집이 조선에 유입되어 그의 經說과 문장이 알려졌으며, 귀유광을 비롯한 명대 문단에 대한 적실하고도 깊이 있는 이해가 이루어졌음을 알 수 있다.

이른바 '명청팔대가'에 관한 조선 문인들의 관심은 귀유광에 국한된 것만은 아니었다. 방포를 비롯한 동성파 문인들은 燕行을 통해 조선에 본격적으로 알려진 듯하다. 李義鳳은 1761년 書狀官이었던 부친을 따라 北京에 체류하던 중 潘相과의 筆談을 통해 방포에 대해 알게 되었다.[12] 金正喜는 방포 · 유대괴 · 요내를 당송팔가의 법을 이어받은 正軌로 평가하였으며,[13] 申緯는 명청 양대의 문체 중 귀유광과 방포를 正脈으로 꼽은 바 있다.[14] 정약용 역시 방포의 문집인 ≪望溪集≫을 읽고 그가 程朱를 篤信한 점과 模擬의 흔적이 없고 평순한 문체를 높이 평가하였다.[15]

李正履는 冬至使의 서장관으로서 북경에서 매증량을 직접 만나 교유한 바 있으며, 이때 金邁淳의 글을 매증량에게 보여 평을 받기도 하였다.[16] 매증량은 김매순의 문장을 논하여

---

9) 귀유광은 〈尙書敍錄〉에서 ≪古文尙書≫를 僞書로 간주한 원나라 학자 吳澄의 견해에 적극 찬동한 바 있는데, 정약용은 ≪염씨고문소증≫에서 이와 관련된 내용을 초록한 뒤 文體를 기준으로 ≪고문상서≫의 진위를 따지는 것에 반대 입장을 표명한 바 있다. 이에 대해서는 ≪與猶堂全書≫ 第2集 經集 卷32 ≪梅氏書平≫ 卷4 〈閻氏古文疏證鈔〉 참조.

10) "然方遜志王陽明唐荊川歸震川輩, 亦文章別派也. 豈肯受節制於此二子哉. 蓋于鱗輩雄健, 中郞輩退步矣. 中郞輩超悟, 于鱗輩退步矣. 各自背馳, 俱有病敗."(李德懋, ≪靑莊館全書≫ 卷48 〈耳目口心書〉)

11) "如茅鹿門唐荊川王遵巖歸震川諸人. 專歸宿於歐曾諸大家. 故不甚有此病, 頗似爾雅, 荊川尤佳."(李宜顯, ≪陶谷集≫ 卷27 〈雲陽漫錄〉)

12) "近日方望溪諱苞之文甚好."(李義鳳, ≪北轅錄≫ 卷4 〈辛巳(1761) 1月 16日〉)

13) "惲集十年求之, 今始夬讀於天風海濤之中, 亦墨緣有屬耶. 其文於近人中, 稍有魄力, 雖非望溪派流, 而不失於望溪海峰梅厓惜抱諸人所守之正軌."(金正喜, ≪阮堂全集≫ 卷8 〈雜識〉)

14) "紫霞曰 '明之歸有光, 門路甚正, 牧齋亦大家也. 淸則方望溪魏叔子朱彝尊數三家.'"(申錫愚, ≪海藏集≫ 卷17 〈紫霞軼譚〉)

15) "望溪集病甚, 不能詳覽, 而大抵是謹言飭行之士, 文氣亦俊爽可觀, 一字無蹈襲陳腐之跡, 而亦無尖峭刻薄之鋒, 可悅可欽. 其門路則自命以篤信程朱."(丁若鏞, ≪與猶堂全書補遺≫ ≪與猶堂雜考≫ 〈答金德叟〉)

"중국 100년 동안 이런 선비가 없었다."라고 극찬한 바 있다.[17] 매증량과 김매순은 당시 중국과 조선에서 宋學이 약화되고 漢學, 즉 訓詁學에 몰두하는 상황에 대해 개탄하는 심정을 공유하였다.[18] 한편, 申錫愚는 1860년 동지사 正使로 연행을 다녀오면서 王拯을 통해 매증량의 문집인 ≪柏梘山房集≫을 가지고 왔다.[19] 朴珪壽 역시 연행 당시 吳大澂에게 증국번의 문장을 가려 뽑은 ≪曾文正文鈔≫를 선물 받았는데, 이후 오대징에게 보낸 서신에서 증국번의 학술과 문장을 극찬하고서 완질을 보고 싶다는 의사를 피력한 바 있다.[20]

이처럼 조선 문단에서 동성파 문학은 정주이학과 당송고문을 계승한 소위 '정통 학술과 문학'이라는 관점에서 수용되었다. 특히 朱子學 위주의 송학을 숭봉하던 조선 문인들은 공통된 사상적 기반으로 인해 동성파 문인들에게 더욱 긴밀한 연대의식을 느꼈다. 조선 문인들에게 동성파의 고문은 학술과 문학의 순정함으로 회귀할 방편이었던 것이다.

한편, 19세기 후반과 20세기 초반에 들어서서 한문학의 새로운 활로를 모색하던 金澤榮·曺兢燮 등에 의해 동성파 문학이 새롭게 주목을 받게 된다. 이는 중국 내에서 근대적 전환기에 동성파 산문을 '국문'으로 부상시킴으로써 전통 문언에 닥친 위기를 타개하고자 했던 움직임과 맥락을 같이 한다. 특히 韓末四大家 중 한 사람으로 꼽히는 김택영은 귀유광을 사마천과 한유·소식을 비롯한 古文家의 嫡統으로 상정하고,[21] 그 문학적 성취를 적극 수용하였다. 이론 방면에서는 귀유광의 文氣論을 수용하여 문장 창작에 있어서 氣의 運用은 중요하게 생각하였으며,[22] 특히 귀유광이 特長處인 壽序에 깊은 영향을 받았다.[23]

---

16) 김동석, 〈조선과 청나라 문인의 교류와 특성〉, ≪韓國漢文學研究≫ 61, 한국한문학회, 2016, 237-238면에서 재인용.

17) "梅伯言論臺山文曰 中州百年無此士."(金澤榮, ≪滄江稿≫ 卷6 〈麗韓文選序 己酉〉, 국립중앙도서관 소장본)

18) 김매순과 매증량의 교유 양상에 대해서는, 梅曾亮, 《柏梘山房全集》, 文集 卷6 〈臺山氏論日本訓傳書後〉, 〈臺山論文書後庚子〉 참조.

19) "前聞申琴泉携歸梅伯言先生文集, 係是尊兄持贈也. 梅先生夙所景仰, 而金臺山乃先君子切友也. 梅公集中有與臺山相屬文字, 弟卽向琴泉取閱."(朴珪壽, ≪瓛齋集≫ 卷10 〈與王少鶴拯〉)

20) "向贈曾文正文鈔, 歸而讀之, 景仰欽服, 恨不得及門於在世之日, 以盡天下之觀也. 文章勳業, 學術經濟, 兼全備具, 求之前代, 未有盛焉. 盖天於聖代, 生此偉人, 爲儒者吐氣耳. 此書只是文鈔, 未知全集可有剞劂完本否. 一覩爲快, 而恐未易得也."(朴珪壽, ≪瓛齋集≫ 卷10 〈與吳淸卿大澂〉)

21) "明代之文, 元氣尙盛, 如方正學歸太僕之倫, 皆無愧爲韓蘇之後勁."(金澤榮, ≪韶濩堂集續≫ 卷4 〈雜言十〉)

22) "夫文章之道, 不患無辭, 而患無其氣. 氣之彊弱, 卽文之高下也"(金澤榮, ≪滄江稿≫ 卷6 〈麗韓文選序 己酉〉, 국립중앙도서관 소장본)

23) 김택영의 귀유광 수용에 대해서는, 윤지훈, 〈歸有光에 대한 조선후기 문인들의 인식과 滄江 金澤榮〉, ≪東方漢文學≫ 66, 동방한문학회, 2016 ; 김우정, 〈滄江 金澤榮 壽序 연구 : 韓·中 知識人 교류 연구의 반성적 검토를 겸하여〉, ≪民族文化研究≫ 61, 고려대학교 민족

李建昌이 그를 "진천의 자식〔震川之子〕"라고 불렀을 만큼[24] 김택영이 귀유광에게 심취하였던 것은 사실이나, 무조건적으로 귀유광을 추숭한 것은 아니다. 그는 객관적이고 유연한 태도로 귀유광을 수용하였는데, 일례로 그는 1920년에 귀유광의 〈貞女論〉을 반박하는 〈駁歸熙甫貞女論論〉을 썼다. 중국과 조선을 막론하고 정녀의 수절은 당위 여부를 둘러싸고 늘 갑론을박이 벌어지던 민감한 화두였다. 귀유광은 〈정녀론〉에서 여자가 정식으로 시집가기 전에 남편이 죽은 경우 수절하거나 따라 죽는 것은 禮가 아니라고 하였는데, 이에 대해 김택영은 그것이 正禮이기는 하나, 가난한 집안의 경우 여자가 시댁에서 오래도록 살면서도 정식으로 혼인하지 않는 경우가 많기 때문에 정례를 고집할 수 없다고 보았다. 원칙과는 달리 현실의 실제 상황에는 늘 變禮가 존재한다는 것이다. 김택영은 이 글을 쓰기에 앞서 조긍섭과 귀유광의 〈정녀론〉에 대해 의견을 주고받은 적이 있는데, 조긍섭이 귀유광의 견해를 수용할 것을 권유하였으나[25] 김택영은 수용하지 않은 것이다.

또한 김택영은 高麗부터 當代에 이르는 漢文學 전통에서 우수한 고문을 선별하여 ≪麗韓九家文抄≫를 편찬하였는데, 이 역시 ≪당송팔대가≫부터 이어지는 유구한 선본의 전통을 이어받되 자신만의 논리와 기준으로 조선 한문학의 전통을 총정리한 시도라고 할 수 있다. 김택영의 ≪여한구가문초≫와 왕문유의 ≪명청팔대가문초≫는 모두 생명력을 잃어가던 전통 고문의 활로를 찾기 위한 방편으로 편찬된 것이라는 점에서 맥락이 상통한다.

김택영과 교류하면서 자신만의 古文論을 형성하였던 조긍섭 역시 방포·유대괴를 비롯한 동성파 문인의 글을 두루 읽었다. 김택영이 "주자학에 힘쓴 여력으로 古文辭를 익혔으니, 經書에 기반을 두고 당송 이하의 大家를 두루 학습하여 神味를 체득하였다."라고 평했을 만큼,[26] 그의 학술과 문학은 동성파의 것과 일치한다. 조긍섭은 전통적 한문학이 일단락된 일제강점기에 들어서서까지도 문이재도에 바탕을 둔 정통 고문을 고수하였다.[27]

이처럼, 동성파 문학이 중국과 조선의 근대적 전환기에 전변되어간 양상을 살펴보면,

문화연구원, 2013 참조.

24) "又嘗笑謂曰 子可謂震川之子, 此莊周所云莫逆也."(金澤榮, ≪韶濩堂集≫ 卷8 〈雜言九〉)

25) "盧家女年今幾何. 何以處之. 旣未成婦, 反諸其父母, 於義無不可者. 震川貞女之論. 似可承用也."(曺兢燮. ≪巖棲集≫ 卷8 〈與金滄江〉)

26) "吾少友曺君仲謹, 嚶嚶朱子者也. 杜門講學數十年之間, 全嶺之人無不仰望如卿雲景星之在天, 而君顧乃於佔畢之暇, 習爲古文辭, 根據經子, 而於唐宋以下世所稱大家者, 亦皆博取泛擬, 以肖其神味."(金澤榮, ≪韶濩堂文集≫ 卷6 〈書深齋文稿後〉)

27) 조긍섭의 동성파 수용에 대해서는 한영규, 〈儒家 아비투스의 상대화와 근대적 문장관의 출현〉, ≪동양한문학연구≫ 35, 동양한문학회, 2012년 참조.

중국이든 조선이든 간에 근대적 충격 속에서 존망의 기로에 선 고문이 근대와의 접점을 찾고 활로를 모색하려는 과정에서 동성파 문학이 주목 받았음을 알 수 있다.

6. 結語

≪명청팔대가문초≫는 중국문학사에서 중요한 위치를 차지하고 있는 동성파의 산문을 일목요연하게 정리한 선집으로서, 명청 문학 연구에 있어 기본적인 자료이다. 뿐만 아니라 동성파 문학이 조선 후기부터 일제강점기에 이르기까지 폭넓게 수용되었던 만큼, 중국과 조선 양국의 전통 고문에 대한 인식을 아울러 살펴볼 수 있다는 점에서도 의의가 있다.

명청팔대가 개개인들의 문집이 국역되지 않은 현 상황에서 ≪명청팔대가문초≫의 국역은 무엇보다도 명청대 산문 연구를 촉진하는 계기가 될 것이며, 더 나아가 근대 이행시기의 韓中 지식인 사회를 이해하는 데 기여할 것이다.

明淸八大家의 생애와 문학 - 歸有光 · 方苞 -

禹羅映*

1. 歸有光(1506~1571)

1) 생애

歸有光은 正德 元年(1506) 12월 24일 蘇州府 昆山縣 宣化里에서 출생하였으며, 字는 熙甫, 號는 震川, 項脊生이다. 후에 南京太僕寺丞을 역임하였기에 歸太僕이라고도 부른다. 귀유광의 집안은 본래 곤산 지역의 世族이었으나, 조부 歸紳과 부친 歸正이 평생 布衣로 지내면서 집안이 쇠락하기 시작하였다. 귀유광은 유년 시절부터 학문과 글쓰기에 뛰어난 재능을 보였다. 특히 10세 때에 1천여 자의 방대한 분량의 〈乞醯論〉을 지어 유명해졌는데, 이 글은 ≪論語≫에 실려 있는 微生高가 이웃집에서 식초를 빌려와 남에게 준 일화에 대해 논한 것이다. 그는 同縣의 학자 魏校에게 수학하였으며, 弱冠의 나이에 六經과 三史, 唐宋八家의 문장에 통달하였다.[1)]

歸有光

귀유광은 古文과 八股文에 뛰어나 兪仲蔚 · 張子賓과 더불어 崑山三節로 꼽힐 만큼 지역 사회 내에서 이름을 떨쳤다. 嘉靖 4년(1525) 18세에 童子試에 합격하여 蘇州府學의 生員이 되었으며 貢生으로 南京太學에 들어갔다. 20세부터 鄕試에 응시하였으나 계속 낙방하였다. 23세 때 스승 위교의 조카딸과 결혼하였다. 5년 뒤에 장남 子孝가 태어났으나, 3개월 만에 아내가 사망하였다. 30세에 馬鞍

*) 서울대학교 중어중문학과

1) "弱冠盡通六經三史六大家之書, 浸漬演迤, 蔚爲大儒"(錢謙益, ≪列朝詩集小傳≫ 丁集 卷12 〈震川先生歸有光〉)

山에 있는 陳仲德의 집에서 講學을 하며 두 번째 부인 王氏와 결혼하였다. 이 시기에는 潘士英·吳中英 등과 함께 文社를 결성하여 교유하기도 하였다. 가정 19년(1540)에 主考官인 張治에게 인정을 받아 應天鄕試에 합격하지만, 이후 20년 동안 禮部 會試에서 여덟 번 낙방하여 큰 실망과 회의에 빠지게 된다. 1542년 36세 때는 곤산을 떠나 嘉定으로 이주하여 학생들을 가르치면서 생계를 유지하였다. 43세에는 장남 자효가 죽었고 이후에는 부인 王氏가 세상을 떠나는 등 개인사뿐만 아니라 가정사도 순탄치 못하였다.

스스로 "내가 젊을 때 자신의 역량을 헤아리지 못하고서 세상에 쓰여 재능을 펴려는 뜻을 가졌는데, 늘그막에 이르러서도 여전히 閭閻의 마을에서 곤궁하게 살고 있다. 그래서 세상 사람들과 교유하는 것을 더욱 좋아하지 않고 사람들도 다시 내 집에 들르지 않았다."[2]라고 술회할 만큼, 귀유광은 오랫동안 경제적으로 곤궁하고 정서적으로 침울한 생활을 하였지만 곤산의 지역 사회에 끊임없는 관심을 기울였다. 가정 26년(1547) 吳지방에 수해가 발생했을 때 ≪三吳水利錄≫을 지어 지역 실정에 맞는 治水法을 제시하였다. 1554년 곤산을 비롯한 연안 지대에 왜구의 침입이 잦아지자 〈備倭史略〉, 〈崑山縣倭寇始末書〉 등의 글을 통해 왜구 격퇴의 현황을 소개하고 대책을 제시하기도 하였다.

가정 44년(1565) 60세의 나이로 會試에 합격하여 長興知縣이 되었다. 장흥은 장기간 지현이 없어 胥吏들이 사무를 좌지우지 하였으며, 지방 豪族과 아전이 결탁하여 백성들이 곤궁을 겪고 있었다. 귀유광은 이러한 부정을 척결하고 민생을 잘 돌보았으며, 특히 학교를 세워 백성을 교육하고 冤獄을 바로잡는 데 힘썼다. 그러나 강직한 성격 때문에 상관의 미움을 사서 3년 만에 順德府通判으로 좌천되어 馬政을 담당하게 된다. 이로 인해 크게 낙담했으나, 부임하여서는 성실히 직무를 수행하고 마정을 연구하여 〈馬政議〉, 〈馬政志〉를 지었다. 隆慶 4년(1570) 大學士 高拱과 趙貞吉의 추천으로 京太僕寺丞에 임명되었고, ≪世宗實錄≫ 修撰에 참여하게 된다. 그러나 역시 강직한 성품으로 인해 주위 사람들과 불화를 겪었으며, 결국 병을 얻어 1571년 2월 5일 66세의 나이로 사망하였다.

2) 문학과 학술 사상

귀유광은 문학사에서 王愼中·唐順之·茅坤을 비롯한 明代 唐宋派의 일원이자 淸代 桐城派의 연원으로 평가 받는다. 그는 명나라 중엽까지 문단을 지배하던 관각 문학인 臺閣

---

2) "余少不自量, 有用世之志, 而垂老猶困于閭里, 益不喜與世人交, 而人亦不復見過."(歸有光, ≪震川集≫ 卷2 〈沈次谷先生詩序〉)

體와 “문장은 반드시 秦漢, 시는 반드시 盛唐의 것을 전범으로 삼는다.〔文必秦漢 詩必盛唐〕”는 복고적 주장을 내세운 後七子의 문장을 모두 배척하고, 唐宋古文에 바탕을 둔 질실한 문장을 주장하였다. 그가 이웃 縣의 문인이자 후칠자의 領袖로서 막대한 위세를 떨치고 있던 王世貞을 ‘망령되고 용렬한 사람’〔妄庸人〕이라고 비판한 일화는 매우 유명하다.

귀유광은 당송고문 외에도 ≪史記≫와 ≪莊子≫를 애호하여, 그 문체를 작법에 응용하였다. 특히 ≪사기≫에 대한 추숭은 대단하여 “평생 ≪사기≫를 가장 좋아하였으며”[3] 스스로 “司馬遷의 筆法을 얻었다.”[4]고 자부하였다. 秦漢古文만을 추숭하고 당송고문을 배척한 후칠자와 달리, 귀유광은 양쪽을 모두 인정하되 당송고문을 통해 진한고문의 풍격을 얻는 것을 지향하였다. 또한 그는 당시의 문인들이 진한고문의 字句에 대한 표절만 일삼는 행태를 강하게 비판하였다.[5]

문학 이론 방면에서, 귀유광은 文氣論을 주장하였다. 그는 ‘문장은 천지의 元氣’라고 하면서,[6] 창작 과정에서 氣의 운용을 중시하였다.[7] 이는 문장 구성의 변화와 기세를 강조하는 것이다. 또한 그는 “문장을 통해 聖人에 도달할 수 있으며”[8] “道가 나타나 文이 되면 그 말이 도와 더불어 일컬어진다.”[9]라고 하였는데, 이는 문과 도의 상호 관계를 중시하면서도 문의 가치를 높이 평가하는 전형적인 古文家의 태도를 보여준다.

이런 이론적 입장을 바탕으로 귀유광은 문장 敎本과 選本을 짓기도 하였다. 일례로 ≪文章指南≫은 ‘用義理則’, ‘通用養氣則’ 등을 비롯한 문장 작법 66條를 제시한 뒤 각 조에 따라 예시가 되는 문장을 선록한 것으로, 그의 문학 창작론을 잘 보여주는 저작이다. 또한 ≪唐宋四大家≫는 귀유광이 ≪사기≫ 학습의 방편으로서 韓愈·柳宗元·歐陽脩·三蘇(蘇洵·蘇軾·蘇轍)의 문장을 모은 것으로, 그의 문학 주장과 지향을 확인할 수 있는

---

3) “予生平最喜史記者也.”(歸有光 撰, 嚴佐之 等 主編, ≪歸有光全集≫ 卷10 647면, 〈題四大家文選序〉)

4) “自以爲得龍門家法”(歸有光, ≪震川集≫ 別集 卷7 〈與王子敬〉)

5) “今世乃惟追章琢句摸擬剽竊淫哇浮艶之爲工, 而不知其所爲敝一生以爲之, 徒爲孔子之所放而已.”(歸有光, ≪震川集≫ 卷2 〈沈次谷先生詩序〉)

6) “余謂文章, 天地之元氣, 得之者, 其氣直與天地同流.”(歸有光, ≪震川集≫ 卷2, 〈項思堯文集序〉)

7) “文以精氣爲主, 變化排蕩, 適隨其人其事爲機勢, 筆力曲折赴之, 雖極之百千萬億, 當不至雷同剿襲.”(歸有光 撰, 嚴佐之 等 主編, ≪歸有光全集≫ 卷10 647면, 〈題四大家文選序〉)

8) “學者由其辭, 可以達於聖人, 而不惑於異說.”(歸有光, ≪震川集≫ 卷1 〈尙書敍錄〉)

9) “以爲文者, 道之所形也. 道形而爲文, 其言適與道稱, 謂之曰其旨遠, 其辭文, 曲而中, 肆而隱, 是雖累千萬言, 皆非所謂出乎形而多方駢枝於五臟之情者也. 故文非聖人之所能廢也.”(歸有光, ≪震川集≫ 卷2 〈雍里先生文集序〉)

당송고문 선집이다.

귀유광 산문의 특징은 크게 네 가지로 요약할 수 있다. 첫째, ≪사기≫와 당송고문의 문체를 학습하여 과도한 수사를 배제한 질박한 문장을 지었다. 또한 문장의 結構와 章法을 중시하여 긴밀하고 유기적인 구성을 갖춘 글을 창작하였다. 이로 인해 귀유광의 문장은 변화가 다양하고 생동감 넘치면서도 整然한 풍격을 띤다.

둘째, 기존 문인들이 소재로 잘 삼지 않던 개인적 소재를 다루면서 강한 眞情을 담아내었다. 특히 가족의 죽음을 비롯한 내밀한 가정사를 담은 글을 많이 창작하였는데, 이런 글들은 기존 고문의 범주를 확장시킨 것으로 평가할 수 있다. 대표적인 작품으로 〈亡兒翻孫壙誌〉, 〈女二二壙志〉 등이 있다.

셋째, 사회 현실 문제에도 민감하게 반응하여 자신만의 견해를 진술하였다. 그는 원칙에 얽매이기보다는 正禮와 變禮를 모두 인정하는 현실적이고 융통성 있는 태도를 취하였다. 일례로 귀유광은 〈貞女論〉을 통해 정식으로 혼인하기 전의 여자가 남편을 따라 죽거나 수절하는 일을 비판한 바 있다. 명대에는 국가 차원에서 수절을 권장하였기 때문에 정녀가 양산되어 하층 계급까지 확대되었으며 가문의 명예를 위해 여성에게 수절과 죽음을 강요하는 일이 빈번하였는데, 귀유광은 바로 이런 문제를 지적한 것이다. 하지만 실제로 嚴大臨의 아내 張氏가 정식으로 혼인하지 않았지만 평생 수절한 일을 기록한 〈張氏女貞節記〉에서는 장씨의 수절이 통상의 예에는 맞지 않지만 높이 평가할 만한 일임을 역설하였다.

넷째, 우수한 壽序를 다수 창작하여 명청대 수서의 정립과 발전에 기여하였다. 수서는 명대에 발흥한 새로운 문학 장르인데, 錢謙益은 수서가 귀유광으로부터 시작된 문체라고 하면서 수서를 古文으로 격상시킨 귀유광의 공로를 인정한 바 있다.[10] 명대에는 경제력과 지역 문화가 발달한 江南 일대를 중심으로 친족이나 지인의 장수를 축하하는 잔치를 열고 이를 기념하는 수서를 짓는 일이 매우 많았다. 수서는 應酬文字라는 특성상 정형화된 구성 속에서 인물에 대해 칭양을 해야 하므로 전형적이고 통속적인 성격을 피할 수 없었다. 이런 한계 속에서도 과도한 칭양을 지양하고 인물의 개성을 드러내는 것이 수서 창작의 관건이었다. 귀유광은 바로 이런 지점에서 특장을 발휘하여, 진솔하면서도 생동감 넘치는 수서를 창작하였다. 수서의 대상이 된 인물들은 대부분 그가 거주하던 곤산 지방의 평범한 인물이었는데, 귀유광은 대상 인물을 핍진하게 묘사하고 칭양

10) "壽序古人所無, 先生爲之, 則皆古文也. 舊本別置外集, 今仍次贈序."(歸有光 著, 錢謙益 選定, ≪震川先生全集≫, 南昌府學本, 〈舊刻凡例〉)

하는 데 있어 고도의 수사 기술을 구사하고 있다.

학술 방면에서도 귀유광은 명대의 대표적인 經學家이자 大儒로서 평가받는다. 대표적인 경학 관련 저술로는 〈尙書敍錄〉, 〈易圖論〉 등이 있다. 〈상서서록〉은 今古文觀을 표명한 글로서, 귀유광은 經書를 文章의 관점에서 바라보았다. 이 글에서 귀유광은 今古文의 진위를 밝힐 수 있는 것은 오직 文辭와 格制인데, 古文의 문사와 격제는 後人이 모방할 수 없는 것이라고 하였다.[11] 孔壁에서 나온 ≪古文尙書≫의 문장은 후인들이 고문을 모방한 것에 불과하다는 것이다. 고문을 전범으로 삼은 글과 단순히 고문을 표절·모방한 글을 엄격히 구분하는 귀유광의 문학론이 여기서도 반복됨을 확인할 수 있다.

귀유광은 ≪莊子≫·≪荀子≫를 비롯한 諸家에도 관심이 깊었으며 佛經에도 밝았다. 그는 儒者로서의 정체성을 부정한 적이 없지만 불행한 가정사를 겪으면서 불교에 더욱 깊이 몰두하게 되었다.[12] 일례로 〈王氏畫贊〉은 아내의 죽음 이후 불교 세계에 귀의함으로써 슬픔을 잊고자 하는 그의 바람이 투영된 글이다.

귀유광은 '明文第一'이라고 평가될 만큼 명대를 대표하는 문학가이다. 다만 오랫동안 출사하지 못한 채 곤산 지역에 머물렀기 때문에, 當代에 고문으로는 크게 알려지지 못했고 八股文의 대가로 명성을 떨쳤다. 사후에야 그에 대한 재평가가 이루어지는데, 젊은 시절 그와 대립각을 세웠던 왕세정은 만년에 자신의 입장을 전환하여 귀유광이 한유와 구양수를 계승하였다고 평가하였으며,[13] 陳仁錫은 그를 두고 '명대 문단의 맹주'라고 하였다.[14] 귀유광이 명대의 대유이자 문장의 일인자로 승격된 데에는 전겸익의 역할이 매우 컸다. 전겸익은 귀유광이 六經을 학문의 근저로 삼되 ≪사기≫의 風神脈理를 얻었으며 특히 당송고문을 계승한 점을 높이 평가하여 그 위상을 격상시켰다.[15] 한편, 청대에 들어 동성파의 연원으로 추대된 귀유광은 唐代에 고문운동을 일으켜 騈儷文 일변도의 문풍을 쇄신한 한유에 비견되었다.

---

11) "因念聖人之書, 存者年代久遠, 多爲諸儒所亂. 其可賴以別其眞僞, 惟其文辭格制之不同, 後之人雖悉力摸擬, 終無以得其萬一之似."(歸有光, ≪震川集≫ 卷1 〈尙書敍錄〉)

12) "先生儒者, 曾盡讀五千四十八卷之經藏, 精求第一義諦, 至欲盡廢其書, 而悼亡禮懺, 篤信因果, 恍然悟珠宮貝闕生天之處, 則其識見, 蓋韓歐所未逮者, 余固非敢援儒而入墨也."(錢謙益, ≪牧齋有學集≫ 卷16, 〈新刻震川先生文集序〉)

13) "千載有公, 繼韓歐陽. 余豈異趨? 久而始傷"(王世貞, ≪弇州山人四部續稿≫ 卷150, 〈歸太僕贊〉)

14) "歸震川先生, 儲精震澤, 豎望寰瀛, 爲當代文人主盟. 每一技出, 與王唐瞿薛相頡頏."(歸有光 選輯, 倪元璐 評閱, ≪唐宋四大家≫, 〈唐宋四大家序〉, 규장각 소장본)

15) "熙甫爲文, 原本六經, 而好太史公書, 能得其風神脈理. 其於六大家, 自謂可肩隨歐曾臨川, 則不難抗行."(錢謙益, ≪列朝詩集小傳≫ 丁集 卷12 〈震川先生歸有光〉)

다만 귀유광의 글은 곤산 지역의 인물과 일화, 개인사 등 작은 소재를 대상으로 한 것이 많고 도학적 성격보다는 통속성과 서정성이 강하여, 동성파 내부에서도 귀유광 문학에 대한 평가가 갈린다. 특히 귀유광 문장의 文從字順한 성격은 팔고문의 餘習으로 비판받기도 하였다. 曾國藩은 귀유광이 다량의 응수 문자를 지어 남을 칭양한 것을 두고, "안으로 성실함을 세우지 못해 밖에서 그를 믿을 수 없다."라고 강하게 비판한 바 있다.[16] 문장의 도학적 성격을 중시했던 동성파의 입장에서 귀유광의 문장은 실질적인 내용이 없는 것으로 보였던 것이다. 다만 귀유광이 模擬와 표절을 일삼지 않고 과도한 수식을 배제한 순정한 고문을 창작함으로써 동성파 산문의 母胎가 되었다는 사실은 동성파 문인들의 중론이었다.

3) 歸有光 文集의 版本과 ≪明淸八大家文鈔≫ 수록 양상

귀유광의 문집은 여러 판본이 있으나, 손자 歸昌世가 전겸익과 함께 편집한 판본을 바탕으로 하여, 康熙 연간에 증손 歸莊이 간행한 ≪震川先生全集≫ 40권이 대표적이다.

≪明淸八大家文鈔≫에는 귀유광의 산문이 총 59편 수록이 되어 있는데, 문체별로 나누면 論 3편, 說 1편, 雜文 4편, 序 7편, 贈序 4편, 壽序 3편, 經解 2편, 題跋 3편, 書 2편, 傳 6편, 記 9편, 墓碣 2편, 墓誌銘 2편, 壙誌 2편, 銘 1편, 贊 1편, 頌 1편, 墓表 1편, 祭文 4편, 行狀 1편이다.

方苞

2. 方苞(1668~1749)

1) 생애

方苞는 康熙 7년(1668) 4월 15일에 江寧府 六合縣(지금의 江蘇省 南京市 六合縣)에서 태어났으며 原籍은 安徽省 桐城縣이다. 字

16) "近世綴文之土, 頗稱述熙甫, 以爲可繼曾南豊王半山之爲之. 自我觀之, 不同日而語矣. 或又與方苞氏竝擧, 抑非其倫也. 蓋古之知道者, 不妄加毁譽於人, 非特好直也. 內之無以立誠, 外之不足以信, 後世君子恥焉."(曾國藩, ≪曾文正公詩文集≫ 文集 卷2, 〈書歸震川文集後〉)

는 靈皐 또는 鳳九, 號는 望溪이다. 방포의 집안은 明代까지는 동성현의 명문세족이었으나, 淸初에 들어서면서부터 가문이 몰락하여 궁핍한 생활을 하였다. 방포의 글에 명말에 대한 향수와 遺民意識이 드러나는 것은 이러한 집안 환경 때문이다.

방포는 어려서부터 부친 方仲舒과 형 方舟에게서 經史百家의 글을 배웠는데, 이때는 宋儒의 학설을 좋아하지 않았다고 한다. 부친 방중서는 國子監生을 지냈고 詩에 능하였다. 형 방주와 동생 方林은 時文에 뛰어났는데 모두 요절하였다. 집안 대대로 ≪史記≫를 익혔는데, 방포 역시 어렸을 때부터 ≪사기≫를 학습하여 그 筆法에 정통하게 되었다.

강희 28년(1689) 22세 때 歲試에 1등으로 합격하여 桐城縣學弟子員이 되었다. 2년 뒤에 北京으로 가서 太學에서 수학하였는데, 이때 당시의 大學者로서 康熙帝의 신임을 받고 있던 李光地로부터 "韓愈와 歐陽脩가 다시 나타났으니, 北宋 이후로 이런 작품은 없었다."[17]라는 평을 들을 만큼 인정받았다. 이때부터 이광지와 萬斯同 등과 교유하면서 程朱理學에 심취하였고, 經學과 史學에 더욱 매진하였다.

강희 38년(1699) 32세 때 江南鄕試에서 1등으로 급제하였으나, 이후 두 차례 會試에 응시하여 낙방하였다. 1706년 회시에 4등으로 급제하였으나 殿試에 응하기 전에 모친의 병환 소식을 듣고 귀향하였다.

강희 50년(1711)에 방포는 戴名世의 ≪南山集≫을 둘러싼 필화 사건인 소위 '南山集案'에 연루되어 투옥되었다. 대명세는 자신의 문집인 ≪南山集≫에서 南明 永曆帝의 연호를 썼을 뿐만 아니라 抗淸 투쟁을 한 方孝孺의 글을 인용한 것 때문에 청 왕조를 부정한다는 혐의를 받아 사형에 처해졌다. 방포는 대명세와 절친한 사이였고 앞서 1702년에 ≪남산집≫의 서문을 써 주었기 때문에 역시 사형을 선고 받고 2년간 투옥되었다. 1713년에 그의 재주를 아깝게 여긴 이광지 등이 구명운동을 벌여 방포는 노예 신분으로 강등되어 석방되었다. 이후 南書房에 들어가 황제의 勅命으로 글을 쓰는 文學侍從이 되었으며, 1722년에는 英殿修書總裁에 올랐다.

雍正 9년(1731)에 사면을 받아 원적을 회복하고, 본격적으로 관직 생활을 시작하였다. 1733년에 內閣學士, 禮部侍郞 등을 역임하고 ≪大淸一統志≫의 편수를 총괄하는 總裁가 되었으며, 2년 뒤에는 ≪皇淸文穎≫의 副總裁가 되었다. 乾隆 元年(1736)에는 다시 남서방에 들어가 ≪三禮書≫의 副總裁가 되었다. 이처럼 방포는 강희・옹정・건륭 3대

17) "辛未(1691)先生年二十四歲.……遊太學. 安溪李文貞公諱光地見先生文, 歎曰 '韓歐復出, 北宋後無此作也.'"(蘇惇元, ≪望溪先生年譜≫)

동안 관각에 몸담으면서 국가 문헌 편찬사업에 참여하였다.

청나라는 정주이학에 바탕을 둔 古文을 八股文의 문체로 확립함으로써 지식인의 사상과 사유 체계를 구속하는 강력한 문화 정책을 폈다. 필화 사건을 겪은 뒤로 방포는 청 정부의 문화 정책에 순응하였으며 정주이학을 더욱 추숭하는 태도를 보였다. 방포는 칙명에 의해 많은 저서를 편찬하였는데, 옹정 11년(1733)에는 果親王의 명으로 역대 고문을 編選하여 ≪古文約選≫을 편찬했으며 건륭 원년에는 명청대의 우수한 팔고문을 선별한 ≪欽定四書文≫를 편찬하여 팔고문의 기준과 전범을 마련하였다. 뿐만 아니라 계속 經書 연구에 매진하여, 三禮와 ≪春秋≫에 관한 연구서를 편찬하였다.

방포는 관직에 있는 동안 私黨을 만들어 이익을 꾀한다는 비판을 받기도 하였고, 비타협인 성격 때문에 줄곧 다른 관료들에게 시기와 미움을 받았다. 건륭 12년(1747) 기존의 科擧科目을 개정하려고 하다가 오히려 탄핵을 받았는데, 이 일로 강등되자 사직하고 낙향하였다. 이후 10년간 연구와 강학에 힘쓰다가, 1749년 82세의 나이로 세상을 떠나 고향에 묻혔다.

2) 문학과 학술 사상

방포는 桐城派의 실질적인 創立者로 평가받는 문인이다. 방포의 문학 이론과 주장은 크게 네 가지로 요약할 수 있다. 첫째, 문학 창작 이론으로서 義法論을 정립하였다. 義法은 문장의 내용·사상에 해당하는 '義'와 문장의 형식에 해당하는 '法'을 겸비할 것을 요구하는 이론으로, ≪史記≫ 〈十二諸侯年表〉에서 司馬遷이 孔子의 ≪春秋≫ 편찬 방식을 "화려한 문사는 간략하게 하고 번거롭고 중복된 것은 제거하여 義法을 제어하였다.〔約其辭文 去其煩重 以制義法〕"라고 평한 데서 비롯된 말이다. 그는 〈又書貨殖傳後〉에서 "≪춘추≫의 의법은 太史公으로부터 나와 이후에 문장에 대해 깊이 깨달은 자들 또한 이를 갖추었다. '義'는 ≪주역≫에서 말한 '말에 내용이 있다.〔言有物〕'라는 것이고 '法'은 ≪주역≫에서 말한 '말에 질서가 있다.〔言有序〕'라는 것이다. 義가 날줄이 되고 法이 씨줄이 된 뒤에야 體裁가 완성된 문장이 된다."[18]라고 하였는데, 이에 따르면 '義'는 문장의 내용을, '法'은 문장의 구성과 조리를 가리킨다.

의법론은 이론에만 그치지 않고 실제 비평과 창작에 적극 활용되었다. 방포는 ≪左傳

---

18) "春秋之制義法, 自太史公發之, 而後之深於文者亦具焉. 義卽易之所謂言有物也, 法卽易之所謂言有序也. 義以爲經而法緯之, 然後爲成體之文."(方苞, ≪望溪集≫ 文集 卷2 〈又書貨殖傳後〉)

義法擧要≫·≪史記評語≫ 등의 비평서와 ≪古文約選≫ 등의 選本을 통해 실제 의법을 기준으로 고문을 선별하고 분석하는 실례를 보이기도 하였다. 의법론은 이후 劉大櫆와 姚鼐에 의해 계승되어 동성파 文論의 근간이 된다.

둘째, 방포는 고문 창작의 방법으로서 六經을 비롯한 儒家經傳, ≪左傳≫·≪史記≫에 대한 학습을 중시하였다. 그는 〈古文約選序例〉에서 "古文의 유래는 오래되었으니, 六經·≪論語≫·≪孟子≫가 그 근원이다. 그 支流를 얻어 義法이 가장 정미한 것으로는 ≪좌전≫과 ≪사기≫만 한 것이 없다."[19]라고 하여, 육경을 고문의 근원으로, ≪좌전≫과 ≪사기≫를 의법의 모범으로 삼았다. 이런 입장은 귀유광의 古文觀을 그대로 계승하되 고문의 관건을 의법으로 구체화한 것이다. 또한 방포는 문장의 성쇠는 시대의 추이에 따른 것이 아니라 나라의 교화와 개인의 노력 여하에 달린 것이므로, 의법에 대한 학습을 통해 현재에도 과거의 고문을 회복할 수 있다는 입장을 취하였다.[20]

셋째, 방포는 문학 창작의 가장 중요한 목적이 '通經明道'에 있다고 보았다. 문장은 經術에 바탕을 두어야 하며,[21] 특히 정주이학의 사상을 담아내야 한다는 것이다. 이는 의법론에서 문장의 내용인 義에 해당하는 것이다. 그는 文以載道이자 文道合一을 추구하였으며, 文과 道의 선후 관계에 있어서는 도를 우선으로 두는 전형적인 유가적 문도론을 취하였다.[22]

넷째, 古文과 時文(八股文) 간의 관계를 매우 긴밀하게 설정하였다. 방포는 기본적으로는 시문에 부정적인 입장을 띠고 있었으나,[23] 대부분의 문인들이 과거 급제를 위해 다년간의 시문 학습을 피할 수 없던 상황에서 "고문의 방식으로 시문을 짓는〔以古文爲時文〕" 방식을 제창하여 시문의 폐해를 바로잡고자 하였다. 이런 입장을 바탕으로 건륭 원년(1736)에는 명청대의 우수한 팔고문을 선별한 ≪欽定四書文≫을 편찬하였다. 여기에 귀유광의 시문이 다량 수록된 것 역시 특기할 만한 점이다. 방포는 正德·嘉靖 연간 귀

19) "蓋古文所從來遠矣, 六經語孟, 其根源也. 得其支流, 而義法最精者, 莫如左傳史記."(方苞, ≪望溪集≫ 外文 卷4, 〈古文約選序例〉)

20) "文章之傳, 代降而卑, 以爲古必不可復者惑也. 百物技巧, 至後世而益精, 竭心焉以求其善耳. 然則道德文術之所以衰者, 其故可知矣.……夫自周之衰, 以至於唐, 學蕪而道塞, 近千歲矣, 及昌黎韓子出, 遂以掩迹秦漢, 而繼武於周人, 其務學屬文之方, 具於其書者, 可按驗也. 然則今之人, 苟能學韓子之學, 安在不能爲韓子之文哉."(方苞, ≪望溪集≫ 文集 卷7 〈贈淳安方文輈序〉)

21) "若古文, 則本經術而依於事物之理, 非中有所得, 不可以爲僞."(方苞, ≪望溪集≫ 文集 卷6 〈答申謙居書〉)

22) 이강래, 〈桐城派 方苞의 古文理論 硏究〉, ≪中國文學≫ 14, 한국중국어문학회, 1986, 232-233 참조.

23) "余天資蹇拙, 尤不好時文"(方苞, ≪望溪集≫ 外文 卷4, 〈書高素侯先生手札二則〉)

유광을 기점으로 시문의 기풍이 일신되었으며 문체의 성숙을 이루었다고 보았는데,[24] 귀유광의 시문은 고문의 방식을 활용하여 당송 고문의 풍격을 띠며 특히 문장 사이의 연결과 曲折에 능한 점에서 고문이라고 평가하였다.[25] 이런 時文觀은 시문 창작의 성패가 관직 사회로의 진출 여부로 직결되던 청대 사회 내에서 큰 영향력을 발휘하였으며, 동성파가 청나라 말엽까지 가장 큰 문학 유파로 성장할 수 있는 동력이 되었다.

실제 창작에서, 방포는 清眞古雅한 풍격을 추구하였으며[26] 俚俗하고 浮薄한 문장을 배척하였다. 특히 白話套・語錄套, 지나치게 화려한 수식이나 排比, 小說, 戲曲을 매우 경시하여, 이런 문투가 글에 섞여 들지 않게 할 것을 강조하였다.[27] 또한 귀유광과 마찬가지로, ≪사기≫의 서술 방식을 충실히 학습하여 문장의 結構와 章法를 중시하였다. 특히 傳을 지을 때는 사실을 평면적으로 나열하기보다는 詳略과 虛實을 적절히 배치하는 데 심혈을 기울였다.[28] 이런 서사 전략은 의법론에서 문장의 구성인 法에 해당하는 것이다.

또한 방포는 "문장이 번잡하면서 공교로울 수는 없다"[29]고 하면서 수사를 배제한 간결한 문체를 지향하였다. 이런 풍격은 특히 방포의 遊記에서 잘 드러난다. 일례로 〈遊雁蕩記〉에서 방포는 경물이나 여정을 자세하게 묘사하기보다는 안탕산 유람을 통해 聖賢의 도리를 깨달을 것을 역설하였다. 산수 유람을 통해서 철리나 교훈을 이끌어내고 자신의 사상을 개진하는 宋代 유기의 특성이 두드러짐을 확인할 수 있다. 방포는 〈書楊維斗先生傳後〉, 〈書孫文正傳後〉를 비롯한 明末의 逸史나 인물에 대한 글도 다수 남겼는데, 간명한 서술 속에서 날카로운 비평 의식을 보여주고 있다.

---

24) "化治以前, 先輩多以經語詁題, 而精神之流通, 氣象之高遠, 未有若茲篇者. 學者苦心探索, 可知作者根柢之淺深. 三百篇語, 漢魏人用之, 卽是漢魏人氣息. 漢魏樂府古詩, 六朝人用之, 卽是六朝人音節. 觀守溪震川之用經語, 各肖其文之自己出者, 可悟文章有神."(方苞, ≪四書文≫ 正嘉文 卷1 〈大學之道 一節〉)

25) "古厚之氣直接先秦初漢前人, 以粗枝大葉槩之 最善名狀."(方苞, ≪四書文≫ 正嘉文 卷2 〈禮之用一節〉) "每股接頭轉摺處, 純是古文行局. 空漾渾雅, 繁委周匝, 無一不古, 亦惟深於古文者知之."(〈天將以夫子爲木鐸〉)

26) "蓋以辨古文氣體, 必至嚴乃不雜也.……古文氣體所貴清澄無滓."(方苞, ≪望溪集≫ 外文 卷4, 〈古文約選序例〉)

27) "又訓門人沈廷芳曰 南宋元明以來, 古文義法不講久矣. 吳越間遺老尤放恣, 或雜小說, 或沿翰林舊體, 無一雅潔者. 古文中不可入語錄中語, 魏晉六朝人, 藻麗俳話, 漢賦中板重字法, 詩歌中雋話."(蘇惇元, ≪望溪先生年譜≫)

28) "僕此傳出, 必有病其太略者, 不知往者羣賢所述, 惟務徵實. 故事愈詳而義愈陿. 今詳者略, 實者虛, 而徵君所蘊蓄, 轉似可得之意言之外."(方苞, ≪望溪集≫ 文集 卷6 〈與孫以甯書〉)

29) "夫文未有繁而能工者."(方苞, ≪望溪集≫ 文集 卷6 〈與程若韓書〉)

학술 방면에서, 방포는 철저한 朱子學者였다. 젊었을 때는 정주이학에 반감을 품기도 하였으나, 북경에서 이광지 등을 통해 정주이학을 접한 뒤 오랫동안 관각에 몸담으면서 정주이학에 더욱 경도되는 경향을 보였다. 그는 周敦頤・程顥・程頤・張載・朱熹 五子의 학술을 특히 추숭하였으며 이외의 학자는 모두 학문의 좀 벌레로 치부할 만큼 배타적인 태도를 보이기도 하였다.[30)]

〈與李剛主書〉는 방포의 주자학에 대한 깊은 추숭 의식을 여실히 보여주는 글이다. 이 서신은 방포가 54세 때인 강희 60년(1721)에 지은 것으로, 李塨의 장남 李習仁의 부음을 듣고 보낸 것이다. 이공은 방포와 절친한 사이였지만 顔元에게 수학하여 반주자학적 입장을 지니고 있었다. 이 서신에서 방포는 이공이 주자를 비판한 것이 아들의 요절이라는 재앙을 초래했다고 하면서, 평소 저술 가운데 주자를 비판한 대목을 삭제할 것을 권하였다. 이는 개인의 학술 사상과 화복을 연결시켜 사유한 것으로 상당히 과격한 입장이라 할 수 있다. 그만큼 방포는 주자학에 대한 깊은 신념과 확신을 갖고 있었던 것이다.

방포는 평생 유가경전의 뜻을 밝히는 경학 연구에 매진하여 많은 저술을 남겼다. 대표적인 경학 저술로서 ≪春秋通論≫, ≪禮記析疑≫, ≪周官集注≫, ≪周官析疑≫, ≪儀禮析疑≫ 등이 있는데, 이는 모두 宋儒의 학설을 바탕으로 한 것이다. 다만, 방포는 80세 때인 건륭 12년(1747)에 쓴 〈重建陽明祠堂記〉에서는 王陽明(王守仁)의 良知 사상을 긍정하는 모습을 보이기도 하였다. 만년에 관각에서 벗어나 낙향한 뒤로는 일정 부분 사상적 변화를 겪었음을 짐작할 수 있다.

3) 方苞 文集의 版本과 ≪明淸八大家文鈔≫ 수록 양상

≪望溪集≫은 방포 생전에 초간되었고, 이후 嘉慶 17년(1812)에 증손 方傳貴가 ≪망계집≫에 누락된 글을 모아서 ≪望溪先生集外文≫을 편찬하였다. ≪망계집≫은 이후로도 증보와 飜刻을 거듭하여 여러 판본이 전해지고 있으나, 동성현 출생의 戴鈞衡이 咸豐 원년(1851)에 ≪正集≫ 18권, ≪集外文≫ 10권, ≪補遺≫ 2권을 합하여 편찬한 30권본이 대표적이다.

≪明淸八大家文鈔≫에는 방포의 산문이 총 52편 수록되어 있는데, 문체별로 나누면

30) "二十年來, 於先儒解經之書, 自元以前, 所見者十七八, 然後知生乎五子之前者, 其窮理之學, 未有如五子者也. 生乎五子之後者, 推其緖而廣之, 乃稍有得焉. 其背而馳者, 皆妄鑿牆垣而殖蓬蒿, 乃學之蠹也."(方苞, ≪望溪集≫ 文集 卷6 〈再與劉拙修書〉)

論說 8편, 書後를 비롯한 題跋 13편, 序 2편, 贈序 3편, 書 6편, 傳 1편, 家傳 1편, 記 4편, 紀事 5편, 墓表 1편, 墓誌銘 4편, 壽序 1편, 哀辭 2편. 祭文 1편이다.

참고문헌

◇ 원전 자료

· 歸有光, ≪震川集≫, 四部叢刊本.
· ―――― 著, 錢謙益 選定, ≪震川先生全集≫, 南昌府學本.
· ―――― 選輯, 倪元璐 評閱, ≪唐宋四大家≫, 규장각 소장본.
· 金澤榮, ≪滄江稿≫, 국립중앙도서관 소장본.
· 方苞, ≪望溪集≫, 咸豐元年(1851)戴鈞衡刻本.
· ――, ≪四書文≫, 淸文淵閣四庫全書本.
· 蘇惇元, ≪望溪先生年譜≫, 淸咸豐刻本.
· 孫岱, ≪歸震川先生年譜≫, 淸光緖刻歸顧朱三先生年譜合刻本.
· 王文濡 編, ≪明淸八大家文鈔≫, 進步書局, 1915.

◇ 단행본

· 歸有光 撰, 嚴佐之 等 主編, ≪歸有光全集≫, 上海人民出版社 , 2015.
· 魯迅, ≪魯迅全集≫, 人民文學出版社. 2005.
· 梁啓超, ≪淸代學術概論≫, 商務印書館(香港)有限公司, 1920.
· 葉龍, ≪桐城派文學史≫, 文津出版社, 1975.
· 吳孟復 저, 심경호 · 김봉희 역, ≪桐城文派述論≫, 태학사, 1998.
· 陳德秀, ≪陳獨秀選集≫, 天津人民出版社, 1990.

◇ 논문

· 김동석, 〈조선과 청나라 문인의 교류와 특징〉, ≪韓國漢文學硏究≫ 61, 한국한문학회, 2016.
· 김우정, 〈滄江 金澤榮 壽序 연구 : 韓 · 中 知識人 교류 연구의 반성적 검토를 겸하여〉, ≪民族文化硏究≫ 61, 고려대학교 민족문화연구원, 2013.
· 김화진, 〈만청 고문 선집의 변천과 문화 · 교육적 함의〉, ≪중국어문학논집≫ 84, 중국어문학연구회, 2014.

· 김희경, 〈方苞의 散文 批評 研究 : 실제 비평을 중심으로〉, 고려대학교 박사학위논문, 2016.
· 백광준, 〈桐城派에서 湘鄕派로-曾國藩의 지향에 대한 고찰〉, ≪中國文學≫ 61, 한국중국어문학회, 2009.
· 윤지훈, 〈歸有光에 대한 조선후기 문인들의 인식과 滄江 金澤榮〉, ≪東方漢文學≫ 66, 동방한문학회, 2016.
· 이강래, 〈桐城派 方苞의 古文理論 研究〉, ≪中國文學≫ 14, 한국중국어문학회, 1986.
· 趙伯陶, 〈王文濡與≪明清八大家文鈔≫〉, ≪甘肅社會科學≫, 甘肅省社會科學院, 2009.
· 한영규, 〈儒家 아비투스의 상대화와 근대적 문장관의 출현〉, ≪동양한문학연구≫ 35, 동양한문학회, 2012.

◇ 電子文獻 및 Web DB

· 中國基本古籍庫, 黃山書社.
· 한국고전번역원 한국고전종합DB.

≪明清八大家文鈔≫의 提要　明清八大家文鈔提要

桐城門派는 멀리로는 震川(歸有光)을 祖述하고 가까이로는 望溪(方苞)를 조술하였다. 姬傳(姚鼐)은 직접 劉氏(劉大櫆)에게 배우고 간접으로 方氏(방포)에게 배워서 선배를 받들어 후진을 이었으니, 실로 大宗이다. 그 후로 伯言 梅氏(梅曾亮)와 濂溪 張氏(張裕釗)는 모두 훌륭한 자손이 되기에 부끄럽지 않다. 湘鄕(曾國藩)은 一派로 표방하지는 않았지만 역시 은연중 자신을 桐城 쪽에 소속시켰는지라 글을 모아 이 책을 편집하였으니, 연원이 하나로 관통함을 알겠다.

桐城門派는 遠祖震川하고 近祖望溪로다 姬傳은 直接劉氏하고 間接方氏하여 承先繼後하니 實爲大宗이요 厥後伯言梅氏와 濂溪張氏는 皆不愧爲肖子로다 湘鄕不名一派나 亦隱然自附桐城이라 彙集是編하니 可以知淵源之一貫矣로다

≪明淸八大家文鈔≫의 序　明淸八大家文鈔序

湘鄕(曾國藩)이 ≪歐陽生[1]文集≫의 서문에서 周永年[2]氏의 말을 기술하기를 "천하의 문장이 桐城에 있도다."[3]라고 하였다. 이로 말미암아 '桐城派'라는 이름이 생겼으니, 그 유래를 거슬러 올라가면 지금까지 백 년이 채 못 된다. 삼가 생각건대 문장에 文派가 있는 것이 政家에 黨派가 있고 禪家에 宗派가 있는 것과 같으니, 그 師法의 전승과 정신 면모의 유사함을 가지고 구별하여 '무슨무슨 파'라고 하니, 그 道는 비록 옛날과 다르지만 그 쓰임은 요컨대 지금에 어긋남이 없다.

湘鄕之序歐陽生文에 **而述周永年氏之語**하여 **曰 天下之文章**이 **其在桐城乎**인저라하니 **由是**로 **有桐城派之號**하니 **溯其所自**에 **至今未及百年也**라 **竊謂文之有派**가 **如政家之有黨**하고 **禪家之有宗**하니 **就其師法之相承**과 **精神面目之相似**하여 **從而區別之**하여 **曰某某波**라하니 **其道**는 **雖戾於古**나 **其用**은 **要無謬於今焉**이라

泰山北斗와 같은 동성파는 지금 배우는 자들이 택하는 門路 중에서 가장 가까우니, 지금 해와 달이 하늘을 지나고 江水와 河水가 땅에 흐르는 기세[4]가 크게 있다. 望溪

---

1) 歐陽生 : 歐陽勛(1827~1855)으로, 자는 子和, 호는 功甫이며 湖南 湘潭 사람이다. 曾國藩(1811~1872)의 벗인 歐陽兆熊의 아들이며 동성파 문인 吳敏樹, 郭嵩燾에게서 배웠다. 〈歐陽生文集序〉는 증국번이 姚鼐를 중심으로 동성파 연원과 계통을 밝힌 글로 咸豐 8년(1858)에 썼다.

2) 周永年(1730~1791) : 淸나라 山東 歷城 사람으로, 자는 書昌, 호는 林汲山人이다. 乾隆 36년(1771)에 進士가 되어 四庫全書 編修에 참여했다. 翰林院庶吉士와 文淵閣校理 등을 지냈다.

3) 천하의……있도다 : 이 말은 요내가 처음 한 말이다. 요내는 〈劉海峰先生八十壽序〉에서 "지난 번 내가 京師에 있을 때 歙縣의 程吏部(程晉芳)와 歷城의 周編修(周永年)가 '문장을 짓는 자는 본받는 바가 있은 뒤에야 능하게 되고 변화하는 바가 있은 뒤에야 크게 성취하게 된다. 盛淸의 통치가 과거 천백 년을 뛰어넘는데 古文을 잘하는 선비는 많지 않다. 옛날에는 方侍郎(方苞)이 있었고 지금은 劉先生(劉大櫆)이 있으니, 천하의 문장이 동성에서 나오는구나.〔曩者鼐在京師 歙程吏部 歷城周編修語曰 爲文章者 有所法而後能 有所變而後大 維盛淸治邁逾前古千百 獨士能爲古文者未廣 昔有方侍郎 今有劉先生 天下文章 其出於桐城乎〕"라고 하였다.

4) 해와……기세 : 영원하고 위대한 것을 비유한다. ≪後漢書≫ 〈桓譚馮衍傳〉에서 "그 일이 분명하기가 해와 달이 하늘을 지나고 강과 바다가 땅에 흐르는 것과 같아서 비교할 수가 없다.〔其事昭昭 日月經天 江海帶地 不足以比〕"라고 한 데서 나왔다.

(方苞)가 진실로 開山祖이고 崑崙의 먼 산맥은 바로 震川(歸有光)에게 있다. 진천은 王世貞과 李攀龍[5] 무리가 秦漢의 외양만 답습하여 해박하고 심오한 글을 멋대로 짓는 폐단을 징계하여, 義理에 근본을 두고서 절실하게 발휘하여 헛된 기운과 들뜬 소리[6]를 일거에 쓸어 없애니, 明나라 한 시대가 쇠미한 문풍을 진작한 것이 여기에 힘입었다. 망계의 근엄하고 질박하며 高渾하고 凝固한 문장[7]이 실로 그를 宗師로 삼았다.

桐城派之杓嶽은 于今學者取徑之最近하니 於今에 大有日月經天江河行地之勢라 望溪誠開山祖矣요 而崑崙遠脈은 迺在震川이라 震川懲王李輩가 皮襲秦漢하여 恣爲博奧之弊하여 而本諸義理하여 切實發揮하여 虛氣浮響을 一掃而空하니 有明一代가 起衰賴焉이라 望溪之謹嚴樸質하며 高渾凝固는 實宗師之라

姚姬傳(姚鼐)이 나온 뒤로 이 문파가 더욱 커졌으니, 요희전은 劉氏(劉大櫆)에게 직접 배웠고 方氏를 私淑했다. 義理, 考據, 詞章 세 가지를 하나도 버리지 않되 반드시 의리를 중심으로 삼아 문장은 의지하는 바가 있고 고거는 귀착되는 바가 있었으니,[8] 지극한 이치와 저명한 언론이 마침내 문장가들의 金科玉條가 되었다.

自姚氏姬傳出하여 而此派益大하니 姚于劉氏爲親炙하고 於方氏爲私淑이라 義理考據詞章三者를 不可偏廢호되 必義理爲幹하여 而文有所附하고 考據有所歸하니 至理名言이 遂爲文家之金科玉律이라

---

5) 王世貞과 李攀龍 : 王世貞(1526~1590)과 李攀龍(1514~1570)은 明代 後七子의 중심인물로서 "문장은 반드시 秦漢, 시는 반드시 盛唐으로 한다.〔文必秦漢 詩必盛唐〕"라는 구호를 내세우며 擬古主義 문학 운동을 전개하였다.

6) 헛된……소리 : 淸나라 학자 徐乾學(1631~1694)이 〈重刻震川先生全集序〉에서 明初 문단의 복고적 기풍을 비판하며 "헛된 기운과 들뜬 소리가 분잡하게 함께 일어났다.〔虛氣浮響 雜然竝作〕"라고 한 것을 인용한 표현이다.

7) 망계의……문장 : 淸나라 동성파 문인 戴鈞衡(1814~1855)이 〈重刻方望溪先生全集序〉에서 方苞의 문장을 평가하며 "그 문장의 근엄하고 질박하며 高渾하고 凝固함이 또 배우는 자들의 客氣를 진정시키고 들뜬 말을 씻어낼 수 있었다.〔其文之謹嚴樸質 高渾凝固 又足以戢學者之客氣而滌其浮言〕"라고 한 것을 인용한 표현이다.

8) 義理……있었으니 : 曾國藩이 〈歐陽生文集序〉에서 "姚先生만은 衆論을 배격하여, 의리·고거·사장 세 가지 중 하나도 버릴 수 없으니 반드시 의리를 바탕으로 삼은 뒤에 문장은 의지하는 바가 있고 고거는 귀착되는 바가 있다고 여겼다. 한 편의 글 안에서 오직 이것을 힘써 따랐다.〔姚先生獨排衆議 以爲義理考據詞章三者不可偏廢 必義理爲質而後文有所附 考據有所歸 一編之內 惟此尤兢兢〕"라고 한 것을 인용한 표현이다. 姚鼐는 〈述庵文鈔序〉에서 "학문의 일에는 세 가지 단서가 있으니 의리, 고증, 문장이다.〔學問之事 有三端焉 曰義理也 考證也 文章也〕"라고 한 바 있다.

흐름을 따라 일어난 이들로 伯言 梅氏(梅曾亮)와 濂亭 張氏(張裕釗)와 摯父 吳氏(吳汝綸)는 정신 면모가 조금 변화했지만, 요컨대 그 법도[9]의 밖으로 벗어나지는 않았다. 湘鄉은 六經에 근본하고 百家를 섭렵하여 꽃술을 머금고 씹었으므로[10] 一家로 이름이 나지는 않았으나 평소 힘을 다하여 姚先生의 말을 힘써 따랐으니, 문장가의 正道는 이를 버리고 어디에서 찾겠는가[11]. 스승의 가르침을 듣고자 하는 마음이 또한 은연중에 자신을 동성파의 대열에 넣었다.

沿流而起者 伯言梅氏와 **濂亭張氏**와 **摯父吳氏**는 **精神面目**이 **稍稍變易**이나 **要莫能**軼其彀率(율) **之外**라 **湘鄉根**柢**六經**하고 **汎濫百氏**하여 **含英咀華**하니 **不名一家**나 **而平生致力**하여 **以姚先生之言**으로 **爲兢兢**하니 **文家正軌**는 **違此何求**리오 **其願聞**謦欬**之心**이 **亦隱然自附於桐城之列**이라

삼가 생각건대 우리나라는 오래되었고 人才는 많으니 고금에서 찾아보면 문장에 능한 大家는 손으로 꼽아 헤아리기 어렵다. 작은 고을인 동성이 皖省(安徽省)에 치우쳐 있지만 몇 안 되는 이들이 스스로 文風을 이루었으니, 은택[12]이 미치는 바가 어찌 끝이 있겠는가. 歸氏가 없었다면 앞에서 길을 열 수 없었을 것이요 姚氏와 曾氏가 없었으면 뒤에서 빛낼 수 없었을 것이니, 周氏의 말은 크지만 과장된 것이 아니고,[13] 근원이 멀수록 흐름은 더욱 悠長하니[14] 불후의 성대한 사업[15]이 여기에

---

9) 법도 : 원문의 '彀率'은 바꿀 수 없는 법칙을 의미한다. ≪孟子≫ 〈盡心 上〉에서 맹자가 "羿는 拙劣한 射手를 위하여 활을 당기는 한계를 변경하지 않는다.〔羿不爲拙射 變其彀率〕"라고 한 데서 나왔다.

10) 꽃술을……씹었으므로 : 문장의 精髓를 음미하는 것을 의미한다. 韓愈의 〈進學解〉에 "농욱한 향기에 무젖고 꽃술을 머금고 씹어 문장을 지으니, 그 글이 집에 가득하다.〔沈浸醲郁 含英咀華 作爲文章 其書滿家〕"라고 한 데서 나왔다.

11) 문장가의……찾겠는가 : 曾國藩이 〈歐陽生文集序〉에서 "武陵의 性農 楊彝珍과 善化의 芝房 孫鼎臣과 湘陰의 伯琛 郭嵩燾와 溆浦의 伯魯 舒燾도 모두 姚氏를 문장가의 정도로 삼았으니, 이를 버리고 또 어디에서 찾겠는가.〔武陵楊彝珍性農 善化孫鼎臣芝房 湘陰郭嵩燾伯琛 溆浦舒燾伯魯 亦以姚氏文家正軌 違此則又何求〕"라고 한 것을 인용한 표현이다.

12) 은택 : 원문의 '沾丐'는 남에게 이익을 주는 것을 말한다. ≪新唐書≫ 〈文藝傳 上 杜甫傳〉의 贊에서 "남은 기름과 향기가 후인들에게 많은 영향을 끼쳤다.〔殘膏賸馥 沾丐後人多矣〕"라고 한 데서 나왔다.

13) 크지만……아니고 : 宋나라 문인 蘇軾의 〈六一居士集序〉에서 "무릇 말이 커도 과장이 아닌 것이 있으니 통달한 자는 이를 믿고 뭇사람은 의심한다.〔夫言有大而非夸 達者信之 衆人疑焉〕"라고 한 데서 나왔다.

14) 근원이……悠長하니 : 唐나라 문인 白居易의 〈海州刺史裴君夫人李氏墓志銘〉에서 "무릇 근원이 멀면 흐름이 유장하고 뿌리가 깊으면 가지가 무성하다.〔夫源遠者流長 根深者枝茂〕"라고 한 데서 나왔다.

갖추어져 있도다.

伏念我國古矣요 **人才衆矣**니 **上下求索**하면 **能文巨子**는 **僂指難數矣**라 **桐城蕞爾邑**이 **僻在皖省**이나 **寥寥數子**가 **自成風氣**하니 **沾丐所及**이 **甯有涯涘**리오 **不有歸氏**면 **無以啓於前**이요 **不有姚曾**이면 **無以光於後**하니 **周氏之言**은 **大而非夸**이요 **源遠而流益長**이니 **不朽盛業**이 **具在玆乎**인저

나는 늦게 태어나 鄕先生[16]의 遺風을 직접 접하지는 못했지만 예전부터 좋아했던 터라 이 책을 편집하여 先正의 典型을 보존하고 後學의 모범을 세운다. 자세히 늘어놓아 말하노라니 그 식견이 합당하지 않고 말이 문장을 이루지 못하는 줄도 스스로 알지 못한다.

民國 4년(1915) 4월 중순에 桐川 王文濡는 삼가 쓴다.

予生也晩이라 **鄕先生之遺風**을 **不獲覿接矣**로되 **夙好所在**에 **輯得是編**하여 **存先正之典型**하고 **樹後學之模範**이라 **覼縷言之**에 **不自知其識之無當**하고 **語之不文也**라

民國四年四月中浣에 **桐川王文濡**는 **謹識**(지)하노라

15) 불후의……사업 : 三國時代 魏나라 曹丕의 ≪典論≫ 〈論文〉에 "대개 문장은 나라를 다스리는 큰 사업이고 불후의 성대한 일이다.〔蓋文章經國之大業 不朽之盛事〕"라고 한 데서 나왔다.
16) 鄕先生 : 致仕한 뒤 향리에 사는 노인을 일컫는 말이다. ≪儀禮≫ 〈士冠禮〉의 鄭玄의 주석에 "卿大夫였다가 치사한 鄕中의 노인이다.〔鄕中老人爲卿大夫致仕者〕"라고 하였다. 여기서는 上記한 동성파 문인들을 가리킨다.

歸震川文鈔

권1 歸震川文鈔

01. 貞女에 대한 論　貞女論*

*이 글에서 歸有光은 여자가 정식으로 시집을 가기 전에 남편을 따라 죽거나 改嫁하지 않는 것이 禮가 아님을 설파하였다. 明代에는 정부 차원에서 정녀의 守節을 권장하여 정녀의 수가 급증하였고 수절의 방식도 점점 극단화되어 남편을 따라 죽는 일이 빈번하였다. 이 글은 당시의 정녀 관념을 禮敎의 측면에서 비판한 것으로 많은 문인들의 논쟁을 촉발시켰으며, 조선에서도 滄江 金澤榮이 〈駁歸熙甫貞女論〉을 통해 이 글을 반박한 바가 있다.

여자가 아직 시집가지 않았는데 혹 그 남편을 위해 죽거나 또 종신토록 改嫁하지 않는 것은 禮가 아니다. 무릇 여자는 몸을 남에게 허락하는 道가 없으니, 아직 시집가지 않았는데 그 남편을 위해 죽거나 또 개가하지 않는 것은, 이는 몸을 남에게 허락하는 것이다.

남자와 여자는 서로 이름을 알지 못하는 법이니[1] 혼인의 예는 부모가 주관한다. 부모가 없으면 伯父와 伯母가 주관하고 백부와 백모가 없으면 宗族의 어른이 주관한다. 남자와 여자가 자기들끼리 혼인하는 예는 없으니, 이는 분별을 두텁게 하고[2] 염치의 법도를 중하게 하는 바이다.

女未嫁人이어늘 **而或爲其夫死**하고 **又有終身不改適者**는 **非禮也**라 **夫女子未有以身許人之道也**니 **未嫁而爲其夫死**하고 **且不改適者**는 **是以身許人也**라 **男女不相知名**이니 **婚姻之禮**는 **父母主之**라 **父母不在**면 **伯父世母主之**하고 **無伯父世母**면 **族之長者主之**라 **男女無自相昏姻之禮**하니 **所以厚別而重廉恥之防也**라

---

1) 남자와……법이니 : ≪禮記≫ 〈曲禮〉에서 "남자와 여자는 중매를 통하지 않았으면 서로 이름을 알지 못하며, 폐백을 받은 것이 아니면 사귀거나 친하게 지내지 않는다.〔男女非有行媒 不相知名 非受幣 不交不親〕"라고 하였다.

2) 분별을……하고 : ≪禮記≫ 〈郊特生〉에서 "무릇 혼례는 萬世의 시초이다. 異姓에게 장가를 드는 것은 소원한 사람을 가깝게 하고 분별을 두텁게 하는 것이다.〔夫昏禮萬世之始也 取於異姓 所以附遠厚別也〕"라고 하였다.

여자가 친정에 있을 때[3]는 오직 부모가 그를 위해 남에게 혼인을 허락하고 자신은 관여하는 바가 없어서 여자의 道를 순수하게 할 뿐이다. 六禮[4]가 이미 갖추어진 뒤에 신랑이 직접 수레를 몰고 가서 수레를 탈 때 잡는 줄을 건네주고[5] 어머니가 문에서 전송하고 희생을 함께 먹고 巹으로 함께〔合巹〕 술을 마신 뒤에야 부부가 된다.[6] 만일 한 가지 예라도 갖추지 못하거나 신랑이 親迎하지 않거나 부모의 명이 없다면 여자는 스스로 가지 못하니, 〈스스로 가면〉 오히려 私奔[7]이 될 뿐이다. 여자가 아직 시집가지 않았는데 그 남편을 위해 죽거나 또 개가하지 않는 것은 육례를 갖추지 못하고 신랑이 친영하지 않고 부모의 명 없이 사분한 것이니 예가 아니다.

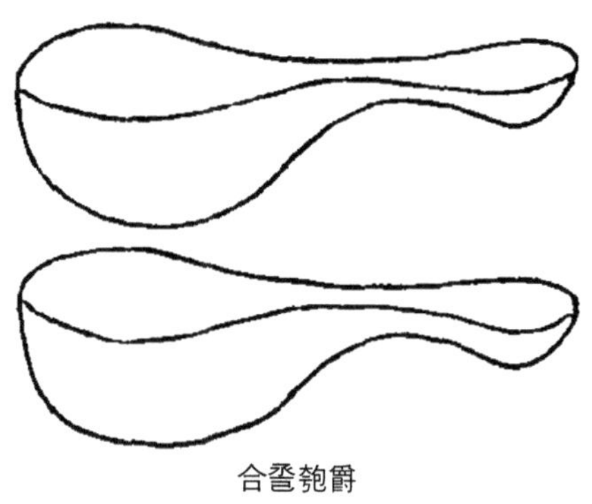
合巹匏爵

女子在室에 唯其父母가 爲之許聘於人也하고 而己無所與하여 純乎女道而已矣라 六禮既備에 壻親御授綏하고 母送之門하고 共牢合巹而後에 爲夫婦라 苟一禮不備하고 壻不親迎하고 無父母之命이면 女不自往也니 猶爲奔而已라 女未嫁而爲其夫死하고 且不改適은 是六禮不具하고 壻不親迎하고 無父母之命而奔者也니 非禮也라

陰陽과 부부는 天地의 큰 의리이다. 천하에 태어나서 짝이 없는 자는 없으니 종

3) 친정에 있을 때 : 원문의 '在室'은 여자가 定婚을 하고 아직 친정에 머무는 것을 가리킨다. ≪儀禮≫ 〈喪服〉에서 "딸이 집에 있을 때는 아버지를 위해 布總, 箭笄, 髽, 衰 차림으로 삼년상을 치른다.〔女子子在室爲父 布總箭笄髽衰三年〕"라고 하였는데, 鄭玄의 주석에 "집에 있다고 한 것은 이미 시집가는 것을 허락한 것을 말한다."라고 하였다.

4) 六禮 : 혼례의 여섯 가지 예식 절차로, 納采·問名·納吉·納徵·請期·親迎을 말한다.

5) 수레를……건네주고 : 혼례 의식 중의 하나로, ≪儀禮≫ 〈士昏禮〉에서 "신랑이 신부의 수레를 몰고 가서 수레를 탈 때 잡는 줄을 건네주면 유모가 사양하고 받지 않는다.〔壻御婦車授綏 姆辭不受〕"라고 하였다.

6) 희생을……된다 : ≪禮記≫ 〈昏義篇〉에서 "신부가 오면 신랑은 신부에게 揖을 하고 들어가 희생을 함께 먹고 巹으로 함께 술을 마신다.〔婦至 壻揖婦以入 共牢而食 合巹而酳〕"라고 하였다. 巹은 혼례에 쓰는 술잔으로, 표주박을 반으로 쪼개어 둘로 만든 것이다. 신랑과 신부가 각각 하나씩 잡고 술을 마시는데, 그것을 '合巹'이라 한다.

7) 私奔 : 남녀가 私通하여 도망치는 것을 가리킨다. ≪周禮≫ 〈地官 媒氏〉에서 "仲春의 달에 남녀가 서로 만나라고 영을 내린다. 이때는 도망치는 것을 금하지 않는다.〔中春之月 令會男女 於是時也 奔者不禁〕"라고 한 데서 나왔다.

신토록 시집가지 않는 것은 음양의 기운을 어그러뜨리고 천지의 조화를 해치는 것이다.

陰陽配偶는 **天地之大義也**라 **天下未有生而無偶者**니 **終身不適**은 **是乖陰陽之氣而傷天地之和也**라

曾子가 말하기를[8] "여자가 〈시집와서〉 사당에 謁見하지 못하고 죽으면 어찌합니까?"[9]라고 하니, 孔子가 말하기를 "靈柩를 祖廟로 옮기지 않으며 시어머니와 合祀하지 않으며 남편은 喪杖을 짚지 않고 草履를 신지 않고 喪次에 머물지 않고 여자의 집으로 돌려보내 장사를 지내니, 아직 완전한 며느리가 되지 못하였음을 보이는 것이다."라고 하였다. 완전한 며느리가 되지 못했으면 남편에게 매여 있지 않으니, 先王의 예가 어찌 박하겠는가.

曾子曰 女未廟見(현)**而死**하면 **則如之何**오 **孔子曰 不遷於祖**하며 **不祔於皇姑**하며 **不杖不菲不次**하고 **歸葬於女子氏之黨**하니 **示未成婦也**라하니라 **未成婦**하면 **則不繫於夫也**니 **先王之禮**가 **豈爲其薄哉**아

어려서는 父兄을 따르고 시집가서는 남편을 따르는 법이니,[10] 남편을 따르면 한

8) 曾子가 말하기를 : 이하에 인용된 問答은 ≪禮記≫ 〈曾子問〉에 보인다. ≪震川先生集≫에는 이 앞에 한 단락이 더 있다. 내용은 다음과 같다. "曾子가 '혼례에 이미 納幣를 하고 吉日을 잡았는데 신랑의 부모가 죽으면 어떻게 해야 합니까?'라고 묻자, 孔子가 '신랑이 이미 장사를 치르고 여자의 집에 알리기를 「아무개의 아들이 부모상을 당하여 兄弟之親을 맺지 못하므로 아무개를 보내어 알립니다.」라고 하면, 여자의 집에서 허락하고 감히 다른 곳에 시집보내지 못한다.'라 하였으니, 감히 시집보내지 못하고 허락하는 것은 진실로 시집보낼 수 있기 때문이며, '신랑이 免喪하면 여자의 부모가 사람을 보내 청하는데 신랑이 취하지 않은 뒤에야 딸을 다른 곳으로 시집보내는 것이 예이다.'라고 하였으니, 무릇 신랑에게 삼년상이 있을 경우 면상하고도 취하지 않으면 딸을 다른 곳에 시집보낸다.〔曾子問曰 昏禮旣納幣 有吉日 壻之父母死 則如之何 孔子曰 壻已葬 致命女氏 曰 某之子 有父母之喪 不得嗣爲兄弟 使某致命 女氏許諾 而弗敢嫁也 弗敢嫁而許諾 固其可以嫁也 壻免喪 女之父母使人請 壻弗取而後嫁之 禮也 夫壻有三年之喪 免喪而弗取則嫁之也〕" 이 부분은 뒤에 나오는 〈張氏女貞節記〉에 거듭 보이므로 選集할 때 생략한 것으로 추측된다.

9) 여자가……어찌합니까 : 며느리는 혼례를 치르고 석 달이 지난 뒤에 시가의 사당에 謁見을 한다. ≪禮記≫ 〈曾子問〉에서 "혼인한 지 3개월 만에 사당에 알현하고 來婦라 칭하며 날을 택해 아버지 사당에 제사하니 완전한 며느리가 되었다는 뜻이다.〔三月而廟見 稱來婦也 擇日而祭於禰 成婦之義也〕"라고 하였다.

10) 어려서는……법이니 : ≪禮記≫ 〈郊特牲〉에서 "부인은 남을 따르는 자이니, 어려서는 父兄을

결같이 남편의 말을 따라서 부모의 服은 등급을 내려 입고 아버지를 따르면 한결같이 아버지의 말을 따라 의리가 남편에게 미칠 수 없다. 시집간 뒤에야 부부의 도가 이루어지니, 聘禮는 부모의 일일 뿐이고 여자는 진실로 자신의 몸이 누구의 소속이 될지 스스로 알지 못하니 염치의 법도가 있다. 이로써 말한다면 여자가 아직 시집가지 않았는데 개가하지 않거나 남편을 위해 죽는 것은 말할 것도 없다. 어떤 사람은 "세상을 이로써 권면할 수는 있다."라고 하니, 무릇 先王의 예가 세상을 권면하지 못하여 굳이 이렇게 한 뒤에야 세상을 권면할 수 있겠는가.

幼從父兄하고 **嫁從夫**하나니 **從夫則一聽於夫**하여 **而父母之服爲之降**하고 **從父則一聽於父**하여 **而義不及於夫**라 **蓋旣嫁而後**에 **夫婦之道成**하니 **聘則父母之事而已**요 **女子固不自知其身之爲誰屬也**하니 **有廉恥之防焉**이라 **以此言之**컨대 **女未嫁而不改適**하고 **爲其夫死者之無謂也**라 **或曰以勵世可也**라하니 **夫先王之禮**가 **不足以勵世**하여 **必是而後**에야 **可以勵世也乎**아

따르고, 시집가서는 남편을 따르고, 남편이 죽으면 자식을 따른다.〔婦人 從人者也 幼從父兄 嫁從夫 夫死從子〕"라고 한 데서 나왔다.

02. 譜例[1]에 대한 論 譜例論*

* 이 글은 귀유광이 36세 때인 嘉靖 20년(1541)에 지은 것이다. 譜例는 族譜의 凡例로서 족보의 纂修 원칙과 體例 등을 밝힌 것이다. 이 글에서 귀유광은 小宗을 기준으로 한 蘇洵의 보례를 비판하고 大宗을 기준으로 한 보례를 정립하였다. 실제로 귀유광은 이 원칙에 입각하여 家寶와 族譜를 편찬하였다.

세상에서 譜學을 하는 자들은 歐陽氏(歐陽脩)와 蘇氏(蘇洵)[2]를 일컫는다. 내가 두 사람의 책을 살펴보건대 대동소이하니, 대개 그 법은 族人으로 하여금 저마다 族譜를 만들고 저마다 그 宗統을 상세하게 기술하는 것이다. 무릇 사람이 저마다 그 종통을 상세하게 기술하면 족보가 크게 갖추어져서 무궁한 후세에까지 이를 수 있으니, 이것이 그 좋은 점이다.

소씨는 또 "옛날에는 天子의 아들이거나 처음 大夫가 된 자만이 大宗이 될 수 있었고 그 나머지는 되지 못했다. 오직 小宗의 법만이 그래도 천하에 시행될 수 있다. 그래서 족보를 만들 때 모두 소종을 따르고 대종의 법은 쓰지 않았다."[3]라고 하였으나, 나의 주장은 이와 다르다.

世之爲譜學者는 **稱歐陽氏蘇氏**라 **予攷二家之書**컨대 **小異而大同**하니 **蓋其法**은 **使族人各爲譜而各詳其宗**이라 **夫人各詳其宗**하면 **則譜大備而可以至於無窮**이니 **此其善也**라 **而蘇氏又曰 古者**에 **惟天子之子**와 **與始爲大夫者而後**에야 **可以爲大宗**이요 **其餘則否**라 **獨小宗之法**이 **猶可施於天下**라 **故**로 **爲族譜**에 **皆從小宗而虛其大宗之法**이라하나 **而予之爲說**이 **異於是**라

---

1) 譜例 : 族譜의 凡例로서 條目으로 나누어 족보의 纂修 원칙과 體例 등을 밝힌 것이다.

2) 歐陽氏(歐陽脩)와 蘇氏(蘇洵) : 宋代의 문인 歐陽脩와 蘇洵은 小宗法을 따르는 새로운 성격의 족보를 편찬하여 '歐蘇體例'라고 병칭된다.

3) 옛날에는……않았다 : 蘇洵의 ≪嘉祐集≫ 〈族譜後錄〉에 보이는데, 내용에 다소 차이가 있다. "무릇 지금 천하의 사람들 중 천자의 아들이거나 처음 대부가 된 자만 대종이 될 수 있고 그 나머지는 되지 못한다. 오직 소종의 법만이 그래도 천하에 시행될 수 있다. 그래서 족보를 만들 때 그 법은 모두 소종을 따랐다.〔凡今天下之人 惟天子之子 與始爲大夫者 而後可以爲大宗 其餘則否 獨小宗之法 猶可施於天下 故爲族譜 其法皆從小宗〕"라고 하였다.

무릇 옛날에 大宗이 있은 뒤에 小宗이 있은 것은 나무에 뿌리가 있은 뒤에 枝葉이 있는 것과 같으니, 부친을 잇는 자와 조부를 잇는 자와 曾祖를 잇는 자와 高祖를 잇는 자는 대대로 변하지만 대종이 되는 자는 변하지 않는다. 이 때문에 祖가 위에서 옮겨지고 宗이 아래에서 바뀌더라도[4] 흩어지는 데 이르지 않는 것은 대종으로 묶어두기 때문이다. 그러므로 "대종으로 宗族을 거두어들인다."[5]라고 하는 것이다. 만약 대종이 없어진다면 소종의 법 또한 의지하여 천하에서 홀로 시행될 수 있을 바가 없을 것이다.

夫古者有大宗而後有小宗이 **如木之有本而後有枝葉**이니 **繼禰者繼祖者繼曾祖者繼高祖者**는 **世世變也**나 **而爲大宗者不變**이라 **是以**로 **祖遷於上**하고 **宗易於下而不至於散者**는 **大宗以維之也**라 **故**로 **曰大宗以收族也**라하니라 **苟大宗廢**면 **則小宗之法**도 **亦無所恃以能獨施於天下**라

내가 또 생각건대 족보라는 것은 그 종족의 世次와 이름을 기재할 뿐이니, 알 수 없는 것은 어떻게 할 수 없지만 알 수 있는 것은 기재하지 않는 것이 없다. 무릇 세차와 이름을 이미 상세하게 기술했다면 굳이 드러내 확립하여 宗法을 세우지 않더라도 종법이 보존될 것이다. 그러므로 歐陽氏와 蘇氏는 법이 있는 것으로 법이 없는 것을 다스렸고, 나는 법이 없는 것을 법이 있는 데 담아내었으니, 이것이 나의 족보가 다른 까닭이다.

予又以爲譜者는 **載其族之世次名諱而已**니 **其所不可知者**는 **無如之何**어니와 **其所可知者**는 **無不載也**라 **夫使世次名諱之旣詳**이면 **則不必縣定以爲宗法**이라도 **而宗法存焉耳**라 **故**로 **歐陽氏蘇氏**는 **以有法治無法**하고 **吾以無法寓有法**하니 **是吾譜之所以異也**라

---

4) 祖가……바뀌더라도 : ≪禮記≫ 〈喪服小記〉에서 "別子는 祖가 되고 別子를 계승한 자는 大宗이 되고 그 아버지를 계승한 자는 小宗이 된다. 五世가 되면 옮기는 宗이 있으니 高祖를 계승한 자이다. 이 때문에 祖는 위에서 옮겨지고 宗은 아래에서 바뀐다. 祖를 존경하기 때문에 宗을 공경하니 宗을 공경하는 것이 祖禰를 존경하는 것이다.〔別子爲祖 繼別爲大宗 繼禰爲小宗 有五世而遷之宗 其繼高祖者也 是故祖遷於上 宗易於下 尊祖故敬宗 敬宗所以尊祖禰也〕"라고 하였다.

5) 대종으로……거두어들인다 : ≪儀禮≫ 〈喪服〉에서 "대종은 종족을 거두는 것이니 끊어버릴 수 없다.〔大宗者 收族者也 不可以絶〕"라고 하였는데, 鄭玄의 주석에 "종족을 거두는 것은 親疏를 구별하고 昭穆의 차례를 정하는 것을 이른다.〔收族者 謂別親疏 序昭穆〕"라고 하였다.

03. 泰伯至德에 대한 論　泰伯至德論*

*孔子가 "泰伯은 지극한 德이 있다고 이를 만하다. 세 번 천하를 사양하였으나 백성들이 그 덕을 칭송할 수 없구나!〔泰伯 其可謂至德也已矣 三以天下讓 民無得而稱焉〕"라고 칭찬한 대목이 ≪論語≫ 〈泰伯〉에 나온다. 이에 대해 漢나라 司馬遷이 ≪史記≫에서 "太王은 泰伯, 虞仲(仲雍), 季歷 세 아들을 두었는데, 계력의 아들 昌이 태어날 때 성인이 될 조짐이 있기에 계력을 왕위에 세워 昌에게 왕위를 물려주어 천하를 소유하고자 하였다. 이에 태백과 우중 두 아들이 부친의 뜻을 알고 떠나 荊蠻 지역으로 가서 文身하고 斷髮하였다."라 하였고, 그 후에 鄭玄, 何晏 및 후세의 학자들이 모두 사마천의 說을 이어받았다. 귀유광은 이러한 주장에 반론을 제기하여 '태왕이 자기가 사랑한 姜女의 소생인 계력을 좋아하여 그에게 왕위를 전하고 싶어 하니, 태백이 부왕의 마음을 알고 그 뜻을 따른 것일 뿐이다. 이것이 효자의 지극한 마음이다. 이는 사람도 당연히 하는 것이니, 평범한 사람이 당연하다 여기는 것이 천하의 지극한 情이다.'라 하였다.

성인은 능히 천하의 지극한 情(마음)을 다한 분이다. 대저 물건을 남에게 줄 때 정에 편안한 바이면 반드시 받으니 받아서 마음이 편안하고, 정에 편안치 못한 바이면 반드시 받지 않으니 비록 받더라도 반드시 마음에 흡족하지 못하다. 사람의 喜怒는 마음에서 發하므로 음성과 안색, 웃음과 용모로 나타나길 기다리지 않아도 아는 법이니, 뜻이 어디에 있는지는 멀리서 바라만 보고도 알 수 있는 점이 있다.

그러므로 남에게 물건을 받는 것은 남이 주느냐 주지 않느냐 하는 겉으로 드러난 자취에 달려 있는 게 아니라 내 마음에 편안한지 편안하지 못한지 사이에 달려 있으니, 이것이 천하의 정이다. 천하의 정은 천하 사람들이 다 같은 바이거늘 〈그 물건을 얻기 위하여〉 지체하고 태만하며 탐욕스럽고 隱忍하여 장차 그 정을 다하지 못하는 자가 있다.

聖人者는 能盡乎天下之至情者也라 夫以物與人에 情之所安則必受니 受之而安焉이오 情之所

不安則必不受니 雖受之而必不慊焉이라 人之喜怒는 發于心이라 不待聲色笑貌而喩하나니 而意之所在에 有望而知者라 故受物于人이 不在乎與不與之迹이요 而在于安與不安之間하니 此天下之情也라 天下之情은 天下之所同이어늘 而濡滯迂緩하며 貪昧隱忍하여 將有不得盡其情者라

오직 성인의 마음은 지극히 공정하고 얽매임이 없다. 그러므로 천하의 지극한 정을 다할 수 있으니, ≪論語≫라는 책은 辭讓으로써 천하를 가르치지 않았는데 사양을 말한 것이 둘이니, 伯夷를 賢人이라 일컫고 泰伯을 至德이라 일컬은 것이 이것이다. 대저 사양은 성인이 귀하게 여긴 바가 아니니 겨우 이로써 頑鈍하여 염치가 없는 자들과 다를 따름이요, 이름 나는 것을 좋아하고 남다르다는 평판을 좋아하는 것은 사람들의 공통적인 문제점이니 가사 천하 사람들이 서로 이끌어 이를 사모하여 특이한 행위를 한다면 천하가 장차 그 폐해를 이길 수 없게 될 것이다.

伯夷

泰伯

惟聖人之心은 爲至公而無累라 故有以盡乎天下之至情하니 論語之書는 不以讓訓天下로되 而言讓者二니 伯夷를 稱賢人하며 泰伯을 稱至德이 是已라 夫讓은 非聖人之所貴也니 苟以異于頑鈍無恥之徒而已矣요 而好名喜異는 人之所同患이니 使天下相率慕之而爲琦魁之行하면 則天下將有不勝其弊者라

춘추시대에 魯나라 隱公과 宋나라 穆公이 친히 자기 나라를 가지고서 남에게 넘겨주었는데, 弑害당하는 화가 그 자신에 있지 않으면 그 아들에 있어 나라 안이 크게 혼란한 것이 두 代에 걸쳤다.[1] 吳나라 延陵 季子(季札)는 義를 행함에 뒤를 돌

1) 魯나라……걸쳤다 : 춘추시대 때 魯나라 公子 羽父(우보)가 桓公을 부추겨 허락을 받고서 隱公이 鍾巫를 모신 사당에 제사 지내러 가는 길에 자객을 시켜 은공을 시해하였다. 종무는 은공이 모시던 神이고, 환공은 은공의 庶弟로 은공에게 讓位 받은 임금이다. 춘추시대 宋나라 宣公이 죽을 때 아들 與夷를 제쳐두고 아우 穆公을 세웠고, 목공이 죽을 때 그의 아들 馮을 鄭나라로 내쫓고 여이를 세웠다. 여이는 후일에 大夫 華督에게 시해되었다.(≪春秋左氏傳≫ 隱公 3년, 11년)

아보지 않는다고 할 만하다. 그러나 吳王 僚가 弑害되는 것을 직접 보고도 끝내 하나의 계책을 내어 그 禍亂을 평정하지 못하고[2] 그의 몸이 죽은 뒤 겨우 30년 만에 오나라가 멸망하고 말았으니,[3] 연릉 계자로서도 오히려 유감스러운 점이 없을 수 없었다. 그러므로 사양하여 그 정에 맞지 않으면 그 禍가 전쟁하는 것보다 심하고 진실로 그 정에 맞으면 武王이 전쟁한 것이 伯夷와 같을 수 있다. 그러므로 성인은 그 정에 맞음을 귀하게 여기는 것이다.

春秋之時에 **魯隱宋穆**이 **親挈其國**하여 **以與人**이러니 **而弑毆之禍**가 **不在其身則在其子**하여 **國內大亂者再世**라 **吳延陵季子**는 **可謂行義不顧者矣**라 **然親見王僚之弑**하고 **卒不能出一計以定其禍**라 **身死之後 僅三十年**에 **而吳國爲沼**하니 **以延陵季子**로도 **而猶不能無憾者**라 **故讓之而不得其情**이면 **其禍甚于爭**이요 **苟得其情**이면 **則武王之爭**이 **可以同于伯夷**라 **故聖人之貴得其情也**라

伯夷·叔齊는 천하의 의로운 선비이다. 백이는 그 아버지의 뜻을 순종하여 나라를 그의 아우에게 주었다. 그러나 끝내 숙제가 감히 받지 않아 아버지의 뜻이 끝내 이루어지지 못하고 말았다. 대저 家人 父子의 사이에 어찌 안색에 기미가 드러남이 없으리오. 굳이 임금에게 끝내 嫡嗣가 없는 날을 기다려 서로 讓位하여 떠났으니, 백성들이 그 덕을 일컬을 수 없었던 것과는 다르다. 그러므로 성인(孔子)이 현인이라 했을 따름이니, 대개 태백에 이른 뒤에야 천하의 지극한 덕이 되는 것이다. 고금의 사양한 경우 중에 태백처럼 그 정을 곡진히 다한 경우는 없으니, 대개 백이의 마음은 있고 백이의 자취는 없으며 태백의 일은 있은 뒤에라야 백이의 마

2) 吳나라……못하고 : 춘추시대 吳나라 公子 光이 專諸(전저)를 시켜 吳王 僚를 시해하였다. 季札이 晉나라로 사신 갔다가 돌아와 말하기를 "先君의 제사를 없애지 않고, 백성이 임금을 폐위하지 않으며, 사직을 잘 받들어 국가가 기울어지지 않으면 곧 나의 임금이다. 내가 감히 누구를 원망하리오. 죽은 이를 애도하고 살아 있는 이를 섬기며 天命을 기다릴 뿐이다. 나는 혼란을 일으키지 않고 先人의 도리에 따라 즉위한 자를 따르겠다."라고 하고, 죽은 군주의 무덤에 가서 復命하여 곡하고 조정으로 돌아와 闔廬의 명을 기다렸다. 공자 광이 바로 합려이다. (≪春秋左氏傳≫ 昭公 27년 · ≪史記≫ 권86 〈刺客列傳〉)

3) 오나라가……말았으니 : 원문은 '吳國爲沼'로, 오나라가 멸망한다는 뜻이다. 吳王 夫差가 夫椒에서 越나라를 공격하여 이기자 월나라가 오나라에 화친을 맺자고 청하였다. 이에 부차가 허락하려 하자 伍子胥가 이번 기회에 아주 월나라를 없애야 한다고 했으나 오왕이 듣지 않으니, 오자서가 다른 사람에 말하기를, "월나라가 10년 동안 국력을 기르고 10년 동안 백성을 교육시켜 20년 안에 오나라를 못으로 만들어버리게 될 것이다.〔越十年生聚而 十年敎訓 二十年之外 吳其爲沼乎〕"라 한 데서 온 말이다.(≪春秋左氏傳≫ 哀公 원년)

음을 이룰 수 있다. 그러므로 태백의 덕은 남들이 미칠 수 없는 것이다.

伯夷叔齊는 天下之義士也라 伯夷順其父之志하여 而以國與其弟라 然終於叔齊之不敢受하여 而父之志가 終不遂矣라 夫家人父子之間에 豈無幾微見于顔色이리오 必待君終無嫡嗣之日하여 相與褰裳而去之하니 異乎民無得而稱者矣라 故聖人以爲賢人而已니 蓋至于泰伯而後에 爲天下之至德也라 古今之讓이 未有如泰伯之曲盡其情者하니 蓋有伯夷之心이요 而無伯夷之迹하며 有泰伯之事而後에 可以遂伯夷之心이라 故泰伯之德은 不可及矣라

太史公(司馬遷)으로부터 異論을 만들기를 좋아하여 “太王이 商을 멸망시킬 마음을 가져서 왕위를 드디어 계력에게 전하여 문왕에게 미쳤다.”라고 하였는데 鄭康成(鄭玄)·何晏 같은 이들이 이를 祖述하였다. 그리하여 세상에서 말하는 이들이 마침내 “비록 나라를 사양했으나 실은 천하를 사양했고 父子의 정은 다하지 못했으나 군신의 의리는 온전히 지켰다.”라 하였다. 그러므로 孔子가 크게 찬미한 것이다.

自太史公으로 好爲異論하여 以爲太王有翦商之心하여 將遂傳季歷하여 以及文王이라하여늘 鄭康成何晏之徒가 祖而述之라 世之說者가 遂以爲雖以國讓而實以天下讓하고 不以其盡父子之情而以其全君臣之義라 故孔子大之라

대저 湯·武가 성인이 되는 까닭은 그들이 천하에 사심이 없었거늘 천하의 인심이 그들에게 쏠리자 사양하지 않았기 때문이니, 가사 집안에서 은밀히 왕위를 주고받거나 음모를 꾸며 찬탈하여, 비록 世嗣라도 이런 방법으로 정하였다면, 曹操·司馬懿 같은 자들과 어찌 다르리오. 태왕은 戎狄에게 쫓겨 도망하며 패망하는 나라를 구하던 나머지에 게다가 武丁이 제후들을 조회하던 시대를 만났으니, 비록 교활하게 大物(王位)을 노리고자 하더라도[4] 그런 마음을 또한 싹틔울 길이 없었다. 설사 태백이 아직 오지 않은 백년 뒤의 조짐을 미리 보아서 다른 사람의 물건(나라)을 들어서 사양했다면 이는 명예를 좋아하고 정에 맞지 않음이 심한 것이니 또한 공자가 취할 바가 아니다. 성인은 意·必·固·我[5]의 私心이 없으니, 잠깐

4) 비록……하더라도 : 춘추시대 晉나라 巫臣이 “狡猾하여 領土를 開拓해 저의 나라를 이롭게 하기를 생각하는 자가 어느 나라엔들 없으리오?〔夫狡焉思啓封疆以利社稷者 何國蔑有〕”라 한 데서 온 말이다.(≪春秋左氏傳≫ 成公 8년)

사이라도 늘 무슨 일이건 예정하지 못하거늘 "백년 뒤에는 반드시 이에 이른다."라고 했다면, 怪誕하여 常道에 맞지 않은 데 가깝지 않겠는가!

夫湯武之所以爲聖人者는 以其無私於天下어늘 天下歸之而不辭也니 使其家密相付授하고 陰謀傾奪하여 雖世嗣라도 亦以是定이면 則何以異于曹操司馬懿之徒也리오 太王은 迫于戎狄奔亡救敗之餘에 又當武丁朝諸侯之世하니 雖欲狡焉以窺大物이라도 其志亦無由萌矣라 就使泰伯逆覩百年未至之兆하여 而擧他人之物爲讓이면 此亦好名不情之甚이니 亦非孔子之所取라 聖人은 無意必固我之私하니 須臾之間에도 常不能以預定이어늘 而曰百年之必至于此라하면 不幾于怪誕而不經耶아

대개 商을 멸망시킨 일은 先儒가 일찍이 시비를 가려 밝혀놓았으니, ≪論語≫의 注는 미처 다 수정하지 못한 것이다. 說을 주장하는 사람은 한갓 태왕이 막내아들을 지나치게 사랑했기 때문에 이런 일이 있게 되었다고 하니, 이는 晉 獻公[6]이나 漢 高祖[7]와 같은 中人 이하 사람이나 할 일이지 태왕은 필시 이렇게까지 하지는 않았을 것이다. 따라서 季歷에게 왕위를 전하여 昌에게 미친 것을 천하를 소유할

---

5) 意・必・固・我 : ≪論語≫ 〈子罕〉에 "공자는 네 가지가 아주 없으셨으니, 의도적으로 하지 않으셨으며, 기필코 하려 하지 않으셨으며, 고집하지 않으셨으며, 아집이 없으셨다.〔子絶四 毋意 毋必 毋固 毋我〕"라 하였다. 朱熹의 ≪集註≫에 의하면, 意는 私意이며, 必은 期必이며, 固는 執滯이며, 我는 私己이니, 意・必은 어떤 일에 대해 사사로운 생각을 품거나 도리에 맞지 않아도 기필코 그 일을 하려고 작정하는 것이며, 固・我는 그 일이 이치에 맞지 않은 줄 알고도 고집을 부리거나 我執을 버리지 못하는 것이다.(≪論語集註≫ 〈子罕〉)

6) 晉 獻公 : 춘추시대 晉나라 임금이다. 獻公의 愛妾인 驪姬가 자기 아들인 奚齊를 태자로 삼고자 하여 태자 申生을 죽이려고 계책을 꾸며서 신생이 아버지 헌공을 독살하려 했던 것처럼 만들자, 헌공은 노하여 태자의 스승 杜原款을 죽였다. 어떤 사람이 신생에게 사실을 밝혀 억울한 누명을 벗으라고 권하자, 신생은 "내가 사실을 밝히면 여희의 죄가 드러날 것이다. 아버님은 이미 늙으셨으니, 아버님으로부터 여희를 빼앗고 싶지 않다."라 하였고, 또 도망치라고 권하자, "아버님을 죽이려 했다는 더러운 누명을 쓰고 내가 다른 나라로 도망친들 그 나라에서 나를 받아주겠느냐." 하고는 목을 매어 자살하니, 세상 사람들이 신생을 恭世子라 하였다. 이에 헌공은 해제를 태자로 삼았는데, 헌공이 죽자 里克이 喪次에서 해제를 죽였다.(≪春秋左氏傳≫ 僖公 9년)

7) 漢 高祖 : 漢나라를 세운 劉邦이다. 高祖가 태자 盈을 廢位하고, 戚夫人 소생인 趙王 如意를 태자로 세우려 하자 張良이 계책을 내어 商山四皓를 불러들여 태자를 侍衛하게 하였다. 이에 고조가 楚歌를 부르기를 "큰 고니가 높이 날이여! 단번에 천리를 가도다. 날개가 이미 자람이여! 사해를 가로지르도다. 사해를 가로지르나니, 또한 어찌하리오. 아무리 주살이 있은들 오히려 어디에 쓰겠는가."라 하고 뜻을 바꾸었다. 태자 영이 惠帝가 된다.(≪漢書≫ 권40 〈張良傳〉)

큰 계책이었다고 하는 것은 자녀에 대한 정은 賢者도 면치 못하는 바이고 簒逆의 惡은 중인도 하지 않는 바라는 사실을 전혀 알지 못한 것이다.

蓋翦商之事는 **先儒嘗以辨之**하니 **而論語之注**는 **釐革之未盡者也**라 **說者徒以太王溺愛少子而有此**라하니 **此晉獻公漢高祖中人以下之所爲**요 **而太王必不至于是**라 **故以傳歷及昌**으로 **爲有天下之大計**는 **殊不知兒女之情**은 **賢者之所不免也**요 **簒逆之惡**은 **中人之所不爲也**라

≪詩經≫에 "이에 姜女와 더불어 아침에 말을 달려서 왔다."라 하였는데,[8)] 이를 두고 孟子는 '태왕이 여색을 좋아했다.'라고 하였으니,[9)] 이 시를 지은 사람의 뜻은 반드시 그러한 것은 아니요 맹자의 말도 지나친 것은 아니다. 태왕은 진실로 구구한 私情을 이기지 못하여 막내아들에게 왕위를 물려주었는데 태백이 그 뜻을 순종하여 이루어주었으니, 이것이 태백이 능히 사양했다고 할 수 있는 까닭이다. 태백이 떠난 것은 왕위를 전하던 날에 있었던 것이 아니고 약을 캐던 때에 있었으니,[10)] 이것이 태백의 사양이 일컬어질 수 없었던 까닭이다.

가사 태왕이 그러한 뜻을 가졌거늘 태백 자신이 떠나지 않고 아우 季歷과 나란히 서 있었다면, 태왕은 현자이니 역시 끝내 그 邪心을 이기고서 태백에게 왕위를 넘겨주었을 것이다. 태백이 이에 분명히 말하고 공공연히 사양했다면 태왕은 끝내 차마 자기 속마음을 말하지 못하고 말았을 것이고 그 아우도 끝내 차마 받지 못하고 말았을 터이니, 이는 또한 伯夷·叔齊가 끝내 부친의 뜻을 이루어주지 못한 것과 같을 따름일 것이다.

詩云 爰及姜女로 **來朝走馬**라하여늘 **孟子以爲太王之好色也**라하니 **詩人之意**는 **未必然**이요 **而孟子之言**도 **亦不爲過**라 **太王**이 **固不勝其區區之私**하여 **以與其季子**어늘 **泰伯**이 **能順而成之**하니

8) 詩經에……하였는데 : ≪詩經≫ 〈大雅 綿〉에 "古公亶父가 아침에 말을 달려서 와서 서쪽 물가를 따라 기산 아래에 이르니 이에 강녀와 더불어 와서 집터를 보았다.〔古公亶父 來朝走馬 率西水滸 至于岐下 爰及姜女 聿來胥宇〕"라 데서 두 句를 취한 것이다.

9) 孟子는……하였으니 : ≪孟子≫ 〈梁惠王 下〉에 보인다.

10) 태백이……있었으니 : ≪漢書≫ 28권 하 〈地理志 제8 하〉에 "殷나라가 쇠퇴했을 때 周나라 太王 亶父가 岐梁 땅에서 흥기했는데, 長子는 太伯이고 둘째는 仲雍이고 막내는 公季(季歷)였다. 공계에게 성인의 자질을 갖춘 아들이 있기에 태왕이 그에게 나라를 전해주고자 하니, 태백과 중옹이 사양하고 떠나 荊蠻 지역에서 약을 캤다. 이에 공계가 왕위를 이어받았고 그의 아들 昌에 이르러 西伯이 되고 天命을 받아 왕이 되었다."라 하였다.

此泰伯所以爲能讓也라 **泰伯之去**가 **不于傳位之日**이요 **而于採藥之時**니 **此泰伯之讓所以無得而稱也**라 **使太王有其意**어늘 **而吾與之竝立于此**면 **太王**은 **賢者**니 **亦終勝其邪心**하여 **以與我也**라 **吾于是**에 **明言而公讓之**면 **則太王終于不忍言**이요 **而其弟終于不忍受**리니 **是亦如夷齊之終不遂其父之志而已矣**라

張子房은 四皓로 하여금 태자를 羽翼하게 하였으니[11] 그 일은 바름에 가까우나 끝내 부친의 마음을 상하였고, 申生은 배회하고 떠나지 못했으니 그 마음은 공손하였으나 嫡子를 죽인 죄에 부친을 빠뜨렸다. 그러므로 성공하면 惠帝가 되고 성공하지 못하면 申生이 되니, 모두 옳지 못하다.

오직 태백은 남들이 미칠 수 없다. 공자가 말한 천하로써 사양했다는 것은 나라와 천하는 늘 통칭하는 말이다. 진실로 바르게 사양했다면 나라와 천하를 어찌 변별하며, 진실로 그 도리를 다했다면 군신과 부자를 어찌 取擇하리오. 자기가 소유한 나라를 사양했다는 말은 믿지 않고 아직 소유하지 않은 천하를 사양했다는 사실을 굳이 찾아서 가정의 부자간의 사랑을 버리고 백년 이후에 있을 군신의 일을 억지로 가져다가 설을 만들었다. 이에 孤竹[12]은 賢者가 되지 못하고 반드시 箕潁[13]이라야 크다고 할 수 있으며, 歷山[14]은 효자가 되지 못하고 반드시 首陽山(백

---

11) 張子房은……하였으니 : 張良의 자가 子房이다. 四皓는 商山四皓의 준말로, 秦나라 때 폭정을 피해 商顔山에 은거한 네 늙은이인 東園公, 夏黃公, 甪里先生, 綺里季를 가리킨다. 漢 高祖가 태자를 廢位하고 戚夫人 소생인 趙王 如意를 세우려 하자, 장량이 계책을 내어 고조가 평소 존경해 마지않던 상산사호를 불러들이기로 했다. 그리하여 폐백과 예를 갖추고 상산사호를 초빙한 다음 고조가 연회를 베푸는 자리에, 그들로 하여금 태자를 侍衛하게 하였다. 고조가 그들이 상산사호임을 알고는 매우 놀라 태자를 폐위하려던 생각을 바꾼 다음 척부인으로 하여금 춤을 추게 하고 楚歌를 부르기를, "큰 고니가 높이 날이여, 단번에 천리를 가도다. 날개〔羽翼〕가 이미 자람이여, 사해를 가로지르도다. 사해를 가로지르나니, 또한 어찌하리오. 아무리 주살이 있은들 오히려 어디에 쓰겠는가.〔鴻鵠高飛 一擧千里 羽翼以就 橫絶四海 橫絶四海 又可奈何 雖有矰繳 尙安所施〕" 하였다.(≪漢書≫ 권40 〈張良傳〉)

12) 孤竹 : 殷나라 때 孤竹君의 아들인 伯夷와 叔弟를 가리킨다. 이들은 은나라가 멸망된 뒤에 周나라의 곡식을 먹을 수 없다 하여 수양산에 들어가 은거하였다.(≪史記≫ 권61 〈伯夷列傳〉)

13) 箕潁 : 기영은 堯임금 때 高士인 許由와 巢父가 은거하던 곳인 箕山과 潁水의 합칭이다. 晉나라 皐甫謐의 ≪高士傳≫에 다음과 같은 얘기가 실려 있다. 요임금이 허유에게 천하를 물려주려 하니 허유가 더러운 말을 들었다 하면서 영수에서 귀를 씻었다. 이때 소부가 마침 소를 끌고와 물을 먹이려고 하다가 그 까닭을 듣고 "그대가 사람이 안 사는 깊은 산골에 들어가 은거하면 누가 그대를 볼 수 있겠는가. 그대는 명성을 얻고자 하는구나. 이 물을 먹이면 내 소의 입이 더러워지겠구나." 하고는 소를 끌고 상류로 올라가 물을 먹였다.

이·숙제)이라야 높다고 할 수 있게 되었으니, 先儒들의 설이 잘못되었다.

張子房은 敎四皓하여 以羽翼太子하니 其事近正이나 而終于傷父之心이요 申生은 徘徊不去하니 其心則恭이나 而陷父于殺嫡之罪라 故成而爲惠帝요 不成而爲申生이니 皆非也라 惟泰伯은 不可及矣니 孔子所謂以天下讓者는 國與天下가 常言之通稱也니 苟得其讓이면 奚辨于國與天下也며 苟盡其道면 奚擇于君臣父子也리오 讓其自有之國은 則不信하고 而求其讓于所未有之天下하여 舍家庭父子之愛하고 勦百年以後君臣之事하여 而爲之說하니 是孤竹不爲賢而必箕穎以爲大요 歷山不爲孝而必首陽以爲高니 諸儒之論之謬也라

대저 부친의 마음을 미리 알아서 뜻을 받드는 것은 효자의 지극한 마음인데 태백이 능히 그렇게 하였다. 따라서 태백이 한 일은 평범한 사내나 아낙네들도 당연히 하는 것이니, 평범한 사내나 아낙네도 당연하다 여기는 것이 천하의 지극한 情이다.

夫先意承志는 孝子之至也어늘 泰伯能得之라 故泰伯之所爲는 乃匹夫匹婦之所爲當然者니 夫惟匹夫匹婦以爲當然이 是天下之至情也니라

14) 歷山 : 大孝로 일컬어지는 舜임금을 가리킨다. ≪書經≫ 〈虞書 大禹謨〉에 "순임금이 처음 역산에 살 때 밭에 가서 날마다 하늘과 부모에게 서러워 울부짖으며 죄를 스스로 떠맡고 악을 자신에게 돌렸다.〔帝初于歷山 往于田 日號泣于旻天于父母 負罪引慝〕"라 하였다.

04. 경작을 지키는 것에 대한 說　守耕說*

*歸有光이 평소 알고 지내던 唐虔伯의 장인인 沈翁의 서재 守耕室에 대해 쓴 글이다. 심옹은 60년 동안 경작하는 일을 하였으므로 서재 이름을 수경실이라 하였다. 귀유광은 오늘날 학문은 이름만 남아 있을 뿐 실질은 없고 농사짓는 일인 耕作만 실질이 남아 있다고 하여 守耕에 의미를 부여하는 한편 당대의 현실을 개탄하였다.

嘉定 사람 唐虔伯은 나와 한두 차례 만났으나 내가 마음속으로 유독 그 사람됨을 사모하고 좋아하였다. 나의 벗 潘子實(潘士英)과 李浩卿이 모두 건백의 벗이니, 이 두 君이 자주 건백에 대해 말하였다. 내가 이 두 군을 통하여 건백을 대강 알게 되었다.

嘉定唐虔伯은 **與予一再晤**라 **然心獨慕愛其爲人**이라 **吾友潘子實李浩卿**이 **皆虔伯之友也**니 **二君數**(삭)**爲予言虔伯**이라 **予因二君**하여 **蓋知虔伯也**라

건백의 장인은 沈翁이니, '진실로 長者이다.'라는 평판으로 향리에서 일컬어졌고 몸소 경작하여 농사를 지은 지 60년이었다. 아들이 없어 건백을 얻어서 사위로 삼았다. 내가 건백을 통하여 심옹을 대강 알게 되었다. 심옹이 자기가 거처하는 방을 守耕室로 命名하였는데 건백이 두 군을 통하여 나에게 그 說을 짓게 하였다.

虔伯之舅曰沈翁이니 **以誠長者見稱鄕里**하고 **力耕六十年矣**라 **未有子**하여 **得虔伯**하여 **爲其女夫**라 **予因虔伯**하여 **蓋知翁也**라 **翁名其居之室曰守耕**이어늘 **虔伯因二君**하여 **使予爲說**이라

나는 다음과 같이 말하노라.

경작하여 농사짓는 일은 옛날의 大聖[1]과 大賢이 아직 때를 만나지 못했을 때 몸

---

1) 옛날의 大聖 : 舜임금을 가리킨다. ≪孟子≫ 〈公孫丑 上〉에 "순임금이 미천할 때 역산에서 농사를 짓고 하빈에서 질그릇을 굽고, 뇌택에서 물고기를 잡으셨다.〔舜之側微 耕于歷山 陶于河濱 漁于雷澤〕"라 하였다.

소 하는 것을 꺼리지 않았다. 그러다가 孔子에 이르러 비로소 이 일로써 남을 가르치지 않았으니, 일찍이 樊遲의 청을 거절하였고,[2] 또 "경작하여 농사를 지음에 굶주림이 그 가운데 있다."[3]라 하였다. 공자는 경작하지 않았다고 한다면, 낚시하고 주살질하고[4] 獵較[5]하였으니, 공자는 일찍이 경작하지 않은 것은 아니다. 공자는 '경작할 때를 만나면 몸소 일하는 것을 꺼리지 않으리라.'라고 생각했던 것이다.

歷山往田圖

予曰 耕稼之事는 古之大聖大賢이 當其未遇하여 不憚躬爲之라가 至孔子하여 乃不復以此敎人하니 蓋嘗拒樊遲之請하고 而又曰 耕也에 餒在其中矣라하니 謂孔子不耕乎인댄 而釣而弋而獵較(각)하니 則孔子未嘗不耕也라 孔子以爲如適其時면 不憚躬爲之矣라

그러나 경작하는 것으로 군자의 때를 삼을 수는 있고 군자의 학문을 삼을 수는 없으니, 군자의 학문이 경작하는 일을 하지 않는 것은 장차 경작하는 사람들을 다스리고자 하는 것이다. 그러므로 경작하는 사람은 늘 경작하는 일을 할 수 있고,

---

2) 일찍이……거절하였고 : 樊遲는 공자의 제자이다. 번지가 공자에게 농사일을 가르쳐달라고 청하자 공자가 "그 일은 내가 늙은 농부만 못하다.〔吾不如老農〕"라고 대답하여 거절하였다.(≪論語≫ 〈子路〉)

3) 경작하여……있다 : ≪論語≫ 〈衛靈公〉에 보인다.

4) 낚시하고 주살질하고 : ≪論語≫ 〈述而〉에 "공자께서는 낚시질은 하시되 큰 그물질은 하지 않으시며, 주살질은 하시되 잠자는 새를 쏘아 잡지는 않으셨다.〔子釣而不綱 弋不射宿〕"라 하였다.

5) 獵較 : ≪孟子≫ 〈萬章 下〉에 "공자가 魯나라에서 벼슬할 때 노나라 사람들이 엽각을 하거늘 공자도 엽각을 하였다.〔孔子之仕於魯也 魯人獵較 孔子亦獵較〕"라 하였다. 趙岐의 注에서는 "엽각은 사냥할 때 다른 사람이 사냥한 것을 서로 빼앗아 제물로 사용하던 魯나라의 풍속이다."라 하였다.(≪孟子注疏≫ 〈萬章 下〉)

경작하지 않는 사람 또한 경작하지 않아도 무방하게 되는 것이니, 경작하지 않는 것은 안일하여 자기 일신을 편안하게 할 뿐인 것은 아니다.

然可以爲君子之時요 而不可以爲君子之學이니 君子之學이 不耕은 將以治其耕者라 故耕者得常事於耕하고 而不耕者亦無害於不耕이니 夫其不耕은 非晏然逸己而已也라

오늘날 천하의 일은 모두 이름뿐인 데로 돌아갔고 오직 경작하는 것만이 그 실질이 남아 있으니, 그 나머지는 모두 안일하여 자기 일신을 편안하게 할 뿐이다. 古道에 뜻을 둔 사람은 경작하는 사람의 실질을 할 것인가. 경작하지 않는 사람의 이름을 할 것인가. 〈수경설〉을 짓노라.

今天下之事가 擧歸於名이요 獨耕者其實存耳니 其餘皆晏然逸己而已也라 志乎古者는 爲耕者之實耶아 爲不耕者之名耶아 作守耕說하노라

05. 사발로 하는 비유　甌喩*

*歸有光이 저잣거리에서 우연히 목격한 황당한 사실을 가지고 공공연히 속임수가 자행되는 당시 세태를 비판한 글이다. 짧은 小品이지만 신랄한 풍자를 담고 있다.

어떤 사람이 길가에 사발〔甌〕을 놓아두었는데 사발이 기울어져 땅에 떨어지고 말았다. 사발이 이미 깨어졌기에 그 사람이 바야흐로 떠나려 할 때 마침 사발을 가진 사람이 지나가거늘 그 사람이 재빨리 그를 붙잡고 말하기를 “너는 무슨 까닭에 내 사발을 깨었느냐?”라 하고는 이어서 그 사발을 빼앗고 깨진 사발을 주었다. 그런데 저잣거리 사람들이 먼저 사발을 깬 사람을 많이 편드는지라 사발을 가진 사람이 끝내 자기가 옳다는 사실을 밝히지 못하고 떠났다.

人有置甌道旁이러니 傾側墮地라 甌已敗에 其人方去之할새 適有持甌者過어늘 其人亟拘執之曰 爾何故敗我甌라하고 因奪其甌하고 而以敗甌與之하니 市人多右先敗甌者라 持甌者竟不能直而去라

아! 사발을 깬 사람이 지나가던 사람을 보지 못했다면 떠났을 터인데 사발을 가진 사람이 불행히도 그 상황을 맞닥뜨렸기에 그만 그 온전한 사발로 온전하지 못한 사발과 바꾸고 그 온전하지 못한 사발로 온전한 사발과 바꾸고 말았으니, 일의 변화가 이와 같고 저 저잣거리 사람들도 자기 本心을 잃었도다!

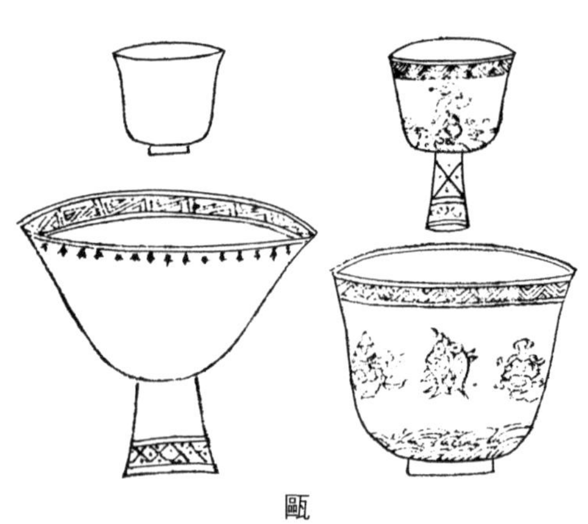
甌

噫라 敗甌者向不見人則去矣어늘 持甌者不幸値之라 乃以其全甌로 易其不全甌하며 以其不全甌로 易其全甌하니 事之變如此요 而彼市人亦失其本心也哉인저

06. ≪項思堯[1)]文集≫의 序　項思堯文集序*

*項文煥의 문장은 明나라 嘉靖 年間에 文學으로 명성을 떨쳐 당시에 주류를 이루고 있던 王世貞, 李攀龍 등 소위 後七子와 달랐다. 歸有光은 항문환의 이러한 문학을 오히려 높이 평가하고 왕세정, 이반룡을 배척하여 '망령되고 용렬한 사람〔妄庸人〕'이라 하고 唐宋 古文을 높이 평가하였다. 문장에 대한 자부심은 높으면서도 과거에서 누차 급제하지 못하여 울울하였던 귀유광의 심정도 은연중 이 글 속에 들어 있다.

永嘉 사람 項思堯가 京師에서 나와 만나서 자기가 지은 詩文 약간 권을 꺼내어 나에게 서문을 쓰게 하였다. 항사요는 뛰어난 재주를 품고서 세상에 써보지 못하여 古文에 뜻을 두었으니, 그 저서가 傳誦할 만하였다.

대개 오늘날 세상의 이른바 글이란 것은 말하기 어렵다. 애초에 古人의 학문을 하지 않았고, 한두 망령되고 용렬한 사람이 大家가 되면 사람들이 다투어 빌붙고 和同하여 前人들을 헐뜯고 배척하니, 韓文公(韓愈)이 이르기를 "李白과 杜甫의 문장이 있으니, 光焰이 만 길이나 높아라. 알지 못하겠다. 어린아이처럼 어리석은 자들은 어이하여 일부러 헐뜯는가. 하루살이가 큰 나무를 흔드는 꼴이니, 자기 역량을 헤아리지 못함이 가소롭구나."라 하였다. 문장은 宋・元時代 名家들에 이르러 그 역량이 수천 년 위로 쫓아올라가서 고인들과 頡頏할 만하거늘 세상에서는 단지 하루살이로써 흔들어대니, 슬픈 일이다. 한두 망령되고 용렬한 사람이 대가가 되어 앞장서서 인도하기 때문이 아니겠는가.

永嘉項思堯가 **與余遇京師**하여 **出所爲詩文若干卷**하여 **使余序之**라 **思堯懷奇未試**하여 **而志于古之文**하니 **其爲書可傳誦也**라 **蓋今世之所謂文者**는 **難言矣**라 **未始爲古人之學**이요 **而苟得一二妄庸人**이 **爲之巨子**면 **爭附和之**하여 **以詆排前人**하니 **韓文公云 李杜文章在**하니 **光燄萬丈長**이라

1) 項思堯 : 項文煥(1522~1568)의 자가 思堯이고 호는 爲齋居士 또는 孤嶼山人이며, 永嘉 사람이다. 누차 과거에 응시하였으나 급제하지 못하였다. 저서로 ≪亦與堂稿≫, ≪亦與堂漫錄≫이 있다.

不知群兒愚는 那用故謗傷이리오 蚍蜉撼大樹하니 可笑不自量이라하다 文章至于宋元諸名家하여 其力足以追數千載之上하여 而與之頡頏이어늘 而世直以蚍蜉撼之하니 可悲也라 無乃一二妄庸人이 爲之巨子하여 以倡道之歟아

항사요의 문장은 진실로 내 말을 기다릴 필요가 없지만 오늘날 항사요와 같은 사람은 적고 항사요를 아는 사람들은 더욱 적다. 나는 생각건대 문장은 천지의 元氣이니, 그 원기를 얻는 자는 그 기운이 곧바로 천지와 함께 흐르게 된다. 그래서 저 권세가 그 사람을 榮辱하고 毁譽할 수 있는 자일지라도 그의 문장의 일에는 간여할 수 없고, 문장을 짓는 자도 자기에게서 그 영욕과 훼예의 권세를 스스로 쥘 수 없으니, 이 兩者가 서로 배치되어 합일하지 못한 지 오래다. 그러므로 남이 나를 알아주는 것이 내가 나 자신을 아는 것보다 더 나은 자는 自得한 삶을 살지 못하고, 자기 자신을 아는 것이 남이 자기를 알아주는 것보다 더 나은 자가 자득한 삶을 살 수 있다. 바야흐로 수천 년 위로 고인을 좇아 올라가고 있으니, 太音의 소리가 어찌 折楊·皇華의 한번 웃음을 기대하리오.[2)]

思堯之文은 固無俟于余言이로되 顧今之爲思堯者少하고 而知思堯者尤少라 余謂文章은 天地之元氣니 得之者는 其氣直與天地同流라 雖彼其權足以榮辱毁譽其人이라도 而不能以與于吾文章之事요 而爲文章者도 亦不能自制其榮辱毁譽之權于己하니 兩者背戾而不一也久矣라 故人知之過于吾所自知者는 不能自得也요 己知之過于人之所知가 其爲自得也라 方且追古人于數千載之上하니 太音之聲이 何期于折楊皇華之一笑리오

내가 항사요와 자득의 도리를 말함이 이와 같거늘 항사요가 과연 그렇다고 수긍하니, 古道에 조예가 반드시 깊을 것이다.

吾與思堯言自得之道如此어늘 思堯果以爲然하니 其造于古也必遠矣리라

---

2) 太音의……기대하리오 : 太音의 소리는 上古時代의 음악이다. ≪莊子≫ 〈天地〉에 "태음의 소리는 촌사람의 귀에 들어가지 않고, 절양·황화와 같은 속된 노래를 부르면 지껄이며 웃어댄다.〔大聲不入於里耳 折楊皇華則嗑然而笑〕"라 하였다.

07. 雍里 先生[1] 文集의 序　雍里先生文集序*

* 嘉靖 33년(1554), 歸有光이 49세 때 쓴 글로 顧夢圭의 문집인 ≪疣贅錄(우췌록)≫의 서문이다. 顧夢圭는 관직에서는 時務에 밝았고 벼슬을 그만둔 뒤로 향리에 은거하여 10여 년 동안 독서하여 저술을 남겼다. 귀유광은 고몽규의 글이 六經과 孔孟에 근본을 두고 있다는 점을 칭찬하였다.

雍里先生이 젊어서 南都[2]의 관리가 되어 兩司에서 관직을 두루 거치면서 직무가 한가하기에 오직 詩文으로 스스로 즐겼다. 평소에는 말이 입에서 나오지 못할 듯하기에 혹 時務를 알지 못하지 않을까 생각했는데, 관직에 취임한 뒤에 살펴본즉 가는 곳마다 반드시 經世를 마음에 두었으니, 거의 녹록한 분이 아니었다.

雍里先生이 **少爲南都吏曹**하여 **歷官兩司**에 **職務淸簡**일새 **惟以詩文自娛**러라 **平居**에 **言若不能出口**라 **或以不知時務疑之**러니 **及考其蒞官**하여는 **所至**에 **必以經世爲心**하니 **殆非碌碌者**라

아아! 천하의 풍속이 피폐해진 지 오래이다. 사대부들은 아부하고 雷同하여 가타부타하는 바가 없는 것으로 時務와 변화를 안다고 여기고, 그 사이에 조금 스스로 분발하여 자기 職事를 제대로 수행하고자 하면 세상 사람들이 다 같이 헐뜯고 비웃으니, 선생이 시무를 알지 못한다는 평판을 받는 것이 진실로 당연하다.

嗟夫라 **天下之俗**이 **其敝久矣**라 **士大夫以婞婀雷同**하여 **無所可否**로 **爲識時達變**이요 **其間稍自激勵**하여 **欲擧其職事**어든 **世共訾笑之**하니 **則先生之見謂不知時務也固宜**라

---

1) 雍里先生 : 顧夢圭(1500~1559)의 호이다. 그는 자는 武祥이고, 先代부터 山雍里에 世居하였다. 嘉靖 2년(1523)에 進士試에 급제하였고 刑部浙江司主事, 南吏部郎中을 거쳐 승진하여 廣東布政司參議, 福建按察使, 江西右布政使를 역임한 뒤 병을 稱託하여 사직하고 향리에 은거하였다.

2) 南都 : 明나라 때 南京을 가리킨다. 명나라 洪武 元年(1368) 8월에 江南 應天府에 도읍을 세웠다. 그 후 永樂 연간에 北京에 도읍하고, 응천부를 行在로 삼았고 正統 연간에 남경으로 삼았다.

내가 그가 詔命을 받고 陳言한 글을 읽어보았더니, 논한 바가 천하의 일이었다. 이때에 천자께서 중흥의 治世를 이루는 데 뜻을 가다듬고 애써서 역대 조정에서 제거하지 못했던 환관이 외방을 鎭守하던 폐해를 〈옹리선생의 진언을 받아들여〉 마침내 파기해 없애니, 옛사람이 말한 "文帝가 賈生(漢나라 賈誼)에 대해서는 진달한 바를 대략 시행해주었다."는 것과 같은 경우라 하겠다. 强仕[3]의 나이에 牧伯의 자리에 올랐으니, 外臺(外官)의 가장 높은 품계라 知遇를 입지 않은 것도 아닌데 마침내 投劾[4]하고 향리로 돌아갔다.

賈誼

予讀其應詔陳言하니 **所論**이 **天下事**라 **是時**에 **天子厲志中興之治**하여 **中官鎭守歷世相承不可除之害**를 **竟從罷去**하니 **昔人所謂文帝之于賈生**에 **所陳**을 **略見施行矣**라 **當强仕之年**하여 **進位牧伯**하니 **爲外臺之極品**이라 **亦不爲不遇**어늘 **而遂投劾以歸**러라

家居[5]한 지 10여 년 동안 칩거하여 글을 읽으니, 신실한 유생이었다. 六經과 孔孟의 뜻을 고찰하고 찾으면서 大業에 潛心하였으니, 무릇 저술한 바에 先儒들이 연구해 도달하지 못한 바가 많다. 스스로 이르기를 "겨우 약관에 벼슬길에 들어온지라 實學을 講明하지 못하고 구구하게 한갓 魏晉時代 시인들의 緖餘를 취하여 본뜨고 다듬음으로써 工巧함을 삼았으니, 젊은 시절의 정력이 쓸모없는 곳에 소모되었다."라고 하여 스스로 깊이 후회한 말이 왕왕 그의 글에 보이는 것이 한둘이 아니라 많다.

家居十餘年에 **閉門讀書**하니 **悃悃如儒生**이라 **考求六經孔孟之旨**하여 **潛心大業**하니 **凡所著述**이 **多儒先之所未究至**라 **自謂甫弱冠入仕**라 **不能講明實學**하고 **區區徒取魏晉詩人之餘**하여 **摹擬**

3) 强仕 : ≪禮記≫ 〈曲禮 上〉에 "40세에는 강하다 하니, 벼슬한다.〔四十曰强而仕〕"라 하였다.

4) 投劾 : 자기 자신을 탄핵하는 疏狀을 스스로 올리는 것으로 옛날에 벼슬을 사퇴하는 일종의 방식이다.

5) 家居 : 벼슬을 그만두고 집에서 생활하는 것이다. ≪韓非子≫ 〈十過〉에 "仲父(管仲)가 가거하며 병환이 있다.〔仲父家居有病〕"라 하였다.

鍛鍊以爲工하니 少年精力이 耗於無用之地라하여 深自追悔가 往往見于文字中이 不一而足이라

한가한 날에 자기가 지은 글을 이름하여 ≪疣贅錄≫이라 하였다. 내가 그 글을 얻어 다음과 같이 論하여 서문을 쓴다.

文이란 道가 나타난 바이니, 도가 나타나 문이 되면 그 말이 그야말로 도와 더불어 일컬어지니, 이런 문을 두고 "그 뜻은 深遠하며 그 말은 文雅하며 곡진하면서도 알맞으며 펼쳐져 있으면서도 隱微하다."[6]라고 하니, 이러한 경우는 비록 수천만 자일지라도 모두 이른바 "몸에서 나와서 五臟의 情에 여러 갈래로 군더더기를 덧붙인 것"[7]이 아니다. 그러므로 문은 성인도 없앨 수 있는 것이 아니다.

暇日에 以其所爲文으로 名之曰疣贅錄이라 予得而論序之하여 以爲文者는 道之所形也니 道形而爲文이면 其言이 適與道稱하니 謂之曰 其旨遠하며 其辭文하며 曲而中하며 肆而隱이라하니 是雖累千萬言이라도 皆非所謂出乎形而多方駢枝於五臟之情者也라 故文非聖人之所能廢也라

비록 그렇지만 孔子는 "천하에 도가 있으면 행실이 가지와 잎을 뻗어나가며 천하에 도가 없으면 말이 가지와 잎을 뻗어나간다."라 하였으니,[8] 대저 도가 우세하면 문은 적어지길 期待하지 않아도 절로 적어지고 도가 우세하지 못하면 문은 많아지길 기대하지 않아도 절로 많아지니, 문이 많은 것은 도의 군더더기가 아니겠는가? 이에 신생이 날로 진보하는 바를 내가 헤아릴 수 없을 것임을 알겠다.

---

6) 그 뜻은……隱微하다 : ≪周易≫ 〈繫辭傳 下〉에 보인다.

7) 몸에서……것 : ≪莊子≫ 〈駢拇〉에 "발가락의 군더더기 살과 육손이는 태어날 때부터 본성에서 나왔지만 보통 사람들이 타고나는 것보다 많고, 크고 작은 사마귀들은 태어난 뒤 몸에서 나온 것이지만 사람이 타고나는 본성보다 많고, 仁義를 여러 가지로 조작해 쓰는 이들은 이것을 중시해서 오장과 나란히 배열하지만 도덕의 올바름이 아니다. 이 때문에 발가락에 군더더기 살이 붙어 있는 것은 쓸모없는 살이 이어져 있는 것이고, 손에 여섯째 손가락이 붙어 있는 것은 쓸모없는 손가락이 심어져 있는 것이다. 오장의 본래 모습에 인의와 같은 것을 여러 갈래로 기워 붙이면 인의의 행위에 너무 치우쳐 耳目의 총명을 여러 갈래로 부리게 된다.〔駢拇枝指出乎性哉 而侈於德 附贅縣疣出乎形哉 而侈於性 多方乎仁義而用之者列於五藏哉 而非道德之正也 是故 駢於足者 連無用之肉也 枝於手者 樹無用之指也 多方駢枝於五藏之情者 淫僻於仁義之行而多方於聰明之用也〕"라 하였다.

8) 孔子는……하였으니 : 공자가 "군자는 말로써 사람을 다 보지 않다. 그러므로 천하에 道가 있으면 행실이 가지와 입을 뻗어나가고, 천하에 도가 없으면 말이 가지와 잎을 뻗어나간다.〔君子 不以辭盡人 故天下有道 則行有枝葉 天下無道 則辭有枝葉〕"라 하였다.(≪禮記≫ 〈表記〉)

雖然이나 孔子曰 天下有道則行有枝葉하며 天下無道則言有枝葉이라하니 夫道勝則文不期少而自少요 道不勝則文不期多而自多니 溢于文은 非道之贅哉아 於是에 以知先生之所以日進者吾不能測矣라

이 책은 모두 약간 권이니, 進士試에 급제했을 때로부터 사직하고 家居할 때에 이르기까지 지은 글들이 모두 들어 있다. 그러나 남아 있는 것이 10분의 1이 못 되는데도 오히려 스스로 '疣贅(군더더기)'라 하였다.

錄凡若干卷이니 自擧進士至謝事家居之作이 皆在焉이라 然存者不能什一이로되 猶自以爲疣贅云이라

08. ≪五嶽山人[1]前集≫의 序　五嶽山人前集序*

＊이 글은 歸有光이 65세 때인 隆慶 4년(1570)에 쓴 글이다. 그 이듬해에 귀유광은 세상을 떠났다. 이 글은 ≪二酉園文集≫에 서문으로 실려 있다. 陳文燭은 文士들과 교유하였고, 文名이 높았다. 귀유광은 진문촉 및 그의 부친과 교유하였고 진문촉과는 같은 해 進士試에 급제하여 情誼가 깊었다. 이 글에서 귀유광은 진문촉이 ≪史記≫의 문장을 배워 능숙하게 구사한다고 칭찬하였다.

내가 玉叔과 이별한 지 3년인데 그의 글을 읽어보니 더욱 좋아졌다. 나는 진실로 비루하여 古人의 만분의 일도 얻지 못하였지만 요즘 세상의 글을 짓기를 좋아하지 않는다. 성품이 유독 ≪史記≫를 좋아하지만 애써 글을 지어도 ≪사기≫와 같지 못하거늘 옥숙은 ≪사기≫를 좋아하고 그 글이 곧 ≪사기≫와 같으니, 진실로 사람의 才力은 억지로 할 수 없는 것이 있도다.

余與玉叔別三年矣러니 **讀其文**에 **益奇**라 **余固鄙野**하여 **不能得古人萬分之一**이나 **然不喜爲今世之文**이라 **性獨好史記**호되 **勉而爲文**에 **不史記若也**어늘 **玉叔好史記**하고 **其文卽史記若也**하니 **信夫人之才力**이 **有不可强者**로다

西子가 가슴앓이를 하여 그 마을에서 얼굴을 찡그리자 그 마을의 못생긴 여자도 가슴을 부여잡고 그 마을에서 얼굴을 찡그리니, 그 마을의 부유한 사람은 그 모습을 보고는 문을 굳게 닫고 밖에 나가지 않았으며 가난한 사람은 그 모습을 보고는 처자식을 데리고 떠나가버렸다.[2] 나는 진실로 마을의 못생긴 사람이니, 만약 서자 같은

---

1) 五嶽山人 : 陳文燭(1535~?)의 호이다. 그는 자가 玉叔이고 沔陽 사람으로 嘉靖 을축년(1565)에 進士試에 급제하였고 관직이 大理卿에 이르렀다. 致仕한 뒤 향리로 돌아가 五嶽山房을 짓고 친구들과 술을 마시고 시를 읊으며 여생을 보냈다. 저서로 ≪五嶽山人集≫, ≪二酉園文集≫, ≪淮安府志≫ 등이 있다.(≪湖廣通志≫ 권57 〈安陸府〉)

2) 西子가……떠나가버렸다 : 西子는 춘추시대 越나라 미인 西施를 가리키는 말이다. 서시가 가슴앓이를 하여 가슴을 부여잡고 얼굴을 찡그리면 그 모습이 더욱 아름다웠는데, 동쪽에 살던 못생긴 여인인 東施가 이를 흉내내어 찡그리니 더욱 모습이 추해졌다고 한다.(≪莊子≫ 〈秋水〉)

이가 있어 서자처럼 얼굴을 찡그린다면 도리어 더욱 아름답게 되지 않겠는가. 그러므로 "얼굴을 찡그리는 것을 아름답다 할 줄을 알고, 얼굴을 찡그리는 것이 아름다운 까닭은 알지 못한다."라 한 것이다.[3)]

西施

夫西子病心而矉(빈)**其里**어늘 **其里之醜人**이 **亦捧心而矉其里**하니 **其里之富人見之**에 **堅閉門而不出**하며 **貧人見之**에 **挈妻子去之而走**라 **余固里之醜人耳**니 **若有如西子者**하여 **而爲西子之矉**이면 **顧不益美也耶**아 **故曰 知美矉而不知矉之所以美**라하니라

대저 ≪사기≫가 ≪사기≫가 되는 까닭을 알면 능히 ≪사기≫만 한 글을 지을 수 있을 것이다. 그러므로 "부리를 닫고 침묵하면 천지와 合一하니, 그 합일이 완전히 無心하다."[4)]라 하였으니, 심하도다 글에 대해 말하기 어려움이여! 매양 옥숙과 손뼉을 치며 애기하고 서로 보면서 웃었는데, 이제 그 글이 찬란하고 아름답고 編次가 있음을[5)] 보았다. 이별한 지 3년 만에 그 글이 贍富하기가 이와 같아 능히 ≪사기≫만 할 수 있구나.

夫知史記之所以爲史記면 **則能史記矣**라 **故曰 喙鳴合**이면 **與天地爲合**하니 **其合緡緡**이라하니 **甚矣**라 **文之難言也**여 **每與玉叔抵掌而談**하고 **相視而笑**러니 **今見其燁燁爾**요 **洋洋爾**요 **纚纚爾**라 **別之三年**에 **而其文之富如此**하여 **能史記若也**라

荊楚 지역은 예로부터 문인이 많았으니, 左氏의 傳[6)]과 荀卿의 論[7)]과 屈子의 〈離

3) 얼굴을……못한다 : ≪莊子≫ 〈秋水〉에 보인다.

4) 부리를……無心하다 : ≪莊子≫ 〈天地〉에 "부리를 닫고 침묵하면 천지와 합일하니, 그 합일이 완전히 無心하여 마치 어리석은 사람 같고 어두운 사람 같으리니, 이를 일러 玄德이라 한다.〔喙鳴合 與天地爲合 其合緡緡 若愚若昏 是謂玄德〕"라 하였다.

5) 아름답고……있음을 : ≪韓非子≫ 〈難言〉에 "말이 순종하고 매끄러워 洋洋하고 纚纚하다. 그러한즉 보고서 아름답지만 진실하지 못하다고 여긴다.〔言順比滑澤 洋洋 纚纚 然則見以爲華而不實〕"라 하였는데, 元나라 何犿의 注에 "洋洋은 아름다운 것이고 纚纚는 編次가 있는 것이다."라 하였다.

6) 左氏의 傳 : 左氏는 ≪春秋左氏傳≫을 지은 사람으로 左丘明이라는 설도 있지만 未詳이다.

7) 荀卿의 論 : 荀卿의 이름은 況인데 세상에서 순경 또는 荀子라 부른다. ≪荀子≫에 〈天論〉,

騷〉[8]와 莊周의 篇[9]은 모두 楚 땅 사람들이 지은 것이지만 읽어보면 ≪사기≫만 하지 않은 것이 없다. 옥숙은 초 땅에서 출생하였으니, 그 재주가 어찌 옛사람들과 다르겠는가.

屈原

荊楚는 自昔多文人하니 左氏之傳과 荀卿之論과 屈子之騷와 莊周之篇이 皆楚人也로되 試讀之에 未有不史記若也라 玉叔生于楚하니 其才豈異于古耶아

莊周

이보다 앞서 그의 文稿를 나에게 남겨둔 지 한 달이 지났으니, 아마도 나를 자신을 알아주는 사람으로 여겨 그 문고의 뒤에 글을 쓰라고 명하는 듯하였다. 옛날 韓退之(韓愈)는 재주가 다양한 文體를 아울러 갖추었다. 그래서 樊紹述(樊宗師)을 서술하면 반소술의 문체와 같았고, 柳子厚(柳宗元)를 서술하면 유자후의 문체와 같았는데,[10] 나는 옥숙의 문체와 같지도 못하거늘 하물며 ≪사기≫야 말할 나위 있겠는가. 진실로 옥숙의 문체와 같을 수 있다 할지라도 또한 마을에서 가슴을 부여잡고 얼굴을 찡그리는 醜女와 같을 것이다.

韓愈

先是에 以其稿留余者逾月하니 似以余爲知者而命之題其後라 昔韓退之才兼衆體라 故敍樊紹述則如樊紹述하고 敍柳子厚則如柳子厚러니 余不能如玉叔也온 況史記耶아 夫苟能如玉叔라도 則亦里之捧心者也라

〈正論〉, 〈禮論〉, 〈樂論〉 등의 篇이 있다.

8) 屈子의 〈離騷〉 : 屈子는 전국시대 楚나라 사람으로 〈離騷〉를 지은 屈原을 가리킨다.

9) 莊周의 篇 : 莊子의 이름이 周이다. ≪莊子≫가 內篇, 外篇, 雜篇으로 구성되어 있다.

10) 옛날……같았는데 : 宋나라 歐陽脩의 〈論尹師魯墓誌〉에 "나는 보건대 한퇴지는 맹교와 聯句를 읊으면 곧 맹교의 시와 같고, 반종사를 위해 墓誌銘을 지으면 곧 반종사의 글과 같았다.〔修見韓退之與孟郊聯句 便似孟郊詩 與樊宗師作誌 便似樊文〕"라 하였다. 樊宗師의 자가 紹述이다. 宋나라 李耆卿의 ≪文章精義≫에 "한퇴지는 반소술의 墓誌銘을 쓰면 그 글이 문체가 반소술과 같았고 유자후의 묘지명을 쓰면 그 문체가 유자후와 같았다.〔退之誌樊紹述 其文似紹述 誌柳子厚 其文似子厚〕"라 하였다. ≪別本韓文考異≫ 권20에 〈南陽樊紹述墓誌銘〉이 있고 권32에 〈柳子厚墓誌銘〉이 있다.

09. 沈次谷 先生 시의 序　沈次谷先生詩序*

* 歸有光의 同鄕 사람으로, 沈氏이고 호가 次谷인 사람의 시집에 서문을 써준 것이다. 귀유광의 글 〈跋小學古事〉에서 "우리 鄕里 沈次谷先生"이라 일컫고, "次谷은 비록 벼슬하지 못했으나 옛날의 이른바 塾師로 삼음 직하다는 사람에 어찌 손색이 있겠는가.〔次谷雖不仕 亦何愧于古之所謂可以爲塾師者耶〕"라 하였다.

내가 젊을 때 자신의 역량을 헤아리지 못하고서 세상에 쓰여 재능을 펴려는 뜻을 가졌는데 늘그막에 이르러서도 여전히 閭閻의 마을에서 곤궁하게 살고 있다. 그래서 세상 사람들과 교유하는 것을 더욱 좋아하지 않고 사람들도 다시 내 집에 들르지 않았는데 유독 심차곡선생만은 자주 내 집에 들러서는 어김없이 자신이 지은 시를 보여주면서 可否를 토론하였다.

余少不自量하여 **有用世之志**러니 **而垂老**에 **猶困于閭里**라 **益不喜與世人交**하고 **而人亦不復見過**로되 **獨沈次谷先生**이 **數數過予**하여 **必以其所爲詩見示而商確其可否**러라

선생은 올해 78세인데도 耳目이 총명하며 筋力이 강건하여 때때로 혼자서 길을 다니기도 하니, 사람들이 산기슭이나 물가 및 사찰이나 道觀에 이르러 왕왕 선생을 보곤 하였다. 선생과 같은 때 태어난 사람들은 거개 세상을 떠났기에 흥을 기탁하는 곳에 단지 혼자서 가고 함께 갈 벗이 없었던 것이다.

先生은 **今年七十有八**이로되 **耳目聰明**하며 **筋力强健**하여 **時獨行道中**하니 **人至山麓水涯及佛老之宮**하여 **往往見之**라 **蓋先生同時人多凋謝**일새 **興之所寄**에 **徒獨往耳**요 **無與俱也**라

하루는 선생이 손수 평소에 지은 詩, 모두 약간 권을 편집하여 나에게 그 책머리에 서문을 쓰게 하였다.

대저 시의 道를 어찌 쉽게 말할 수 있겠는가. 孔子는 음악을 논할 때 반드시 鄭・衛의 음악을 쫓아내었거늘[1] 오늘날 세상에서는 오직 글귀를 彫琢하며,[2] 본뜨고 표절하며, 음란하고 浮華한 문장을 잘 지은 것이라 여기고, 그들이 한 바 일생

을 허비하여 지은 글이 한갓 공자가 내쫓은 것일 뿐임을 알지 못한다. 지금 선생은 입에서 나오는 말 그대로 쓴 시들이 대다수 민간의 가요에서 시대를 걱정하고 세상을 근심하는 말들이니, 大雅君子가 버리지 않은 것이다.

一日에 先生手自編平生所作凡若干卷하여 俾余序其首라 夫詩之道를 豈易言哉아 孔子論樂에 必放鄭衛之聲이어늘 今世乃惟追章琢句摸擬剽竊淫哇浮艶之爲工이오 而不知其所爲敝一生以爲之가 徒爲孔子之所放而已라 今先生率口而言이 多民俗歌謠憫時憂世之語하니 蓋大雅君子之所不廢者라

文中子는 이르기를 "제후가 시를 바치지 않으며 천자가 風을 채집하지 않으며 樂官이 雅를 알지 못하며 국가의 史官이 역사의 변천을 알지 못한 지가 이미 오래이다. ≪詩經≫을 잇지 않을 수 있겠는가."라 하였으니,[3] 대개 三百篇 뒤에도 일찍이 시가 없었던 적은 없었다. 그렇지 않다면 고금의 人情이 같지 않음이 없거늘 유독 시에만 다름이 있겠는가. 대저 시란 것은 情에서 나올 따름이다.

文中子謂 諸侯不貢詩하며 天子不採風하며 樂官不達雅하며 國史不明變이 斯已久矣라 詩可以不續乎아라하니 蓋三百篇之後에 未嘗無詩也라 不然則古今人情이 無不同이어늘 而獨於詩有異乎아 夫詩者는 出于情而已矣라

차곡은 시를 아는 분인지라 감히 아울러 이 말로써 質定하노라. 그 巖穴에서 고상하게 사는 뜻과 世路에서 위태했던 자취는 그의 自序에 나타난 것이 상세하므로 논하지 않는다.

次谷은 知詩者라 敢幷以是質之하노니 而其巖處高尚之志와 世路艱危之跡은 見于其自序者詳矣라 故不論하노라

---

1) 孔子는……쫓아내었거늘 : 顔淵이 나라를 다스리는 방도를 물었는데 孔子가 "夏나라의 책력을 시행하며, 殷나라의 수레를 타며, 周나라의 면류관을 쓰며, 음악은 韶舞를 연주하고, 鄭나라 음악을 쫓아내며, 말재주 있는 사람을 멀리할 것이니, 정나라 음악은 음탕하고 말 잘하는 사람은 위태롭다.〔行夏之時 乘殷之輅 服周之冕 樂則韶舞 放鄭聲 遠佞人 鄭聲淫 佞人殆〕"라 한 것을 가리킨다.(≪論語≫ 〈衛靈公〉) 鄭나라와 衛나라 부근, 濮水 가의 桑林 지역에는 男女相悅의 음탕한 음악이 유행했다 한다.(≪禮記≫ 〈樂記〉)

2) 글귀를 彫琢하며 : 원문은 '追章琢句'이다. ≪詩經≫ 〈大雅 棫樸〉에 "追琢其章"이라 하였는데, 毛傳에 "追는 雕이다."라 하였다.

3) 文中子는……하였으니 : 文仲子는 隨나라 학자 王通의 시호이다. 이 말은 ≪中說≫에 보인다.

10. ≪尙書≫에 대한 敍錄　尙書敍錄*

*이 글은 歸有光이 嘉靖 18년(1539), 34세 때 鄧尉山에서 독서할 때 지은 것이다. 元나라 학자 吳澄이 그의 저술 ≪尙書敍錄≫에서 소위 ≪今文尙書≫를 앞에 싣고 ≪古文尙書≫를 뒤에 따로 실었으며, 또 다른 저술인 ≪尙書纂言≫에서는 ≪고문상서≫는 僞書로 간주하여 모두 빼고 ≪금문상서≫ 28편에만 注를 달았다. 이 두 저술은 逸失되었고, 현전하는 ≪四經敍錄≫에서 ≪尙書≫에 대한 오징의 견해를 볼 수 있다. 이 글에서 귀유광은 오징의 견해에 적극 찬동하였다.

나는 젊을 때 ≪尙書≫를 읽으면서 곧 今文・古文[1)]의 설을 의심하다가 후일에 吳文正公[2)]의 ≪敍錄≫[3)]을 보고 흔연히 마음에 와닿는 점이 있다고 여겼으니, 揭曼石이 "綱이 분명하고 目이 펼쳐진 것이 마치 禹의 治水와 같다"[4)]고 한 것이 참으

1) 今文古文 : 秦나라 때 焚書坑儒와 兵火를 겪으면서 ≪尙書≫가 逸失되었는데, 漢나라 初에 秦나라 때 博士였던 伏生이 구술하여 ≪상서≫ 28편을 전하였다. 이 ≪상서≫는 당시에 유행하던 隷書로 쓰였다 하여 ≪今文尙書≫라 일컫는다. 그 후 漢나라 武帝 때 魯恭王이 孔子의 舊宅을 허물다가 벽 속에서 古文인 蝌蚪文字로 쓰인 ≪尙書≫, ≪禮記≫, ≪論語≫, ≪孝經≫ 등 수십 편을 발견하였으데, 복생의 ≪금문상서≫보다 16편이 더 많았다 한다. 孔安國이 勅命으로 ≪古文尙書傳≫을 지었으나 후세에 전하지 않는다. 그 후 西晉 말기에 梅賾이 大航頭에서 발견했다고 하면서 58편의 고문으로 쓰인 ≪상서≫를 바쳤다. 이 책에는 ≪금문상서≫보다 25편이 더 들어 있다. 이 책은 僞古文이라는 추정이 있었지만, 唐나라 때 陸德明이 ≪釋文≫을 저술하고, 孔穎達이 ≪正義≫를 저술하면서 ≪금문상서≫와 합쳐져 한 部가 되었고 官學에 과목으로 채택되어 지금까지 전해진다.

2) 吳文正公 : 元나라 때 학자 吳澄(1249~1333)을 가리킨다. 그의 시호가 文正이다. 그는 자는 幼淸 또는 伯淸이며 세상에서 草廬先生이라 일컬었다. 宋나라 때 과거에 낙방하였고 元나라 武宗 때 조정에 나아가 國子監丞・司業・翰林學士 등을 역임하였으며, 泰定帝 때 經筵의 講官이 되었고, ≪英宗實錄≫을 편수하는 일을 주관하고 실록이 완성되자 벼슬에서 물러나 향리로 돌아오니, 수많은 학자들이 그의 문하에 와서 수학하였다. 朱熹의 四傳弟子로서 주희와 陸九淵의 사상을 조화하려고 노력하였다. 許衡・劉因과 더불어 원나라를 대표하는 저명한 학자이다. 저술로는 ≪四經敍錄≫ 외에 ≪吳文正集≫・≪五經纂言≫・≪儀禮逸經傳≫ 등이 있다

3) 敍錄 : 吳澄이 저술한 ≪四經敍錄≫을 가리킨다. 오징은 원래 ≪尙書敍錄≫을 저술하였다. 이 ≪상서서록≫에는 앞에 今文을 싣고 뒤에 古文을 첨부해두었다. 그런데 후일에 저술한 ≪五經纂言≫에서는 고문을 모두 빼고 금문 28편에만 注를 달았다. 이 두 책은 모두 逸失되었고 지금은 ≪四經敍錄≫만 남아 있다.

로 사실이다.

余少讀尙書에 卽疑今文古文之說이라가 後見吳文正公敍錄에 忻然以爲有當於心하니 揭曼石稱其綱明目張이 如禹之治水가 信矣라

이로부터 자주 그 책을 찾았으나 찾지 못하였는데 기해년(1539)에 鄧尉山[5] 속에서 독서하여 ≪상서≫의 글뜻을 퍽 깊이 연구하고 보니, 吳公이 저술한 바가 고칠 수 없는 典籍임을 더욱 믿게 되었다. 인하여 생각하기를, 성인의 ≪尙書≫가 남아 있는 것은 연대가 오래되어 諸儒들의 손에 많이 어지럽혀졌으므로, 우리가 근거로 삼아 진위를 분별할 수 있는 것은 오로지 후세 여타의 글들과 다른 그 文辭의 風格과 體制만은 후세 사람들이 아무리 힘을 다해 모방하려 해도 끝내 만분의 하나도 닮을 수 없다는 사실이다. 따라서 學者가 그 문사를 통하여 성인의 本意에 도달하고 異說에 현혹되지 않을 수 있을 것이다.

自是로 數訪其書未得也러니 己亥之歲에 讀書于鄧尉山中하여 頗得深究書之文義하니 益信吳公所著가 爲不刊之典이라 因念聖人之書가 存者는 年代久遠하여 多爲諸儒所亂이라 其可賴以別其眞僞는 惟其文辭格制之不同이 後之人雖悉力摹擬라도 終無以得其萬一之似니 學者由其辭하여 可以達於聖人而不惑於異說이리

지금 伏生[6]의 ≪상서≫와 孔壁에서 나온 것이 그 文辭가 같지 않다는 것은 굳이

---

4) 揭曼石이……같다 : 元나라 때 학자 揭傒斯의 자가 曼石 또는 曼碩이고 시호는 文安이며, 문장으로 이름났다. 그가 吳澄에 대해 말하기를 "선생은 六經을 연마하여 百氏를 정리하였으니, 綱은 분명하고 目은 펼쳐진 것이 마치 禹가 물을 다스린 것과 같다. 비록 임금의 정사를 맡지는 못했지만 책을 저술하여 立言하여 百世의 사표가 된 것은 또 어찌 한 가지 才藝를 가진 사람이 나란히 설 수 있는 것이겠는가.〔先生磨硏六經 疏滌百氏 綱明目張 如禹之治水 雖未獲任君之政 而著書立言 師表百世 又豈一才一藝所得竝哉〕"라 하였다.(≪性理大全≫ 권42 吳澄) 如禹之治水는 孟子가 "禹가 물을 다스린 것은 일삼은 바가 없는 바를 행한 것이니, 만일 智者가 또한 일삼음이 없는 바를 행한다면 지혜가 또한 클 것이다.〔禹之行水也 行其所無事也 如智者亦行其所無事則智亦大矣〕"라 한 데서 온 말로 여기서는 논리와 문장이 의식적인 안배 없이 자연스러움을 말한다.(≪孟子≫ 〈離婁 下〉)

5) 鄧尉山 : 江蘇省 吳縣 서남쪽에 있다. 전설에 漢나라 때 鄧尉가 이곳에 은거했다 하여 이 이름이 붙여졌다고 한다. 萬峯山 또는 玄墓山 이라고도 한다.

6) 伏生 : 伏勝을 가리킨다. 그는 漢나라 때 濟南 사람으로 자는 子賤이다. 그는 秦나라 때 ≪尙書≫를 가르치는 博士였다. 그래서 文帝가 그를 불렀는데, 이때 복승은 나이가 100세에 가까

변별하지 않아도 알 수 있다. 옛날에 班固가 ≪漢書≫ 〈藝文志〉를 기술할 적에는 ≪상서≫ 29편과 古經 16권이 있었으니, 고경은 漢나라 때 만들어진 僞書라 經과 변별하여 서로 섞이지 않게 하였다. 대개 당시 儒者들의 신중함이 이와 같았거늘 唐나라 신하들[7]은 깊이 詳考하지 못하고 외람되게 東晉 때의 雜亂한 ≪상서≫를 가지고 정본으로 확정하여 義疏를 썼다. 이에 漢·魏時代의 專門學이 마침내 廢絶하고 말았으니, ≪상서≫의 액운이 이미 지극했다 하겠다.

今伏生書與孔壁所傳이 **其辭之不同**은 **固不待於別白而可知**라 **昔班固志藝文**에 **有尙書二十九篇**과 **古經十六卷**하니 **古經**은 **漢世之僞書**라 **別於經**하여 **不以相混**하니 **蓋當時儒者之愼重如此**어늘 **而唐之諸臣**이 **不能深考**하여 **猥以晩晉雜亂之書**로 **定爲義疏**라 **而漢魏專門之學**이 **遂以廢絶**하니 **夫書之厄**이 **已至矣**라

복생은 流失한 나머지에서 주워 모아 고령의 나이로 근근이 실오라기 같은 단서를 자기 딸에게 구술하였다. 천만세 뒤에 이를 통하여 唐虞와 三代의 남은 자취를 조금이나마 알 수 있으니, 복생의 ≪상서≫를 愛重할 줄 알지 못해서야 되겠는가.

伏生掇拾于流亡之餘하여 **以篤老之年**으로 **厪厪垂如綫之緒于其女子之口**라 **千萬世之下**에 **因是可以稍見唐虞三代之遺**하니 **而可不知所愛惜哉**아

伏生授經圖

朱子는 대개 마음에 편안치 못한 바가 있어 미처 正定하지 못했는데 吳公이 실로 그 일을 이루어준 것이다. 그런데 오늘날 學官에 열거된 과목은 이미 著令이 있는지라 조정의 사대부들은 石渠와 白虎의 異義[8]를 넓힐 줄 모르고 학자들은 평소

운 고령이라 발음이 분명하지 못해 말을 알아들을 수 없었다. 그래서 鼂錯로 하여금 가서 그에게 ≪상서≫를 배우게 하니, 복승이 ≪상서≫를 구술하였다. 이것이 ≪금문상서≫ 28편이다.

7) 唐나라 신하들 : ≪尙書釋文≫을 저술한 陸德明과 ≪尙書正義≫를 저술한 孔穎達을 가리킨다.

8) 石渠와……異義 : 石渠는 漢나라 때 궁중의 장서각인 石渠閣이고 白虎는 궁중의 學宮인 白虎

익히 알던 것을 그대로 따라 답습하기만 하여 전혀 더 이상 찾고 살펴보는 바가 없다. 그리하여 수백 년 동안 雜亂한 ≪상서≫를 一代 大儒의 손으로 表章했는데도 세상에서는 아무도 尊信하지 못하니, 탄식할 노릇이다.

朱子蓋有所不安而未及是正이러니 吳公實有以成之언마는 而今列于學官者는 旣有著令이라 薦紳先生이 莫知廣石渠白虎之異義하고 學者蹈常習故하여 漫不復有所尋省하여 以數百年雜亂之書로 表章於一代大儒之手어늘 而世亦莫能以尊信之하니 可歎也已로다

나는 오공의 ≪상서≫는 보지 못하고 그 뜻을 대략 짐작하여 ≪今文尙書≫를 정리해두기를 다음과 같이 하고 책의 앞부분에 그 〈서록〉을 둠으로써 훗날 오공의 ≪상서≫를 보면서 참고할 때를 기다리노라.

余未見吳公書하고 乃依髣其意하여 釐爲今文如左하고 而存其敍錄於前하여 以俟他日得公書參考焉하노라

觀이다. 漢나라 宣帝 때 韋玄成이 詔命을 받아 太子太傅 蕭望之 및 五經을 전공하는 학자들과 함께 석거각에서 五經의 同異를 토론하였다. 이 과정을 통해 ≪石渠議奏≫를 만들었다.(≪前漢書≫ 권73 〈韋玄成傳〉) 建初 4년 11월에 章帝가 太常·將·大夫·博士·郎官 및 諸生·諸儒들을 백호관에 모아 오경의 동이를 강론하게 하고, 장제가 친히 참석하여 판결하였다. 이 과정을 통해 ≪白虎議奏≫를 만들었다.(≪後漢書≫ 권3 〈章帝紀〉)

11. ≪荀子≫에 대한 序錄　荀子序錄*

＊荀子는 儒家에 속한 大儒인데도 그에 대한 역대의 평가는 일정하지 않다. 唐나라 韓愈는 〈讀荀子〉에서 "孟子는 醇正한 중에서도 순정하고 荀子와 揚雄은 대체로 순정하면서 조금 흠결이 있다.〔孟氏醇乎醇 荀與揚大醇而少疵〕"라 하였다. 宋나라 朱熹, 陸九淵 등의 학자들에 이르러서는 순자에 대해 매우 비판적으로 평가하였고, 그 이후로 순자는 平價切下되고 말았다. 歸有光은 이 글에서 순자의 사상은 비록 치우친 점이 있지만 맹자와 비교해도 손색이 없을 만큼 탁월한 학자라고 높이 평가하였다.

≪荀子≫ 32편은 唐나라 大理評事 楊倞이 일찍이 그 편차를 옮기고 바꾸었으며,[1] 오늘날 篇 중에도 次序가 잘못된 것이 많다. 그래서 내가 거듭 수정하고자 하다가 번거롭게 고치느라 일만 많게 될까 꺼려 단지 章과 條 또는 句를 구별하여 글의 長短을 끊어두었으니, 여기에는 모두 내 나름의 뜻이 있었다. 그러나 때로 거칠고 잘못된 곳들도 있기에 韓子의 '맞지 않는 것은 刪削하여 聖人의 전적 뒤에 덧붙인다.'[2]는 뜻을 취하여 여타 脫文·衍字와 함께 아울러 標識하여 식별할 수 있게 하였으니, 독자들이 한 번 보면 알 수 있을 것이다.

荀子三十二篇은 **唐大理評事楊倞**이 **常移易其篇第**하고 **而今篇中**에 **亦多有失倫次者**라 **余欲重加釐整**이라가 **而憚于紛更**하여 **第別其章條或句**하여 **爲之斷長短**하니 **皆有意焉**이나 **而時有蕪謬**라 **取韓子削其不合者附于聖人之籍之意**하여 **與其他脫文衍字**를 **竝爲識別**하니 **讀者可以一覽而知也**라

戰國時代 때 諸子들이 분분하게 책을 저술하여 천하를 惑亂하였는데 荀卿만은 홀로 능히 仲尼의 도를 밝혀 孟子와 나란히 활약하였다. 그렇지만 그가 지은 책의

---

1) 唐나라……바꾸었으며 : 唐나라 憲宗 元和 13년(818)에 大理評事 楊倞이 ≪荀子注≫ 20권을 찬술하였는데, 이 책에서 원래의 편차를 고쳤다. ≪荀子≫라는 書名이 이때부터 확정되었다.

2) 韓子의……덧붙인다 : 韓子는 唐나라 때 文豪 韓愈를 가리킨다. 이 대목은 ≪韓昌黎文集≫ 권11 〈讀荀子〉에 보인다.

체제가 文辭를 贍富하게 하는 데 힘써, 하나의 사물을 끌어와 놓고 비슷한 사실을 연결하여[3] 설명하는 것이 지나치게 길고 많았다. 그래서 그중에 瑕疵가 없을 수는 없지만 그 정밀한 곳에 이르러서는 맹자도 그보다 나을 수 없다. 揚雄, 韓愈로부터 모두 순경을 推尊하여 맹자와 짝하게 하였다.[4] 그런데 宋儒에 이르러서 몹시 헐뜯고 배척하여 오늘날 세상에서는 더 이상 荀氏가 있는 줄 모르게 되고 말았으니, 슬픈 일이로다! 학자가 古人의 서책에 대해 능히 流俗에 현혹되지 않고 마음속에서 自得하고자 하는 이가 대개 적다.

當戰國時하여 諸子紛紛著書하여 惑亂天下어늘 荀卿獨能明仲尼之道하여 與孟子竝馳로되 顧其爲書者之體가 務富于文辭하여 引物連類가 蔓衍夸多라 故其間不能無疵어니와 至其精造하여는 則孟子不能過也라 自揚雄韓愈로 皆推尊之하여 以配孟子러니 迨宋儒하여 頗加詆黜이라 今世遂不復知有荀氏矣니 悲夫라 學者之於古人之書에 能不惑於流俗而求自得于心者가 蓋少也라

3) 하나의……연결하여 : 唐나라 韓愈의 〈送權秀才序〉에 "권생의 용모는 진실로 범상한 사람과 같을 따름이다. 그러나 그 文辭는 사물을 끌어오고 비슷한 사물들을 연결하여 실정을 곡진히 다 드러내었다.〔權生之貌 固若常人耳 其文辭引物連類 窮情盡變 引物連類〕"라 한 네서 온 말이다.

4) 揚雄……하였다 : 漢나라 때 학자 揚雄은 "맹자는 공자와 다르면서 다르지 않다.〔孟子異乎不異〕"라 하고, "나는 荀卿에 있어서는 대문은 같고 방문은 다름을 보았다.〔吾於荀卿歟 見同門而異戶也〕"라 하였다.(≪揚子法言≫ 권9 〈君子篇〉)

12. 〈西王母圖〉의 序　西王母圖序*

*西王母는 전설에 나오는 女仙으로 崑崙山의 瑤池에 산다고 한다. 이 글은 鮑良珊이란 사람이 자기 어머니의 長壽를 축원하는 뜻에서 그린 그림에 대한 서문이다. 포량산은 未詳이다. 서왕모가 사는 곳에는 蟠桃라는 복숭아가 있는데, 이 복숭아를 먹으면 不老長生한다고 한다. 歸有光은 각종 기록에 나오는 서왕모의 전설을 서술하고 논평한 다음 신선의 일은 황당한 것이고 서왕모는 밝은 세상을 이루는 天子의 道로서 누구나 볼 수 있다고 결론을 내린다.

西王母

新安 鮑良珊이 타향인 吳 땅에 와 있다가 돌아가려 할 때 그 모친에게 祝壽하려고 西王母 그림을 그려 가지고 나에게 찾아와 瑤池의 일에 관해 물었다. 내가 보건대 ≪山海經≫[1)]과 ≪汲冢竹書≫,[2)] ≪穆天子傳≫[3)]에 서왕모의 일을 일컬었으니, 그 얘기가 참으로 신기하다.

新安鮑良珊이 **客于吳**라가 **將歸**에 **壽其母**하여 **作西王母之圖**하고 **而謁予問瑤池之事**라 **予觀山海經汲冢竹書穆天子傳**에 **稱西王母之事**하니 **信奇矣**라

---

1) 山海經 : 중국 고대의 地理書인데 일종의 神異한 얘기들이 기록되어 있다. 禹임금 때 伯益이 저술한 것이라 하지만 대개 전국시대 때 나온 것으로 추정한다. 당초에는 13권이었는데 漢나라 때 劉歆이 5권을 추가하여 모두 18권이다.

2) 汲冢竹書 : 晉나라 太康 2년(281)에 汲郡 사람 不準(부준)이 魏나라 襄王의 무덤에서 발굴했다는 책으로 先秦 때 지은 古書이다.

3) 穆天子傳 : 穆天子는 周나라 穆王이다. 역시 晉나라 太康 2년(281)에 不準(부준)이 魏나라 襄王의 무덤에서 발굴했다는 책으로, 모두 6권이다. 일종의 소설로 穆王이 天帝의 딸인 西王母를 만나고, 미인 盛姬와 연애하여 결혼한다는 얘기가 있다.

秦 始皇이 동쪽으로 바닷가에 노닐면서 명산대천 및 八神[4]에게 禮를 갖추어 제사하여 蓬萊・方丈・瀛洲 三神山을 찾았으니, 전해오는 기록에 의하면 삼신산에 있는 것은 금수는 죄다 흰색이고 궁궐은 황금과 은으로 되어 있다고 한다. 그러나 진 시황은 종신토록 삼신산에 가보지 못하고, 단지 멀리서 마치 구름인 양 바라볼 뿐이었으며, 漢 武帝는 方士들이 신선을 마치 얻을 수 있는 것처럼 말하기에 기뻐하며 신선을 거의 만날 수 있다고 여겼다. 그런데 穆王은 자신이 서쪽 땅 끝까지 가서 곤륜산에 이르러서 春山의 瑤臺에 이르렀으니, 이는 진 시황과 한 무제가 얻지 못하는 것이다. 의당 즐거워하여 돌아가길 잊었을 터이니, 造父(조보)가 어찌하여 盜驪, 驊騮, 騄耳 등 駟馬로 치달려 돌아가서 구구한 徐偃王을 찾았단 말인가.[5] 목왕은 어쩌면 이른바 늙어서 정신이 흐리다는 것[6]이 아니겠는가.

秦始皇이 **東遊海上**하여 **禮祀名山大川及八神**하여 **求蓬萊方丈瀛洲三神山**하니 **傳其物**이 **禽獸盡白**하고 **而黃金銀爲宮闕**이라 **然終身不得至**하고 **但望之如雲而已**요 **漢武帝**는 **諸方士**가 **言神仙**을 **若將可得**이라 **欣然庶幾遇之**어늘 **穆王**은 **身極西土**하여 **至崑崙之丘**하여 **以觀**(春)〔舂〕[7]**山之瑤**하니 **乃秦皇漢武之所不能得者**라 **宜其樂之忘歸**니 **造父何用盜驪驊騮騄耳之駟**하여 **馳歸以求區區之徐偃王**고 **穆王**이 **豈非所謂耄耶**아

4) 八神 : ≪史記≫ 〈封禪書〉에 “팔신은 첫째는 天主이니 天齊와 淵水 두 물에 제사하는 것이고, 둘째는 地主이니 太山과 梁父(양보) 두 산에 제사하는 것이고, 셋째는 兵主이니 蚩尤에 제사하는 것이고, 넷째는 陰主이니 三山에 제사하는 것이고, 다섯째는 陽主이니 罘山에 제사하는 것이고, 여섯째는 月主이니 之萊山에 제사하는 것이고, 일곱째는 日主이니 成山에 제사하는 것이고, 여덟째는 四時主이니 琅邪에 제사하는 것이다.〔一曰天主 祠天齊淵水 二曰地主 祠太山梁父 三曰兵主 祠蚩尤 四曰陰主 祠三山 五曰陽主 祠之罘山 六曰月主 祠之萊山 七曰日主 祠成山 八曰四時主 祠琅邪〕”라 하였다. 혹자는 “八神은 齊나라에서 시조인 姜太公 이래로 제사하였다.”라 하였다. (≪資治通鑑≫ 권7 〈秦紀〉 秦始皇 下 注)

5) 造父(조보)가……말인가 : 조보는 周나라 穆王 때의 사람으로 말을 잘 몰기로 이름난 사람이다. 목왕이 서쪽으로 가서 수렵에 빠져 돌아오길 잊었는데 徐偃王이 반란하자 그가 왕의 말을 몰아 하루에 천 리를 달려가 서언왕을 공격하여 대파시켰던 공으로 趙城을 받았다 한다.(≪史記≫ 권43 〈趙世家〉) 盜驪(도리), 驊騮, 騄耳는 穆王이 타고 다니던 八駿馬 중 세 마리 말이다. 그 나머지는 赤驥, 白義, 踰輪, 山子, 渠黃이다.(≪穆天子傳≫ 권1)

6) 늙어서……것 : ≪詩經≫ 〈大雅 板〉에 “내가 노망해 하는 말이 아닌데도 너는 걱정할 일을 농담으로 여긴다.〔匪我言耄 爾用憂謔〕”라 하였다. 朱熹의 注에 “耄는 늙어서 정신이 흐린 것이다.〔耄 老而昏也〕”라 하였다.

7) (春)〔舂〕 : 저본에는 ‘春’으로 되어 있으나, ≪穆天子傳≫에 의거하여 ‘舂’으로 바로잡았다.

≪列子≫ 〈周穆王〉에 "목왕이 瑤池에서 술을 마시고 서쪽으로 빠져 들어가는 해가 하루에 1만 리를 가는 것을 보고 왕이 이에 탄식하기를 '아아! 나 한 사람[8)]이 덕은 부족하고 즐거움은 넉넉히 누리니, 후세 사람들이 나의 허물을 뒤미처 지적할 것이다.'라 했다." 하였으니, 목왕은 후회하는 마음이 있었을 것이다. 그러나 ≪열자≫ 〈주목왕〉에 또 "목왕은 아마도 神人일 것이다. 당세의 즐거움을 다 누렸는데도 1백 살을 살고 죽었으니, 후세 사람들은 하늘로 올라갔다고 한다."라 하였다.

列子曰 穆王이 **觴瑤池**에 **乃觀日之所入**이 **一日行萬里**하고 **王乃歎曰 嗚呼**라 **予一人**이 **不足于德**하고 **而諧于樂**하니 **後世其追數吾過乎**인저라하니 **穆王**은 **蓋有悔心矣**라 **然又曰 穆王幾神人哉**인저 **能窮當世之樂**하되 **猶百年乃殂**하니 **後世以爲登遐焉**이라하니라

≪穆天子傳≫에 "천자가 서쪽으로 가서 黃鼠山에 묵고 서왕모의 나라에 이르러 圭璧을 잡고 예물로 錦組(비단 수실)를 바치거늘 서왕모가 재배하고 이를 받았다. 천자가 瑤池 가에서 술자리를 열고 드디어 말을 달려 弇山에 올라가서 자기 자취를 바위에 기록한 다음 槐木을 심고서 '西王母之山(서왕모의 산)'이라고 額字를 썼다."라 하였다. ≪山海經≫에는 "玉山은 서왕모의 산이니, 流沙의 서쪽에 있다."라 했거늘 博望侯(張騫)는 大夏로 사신 갈 때 황하의 근원을 다 거슬러 올랐는데도 이른바 곤륜산이란 것을 보지 못했으니, 이는 아마도 武陵桃源이 인간 세상에 가까이 있는데도 사람들이 알지 못하는 것과 거의 같을 터이다.

傳云 天子西征하여 **宿于黃鼠之山**하고 **至于西王母之邦**하여 **執圭璧**하고 **好獻錦組**어늘 **西王母再拜受之**라 **觴瑤池之上**하고 **遂驅升于弇山**하여 **乃紀丌跡于石**하고 **而樹之槐**하여 **眉曰 西王母之山**이라하다 **山海經曰 玉山**은 **西王母山也**니 **在流沙之西**어늘 **而博望侯使大夏**하여 **窮河源**하되 **不覩所謂崑崙者**하니 **此殆如武陵桃源**이 **近在人世而迷者也**라

≪漢武帝內傳≫에는 "武帝가 承華殿에서 재계할 때 파랑새가 동쪽으로부터 와서 전각 앞에 내려앉았다. 上이 東方朔에게 물었는데 동방삭이 말하기를 '이는 서왕모

8) 나 한 사람 : 왕이 자신을 일컫는 말이다. ≪書經≫ 〈商書 湯誥〉에 "아, 너희 만방의 무리들아. 나 한 사람의 가르침을 분명히 들어라.〔嗟爾萬方有衆 明聽予一人誥〕"라 하였는데, 孔安國의 傳에 "천자가 자신을 일컬어 '나 한 사람'이라 한다.〔天子自稱曰予一人〕"라 하였다.

가 오려는 소식입니다.'라 하였다. 잠시 뒤 서왕모가 紫雲輦을 타고 五色龍을 몰고서 전각에 올라 스스로 정갈한 음식을 차리고 쟁반에 복숭아를 얹어 오거늘 무제가 이를 먹음에 맛이 좋았다."라 하였다. 대저 무제는 甘泉宮,[9] 柏梁臺,[10] 蜚簾館, 桂館[11] 등지에서 서왕모를 만났으니, 목왕의 수레 바퀴와 말발굽이 천하를 두루 다녔던 것에 비교하면 더욱 편안하지 않았는가. 어쩌면 公孫卿이 말한 "신선의 일은 迂誕한 듯하니, 오랜 세월 정성을 들여야 선선을 오게 할 수 있다."[12]는 것인가? 그러나 史書에 "神人을 찾아 바다에 들어가 봉래산을 찾았지만 끝내 어디 있는지 알 수 없었다."[13]라 하였으니, 이는 또 어째서인가. 사서에서도 또 "때로 가고 때로 올 제 그 바람이 肅然하다.[14]"라 하였으니, 어쩌면 有無의 사이에 있는 신령의 怪異한 일은 진실로 말하기 어려운 것인가.

武帝內傳云 帝齋承華殿中할새 **有青鳥從東方來**하여 **集殿前**이어늘 **上問東方朔**한대 **朔曰 此西王母欲來也**라 **頃之**에 **西王母乘紫雲輦**하고 **駕五色龍**하여 **上殿**하여 **自設精饌**하고 **以柈盛桃**어늘 **帝食之**에 **甘美**라하니 **夫武帝見西王母于甘泉栢梁蜚簾桂館間**하니 **視穆王之車轍馬跡**이 **周行天下**컨대 **不又逸耶**아 **豈公孫卿所謂事如迂誕積以歲年乃可致耶**아 **然史云 候伺神人**하여 **入海求蓬萊**하되 **終無有驗**이라하니 **則又何也**오 **史又云 時去時來**에 **其風肅然**이라하니 **豈神靈怪異有無之間**은 **固難言也**아

9) 甘泉宮 : 陝西省 淳化縣 甘泉山에 있는 궁전이다. 본래 秦나라의 궁궐이었는데, 漢 武帝가 方士 公孫卿의 말에 따라 이곳에 蜚廉館, 桂館, 通天臺 등을 증축하여 신선을 맞이한 곳으로 삼았다.

10) 柏梁臺 : 漢 武帝가 연회를 베풀던 장소로 長安城 北門 안에 있었다. 이 누대는 높이가 20丈이고 香柏으로 전각의 들보를 만들어 향기가 수십 리까지 퍼졌다 한다.(≪史記≫ 권12 〈孝武本紀〉)

11) 蜚簾館, 桂館 : 두 관사이다. 蜚簾은 飛廉이라고도 표기한다. ≪漢書≫ 〈郊祀志 下〉에 "上이 長安에는 飛廉·桂館 두 관사를 짓게 했다.〔上令長安則作飛廉桂館〕"라 하였다.

12) 公孫卿이……있다 : 公孫卿은 漢 武帝 때의 方士이다. 그가 무제에게 "신선은 人主를 찾지 않는데 인주가 신선을 찾으니, 그 도리는 이쪽에서 조금 관대하지 않으면 신선은 오지 않을 것입니다. 신선의 일을 말하면 그 일이 마치 迂誕한 듯하니 오랜 세월 정성을 들여야 신선을 오게 할 수 있을 것입니다.〔僊者非有求人主 人主求之 其道非少寬假 神不來 言神事 事如迂誕 積以歲 乃可致〕"라 하였다. 唐나라 張守節의 ≪史記正義≫에 "迂는 멀다는 뜻이고, 誕은 크다는 뜻이나.〔迂遠也 誕大也〕"라 하였나.

13) 神人을……없었다 : ≪史記≫ 권28 〈封禪書〉에 나온다.

14) 그 바람이 肅然하다 : 원문은 '其風肅然'으로, 여기서 '其'자는 ≪史記≫ 권12 〈孝武帝本紀≫와 권28 〈封禪書〉에는 모두 '則'자로 되어 있다.

莊生(莊周)이 말하기를 "대저 道는 태극보다 앞에 있되 높지 않고 六極(천지와 사방)보다 아래에 있되 깊지 않으며 천지보다 먼저 생겼지만 오래지 않고 上古보다 멀지만 늙지 않는다. 서왕모가 이 도를 얻어 少廣山에 앉으매 그 시초를 알 수 없고 그 마침을 알 수 없다."라 하였으니,[15] 그대는 돌아가 찾으라. 서왕모가 그대의 黃山 안에 있을 것이다.

莊生有言하되 **夫道**는 **在太極之先而不爲高**하고 **在六極之下而不爲深**하며 **先天地生而不爲久**하고 **長于上古而不爲老**하니 **西王母得之**하여 **坐乎少廣**에 **莫知其始**하고 **莫知其終**이라하니 **子其歸而求之**하라 **西王母**가 **其在子之黃山之間耶**인저

지금 천자가 밝은 조정에서 세상을 다스리면서 黃帝의 도를 닦으니, 서왕모가 바야흐로 중국 땅에 두루 나타나 사람들마다 다 본다. 따라서 穆滿[16]과 秦漢의 일은 말할 것이 못 된다.

今天子治明庭하여 **修黃帝之道**하니 **西王母方遍現中土**하여 **人人見之**라 **穆滿秦漢之事**는 **其不足道矣**로다

---

15) 莊生(莊周)이……하였으니 : ≪莊子≫ 〈大宗師〉에 나온다. '長于上古而不爲老'와 '西王母得之' 사이에 ≪장자≫에는 "狶韋氏得之以挈天地 伏戲得之 以襲氣母 維斗得之 終古不忒 日月得之 終古不息 堪坏得之 以襲崐崙 馮夷得之 以遊大川 肩吾得之 以處太山 黃帝得之 以登雲天 顓頊得之 以處玄宮 禺强得之 立乎北極"이 있는데, 작자가 뺐다.

16) 穆滿 : 周 穆王의 이름이 滿이다.

13. 夏懷竹의 字說의 序　夏懷竹字說序*

* 夏煥이란 사람의 호에 의미를 부여한 글이다. 歸有光은 하환의 호인 懷竹에 대해 두 편의 글을 썼으니, 〈懷竹說〉과 이 글이다. 이 글에서 귀유광은 회죽의 의미보다 자신이 겪어본 하환의 사람됨을 더 자세히 서술하였다. 즉 하환은 세상에서 업신여김을 당하는 변변찮은 사람으로 보이지만 성품이 진실하고 매우 의리가 깊어 귀유광이 어려운 일을 만났을 때 자기 일처럼 도움을 주었다는 것이다.

사람이 태어나서 이름이 없는 것은 군자가 夷狄의 道라 하지만 이름이 있고 자가 있으며 게다가 호가 있는 경우는 세속의 지나친 풍조이다. 호는 근세에 이르러 비로소 성행하여 산과 시내, 물과 바위 이름의 호들이 여항에 두루 널렸다. 그러나 가사 자신을 자랑하는 마음이 없으며, 경책하고 면려하는 뜻이 있으면 또한 군자가 비루하게 여기는 바가 아니다.

生而無名은 君子以爲狄道어니와 有名有字矣요 又有號者는 俗之靡也라 號至近世始盛하여 山溪水石이 遍于閭巷이라 然使其無誇詡之心하고 有警勉之意면 亦非君子之所鄙라

淸風勁節圖

夏煥 章甫[1]의 호가 懷竹이니, 나는 여기서 취하는 바가 있다. 장보의 선조인 太常[2]은 墨跡이 천하에 뛰어났고 특히 대나무 그림을 잘 그렸다. 장보는 진실로 이 점을 생각하여 이 호에 가탁하여 자신의 뜻을 드러내었

1) 章甫 : 夏煥의 字이다.

2) 선조인 太常 : 夏煥의 5대조인 夏昶(1388~1470)이다. 벼슬이 太常寺卿에 올랐다. 하창이 대나무〔竹〕를 잘 그렸기 때문에 하환이 하창을 잊지 않고자 '懷竹'으로 호를 삼은 것이다. 귀유광의 〈懷竹說〉에 자세하다.

으니, 근본을 안다고 할 만하다.

夏煥章甫之號가 懷竹也니 吾有取焉이라 先太常은 墨跡妙天下하고 尤工于竹이라 章甫允懷于茲하여 託之以自見하니 可謂知本矣로다

내가 이미 說을 지어 면려하였으나[3] 그 아름다운 점을 湮沒하는 것은 그를 勸掖하는 도리를 다하는 것이 아니기에 이어서 다시 내가 장보에 대해 아는 바를 써서 篇(〈懷竹說〉)의 앞에 얹어서 말하노라.

우리 고을 仕宦家의 자제들은 모두 자신을 귀중히 여길 줄 알아 용모를 가꾸기를 좋아하니, 많은 사람들 속에서 묻지 않아도 알아볼 수 있다. 그런데 장보는 사람됨이 익살스럽고 광대들과 어울려 다니며 옷차림은 단정하지 못하고 걸음걸이는 삐딱한 채 실없이 왔다 실없이 가곤 하니, 사람들이 모두 그를 깔보았다.

予旣爲說以勉之나 而沒其美는 非所以盡勸掖之道일새 因復以予所以知章甫者로 冠于篇曰 吾邑宦家子弟가 皆知自貴重하여 喜爲容하니 在稠人中에 不問可知어늘 章甫는 爲人滑稽하여 與伶人伍하여 衣裳偏倚하고 步履邪施하여 忽去忽來하니 見者咸輕之러라

장보는 나의 조모에게 종손이 되고 나의 아내에게 고모부의 아들이 되니, 內從과 外從으로 모두 나와 형제가 된다. 나의 아내가 歸寧했을 때의 일이다. 아내의 병세가 위태한 상태로 동쪽으로 돌아올 때 아내는 가마 속에 들어가 있었고 너무도 황급하여 앞일을 예측할 수 없었다. 장보는 친히 아내가 탄 가마를 붙잡고 천천히 가면서 몹시 근심하여 얼굴에 생기라곤 없었고, 내가 앞에서 말을 타고 가다가 뒤를 돌아보면 눈물을 떨구었다.

게다가 장보는 또 자기 집을 버려두고 내 집에 머물며 탕약을 보살피면서 잠들지 않고 밤을 꼬박 샌 것이 20일이었으며, 나의 아내가 죽자 달려와 喪事를 도운 것이 한 달이 넘었다. 나는 팔자가 기구하고 몹시 빈곤하여 세상에 버림받은 터라 가정에 상사를 당했을 때 의지할 데 없이 외로운 몸으로 등잔불 아래 내 그림자만 짝하고 있었는데, 오직 장보가 내 곁에서 다정히 얘기해주었다. 장보가 義理에 독

3) 내가……면려하였으나 : ≪震川集≫ 권3에 〈懷竹說〉이 실려 있다.

실함이 이와 같다는 것은 사람들이 진실로 쉽게 알지 못할 것이다.

章甫于予祖母에 爲從孫이요 于予室人에 爲姑舅之子니 內外皆兄弟라 室人歸寧時에 疾殆東還하여 入帷轎中하여 倉卒不可測이어늘 章甫親爲扶轎하여 徐徐行할새 面無人色하고 予先驅回顧하면 爲之隕涕러라 章甫又棄其家하고 留予視湯藥하여 終夜不寐者二旬이요 室人既沒에 匍匐營喪事者踰月이라 予崎窮困頓하여 爲世所棄라 死喪之戚에 煢煢無倚하여 青燈孤影이러니 獨章甫款語其旁이러라 章甫篤于義如此는 人固不易知也라

옛날에 太史公(司馬遷)이 스스로 자신이 뜻을 펴지 못했기 때문에 옛날의 豪俠한 사람들이 남의 급한 사정을 돌보아주고 남의 어려운 사정을 풀어준 사실에 대해 憤慨하고 사모하면서 한껏 다 기록하지 않음이 없었는데, 더구나 나는 장보에게서 이러한 일을 직접 겪었으니, 이 어찌 기록하지 않을 수 있으리오.

昔太史公自以身不得志로 于古豪人俠士가 周人之急하며 解人之難에 未嘗不發憤慨慕而極言之어든 況予親得之章甫하니 此烏得而無言也리오

14. ≪新校傷寒論≫의 序　新校傷寒論序*

*歸有光과 같은 고을에 사는 沈順甫라는 의원이 저술한 ≪新校傷寒論≫이란 책에 대한 서문이다. 심순보는 未詳이다.

醫學은 오직 張機[1)]가 가장 名家로 이름났다. 그가 저술한 ≪金匱玉函≫은 세상에서 黃帝・越人[2)]의 醫書와 나란히 중시되며, ≪傷寒論≫은 進退損益의 법을 자세히 설명해놓았으니, 論者들이 신통하다고 한다. 王叔和가 일찍이 이 책을 抄選하고 註를 달았지만 簡編에 착오가 있어 차서가 거의 맞지 않다. 종전부터 내가 이러한 점을 병통으로 여겨왔었다. 후일에 方安常[3)]・許叔微[4)] 같은 이들이 모두 논술하여 이 책을 羽翼하였지만 세상에서는 이미 볼 수 없다. 왕숙화의 註로 말하자면 역시 또 본문을 혼란시켜 놓았으니, 이 책을 보는 사람이 전혀 분명히 알 수 없다. 우리 고을 沈君 順甫가 일찍이 이 책에 마음을 써서 내용을 구별하고 정리해 기록하여 상・하 두 권을 만들고 근간에 나에게 보여주면서 서문을 써달라고 청하였다.

醫學은 **惟張機**가 **最號名家**라 **金匱玉函**이 **與黃帝越人之書**로 **竝重於世**하고 **而傷寒論備極進退損益之法**하니 **論者以爲通神**이라 **王叔和嘗爲之抄註**하되 **顧其間編錯誤**하여 **罕有倫序**라 **自前固已病之**러니 **其後如安常許叔微之徒**가 **咸有論述**하여 **以羽翼是書**나 **而世已不可得見**이요 **至於叔和之註**하여는 **亦復淆亂本文**하니 **觀者殊不能了了**라 **吾邑沈君順甫**가 **嘗用心於此**하여 **爲之科別釐整**하여 **錄爲上下二卷**하고 **間以示余而請序之**라

---

1) 張機 : 後漢 때 사람으로 자는 仲景으로 醫學에 정통하여 ≪傷寒論≫ 10권, ≪金匱玉函經≫ 8권을 저술하였으며 후세 사람들이 醫學의 亞聖으로 일컬었다. 西晉의 王叔和(이름은 熙)가 ≪傷寒論≫의 雜病 부분을 정리하여 ≪金匱玉函要略方≫을 편술하였고, 北宋時代 1065년에 校正醫書局이 이 책을 다시 편집하여 ≪金匱要略方論≫ 3권을 만들었다. 이 책을 흔히 ≪金匱要略≫으로 약칭한다.

2) 越人 : 전국시대 鄭나라의 名醫 秦越人이다. 고대에 扁鵲이라는 명의가 있었는데, 진월인의 의술이 매우 신묘하기에 그를 편작이라 일컬었다고 한다.(≪史記≫ 권105 〈扁鵲列傳〉)

3) 安常 : 宋나라 때 名醫인 方安常이다. 침술에 정통하였고, 역시 ≪傷寒論≫을 저술했다.

4) 許叔微 : 宋나라 때 사람으로 의학에 정통하여 ≪普濟本事方≫ 10권을 저술하였다

대개 先王의 道가 없어지면서 百家의 기술이 죄다 苟簡해졌으니, 의원이 된 이들은 그들의 실적을 상고하여 食祿을 제정하므로 이미 有司의 법에 제약을 받지 않는 데다가[5] 臆斷을 배워 三代[6]의 책은 도무지 알지 못하고, 한갓 牌號를 높이 내걸고 軒岐[7]를 거침없이 말함으로써 一時의 이익을 노린다. 그런데도 두세 집이 모여 사는 작은 저자 사람들은 이런 의원을 보고 의지할 곳으로 여겨 마침내 병을 안고서 몸을 맡긴다. 그러면 저 의원은 자기 역량이 어떤지 환자의 병세가 어떤지를 헤아리지 않고 막연히 맥박을 살펴보고 억지로 짐작한 다음 열 손가락을 오르내리면서 온갖 약들을 조제해주니, 사람들의 병들을 한 가지 기준에서 헤아려 시험하는 경우가 많다. 이렇게 되는 까닭은 진실로 학습이 익숙하지 못하며 고찰이 깊지 못하여 疑似한 경우에 분명히 보지 못하고 약을 쓰는 것이 경솔하기 때문이다.

蓋自先王(生)〔王〕[8]之道廢로 而百家技術이 悉以苟簡하니 其爲醫者는 稽事制食하여 旣不約於有司之法이요 而且學臆斷하여 漫不識三世之書요 徒以高標牌號하며 駕說軒岐하여 以射一時之利어늘 而數家之市에 視以爲歸하여 卒然抱病에 以身委之어든 彼旣不量其力之能否與病之難易하고 而望意脈絡하여 强爲準擬하여 十指上下에 群藥紛然하니 則以人之病而試於一揆之間者多矣라 所以然者는 良由習之不熟하며 攷之不深하여 眩瞀於疑似之際而用之者輕也일새라

順甫의 의술은 그 先代로부터 이미 자자하게 명성이 있었다. 그런데 순보는 더욱 더 근면히고 민첩히여 가정에서 받은 가르침으로부터 위로 古人의 用心에까지 거슬러 올라서 荼坡精舍에 옛날의 醫書들을 聚集하여 참고하고 교감한 다음 손수 펼쳐 보고 베껴 써서 마치 儒者처럼 誦讀하였으니, 이 책을 편찬한 데서 또한 그의 의술이 구차하지 않다는 것을 알 수 있다. 필시 속된 의원의 폐해는 없을 것이고 응당 좋은 책으로 후세에 전해질 것임이 의심할 나위 없다.

順甫之醫는 自其先世로 已籍籍有聲이러니 而順甫益加勤敏하여 由家庭之授受而上泝古人之

---

5) 실적을……데다가 : 원문의 '稽事制食'은 '以事制祿' 또는 '視事賦祿'과 같은 말로 醫師는 병을 치료한 실적을 평가하여 食祿을 올려준다는 말이다. 즉 의사는 오직 병을 치료한 실적을 가지고 평가하므로 차서에 따라 직급이 승진하는 조정 관리들의 법 안에 들지 않는다는 말이다.

6) 三代 : 중국 고대 夏·殷·周 세 왕조를 말한다. 聖王이 다스리던 이상적인 세상을 상징한다.

7) 軒岐 : 黃帝 軒轅氏와 그의 신하 岐伯의 병칭으로 한의학의 鼻祖로 일컬어진다.

8) (生)〔王〕 : 저본에는 '生'으로 되어 있으나, 誤字로 판단하여 '王'으로 바로잡았다.

用心하여 聚集古書於苓坡精舍하여 參互校讐하고 手自披寫하여 誦讀如儒者하니 而此書之編이 亦足以知其術之不苟矣라 其必無俗醫之弊요 而當以精良傳世也無疑로다

내가 듣기로 의술의 道는 반드시 地理와 기후의 適宜함을 아울러 취해야 하고 또 고금의 변화를 참작해야 한다고 한다. 옛날에 傷寒을 논하는 사람은 흔히 외부적인 문제를 상세히 다루었는데, 오늘날 傷寒에 병드는 사람은 흔히 병의 원인이 내부에서 일어나 嗜慾을 다 부림으로써 목숨을 해치니, 그 폐해가 六氣[9]가 어긋나 병이 생긴 경우에 그치지 않는다. 치료 방법을 짐작하여 변화하는 것은 순보가 응당 스스로 알 터이니, 말로 다할 수 있는 바가 아니다.

抑余聞醫之道는 必兼取於地理時候之宜하고 而又參之以古今之變이라 昔之論傷寒者는 多詳於外러니 而今之病傷寒者는 多起於內하여 窮嗜慾以決性命하니 則其害有不止六氣之沴者라 斟酌變化를 順甫當必自得之니 而非言之所能盡也라

9) 六氣 : 한의학에서 말하는 외부에서 들어와 사람의 몸을 해치는 여섯 가지 기운으로 寒·暑·燥·濕·風·火이다.(≪素問天元紀大論≫)

15. 何氏의 두 아들을 보내는 序　送何氏二子序*

*歸有光에게 와서 受學하다가 떠나는 何氏 姓의 두 젊은이를 보내며 써준 글이다. 옛날에는 나이가 젊은 사람은 곧잘 '누구의 아들'이라 일컬었다. ≪周易≫ 〈繫辭傳 下〉에 "顔氏의 자식은 거의 도에 가깝구나.〔顔氏之子 其殆庶幾乎〕"라 하여 공자의 제자 顔回를 안씨의 아들이라 일컬었다. 漢나라 때까지는 講經이라 하여 경서를 중시했는데 性理學이 나온 이후로는 학자들이 講道라 하여 道를 밝힌다는 취지에서 오히려 경서를 고쳐 자기의 견해에 맞추기도 하는 폐단을 지적하였다.

周나라로부터 지금에 이르기까지 2,000년 사이에 先王의 敎化를 다시는 볼 수 없게 되었다. 그래도 孔氏(孔子)의 책이 남아 있었던 덕분에 학자들이 이를 대대로 지켜 家法을 삼아서 마음을 다스리고 본성을 수양하고 도리를 講明하여 天下 國家의 도구로 삼아왔다. 그런데 공씨의 책마저 學術을 멸망시켜 破碎한[1] 나머지에 온전한 면모를 찾을 수 없으니, 생각으로 유추하여 의심할 나위 없이 분명히 알 수 있는 것은 열에 서넛에 불과하다. 그리고 학자들이 전후로 부연 설명하여 만든 傳과 註는 성인이 남긴 經에 功을 끼친 것이 매우 크지만, 그러나 천년 뒤에 한 사람, 한때의 소견을 가지고서 어찌 모두 공씨의 옛 經에 어긋나지 않고 한마디도 틀리지 않다고 期必할 수 있으리오.

自周至於今二千年間에 **先王之敎化**를 **不復見**이라 **賴孔氏之書存**하여 **學者世守以爲家法**하여 **得以治心養性講明**하여 **爲天下國家之具**러니 **而孔氏之書**가 **更滅學破碎之餘**에 **又不復可以得其全**하니 **其有足以意推而較然不惑者**는 **不過什之三四而已**요 **而儒者先後衍說**하여 **作爲傳註**가 **有功於遺經爲甚大**나 **然在千載之下**에 **以一人一時之見**으로 **豈必其皆不詭於孔氏之舊而無一言之悖者**리오

세상 선비들은 전해오는 말을 믿는 데 과감하여 經의 本意를 깊이 생각하지 않

1) 學術을……破碎한 : 秦 始皇 때의 焚書坑儒를 말한다.

고서 반드시 經과 傳이 반드시 합치할 수 없는 대목에 이르러서는 차라리 경을 굽혀서 전을 따를지언정 전을 등지고 경을 따르려 하지 않아서 자질구레하게 한 가지 說을 固守하면서 백발이 되도록 그 要旨를 알지 못하는 이들이 많다. 간혹 이에 마음이 편안하지 못하면 또 감히 異論을 주장하여 前人을 이기는 데 힘쓰니, 그 말이 질펀한 물처럼 도도하고 거침없어 또한 一世의 사람들을 진동할 만하다.

대개 漢儒는 講經이라 하였고 오늘날에는 講道라 하니, 대저 성인의 經에 밝으면 이에 道에 밝게 마련이다. 도는 또한 어찌 講할 수 있겠는가. 무릇 오늘날 세상 사람들이 분분히 이설을 주장하는 이들이 많은 것은 모두 강도하는 데서 연유한다.

世儒果於信傳而不深惟經之本意하여 **至於其不能必合者**하여는 **則寧屈經以從傳**이언정 **而不肯背傳以從經**하여 **規規焉守其一說**하여 **白首而不得其要者衆矣**라 **間有不安於是**하여는 **則又敢爲異論**하여 **務勝於前人**하니 **其言汪洋恣肆**하여 **亦或足以震動一世之人**라 **蓋漢儒謂之講經**하고 **而今世謂之講道**하니 **夫能明〔於〕**[2]**聖人之經**이면 **斯道明矣**라 **道亦何容講哉**아 **凡今世之人**이 **多紛紛然異說者**는 **皆起於講道也**라

나는 생각건대 성인의 말씀은 簡易하고 明白하니, 다른 설을 찾으려는 마음을 버리고, 순전히 학자들의 설로 막지 않으면, 반드시 이른바 열에 서넛이라 한 것에 거의 가까울 수 있을 것이다.

予以爲聖人之言은 **簡易**(이)**明白**하니 **去其求異之心**하고 **而不純以儒者之說閡之**면 **必有庶幾於所謂什之三四者**라

南陵何氏의 두 아들이 蕪湖로부터 江水을 건너 천리 먼 길을 와서 이 적막한 황야의 물가[3]에 와서 나와 從遊하였다. 내가 늘 이 말을 해주었더니, 하씨의 두 아들이 내 말을 수긍하지 않은 적이 없었다. 歲暮에 나를 떠나가려 하기에, 이 두 아

2) 〔於〕: 저본에는 '於'자가 빠져 있으나, ≪震川集≫에 의거하여 보충하였다.

3) 적막한……물가 : 韓愈의 〈答崔立之書〉에 "그대는 위로는 경대부의 지위를 바라고 아래로는 한 保障을 취하여 지킬 수 있을 것이다. 만약 이 두 가지가 다 안 되면 한가로운 들판에서 밭을 갈고, 적막한 물가에서 낚시하면 될 것이다.〔吾君上希卿大夫之位 下猶取一障而乘之 若都不可得 猶將耕於寬閒之野 釣於寂寞之濱〕"라고 한 데서 온 말로 초야에 사는 사람이 자신이 사는 곳을 겸손하게 표현하는 말이다.

들이 바야흐로 進士試를 보려고 하는 터라 내가 한 말을 실천할 겨를이 없는 것을 안타깝게 여겼다. 그러나 이 두 아들은 요컨대 나를 알고 그 志意가 구차한 사람이 아니다.

南陵何氏二子가 自蕪湖浮江而來하여 千里而從予於荒野寂寞之濱이라 予常以是告之러니 二子未嘗不以予言爲然也라 歲暮辭予而去어늘 惜二子亦方有事於進士之業而未暇於予之所云이라 然二子要爲知予요 而其志意非苟然者라

옛날에 揚子雲(揚雄)[4]이 ≪太玄經≫을 짓고서 劉歆에게 보여주었다. 유흠은 많은 서적을 박람하기로 이름났거늘 그가 한마디도 ≪태현경≫의 옳고 그름은 논하지 않고 곧바로 후세 사람들이 장독 덮개로 쓸까 걱정한 것을 나는 유독 괴이하게 생각한다. 도리어 유흠 자신의 생각에 어떠한지만 말하면 될 터이니, 후세 사람을 어찌 말할 겨를이 있겠는가. 양웅의 제자 侯芭에 이르러서는 홀로 양웅의 저서를 좋아할 줄 알았으니, 나는 양웅의 학문을 하는 사람은 아니지만 선비가 알아주고 알아주지 못하는 것은 천년의 긴 세월 뒤에 感慨가 같다.

揚雄

昔에 揚子雲作太玄하여 以示劉歆하니 歆號博極群書어늘 予獨怪其無一言論玄之是非하고 而直以後人覆瓿爲憂하노니 顧於歆之意何如耳니 後之人을 奚暇論耶아 至雄之弟子侯芭하여는 獨知好雄書하니 予非爲雄之學者나 而士之知與不知는 則千載同此慨也로다

4) 揚子雲(揚雄) : 子雲은 後漢 때의 학자 揚雄의 자이다. 그가 벼슬길에 나가지 않고 ≪周易≫의 이치를 가지고 ≪太玄經≫을 지으니, 당시 사람들이 조롱하였다. 劉歆은 ≪태현경≫을 두고 "후세 사람들이 장독 덮개로나 쓸 것이다."라고 조롱했다. 양웅은 평소 어려운 古字를 많이 알고 술을 좋아하였다. 양웅이 병들어 집에 있을 때 가난하여 좋아하는 술을 마실 수가 없었다. 鉅鹿의 侯芭란 사람이 늘 술을 가지고 찾아와 양웅에게 어려운 고자를 묻고 양웅의 저서인 ≪法言≫·≪太玄經≫ 등을 배웠다. 양웅이 죽자 후파가 장사 지내고 3년 동안 居喪하였다. (≪漢書≫ 권87 〈揚雄傳〉)

16. 童子鳴을 보내는 序　送童子鳴序*

* 童珮(1523~1579)를 보내며 써준 送序이다. 童珮는 童佩로 되어 있는 곳도 있다. 그의 자가 子鳴이고 또 다른 자는 少瑜이며 浙江省 龍遊 사람이다. 이 글에서 歸有光은 생활이 궁핍하여 책장사를 하면서도 부지런히 글공부를 하여 시를 잘 짓는 동패를 칭찬하면서 본분을 망각하여 책을 읽지 않는 당시 학자들을 비판하였다.

越中의 사람들이 많이 우리 吳中[1]을 왕래하면서 책을 파는 일로 業을 삼는다. 예전에 童子鳴이 그 先親[2]을 따라 崑山[3] 지역에 왔었는데 아직 어린 나이였다. 몇 해 전에 婁江[4]에 배를 정박하고 있기에 내가 그를 찾아갔더니, 子鳴이 나에게 자기가 지은 시를 보여주었는데, 이미 출중하였다.

越中人이 **多往來吾吳中**하여 **以鬻書爲業**이라 **異時**에 **童子鳴**이 **從其先人**하여 **遊崑山**하니 **尙少也**러라 **數年前**에 **艤舟婁江**할새 **余過之**러니 **子鳴示余以其詩**하니 **已能出人**이라

올해 그가 다시 왔거늘 나의 벗 周維岳이 나를 보고서 그의 선친과 서로 사귀었던 옛정을 생각하면서, 자명이 객지에 머무는 형편이 가난하다고 하고 그를 보살펴줄 사람이 없는 것을 안타까워하였다. 이윽고 자명이 시를 가지고 왔는데 그 시가 예전보다 더욱 淸俊하여 읊조릴 만하였다. 그러나 자명은 나에게 미련을 가지면서 問學할 뜻이 있기에 내가 더욱 그를 생각하게 되었다.

今年復來어늘 **吾友周維岳見余**하여 **爲念其先人相與之舊**하여 **謂子鳴旅泊蕭然**하고 **恨無以卹**

1) 吳中 : 오늘날 江蘇省 蘇州 및 上海와 인접한 지역을 일컫는 지명이다.

2) 先親 : 童子鳴의 아버지 童彦淸이다. 그는 책을 파는 일을 하는 책장수였는데, 글 읽는 선비와 같은 인품이 있었다. 동자명은 집이 가난하여 스승을 찾아가 글을 배우지 못하고 책을 팔러 다니면서 아버지에서 글을 배웠다.

3) 崑山 : 明나라 때 蘇州에 속하는 縣으로 지금의 江蘇省에 속한다. 고을 안에 崑山이 있기에 이 이름이 붙은 것이다.

4) 婁江 : 일명 瀏河라고도 하며, 江蘇 太倉州를 지나 바다로 들어간다.

之者려라 **已而**요 **子鳴以詩來**하니 **益淸俊可誦**이라 **然子鳴依依於余**하여 **有問學之意**라 **余尤念之**라

일찍이 보건대 元나라 사람이 자기가 판각한 책에 "科擧가 없어진 뒤로 古書(옛 성현의 책)가 조금 나왔다."라고 적었기에 내가 그 말에 깊이 탄식하였다. 대저 오늘날 세상에는 과거 공부가 매우 성행하여 선비들은 책이 있는 줄 더 이상 알지 못한다. 책을 읽지 않고 학문을 하는 것은, 이는 바로 子路가 말 잘하는 것이요 孔子가 미워한 바이니,[5] 안으로는 修己의 도리를 알지 못하고 밖으로는 治人의 방법을 알지 못한 채 분분하게 榮利를 위해 나날이 각축함으로써 習俗을 이루고 천하에는 늘 인재가 부족한 근심이 있게 되는 것을 괴이하게 여길 게 없다.

嘗見元人이 **題其所刻之書云 自科擧廢而古書稍出**이라하여늘 **余蓋深歎其言**이러라 **夫今世進士之業滋盛**하여 **士不復知有書矣**라 **以不讀書而爲學**은 **此子路之佞而孔子之所惡**니 **無怪乎其內不知修己之道**하며 **外不知臨人之術**하여 **紛紛然日競于榮利**하여 **以成流俗**하고 **而天下常有乏材之患也**로다

자명은 책에 있어서 두루 다 윌 수 있다. 내가 이런 까닭에 자명을 더욱 奇特하게 여긴다. 대저 典籍은 천하의 神物이다. 사람이 날마다 전적과 함께 거처하면 전적의 性靈이 반드시 사람을 開發해주는 것이 있으니, 옥이 산에 있으면 초목이 윤택하며, 깊은 물속에 진주가 나면 기슭에 나무가 마르지 않는 법이나.[6] 책이 모인 곳은 응당 金寶의 기운[7]이 마치 오색구름[8]이 뭉게뭉게 서리어 그 위를 덮음에 그

5) 책을……바이니 : ≪論語≫ 〈先進〉에 "子路가 子羔로 費邑의 수령을 삼으니, 孔子가 '남의 아들을 해치는구나!'라 하였다. 자로가 '백성이 있고 사직이 있으니, 하필 책을 읽은 뒤에야 학문을 하는 것이겠습니까?'라 하니, 공자가 '이런 까닭에 말 잘하는 사람을 미워하는 것이다.'라 하였다.〔子路使子羔爲費宰 子曰 賊夫人之子 子路曰 有民人焉 有社稷焉 何必讀書 然後爲學 子曰 是故惡夫佞者〕"라 하였다.

6) 옥이……법이다 : ≪荀子≫ 〈勸學〉에 보인다.

7) 金寶의 기운 : ≪史記≫ 권27 〈天官書〉에 "금보가 묻힌 곳 위에는 모두 기운이 있으니, 살피지 않아서는 안 된다.〔金寶之上 皆有氣 不可不察〕"라 하였다. 漢 文帝 때 사람 新垣平이 문제에게 '汾陰에 金寶의 기운이 나타나니 泗水에서 周나라 寶鼎이 나올 것'이라 하였다.(≪漢書≫ 권25 〈郊祀志〉)

8) 오색구름 : 원문의 '卿雲'은 慶雲이라고도 한다. 舜임금이 〈南風歌〉를 부르며 善政을 베풀어 천하가 태평하여 경운이 나타나니, 百工들이 〈卿雲歌〉를 불러 칭송하였다고 한다.(≪史略≫ 권1 〈帝舜有虞氏〉)

潤澤을 입는 것이 마르지 않는 것과 같음이 있을 터이다.

子鳴於書에 **蓋歷能誦之**라 **余以是益奇子鳴**하노라 **夫典籍**은 **天下之神物也**라 **人日與之居**하면 **其性靈必有能自開發者**니 **玉在山而草木潤**하며 **淵生珠而崖不枯**라 **書之所聚**에 **當有如金寶之氣**가 **如卿雲輪囷**하여 **覆護其上**에 **被其潤者不枯矣**라

莊渠先生[9]이 일찍이 나에게 말하기를 "廣東 사람 陳元誠이 젊을 때에는 글자를 몰랐는데 하루는 스스로 感發하여 四書를 가져다 놓고 종일토록 절하였더니, 문득 글자를 알게 되었다."라고 하였으니, 이로써 책의 신령이지 책이 신령이 되는 것이 아닌 줄 알겠다. 옛사람은 비록 죽고 없지만 그 신령은 존재하지 않은 적이 없으니, 오늘날 사람들이 비록 옛날과 시대는 멀리 떨어졌지만 옛사람의 신령과 만나지 않은 적이 없다. 이것이 책이 귀중한 까닭이다.

莊渠先生嘗爲余言 廣東陳元誠이 **少未嘗識字**러니 **一日自感激**하여 **取四子書**하여 **終日拜之**러니 **忽能識字**라하니 **以此**로 **知書之神也**요 **非書之能爲神也**라 **古人雖亡**이나 **而其神者未嘗不存**하니 **今人雖去古之遠**이나 **而其神者未嘗不與之遇**라 **此書之所以可貴也**라

비록 그렇지만 오늘날의 학자들은 단지 책을 土梗[10]과 같이 여길 따름이다. 자명은 古書를 판다. 그러나 거의 스스로 생활할 수 없을 만큼 가난하거늘 이제 고서에 담긴 뜻을 알고자 하니, 나는 그가 더욱 곤궁해질까 두렵다. 세모에 나는 장차 錫山[11]의 寓舍로 갔다가 도로 太末[12]로 돌아갈 예정이라 이 글을 써서 주노라.

雖然이나 **今之學者**는 **直以爲土梗已耳**라 **子鳴**은 **鬻古之書**나 **然且幾於不自振**이어늘 **今欲求古書之義**하니 **吾懼其愈窮也**라 **歲暮**에 **將往錫山寓舍**하고 **還歸太末**이라 **書以贈之**하노라

---

9) 莊渠先生 : 明 世宗 때의 학자 魏校(1483~1543)를 가리킨다. 그는 자가 子才이고 崑山 사람이다. 그의 선조는 본래 李氏이고 蘇州 葑門의 莊渠에 살았었기 때문에 장거로 호를 삼은 것이다. 弘治 18년(1505)에 進士試에 급제하였고, 벼슬이 國子祭酒, 太常卿에 이르렀다. 저서로 ≪周禮沿革傳≫, ≪大學指歸≫, ≪六書精蘊≫ 등이 있다.(≪明史≫ 권282 〈儒林傳 1〉)

10) 土梗 : 흙으로 빚은 인형이다. 책을 고인의 형상을 흙으로 빚은 인형과 같이 여기고, 그 속에 고인의 神靈이 들어 있다고 여기지 않는다는 말이다.

11) 錫山 : 지금의 江蘇省 無錫縣에 있는 산이다.

12) 太末 : 秦나라 때 縣 이름이다. 그 옛 성터가 浙江省 龍遊에 있다. 여기서는 용유를 가리킨다.

17. 은퇴하고 남쪽으로 돌아가는 顧太僕을 보내는 序
送顧太僕致政南還序*

*太僕寺卿(태복시경)으로 있다가 벼슬을 사퇴하고 향리로 돌아가는 顧存仁을 보내며 쓴 送序이다. 고존인은 자가 伯剛이고 太倉 사람이다. 嘉靖 11년(1532)에 進士試에 급제하여 餘姚知縣에 제수되었고, 召命을 받고 조정에 들어가 禮科給事中이 되었다. 가정 17년 겨울에 상소하여 다섯 가지 일을 말하였는데, 맨 먼저 楊愼, 馬錄, 馮恩, 呂經 등을 사면할 것을 청하고 말미에서 道士 葉凝秀(섭응수)를 비판하였다. 당시 황제는 道家를 숭상하던 터라 자기를 비판한다고 여겼고 양신 등을 사면해 주길 청한 것을 미워하여 酷刑을 내려 고존인에게 廷杖 60대를 치고 관직을 삭탈하여 평민이 되게 하였다. 그리고 30년이 지나 穆宗이 즉위하여 고존인을 불러 南京通政參議에 제수하였고 벼슬이 太僕寺卿에 있다가 얼마 뒤 致仕하였다. ≪明史≫ 209권 〈楊允繩傳〉와 ≪震川集≫ 5권 〈題太僕寺誌後〉에 이 글과 관련되는 고존인의 사실이 보인다.

사대부는 出處進退의 즈음에 늘 스스로 자기 마음속에 헤아려보니, 이는 남이 알 수 있는 바가 아니고 남이 또한 알아서도 안 된다. 대저 그 마음에 터럭만큼이라도 편안하지 못한 점이 있으면 하루도 그 자리에 있어서는 안 되지만, 편안하지 못한 점이 없음에 이르러서는 비록 召公이 연로하다는 이유로 벼슬을 그만둘 때에도 周公이 오히려 자상한 말로 타일러 만류하였으니,[1] 주공과 소공 두 聖人이 관직에 있음에 주공이 소공을 위하는 것은 소공이 자신을 위하는 것과 같았으니, 어찌 관직을 버리고 떠나지 않는 것을 혐의쩍게 여기고 굳이 관직을 버리고 떠나는 것을 고결하게 여겼겠는가.

士大夫於出處進退之際에 **常自度於其心**하니 **非人之所能知**요 **人亦不得而知之**라 **夫其心有**

1) 비록……만류하였으니 : 이 사실이 ≪書經≫ 〈周書 君奭〉에 보인다. 蔡忱의 傳에 "소공이 연로하여 벼슬을 그만두고 떠나거늘 주공이 만류하였다.〔召公告老而去 周公留之〕"라 하였다.

纖毫之不安이면 不可以一日居也어니와 至其無所不安하여는 雖召公之告老도 周公猶諄諄留之하니 周召二聖人在位에 周公之爲召公은 猶召公之自爲也니 何嫌於不去而必以去爲高潔哉아

오늘날 세상에서 선비가 관직을 버리고 떠남을 논평할 때 한갓 고결하다는 것으로 말할 뿐이니, 어찌 이로써 出處進退의 義理를 말할 수 있겠으며 道를 아는 이의 비판을 받지 않을 수 있겠는가. 그러나 가사 그 마음에 터럭만큼이라도 편안하지 못한 점이 있어서 떠났다면 또한 고결하다 할 수 있을 것이다.

今世論士之去位는 徒以高潔而已니 豈所以語出處進退之義而爲知道者之所無以議爲哉아 然使其心有纖毫於其中而去면 乃亦其所以爲高潔者也라

疏廣·疏受 두 분이 연로하다는 이유로 사직하거늘 ≪漢書≫에 그 사실을 자세히 기술하였고 韓退之(韓愈)는 또 그 사실을 일컬어 〈送楊少尹序〉를 썼으니,[2] 또한 당시 사람들이 二疏(疏廣·疏受)를 尊慕하고 사랑할 줄 알았다는 것을 알 수 있다. 그러나 二疏가 떠난 까닭을 孟堅[3]은 말하지 못하였고 退之가 楊侯(楊巨源)에 있어서도 마찬가지였거늘 曾子固는 周屯田을 보내면서[4] 곧바로 번다하고 수고로운 일을 벗어놓은 것으로 즐거움이라 하였으니, 대저 사대부는 국가에 몸을 바친 터에 어찌 유독 스스로 번다하고 수고로운 일을 내려놓은 것을 가지고 즐겁다고 한단 말인가. 班固와 한퇴지, 증자고의 글은 세상 사람들이 모두 매우 높이 평가하지만, 나는 오히려 이 글들은 出處의 의리를 다 究明하지 못했으니 그들 스스로 마음속으로 생각해보아도 논의가 정밀한 것으로 여기지는 않았으리라 생각한다.

---

2) 疏廣……썼으니 : 漢 宣帝 때 太子太傅 疏廣과 그의 조카 太子少傅 疏受가 致仕하고 고향으로 돌아갈 때 황제는 황금 20斤을, 태자는 50근을 각각 하사하였고, 公卿大夫와 친지들이 東都門 밖에서 성대하게 전별연을 베풀어주었다. 두 사람은 하사받은 금을 가지고 고향으로 돌아가서 날마다 친척과 친구들을 불러다가 잔치를 베풀며 지냈다. 이 사실은 ≪漢書≫ 권71 〈疏廣傳〉에 실려 있고, 이 사실을 唐나라 때 韓愈가 〈送楊巨源少尹序〉에 인용하였다.

3) 孟堅 : 後漢 때 사람 班固의 자이다. 그는 아버지 班彪가 짓다가 완성하지 못한 ≪漢書≫를 이어 집필한 지 20여 년 만에 탈고하였다.(≪後漢書≫ 권40 上)

4) 曾子固는……보내면서 : 唐宋八家의 한 사람인 曾鞏의 자가 子固이다. 宋나라 때 尙書屯田員外郞 周中復(976~1052)이 고향으로 돌아가니, 증공이 〈送周屯田序〉를 써주었다.(≪唐宋八大家文鈔 권102≫)

疏廣受二子가 以年老辭位어늘 漢史具述其事하고 韓退之又稱之하여 以爲送楊少尹序하니 亦以具見當時之人이 能知所慕愛二疏者라 而二疏之所以去에 孟堅不能言也요 退之之於楊侯에도 亦然이어늘 而曾子固之送周屯田에 直以得釋於煩且勞以爲樂하니 夫士大夫致身國家에 豈獨以能自釋於煩勞爲樂耶아 班與韓曾之文은 世皆以爲不可及이로되 吾猶以爲未能究出處之義요 而自度於其心에 非爲論之精者라하노라

내가 太僕 顧公과 어릴 때부터 서로 알고 지내왔다. 공이 給事中으로 있다가 파면되어 지내던 것이 20여 년이었다. 그 사이에 그와 관직에 있을 때의 일을 말하면 번번이 웃기만 하고 스스로 말한 적이 없었다. 京師에 있을 때에 비로소 물어보고서, 당시 使命을 받들고 가서 蜀을 勘査한 일에서는[5] 능히 조정을 위해 骨肉을 소원하게 만들지[6] 않아 大體에 맞았으며, 大禮議의 옥사에서 죄를 받은 신하들을 사면하고 〈황제에게〉 道觀에 기도하는 것을 그칠 것을 청하였으니,[7] 이는 더욱이 당시에 말하기 어려운 것이었다.

余與太僕顧公으로 少相知라 公之爲給事中放廢二十餘年이라 間與之言居官時事면 輒笑하고 未嘗自道러니 及在京師하여 始叩之하여 知當時奉使勘蜀事에 能爲朝廷不別疏骨肉하여 得大體하고 其請赦還大禮大獄諸得罪臣하고 止禱祠하니 尤時所難言이라

貶黜되었다가 다시 기용됨에 미쳐서는 네 차례 승진하여 지금의 관직에 이르렀고 太僕寺에 재임할 때 建明한 바에 기록할 만한 것이 많다. 요컨대 직위에 있을 때에

5) 당시……일에서는 : 미상이다. 蜀 땅의 관리를 監査하러 간 일이 있었던 것으로 추측된다.

6) 骨肉을……만들지 : 원문의 '別疏骨肉'은 골육을 갈라놓아 소원하게 만든다는 말로 ≪漢書≫ 59권 〈張湯傳〉에 "장탕이 회남과 강도를 다스릴 때 가혹한 법률로 통렬히 제후를 꾸짖어 골육을 갈라 소원하게 만들어 藩臣들로 하여금 편안하지 못하게 하였다.〔湯之治淮南江都 以深文痛詆諸侯 別疏骨肉 使藩臣不自安〕"라 한 데서 왔다. 張湯은 법을 가혹하게 집행하여 酷吏로 이름난 사람이다.

7) 大禮議의……청하였으니 : 明 武宗이 후사 없이 죽자, 그의 동생 興獻王의 아들이 즉위하여 世宗이 되었다. 이후 홍헌왕의 제사와 칭호를 두고 논쟁이 벌어지는데 이를 大禮議라 한다. 처음에는 세종이 신하들의 뜻을 따랐으나, 嘉靖 3년(1524)에 논쟁이 다시 일어나 張璁 등 세종의 편을 든 당파가 집권하여 당시 간관들이 파직당하였다. 이후 세종은 정사를 돌보지 않고 도교에 빠지게 된다. 특히 여기서는 楊愼, 馬錄, 馮恩, 呂經 등을 사면할 것을 청한 일을 가리키는 듯하다.

는 반드시 뜻 있는 일을 하고자 하는 것이 지난날 給事中으로 있던 젊은 시절 예봉이 날카롭던 때와 다름없었으니, 또한 자기 직분을 다했다고 일컬을 수 있다. 그런데 하루아침에 연령이 많다는 이유로 사직하고 떠나니, 어찌 고결하다 하지 않으리오. 그러나 스스로 말하지 않는, 그 志意가 있는 바는 남도 헤아려 알 수 없다.

及起廢하여 **四遷至今官**하고 **其在寺**에 **所建明**이 **多可紀**라 **要之**컨대 **居其職**에 **必欲以有所爲**가 **不異往時爲給事少年鋒鋭之時**하니 **亦可以稱爲得盡其職矣**라 **一旦引年以去**하니 **豈不謂之高潔哉**아 **然其志意之所在不自言者**는 **人亦莫得而測也**라

이보다 앞서 우리 吳中[8]에서 致仕하고 떠난 이는 陽羨 萬宗伯이고, 海虞 陳奉常은 병을 이유로 관직을 버리고 떠났다. 이 두 공은 모두 나를 아는 사람이니, 공이 돌아가면 나의 이 글을 그들에게도 보여주라. 그러면 필시 그들의 마음에 와 닿는 바가 있을 것이다. 내가 사대부가 出處進退하는 즈음을 논하는 것은 한퇴지와 증자고가 언급하지 못한 바이다.

先是에 **吾吳致仕去者**는 **陽羨萬宗伯**이요 **而海虞陳奉常則以病告去**라 **二公皆知吾者**니 **公還**에 **其以吾文示之**하라 **其必有當於其心者**리라 **吾所以論士大夫出處進退之際**는 **韓退之曾子固之所未及也**라

---

8) 吳中 : 오늘날 江蘇省 蘇州 및 上海와 인접한 지역을 일컫는 지명이다.

18. 醫士 張雲厓에게 주는 序 贈醫士張雲厓序*

*이 글은 대략 嘉靖 18년(1539), 歸有光이 34세 때 쓴 것으로 추정된다. 이해에 귀유광의 伯叔父 중에 위중한 병을 앓다가 張雲厓라는 의원의 치료를 받고 소생한 사람이 있었다. 그 사람이 장운애에게 답례로 贈序를 써달라고 부탁하여 귀유광이 이 글을 써서 장운애의 의술을 찬양해 후세에 알도록 해준 것이다.

技術의 일은 미미한 것이지만 司馬子長(司馬遷)부터 扁鵲과 倉公을 立傳하였고,[1] 그 후로 역사를 기술하는 이들이 대개 神奇하고 詭怪한 얘기를 취하여 正史에 덧붙였으니, 내가 經世에 중요한 것이 아닌 점을 퍽 의아하게 생각하여 후세를 위해 史法을 세워 史書에서 方伎傳을 없애고자 했으니, 그렇게 하면 거의 聖人에 위배되지 않을 것이라 여겼다. 그러나 ≪周禮≫를 보건대 周公이 천하를 다스린 바가 한 가지 일도 갖추어지지 않은 것이 없었고 醫師에 이르러서는 특별히 上士를 임명하고 그 일을 하게 하였고 아래로 鳥獸에 미쳐서도 치료하는 의원이 있었다. 이런 까닭에 百家의 伎藝가 모두 성인이 創制한바, 민생에 하루도 없어서는 안 될 것이니, 세상을 經綸하는 데 도움이 되는 功이 지극하다.

技術之事는 **微矣**로되 **自司馬子長傳扁鵲倉公**하고 **自後爲史者槪取神奇詭怪之說**하여 **以附於正史**하니 **予頗疑其非經世之要**하여 **欲爲後世立史法**하여 **削去方伎傳**이면 **庶幾不詭於聖人**이라 **然觀周禮**컨대 **周公所治天下者**가 **無一事之不備**하고 **至於醫師**하여는 **特令上士爲之**하고 **下迨於鳥獸**하여도 **亦有醫**라 **以是**로 **知百家伎藝**가 **皆聖人之所創制民生之不可一日無者**하니 **其爲經綸參贊之功**이 **至矣**라

오늘날 세상에는 의원도 관직이 있고 사방에 의원이 된 사람이 적지 않다. 그런데도 史傳에 기록할 만한 사람을 찾으면 혹시라도 들어본 적이 없고, 혹 한때 이름

---

1) 司馬子長(司馬遷)부터……立傳하였고 : 司馬子長은 ≪史記≫를 저술한 司馬遷이다. 子長은 그의 字이다. 扁鵲은 전국시대 때 名醫 秦越人이고, 倉公은 漢나라 때 명의 淳于意이다. 순우의가 齊나라에 벼슬하여 太倉長이 되었으므로 세상 사람들이 太倉公 또는 창공이라 일컬은 것이다. ≪史記≫ 권105 〈扁鵲倉公列傳〉에 실려 있다.

이 일컬어진 사람이 있을지라도 그 실제를 살펴보면 명성에 못 미치는 사람이 많다. 아아! 世道의 변천이 어찌 유독 사대부의 학술이 옛날만 못한 것뿐이리오. 기술도 마찬가지이니, 탄식할 만하도다.

今世醫亦有官하고 **而四方之爲醫者不少**로되 **求如史傳之可紀**면 **未之或聞**하고 **其或有稱于一時**라도 **考其實**에 **不迨者多矣**라 **嗟夫**라 **世道之變**이 **豈獨士大夫學術之不古**리오 **而伎術亦然**하니 **可歎也哉**인저

嘉靖 기해년(1539)에 우리 종족의 諸父 중에 병세가 위중한 이가 있었는데 醫士 張雲厓가 소생시켰다. 사례할 바를 도모하니, 이로 인하여 나에게 雲厓의 능력을 서술하라고 부탁하였다. 나는 운애가 치료한 病狀에 대해 잘 알지 못하므로 〈倉公傳〉의 例에 따라 기술하지는 못한다. 단지 듣건대 운애는 집안 대대로 武弁으로 그 집은 京師에 있으며, 운애는 의원이 되어서 軒岐[2] 이래 79醫家의 저술을 모두 다 환히 꿰뚫어 담론이 막힘없이 도도하고 사람을 치료함에 생사가 달린 병에 즉시 효험이 있었다고 한다.

嘉靖己亥에 **吾族之諸父**가 **有病危者**어늘 **醫士張雲厓起之**라 **圖所以爲謝**하니 **因命予述雲厓之能**이라 **予於雲厓所治病狀**에 **未詳**이라 **不能依太倉傳例**이요 **而獨聞雲厓世爲武弁**이니 **其家在京師**하고 **而雲厓爲醫**에 **自軒岐以來百七十九家之言**을 **靡不洞徹**하여 **談論滾滾**하고 **治人生死立效**라

正德 연간에 巨璫[3]이 用事하여 자못 권력으로 천하의 伎能을 지닌 사람들을 불러들였다. 이때에 운애가 그의 문하에 들어갔는데, 사방에서 의술을 말하는 사람들 중에서 아무도 그를 이기는 이가 없었다. 그 후에 일이 패망하자 운애는 그 禍에 들지 않고 淞江에 와서 거주하다가 후에 吳門으로 옮겨왔는데, 이르는 곳마다 모두 의술로 사람들을 이롭게 한 바가 있었다. 아! 만약 史傳에 기록할 만한 이를 찾는다면 혹 이 사람에게 있을 것이다.

正德間에 **巨璫用事**하여 **頗以權力**으로 **致天下之伎能**이라 **當是時**하여 **雲厓遊其門**하니 **四方之言醫者**가 **莫能難也**라 **其後事敗**에 **雲厓不與其禍**하고 **來居淞江**이라가 **後乃遷吳門**하니 **所至**에 **皆有利於人**이라 **噫**라 **若求其可紀者**인댄 **或者其在斯人也**로다

---

2) 軒岐 : 黃帝 軒轅氏와 그의 신하 岐伯의 병칭으로 한의학의 鼻祖로 일컬어진다.

3) 巨璫 : 權勢를 가진 宦官을 뜻하는 말이다. 바로 劉瑾(?~1510)을 가리킨 것으로, 그는 正德 연간에 司禮監을 관장하고 조정의 대권을 장악하였다. 뒤에 모반을 꾀했다는 고발을 받아 처형되었다.

19. 〈伍子胥傳〉을 읽고　讀伍子胥傳*

*≪史記≫ 66권에 실려 있는 〈伍子胥傳〉을 읽고 쓴 일종의 史論이다. 伍子胥는 춘추시대 楚나라 사람으로 이름은 員이고 자가 子胥이다. 그의 아버지 伍奢와 형인 伍尙이 楚 平王에게 억울한 죽임을 당하자, 오자서는 吳나라로 달아나 行人 벼슬을 하면서 吳王 闔閭를 도와 초나라를 쳐서 복수하였다. 그가 초나라의 도읍 郢에 들어가니 이미 평왕이 죽은 뒤라 평왕의 무덤을 파헤쳐 시체를 꺼내어 채찍으로 300대를 때려 아버지와 형의 원수를 갚았다.

아아! 내가 보건대 伍子胥가 楚나라를 피해 떠난 것은 얼마나 지혜로웠으며 吳나라에서 곤액을 당한 것은 얼마나 어리석었던가. 그러나 시신을 채찍질하여 憤冤을 씻은 것은 刺客의 일과 비슷하니, 中庸이라 허여하지 못한다. 따라서 子胥가 吳나라의 검을 받음에 미쳐서는[1] 어쩌면 초나라가 자서를 죽인 것이 아니겠는가. 가사 張子房(張良)이 이런 처지에 놓였다면 필시 오나라에 매이지 않고 일찌감치 스스로 떠나갔을 것이다.[2]

伍子胥

嗟乎라 **余觀子胥避楚何智而困吳何愚也**오 **然鞭尸雪憤**은 **類刺客事**하니 **不與其中庸焉**이라 **及子胥受吳之劍**하여는 **豈爲楚殺子胥邪**아 **使子房處此**면 **必不羈縻於吳**하고 **早自去矣**리라

---

1) 子胥가……미쳐서는 : 越王 句踐이 항복할 때 伍子胥는 越나라를 멸망시켜야 한다고 주장하였다. 그러나 吳王 夫差가 그의 말을 듣지 않고 太宰 伯嚭의 참소를 듣고 오자서에게 屬鏤劍을 주어 자결하게 한 다음 그의 시신을 말가죽에 담아 강물에 던졌다.(≪史記≫ 권66 〈伍子胥傳〉)

2) 張子房이……것이다 : 張良은 劉邦을 도와 漢을 건국하는 데 가장 큰 공로가 있었으나 스스로 작은 땅인 留를 달라고 자청하여 留侯에 봉해졌다. 유후로 있다가 "이제 세 치 혀로 제왕의 師傅가 되어 萬戶侯에 봉해졌으니, 布衣의 선비로서는 극치라 나의 분수에 족하다. 원컨대 인간사를 버리고 赤松子를 따라 노닐고자 한다.〔今以三寸舌 爲帝者師 封萬戶 位列侯 此布衣之極 於良足矣 願棄人間事 欲從赤松子游耳〕"라 하고 속세를 떠나 은둔하였다.(≪漢書≫ 권40 〈張陳王周傳〉)

이때에 白公은 자서와 다 같이 楚나라의 國難을 저버리고 망명한 이들이로되[3) 백공은 楚나라의 公子로 重耳와 같은 이였다.[4) 그러나 자기 아버지의 원수를 갚는데 급했던 것은 얼마나 불쌍한 일인가! 어찌하여 스스로 자기 나라를 버렸단 말인가. 천하에 大義를 펴는 일을 하는 이는 진실로 이와 같이 한단 말인가![5) 듣건대 백공이 국사에 죽었을 때 石乞이 백공을 위해 죽었다고 하니,[6) 옛날에 양성한 선비들 중에는 또한 肝膽이 있는 이들이 많았다.

是時에 **白公與子胥**로 **均負楚難者**로되 **而白公本楚之公子如重耳**라 **然其急於報父**는 **何哀也**오 **奈何**로 **自遣其國**고 **爲伸大義於天下者**가 **固若是乎**아 **聞有死事**에 **石乞能死白公**하니 **古之養士**가 **亦多肝膽矣**로다

---

3) 白公은……이들이로되 : 白公은 춘추시대 楚나라 사람으로 平王의 손자이고 太子 建의 아들로 이름은 勝인데, 어릴 때 伍子胥를 따라 망명하여 吳나라로 갔다. 그런데 초나라 令尹인 子西가 그를 불러 白公으로 삼았다.(≪史記≫ 권66 〈伍子胥列傳〉)

4) 白公은……이였다 : 重耳는 春秋五霸의 한 사람인 晉 文公의 이름이다. 그는 公子의 신분으로 망명하여 19년 동안 외국을 전전하다가 본국으로 돌아와 즉위하였다. 백공이 초나라에 망명한 것이 중이의 경우와 같다는 것이다.

5) 그러나……말인가 : 費無極의 참소를 믿고 楚 平王이 太子 建을 죽이려 하자, 建이 鄭나라에 망명했다가 살해되고 그의 아들 勝은 오자서를 따라 도망쳐서 吳나라로 갔다. 초 평왕이 죽고 昭王이 즉위한 뒤 吳나라 군대가 초나라를 정벌하였고 令尹 子西가 勝을 초나라로 데려와 白公으로 삼았다. 초나라로 돌아온 백공은 자기 아버지의 원수를 갚고자 정나라를 공격하고자 하였다. 군대가 출발하기 전에 晉나라가 정나라를 침공하니, 정나라가 초나라에 구원을 요청하였다. 초나라가 자서를 보내 정나라를 구원하게 하였는데, 자서가 정나라와 동맹을 맺고 돌아왔다. 이에 백공이 자서를 원망하여 결국 兵難을 일으켜 자서를 살해하였지만, 결국 실패해서 스스로 목을 매어 자결하였다.(≪史記≫ 권66 〈伍子胥列傳〉)

6) 石乞이……하니 : 石乞은 白公을 도와 함께 병난을 일으킨 백공의 심복이다. 백공이 병난을 일으켜 子西를 죽였는데 葉公이 固를 보내 國人들과 함께 백공을 공격하니, 백공이 산으로 도망쳐 목을 매어 자결하였고, 석걸이 생포되었다. 섭공이 백공이 죽은 곳을 묻자 석걸은 끝내 말하지 않고 대답하기를 "나는 죽은 곳을 알지만 長者(백공)께서 나에게 말하지 말라 하셨다."라고 대답하였다. 섭공이 "말하지 않으면 장차 烹刑을 가하겠다."라 하자, 석걸이 대답하기를 "이런 일은 성공하면 卿이 되고, 성공하지 못하면 팽형을 당하는 것이 본래 당연한 바이니, 무슨 상관이 있겠습니까?"라 하였다. 석걸은 마침내 팽형을 당해 죽었다.(≪春秋左氏傳≫ 哀公 16년)

20. ≪金陀粹編≫을 읽고 讀金陀粹編*

*이 글은 宋나라 때 충신이요 명장인 岳飛(1103~1142)에 관한 기록을 모아 만든 ≪金陀粹編≫을 읽고 쓴 일종의 書評이다. 악비는 金나라의 침공을 막아 혁혁한 전공을 세웠으나 간신 秦檜의 모함을 받아 죽은 뒤 역사와 여타 기록에서 악비의 공적이 모두 말살되었다. 악비가 伸寃된 후 악비의 아들 岳霖이 부친의 遺文 및 관련 자료들을 수집하다가 일을 마치지 못하고 죽었다. 악림이 유언으로 아들 岳珂에게 이 일을 완수하라고 하였다. 악가가 부친의 유지를 받들어 자료를 더 많이 수집하여 책을 만든 것이 ≪금타수편≫이다. 악가의 別業이 嘉興의 金陀坊에 있었기 때문에 이 이름을 붙인 것이다.

재상이 國史를 감수하고부터[1] 史官이 제 직분을 잃은 지 오래이다. 鄂國[2]의 勳勞와 志節로도 秦檜[3]가 역사를 날조하여 천하 사람들의 이목을 가리고자 하였으니, 대개 海內의 사람들이 寃憤은 품어온 지 30년 만에 비로소 이 책이 나온 덕분에 昭雪할 수 있었다. 그 후에 元나라 史臣도 이 책을 채택하여 傳을 썼으니,[4] 岳珂는 岳氏 집안의 孝子·慈孫일 뿐만이 아니다.

自宰相監修國史로 **史官之失職**이 **久矣**라 **以鄂國之勳勞志節**로 **檜爲誣史**하여 **欲揜天下之耳目**하니 **蓋海內爲之銜寃者三十年**에 **始得此編而昭雪**하고 **其後元史臣亦採此以爲傳**하니 **珂非獨爲岳氏之孝子慈孫矣**라

---

1) 재상이……감수하고부터 : 唐나라 초엽에 국가가 史書를 편수하는 제도를 만들었다. 그 후로 國史를 편수하는 일을 大臣이 주관하는 경우가 많았고 마침내 재상이 監修하는 제도로 정립되었다. 이는 옛날에는 史官이 역사를 기록하고, 군주와 대신은 그 기록한 역사를 보지 않는다는 원칙에 어긋나는 것이다.

2) 鄂國 : 宋나라 岳飛을 가리킨다. 그는 자가 鵬擧이고 相州 湯陰 사람이며, 사후 宋 寧宗 때 鄂國王에 봉해졌다.

3) 秦檜 : 1090~1155. 자는 會之이고 紹興 연간에 두 차례 재상이 되어 金나라와 和議할 것을 주장하였다. 高宗의 신임을 받았고 악비를 모함하여 죽였다.

4) 그 후에……썼으니 : ≪宋史≫는 元나라 脫脫과 阿魯圖가 전후로 주관하고 歐陽玄, 張起巖 등이 편찬하였다. 〈岳飛傳〉은 ≪송사≫ 권365에 실려 있다.

아아! 세상 사람들은 조금이라도 자기 利害에 영향에 있으면 사람들의 마음이 곧 따라 달라져 기꺼운 마음으로 빌붙어서 못하는 짓이 없다. 賊臣 진회의 하늘을 태울 듯한 권세 앞에 万俟卨 같은 자들[5]을 탓해 무엇하리오, 탓해 무엇하리오!

嗚呼라 **世人稍有毫毛輕重**하면 **人情卽隨以異**하여 **甘心附會**하여 **無所不至**라 **賊檜薰天之勢**에 **万俟卨之徒**를 **何足罪哉**아 **何足罪哉**아

---

5) 万俟卨 같은 자들 : ≪宋史≫ 〈岳飛傳〉에 의하면, 진회가 음모를 꾸며 악비를 죽이려 하던 차에 諫議大夫 万俟卨이 악비와 원한이 있는 것을 알고 그에게 넌지시 말하여 악비를 탄핵하게 하였다. 그리고 또 中丞 何鑄와 侍御史 羅汝楫을 시켜 악비를 탄핵하는 疏章을 올리게 하였다.

21. 仲尼와 70제자의 畫像에 대한 跋文　跋仲尼七十子像*

* 宋 高宗 紹興 14년(1144)에 岳飛 저택 자리에 太學을 세우고 당대에 저명한 화가인 龍眠居士 李公麟을 시켜 孔子와 72제자의 畫像을 그리게 하는 한편 고종이 손수 贊을 쓰고 태학에 石刻하였다. 이 글은 이 사실을 기록한 跋文이다.

仲尼의 門人 중에는 어진 이가 많았거늘 세상에서 70弟子만 일컫고 太史公(司馬遷)은 古文에 나오는 제자들의 기록을 취하여 列傳을 썼으나 ≪孔子家語≫와는 조금 다르다. 荀卿은 仲尼·子弓을 竝稱하였으니,[1] 자궁은 가장 높은 제자이다. 그러나 그 사적을 詳考할 수 없다. 漢나라 文翁의 石室에 그려진 중니의 제자 중에는[2] 70제자 외에 따로 林放, 蘧伯玉, 申棖, 申黨이 있으니, ≪史記≫에 실려 있지 않은 것이다.

仲尼之門人이 **其賢者多矣**어늘 **而世稱七十子**하고 **而太史公取弟子籍出古文者爲列傳**이나 **然與家語小異**라 **荀卿稱仲尼子弓**하니 **子弓最高第弟子**라 **然莫詳也**라 **漢文翁石室圖仲尼弟子**에 **別有林放蘧伯玉申棖申黨**하니 **史記所不載**라

宋나라 思陵이 臨安에 石刻한 것에[3] 御贊 및 尙書左僕射 同中書門下平章事 秦檜

---

1) 荀卿은……竝稱하였으니 : ≪荀子≫ 〈非相篇〉에 "仲尼는 신장이 크고 子弓은 신장이 작았다.〔仲尼長 子弓短〕"라 하였는데, 唐나라 楊倞의 註에 "자궁은 아마도 仲弓일 것이다."라 하였다. 이 밖에도 ≪순자≫에는 '仲尼子弓'이라 일컬은 것이 〈非相篇〉에 두 곳이 더 있고, 〈儒效篇〉에 한 곳이 있다.

2) 漢나라……중에는 : 文翁은 漢 景帝 때 廬江 사람으로 蜀 땅의 군수가 되어 成都 저자에 學官을 설치하여, 입학한 사람은 徭役을 면제하고 성적이 우수한 사람은 郡縣의 관리로 삼았다. 蜀郡이 이에 文風이 크게 일어났다. 문옹이 강당을 세울 때 석실을 만들었는데 일명 玉堂이라 하였다. 이 석실의 돌로 된 벽에 孔子와 제자들의 화상을 새겼다.(≪漢書≫ 권89 〈文翁傳〉)

3) 宋나라……것에 : 思陵은 宋 高宗의 陵號로 고종을 가리킨다. 臨安은 南宋의 수도이다. 고종이 紹興 14년에 岳飛의 저택 자리에 太學을 세웠다. 龍眠居士 李公麟이 그린 孔子와 72제자의 畫像에 고종이 손수 贊을 쓰고 태학에 石刻하였다. 여기에 秦檜의 記가 붙어 있었는데, 후에 돌을 갈아 지워버렸다고 한다.(≪欽定四庫全書總目≫ 권59 〈聖賢圖贊〉)

의 記가 있으니, 이 권은 대개 임안의 石刻本에서 摹寫해온 것일 터이다. 비록 연대는 오래 되었으나 모습이 잘 보존되어 있어 흡사 洙泗 지역에서 토론을 벌이는 모습[4]을 다시 보는 것 같았다. 韓子(韓愈)는 이르기를 "애석하도다! 내가 그 당시에 태어나 그곳에서 더불어 揖讓하지 못한 것이."[5]라 하였으니, 이 書卷을 어루만지며 한참 동안 크게 한숨을 쉬노라.

宋思陵摹石臨安에 **有御贊及尙書左僕射同中書門下平章事秦檜記**하니 **此卷蓋從臨安石本傳摹**라 **雖年代久遠**이나 **而典刑具存**하여 **彷彿復見洙泗之間斷斷如也**라 **韓子云 惜乎**라 **吾不及其時**하여 **揖讓其間**이라하니 **撫卷太息者久之**로다

孔子弟子像(일부)

4) 洙泗……모습 : 원문의 '洙泗之間斷斷如也'는 ≪史記≫ 권33 〈魯周公世家〉에 보인다.

5) 애석하도다……것이 : ≪韓昌黎文集≫ 11권 〈讀儀禮〉에 보이는데, "惜乎 吾不及其時 進退揖讓於其間"으로 되어 있다.

22. 瞿侍郎에게 올리는 편지　上瞿侍郎書*

*歸有光이 隆慶 2년(1568)에 順德府 馬政通判에 제수되었을 때 쓴 편지이다. 마정통판은 驛站의 일을 보는 閑職이라 귀유광이 몹시 실망했던 듯하다. 瞿侍郎은 吏部右侍郎을 거쳐 융경 1년(1567)에 禮部左侍郎이 제수된 瞿景淳을 가리키는 듯하다. 이 글에는 귀유광이 오랜 세월 과거에 급제하지 못하여 울울하게 살다가 매우 늦은 나이인 60세에 과거에 급제했으나 지방의 한직에 임명되어 실망한 심정이 잘 드러나 있다.

제가 젊을 때 白下[1)]에서 鄕試를 보면서 처음으로 閤下를 알고서 깊이 慕愛하였고, 전후로 有司에게 뽑혔을 때에 미쳐서는[2)] 합하께서는 하루아침에 九天 위로 날아올랐지만 오히려 이 布衣의 몸을 잊지 못하고 노쇠한 모습을 보면 늘 측은하게 여기셨습니다.

有光少年時에 **試白下**하여 **始識閤下**하여 **深相慕愛**하고 **及先後舉於有司**하여는 **閤下一日奮飛九天之上**하되 **顧猶不忘布素**하여 **見其潦倒**에 **常所隱惻**이라

예전에 張文隱公[3)]이 考官이 되셨을 때 閤下께서 함께 일을 하셨는데, 괴거의 榜

1) 白下 : 옛날의 지명으로 지금의 江蘇省 南京市 서북쪽에 있다. 唐나라에 金陵縣을 이곳으로 옮기고 白下縣으로 이름을 고쳤고 이후로 南京의 별칭으로 쓰였다.

2) 전후로……미쳐서는 : 歸有光은 鄕試에서 다섯 차례 낙방한 끝에 嘉靖 19년(1540) 35세 때 應天府의 향시에 합격하였으니, 이때 귀유광을 뽑아준 考官이 張治이다. 이후로 진사시에 아홉 차례 낙방한 끝에 嘉靖 44년(1565), 60세 때에 비로소 進士試에 급제하였다. 즉 귀유광이 진사시를 보아 여러 차례 낙방하고 있을 때를 말한다. 대개 향시에 합격하면 有司에게 천거되어 진사시를 보게 된다. 歐陽脩의 〈送廖倚歸衡山序〉에 "처음에 鄕進士로 有司에게 천거되어 과거시험을 치렀으나 급제하지 못하였다.〔始以鄕進士 擧於有司 不中〕"라 하였다.(≪文忠集≫ 권64)

3) 張文隱公 : 張治(1490~1550)를 가리킨다. 그는 자가 文邦이고 湖廣 茶陵, 즉 오늘날 湖南 長沙 사람이다. 正德 16년(1521)에 進士試에 급제하였고, 吏部尙書, 禮部尙書, 文淵閣太學士를 역임하였으며, 처음 시호는 文隱이었고 후에 文毅로 고쳐졌다. 嘉靖 19년(1540) 應天府의 향시의 考官으로 귀유광을 뽑아주었다.

이 나붙자 제가 落第하였습니다. 문은공의 자택에서 공을 만나 뵈었더니, 공이 실망하여 언짢은 기색으로 그 자리에 있는 客에게 말하기를 "내가 나라를 위해 선비 300인을 뽑은 것은 스스로 기뻐하지 않고 한 선비를 잃은 것을 한스럽게 여긴다." 라 하셨고, 또 저에게 말하기를 "내가 천하의 선비들을 많이 보았지만 그대 같은 사람은 물에 들어가도 젖지 않고 불에 들어가도 타지 않는[4] 사람이라 이를 만하다. 지금 館閣 중에 있는 사람으로 그대의 鄕人으로는 오직 瞿太史가 그대를 깊이 알고 成都 趙孟靜이 그대를 안다."라 하셨습니다. 그리고 공이 재차 考官이 되었을 적에 재차 찾아뵈었을 때에도 그 말씀이 이와 같았고, 또 말씀하시기를 "나는 그대를 뽑지 못했으나 이 두 사람은 마침내 그대를 뽑을 수 있을 것이다."라 하셨습니다.

往에 張文隱公爲考官에 閣下與同事러니 榜出而有光落第라 見公於邸第하니 公忽忽不樂하여 對客曰 吾爲國하여 得士三百人은 不自喜요 而以失一士爲恨이라하고 又謂有光曰 吾閱天下士多矣로되 如子者는 可謂入水不濡하며 入火不爇者也라 在館閣中에 子之鄕은 惟瞿太史深知之하고 成都趙孟靜知之라하고 公再爲考官에 再見之에 其言亦如是러라 又曰 吾不能得子나 二君者終必能得子矣라하다

문은공이 세상을 떠나신 뒤로 저는 세월이 흘러가기에 벼슬길에 오르고 싶은 마음이 사라졌습니다. 그래도 감히 과거 응시를 그만두지 못했던 것은 한갓 문은공께서 세상을 떠나실 무렵 지성스럽게 기대해주셨던 말씀 때문이었고, 또한 조정에 합하와 같이 저를 알아주는 분에 있다는 것을 믿어 向慕하는 바가 있었기 때문이었습니다. 중간에 합하를 뵙게 되었는데, 합하께서 저를 접대하고 측은히 여기시는 것이 더욱 심하였습니다.

文隱公歿에 有光이 年往歲徂에 仕進之心이 落然이라 然猶不敢自廢罷는 徒以文隱公垂歿惓惓之望이요 亦恃在朝如閣下相知者하여 有所嚮往耳이러니 間得奉顏色에 閣下所以接引而加隱惻者尤甚라

4) 물에……않는 : ≪莊子≫ 〈大宗師〉에 "옛날의 眞人은 물속에 들어가도 젖지 않고, 불속에 들어가도 뜨겁지 않다. 잠을 잘 때는 꿈을 꾸지 않고, 잠을 깨어서는 근심이 없었다.〔古之眞人 入水不濡 入火不熱 其寢不夢 其覺無憂〕"라 하였다.

지난해에야 비로소 과거에 급제하였는데, 마침 합하께서는 휴가를 받아 향리로 돌아가셨습니다. 그래서 객지의 외로운 몸이 의지할 데 없어 調用하는 대로 따라 吳興의 관리가 되었습니다.[5] 초여름에 入覲[6]하고 돌아오는 길에 다행히 京口에서 합하를 만났기에 저의 평생을 얘기했더니 매우 정성스럽게 위로해주셨습니다.

前歲에 **始獲第**러니 **適閣下賜告還鄉**이라 **孤旅之迹**이 **煢煢無依**하여 **隨調爲吏吳興**이라가 **夏初**에 **入覲還**에 **幸遇閣下於京口**일새 **所以道生平**에 **慰藉甚勤**이러라

吳興 서쪽은 古鄣[7] 남쪽에 속한 지역이니, 산수가 궁벽한 곳에 있어 사람들이 龍蛇・虎豹와 같은 짐승들과 함께 삽니다. 애써 2년 동안 재임하면서 외롭고 곤궁한 백성들을 돌봄으로써 孔子의 가르침을 저버리지 않았더니, 간악하고 교활한 豪族으로 이를 불편하게 여기는 자들이 서둘러 비방하는 말을 퍼뜨렸습니다. 비록 當路者가 저를 불쌍히 여겨 黜謫하지는 않았으나 저를 보살펴줄 羽翼이 꺾임에 心身이 참담하였습니다.

그래서 바야흐로 스스로 벼슬을 그만두고 떠날 생각을 하고 있던 차에 합하를 만나 뵙자 장려해주시는 말씀을 해주시기에 "선비는 진실로 자기를 알아주는 분에 의해 뜻을 펴는구나."[8]라고 생각했습니다. 이로부터 의기가 다시 생겨나 바야흐로 먼지와 때 속에서 자신을 刷新하고 진흙탕 속에서 스스로 분발하고서 뛸 듯이 기뻐하면서 下風[9]에 절하고 군자를 모시면서 盛德의 광휘를 볼 수 있으리라 여겼습

5) 調用하는……되었습니다 : 귀유광은 嘉靖 44년(1565)에 長興縣의 知縣에 임명되었는데, 이는 과거에서 성적이 낮았기 때문이라 한다. 長興은 吳興郡의 屬縣이다.

6) 入覲 : 지방 관원이 조정에 들어가 天子를 뵙는 일이다.

7) 古障 : 통상 故障으로 표기한다. 秦나라 때 郡을 설치했고 漢나라 때 故鄣郡이 되었다. 지금의 浙江省 長興縣 서남쪽에 故鄣城이 있다.

8) 선비는……펴는구나 : 춘추시대 齊나라 재상 晏嬰이 밖에 나갔다가 죄를 짓고 체포되어 포승에 묶여 있는 越石父(월석보)를 보고는 賢者인 줄 알고 자신의 수레를 끌던 驂馬를 풀어 代贖하고 월석보를 자신의 수레에 태워 집으로 돌아왔다. 집에 돌아와서 안영이 월석보에게 인사말을 하지 않고 방 안에 들어가 오래 있으니, 월석보가 절교하자고 하였다. 안영이 뜻밖이라 그 까닭을 물으니, 월석보가 말하기를 "나는 듣건대 군자는 자기를 알아주지 못하는 사람에게는 굽히고 자신을 알아주는 사람에게는 뜻을 편다고 하였습니다.〔吾聞君子詘于不知己 而信于知己者〕"라 하였다. 이에 안영이 자신이 무례했음을 알고 월석보를 더욱 공경하여 上客으로 삼았다고 한다.(≪史記≫ 권62 〈晏嬰列傳〉) '信'자는 저본의 '伸'자와 뜻이 같다.

9) 下風 : 낮은 지위를 뜻하는 말로 상대방에 대해 자신을 낮추어 말하는 것이다. ≪春秋左氏傳≫

니다. 그런데 근자에 除書[10]가 홀연 내려옴에 만족하지 못해 실망하였습니다.[11]

吳興西는 古鄣南屬이니 在山水窮僻하여 龍蛇虎豹之與處라 黽勉二載에 拊循孤窮하여 以不負孔子之訓이러니 諸姦豪大猾不便者가 亟騰謗議하니 當道憐之하여 未加黜譴이나 然羽翼摧殘에 形神慘沮라 方圖所以自解而去라가 因見閣下에 加獎拔之語라 以爲士固伸於知己라하여 自此로 意氣復生하여 方將刷飾於塵垢之中하고 奮拔於泥塗之內하고 振迅於阨塞之區하여 躍然如卽拜下風하여 侍君子하여 覽盛德之輝光러니 邇者除書忽下에 觖然失望이라

저 자신을 돌이켜 보건대 오래 貧賤하다가 이제 朝籍에 이름이 올라 6品의 관원이 되었으니, 어찌 분수에 넘치는 영화를 얻고자 하리오. 그러나 당로자의 의향을 추측해보건대 貶職하여 譴責하는 뜻을 조금 보인 것이고 예전에 저를 참소한 말이 더욱 먹혀든 것입니다. 생각건대 지금 이 除書를 내릴 때 합하께서는 막 京師에 도착하여 앉은 자리가 아직 따스할 겨를도 없었을 터이니, 국가의 일에 아직 의론을 개진한 바가 없고 어진 인재를 등용하고 무능한 사람을 물리치는 뜻을 실행에 옮기지 못하셨을 것입니다.

顧己長貧賤이라가 今備朝籍하여 爲六品官하니 豈求逾分이리오 然窺測當道者意嚮컨대 蓋薄示之謫譴이요 而往時讒搆之說이 益行矣라 計此時除書之下에 閣下甫到京하여 席未及暖이니 國家之議에 未有所及하고 進賢退不肖之志가 未行也라

대저 君命은 피할 곳이 없습니다. 그러나 조정이 관직을 임명할 때에는 또한 그 재주와 器量이 맡을 수 있는지를 헤아려야 할 것이요, 군자가 세상에서 처신할 때에는 또한 자기 역량이 감당할 수 있는지를 헤아려야 합니다. 그런데 이제 縣을 다스리는 일을 잘하지 못한다고 郡守를 보좌하게 하니[12] 이는 저에게 맞는 직임이

僖公 15년에 "晉나라 대부가 세 번 절하고 머리를 조아린 다음 말하기를 '임금님께서는 발로는 땅을 밟고 머리로는 하늘을 이셨으니 하늘과 땅도 실로 임금님의 말씀을 듣습니다. 저희 신하들도 감히 下風에 있습니다.〔君履后土而戴皇天 皇天后土 實聞君之言 群臣敢在下風〕'라 하였다." 한 데서 온 말이다.

10) 除書 : 관직을 除授하는 문서이다.

11) 만족하지……실망하였습니다 : 隆慶 2년(1568)에 귀유광이 順德府 馬政通判에 제수되어 그 이듬해 5월에 부임하였다. 순덕부는 治所가 지금의 河北 邢臺에 있고 마정통판은 驛站의 閒職이라 귀유광이 몹시 실망했던 듯하다.

아니요, 제가 현을 다스리는 일을 잘하지 못하는 줄 스스로 알면서도 무턱대고 군수를 보좌하는 일을 맡는다면 이는 제가 감당할 수 있는 바가 아닙니다. 그런데도 구차하게 부임하면 자기를 속이고 임금을 속이는 것이 심할 것입니다.

夫君命은 **無所逃**나 **然朝廷之命官**은 **亦量其才器之所任**이요 **士君子處世**는 **亦自度其力分之所堪**이어늘 **而今以爲治縣之不能**하여 **而使之佐郡**은 **非其任也**요 **自知夫治縣之不能**하되 **而冒以佐郡**은 **非所堪也**라 **苟而赴之**면 **其爲自欺而欺君**이 **甚矣**라

천자가 새로 즉위하여 천하의 선비들 중 貶黜되었다가 다시 기용된 이 수십 명이 모두 소생할 수 없을 만큼 침체한 상태에서 벗어나 赫赫히 현달한 지위에 올랐습니다. 저는 자신을 돌아보건대 아동 때부터 先朝가 교육해준 은택을 입어 貢士로 成均館에 올라가고[13] 천거를 받아 京兆에 올라가 어느 해고 計吏와 함께 京師에 가서 과거를 보지[14] 않은 적이 없었습니다. 그리하여 聖上을 향모하는[15] 정성은 백발이 되어서도 꺾이지 않았습니다. 先皇帝 말년에 비로소 과거에서 뽑혔습니다. 그러나 지금 돌아보면 함께 진사로 급제한 사람들이 태반은 높은 관직에 발탁되었거늘 저는 그 진사들 중에서도 끼지 못하고 말았습니다. 이런 까닭으로 운명은 한계가 있고 저의 재주는 쓸모없는 것인 줄 알았습니다

天子新卽位하여 **天下之士起廢者數十人**이 **皆出於膏肓沈沒之中**하여 **赫然光顯**이어늘 **有光**은 **自顧垂髫荷先朝敎養之恩**하여 **貢于成均**하고 **薦于京兆**하여 **無歲不與計偕**라 **望天就日之誠**이 **白**

---

12) 郡守를……하니 : 원문의 '佐郡'은 군수의 업무를 보좌하는 관리로 州郡의 司馬나 通判 같은 직책을 말한다. 順德府 馬政通判에 임명된 것을 말한다.

13) 貢士로……올라가고 : 貢士는 ≪禮記≫ 〈射義〉에, "제후는 해마다 공물을 바치며, 천자에게 선비를 천거한다.〔諸侯歲獻 貢士於天子〕"라고 하였고, 이에 대한 孔穎達의 疏에 "제후는 3년에 한 번 천자에게 선비를 천거한다.〔諸侯三年一貢士於天子也〕"라 한 데서 온 말이다. 후대에는 지방 향시에 합격한 사람을 京師에 있는 國子監으로 올려 보내는 것을 말한다.

14) 計吏와……보지 : 원문의 '計偕'는 計吏와 함께 올라간다는 말로 지방의 鄕試에 합격한 사람이 京師로 가서 과거에 응시하는 것을 뜻한다. 본래는 漢나라 때 지방의 수령이 인재를 선발하여 회계를 보고하는 관리인 計吏가 조정에 갈 때 함께 딸려 올려 보내 경사에서 수학하게 했던 데서 연유하였다.(≪史記≫ 권121 〈儒林列傳〉 太史公曰)

15) 聖上을 향모하는 : '望天就日'은 ≪史記≫ 〈五帝本紀〉에 "帝堯는 放勳이니, 그 어짊은 하늘과 같고 그 지혜는 神明과 같은지라 가까이 다가가면 해와 같고 멀리서 바라보면 구름과 같다.〔帝堯者 放勳 其仁如天 其知如神 就之如日 望之如雲〕"라 한 데서 온 말로 임금을 向慕하는 정성을 뜻한다.

首而不摧挫이러니 先皇帝末年에 始收之로되 顧今同擧進士者가 大半超拔이어늘 而有光在諸進士之中하여 復不得比數라 以是로 知其命之有所限而才之無用也라

대저 합하와 같은 知己가 있음에도 제가 자신의 뜻을 펴지 못하니, 이제 가망이 없는 것입니다. ≪周易≫에 "군자는 기미를 알고 일어나 하루가 다 가기를 기다리지 않는다."[16]라고 하였습니다. 선비의 出處와 進退는 더디게 할 것이냐 빨리 할 것이냐에 기미가 있는 법입니다. 따라서 기미를 아는 군자가 아니면 머뭇거리며 주저하는 사이에 中傷을 받는 경우가 많습니다. 합하의 지혜로도 擧用되지 못하고 소인이 참소하는 말은 속히 먹혀들고 있으니, 군자의 道가 소인을 이길 수 없는 줄 알겠습니다. 게다가 무서운 함정이 어두워 알 수 없는 중에 숨어 있어 무슨 짓을 자행할지 알 수 없으니, 어찌 감히 榮進의 길을 바랄 수 있겠습니까.

夫以閤下之知己로 而有光不獲自伸하니 則無可望者矣라 易曰 君子見幾而作하여 不俟終日이라하니 士之出處進退는 遲速有幾니 自非知幾之君子면 徘徊疑顧之間에 其受中傷多矣라 以閤下之知로 未及擧하고 而小人讒搆之說이 亟行하니 知君子之道莫勝也라 其機械且復藏於冥冥之中하여 未知所究하니 安敢望榮進之塗哉아

무릇 志士가 나라(都城)를 떠날 때 그 이름을 훼손하지 않는 법이니, 荀卿, 屈原, 賈生(賈誼), 董仲舒 같은 이들이 도성을 떠날 때 오히려 그 이름을 보전해주었습니다. 만약 이 네 사람이 오늘날 세상에 살았다면 그렇게 되기 어려웠을 것입니다. 감히 다시 합하께 번독하게 말씀드리는 까닭은 다시 榮進을 바라는 것이 아니요, 또한 저로 하여금 후세의 이름을 보전할 수 있도록 해주시기를 바라는 것일 뿐입니다.

대저 천하의 인재를 사랑하고 아끼면서 나아가게 하고 성취시켜 그 능력을 다 바치게 하지 못한다면 물러나게 하고 성취시켜 그 이름을 잃지 않도록 해야 할 것이니, 이것이 합하께서 知己로서 큰 은덕을 베풀어주시는 것입니다.

夫志士去國에 不毁其名하나니 荀卿屈原賈生董仲舒之徒가 去其國하되 而猶全其名하니 如此

---

16) 군자는……않는다 : ≪周易≫ 〈繫辭傳 下〉에 보인다. 군자는 위험이 다가오기 전에 그 기미를 미리 알고 떠난다는 말이다.

四子者가 生於今之世면 猶難矣라 所以復敢瀆於閤下者는 非復有望於榮進이요 亦欲使之得全其後世之名而已라 夫能愛惜天下之人材하여 不得進而成就之하여 使致其功이면 抑使退而成就之하여 使不失其名이니 此爲閤下知己之大賜也라

이제 이미 疏章을 갖추어 휴가를 청하면서, "小官의 去就에도 응당 禮가 있는 법이니, 잠자코 침묵함으로써 참소하는 사람의 모함을 받아서는 의당 안 될 것이다." 라고 생각했습니다. 그리고 또 知縣으로 재임할 때 保擧해준 두 사람 덕분에 建儲의 詔命에 응하여 恩封을 받았습니다. 그래서 칙명을 받고자 하오니,[17] 원컨대 이 일을 주관하는 사람에게 한 번 말해주어 제 先人이 지하에서 聖恩을 입도록 해주신다면 人子의 志願을 다 마칠 수 있을 것이다. 간절히 바라는 마음 이기지 못하겠습니다. 이만 줄입니다. 有光은 再拜하옵니다.

今已具疏請告하여 以爲小官之去就도 亦當有禮니 不宜黯默以受讒人之搆陷也요 又在縣時에 獲保擧者二하여 應建儲詔하여 得恩封일새 欲求勅命하노니 願一言主者하여 使先人蒙恩地下면 人子之志願이 畢矣라 無任懇戀之至하노이다 不宣이라 有光은 再拜하노이다

17) 그리고……하오니 : 保擧는 保證의 책임을 지고 추천하는 것이다. 建儲는 皇太子를 冊立하는 것이다. 국가에서 황태자를 책봉할 때는 으레 賜恩하는 詔命을 내린다. 귀유광이 長興의 知縣으로 있을 때 황태자를 책봉하면서 사은하는 조명을 내렸는데, 이때 귀유광이 保擧해준 사람을 얻고 그 조명에 응하여 封爵을 내리는 성은을 받았던 일이 있었기에 이제 칙명을 받아 향리로 가서 焚黃하고자 한 것으로 추정된다.

23. 唐虔伯에게 답한 편지　答唐虔伯書*

*嘉靖 23년(1544)에 嘉定 安亭鎭에서 汪客의 젊은 며느리 張氏가 貞節을 지키다 무참히 살해된 살인이 발생하였다. 이 편지는 그 사건의 원통한 정상을 밝혀달라고 관리로 있는 知人에게 부탁한 것이다. 그 사건의 전말은 아래 〈張氏女子神異記〉와 〈書張氏女死事〉에 자세히 보인다.

有光은 虔伯 足下에게 말씀드립니다. 지난날 張氏 女子의 일은 한때 인심이 분노하였기에 삼가 저를 알아주고 아껴주시는 마음을 믿고서 문득 서찰을 보내 그 사실을 알려 匹婦의 원한을 조금이라도 풀어주기를 바랐던 것입니다. 저는 우매하고 미천한 몸이라 평소에 감히 관리의 政事에 참견한 적이 없었습니다. 이제 다시 제 생각이 못 미친 바로써 가르침을 주신 것을 받았으니, 돌아보건대 우매한 제가 어찌 감히 다시 말하겠습니까. 다만 우리 형(당건백)께서 이 일에 대해 의심을 두신 것은 아마도 먼저 들은 말에 현혹되어 뭇사람들의 말을 살피지 못했기 때문이 아닌가 합니다.

有光은 啓虔伯足下하노이다 向日張氏女子事는 因一時人心憤憤하여 竊恃知愛하여 輒移書相曉하여 欲望少伸匹婦之寃이라 僕愚且賤하여 平生未嘗敢與有司之政也라 玆復承敎以所不及하니 顧愚何敢復言이리오 但吾兄致疑於其間者는 竊恐惑於先入之言하여 而未察於衆人之論이라

대개 安亭 마을 수백 戶 중에 7, 80세 노인으로부터 아래로 삼척동자에 이르기까지 烈婦의 원통한 실정을 말하는 것이 상세하고 소략한 차이는 있을지언정 節義를 지켜 죽었다는 것은 다 같고, 兇人들의 악행을 말하는 것이 상세하고 소략한 차이는 있을지언정 여럿이 작당하여 淫行하다가 사람을 죽였다는 것은 다 같습니다. 당시에 직접 손을 써서 張氏를 죽인 惡少輩로 말하자면 主犯의 이름이 이미 밝혀져 있으니, 明察한 관리가 반복하여 訊問하면 그 실정을 밝혀낼 수 있을 것입니다. 더구나 12세 여종으로 증인을 삼았으니, 이에 근거하여 옥사를 판결하면, 어찌 억

울한 자가 있겠습니까.

大率安亭數百戶가 自七八十歲老翁으로 下至三尺童子히 言烈婦之寃이 有詳有略이로되 其謂守義而死는 一也요 言諸兇之惡이 有詳有略이로되 其謂朋淫殺人은 一也라 至於當時下手惡少하여는 主名自在하니 明察之官이 反覆參訊이면 可得其情實이온 況以十二歲女奴로 爲佐證하니 據以成獄이면 豈有寃者리오

저 네댓 명 兇人이 음란한 시어머니를 끼고서 그녀를 주모자로 삼아서 함께 한 여자를 죽이기를 개나 돼지를 도살하듯이 하였습니다. 그들이 왕래한 종적이 많은 사람들의 입에 오르고 있으니, 어찌 밝혀내기 어려운 옥사이겠습니까. 天道는 환히 밝으니, 어두운 실내 으슥한 곳인들 어찌 아는 사람이 없다 하겠습니까. 염려되는 바는 獄詞가 어긋나 마침내 이 죄인들이 죽음을 벗어나는 것이니, 이는 또한 사실을 분명히 본 것이 아닙니다. 저는 한 小吏면 밝혀낼 수 있는 일이라 생각합니다.

夫四五兇人이 挾淫姑以爲主하여 共殺一女子를 如屠犬豕라 往來蹤跡이 口語籍籍하니 豈爲難察之獄이리오 天道昭然하니 暗室屋漏에 誰謂無人知之哉아 所慮는 獄詞參錯하여 終得逃死는 亦恐非的然之見이니 僕以爲一吏胥之事耳라

오늘날 천하에서 獄事를 처결할 때 실정을 밝혀내지 못하는 경우는 있고 獄詞를 받아내지 못하는 경우는 없으니, 실정을 진실로 밝혀냈다면 옥사를 判定하지 못할까 어찌 걱정하겠습니까. 저 흉인들이 간음을 하려고 강제로 핍박하다가 여자를 죽였으니, 비록 처음에는 간음할 의도였고 살해할 의도는 없었다 할지라도 그 뒤에는 실제로 살해할 의도가 있었고 간음할 의도에 그치지 않았으니, 어찌 同謀가 아니라 할 수 있겠습니까. 刑律에 고의로 동모한 죄에 대한 조문이 있으니, 어찌 律意가 아니라 하겠습니까.

今天下斷獄이 有不得其情者矣요 未有不得于詞者也니 情苟得矣면 何患於詞之不定이리오 諸兇因奸强逼而殺하니 雖其始謀奸而非謀殺이나 其後實謀殺而不止謀奸하니 何謂非同謀리오 律有造意同謀之文하니 何謂非律意리오

천하의 일은 응당 넓게 열린 견해로 한번 보아야 할 것입니다. 저 소견이 좁고 여러 가지를 顧慮하여 세상 사람들에 이끌리는 사람의 말 같은 경우는 실정으로는 賞을 주어야 하거늘 "법으로는 상을 주어서는 안 된다."라 하며, 실정으로는 罰을 주어야 하거늘 "법으로는 벌을 주어서는 안 된다."라고 하여 왕왕 그 주장이 지루하고 혼란하여 節目만 날로 많아지니, 刑賞이 어긋나 한갓 형식만 될 뿐이라 人心과 世道는 날로 낮아지고 있으니, 참으로 개탄할 일입니다.

天下之事는 **當一觀以曠然度外之見**이니 **若夫拘攣顧慮**하여 **牽於流俗之說**은 **情可賞矣**어늘 **而曰法不應賞**하며 **情可罰矣**어늘 **而曰法不應罰**이라하여 **往往支離膠擾**하여 **節目日多**하니 **刑賞乖錯**하여 **徒爲文具**라 **人心世道**는 **日趨于下**하니 **眞可歎也**로다

혹자는 또 의심하기를 "烈婦의 죽음은 흉인들의 위세와 힘으로 보아 몸을 더럽히지 않았다고 보장할 수 없다."라 합니다. 저 열부가 진실로 절개를 잃었다면 필시 죽음에 이르지는 않았을 터이니, 진실로 죽었고 보면 그 한 번 죽은 것으로써 자신의 결백을 족히 밝힐 수 있습니다. 오늘날 대장부로 불리는 자들이 줏대가 없고 연약하여 소소한 利害에도 기개를 잃고 거꾸러지고 맙니다. 그런데 구구한 婦女가 흉인들이 자신을 더럽히려는 와중에서 志操를 꼿꼿이 세워 마침내 죽음으로 殉節하였습니다. 그런데도 다시 이런 말들을 하니, 참으로 이른바 "의론을 좋아하고 남의 아름다움을 이루어주기를 좋아하지 않는 것이 이와 같다."[1]는 것이라 하겠습니다.

或又疑烈婦之死는 **以群兇之威力**으로 **不能保其不汚**하니 **夫烈婦**가 **苟失節矣**면 **必不至於死**니 **誠死矣**면 **一死自足以明之**라 **今號爲丈夫者**가 **婾阿脂韋**하여 **小小利害**에 **遂以瀾倒**어늘 **區區婦女**가 **抗志於群汚之中**하여 **卒以死殉**이나 **然復云云**하니 **眞所謂好議論不樂成人之美**가 **如此**로다

천지의 正氣가 淪沒하여 다 없어져 근근이 부녀자들에게서 나타나니, 우리들은

1) 의론을……같다 : ≪論語≫ 〈顔淵〉에 "군자는 남의 아름다움을 이루어주고 남의 악을 이루어주지 않는다. 소인은 이와 상반된다.〔君子成人之美 不成人之惡 小人反是〕"라 하였다. 韓愈의 〈張中丞傳後敍〉에 이 말을 인용하여 "소인들이 의론을 좋아하고 남의 아름다움을 이루어주지 않는 것이 이와 같도다!〔小人之好議論不樂成人之美 如是哉〕"라 하였다.(≪韓昌黎文集≫ 권13)

의당 이를 배양하여 昌大하게 해야 할 것이요 의당 억제하여 소멸하게 해서는 안 될 것입니다. 이러한 일은 世道에 관계되는 것이 작지 않으니, 선행을 한 사람은 작은 것이라 하여 收錄하지 않고 악행을 한 사람은 法條文을 편리하게 적용하여 형벌을 벗어날 수 있도록 한다면 천하의 혼란이 어찌 끝이 있겠습니까.

天地正氣가 淪沒幾盡하여 僅僅見于婦女之間하니 吾輩宜培植之하여 使之昌大요 不宜沮抑之하여 使之銷鑠이니 此等은 關係世道不淺하니 若使爲善者以幽微而不錄하며 爲惡者以便文自營脫禍면 則天下之亂가 何所極哉아

지난번 보내드린 편지는 창졸간에 쓴 것이라 조리가 어긋난 것이 제법 있었습니다. 이제 이어서 당시의 사실을 기록한 글 한 편을 올리니, 이 글은 다소 자세합니다. 이는 모두 뭇사람들의 말에서 나온 것입니다. 저는 애초에 이 일과는 아무 관계가 없고, 돌아보건대 천하의 公理가 이와 같다고 생각할 따름입니다. 바라는 바는 우리 형께서 저와 함께 이 고을의 아름다운 일을 이루어주셨으면 하는 것입니다. 그렇지만 힘이 미치는 바를 할 따름입니다. 서둘러 쓰느라 두서가 없습니다.

前書倉卒에 頗有牴牾라 今續上記事一首가 稍爲詳覈하니 此皆出于衆人之論이라 僕初無喜怒於其間이요 顧以爲天下之公理如此耳라 所望은 吾兄이 共成此鄉邦之美事라 然亦顧其力之所及者를 爲之而已라 草草不次이라

24. 歸氏 두 孝子의 傳　歸氏二孝子傳*

*歸鉞과 그의 族子 歸繡 두 사람의 지극한 효성과 우애를 기록한 글이다. 이 두 사람의 傳은 ≪明史≫ 297권에 〈孝義傳〉에 실려 있다.

歸氏 두 孝子는 내가 이미 우리 家乘에 기록하였지만 그 탁월한 행실로도 신분이 미천하였으니, 우리 종족과 이웃 사람만 그 효행을 알 뿐이다. 이에 그 효행을 傳으로 써서 널리 알리고자 한다.

歸氏二孝子는 **予旣列之家乘矣**로되 **以其行之卓**으로 **而身微賤**하니 **獨其宗親隣里知之**라 **於是**에 **思以廣其傳焉**하노라

효자는 諱가 鉞이고 字가 汝威니 일찍이 어머니를 잃었다. 그래서 아버지가 다시 後妻를 맞이하여 아들을 낳으니, 효자는 이로부터 부모의 사랑을 잃었다. 아버지가 효자를 때리면 계모가 큰 몽둥이를 찾아서 주면서 "당신의 손을 다치지 마십시오."라 하곤 하였다.

孝子는 **諱**는 **鉞**이요 **字**는 **汝威**니 **早喪母**라 **父更娶後妻生子**하니 **孝子由是失愛**라 **父(提)〔撻〕**[1] **孝子**어든 **輒索大杖與之曰 毋徒手傷乃力也**라

집이 가난하여 양식이 넉넉하지 못하였다. 밥이 익을 때가 되면 계모가 간사한 말로 효자의 잘못을 말하였다. 이에 아버지가 크게 노하여 효자를 쫓아내니, 이에 계모와 그 아들은 배불리 밥을 먹을 수 있었다. 효자는 자주 기운이 없이 길을 엉금엉금 기어다니곤 하였다. 그런데도 효자가 집에 돌아오면 아버지와 계모는 서로 말하기를 "자식이 집에 있지 않으면 밖에서 도적이 될 뿐이다."라 하고 또다시 몽둥이로 때려 효자는 누차 거의 죽을 뻔하였다. 바야흐로 효자가 문 밖에서 머뭇거

---

1) (提)〔撻〕: 저본에는 '提'자로 되어 있으나, ≪明史≫ 권297 〈歸鉞傳〉에 의거하여 '撻'로 바로잡았다.

리며 집안에 들어가고 싶어도 감히 들어가지 못하고 머리를 숙인 채 눈물을 떨구고 있을 때 이웃 사람들이 보고 불쌍히 여기지 않는 이가 없었다.

家貧하여 食不足以贍이라 炊將熟에 卽譏譏罪過孝子하면 父大怒逐之하니 於是에 母子得以飽食이라 孝子數困하여 匍匐道中이어늘 比歸에 父母相與言曰 有子不居家면 在外作賊耳라하고 又復杖之하여 屢瀕於死라 方孝子依依戶外하여 欲入不敢하고 俯首竊淚下에 隣里莫不憐也러라

아버지가 죽자 계모는 홀로 자기 아들과 살며 효자를 내쫓고 만나주지 않았다. 이에 효자는 저잣거리에서 소금을 파는 일을 하면서 때때로 아우를 만나 계모의 음식을 묻고 좋은 음식을 보내주었다. 正德 庚午年(1510)에 큰 기근이 들어 계모가 스스로 살아갈 수 없게 되었다. 효자가 가서 눈물을 흘리며 계모를 모셔가고자 하니, 계모는 내심이 부끄러웠지만 마침내 효자의 간절한 정성에 감동하여 따라갔다.

父卒에 母獨與其子居하고 擯孝子不見이라 因販鹽市中하여 時私其弟하여 問母飮食하고 致甘鮮焉이러라 正德庚午에 大饑라 母不能自活일새 孝子往하여 涕泣奉迎하니 母內自慚하되 終感孝子誠懇從之러라

효자는 음식을 얻으면 계모와 아우에게 먼저 먹여 자기는 굶주린 기색이 있었는데, 아우가 얼마 뒤 죽자 종신토록 편안히 살았다. 효자는 어릴 때 굶주린 탓에 얼굴은 누렇고 체구는 여위고 작았기 때문에 우리 族人들은 菜大人[2]이라 불렀다. 嘉靖 壬辰年(1532)에 孝子 鉞이 질병이 없이 죽었다. 효자는 늙어 장차 죽을 무렵에도 끝내 계모의 일을 말하지 않았다.

孝子得食이면 先母弟하고 而己有饑色이러니 弟尋死라 終身怡然이러라 孝子少饑餓하여 面黃而體瘠小라 族人呼爲菜大人이러라 嘉靖壬辰에 孝子鉞이 無疾而卒하다 孝子旣老且死에 終不言其後母事也러라

繡는 字가 華伯이니 효자의 族子이다. 그 역시 소금을 파는 일을 하여 어머니를

2) 菜大人 : 얼굴이 누렇게 뜬 어른이란 말이다. 굶주린 사람의 누렇게 뜬 얼굴을 菜色이라 한다. ≪禮記≫ 〈王制〉에 "비록 심한 가뭄이나 홍수가 있어도 백성들은 채색이 없었다.〔雖有凶旱水溢 民無菜色〕"라 하였는데, 鄭玄의 注에 "채색은 나물만 먹은 얼굴빛이다.〔菜色 食菜之色〕"라 하였다.

봉양하다가 이윽고 또 점포에 앉아서 삼을 파는 일을 하였다. 아우 紋・緯와 우애로워 서로 간격이 없었다. 緯가 모종의 일로 체포되자 화백이 힘써 구해주었고, 緯가 또 자신을 檢束하지 못해 죄를 범한 것이 네 번이었다. 화백이 轉賣하는 것은 계산해보면 늘 한 해를 마치도록 다른 일이 없어야 겨우 蔬食을 댈 수 있을 정도였으니, 한 번이라도 吏卒이 집에 들렀다 하면 양식이 다 바닥나고 말았는데도 그는 시종 성내는 기색이 없었다.

繡는 **字**는 **華伯**이니 **孝子之族子**라 **亦販鹽以養母**라가 **已又坐市舍中賣麻**러라 **與弟紋緯友愛無間**이라 **緯以事坐繫**어늘 **華伯力爲營救**하고 **緯又不自檢**하여 **犯者數四**라 **華伯所轉賣者**가 **計常終歲無他故**라야 **才給蔬食**이니 **一經吏卒過門**이면 **輒耗**로되 **終始無慍容**이러라

화백의 아내 朱氏는 늘 옷을 지을 때면 반드시 세 벌을 지어 삼형제가 고루 갖도록 하면서 말하기를 "두 시동생은 아내가 없으니, 어찌 남편만 홀로 새옷을 입게 할 수 있겠는가."라 하였다. 시동생 아무개의 죽은 처가 아들을 남겼는데 그 아이를 자기 소생처럼 사랑하며 길렀다. 그러나 화백은 사람들이 보기에는 그저 저잣거리 사람일 따름이었다.

華伯妻朱氏는 **每製衣**에 **必三襲**하여 **令兄弟均平曰 二叔無室**하니 **豈可使君獨被完潔耶**아라하다 **叔某亡妻有遺子**어늘 **撫愛之**를 **如己出**이러라 **然華伯**은 **人見之**에 **以爲市人也**라

贊은 다음과 같다.

두 효자는 저잣거리 장사치들 속에 출몰하여 평소에 詩書를 알지 못했거늘 능히 순수하고 아름다운 행실로 보는 사람 없는 곳에서 자신을 飭勵하였으며, 變難을 만난 상황에 스스로 생활할 恒産이 없어도 좌절하지 않았으니, 이는 실로 어려운 일이로다.

華伯은 부부 琴瑟이 좋았으며, 汝威는 마침내 완악한 계모를 감동시켰으니, 그 終身의 일을 보면 두 사람 다 자신의 뜻을 이루었도다.

이로써 말하면 선비로서 홀로 우뚝한 행실에 세우면서 호응하는 사람이 적을까 걱정하는 이는 이를 보면 부끄러울 것이다.

贊曰 二孝子는 **出沒市販之間**하여 **生平不識詩書**어늘 **而能以純懿之行**으로 **自飭于無人之地**하고 **遭罹屯變**에 **無恒産以自潤而不困折**하니 **斯亦難矣**로다 **華伯夫婦如鼓瑟**하고 **汝威卒變頑嚚**하니 **考其終**컨대 **皆有以自達**이로다 **由是言之**컨대 **士之獨行而憂寡和者**는 **視此可愧也**리라

25. 何長者의 傳　何長者傳*

* 何長者는 江西 會昌 사람 何緖를 일컬은 말이다. 하서의 아들 何渭가 歸有光과 南京 國子監에서 함께 공부한 동학이었다. 귀유광이 하위의 부탁을 받아 하서의 傳을 썼다. 이 글에서 尹臺를 禮部尙書인 大宗伯으로 일컬었는데, 윤대가 南京 禮部尙書로 승진한 때는 隆慶 연간(1567~1572)에 있었다. 따라서 이 글은 적어도 1567년 이후, 귀유광의 나이 62세 이후에 쓰였을 것으로 추정할 수 있다.

何長者는 이름이 緖이고 자가 克承으로 會昌縣 白埠 마을에 거주하며 蕭帝巖[1] 아래에 집을 짓고 살았다. 長者는 아버지가 죽고 형 纓과 그 아들도 일찍 죽어 어린 손자만 남겼으며 장자의 庶弟는 바야흐로 10세였는데 모두 成人이 될 때까지 撫育하였다.

何長者는 **名緖**요 **字克承**이니 **家會昌之白埠**하여 **倚蕭帝巖爲居**러라 **長者父卒**하고 **兄纓與其子亦蚤卒**하여 **遺孤孫**하고 **而長者庶弟方十歲**어늘 **皆撫育以至成人**이러라

장자는 治産을 잘하여 그의 아버지의 유산에서 수십 배 더 재산을 불렸다. 아우 約과 형의 손자가 장자와 재산을 나누자고 청하거늘 장자는 자기 재산을 다 모아서 三等分하여 형제들이 고루 받아 가지도록 하고 祖父가 남겨준 재산과 자기가 새로 불린 재산을 구별하지 않았다. 어떤 사람이 급한 사정이 있어 밭을 팔고자 하거늘 장자가 제값보다 더 많은 돈을 주고 샀다. 그 후에 일이 끝나자 그 사람이 밭을 판 일을 후회하자 장자는 밭을 돌려주고 값을 되받지 않았다.

---

1) 蕭帝巖 : 會昌縣 治所 남쪽 100리쯤 되는 곳에 있는 큰 바위로, 일명 佛圖巖이라고도 한다. 그 모양은 사자가 엎드려 입을 벌리고 있는 것과 같으며, 중산에 뚫린 공산이 있어 100여 명이 들어갈 수 있다. 전하는 얘기로는 南朝 齊 武帝가 贛縣(감현)의 현령으로 있을 때 이 바위에서 兵難을 피했다고 하고, 일설에는 무제가 벼슬하지 않았을 때 이 바위 아래에서 독서했다고도 한다.

長者旣善治生産하여 於其父業에 贏數十倍라 弟約與其兄孫請與長者分이어늘 長者會其貲以爲三하여 兄弟平受之하고 不以祖父貽與己所創爲區別也러라 人有急하여 求鬻田이어늘 長者與之價過當이러니 其後事已에 輒悔其田어늘 長者還之하고 不責償이러라

장자가 연로하자 향리 사람들이 그 행실을 높이 존경하기에 縣에서 鄕飮酒[2]를 해주겠다고 청하였다. 장자가 固謝하고 끝내 그 자리에 참여하려 하지 않으니, 會昌 고을 사람들이 모두 일컬어 하장자라 하였다.

年旣老에 鄕里高其行이라 縣爲請鄕飮酒어늘 固謝하고 終不肯與하니 而會昌人皆稱以爲何長者云이라

장자의 아내는 劉氏이다. 會昌城으로부터 물길을 거슬러 올라 남쪽으로 80리쯤 가면 湘鄕이란 마을이 나온다. 이 마을에는 九田[3]의 等屬이 있으니, 平川 沃土에는 부자가 많다. 白埠에는 何氏가 있고 小田에는 劉氏가 있으니, 甲族이다. 그러므로 장자가 유씨와 혼인한 것이다. 장자는 부모 잃은 손자를 기르고 집안을 일으켜 四世가 한 집에 살면서 서로 헐뜯는 말이 없었다. 세상에서는 "집안사람들이 서로 사이가 좋지 않게 되는 것은 婦人에게서 비롯한다."라 하지만 장자의 아름다운 행실은 대개 유씨가 도와서 이룬 것이다.

長者妻는 劉氏라 會昌城遡流南八十里曰湘鄕이라 鄕有九田之屬하니 平川沃壤에 多富人이라 而白埠有何氏하고 小田有劉氏하니 爲甲族이라 故長者與爲姻이라 長者所以能撫孤造家하여 四世同居에 無間言이라 世謂家人之離가 起于婦人이로되 凡長者之美는 類劉氏助成之也라

劉孺人(유씨)은 시어머니를 섬김에 특히 효성스러워 시어머니의 나이 86세에 봉

---

2) 鄕飮酒 : 어진 이를 높이고 노인을 봉양하는 취지로 고을에서 여는 酒宴이다. ≪周禮≫ 〈鄕大夫〉에 의하면, 鄕學에서 3년 동안 공부한 사람 중에서 성적이 우수한 사람을 임금에게 천거할 때 그를 송별하기 위하여 鄕老 및 鄕大夫가 전별연을 베푼 것이 그 시초이다. ≪儀禮≫ 〈鄕飮酒禮〉와 ≪禮記≫ 〈鄕飮酒義〉도 그 내용은 대개 이와 같다.

3) 九田 : 전답을 토질에 따라 9등급으로 나눈 것이다. ≪太平御覽≫ 권821 〈産資部〉 '田' 條에 ≪范子計然≫을 인용하여 "모든 전답들은 저마다 명칭이 있으니, 관직이 1品으로부터 시작하여 9품에서 마치는 것과 같다.〔諸田各有名 其從一官 以終九官〕"라 하였다.

양이 지극하였다. 孺人은 사람됨이 너그러웠다. 어느 날 밤에 유씨의 집에 좀도둑이 들었기에 物色하여 범인을 잡았다. 집안사람들이 관가에 알리고자 하여 유인에게 물으니, 잃은 것이 약간의 金이었다. 유인이 "금이 많지 않으니, 너무 추궁할 것 없다."라 하고 끝내 이 일을 말하지 않으니 그 도둑이 드디어 처벌을 받지 않을 수 있었다. 회창 고을 사람들이 모두 이르기를 "何君뿐만이 아니라 그 부인도 장자이다."라 하였다. 이런 까닭에 〈何長者傳〉을 쓰노라.

劉孺人은 **事姑尤孝**하여 **姑年八十六**에 **奉養備至**러라 **爲人平恕**하여 **有夜胠其篋者**어늘 **物色之**하여 **得其人**이라 **家人欲聞之官**하여 **問孺人**하니 **所亡**이 **金若干**이라 **孺人曰 金無多**하니 **無用窮詰爲也**라하고 **竟不言**이라 **盜遂獲免**하다 **會昌人皆云 不獨何君**이라 **乃其婦亦長者也**라하다 **故爲作何長者傳**하노라

歸子(귀유광 자신)는 이르노라.

장자의 아들 渭는 나와 함께 六館[4]에 있었는데, 지금 와서 현령을 보좌함에 백성들이 그 은덕을 칭송한다. 이제 장자의 행실을 보니, 훌륭한 아들을 둠이 마땅하도다. 何侯[5]가 모종의 일로 南都(南京)에 이르러 그 同鄕 사람인 大宗伯 尹公[6]을 만났더니, 윤공이 그의 집에 永慕堂이란 편액을 써주었다. 하후는 그 先人에 대해 남에게 말할 때 눈물을 흘리지 않은 적이 없었다.

歸子曰 長者之子渭가 **與余同在六館**이러니 **今來佐縣**에 **民有德焉**이라 **至觀長者之行**하여는 **宜有子哉**인저 **何侯**가 **以事至南都**하여 **見其鄕人宗伯尹公**하니 **尹公題其堂曰永慕**나 **而何侯之於其先**에 **對人未嘗不流涕言之也**러라

4) 六館 : 唐나라 때 國子監에 두었던 國子學館·太學館·四門學館·律館·書館·算館 여섯 학관을 이르는 말로 成均館의 이칭으로 쓰인다.(≪容齋續筆≫ 〈唐諸生束脩〉) 귀유광은 嘉靖 16년(1537)에 南京의 國子監에 있었다.

5) 何侯 : 장자의 아들 渭를 가리킨다. 侯는 縣官을 일컫는 말이다.

6) 大宗伯 尹公 : 尹臺(1506~1579)를 가리킨다. 그는 자가 崇基이고 江西 永新 사람이다. 嘉靖 14년(1535)에 進士試에 급제하였고 隆慶 初에 禮部尙書로 승진하였다. 大宗伯은 예부상서의 별칭이다.

26. 筠溪翁의 傳　筠溪翁傳*

* 筠溪翁은 吳松江 가에 살고 있는 한 노인이다. 이 글에서 歸有光은 10년 전에 균계옹과 만났다고 했고, 균계옹을 만난 지 1, 2년 뒤에 아내와 아들이 모두 죽었다고 했다. 귀유광의 繼室 王氏는 嘉靖 27년(1548)에 세상을 떠났고 아들 歸翿孫은 가정 30년(1551)에 세상을 떠났다. 따라서 이 글은 대략 가정 36년(1557), 귀유광의 나이 52세 무렵에 쓴 것으로 추정할 수 있다.

내가 安亭에 살고 있을 때이다. 하루는 어떤 사람이 와서 나에게 말하기를 "북쪽으로 5, 6리 거리의 시냇가 서너 칸 草屋에 筠溪翁이란 분이 살면서 날마다 시를 읊조리는데 동자 서너 명이 곁에서 시봉하고 발이 문 밖을 나간 적이 없다."라고 하기에 내가 찾아가 뵈었더니, 翁은 신장이 크고 훤한 얼굴로 나를 맞이하여 방안에 앉게 한 다음 차를 달여서 마시라고 주고는 시렁 위의 책들을 들어서 몽땅 다 나에게 주었으니, 거의 수백 권이었다. 내가 감사하다는 인사를 하고 돌아왔고, 오랜 시일이 지나자 마침내 서로 소식이 끊어지고 말았다. 그러나 나는 사람을 만날 때마다 균계옹이 어디 계신지를 물었더니, 翁을 본 사람들은 모두 "옹은 無恙하다."라 하였다. 나는 늘 翁이 주신 책을 펼쳐 볼 때마다 옹을 그리워하지 않은 적이 없었다.

余居安亭이러니 **一日有來告云 北五六里溪上草舍三四楹**에 **有筠溪翁居其間**하여 **日吟哦**한대 **數童子侍側**하고 **足未嘗出戶外**라하여늘 **余往省之**하니 **見翁頎然晳白**하고 **延余坐**하여 **瀹茗以進**하고 **舉架上書**하여 **悉以相贈**하니 **殆數百卷**이라 **余謝而還**하고 **久之**에 **遂不相聞**이라 **然余逢人輒問筠溪翁所在**하니 **有見之者 皆云翁無恙**라 **每展所予書**에 **未嘗不思翁也**러라

올해 봄에 張西卿이 강가[1]로부터 와서 말하기를 "翁은 南澥浦[2]에 살고 있고 나

---

1) 강가 : 吳松江을 가리킨다. 오송강은 일명 蘇州河로 불리며, 중국 蘇州와 上海 일대의 중요한 수로이다.

이 이미 일흔에도 정신과 기력이 더욱 맑고 좋아 책을 編摩하는 일이 거의 손에서 떠나지 않으며, 侍婢가 공의 아들을 낳았는데 겨우 젖먹이였다."라 하였다. 西卿이 옹의 용모를 형용해 말하는 것이 내가 10년 전에 본 모습보다 조금 더 젊으니, 또한 기이한 일이로다.

今年春에 **張西卿從江上來**하여 **言翁居南濼浦**하고 **年已七十**에 **神氣益淸**하여 **編摩殆不去手**라 **侍婢生子**하여 **方呱呱**라하고 **西卿狀翁貌**가 **如余十年前所見加少**하니 **亦異矣哉**인저

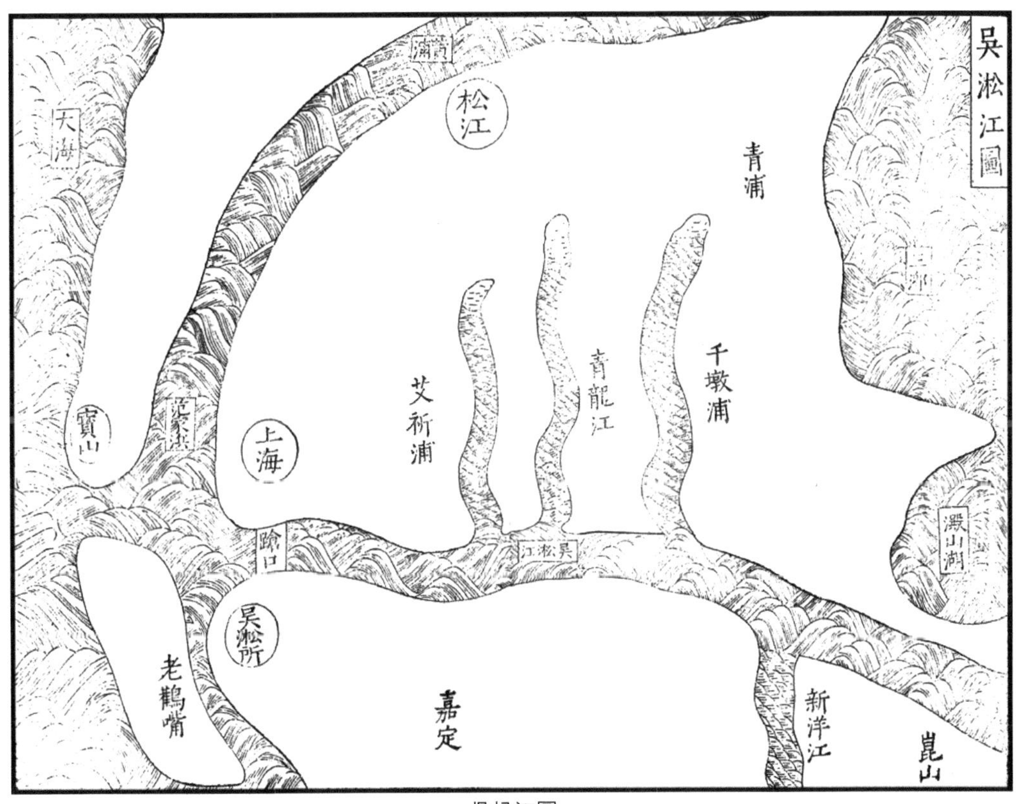

吳松江圖

아! 내가 翁을 처음 만났을 때는 歲暮라 바람이 몹시 차 들판에 풀들은 말라 누렇게 시들었고 해가 질 무렵이었다. 내가 갔던 길을 따라 지름길로 돌아오니, 아내와 아들이 내가 멀리 갔다가 돌아왔다고 하여 술상을 준비하고 있다가 내가 책을 가지고 돌아오는 것을 보고는 모두 기뻐하였다. 그리고 1, 2년 만에 아내와 아

2) 南濼浦 : 오송강 남쪽에 있는 포구로 황하로 물길이 흘러드는 곳이다.

들이 모두 세상을 떠나고 말았다. 그러나 옹은 나와 이별한 뒤로 늘 사람을 보내 안부를 물었다. 나는 비록 옹을 만나지 못했지만 옹은 늘 우주 안에 있으리라 홀로 생각했으니, 나의 집의 세상을 훌쩍 떠나가버린 처자식에 비하면 옹은 거의 천 년을 사는 사람과 같다.

噫라 余見翁時에 歲暮라 天風憭慄에 野草枯黃하고 日將晡라 余循去徑還家하니 媼兒子가 以遠客至로 具酒라가 見余挾書還하여는 則皆喜러니 一二年에 妻兒皆亡이라 而翁與余別하여 每勞人問死生하니 余雖不見翁이나 而獨念翁常在宇宙間하니 視吾家之溘然而盡者컨대 翁殆如千歲人이라

옛날에 東坡先生이 〈方山子傳〉을 지었는데[3] 기술한 내용에 기이한 일이 많았다. 나는 옛날에 道을 얻은 사람은 늘 인간 세상에 한가롭게 살고 굳이 특이한 행적이 없건만 사람들이 스스로 알아보지 못한다고 생각하니, 균계옹 같은 이는 진실로 吳淞江 내 낀 물가에 살고 있으니, 어쩌면 방산자와 같은 사람이라 할 수 있지 않을까. 혹자는 말하기를 "균계옹은 신선의 부류는 아니니, 그렇다면 巖穴에 은거하는 高士인가."라 하였다.

昔에 東坡先生爲方山子傳에 其事多奇라 余以爲古之得道者常遊行人間하여 不必有異로되 而人自不之見이라 若筠溪翁固在吳淞烟水間하니 豈方山子之謂哉아 或曰 筠溪翁非神仙家者流요 抑巖處之高士也歟인저

---

3) 東坡先生이……지었는데 : 東坡 蘇軾이 貶謫되어 黃州에 있을 때 지은 것이다. 方山子는 소식의 老友 陳慥이다. 그는 젊을 때는 豪俠이었고 장성해서는 독서하였으나 과거에 급제하지 못하고 황주 지역에 은거하고 있었다. 그가 쓴 관이 네모나고 높았기〔方聳而高〕 때문에 사람들이 방산자라 부린 것이다. ≪東坡全集≫ 권39에 실려 있다.

27. 可茶의 小傳　可茶小傳*

* 의원 可茶의 지극한 孝行, 友愛와 醫術을 기록한 글로 가다가 홍역에 걸린 歸有光의 아들을 살려준 데 보답하는 뜻에서 써준 것이다.

可茶는 秦越人의 術[1]을 하니, 의원들이 의술이 뛰어나다고 칭찬한다. 처음에 가다는 어진 어머니가 있었는데 일찍 과부가 되었다. 집이 가난하여 가다가 縣의 書獄[2]이 되고자 하니, 그 어머니가 말하기를 "이 일을 하는 사람은 욕된 일을 많이 겪으니, 진실로 가난하여 가업을 꾸릴 수 없으면 유독 蚊烟(모기향)이나 부채를 팔면서 소일할 수 있지 않겠느냐?"라 하였는데, 가다는 의원이 되길 원하였다.

가다의 매형인 沈氏 顱顖(노신)이 練城에 있으면서 대대로 가업을 이어 의원을 하고 있었다. 가다는 날마다 가서 두세 개 처방을 기억하여 집에 돌아와 기록하였고 또 약을 조제하고 환약을 만드는 것을 관찰하여 그 방법을 모두 터득하고서 이에 의원이 되었다.

可茶爲秦越人之術하니 **醫者稱工焉**이라 **始**에 **可茶有賢母蚤寡**라 **家貧**에 **欲爲縣書獄**하니 **母曰爲是者多辱**하니 **苟貧不能業**이면 **獨不可賣蚊烟涼箑遣日乎**아라하니 **可茶願爲醫**라 **其女兄之夫沈氏顱顖在練城**하여 **世有傳業**이라 **可茶日往記數方**하여 **還錄之**하고 **又觀其製劑和丸**하여 **皆得之**라 **乃爲醫**러라

가다가 처음 약방에 앉아 있을 때 치료를 받으러 온 사람이 값으로 紅菱(붉은 마름)과 青葱(푸른 파)을 주자 어머니가 기뻐하면서 말하기를 "이는 우리 아들의 의술이 필시 효험이 있을 조짐이니, 鮮菱을 준 것은 仙靈을 준 것과 같다.[3] 方言에 집이 饒足한 것을 從容이라 하니, 이것이 청총의 조짐이 아니겠는가.[4]"라 하였다. 가다의

1) 秦越人의 術 : 醫術을 말한다. 秦越人은 전국시대 鄭나라의 名醫이다.

2) 書獄 : 獄事에서 供招나 판결문을 기록하는 일을 하는 사람이다.

3) 鮮菱을……같다 : 鮮菱은 仙靈과 독음이 비슷하기 때문에 이렇게 말한 것이다. 仙靈은 신선이다.

醫業이 과연 날로 진보하여 치료를 받으러 오는 사람의 신발이 문 밖에 가득하였다.

方坐肆에 有求療者가 饋紅菱靑葱어늘 母喜曰 是子醫必效니 饋鮮菱者는 如仙靈也라 方言에 以家饒裕爲從容하니 是葱之兆耶아라하더니 可茶醫果日進하니 求者屨滿戶外러라

가다가 어쩌다 밖에서 돌아오면서 술 취한 적이 있었는데 어머니가 즉시 노하여 꾸짖었다. 가다는 어머니의 안색을 잘 살펴서 어머니가 조금이라도 언짢은 기색이 있으면 앞에 꿇어앉지 않은 적이 없었다. 어머니가 술 취한 것을 꾸짖은 뒤로는 종신토록 술 마시되 감히 취한 적이 없었다. 그 밖의 일도 어머니의 敎戒를 받는 것이 모두 이와 같았다. 어머니가 좋아하지 않는 음식은 종신토록 먹지 않았고, 어머니의 생신이 오면 며칠 동안 齋戒하였다. 중년에 아들이 없어 妾을 들이고자 하였는데, 어머니가 가정이 화목하지 못할까 염려하여 意中에 첩을 들이지 않기를 바라자 곧 첩을 들이지 않았다. 과부가 된 누님이 한 아들을 두었기에 그 아들을 자기 자식으로 삼고 그 누님을 30여 년 동안 봉양하여 그 누님이 지금도 無恙하니, 그 효성과 우애가 이와 같다.

可茶或自外歸에 酒醉러니 母卽怒責之라 可茶善候顔色하여 母少有不樂이면 未嘗不長跪라 母旣責其飮酒醉에 卽終身飮未嘗敢醉하니 其他事受敎戒皆如此러라 母所不嗜食物은 卽終身不食하고 每至生辰에 長齋數日이러라 中歲無子하여 欲買妾이러니 母恐其家失和하여 意不欲買妾하니 卽不買妾이라 寡姊有一子할새 因以爲己子而養其姊三十餘年하여 至今無恙하니 其孝友如此라

의술로 말하면 가난한 사람에게는 약을 그저 주고 그 사람이 부유해져도 보답을 바라지 않았다. 이런 까닭에 縣의 사대부들이 모두 가다를 愛敬하였다. 嘉靖 40년(1561) 겨울에 나의 아이가 홍역에 걸렸다. 가다가 자기 일을 제쳐두고서 練城으로부터 30리 길을 와서 밤낮으로 보살피니 아이가 마침내 소생하였으니, 그 의술이 좋을 뿐만이 아니라 그 사람됨이 자애로워 사람으로 하여금 감탄하게 한다.

至于醫하여는 貧者는 徒施藥與之하고 雖富라도 亦不望報라 以故로 縣中士大夫皆愛敬之러라 嘉靖四十年冬에 予兒子患疹이어늘 可茶爲撤己事하고 來自練城三十里하여 晝夜調視하니 兒竟獲

4) 方言에……아니겠는가 : 靑葱이 從容과 독음이 비슷하기 때문에 이렇게 말한 것이다.

安하니 不獨其技然이요 而其爲人慈愛하여 使人感歎이러라

내가 가다와 아이의 홍역에 대해 논할 때의 일이다. 예전에 세상에서 陳文中의 異功散이 江淮 지역에 쓰여서 효험을 보지 못한 적이 없었다 하는데, 지금 醫家들은 써서는 안 된다고 하고 위급할 때에만 써서 죽은 사람을 다시 살려낸다. 이 약을 조제하는 방법은 대개 숨기고 말하지 않고 神術이 있다고 한다. 내가 가만히 엿보았더니, 가다가 쓰는 약이 바로 陳氏의 처방이었다. 그러나 가다는 丹溪[5]의 說을 지키면서 스스로 늘 中醫[6] 정도 될 뿐이다 하여 자신을 李英公의 用兵이 大勝하지도 않고 또한 大敗하지도 않은 것[7]에 비겼다. 가다는 이름은 卿이고 姓은 蘇氏이다.

余與可茶로 論小兒疹할새 前世稱陳文中異功散이 施於江淮間에 無不效러니 今醫家以爲不可用하고 時其危急하여 死而復生之라 其所製劑를 多秘不言하여 以爲有神術이러라 竊窺之하니 卽陳氏方也라 然可茶守丹溪之說하여 自謂恒得中醫하여 至自比李英公用兵이 不大勝이요 亦不大敗云이러라 可茶는 名卿이요 姓蘇氏라

贊은 다음과 같다.

孔子는 말하기를 "사람이 恒心이 없으면 무당이나 의원도 될 수 없다."라 하였으니,[8] 옛날의 醫師[9]와 疾醫[10]는 모두 사대부였다. 가나의 효성을 의술에 옮겨 썼

5) 丹溪 : 元나라 醫家 朱震亨(1281~1358)의 호이다. 그의 字는 彦修이다. 羅知佛에게 의술을 전수받아 一家를 이루었다. 저서로 ≪格致餘論≫, ≪局方發揮≫, ≪金匱鉤元≫, ≪傷寒辨疑≫, ≪本草衍義補遺≫, ≪外科精要新論≫ 등이 있다.

6) 中醫 : 中等 수준의 의원이다. 唐나라 柳宗元의 〈愈膏肓疾賦〉에 "上醫는 병의 조짐이 싹트기 전에 치료하고 中醫는 조짐이 있는 것을 치료한다.〔夫上醫療未萌之兆 中醫攻有兆之者〕"라 하였다.

7) 李英公의……것 : 李英公은 英國公에 봉해진 唐나라 장수 李勣(584~669)을 가리킨다. 그는 자가 懋功이고, 본명이 徐世勣이었는데, 太宗의 휘하에서 戰功을 세워 李氏를 하사받아 李世勣이 되었다가, 태종이 즉위하자 황제의 이름이 世民이므로 避諱하여 이름을 勣으로 고쳤다. 唐 太宗이 말하기를 "지금 명장은 오직 李勣, 李道宗, 薛萬徹 세 사람뿐인데, 이적과 이도종은 대승하지도 못하고 또한 대패하지도 않으며, 설만철은 대승하지 않으면 대패한다.〔當今名將唯李勣道宗萬徹三人而已 李勣道宗不能大勝 亦不大敗 萬徹非大勝 卽大敗〕"라 하였다.(≪舊唐書≫ 권69 〈薛萬徹傳〉)

8) 孔子는……하였으니 : ≪論語≫ 〈子路〉에 "남쪽 사람이 말하기를 '사람이 恒心이 없으면 무당이나 의원도 될 수 없다.'라 하니, 좋은 말이다.〔南人有言曰 人而無恆 不可以作巫醫 善夫〕"라 하였다.

으니, 사람을 살린 것을 이루 다 말할 수 있겠는가.

贊曰 孔子稱人而無恒이면 **不可以作巫醫**라하니 **古之醫師疾醫**는 **皆士大夫也**라 **以可荼之孝**로 **施之于醫**하니 **其活人**을 **可勝道哉**아

9) 醫師 : 고대에 醫務를 관장하는 관원이다. ≪周禮≫ 〈天官 醫師〉에 "의사는 醫務의 정령을 관장한다.〔醫師掌醫之政令〕"라 하였다.

10) 疾醫 : 고대의 醫官이다. ≪周禮≫ 〈天官 疾醫〉에 "질의는 만민의 질병을 다스리는 일을 관장한다.〔疾醫掌養萬民之疾〕"라 하였는데, 孫詒讓의 ≪周禮正義≫에 "질의는 오늘날의 내과의와 같다.〔疾醫若今之內科醫也〕"라 하였다.

28. 陶節婦의 傳 陶節婦傳*

* 陶子舸의 아내인 節婦 王氏에 대한 傳이다. 왕씨는 남편이 죽자 곧바로 따라 죽으려 하다가 시어머니가 생존했기에 시어머니를 9년 동안 극진히 모시고 시어머니가 죽자 斂襲한 다음 곧바로 자결하였다.

陶節婦 方氏는 崑山 사람으로 陶子舸의 妻이다. 陶氏에게 시집와서 한 해 만에 남편 子舸가 죽었다. 절부는 슬퍼하여 목을 매어 자결하려 하였는데 혹자가 시어머니가 살아 있다고 꾸짖자 고개를 숙이고 잠자코 있다가 한참 뒤에 드디어 죽겠다는 말을 다시는 하지 않고 날마다 시어머니를 정성껏 섬겼다. 시어머니도 과부라 고부가 한 방에서 같이 거처하여 밤이면 한 이불을 덮고 자면서 고부가 서로 아끼는 마음이 몹시 애틋하였다. 그러나 남편을 따라 죽고자 하는 생각은 하루도 잊지 못하였다.

陶節婦方氏는 **崑山人**이니 **陶子舸之妻**라 **歸陶氏**하여 **期年**에 **而子舸死**라 **婦悲哀**하여 **欲自經**이어늘 **或責以姑在**라 **因俛默**이라가 **久之**에 **遂不復言死**하고 **而事姑日謹**하다 **姑亦寡居**라 **同處一室**하여 **夜則同衾而寢**하여 **姑婦相憐甚**이러라 **然欲死其夫**는 **不能一日忘也**라

남편 자가를 위해 葬地를 잡으니 땅 이름이 淸水灣이었다. 地官이 터가 좋지 못하다고 하자 절부가 말하기를 "淸水는 이름이 좋으니, 어찌 葬事 지낼 수 없으리오."라 하였다. 당시 남편의 아우가 西山에 가서 장사에 쓸 돌을 사러 갈 때 집안사람들은 의논하여 자가의 壙穴을 만들 것만 사오자고 했는데 절부는 곧바로 자신이 磚石(벽돌)을 사서 그 곁에 광혈을 더 만들었다.

이윽고 시어머니가 설사병에 걸리자 절부는 60여 일 동안 밤낮으로 시어머니의 곁을 떠나지 않았다. 때는 아직도 가을 더위가 있어 더러운 냄새를 맡을 수 없었는데 절부는 늘 시어머니의 속옷과 변기를 몸소 빨고 씻었다. 집안사람이 이를 보고 구토하자 절부가 말하기를 "과연 냄새가 나는가. 나는 날마다 곁에 있는데도 참

으로 느끼지 못하였다."라 하였다. 그러나 병자의 소변에 냄새가 나면 소생할 수 있다는 말을 듣고는 스스로 기뻐하였다. 시어머니의 병이 날로 위태해지자 소생하지 못할 줄 알고는 먼저 슬피 곡한 다음 음식을 먹지 않은 것이 5일이었다. 시어머니가 죽자 殮襲을 다 마쳤다.

爲子䌹卜葬하니 地名淸水灣이라 術者言其不利어늘 婦曰 淸水名美하니 何爲不可以葬이리오하다 時에 夫弟之西山買石할새 議獨爲子䌹穴이어늘 婦卽自買磚하고 穴其旁이러니 已而요 姑病痢라 六十餘日에 晝夜不去側이러라 時尙秋暑라 穢不可聞이로되 常取中裙厠牏하여 自浣洒之하니 家人有顧而吐어늘 婦曰 果臭耶아 吾日在側호되 誠不自覺이라하다 然聞病人溺臭면 可得生하고 因自喜러니 及姑病日殆하여 度不可起하여는 先悲哭하고 不食者五日이라 姑死에 含殮畢하다

이보다 앞서 자가의 형제는 세 사람이었는데 仲弟 子舫은 앞서 죽었고 막내아우는 살아 있었다. 이에 며느리들이 喪次에 있었는데 자방의 아내가 말하기를 "시어머니께서 세상을 떠나신 뒤에 어떻게 살아가야 할지 모르겠습니다."라고 하니, 절부가 말하기를 "나와 자네가 처지가 바뀔 뿐이다. 다만 작은 동서는 작은 아주버님과 함께 제사를 맡아 陶氏의 문호를 지켜라. 세월이 아득히 멀어 앞일을 알 수 없으니, 이것이 염려스럽다."라 하고는 서로 마주 보며 슬피 울었다.

그리고 잠시 뒤 절부는 방에 들어가 금가루를 물에 타서 먹었으나 죽지 않았다. 우물에 몸을 던지려 하니 우물 입구가 좁아 몸이 들어갈 수 없었다. 밤 2更에 어린 여종을 불러 따르게 하고 집 서쪽에 이르러 여종을 속여 집에 돌아가게 한 다음 자신은 물에 투신하였는데 물이 얕아서 몸이 잠겼다 떴다 하였다. 달빛이 밝은 가운데 여종이 풀숲 사이로 그 광경을 보았다. 절부가 죽은 뒤에 家人들이 그 시신을 건져내니, 얼굴을 물에 파묻은 상태에 얼굴빛은 산 사람과 같았고 두 손으로 풀뿌리를 단단히 쥐고 있어 풀 수 없었다.

先是에 子䌹兄弟三人이러니 仲弟子舫亦前死하고 尙有少弟라 於是에 諸婦在喪次러니 子舫妻言姑亡後에 不知所以爲身計라하니 婦曰 吾與若易處耳라 獨小嬸共叔主祭하여 持陶氏門戶로되 歲月遙遙하여 不可知하니 此可念也라하고 因相向悲泣이라가 頃之에 入室하여 屑金和水하여 服之호되 不死라 欲投井하니 井口隘하여 不能下라 夜二鼓에 呼小婢하여 隨行至舍西하여 紿婢還하고 自投水하니 水淺에 乍沈乍浮라 月明中에 婢從草間望見之라 旣死에 家人得其屍하니 以面沒水에 色

如生하고 兩手持茭根牢甚하여 不可解也러라

절부는 나이 18세에 자가에게 시집왔고, 19세에 남편을 잃었고, 시어머니를 모신 지 9년 만에 시어머니와 같은 날 죽었다. 절부가 죽은 뒤 淸水灣에 안장하였으니, 縣의 남쪽 千墩浦 가에 있다.

婦年十八嫁子舸하고 十九喪夫하고 事姑九年에 而與其姑同日死라 卒에 葬之淸水灣하니 在縣南千墩浦上이라

贊은 다음과 같다.

부인은 지아비를 따르는 것으로 의리를 삼는 법이니, 가령 절부가 자가를 따라 곧바로 죽었다 하더라도 세상 사람들은 어질다고 일컬었을 것이다. 그런데 홀로 참고 견디면서 시어머니가 세상을 떠날 때까지 기다렸으니, 그 효성은 옛사람들에 비교해보더라도 어찌 손색이 있겠는가. 당초 절부의 아버지 玉崗이 蘄水縣令이 되었다. 장차 관직에 부임하려고 할 즈음, 이때 자가는 이미 병들어 있었다. 그래서 시집을 보내도 될지 점쳐보았더니, 大吉하기에 마침내 시집을 보냈다. 사람들은 단지 절부를 불행하다고 하지만 마침내 그 성취한 바가 문호의 영광이 되었으니, 어찌 이른바 吉祥한 것이 아니겠는가.

贊曰 婦以從夫爲義하나니 假令節婦遂隨子舸死라도 而世猶將賢之어늘 獨濡忍以俟其母之終하니 其誠孝는 槪之於古人에 何媿哉아 初에 婦父玉崗이 爲蘄水令이라 將之官할새 時에 子舸已病이라 卜嫁之하니 大吉일새 遂歸焉이라 人特以婦爲不幸이로되 卒其所成이 爲門戶之光하니 豈非所謂吉祥者耶아

29. 計烈婦의 傳　計烈婦傳*

*平遠知縣 王化의 아내인 烈婦 計氏에 대한 傳이다. 계씨는 산적을 토벌하기 위해 출전한 남편이 전사했다고 하는 간첩의 거짓말을 듣고 곧바로 목욕하고 자결하였다. 계씨의 남동생 計坤亨, 計謙亨은 歸有光과 친한 사이였고, 게다가 계겸형은 귀유광과 同榜及第한 사이이다. 이 두 형제의 부탁을 받고 귀유광이 이 글을 썼을 것으로 추측할 수 있다. 귀유광은 60세인 嘉靖 44년(1565)에 進士試에 급제하였으니, 이 글은 귀유광이 60세 이후에 쓴 것이다.

計烈婦는 柳州 馬平 사람이니 平遠知縣 王化의 아내이다. 嘉靖 43년(1561)의 일이다. 이보다 앞서 南詔[1]의 山賊이 江西와 荊湖 東西[2] 일대를 휩쓸며 노략질하여 憲臣[3]을 살해하고 사로잡으니, 3省이 소요한 지 몇 해였다. 산적이 이미 항복하고 다시 반란을 일으키거늘 王君이 임명을 받아 平遠知縣[4]이 되었으니, 平遠縣은 당시 막 설치된 고을이었다. 왕군은 황무지를 개간하고 떠돌아다니는 백성들을 불러 새 邑을 規劃하여 건립하였다. 마침 田坑의 賊이 갑자기 반란을 일으켜 장차 양자강을 건너오려 하자 閩中[5]이 이 때문에 우환에 휩싸였다.

計烈婦는 **柳州馬平人**이니 **平遠知縣王化妻**라 **嘉靖四十三年**이라 **先是**에 **南詔山賊**이 **流劫江西湖東西**하여 **殺虜憲臣**하니 **三省騷動者數年**이라 **已降而復叛去**어늘 **王君受命**하여 **爲平遠**하니 **平遠**은 **時新建**이라 **王君開除荒萊**하고 **招撫流亡**하여 **規造新邑**이러니 **會田坑賊突起**하여 **將過江**에 **閩爲患**이러라

---

1) 南詔 : 盛唐 때 烏蠻族이 주동하여 白蠻 이민족들과 함께 세운 나라로 당나라 조정의 책봉을 받았고 13王을 거쳐 당나라 말엽에 鄭買嗣에 의해 멸망되었다. 세력이 융성할 때는 雲南 남쪽 지역, 四川 남쪽 지역, 貴州 서쪽 지역 일대를 차지하였다. 여기서는 이 지역을 뜻하는 말로 썼다.(≪新唐書≫ 권222 中 〈南蠻傳 上 南詔 上〉)

2) 江西와 荊湖 東西 : 통상 양자강 하류 북쪽, 淮水 이남 지역을 江西라 한다. 江州가 이에 해당한다. 湖는 荊湖를 가리킨다. 형호 동쪽은 鄂州이고 서쪽은 鼎州이다.(≪玉海≫ 권132)

3) 憲臣 : 宋나라 때 提點刑獄을 가리키는 말이니, 후대의 按察使가 이에 해당한다.(≪廿二史考異≫ 〈宋史5 職官志7〉)

4) 平遠知縣 : 平遠은 明나라 때 廣東省 潮州府에 속한 縣이다.

5) 閩中 : 대개 중국 福建省 일대를 말한다.

당시에 막 縣을 설치한 터라 성과 망루를 아직 건립하지 못한 상태였다. 그래서 왕군은 자기 처자식들을 壽昌에 보내 임시로 거주하게 하고 黃沙 石子嶺에서 賊과 전투하여 斬殺하고 포획한 것이 많았다. 그런 다음 다시 仙花峒을 공격하여 적의 수괴를 사로잡아 참수하고 다시 賊徒와 싸우다가 곤경에 빠졌다. 적이 이 틈을 타서 간첩을 보내 會昌에 이르러 "王知縣이 죽었다."라 하게 하였다.

烈婦가 이 말을 듣고는 즉시 목욕하고 옷을 갈아입고서 하늘에 고하기를 "내 지아비가 나라를 위해 죽었으니, 나는 의리상 차마 홀로 살 수 없다."라 하고, 이어 여섯 살 난 아들을 손가락으로 가리키며 말하기를 "하늘이여! 원컨대 이 한 자식을 보전하여 王氏의 血食을 잇게 하소서."라 하고는 아이를 안아 첩의 품에 두고 비녀를 갈아서 목을 찔러 자결하였다. 有司가 이 사실을 조정에 보고하였다. 왕군은 적을 평정한 공로[6)]로 등급을 뛰어넘어 廣東按察司副使로 특진되었고, 詔命이 내려 절부가 있던 곳에 봄가을로 제사를 모시게 하였다.

時에 **初縣**하여 **城櫓未立**이라 **王君以其孥寄壽昌**하고 **與賊戰黃沙石子嶺**하여 **多有殺獲**하고 **已復擣仙花峒**하여 **擒斬賊首**하고 **復與賊戰**이라가 **爲其所困**이라 **賊因遣間**하여 **至會昌曰 王知縣死矣**라하니 **烈婦聞之**에 **卽沐浴更衣**하고 **告天曰 吾夫爲國死**하니 **吾義不忍獨生**이라하고 **因指六歲兒曰 天乎**여 **願保此一息**하여 **以延王氏血食**하소서라하고 **以兒抱置妾懷中**하고 **磨笄自殺**하니 **有司以聞**하다 **王君亦以平賊功**으로 **超拜廣東按察司副使**하고 **詔婦所在**에 **春秋奉祠**하다

당초에 왕군의 부친 尙學이 嘉靖 29년(1550)에 兵部職方郎中으로 있었다. 오랑캐가 都城에 가까운 곳까지 쳐들어오자[7)] 王郎中이 出兵해야 한다고 힘써 주장했는데 丁尙書가 權臣의 말에 속아[8)] 출병하지 않았다가 이 일로 인하여 사형을 받게

---

6) 적을……공로 : ≪江西通志≫ 32권에 "嘉靖 43년 겨울 11월에 平遠知縣 王化가 田坑의 賊首 梁國相 등을 石子嶺에서 사로잡았다."라 하였다. ≪明史≫ 권222 〈譚綸傳〉에도 같은 기록이 보인다.

7) 오랑캐가……쳐들어오자 : 明 世宗 嘉靖 29년(1550) 6월에 諳達이 大同府를 침공하고 8월에는 薊州에까지 쳐들어왔으며, 암달이 수천 騎兵을 거느리고 북경 古北口를 공격하였다. 이를 庚戌之變이라 한다. 암달은 明나라 때 韃靼部의 추장으로 元나라 왕실의 후예이다.(≪明史紀事本末≫ 권59 〈庚戌之變〉)

8) 丁尙書가……속아 : 丁尙書는 당시의 兵部尙書였던 丁汝夔를 가리킨다. 權臣은 太學士 嚴嵩을 가리킨다. 당초에는 世宗이 변방에 警報가 오는 것을 싫어하였기 때문에 諳達이 침공한 사실을 숨기다가 敵兵이 도성 근처까지 쳐들어와 노략질하자 사실을 보고하였다. 사태가 급박하자

되었다. 왕낭중도 응당 따라 처형될 상황이었는데 정상서가 홀로 자신의 죄라고 자복하였다. 이런 까닭에 정상서는 死罪에서 減刑되었다. 정상서가 西市[9]에서 왕군을 보고 불러 말하기를 "네 아버지는 연좌되지 않았느냐? 과연 그렇다면 天道가 있다고 할 만하니, 나는 죽어도 여한이 없다."라 하였다. 왕낭중이 예전에 部中에 있을 때 法을 지키고 과감한 일을 하였는데, 왕군도 부친의 풍모가 있다.

初에 王君父尙學이 嘉靖二十九年에 爲兵部職方郎中이러니 虜薄都城에 王郎中力贊出兵이어늘 而丁尙書爲權臣所慔하여 不出兵이라 因以論死하니 王郎中當隨坐어늘 丁尙書獨自引罪라 以故로 得減死論하다 丁尙書在西市에 見王君하고 呼曰 爾父得毋坐耶아 果爾면 可謂有天道니 吾死不恨矣라하다 王郎中故在部中에 守法하고 能敢爲이러니 而王君有父風이라

열부의 부친 아무개는 潮州通判이다. 아우 坤亨은 國子博士이고 謙亨은 嘉靖 44년(1565) 進士試에 급제하였으니, 이 두 사람은 모두 京師에 있다. 겸형은 나와 同榜及第하였고, 國子博士(곤형)는 예전에 崑山에서 敎授로 있을 때 나와 친하였다. 내가 그래서 열부의 일을 아는 것이 자세하다. 대개 왕군과 열부 두 집안은 詩書・禮義의 종족이고 열부는 천품이 아름답고 맑았으니, 그 죽음은 일시적인 感慨로 자결한 경우와 같지 않다. 요컨대 왕군이 높은 벼슬에 발탁되어 세상에 이름나게 된 것은 비록 戰功을 세웠기 때문이지만 실은 아내 열부의 죽음이 더욱 도움을 주었기 때문이라 한다.

烈婦父某는 潮州通判이요 弟坤亨은 國子博士요 謙亨은 嘉靖四十四年進士니 兩人皆在京師라 謙亨與余同榜이요 而博士先敎崑山에 與余善이라 余故知烈婦事爲詳이라 蓋兩家는 詩書禮義之族이요 而烈婦天姿懿淑하니 其死非一時感慨者所同也라 要之컨대 王君蒙峻擢하여 顯名于世는 雖以立功이나 實亦因烈婦之死爲之增重云이라

세종이 장수들에게 나가 싸우라고 독촉하였다. 이에 병부상서 정여기가 엄숭에게 어떻게 하면 좋을지를 물으니, 엄숭이 "邊塞에서 패전한 것은 숨길 수 있지만 도성 근처에서 패전하면 황제가 다 알 터이니, 누가 그 죄를 떠맡겠는가. 적들은 실컷 노략질하고 나면 스스로 떠날 것이다.〔塞上敗 或可掩也 失利輦下 帝無不知 誰執其咎 寇飽自颺去耳〕"라 하니, 정여기가 감히 出戰을 주장하지 않았고 장수들은 營寨를 더욱 굳게 닫고 守禦만 하였다. 이 때문에 암달의 군사들이 마음대로 노략질하였다.(≪明史≫ 권204 〈丁汝夔傳〉)

9) 西市 : 明淸 때 北京의 지명으로 이곳에서 사형을 집행하였다. 지금 菜市口에 있었다.

30. 先妣의 事略　先妣事略*

*歸有光이 자기 모친 周桂(1488~1513)의 행적을 기술한 글로 嘉靖 8년(1529), 24세 때 쓴 것이다. 주계는 崑山 吳家橋 사람으로 16세 때 시집와서 26세에 세상을 떠났다. 이때 귀유광의 나이 겨우 7세였다. 따라서 이 글은 귀유광이 스스로 술회했듯이 한두 가지 사실 외에는 모두 다른 사람들의 말을 듣고 기록한 것이다.

先妣 周孺人[1)]은 弘治[2)] 원년(1488) 2월 11일에 태어났고 나이 16세에 시집왔고 한 해를 넘겨 딸 淑靜을 낳았으니, 숙정은 누님이다. 그리고 한 해를 넘겨 나 有光을 낳았고, 또 한 해를 넘겨 딸과 아들을 낳았는데, 그중에 한 사람은 일찍 죽었고 한 살 만에 죽은 아이가 하나이다. 또 한 해를 넘겨 有尙을 낳았고, 열두 달 동안 회임하여 해를 넘겨 淑順을 낳았고, 한 해 만에 또 有功을 낳았다.

先妣周孺人은 **宏治元年二月十一日生**하고 **年十六來歸**하고 **踰年生女淑靜**하니 **淑靜者大姊也**라 **期而生有光**하고 **又期而生女子**하여 **殤一人**이요 **期而不育者一人**이라 **又踰年**에 **生有尙**하고 **姙十二月**하여 **踰年**에 **生淑順**하고 **一歲**에 **又生有功**이라

유공이 태어났을 때 孺人은 다른 자식들을 낳아 기를 때에 비해 더욱 건강하였다. 그러나 유인은 자주 이마를 찌푸린 채 여종들을 돌아보면서 말하기를 "내가 많은 자식을 낳느라 고생하였다."라고 하니, 노파가 소량의 물을 소라껍데기 두 개에 담아 올리며 "이것을 마신 뒤에는 회임이 잦지 않을 것입니다."라 하였다. 유인이 이 물을 들어 다 마시고는 벙어리가 되어 말하지 못하였다.

有功之生也에 **孺人比乳他子加健**이라 **然數顰蹙顧諸婢曰 吾爲多子苦**라하니 **老嫗以杯水盛二螺進曰 飮此後**에 **姙不數矣**라하여늘 **孺人擧之盡**하고 **喑不能言**하다

---

1) 先妣 周孺人 : 歸有光의 모친인 周桂(1488~1513)를 가리킨다. 先妣은 세상을 떠난 어머니를 일컫는 말이고 孺人은 婦人에 대한 존칭이다.

2) 弘治 : 원문의 '宏治'는 淸 高宗의 이름이 弘曆이기 때문에 황제의 이름을 避諱한 것이다.

正德 8년(1513) 5월 23일에 유인이 운명하니, 어린 자식들은 家人들이 우는 것을 보고는 따라 울었으나 여전히 어머니가 잠자고 있다고 여겼으니, 슬프도다! 이에 가인들이 畫工을 불러와서 유인의 畫像을 그리게 할 때 두 자식을 불러내어 화공에게 분부하기를 "코 이상은 有光을 그리고 코 이하는 큰 딸을 그리라."라 하였으니, 이 두 자식이 어머니를 닮았기 때문이었다.

正德八年五月二十三日에 **孺人卒**하니 **諸兒見家人泣**에 **則隨之泣**이라 **然猶以爲母寢也**하니 **傷哉**라 **於是**에 **家人延畫工畫**할새 **出二子**하여 **命之曰 鼻以上**은 **畫有光**하고 **鼻以下**는 **畫大姊**하라하니 **以二子肖母也**일새라

유인은 諱가 桂이다. 外曾祖는 휘가 明이고 外祖는 휘가 行[3])이니 太學生[4])이고, 어머니는 何氏로, 집안이 대대로 吳家橋에 살았으니, 이 마을은 縣城 동남쪽 30리 거리에 있다. 千墩浦[5])로부터 남쪽으로 가서 곧장 다리와 작은 시내를 건너서 동쪽으로 가면 사람들이 모여 사는 마을이 있으니, 주민들은 모두 다 周氏이다. 外祖와 그의 세 형님은 모두 재산이 많아 부호였지만 소탈하고 소박한 생활을 좋아하여 村民들과 즐겁게 어울려 마을의 얘기를 하였고 자제와 생질을 보면 언제나 사랑해 주었다.

孺人은 **諱桂**라 **外曾祖**는 **諱明**이요 **外祖**는 **諱行**이니 **太學生**이요 **母何氏**는 **世居吳家橋**하니 **去縣城東南三十里**라 **由千墩浦而南**하여 **直橋竝小港以東**이면 **居人環聚**하니 **盡周氏也**라 **外祖與其三兄**이 **皆以貲雄**이로되 **敦尙簡實**하고 **與人姁姁說村中語**하고 **見子弟甥姪**에 **無不愛**러라

유인은 오가교에 가면 木綿을 손질하고 縣城의 집에 들어오면 길쌈을 하느라 등잔의 불빛이 늘 밤이 이슥할 때까지 밝았다. 외조는 이틀도 못 되어 사람을 보내 물품을 보내주는지라 유인은 쌀과 소금을 걱정하지 않았는데도 마치 저녁 끼니가

3) 行 : 귀유광의 〈封中憲大夫興化府知府周公行狀〉에는 "네 아들을 낳았다. 장남은 諱 璿이니 樂淸翁이고, 다음은 휘 璣, 휘 玉, 휘 衡이다. 衡은 太學生이다.〔生四子 長諱璿 是爲樂淸翁 次諱璣 諱玉諱衡 衡太學生〕"라 하여 衡으로 되어 있다.(≪震川集≫ 권25)

4) 太學生 : 國子監에 들어가 독서하는 학생이다.

5) 千墩浦 : 崑山縣 동남쪽 40리 지점에 있다. 이곳에서 新洋江이 吳松江과 만나 바다로 흘러 들어간다.

없는 듯이 고생스레 일하였고, 겨울에는 화로에 타고 남은 木炭 가루를 여종에게 시켜 뭉쳐서 섬돌 아래 차곡차곡 쌓아두게 하였으며, 방 안에는 버려둔 물건이 없고 집 안에는 노는 사람이 없었다. 아들과 딸이 큰 아이는 옷자락을 부여잡고 작은 아이는 안고 젖을 먹일 때에도 손에는 바느질을 그치지 않고 집 안은 정결하였다.

孺人之吳家橋면 **則治木綿**하고 **入城**이면 **則緝纑**하여 **燈火熒熒**이 **每至夜分**이라 **外祖不二日**에 **使人問遺**라 **孺人不憂米鹽**이어늘 **乃勞苦**를 **若不謀夕**하고 **冬月爐火炭屑**을 **使婢子爲團**하여 **纍纍暴階下**하고 **室靡棄物**하며 **家無閒人**이라 **兒女**가 **大者攀衣**하고 **小者乳抱**로되 **手中紉綴不輟**하고 **戶內灑然**이러라

僮僕을 恩愛로 대우하니 비록 회초리로 때려도 그들이 모두 차마 원망하는 뒷말을 하지 못하였다. 오가교에서는 해마다 어물과 떡, 과자 등을 보내오면 으레 사람들이 다 먹을 수 있었기에 집안 사람들은 오가교 사람이 왔다는 말을 들으면 모두 기뻐하였다. 내가 일곱 살 때 종형 有嘉[6]와 入學하였는데, 음산한 바람이 불고 가랑비가 내릴 때면 종형은 學塾에 가지 않고 집에 머물렀지만 나는 마음속으로는 戀戀해도 유인이 허락하지 않아 집에 머물 수 없었다. 유인은 한밤중에 잠자리에서 일어나 나에게 ≪孝經≫을 암송하라고 재촉하여 익숙히 읽어 한 글자도 틀리지 않으면 그제야 기뻐하였다.

遇僮奴有恩하니 **雖至箠楚**라도 **皆不忍有後言**이러라 **吳家橋歲致魚蟹餠餌**하면 **率人人得食**할새 **家中人聞吳家橋人至**에 **皆喜**러라 **有光七歲**에 **與從兄有嘉入學**이러니 **每陰風細雨**에 **從兄輒留**하되 **有光意戀戀**이나 **不得留也**라 **孺人中夜覺寢**하여 **促有光暗誦孝經**하여 **卽熟讀無一字齟齬**면 **乃喜**러라

유인이 세상을 떠나고 유인의 어머니 何孺人도 세상을 떠났고 周氏 집안에는 疫疾[7]이 들어 외숙모가 죽고 顧氏에게 시집간 넷째 이모도 죽어 30인이 죽고서야 진정되었으며, 오직 외조부와 두 外叔만 살아남았다. 유인이 죽은 지 11년 만에

---

6) 有嘉 : 귀유광의 백부의 장남이다.

7) 疫疾 : 원문은 '羊狗之痾'인데, 가축을 통해 전염되는 돌림병을 말한다.

누님이 王三接에게 시집갔으니 유인이 생전에 혼인을 허락한 사람이요, 12년 만에 내가 學官弟子에 들어갔고[8] 16년 만에 아내를 가졌으니[9] 유인이 생전에 혼인을 허락한 사람이다. 한 해 만에 딸을 얻어 어루만지고 사랑하면서 더욱 유인이 생각나서 한밤중에 아내와 눈물을 흘렸다. 이제 지난날을 회상해보면 한두 가지만 어제 일처럼 떠오르고 나머지는 아득히 잊혔으니, 세상에 마침내 어머니 없는 사람이 있구나. 하늘이여, 슬프도다!

孺人卒하고 **母何孺人亦卒**하고 **周氏家有羊狗之痾**하여 **舅母卒**하고 **四姨歸顧氏**하여 **又卒**하여 **死三十人而定**이요 **惟外祖與二舅存**이라 **孺人死十一年**에 **大姊歸王三接**하니 **孺人所許聘者也**요 **十二年**에 **有光補學官弟子**하고 **十六年而有婦**하니 **孺人所聘者也**라 **期而抱女**하여 **撫愛之**에 **益念孺人**하여 **中夜**에 **與其婦泣**이라 **追惟一二**에 **彷彿如昨**이요 **餘則茫然矣**니 **世乃有無母之人**라 **天乎痛哉**로다

8) 12년……들어갔고 : 嘉靖 4년(1525)에 귀유광이 第一名으로 蘇州府의 學生員에 들어갔다.
9) 16년……가졌으니 : 嘉靖 7년(1528)에 귀유광이 魏氏와 결혼하였다.

31. 見南閣의 記　見南閣記*

* 陳文燭이 자기 집의 누각인 見南閣의 記文을 써달라고 부탁하였기에 歸有光이 써준 글이다. 진문촉은 귀유광과 進士試에 同榜及第하였다. 따라서 이 글은 귀유광이 진사시에 급제한 뒤에 쓴 것으로 60세 이후 만년의 작품이다. 진문촉에 대해서는 위의 〈五嶽山人前集序〉에 자세히 보인다.

嘉靖 19년(1540)에 내가 南京의 貢士[1]가 되어 張文隱公[2]의 문하에 올랐는데, 그 10년 후에 沔州 陳先生이 文隱公에게 뽑힌 進士가 되었다. 나는 문은공에게 知遇를 입은 터라 문은공이 때때로 사람들에게 나에 대해 얘기하였으니, 선생이 이로 말미암아 나에 대해 알았으나 서로 만날 길이 없었다. 그 15년 후에 선생이 山西按察副使로서 관직을 그만두고 家居[3]하였다. 그런 지 오래 뒤에야 나는 비로소 선생의 아들 文燭 玉叔[4]과 같이 進士로 뽑혔다. 대궐 뜰에서 멀리서 보고 서로 불러 이름을 물어보고는 몹시 반가워하였으니, 선생이 가정에서 父子間에 내 얘기를 하였다는 것을 알았다. 이때부터 그와 왕래하며 글을 토론하면서 더욱 친밀해졌다. 근간에 그가 나에게 자기가 거처하는 見南閣에 대해 記를 써달라고 부탁하였다.

嘉靖十九年에 余爲南京貢士하여 登張文隱公之門이러니 其後十年에 沔州陳先生이 爲文隱公所取進士라 余爲公所知일새 公時時向人道之하니 先生繇是知余로되 而無從得而相見也라 其後十五年에 先生以山西按察副使罷하고 家居라 久之에 而余始與先生之子文燭玉叔으로 同擧進士라 在內庭에 遙見相呼하여 問姓名에 甚懽하니 知先生家庭父子間道余也라 因與之往來論文하여 益相契라 間屬余記其所居見南閣者러라

1) 貢士 : 지방 향시에 합격한 사람을 京師에 있는 國子監으로 올려 보내는 것이다.
2) 張文隱公 : 張治(1490~1550)를 가리킨다.
3) 家居 : 벼슬을 그만두고 집에서 생활하는 것이다.
4) 文燭 玉叔 : 陳文燭의 자가 玉叔이다.

선생의 집은 雲夢澤[5] 지역에 있는데 沔水와 漢水 두 강이 에워싸며 흐른다. 선생은 거처하는 곳에 꽃밭을 만들고 그 가운데 작은 누각을 지었으니, 이곳에서 沔州의 빼어난 경치를 조망할 수 있다. '見南'은 대개 陶靖節의 "유연히 남산을 본다.〔悠然見南山〕"는 구절[6]을 따서 이름을 삼은 것일 터이다. 선생은 늘 옥숙과 글을 읽고 학문을 토론하는 겨를에 옥숙을 데리고 누각에 올라 멀리 경치를 조망하곤 하였으나 면주는 江南의 산봉우리들과는 거리가 너무 멀어 실로 보이는 바가 없으니, 우선 '悠然'한 意思를 누각 이름에 부쳐본 것일 뿐이었다.

先生家在雲夢間하니 **而沔漢二水繞之**라 **先生於其居**에 **爲花圃**하고 **中爲小閣**하니 **沔之勝**을 **可眺也**라 **蓋取陶靖節悠然見南山之語以爲名**이라 **每與玉叔**으로 **讀書論道之暇**에 **攜之登閣遠覽**하되 **而沔去江南諸峯絶遠**하여 **實無所見**하니 **姑以寄其悠然之意而已**라

悠然見南山圖

하루는 막 비가 내린 뒤라 하늘이 맑고 깨끗하여 구름 한 점 없었다. 선생이 옥숙과 누각 난간에 기대 앉았노라니, 홀연 눈앞에 산봉우리들이 솟아오르고 그 속

5) 雲夢澤 : 원문은 '雲夢'인데, 雲夢澤을 말한다. 漢나라 司馬相如의 〈上林賦〉에 "楚나라에 일곱 澤이 있으니, 그중 하나가 운몽택으로 크기가 사방이 900리이다.〔楚有七澤 其一曰雲夢 方九百里〕"라 하였다.(≪史記≫ 권117 〈司馬相如列傳〉)

6) 陶靖節의……구절 : 陶靖節은 晉나라 때 隱士 陶淵明을 가리킨다. 世稱 靖節先生으로 일컬어진다. 도연명의 〈飮酒〉에 "동쪽 울 밑에서 국화를 따다가 유연히 남산을 바라본다〔採菊東籬下 悠然見南山〕"라 하였다. ≪古文眞寶前集≫에는 제목이 〈雜詩〉로 되어 있다.

에 樓觀이 겹겹으로 나타나 高峻하고도 美麗하다가 한참 뒤에 흩어졌다. 그러나 실은 江南의 산들은 아니었다. 내가 듣기로 登州에 海市가 있다[7]고 하였는데, 지난해 華亭[8]의 바닷가에서 金山에 홀연 해시가 나타나는 것을 보았으니, 이전에는 듣지 못한 것이었다. 그리고 史書에서 일컫기를, 衛州城을 옮긴 뒤에 예전의 성가퀴, 누각, 망루, 浮圖 등의 그림자가 모두 햇빛 속에 보인다고 하였으니, 神理의 變幻은 알 수 없는 것이다.

一日에 天新雨라 淸淨無雲일새 與玉叔凭欄이라가 忽見諸峯湧出에 樓觀層疊하여 崢嶸靚麗라가 久之而後散하니 而實非江南諸山也라 余聞登州有海市러니 而往歲華亭海上에 從金山으로 忽見海市하니 前此蓋所未聞이요 而史稱衛州城旣徙에 而故時城堞樓櫓浮圖之影이 皆於日中見之라하니 神理變幻은 不可知로다

대저 바닷가의 蜃氣(신기)는 樓臺 형상과 같고 廣野의 기운은 궁궐 형상과 같고 구름 기운은 저마다 그곳의 산천 형상과 같다[9]고 했으니, 아마도 이러한 현상이 있는가 보다. 登州의 海市는 봄여름에 나타나거늘 東坡가 歲暮에 海神에게 기도하다가 하루는 그 현상을 보고 시를 읊어 스스로 기뻐하기를, "겹겹 누각과 푸른 산봉우리들이 서리 내리는 새벽에 솟아나오니 이 기이한 일은 백 살 노옹을 놀라 자빠지게 하네."라 하고, 또 "潮陽太守가 남해에 왔다 돌아갈 제 석름봉이 축융봉에 쌓인 광경을 보고 기뻐했어라."라 하였다.[10] 지금 본 것은 더욱이 海市와 石廩에

7) 登州에……있다 : 海市는 대기의 밀도가 서로 다를 때 햇빛이 굴절하면서 먼 곳의 물상이 공중에 바르게 또는 거꾸로 나타나 보이는 일종의 신기루와 같은 현상이다. 바다 위에 나타나면 海市라 하고, 산 위에 나타나면 山市라 한다. 宋나라 沈括의 ≪夢溪筆談≫ 〈異事〉에 "등주 해상에 때때로 구름 기운이 마치 宮室, 누각, 城堞, 人物, 車馬, 冠蓋 등과 같은 모양으로 나타나 또렷이 볼 수 있으니, 이를 해시라 한다.〔登州海中 時有雲氣如宮室臺觀城堞人物車馬冠蓋 歷歷可見 謂之海市〕"라 하였다.

8) 華亭 : 華亭縣으로 오늘날 上海市 松江縣 서쪽 지역이다.

9) 바닷가의……같다 : ≪史記≫ 27권 〈天官書〉에 보인다.

10) 東坡가……하였다 : ≪東坡全集≫ 15권 〈海市幷序〉에 보인다. 東坡는 宋나라 때 문호 蘇軾의 호이다. 潮陽은 潮州의 이칭이니, 潮州太守는 唐나라 때 潮州刺史를 역임한 문호 韓愈를 가리킨다. 한유의 〈謁衡嶽廟〉에 "잠시 후 구름 조용히 쓸려가고 봉우리들이 나오는데 올려보매 우뚝이 푸른 하늘을 떠받쳤구나. 紫蓋峯은 면면히 이어져 天柱峯에 잇닿았고 石廩峯은 날아올라 祝融峯에 쌓였어라.〔須臾靜掃衆峯出 仰見突兀撑靑空 紫蓋連延接天柱 石廩騰擲堆祝融〕"라 하였다. 衡山 72峯 중에 祝融, 紫蓋, 雲密, 石廩, 天柱 다섯 봉우리가 가장 높은데, 이 중에서도

비할 바가 아니니, 선생 父子가 필시 시로 읊었을 것이다. 나는 陳氏의 兩代에 걸친 師門의 情誼가 있는데다[11] 옥숙의 요청도 있었으며, 게다가 이 글을 씀으로 인해 스스로 선생과 통할 수 있기에 記를 쓰노라.

夫海旁蜃氣象樓臺하고 **廣野氣象宮闕**하고 **雲氣各象其山川**하니 **殆有是耶**아 **登州海市**가 **出於春夏**어늘 **而東坡以歲晩禱海神**이라가 **一日而見之**하고 **賦詩以自喜云 重樓翠阜出霜曉**하니 **異事驚倒百歲翁**이라하고 **又云 潮陽太守南海歸**에 **喜見石廩堆祝融**이라하니 **今之所見**은 **又非海市石廩比也**니 **先生父子必能賦之**리라 **余於陳氏兩世**에 **師門之誼**요 **又重以玉叔之請**이요 **且又因以自通於先生**일새 **而爲之記云**이라

祝融峯이 가장 높다. 그런데 석름봉이 날아올라 축융봉 위에 얹혀 있다고 했으니, 소식은 이 詩句를 가지고 자기가 본 海市의 광경을 묘사한 것이다.

11) 나는……있는데다 : 文隱公 張治가 嘉靖 19년(1540) 應天府의 향시에서 考官으로 귀유광을 뽑아주었고, 그 후 가정 29년 進士試에서 고관으로 陳文燭의 부친을 뽑아주었다. 그리하여 座主門生의 관계에 따라 장치의 문하에 올랐고, 이후 귀유광이 진문촉과 같이 進士에 뽑혀 同門의 의리가 있다. 그래서 兩代에 걸쳐 師門을 같이하는 동문의 의리가 있다고 한 것으로 보인다. 위 〈五嶽山人前集序〉, 〈上瞿侍郎書〉 참조.

32. 世有堂의 記　世有堂記*

* 沈本初의 堂室인 世有堂에 대한 기문이다. 심본초는 자가 大中이고 저서로 ≪婁曲山人集≫이 있다. 세유당은 唐나라 韓愈의 "30년 동안 애쓴 끝에 비로소 이 집을 가지게 되었네.〔辛勤三十年 乃有此屋廬〕"란 詩句에서 따온 말로 오랜 세월 경영하여 지은 집이란 뜻이 담겨 있다. '世'는 ≪震川集≫에는 '世'자로 되어 있고, ≪御定佩文齋書畫譜≫, ≪六藝之一錄≫, 上海古籍出版社에서 출간한 ≪明淸八大家文鈔≫(2008), 三民書局에서 출간한 ≪新譯歸有光文選≫(2009)에는 모두 '卅'자로 되어 있다. 卅도 30년이고, 1世도 30년이니, 어느 쪽이 맞다고 단정할 수 없다.

沈大中[1)]은 글씨를 잘 쓰기로 향리에 이름나 향리 사람들이 다투어 大中을 모셔갔다. 대중이 荊溪[2)]와 雲陽[3)] 지역을 오가면 부유한 사람들이 그를 맞이하여 자기 자식을 가르치게 하였는데, 그는 楊少師[4)]의 일을 매우 상세히 말하였다. 대중은 천성이 독서를 유독 좋아하였고 歌詩를 지음에 미쳐서는 意思가 맑고 시원스러워 속되지 않았다. 城 동남쪽에 터를 잡아 집을 짓고는 昌黎 韓子[5)]의 "30년 동안 애쓴 끝에 비로소 이 집을 가지게 되었네."라는 말을 취하여 그 집에 世有堂이란 이름을 붙였으니, 세상의 빠른 방법과 교묘한 수단을 써서 빨리 집을 얻는 사람과 비교해 보면 대중은 졸렬한 것이 아니겠는가. 세상의 갖은 탐욕을 부리고도 부족하여 날마다 더 갖고 싶은 것이 있는 사람과 비교해보면 대중은 고루한 것이 아니겠는가.

---

1) 沈大中 : 沈本初의 자가 大中이며, 崑山 사람이다.

2) 荊溪 : 江蘇省 남쪽에 있는 시내로 宜興을 지나 太湖로 들어간다. 의흥의 이칭으로 쓰였다.

3) 雲陽 : 江蘇省 丹陽縣의 古號이다.

4) 楊少師 : 五代 때 사람으로 벼슬이 太子少傅에 이른 楊凝式(873~954)을 가리킨다. 그는 華陰 사람으로 자는 景度이고 호는 虛白이며, 문장과 글씨에 뛰어났다. 唐나라 天祐 연간에 進士試에 급제하였고 後梁, 後唐, 後晉 세 왕조를 거치면서 벼슬이 태자소부에 이르렀다. 그는 書法에 매우 뛰어나 顔眞卿, 柳公權을 거쳐 王羲之와 王獻之 父子의 경지로 들어갔다는 평가를 받는다. 心疾이 있어 致仕하였으므로 사람들이 楊瘋子라 불렀다.(≪舊五代史≫ 권127 〈楊凝式傳〉)

5) 昌黎 韓子 : 昌黎伯에 封해진 唐나라 때 문호 韓愈를 가리킨다.

沈大中以善書名里中하여 里中人爭客大中이라 大中往來荊溪雲陽에 富人延之敎子러니 其言楊少師事甚詳이라 性獨好書하고 及爲歌詩에 意灑然不俗也라 卜築於城東南하고 取昌黎韓子辛勤三十年乃有此屋廬之語하여 名其堂曰世有하니 夫其視世之捷取巧得倏然而至者컨대 大中不爲拙邪아 其視世之貪多窮取缺然日有所冀者컨댄 大中不爲固邪아

아아! 저 세상 사람들은 한갓 사물에 속박을 받는 자이다. 천하의 사물이 나의 소유가 될 수 있는 것은 모두 속박이 될 수 있거늘, 자기가 소유하지 못한 것을 부족하다고 하여 더 얻고자 하며 이미 소유한 것이 충분한데도 만족할 줄을 모른다. 더 얻고자 하는 마음이 생겨나면 만족하지 못하는 생각이 이르게 되니, 진실로 더 얻고 싶어 하는 데 이르지 않았기 때문에 소유한 것이 없을 때에는 소유한 것이 없는 줄 알지 못하고 하루아침에 소유하게 되더라도 자신의 즐거움을 즐거워할[6] 따름이니, 이것이 능히 자기 소유로 삼을 수 있는 까닭이다.

嗚呼라 彼徒爲物累者也라 天下之物이 其可以爲吾有者는 皆足以爲累어늘 歉於其未有而求之하며 盈於其旣有而不饜이라 夫惟其求之之心生이면 則不饜之意至니 苟能不至於求也라 故當其無有하여 不知其無有하고 一旦有之라도 亦適吾適而已矣니 玆其所以能爲有者也라

대중이 사는 집은 본래 나의 從高祖의 南園이었다. 弘治[7]·正德[8] 연간에 종고조께서는 부유한 豪俠으로 당시에 으뜸이라 빈객들이 많이 찾아와 이곳에서 술을 마시며 시를 읊을 때 곱게 단장한 미인들이 꽃나무 사이로 언뜻언뜻 보이고, 밤이 깊어 인적이 고요할 때에는 감돌아 흐르는 시내 사이에서 악기와 노래 소리가 어우러져 들렸다. 그러나 운수가 鞠하여 풀밭이 된 지[9] 여러 해였는데, 최후에 대중

6) 자신의……즐거워할 : ≪莊子≫ 〈大宗師〉에 "이러한 사람은 다른 사람이 할 일을 대신 처리하고 다른 사람의 즐거움을 자신의 즐거움으로 여겨 자기의 즐거움을 스스로 즐거워하지 못하는 자들이다.〔是役人之役 適人之適 而不自適其適者也〕"라 한 데서 인용하였다.

7) 弘治 : 明 孝宗의 연호로 기간은 1488년에서 1505년까지이다. 원문의 宏治는 淸 高宗의 이름인 弘曆을 피휘한 것이다.

8) 正德 : 明 武宗의 연호로 기간은 1506년에서 1521년까지이다.

9) 운수가……지 : 원문은 '鞠爲草莽'이다. ≪詩經≫ 〈小雅 小弁〉에 "평탄하게 뚫렸던 큰길이 궁하여 무성한 풀밭이 되었다.〔踧踧周道 鞠爲茂草〕"라고 하였는데, ≪毛傳≫에 "鞠은 궁함이다.〔鞠窮也〕"라 하였다.

의 차지가 되었다. 대저 有無의 사이는 뉘라서 알 수 있으리오.

大中之居는 本吾從高祖之南園이라 宏治正德間에 從高祖以富俠雄一時라 賓朋雜沓하여 觴咏其中할새 蛾眉翠黛가 花木掩映하고 夜深人靜할새 環溪之間에 絃歌相應也라 鞠爲草莽이 幾年矣러니 最後乃歸於大中이라 夫有無之際는 其孰能知之哉아

純甫 吳先生이 평소 대중과 친한 사이라 대중을 위해 記를 부탁하였다. 내가 이 堂의 이름을 보매 感慨한 마음이 있기에 드디어 이 글을 쓰노라.

純甫吳先生이 雅善大中일새 爲之請記어늘 予觀斯堂之名에 有足慨者라 遂爲書之하노라

33. 臥石亭의 記　臥石亭記*

＊歸有光의 知人인 徐氏가 崑山縣의 主簿로 부임하여 천리 밖 浮石山에 있는 선친의 묘소를 잊지 않는다는 뜻으로 자기 정자에 臥石亭이라는 이름을 붙였다. 서씨는 未詳이다. 귀유광은 이 글에서 서씨의 효심을 드러내는 한편 40년 이전에 崑山縣 知縣으로 부임하여 善政을 베푼 棠陵 方豪가 서씨와 동향인 太末 사람이라는 사실을 떠올리며 서씨도 선정을 베풀 것을 기대하였다.

내가 듣건대 40년 전에 太末 사람으로 와서 우리 縣을 다스린 이가 있었으니, 方棠陵先生[1]이다. 棠陵은 海內의 선비로서 何・李[2] 등 명사들과 교유하며 詩文으로 명성이 알려졌다. 그가 현령으로 재임할 때 風流가 있고 文雅하여 사람들에게 은혜와 사랑을 끼쳤으니, 지금도 사람들이 사모한다.

余聞四十年前에 **太末之人**이 **有來爲吾縣者**하니 **曰方棠陵先生**이라 **棠陵**은 **海內之士**니 **遊何李諸人間**하여 **以詩文名**이라 **其爲縣令**에 **風流文雅**하여 **有惠愛于人**하니 **至今人思之**라

嘉靖 某年에 徐君이 選貢[3]으로서 太學上舍로부터 調用되어 우리 縣의 主簿가 되었으니, 太末 사람이다. 君이 나를 한 번 만난 자리에서 棠陵에 대해 물었으니, 우리 백성들은 거의 善政을 기대할 수 있을 것이다.

군은 거처하는 관사의 빈 땅에 정자를 짓고 臥石으로 편액을 달고 말하기를 "내

---

1) 方棠陵先生 : 明나라 때 方豪의 호가 棠陵이다. 그는 開化縣 사람으로 正德 연간에 崑山縣 知縣으로 있을 때 큰 홍수가 나서 백성들이 흩어져 도망하자 스스로 감옥에 갇혀서 上奏하여 세금을 경감해주길 청하여 윤허를 받았다.(≪大淸一統志≫ 권55 〈蘇州府2〉)

2) 何・李 : 明나라 때 문장가로 前七子에 속하는 何景明과 李夢陽의 병칭이다. 이들은 文은 秦・漢을 모범으로 삼고, 詩는 漢・魏・盛唐을 모범으로 삼아, ≪春秋左氏傳≫, ≪史記≫ 등의 고문과 漢・魏의 辭 및 杜甫・李白 등 성당 때 시인들의 시를 배웠다.

3) 選貢 : 과거제도에서 貢人으로 國子監에 들어오는 제도 또는 그 사람을 가리키는 말이다. 明나라 때에 歲貢 외에 學行이 우수한 사람을 考選하여 공인에 충원하고 이를 選貢이라 하였다. (≪明史≫ 〈選擧志1〉)

가 소싯적에 나의 부친을 잃어 일찍이 여묘살이를 했으니, 그 묘소가 浮石山[4]에 있다. 이제 이 고을에 와서 벼슬살이하고 있으니, 비록 吳와 越은 땅이 인접해 있지만 松楸가 아득히 멀어 천리 밖에 있는지라[5] 風木의 감회[6]를 잠시도 잊을 수 없다. 이런 까닭으로 내 정자에 臥石이란 이름을 붙였다."라 하였다.

嘉靖某年에 **徐君以選貢**으로 **自太學上舍調爲縣主簿**하니 **則太末之人也**라 **君一見而問棠陵**하니 **庶幾吾民其有望耶**인저 **君搆亭於齋之隙**하고 **扁以臥石曰 吾少時**에 **喪吾親**하여 **嘗廬墓**하니 **墓在浮石山**이라 **今宦遊于此**하니 **雖吳越比壤**이나 **杳然松楸**가 **在千里之外**라 **風木之感**을 **不能頃刻忘之**라 **是以**로 **名吾亭**이라하다

내가 圖志를 살펴보니, 西安 북쪽에 높이가 1丈 남짓 되는 바위가 있는데 물이 크게 불어나도 물속에 잠기지 않는다. 白樂天의 시에 "浮石瀨 앞에 五馬를 세우고서 물결을 바라보다 望濤樓 위에서 서신을 받았네."라 하였으니,[7] 군이 누운 바위가 어쩌면 이곳에 있는 바위인가. 군은 지금 民社의 일[8]에 참여하고 있으니, 이

---

4) 浮石山 : 지금의 江西省 南康縣 서쪽에 있는데 형체는 엎어놓은 종과 같고 물이 산을 감돌아 흐른다.

5) 비록……있는지라 : 吳와 越은 고대의 나라 이름이다. 崑山縣은 吳 땅에 속하고 浮石山의 越 땅에 속하기 때문에 이렇게 말한 것이다. 松楸는 소나무와 가래나무로, 주로 묘소 둘레에 심었다. 이런 까닭에 先塋을 뜻하는 말로 쓰인다.

6) 風木의 감회 : 부모가 세상을 떠나고 없어 봉양하지 못하는 슬픔이다. 風木은 風樹와 같다. 춘추시대 때 孔子가 길을 가는데 皐魚란 사람이 슬피 울고 있기에 까닭을 물었더니, "나무는 고요하고자 하여도 바람이 그치지 않고 자식이 봉양하고 싶어도 어버이는 기다려주지 않는다.〔樹欲靜而風不止 子欲養而親不待也〕"라 하고는 그대로 서서 울다가 말라 죽었다는 고사에서 온 말이다.(≪韓詩外傳≫ 권9)

7) 白樂天의……하였으니 : 唐나라 시인 白居易(백거이)의 자가 樂天이다. 백낙천의 시는 〈歲暮枉衢州張使君書幷詩因以長句報(세모에 구주 장사군이 편지와 시를 보내왔기에 長句로 답함)〉라는 제목으로 ≪白香山詩集≫ 20권에 실려 있는데, '瀨前'이 '潭邊'으로 되어 있다. 五馬는 漢나라 때 太守가 다섯 필의 말이 끄는 수레를 타고 부임했던 데서 유래한 말로 태수의 행차를 뜻한다. 여기서 雙魚는 雙鯉와 같은 말로 書信을 뜻한다. 작자 미상의 〈樂府 上〉에 "길손이 먼 곳에서 와서, 내게 한 쌍의 잉어를 주었지. 아이 불러 잉어를 삶게 했더니, 뱃속에 편지가 들어 있었네.〔客從遠方來 遺我雙鯉魚 呼童烹鯉魚 中有尺素書〕" 한 것을 인용하였다.(≪古文眞寶前集≫ 권3)

8) 民社의 일 : 백성을 다스리는 일을 말한다. 子路가 季氏의 신하로 있으면서 학문이 얕은 子羔를 費邑의 수령으로 삼자 孔子가 "남의 자식을 해치는구나.〔賊夫人之子〕"라 하니, "人民이 있으며 사직이 있는데 반드시 독서해야만 학문을 한다 하겠습니까?〔有民人焉 有社稷焉 何必讀書然後爲學〕"라 한 데서 온 말이다.(≪論語≫ 〈先進〉)

바위에 다시 눕지 못할 것이다. 仁人 孝子의 마음은 같으니, 옛날의 仁人은 하나의 풀, 하나의 나무를 죽이는 것도 孝가 아니라 하였다.[9] 지금 우리 백성들이 몹시 疲弊하여 안으로는 賦役의 重壓이 있으며 밖으로는 蠻夷의 침략이 있으니, 군은 이에 모두 일이 있을 것이다. 능히 그 어진 마음을 미루어 일하면 이것이 이른바 "발을 한 번 들 때도 감히 부모를 잊지 못한다."[10]는 것일 터이니, 棠陵의 고을의 사람일 것이다. 이런 까닭에 記를 쓰노라.

余考圖志호니 **西安之北**에 **有石丈餘**하니 **水大至不沒**이라 **白樂天詩云 浮石灣前停五馬**하여 **望濤樓上得雙魚**라하니 **君所臥**가 **豈此石耶**아 **君今參與民社之事**하니 **不得復臥石矣**라 **抑仁人孝子之心**은 **一也**니 **古之仁人**은 **殺一草一木爲非孝**라 **今吾民之疲瘁已甚**하여 **內有賦役之重**하며 **外有蠻夷之擾**하니 **君皆有事焉**이라 **能推其仁心**이면 **是所謂一擧足而不敢忘父母也**니 **其棠陵之鄕之人也耶**인저 **是以**로 **爲之記**하노라

9) 하나의……하였다 : ≪後漢書≫ 〈章帝紀〉에 "禮에 의하면, 임금이 하나의 초목을 베는 것도 제때가 아니면 이를 불효라 한다.〔禮 人君伐一草木不時 謂之不孝〕"라 하였다. 그 注에 "≪禮記≫에 孔子가 하나의 나무를 베고 하나의 짐승을 죽이는 것도 제때에 하지 않으면 효가 아니라고 하였다.〔禮記 孔子曰 伐一樹 殺一獸 不以其時 非孝也〕"라 하였다. ≪예기≫의 이 대목은 〈祭統〉에 있는데, '伐'자가 '短'자로 되어 있다.

10) 발을……못한다 : ≪大戴禮記≫ 4권, ≪孝經集傳≫ 1권에 보이는데, 이 대목을 이어 "한 번 말을 낼 때도 감히 부모를 잊지 못한다.〔一出言不敢忘父母〕"라는 대목이 있다.

34. 寶界山居의 記　寶界山居記*

*王仲山과 그의 아들 王鑑이 벼슬을 그만두고 太湖 가의 보계산에서 시를 읊고 그림을 그리면서 한가로이 살고 있었다. 歸有光은 그 山居에 가보지는 못하였지만, 역시 태호 가에 있는 萬峯山에서 독서하면서 태호 주변 산수를 익히 본 적이 있기에 그 아름다운 경치를 상상하여 이 기문을 썼다.

太湖는 동남쪽 지방의 큰 호수이다.[1] 너비 500리에 봉우리들이 파도 위로 솟아난 것이 100으로 헤아릴 정도이고 겹겹의 기슭과 외딴 언덕, 그윽한 골짜기와 후미진 물가들이 신선이 살 만한 곳 아님이 없다. 천하의 산은 물을 만나면 기뻐하나니, 물이 혹 좁은 골짜기에 속박되면 산의 뛰어난 경치를 다 발휘할 수 없으며, 천하의 물은 산을 만나면 그치나니 산이 혹 외롭고 작으면 물의 아름다운 아취를 다 발휘할 수 없다. 태호는 매우 드넓고 질펀하여 많은 산들을 물속에 잠그고 있으니, 산이 많되 호수의 물이 다 거두어 담을 수 있다. 생각건대 먼 바다 외딴 仙島[2]는 이보다 경치가 나을지언정 中州에는 없는 것이다. 그러므로 호숫가에 불쑥 치솟고 병풍처럼 늘어선 산들이 모두 다 호수를 끼고서 승경이 되는 것이다.

太湖는 **東南巨浸也**라 **廣五百里**에 **群峯出於波濤之間**이 **以百數**요 **而重涯別**隖와 **幽谷曲**隈가 **無非仙靈之所棲息**이라 **天下之山**이 **得水而悅**하나니 **水或束隘迫狹**하면 **不足以盡山之奇**며 **天下之水**가 **得山而止**하나니 **山或孤孑卑稚**하면 **不足以極水之趣**라 **太湖**漭淼澒**洞**하여 **沈浸諸山**하니 **山多而湖之水足以貯之**라 **意惟海外絶島勝是**언정 **中州無有也**라 **故凡**犇**湧屛列於湖之濱者**가 **皆挾湖以爲勝**이라

---

1) 太湖는……호수이다 : 원문의 '巨浸'은 큰 호수를 말한다. ≪宋史≫ 〈食貨志〉에 "태호는 몇 州에 걸친 큰 호수이다.〔太湖者 數州之巨浸〕"라 하였다.

2) 먼……仙島 : 먼 바다에 있다는 蓬萊, 瀛洲, 方丈과 같은 신선이 산다는 섬을 말한다.

太湖圖

錫山으로부터 五里湖[3]를 지나면 寶界山을 만나니, 洞庭湖 북쪽, 夫椒・湫山[4] 사이에 있다. 仲山 王先生이 이 산에 산다. 선생은 젊은 나이에 벼슬을 버렸고 그 아들 鑑도 막 과거에 급제했을 때 역시 벼슬을 그만두고 향리로 돌아와 가정 안에서 날마다 시를 읊고 그림을 그리는 일로 즐거움을 삼고 살았다. 長洲 陸君이 오는 편에 내게 청하여 山居의 記를 지어달라고 하였다.

自錫山으로 **過五里湖**하면 **得寶界山**하니 **在洞庭之北夫椒湫山之間**이라 **仲山王先生居之**하니 **先生蚤歲棄官**하고 **而其子鑑始登第**에 **亦告歸**하여 **家庭間**에 **日以詩畫自娛**라 **因長洲陸君來請予**하여

---

3) 五里湖 : 常州 無錫縣에 있는 호수이다.

4) 夫椒・湫山 : 夫椒山은 無錫縣 서쪽 太湖 물가에 있다. 춘추시대 吳王 夫差가 이 산에서 越나라 군사를 패배시켰다. 이 산을 일명 湫山이라 한다.(≪明一統志≫ 권10 〈常州府〉) 귀유광이 부초산과 추산을 둘로 보았거나 아니면 추산과 부초산이 둘이면서 하나의 산으로 불리는 경우도 있다고 생각된다.

爲山居之記라

나는 보계산에 가보지 못하였다. 일찍이 萬峯山에서 독서하면서 태호 가 산들의 경치를 다 보았으니, 비록 산들의 面勢는 서로 같지 않으나 모두 호수를 끼고서 勝景이 되지 않는 것이 없었다. 그리고 馬跡[5]과 長興[6]이 왕왕 스러져가는 노을과 落照 사이로 나타났으니, 이른바 보계산이란 것을 거의 바라볼 수 있을 듯하였다.

余未至寶界也라 嘗讀書萬峯山하여 盡得湖濱諸山之景하니 雖面勢不同이나 無不挾湖以爲勝이요 而馬跡長興이 往往在殘霞落照之間하니 則所謂寶界者를 庶幾望見之러라

옛날에 王右丞의 輞川別墅는 그가 시와 그림으로 묘사한 것에서 지금도 그곳의 경치를 상상해볼 수 있으니,[7] 중산 父子의 山居가 어찌 華子岡,[8] 欹湖 등의 빼어난 경치만 못하겠으며, 천리에 걸쳐 펼쳐진 호수와 산이 어찌 藍田에 있는 것이겠는가. 摩詰의 맑은 詩想과 뛰어난 운치는 俗塵을 훌쩍 벗어났지만, 天寶 말엽에 도리어 자결하지 못하여 누린내 나는 오랑캐에게 더럽혀지고 말았다.[9] 이로써 사대부의 出處는 道가 있어 한 번 失足하면 씻을 수 없는 오명을 남긴다는 사실을 알겠

5) 馬跡 : 馬跡山으로 常州府 城 동남쪽 80리 거리, 太湖에 있다.(≪明一統志≫ 권10 〈常州府〉)

6) 長興 : 長興縣으로 常州府 城 서쪽 70리 거리에 있으며 吳興郡의 屬縣이다.(≪明一統志≫ 권40 〈湖州府〉) 귀유광이 장흥의 知縣을 역임하였다.

7) 王右丞의……있으니 : 王右丞은 벼슬이 尙書右丞에 이른 唐나라 시인 王維(701~761)를 일컫는 말이다. 그는 자가 摩詰이고 李白, 杜甫와 함께 당나라의 三大詩人으로 꼽히며 詩佛로 일컬어지며, 詩뿐만 아니라 書畫에도 뛰어났다. 輞川別墅는 輞川에 있던 왕유의 별장이다. 망천은 陝西省 藍田縣에 있는 시내로 경치가 매우 아름답다. 망천의 별장에서 왕유는 벗들을 불러 술을 마시고 시를 읊었으며, 망천의 十二景을 그림으로 그렸으니, 이것이 유명한 輞川圖이다.(≪新唐書≫ 권202 〈文藝列傳 中 王維〉)

8) 華子岡 : 망천에 있는 지명이다. 망천에는 이 밖에 欹湖, 竹裏館, 柳浪, 茱萸沜, 辛夷塢 등의 勝景이 있다. 王維가 친구 裴迪에게 준 편지에 “밤중에 화자강에 오르니 망천은 잔물결이 일어 달빛과 더불어 오르내리고 추운 산에 먼 등잔 불빛은 숲 저편에 깜빡인다.〔夜登華子岡 輞水淪漣 與月上下 寒山遠火 明滅林外〕”라 하였다.(≪王右丞集≫ 권18 〈山中與裴秀才廸書〉)

9) 天寶……말았다 : 王維가 安祿山의 叛軍에 끌려가 억지로 벼슬을 한 것을 말한다.(≪新唐書≫ 권202 〈文藝列傳 中 王維〉) 안녹산은 본래 胡人이므로 오랑캐라 한 것이다. 天寶는 唐 玄宗의 연호이다. 당 현종 천보 14년(755) 11월에 안녹산이 漁陽에서 20만 대군으로 반란을 일으켜 洛陽을 함락하고 12월에 수도 長安을 함락하고 이듬해 1월에 국호를 燕으로 고치고 자신이 황제로 즉위하였다.

으니, 摩詰 같은 경우는 사람으로 하여금 천년 뒤에도 탄식하게 한다. 지금 중산 부자는 청명한 시대에 한가로이 은둔하였으니,[10] 어찌 이에 미칠 수 있겠는가! 어찌 이에 미칠 수 있겠는가!

昔에 王右丞輞川別墅는 其詩畫之妙가 至今可以想見其處하니 仲山之居가 豈減華子岡欹湖諸奇勝이며 而千里湖山이 豈藍田之所有哉아 摩詰淸思逸韻이 出塵壒之外이로되 而天寶之末에 顧不能自引決하여 以濡羯胡之腥羶이라 以此로 知士大夫出處有道하여 一失足이면 遂不可浣하니 如摩詰은 令人千載有遺恨也라 今仲山父子는 嘉遯於明時하니 何可及哉아 何可及哉아

輞川圖

10) 한가로이 은둔하였으니 : 원문은 '嘉遯(가돈)'이다. ≪周易≫ 遯卦 九五 爻辭에 "아름다운 은둔이니, 바르므로 길하다.〔嘉遯 貞吉〕"라 하였다. 이는 出處를 中正한 도리에 맞게 하여 은둔하는 것으로 좋은 은둔이 된다.

35. 菊窓의 記　菊窓記*

*洪悅의 거실 편액인 菊窓에 대한 기문이다. 歸有光은 이 글에서 유명한 仲長統의 〈樂志論〉과 陶淵明의 詩句들을 인용하여 국창 주변의 정경을 묘사한 다음을 주인 홍열을 두고 중장통의 즐거움을 가지고 도연명의 고상한 운치를 사모한다고 극찬하였다.

安亭에서 20리 남짓[1] 떨어진 곳에 錢門塘[2]이 있으니, 洪氏들이 거주한다. 吳淞江의 동쪽이 顧浦[3]이니 이곳에서 꺾어서 북쪽으로 가면 홍씨들이 거주하는 마을이 그 서쪽에 있다. 이 지역은 땅이 평탄하여 구릉이 없고 고포의 기슭이 불룩하게 솟아올라 멀리서 바라보면 그 마을이 마치 산기슭으로 둘러싸인 속에 있는 것과 같다.

去安亭二十里所曰錢門塘이니 **洪氏居之**라 **吳淞江之東**이 **爲顧浦**니 **折而北**에 **洪氏之居**가 **在其西**하니 **地平衍**하여 **無丘陵**하고 **而浦之厓岸隆起**라 **遠望其居**가 **如在山隝中**이라

옛날에 仲長統[4]이 일찍이 논하기를 "가사 거주하는 곳에 좋은 밭과 넓은 집이 산을 등지고 물을 굽어보아 도랑과 못이 빙 둘러 있고 대나무와 나무가 죽 펼쳐져 있으며, 배와 수레가 길을 걷고 물을 건너는 어려움을 대신하고 심부름꾼이 四肢의 일을 쉬게 할 수 있으며, 어버이를 봉양함에 갖가지 좋은 음식이 있고 처자식에게 몸을 괴롭게 하는 수고로움이 없으며, 좋은 벗들이 모이면 술과 안주를 베풀

---

1) 남짓 : 원문은 '所'인데, 대략의 숫자를 나타내는 말이다. ≪書經≫ 〈周書 君奭〉에 "은나라가 예로 올라가 하늘에 짝하여 햇수를 많이 지났다.〔殷禮陟配天 多歷年所〕"라 하였다.

2) 錢門塘 : 明나라 太倉州 嘉定縣 治所에서 서북쪽으로 20리 거리에 있다.

3) 顧浦 : 明나라 太倉州城 서남쪽으로 5리 거리, 崑山縣과 嘉定縣 사이에 있다.

4) 仲長統(180~220) : 後漢 때 사람으로, 자는 公理이고 어릴 때부터 학문을 좋아하였고 성품이 강직하고 작은 예절에 얽매이지 않았으며, 功名에 뜻을 두지 않고 자연 속에 한가히 노니는 것으로 즐거움을 삼았다.(≪後漢書≫ 권79 〈仲長統列傳〉)

樂志論圖

어 즐겁게 놀고 좋은 때나 길한 날이면 염소와 돼지를 삶아 부모님을 봉양하며, 밭두둑과 동산을 거닐고 평원의 숲에서 노닐면서 목숨의 기한을 길이 보존한다면, 제왕의 문에 들어가 벼슬하는 것을 부러워하지 않는다."[5]라 하였으니, 대개 지금 洪氏들이 거주하는 마을이 은연중에 중장통의 〈樂志論〉에서 말한 것과 같다.

그리고 君의 집은 대나무와 나무가 많고 앞에는 넓은 못을 굽어보고 있어 여름날 맑은 바람이 불면 연꽃이 어우러져 피니, 그중에서도 특히 빼어난 경치이다. 그런데 군이 이를 취하지 않고 도리어 '菊窓'으로 집에 편액을 걸었으니, 대개 군은 일찍이 陶淵明의 시에 "술은 온갖 사려를 없앨 수 있고 국화는 늙어가는 나이를 붙잡아둘 수 있다."[6]라 하고 "내 집 남창 아래에 이제 몇 떨기 국화가 피었더냐."[7]라 한 시구를 외웠던 것이리라.

昔仲長統嘗論하되 **使居有良田廣宅**이 **背山臨流**하여 **溝池環匝**하며 **竹木周布**하고 **舟車**가 **足以代步涉之勞**하며 **使令**이 **足以息四體之役**하고 **養親**에 **有兼珍之膳**하며 **妻孥**가 **無苦身之勞**하고 **良朋萃止**면 **則陳酒肴以娛之**하며 **嘉時吉日**이면 **則烹羔豚以奉之**하고 **躕躇畦苑**하며 **遊戲平林**하여 **永保性命之期**면 **不羨入帝王之門也**라하니 **大率今洪氏之居**가 **隱然如統樂志論云**이라 **而君家多竹木**하고 **前臨廣池**하여 **夏日淸風**에 **芙蕖交映**하니 **其尤勝者**어늘 **君不取此**하고 **顧以菊窓扁其室**하니 **蓋君嘗誦淵明之詩云 酒能祛百慮**하고 **菊能制頹齡**라하고 **又云 我屋南窓下**에 **今生幾叢菊**고리라

5) 가사……않는다 : 이 글에서는 〈樂志論〉을 적절히 축약하였다.(≪古文眞寶後集≫ 권1)

6) 국화는……있다 : 원문은 '菊能制頹齡'인데, ≪陶淵明集≫ 권2 〈九日閒居〉에는 '菊能制頹齡'의 '能'자가 '爲'자로 되어 있다.

7) 내……피었더냐 : ≪陶淵明集≫ 권2 〈問來使〉에 보인다. ≪古文眞寶前集≫ 1권에도 같은 제목으로 보인다.

東籬採菊圖

대저 중장통의 論은 비록 아름다우나 가사 사람마다 다 이와 같게 되기를 기다린 뒤에야 즐거울 수 있다면 즐겁지 않은 것이 오히려 많으리라. 중장통은 마침내 尙書郎이 되어 初平·建安의 조정에 발을 들여놓았으니,[8] 하늘 높이 나는 기러기[9]에게 부끄러움이 있을 것이다. ≪昌言≫을 지은들 무슨 소용이 있으리오. 도연명은 동쪽 울 밑에서 국화를 따다가 유연히 남산을 보고[10] 동쪽 처마 아래에서 傲然히 웃으며 애오라지 자신의 생애에 만족하였으니,[11] 어디에 들어간들 自得하지

8) 마침내……들여놓았으니 : 初平(190~193)과 建安(196~219)은 後漢 獻帝의 연호이다. 이 시기에는 황제는 힘을 잃고 董卓, 曹操 등이 跋扈하여 집권하였다. ≪三國志≫ 권21 〈魏書 劉劭傳〉에 "중장통은 漢나라 말엽에 상서랑이 되었고 일찍 죽었다. ≪昌言≫을 지었는데 글이 아름다워 볼만하다.〔仲長統漢末爲尙書郎早卒 著昌言 詞佳可觀〕"라 하였는데, 그 注에 의하면 당시 尙書令 荀彧이 중장통의 이름을 듣고 황제에게 아뢰어 불러 尙書郎을 삼았으며, 중장통은 40여 세에 죽었다. ≪後漢書≫ 권79 〈仲長統傳〉에 "매양 고금과 시속의 일을 논설할 때면 늘 분개하고 탄식하면서 論을 짓고 이름하여 昌言이라 하였다.〔每論說古今及時俗行事 恒發憤歎息 因著論名曰昌言〕"라 하였는데, 그 注에 "昌은 마땅하다는 뜻이니, ≪尙書≫에 '너도 마땅한 말을 하라.'라 하였다.〔昌當也 尙書曰 汝亦昌言〕"라 하였다. ≪창언≫은 現傳하지 않는다.

9) 하늘……기러기 : 漢나라 揚雄의 ≪法言≫ 〈問明〉에 "기러기가 하늘 높이 아득히 나니, 주살을 쏘는 사람이 어찌 잡을 수 있으랴.〔鴻飛冥冥 弋人何簒焉〕"라 한 데서 온 말로, 亂世를 피해 초연히 떠나는 高士를 비유하였다.

10) 동쪽……보고 : 원문은 '採菊東籬下 悠然見南山'인데, ≪陶淵明集≫ 권3 〈飮酒〉 20首 중 다섯째 首에 나온다. ≪文選≫ 권30과 ≪古文眞寶前集≫ 권2에는 제목이 〈雜詩〉로 되어 있다.

11) 동쪽 처마……만족하였으니 : 원문은 '笑傲東軒下 聊復得此生'인데, ≪陶淵明集≫ 권3 〈飮酒〉 20首 중 일곱째 首에 나온다. ≪陶淵明集≫ 권3, ≪文選≫ 권30, ≪古文眞寶前集≫ 권2에

않음이 없다[12] 할 만하다.

지금 군은 중장통의 즐거움을 가지고 도연명의 고상한 운치를 사모하니, 이것이 내가 그 사람됨을 측량할 수 없는 까닭이다. 장차 술을 싣고 국창 아래로 군을 찾아가 그 까닭을 물어보리라.

군은 이름은 悅이고 자는 君學이다.

夫以統之論은 雖美나 使人人必待其如此而後能樂이면 則其所不樂者猶多也라 卒爲尙書郞하여 濡跡於初平建安之朝하니 有愧于鴻飛冥冥矣라 爲昌言인들 何益哉리오 淵明은 採菊東籬下에 悠然見南山하고 笑傲東軒下에 聊復得此生하니 可謂無入而不自得也로다 今君有仲長統之樂하고 而慕淵明之高致하니 此予所以不能測其人也라 將載酒訪君菊窓之下而請問焉하리라 君은 名悅이요 字君學이라

는 모두 '笑傲'가 '嘯傲'로 되어 있다. 東軒은 동쪽 처마이다. 동쪽 처마는 햇살이 잘 들어 따스하다. 呂向의 注에 "軒은 처마이다.〔軒 檐也〕"라 하였다.

12) 어디에……없다 : ≪中庸章句≫ 14장에 "군자는 현재 처한 위치에 맞게 행동할 뿐이요, 그 이외의 것은 바라지 않는다. 현재 부귀하면 부귀한 처지에 맞게 행동하고, 현재 빈천하면 빈천한 처지에 맞게 행동하며, 현재 夷狄 중에 있으면 이적의 상황에 맞게 처신하고, 현재 환란 중에 있으면 환란의 상황에 알맞게 처신한다. 따라서 군자는 들어가는 곳마다 자득하지 않음이 없다.〔君子素其位而行 不願乎其外 素富貴 行乎富貴 素貧賤 行乎貧賤 素夷狄 行乎夷狄 素患難 行乎患難 君子無入而不自得焉〕"라 한 데서 온 말로, 어떠한 상황에서도 스스로 만족하는 삶을 산다는 뜻이다.

36. 本庵의 記　本庵記*

* 楊俊民(1531~1599)의 서재인 本庵에 대한 기문이다. 양준민은 자기 조부를 잊지 않는다는 뜻에서 본암이란 편액을 걸었다. 歸有光은 '本'자의 의미를 풀이하여 이 글을 썼다.

客曹[1)]의 楊君 伯厚가 자기가 독서하는 집에 이름을 붙이기를 本庵이라 하고 그의 벗 張師周가 오는 편을 통하여 나에게 記를 지어달라고 청하였다. 내가 이런 이름을 붙인 까닭을 물었더니, 다음과 같은 연유가 있다.

지금 少保司馬[2)]公(楊博)이 曹郎으로 재임할 때 邸舍에서 君을 낳았다. 先祖 少保公이 御史로서 江都에서 소금을 수납하는 일을 시찰할 때 손자를 얻었다는 소식을 듣고 기뻐하여 이에 말하기를 "내가 揚州에 있을 때 이 아이가 태어났다."라 하고, 인하여 이름을 짓기를 楊州民이라 하고는, 또 이르기를 "우리 집은 二代에 걸쳐 榮祿을 누렸으니, 후한 복이 오는 것은 감히 차지할 수 없다. 이 아이로 하여금 자라면 농사를 짓게 하는 것으로 족하다."라 하였다.

嘉靖 41년(1562)에 군이 과거에 급제하였다. 그런데 主司가 州民은 이름으로 부를 수 있는 것이 아니라고 하고는 이름을 俊民으로 고쳤으니, 군이 감히 주사의 뜻을 어길 수 없었고 또 조부가 이름을 지어준 것을 감히 잊을 수도 없었다. 따라서 자기 집에 본암이란 이름을 붙인 것은 그 선조 소보공을 잊지 못한다는 뜻인 것이다.

客曹楊君伯厚가 **名其讀書之舍曰本庵**이라하고 **因其友張師周來請爲之記**라 **余問其所以爲名者**하니 **蓋今少保司馬公**이 **爲曹郎時**에 **生君於邸舍**이러니 **而先少保公**이 **以御史視鹺事於江都**할새 **聞得孫而喜**하여 **乃曰 吾居揚州而此子生**이라하고 **因命之曰楊州民**하고 **且謂吾家再世榮祿**하니 **厚福之來**는 **不敢居**라 **令此子長得爲耕農**이 **足矣**라하더니 **嘉靖四十一年**에 **君登第**라 **而主**

1) 客曹 : 漢 成帝 때 처음 설치한 官府로 처음에는 客曹라 하다가 南主客曹·北主客曹로 나뉘었고, 晉나라 때에는 좌·우·남·북의 客曹로 나뉘었으며, 唐나라 때에는 主客郎中을 두었다. 唐宋 때에는 禮部에 소속되어 聘使, 宴會, 賜予 등의 일을 관장하였다.(≪歷代職官表≫)

2) 少保司馬 : 少保는 太子少保이고, 司馬는 兵部尙書의 별칭이다.

司以爲州民은 非所以爲稱이라하여 乃更之曰俊民하니 君不能逆主司之意요 而又不敢忘乃祖之命이라 故名其庵曰本者는 以爲不忘其先少保云이라

대저 소위 '本(근본)'이란 것은 '始(시작)'라는 말과 같으니, 무릇 사물이 생겨남이 모두 근본에서 시작된다. 그러므로 本을 始라 하는 것이다. 옛날에 林放이 禮의 근본을 물었는데 孔子가 禮의 근본은 검소함을 위주로 한다고 하였다.[3] 대저 禮는 마음에서 생겨나거늘 공자는 마음을 말하지 않고 검소함을 말하였으니, 그 시작인 검소함으로부터 찾아보면 마음을 얻지 못함이 없을 것이다.

夫所謂本者는 猶言始也니 凡物之生이 皆始於本이라 故以本爲始也라 昔林放問禮之本한데 孔子告之以禮之本이 主於儉하니 夫禮生於心이어늘 孔子不言而言儉하니 從其始而求之컨댄 未有不得其心也라

傳에 이르기를 "天地는 生의 근본이요 先祖는 族類의 근본이요 君師는 다스림의 근본이다. 천지가 없으면 어떻게 생겨나며 선조가 없으면 어떻게 태어나며 군사가 없으면 어떻게 다스리리오."라 하였으니,[4] 聖人이 말하는 근본이란 것은 모두 그 시작하는 바를 말한 것이다. 사람이 천지가 자신을 낳았다는 사실을 생각한다면 자기 본성을 어기는 데 이르지 않을 것이요, 사람이 선조가 자기 족류를 번성시켜 자신을 낳았다는 사실을 생각한다면 자기 몸을 해치는 데 이르지 않을 것이요, 사람이 君師가 세상을 다스린다는 사실을 생각한다면 임금을 버리고 스승을 배반하는 데 이르지 않을 것이다. 그러므로 有子는 기록하기를 "孝弟란 것은 仁을 실천하는 근본인 것이다."라 하였으니,[5] 이는 군자가 仁을 실천할 때 효제를 시작으로 삼으면 자기 本心을 얻을 수 있음을 말한 것이다.

傳曰 天地者는 生之本也요 先祖者는 類之本也요 君師者治之本也라하니 無天地면 惡生이며 無

3) 옛날에……하였다 : 林放이 禮의 근본을 물으니, 공자가 "훌륭한 질문이다. 예는 사치하기보다 차라리 검소한 편이 낫고, 상은 형식을 잘 갖추기보다 진정으로 슬퍼하는 편이 낫다.〔林放問禮之本 子曰 大哉問 禮與其奢也 寧儉 喪與其易也 寧戚〕"라 하였다.(≪論語≫ 〈八佾〉)

4) 傳에……하였으니 : ≪史記≫ 권23 〈禮書1〉에 나온다. ≪大戴禮記≫ 권3 〈禮之本〉에도 나오는데, '惡'자가 '焉'자로 되어 있다.

5) 有子는……하였으니 : 有子는 孔子의 제자 有若이다. ≪論語≫ 〈學而〉에 보인다.

先祖면 惡出이며 無君師면 惡治리오하니 聖人之所謂本者는 皆言其所始也니 人能思天地之所生이면 則不至於違其性이요 人能思先祖之衍其類而生我면 則不至於戕其身이요 人能思君師之所以治면 則不至於遺君而倍師라 故有子는 志之曰 孝弟也者는 其爲仁之本與인저라하니 言君子之爲仁이 以孝弟爲始이면 則可以得其心也라

군은 날마다 少保公을 모시면서 안색을 받들어 살피고 色養[6]하여 곁을 떠나지 않으니, 孝弟의 도리는 힘쓰지 않아도 절로 잘된다. 그런데도 선조 소보공이 江都에 있던 날을 생각하였으니, 마음속에 품은 思慮가 深遠하다. 소보공은 바야흐로 國政을 맡아 才德으로 천자의 신임을 받고 군은 과거에 장원급제하여 南宮[7]에서 의젓한 威儀를 보여 대대로 가문의 아름다운 영광을 잇고 있으니, 당세 사람들이 얻기 어려운 일이라 하였다. 나는 그가 하나의 집을 命名하는 데도 오히려 그 근본을 잊지 않음이 이와 같은 것을 본 뒤에야 군의 집이 貴顯한 것이 까닭이 있다는 것을 알았다. 이로써 記를 삼노라.

君日侍少保公하여 承顔色養하여 不離於左右하니 孝弟之道는 不勉而至라 然且思先少保之在江都之日하니 其所存이 遠矣라 少保公方掌邦政하여 以才德爲天子所倚毗하고 君學魁多士하여 雍容南宮하여 奕世濟美하니 當世以爲難得이라 及余觀其一命名之間에 而猶不忘其本如此而後에 知君家之所以貴顯者가 蓋有以也라 是爲記하노라

6) 色養 : 子夏가 孝를 묻자, 孔子가 '色難'이라 한 데서 온 말이다. 色難의 뜻은 "자식이 즐기운 얼굴색으로 부모를 봉양하는 것이 어렵다."와 "부모의 안색을 잘 살펴서 봉양을 잘하는 것이 어렵다."의 두 가지 說이 있다.(≪論語集註≫ 〈爲政〉)

7) 南宮 : 禮部의 별칭이다. 會試, 즉 進士試를 보는 곳이다.

37. 張氏 여자의 貞節에 대한 記　張氏女貞節記*

*嚴大臨의 아내 張氏가 정절을 지킨 일에 대해 기록한 글이다. 장씨는 定婚만 하고 아직 시집가기 전에 남편이 죽자 시댁에 가서 守節하며 시어머니를 모시며 살았다. 이는 歸有光의 다른 글 〈貞女論〉에서 "여자가 아직 시집가지 않았는데 혹 그 남편을 위해 죽거나 종신토록 改嫁하지 않는 것은 禮가 아니다."라고 한 논리와 어긋난다. 귀유광은 이에 "禮는 천하의 보통 수준의 사람들을 통솔하는 것이요, 高明한 성품을 지닌 사람은 人情의 밖을 벗어나는 탁월한 행실이 있으니, 이는 賢者와 智者의 지나친 점이요 聖人이 금지하지 않은 바이다."라 하여 통상의 禮에는 맞지 않지만 문제 삼을 일은 아니라고 하였다.

嘉靖 7년(1528) 무렵에 엄대림이 죽었고, 장씨가 시댁에 온 지 36년이라 하였으니, 이 글은 가정 43년(1563) 귀유광의 나이 59세 때 쓴 것으로 추정할 수 있다.

張氏 여자는 湖州 歸安 사람이니 都御史 孟介의 손녀요 瑞州通判 弘裕의 따님이다. 어릴 때 烏程의 學生 嚴大臨과 定婚하였으니, 大臨은 工部尙書 震直의 曾孫이다.

張氏女는 **湖州歸安人**이니 **都御史孟介之孫**이요 **瑞州通判弘裕之女也**라 **少許聘烏程學生嚴大臨**하니 **大臨**은 **工部尙書震直之曾孫也**라

嘉靖 7년에 대림이 儒士로서 浙闈[1]에서 향시를 보고 돌아와 병에 걸려 이듬해에 병이 심해 장차 죽게 되었다. 서주통판이 왕래하면 병세를 살펴보고 돌아와 아내에게 말하였는데, 여자가 그 말을 듣고는 문을 닫고서 평소 바느질하던 옷감과 혼수로 준비한 의복과 물품들을 죄다 거두어 불태웠다. 家人들이 閤中에서 불이 일

1) 浙闈 : 浙江省의 科場이다. 淸나라 兪正燮의 ≪癸巳存稿≫ 〈科場時日名目題目字號〉에 의하면, 康熙 16년(1677)에 천하에 鄕試를 거행하게 했는데, 順天에 과장이 하나이고, 山東・山西・河南・陝西에 과장이 하나이고, 湖廣・江西・江南에 과장이 하나이고, 福建・浙江에 과장이 하나였다고 한다. 이를 근거로 보면, 절강성에 향시를 거행하는 科場이 예로부터 있어왔다는 사실을 알 수 있다.

어나는 것을 보고 놀라 물으니, 여자가 말하기를 "나는 이미 이런 것들이 필요 없다."라 하였다.

이 말에 시어머니 嚴氏에게 전해 들리자 할미(여종)를 보내 가서 살펴보게 하였다. 여자가 사사로이 할미에게 말하기를 "병세가 손 쓸 수 없으니, 응당 시댁[2]으로 가서 나의 여생을 마칠 따름이다."라 하였다. 시부모가 감동하여 사람을 보내 맞이하자 부모가 반대하였다. 湖州太守 梁君과 縣令 戚君이 그 의리를 높이 인정하여 모두 서주통판에게 편지를 보내 여자의 美事를 이루어주도록 권하였다.

그리고 대림이 죽자 張氏 여자는 아내로서의 服을 입고 가서 哭하고는 喪次에 머물고 옮겨가지 않았으니, 이때 대림의 나이 20세였고 여자의 나이 19세였다. 嚴氏가 인하여 대림의 後嗣를 두고 그가 장성하자 장가를 들였는데, 그 후사가 된 아들도 죽었다. 그래서 며느리와 시어머니가 함께 살아왔으니, 엄씨 집안에 온 지가 지금 36년이고 나이는 54세이다.

嘉靖七年에 **大臨以儒士**로 **試浙闈**하고 **還遘疾**하여 **明年**에 **疾甚且死**라 **瑞州往來診視**하고 **歸語其妻**어늘 **女聞之**하고 **閉門悉斂平時所製女工**과 **凡裝送衣物焚之**라 **家人見閤中火起**하고 **驚問之**하니 **女曰 吾已無用此矣**라하다 **語聞嚴氏姑**에 **遣嫗往覘之**하니 **女私謂嫗曰 病不可爲**하니 **當歸汝家**하여 **沒吾世而已**라하니 **舅姑感動**하여 **遣人往迎**이어늘 **父母難之**라 **湖州太守梁君縣令戚君**이 **高其義**하여 **皆致書瑞州**하여 **勸成其美**러라 **而大臨已卒**에 **張氏服其服**하여 **往哭之**하여 **遂居次不遷**하니 **是時**에 **大臨年二十**이요 **女年十九**라 **嚴氏因爲置嗣**하고 **及長娶婦**러니 **而嗣子亦卒**이라 **遂婦姑相守**하니 **歸嚴氏**가 **今三十六年**이요 **年五十四矣**라

나는 일찍이 論을 짓기를 "여자가 아직 시집가지 않았는데 혹 그 남편을 위해 죽거나 종신토록 改嫁하지 않는 것은 先王의 禮가 아니다. 曾子가 '혼례에 이미 納幣를 하고 吉日을 잡았는데 신랑의 부모가 죽으면 어떻게 해야 합니까?'라고 묻자, 孔子가 '신랑 될 사람이 이미 장사를 치르고 여자의 집에 알리기를 「아무개의 아들이 부모상을 당하여 이를 이어서 兄弟(夫婦)가 되지 못하므로 아무개를 보내어 알

---

2) 시댁 : 원문은 '汝家'이다. ≪孟子≫ 〈滕文公 下〉에 "여자가 시집갈 때 어머니가 훈계를 하는데, 어머니는 시집가는 딸을 문에서 전송하면서 '네 집에 가서는 반드시 공경하고 반드시 조심하면서 남편의 뜻을 어기지 말라.'고 훈계를 한다.〔女子之嫁也 母命之 往 送之門 戒之曰 往之女家 必敬必戒 無違夫子〕"라 한 데서 온 말로 시댁을 뜻한다.

럽니다.」라고 하면, 여자의 집에서 허락하고 감히 다른 곳에 시집보내지 못한다. 신랑 될 사람이 喪을 벗으면 신부 될 처녀의 부모가 사람을 시켜 혼인을 청하는데도 신랑 될 사람이 아내로 맞이하지 않은 뒤에야 다른 곳으로 시집보내는 것이 禮이다.'라 하였으니, 신랑 될 사람이 喪服을 벗고도 아내로 맞이하지 않으면 딸을 다른 곳으로 시집보낼 수 있음을 말한 것이다. 曾子가 '여자가 사당에 謁見하지[3] 못하고 죽으면 어찌합니까?'라고 물으니, 孔子가 '靈柩를 祖廟로 옮기지 않고 시어머니와 合祀하지 않으며 신랑은 喪杖을 짚지 않고 草屨를 신지 않고 喪次에 머물지 않으며 여자의 집안으로 돌려보내 장사를 지내니, 아직 며느리가 되지 못하였음을 보이는 것이다.'라 하였다.[4] 며느리가 되지 못했으면 남편에게 매여 있지 않은 것이다."라 하였다.[5]

余昔嘗著論하여 以爲女未嫁人에 爲其夫死어나 或終身不改適者는 非先王之禮也라 曾子問曰 昏禮에 旣納幣하고 有吉日이어늘 壻之父母死하면 則如之何잇고하니 孔子曰 壻已葬에 致命女氏曰 某之子가 有父母之喪하여 不得嗣爲兄弟라 使某致命이라하면 女氏許諾하여 而弗敢嫁也라 壻免喪하면 女之父母가 使人請하되 壻弗取而後에 嫁之가 禮也라하니 言壻免喪而弗取면 則可以嫁也라 曾子曰 女未廟見(현)而死면 則如之何잇고하니 孔子曰 不遷於祖하며 不祔於皇姑하며 不杖不菲不次하고 歸葬於女子氏之黨하니 示未成婦也라하니 未成婦면 則猶不繫於夫也라하다

先王은 보통 수준의 가르침을 만들어 사람들에게 人情이 따를 수 있는 것을 보여주었으니, 여자가 이미 시집가기로 허락했더라도 신랑 될 사람이 상복을 벗은 뒤에 아내로 맞이하지 않으면 다른 데로 시집 갈 수 있고, 사당에 알현하지 못하고 죽으면 여자의 집안으로 돌려보내니, 신랑 될 사람이 죽으면 다른 데로 시집간

3) 사당에 謁見하지 : 원문은 '廟見'인데, 혼례를 치르고 석 달 뒤에 며느리가 媤家의 사당에 謁見하는 것을 말한다. ≪禮記≫ 〈曾子問〉에 "혼인한 지 3개월 만에 사당에 알현하고 來婦라 일컬으며 擇日하여 아버지 사당에 제사하니 며느리가 되었다는 뜻이다.〔三月而廟見 稱來婦也 擇日而祭於禰 成婦之義也〕"라 하였다.

4) 曾子가 혼례에……하였다 : ≪禮記≫ 〈曾子問〉에 보이는데, '女子氏'가 '女氏'로 되어 있다.

5) 나는……하였다 : 歸有光의 〈貞女論〉에 나온다. 〈정녀론〉은 ≪震川集≫ 권3에 실려 있는데, ≪明淸八大家文鈔≫를 선집하면서 이 〈張氏女貞節記〉와 겹치는 부분은 刪削하였고, 글도 조금 出入이 있다. 이 글에서 '言壻免喪而弗取 則可以嫁也'가 '夫壻有三年之喪 免喪而弗取 則嫁之也'로 되어 있다.

다고 말하지 않은 것은, 이는 증자가 굳이 물을 필요가 없었던 것이다. 비록 그렇지만 禮는 천하의 中行[6] 수준의 사람들을 통솔하는 것이요, 高明한 성품을 지닌 사람은 人情의 밖을 벗어나는 탁월한 행실이 있으니, 이는 賢者와 智者의 지나친 점이요 聖人이 금지하지 않은 바[7]이다. 世教가 날로 쇠미해지면서 人欲을 다 부리고 천리를 없앤 자들은 무슨 짓인들 하지 못하리오. 이상하고 특이한 행실에서 한 번 나온 것이 비록 禮에 꼭 합당하지는[8] 않을지라도 어찌 군자가 즐거이 말할 바가 아니겠는가.

先王爲中庸之敎하여 示人以人情之可循하니 女已許人矣로되 免喪而弗取면 則嫁하고 未廟見而死면 則歸於女子氏之黨이니 其不言壻死而嫁者는 此曾子之所不必問也라 雖然이나 禮는 以率天下之中行이요 而高明之性은 有出於人情之外하니 此賢智者之過요 聖人之所不禁이라 世敎日衰에 窮人欲而滅天理者가 何所不至이리오 一出於怪奇之行이 雖不要於禮라도 豈非君子之所樂道哉아

微子, 箕子, 比干 세 사람은 다 같이 紂의 가까운 친척이었지만 처신한 바는 꼭 같지는 않았다. 그런데도 孔子는 이들 모두를 두고 仁이라 하였다.[9] 그리고 伯夷, 叔齊 같은 경우는 孤竹君에 封해지는 것을 버리고 首陽山에 은거하여 조정에 祿位가 없는 이들이니, 君臣의 의리에 있어 분수가 또한 미미하였는데도 周나라 곡식을 먹는 것을 수치로 여겨 굶주리다 죽었다. 그런데도 공자는 역시 仁이라 하였

---

6) 中行 : ≪荀子≫ 〈子道〉에 "집에 들어가서는 효도하고 밖에 나와서는 공경하는 것은 사람의 小行이고, 위로는 순종하고 아래로는 독실한 것은 사람의 中行이다.〔入孝出弟 人之小行也 上順下篤 人之中行也〕"라 한 데서 온 말로 보통 사람 수준의 행실을 말한다.

7) 賢者와……바 : ≪中庸章句≫ 4장에 "孔子가 말하기를 '도가 행해지지 못하는 것을 내가 아노니, 지혜로운 자는 지나치고 어리석은 자는 미치지 못한다. 도가 밝아지지 못하는 것을 내가 아노니 어진 자는 지나치고 불초한 자는 미치지 못한다.〔子曰 道之不行也 我知之矣 知者過之 愚者不及也 道之不明也 我知之矣 賢者過之 不肖者不及也〕"라 하였다.

8) 禮에 꼭 합당하지는 : 원문은 '要於禮'인데, 要는 '當'자와 같다. ≪荀子≫ 〈禮論〉에 "禮란 것은 재물로 쓰임을 삼고 귀천으로 문장을 삼고 다소로 다름을 삼고 융쇄로 合當함을 삼는다.〔禮者 以財物爲用 以貴賤爲文 以多少爲異 以隆殺爲要〕"라 하였는데, 楊倞의 注에 "要는 합당하다는 뜻이나.〔要 當也〕"라 하였다.

9) 微子……하였다 : ≪論語≫ 〈微子〉에 "미자는 떠나고, 기자는 종이 되고, 비간은 간하다 죽었는데, 공자가 '은나라에는 三仁이 있었다.'라고 말씀하였다.〔微子去之 箕子爲之奴 比干諫而死 孔子曰 殷有三仁焉〕"라 하였다. 微子는 殷나라 폭군 紂의 庶兄이요 箕子와 比干은 주왕의 諸父이다.

다.[10] 아아! 세상에서 사람을 논평하는 이들은 또한 공자를 본받을 따름이다.

微子箕子比干三人者는 **同爲紂之近戚**이로되 **其所以處之者不必同**이어늘 **而孔子皆謂之仁**하고 **若伯夷叔齊**는 **舍孤竹之封而隱于首陽**하여 **未有祿位于朝者也**니 **於君臣之義**에 **分亦微矣**로되 **而恥食周粟以死**어늘 **孔子亦謂之仁**하니 **嗟夫**라 **世之論人者**는 **亦取法於孔子而已矣**니라

采薇圖

10) 伯夷……하였다 : 伯夷와 叔齊는 殷나라의 제후 孤竹君의 아들이었다. 아버지는 숙제에게 왕위를 물려주려 했는데, 아버지가 세상을 떠나자 아우인 숙제가 형 백이에게 양보하려 하였다. 백이는 "아버지의 명이다."라 하고 달아났다. 숙제도 왕위에 오르려 하지 않고 달아나 버리니, 나라 사람들이 다른 형제를 왕으로 세웠다. 후일에 武王이 은나라를 정벌하고 周나라를 세우자 형제는 주나라 곡식을 먹을 수 없다고 하여 수양산에 들어가 고사리를 캐어 먹다가 죽었다.(≪史記≫ 권61 〈伯夷列傳〉) 백이, 숙제를 두고 孔子가 "인을 얻고자 하여 인을 얻었으니 어찌 또 원망했겠는가.〔求仁而得仁 又何怨〕"라 하였다.(≪論語≫ 〈述而〉)

38. 張氏 여자의 神異한 일에 대한 記　張氏女子神異記*

*嘉靖 23년(1544)에 嘉定 安亭鎭에서 음탕한 시어머니가 불량배들과 간통하다가 그 사실이 며느리에게 발각되자 불량배들과 공모하여 며느리 張氏를 겁탈함으로써 그 사실을 숨기려다 장씨를 살해한 사건이 발생하였다. 이 글은 그 살인 사건이 일어난 이후에 있은 神異한 일을 기록한 것이다.

嘉靖 갑진년(1544) 여름 5월에 安亭鎭의 여자 張氏가 나이 19세에 시어머니가 협박하여 함께 亂淫을 하게 하거늘 따르지 않았다. 그러자 밤에 兇賊들이 실내에서 여자를 죽이고 불을 놓아 시신을 불태웠는데 하늘이 바람을 거꾸로 보내 불을 껐다. 흉적들이 함께 시신을 들어 불 속에 던져 넣으려 했더니, 시신이 마치 몇 섬 무게와 같아 무거워 들 수 없었다.

嘉靖甲辰夏五月에 安亭鎭女子張氏가 年十九에 姑脅凌與爲亂이어늘 不從이라 夜에 群賊戕諸室하고 縱火焚尸한대 天反風滅火라 賊共舁하여 欲投火하니 尸如數石하여 重莫能舁러라

이보다 사흘 전에 縣에는 예전부터 貞烈廟란 사당이 있었는데, 사당 곁에 사는 사람이 들으니 음악을 연주하는 소리가 하늘로부터 오고 불이 기둥에서 뻗쳐 나와 굉장한 소리가 났다. 그래서 縣令이 스스로 가서 절하였다. 당시 큰 가뭄이 들어 석 달 동안 비가 내리지 않았다. 사대부들이 이 사당에 애도하는 제사를 지내자 물을 쏟아붓는 듯이 큰 비가 내렸다. 그리고 흉적의 아들이 하늘에 호소하며 절하였더니, 절할 때 홀연 양쪽 겨드랑이에서 피가 흘러나왔다.

현령이 명하여 그 시어머니의 시신을 壇 위에 올려놓고 그 집 사람들이 거두어 가지 못하게 하였다. 그 집 사람이 시신을 거두어 가려 하자 갑자기 우레가 치고 우박이 쏟아지며 귀신 수백 명이 흉측한 소리를 내면서 몰려오기에 그만 버려두고 달아났다.

前三日에 縣故有貞烈廟한데 廟旁人聞鼓樂從天上來하고 火出柱中하여 轟轟有聲하니 縣宰自

往拜之라 **時大旱**하여 **三月無雨**라 **士大夫哀祭已**에 **大雨如注**라 **賊子籲天拜**하니 **拜**에 **忽兩腋血流**라 **縣宰命暴姑尸壇上**하고 **禁其家不得收**어늘 **家夜收之**러니 **雷雹暴至**하고 **群鬼百數啾啾共來逐**이라 **遂棄去**하다

관리가 檄文(공문)을 받들고 여자의 시신을 檢視하니, 당시 여름 석 달이 지났는데도 시신이 부패하지 않았고 누워 있는데 피부와 살갗은 살아 있는 것 같았고 흉기에 찔린 목과 옆구리의 두 상처 구멍에 피 거품이 있었다. 이에 仵人[1]이 혀를 내두르면서 일찍이 없던 일이라 하였다. 아! 또한 기이하도다.

及官奉檄啓視女子하니 **時經暑三月**이로되 **不腐**하고 **偃臥**에 **膚肉如生**하고 **頸脅二創孔**에 **有血沫**하니 **仵人吐舌**하여 **謂未有也**러라 **噫**라 **亦異哉**로다

옛날의 傳記에 실려 있는 忠烈의 사적은 신기한 일이 많은 것을 보았는데, 지금 이 일을 보고는 더욱 믿을 수 있게 되었다. 이에 節義는 하늘이 보호한다는 것을 알았다. 그러나 하늘이 애초에 보호하여 반드시 해를 당하지 않도록 하지 못한 것은 어째서인가? 슬프도다!

觀古傳記載忠烈事가 **多有神奇**러니 **今日見之**에 **益信**이라 **於是**에 **知節義天所護**라 **然不能護之**하여 **使必無遭害**는 **何也**오 **悲夫**인저

1) 仵人 : 옛날에 관가에서 死傷者를 檢査하도록 현장에 보내는 사람이다. 남을 대신해 殮葬하는 일을 하는 사람을 말하기도 한다.

39. 陶菴에 대한 記　陶菴記*

*歸有光이 자기의 서재를 陶菴이라 명명한 까닭을 기술한 글이다. 陶는 晉나라 때 隱士인 陶淵明을 가리킨다. 귀유광은 이 글에서 자신이 젊을 때 司馬遷의 ≪史記≫를 좋아하다가 도연명의 시를 읽고 속세에 초연한 그의 맑은 인품을 사모하였다고 하였다. ≪사기≫의 강개한 글과 도연명의 탈속한 시세계를 통하여 곤궁한 처지에서도 맑은 지조를 잃지 않겠다는 귀유광의 정신적인 志向이 형성되었다는 것을 이 글을 통해 알 수 있다.

내가 젊을 때 司馬子長(司馬遷)의 글[1]을 읽기를 좋아하여 그 感慨하고 激烈하며 憤鬱하여 不平한 기운이 왕성하게 일어나 스스로 억누르지 못한 것을 보고서 "군자가 세상에 살면서 輕重을 재는 저울이 늘 자신에게 있으니, 결코 한때 만난 일 때문에 그 자신이 따라 옮겨가거나 오르내려서는 안 된다. 설령 불행히 곤궁한 처지에 놓일지라도 자기 心志를 평정하게 가지고 자기 性情을 和樂하게 하는 것은 또한 반드시 그 방도가 있는 법이니, 어찌 閭巷의 小人이 한 번 자기 마음에 맞지 않으면 원망하고 근심하는 심정이 미간에 움직이는 것 같은 데에 이르겠는가. 대개 孔子는 顔回를 자주 칭찬하였고[2] 子路가 성낸 기색을 드러낸 것을 꾸짖었으니,[3] 옛날에도 그만한 사람을 얻기 어려운 지가 오래이다.

---

1) 司馬子長(司馬遷)의 글 : 漢나라 司馬遷의 ≪史記≫를 말한다. 子長은 사마천의 자이다.

2) 孔子는……칭찬하였고 : 魯 哀公이 "제자 중에 누가 학문을 좋아하는가?"라고 묻자 공자가 "顔回라는 제자가 학문을 좋아하여 노여움을 옮기지 않고 허물을 거듭 범하지 않더니, 불행히도 단명하여 죽었습니다. 지금은 없으니 학문을 좋아하는 이가 있다는 말을 듣지 못했습니다.〔有顔回者好學 不遷怒 不貳過 不幸短命死矣 今也則亡 未聞好學者也〕"라 하였고, "안회는 그 마음이 석 달 동안 仁을 떠나지 않고, 그 나머지 사람들은 하루나 한 달에 한 번 仁에 이를 뿐이다.〔回也 其心三月不違仁 其餘則日月至焉而已矣〕"라 하였고, 安貧樂道하는 안회를 칭찬하여 "한 그릇의 밥과 한 표주박의 물로 누추한 마을에 사는 것을, 사람들은 그 근심을 견디지 못하는데, 안회는 그 즐거움을 바꾸지 아니하니, 어질도다! 안회여.〔一簞食一瓢飮 在陋巷 人不堪其憂 回也不改其樂 賢哉回也〕"라 하였다.(≪論語≫ 〈雍也〉)

3) 子路가……꾸짖었으니 : ≪論語≫ 〈衛靈公〉에 "공자가 陳나라에 있을 때에 양식이 떨어지니, 從者들이 병들어 일어나지 못하였다. 자로가 성난 기색을 띤 채 공자를 뵙고, '군자도 궁할

余少好讀司馬子長書하여 **見其感慨激烈憤鬱不平之氣**가 **勃勃不能自抑**이라 **以爲君子之處世**에 **輕重之衡**이 **常在於我**하니 **決不當以一時之所遭**로 **而身與之遷徙上下**라 **設不幸而處其窮**이라도 **則所以平其心志怡其性情者**가 **亦必有其道**니 **何至如閭巷小人**이 **一不快志**면 **悲怨憔悴之意**가 **動于眉皆之間哉**아 **蓋孔子亟美顔回**하고 **而責子路之慍見**하니 **古之難其人**이 **久矣**라

그 후에 陶子[4]의 문집을 읽어보았더니, 平淡하고 沖和하며 瀟灑하고 脫俗하여 권세와 지위 밖에서 초연하여 窮한 처지에 시달리지 않을 뿐 아니라 곧바로 窮함을 즐겼다. 百世 후에 그의 작품을 읽노라면 마음이 즐거워 속세의 찌든 때가 다 사라지니, 참으로 옛날 사람 가운데 窮에 잘 처한 이로다. 도자의 道를 미루어가면 공자의 문에 나아갈 수 있을 터이거늘 세상의 論者들은 한갓 元熙 연간에 왕조가 바뀌던 시기를 가지고 〈그가 지조를 지킨 것을〉 大節이라 평하고[5] 그가 天命을 편안히 여기고 즐거워하였던 실질을 궁구하지 않는다. 대저 窮苦가 밖에서 핍박하고 飢寒이 살갗을 파고드는데도 情性이 동요하지 않았으니, 〈도연명이 보기에는〉 晉나라와 宋나라가 교체하던 시기의 사람들은 참으로 하루살이가 모였다 흩어졌다 하는 것과 같았으리라.

陶淵明

때가 있습니까?'라고 묻자, 공자가 '군자는 진실로 궁한 것이니, 소인은 궁하면 넘친다.'라 하였다.〔在陳絶糧 從者病 莫能興 子路慍見曰 君子亦有窮乎 子曰 君子固窮 小人窮斯濫矣〕"라 하였다.

4) 陶子 : 晉나라 隱士 陶淵明을 가리킨다.

5) 세상의……평하고 : 元熙(419~420)는 東晉의 마지막 황제인 恭帝의 연호이다. 陶淵明은 동진 이후 왕조에는 벼슬하지 않았다. 그리고 글을 쓸 때 東晉 安帝의 연호인 義熙까지는 晉나라의 연호를 분명히 쓰고, 왕조가 바뀐 뒤 劉宋 武帝의 연호인 永初 이후는 연호를 쓰지 않고 干支만 씀으로써 자신이 진나라 신하임을 나타내었다. 이는 도연명이 그의 증조부 陶侃이 晉나라 때 재상을 지냈다는 이유로 후대에 몸을 굽히는 것을 수치로 여겼기 때문이다. 그래서 도연명을 세칭 靖節先生이라 불렀다.(≪南史≫ 권75 〈隱逸列傳〉)

已而觀陶子之集하니 則其平淡沖和하며 瀟灑脫落하여 悠然勢分之外하여 非獨不困于窮이요 而直以窮爲娛라 百世之下에 諷咏其詞에 融融然塵査俗垢가 與之俱化하니 信乎古之善處窮者也로다 推陶子之道면 可以進於孔氏之門이어늘 而世之論者가 徒以元熙易代之間으로 謂爲大節하고 而不究其安命樂天之實이라 夫窮苦迫於外하며 飢寒憯于膚로되 而情性不撓하니 則於晉宋間에 眞如蚍蜉聚散耳로다

옛날에 虞伯生이 도자를 사모하여 邵子와 나란히 모셨다.[6] 나는 감히 소자와 같이 되기를 바랄 수는 없고 유독 도자만 좋아한다. 게다가 나는 오늘날의 窮한 자라 내 집에 편액을 달기를 陶菴이라 하노라.

昔에 虞伯生慕陶而竝諸邵子之間이러니 予不敢望於邵하고 而獨喜陶也로라 予又今之窮者[7]라 扁其室曰陶菴云이라

---

6) 虞伯生이……모셨다 : 虞伯生은 元나라 虞集(1272~1348)으로, 그의 자가 伯生이고 호는 道園이다. 宋나라 승상 虞允文의 5世孫이다. 그는 아우 槃과 함께 書舍를 열어 두 室을 만들어 左室에는 陶淵明의 시를 벽에 써놓고 陶庵이라 하고 右室에는 邵堯夫의 시를 벽에 써놓고 邵庵이라 하였다. 그래서 그를 세상 사람들이 邵庵先生이라 일컬었다.(≪元史≫ 권181 〈虞集傳〉) 소요부는 北宋의 학사 邵雍(1011~1077)으로, 그의 자가 堯夫이다. 그는 易學에 특히 조예가 깊었고, 朱熹가 六先生에 넣었다.

7) 予又今之窮者 : 窮은 達의 반대말로 벼슬하지 못한 것을 말한다. 이 당시에는 귀유광이 아직 과거에 급제하지 못했기 때문에 이렇게 말한 것이다.

40. 郭義官의 일에 대해 씀　書郭義官事*

*郭和라는 기인의 神異한 사적을 기록한 글이다. 義官은 민간에서 선행을 한 사람을 표창하기 위해 만들어주는 칭호이다. 嘉靖 계축년(1553)에 崑山縣 主簿로 부임한 곽화의 손자 郭惠로부터 이 이야기를 들었다고 했으니, 이 글은 귀유광이 58세 또는 그 이후에 쓴 것으로 추정된다.

郭義官[1] 和라는 이는 밭이 會昌 瑞金[2] 사이에 있다. 翁이 하루는 田舍에 가느라 산중을 지나다가 길을 막고 있는 범을 보았다. 말을 채찍질하고 범을 피해 다른 지름길로 가니 범이 번번이 옹을 따라와서는 순하게 복종하고 떠나지 않았다.

郭義官曰和者는 **有田在會昌瑞金之間**이라 **翁一日**에 **之田所**하여 **經山中**할새 **見虎當道**라 **策馬避之**하여 **從他徑行**하니 **虎輒隨翁**하여 **馴擾不去**러라

옹은 첩을 남겨두어 田舍를 지키게 하고 대개 1년 중에 두세 차례 갔다. 옹이 城으로 돌아가면 범이 강가까지 따라와 전송하고는 산에 들어가 사라졌다가 옹이 장차 전사에 올 즈음에 이르면 범이 다시 오곤 하니, 家人들이 小豹라 불렀다. 늘 범이 오는 것을 보면 첩이 기뻐하면서 "소표가 오니, 주인께서 장차 이를 것이다. 서둘러 음식을 장만해야겠다."라 하면 말이 끝나기도 전에 옹이 이미 문에 와 있곤 하였다. 옹이 오면 범은 옹을 따라 유순한 모습으로 곁을 떠나지 않고 起居하면서 겨울철에 날씨가 추울 때는 옹의 발 위에 누워 발을 다 덮어서 따뜻하게 하였다. 옹이 떠나면 범은 다시 산에 들어가곤 하여 이와 같이 하는 것이 일상이 되었다.

翁留妾守田舍하고 **率一歲中數至**라 **翁還城**이어든 **虎送之江上**하여 **入山而去**하고 **比將至**하여 **虎復來**하니 **家人呼爲小豹**라 **每見虎來**에 **其妾喜曰 小豹來**하니 **主且至**라 **速爲具飯**이라하면 **語未**

---

1) 義官 : 민간에서 선행을 한 사람을 표창하기 위해 만든 官爵으로 일종의 명예직이다.

2) 會昌 瑞金 : 두 縣으로, 서로 인접해 있다. 회창은 서금 남쪽에 있는데, 明나라 때는 贛州府(감주부)에 속하였고, 지금은 江西에 속한다.

畢에 翁已在門矣라 至則隨翁帖帖寢處하여 冬寒에 臥翁足上하여 以覆煖之竟이라가 翁去에 復入山하여 如是以爲常이러라

옹이 처음에는 고기를 먹이다가 차츰 쌀밥을 먹였다. 그러므로 회창 사람들이 말하기를 "곽의관이 범에게 밥을 먹였다."라고 한다. 이 고을을 鎭守하는 관원이 이 사실을 듣고 직접 보고 싶어 하거늘 범이 관청의 뜰에 이르러 포효하니, 뜰에 있던 사람들이 모두 두려워 땅에 쓰러졌다. 옹이 서둘러 범을 데리고 떠났다. 그리고 수십 년 뒤에 범이 갑자기 죽었고 옹도 얼마 뒤 죽었다.

翁初以肉飼之라가 稍稍與米飯이라 故會昌人이 言郭義官飯虎라 鎭守官聞하고 欲見之어늘 虎至庭咆哮하니 庭中人盡仆라 翁亟將虎去러라 後數十年에 虎暴死하고 翁亦尋卒하다

嘉靖 계축년(1553)에 옹의 손자 惠가 崑山主簿로 부임하여 나에게 이 얘기를 해주고 또 말하기를 "큰 가뭄이 들었을 때 기우제를 지내도 하늘이 응답하지 않거늘 사람들이 옹에게 하늘에 올리는 表文을 써서 불사르게 하니, 神이 동자에게 憑依하여 노한 목소리로 말하기를 '올해는 응당 비가 없어야 하거늘 어찌하여 곽의관을 오게 했는가. 이제는 비를 내리지 않을 수 없다.'라 하였다. 그리고 잠시 뒤 폭우가 크게 내렸다. 그러나 옹은 평소에는 사람됨이 성실하고 소박하여 이상한 方術을 쓰는 일이 없었다.

嘉靖癸丑에 翁孫惠爲崑山主簿하여 爲予言此하고 又言歲大旱에 禱雨不應이어늘 衆强翁書表焚之하니 有神憑童子하여 怒曰 今歲不應有雨어늘 奈何令郭義官來아 今則不得不雨라하더니 頃之에 澍雨大降이라 然翁平日爲人誠朴하여 無異術也러라

내가 일찍이 이렇게 논하였다. 동물 중에서 사나운 것으로는 범만 한 것이 없고 변화를 잘하기로는 용만 한 것이 없거늘 옛날 사람들은 일찍이 범과 용을 길렀다. 佛氏와 老氏의 책에서 말한 異物들은 奇怪한 것이 많으니, 학자들은 이를 허황하여 常道에 맞지 않다고 한다. 그러나 나는 생각건대 사람과 사람은 同類인데도 서로 사이가 어긋나기로는 異類보다 훨씬 더 심한 경우도 있다. 그러나 지극한 이치에 이르러서는 비록 夷狄과 鳥獸조차도 다 같지 않음이 없는 것이다. 子思가 "喜怒

哀樂이 발하지 않을 것을 中이라 하고, 발하여 모두 절도에 맞는 것을 和라고 하니, 中和를 지극하게 하면 天地가 자리 잡히고 만물이 길러진다."라 하니,[3] 학자들이 믿지 않고 의심하였다. 곽의관의 일은 결국 알 수 없다. 아아! 알 수 없는 것이라야 지극한 이치라 할 수 있도다.

予嘗論之하여 以爲物之鷙者莫如虎하고 而變化莫如龍이어늘 古之人이 嘗有以豢之라 而佛老之書所稱異物多奇怪하니 學者以爲誕妄不道라 然予以爲人與人同類로되 其相戾有不勝其異者어니와 至其理之極하여는 雖夷狄鳥獸라도 無所不同이라 子思曰 喜怒哀樂之未發을 謂之中이요 發而皆中節을 謂之和니 致中和면 天地位焉하며 萬物育焉이라하니 學者疑之라 郭義官事는 要不可知로다 嗚呼라 惟其不可知而後에 可以極其理之所至也로다

3) 子思가……하니 : ≪中庸章句≫ 1장에 나온다.

41. 張貞女가 죽은 일에 대해 씀 書張貞女死事*

*嘉靖 23년(1544)에 嘉定 安亭鎭에서 음탕한 시어머니가 불량배들과 간통하다가 그 사실이 며느리에게 발각되자 불량배들과 공모하여 며느리 張氏를 겁탈함으로써 그 사실을 숨기려다 장씨를 무참히 살해한 사건이 발생하였다. 이 글을 그 사전의 전말을 자세히 기록한 것이다.

張貞女는 부친이 張耀이니 嘉定 曹巷 사람이다. 汪客의 아들에게 시집갔는데, 왕객은 嘉興 사람으로 安亭에 와서 살고 있었다. 그의 처 汪嫗[1]는 사람들과 많이 姦淫하고 있었다. 왕객은 늙었고 게다가 술을 몹시 좋아하여 날마다 정신을 잃을 만큼 취하여 인사불성이었다. 惡少年[2]들이 왕왕 작반하여 왕구의 집에 들어와 술을 마시곤 하였다.

왕객의 아들이 장가들어 아내를 맞이할 때에는 악소년들이 모두 新房에 들어와 있었고 과일과 안주를 마련해놓고 술을 마시며 놀았다. 왕구가 신부로 하여금 나와서 이들에게 두루 절하게 하였는데 정녀가 절하려 하지 않았다. 그리고 시어머니가 私通하는 짓을 차츰 알고서 남편에게 말하기를 "아무개, 아무개는 어떤 사람인가요?" 하니, 남편이 말하기를 "이들은 내 아버지의 좋은 벗이니, 집안끼리 世交가 있어 왕래한 지 오래이다."라 하였다. 정녀가 말하기를 "좋은 벗이 도리어 무슨 짓을 하고 있는가요. 당신이 장성했거늘 당신의 어머니가 이와 같은 짓을 하고 있으니, 너무 부끄러워 죽고 싶지 않소?"라 하였다.

張貞女는 **父張耀**니 **嘉定曹巷人也**라 **嫁汪客之子**하니 **客者**는 **嘉興人**이라 **僑居安亭**이러니 **其妻汪嫗**가 **多與人私**라 **客老矣**요 **又嗜酒**하여 **日昏醉**하여 **無所省**이라 **諸惡少**가 **往往相攜入嫗家飮酒**러라 **及客子娶婦**하여는 **惡少皆在其室內**라 **治果殽爲歡宴**하고 **嫗令婦出徧拜之**어늘 **貞女不肯**하고 **稍稍見姑所爲私**하여 **語夫曰 某某者何人也**오하니 **夫曰 是吾父好友**니 **通家往來**가 **久矣**라하여늘 **貞**

1) 嫗 : 결혼한 중년 이상의 여인을 통칭하는 말이다.

2) 惡少年 : 惡少는 불량한 젊은이를 지칭하는 말이다. ≪荀子≫ 〈修身〉에 "나태하여 일하기를 싫어하며, 염치가 없고 술과 음식만 좋아하면 惡少者라 이를 만하다.〔偸儒憚事 無廉恥而嗜乎飮食 則可謂惡少者矣〕"라 하였다.

女曰 好友酒作何事오 **若長大**어늘 **若母如此**하니 **不愧死耶**아라하다

하루는 왕구가 악소년와 함께 목욕하다가 며느리를 불러 더운 물을 가져오라고 하였다. 정녀가 남자를 보고 놀라 달아나 친정으로 돌아가서는 며칠 동안 소리 내어 울고 있으니, 사람들이 그 까닭을 알지 못하였다. 친정어머니가 닦달하여 물으니 사실대로 다 말하였다. 정녀가 친정에 오래 머물고 있으니, 왕구가 거짓으로 좋은 말을 하여 정녀에게 사과하고는 정녀가 시댁에 온 뒤로는 갖은 방법으로 능멸하고 모욕을 주었다. 정녀가 때때로 울면서 남편에게 얘기하여 악소년들을 못 오게 謝絶하라고 하고 다시 틈을 타서 조용히 시아버지 왕객에게 권하기를 "아버님께서도 음주를 줄여야 합니다."라 하였다. 그러나 왕객 부자는 끝내 정신을 차리지 못하고 도리어 정녀의 말을 왕구에게 일러바쳐 번번이 구타를 당하게 만들었다.

一日에 **嫗與惡少同浴**이라가 **呼婦提湯**이어늘 **見男子**하고 **驚走**하여 **遂歸母家**하여 **哭數日**하니 **人莫得其故**라 **其母强叩之**하니 **具以實告**러라 **居久之**에 **嫗陽爲好言**하여 **謝貞女**하고 **貞女至**하니 **則百端凌辱之**라 **貞女時時泣語其夫**하여 **令謝諸惡少**하고 **復乘間從容勸客曰 舅亦宜少飮酒**라하되 **客父子終不省**하고 **反以語嫗**하여 **輒致搒掠**이러라

악소년들 중에 胡巖이 가장 흉악하고 교활하니, 그 무리들이 모두 그에게 몸을 숙여 그의 명령을 따랐다. 하루는 호암이 자기 무리들에게 말하기를 "왕구는 곧 늙을 터이니, 우리는 그녀의 재물을 차지하고 술을 많이 마시는 것에 불과할 따름이다. 신부는 참으로 매우 아름답다. 우리는 이미 그 시어미와 동침했으니, 그 며느리인들 어찌 하늘 위로 달아날 수 있겠는가."라 하고는, 드디어 왕객의 집에 들어가 왕구와 말하기를 "젊은 신부는 너무 반듯하고 꼿꼿하여 마음에 들지 않구려. 胡郎(胡巖 자신을 가리킴)과 동침하고 나면 곧 온 집안이 화목할 터이니, 우리들이 마음대로 즐겁게 논들 누가 다시 말하겠소."라 하니, 왕구도 그렇다고 여겨 음모를 꾸며서 먼저 아들을 縣의 관아에 들여보내 書獄[3] 일을 하게 하였다.

왕구가 한번은 정녀로 하여금 수건을 짜게 하여 자기와 私通하는 종놈에게 주고자 하였더니, 정녀가 말하기를 "종놈일 뿐이니, 내 어찌 종놈을 위해 수건을 짤 수

3) 書獄 : 獄事에서 供招나 판결문을 기록하는 일을 하는 사람이다.

있겠습니까?"라 하니, 왕구가 더욱 정녀를 미워하였다.

惡少中有胡巖이 最桀黠하니 群黨皆卑下之하여 從其指使라 一日에 巖衆言曰 汪嫗且老하니 吾等不過利其財且多飮酒耳라 新娘子誠大佳로다 吾已寢處其姑하니 其婦寧能走上天乎아라하고 遂入與嫗曰 小新婦介介하여 不可人意로다 得與胡郎共寢하면 卽懽然一家하리니 吾等快意行樂에 誰復言之者리오하니 嫗亦以爲然하여 謀遣其子入縣書獄이러라 嫗嘗令貞女織帨하여 欲以遺所私奴어늘 貞女曰 奴耳니 吾豈爲奴織帨耶아하니 嫗益惡之러라

胡巖의 일당 네 사람이 누각에 올라 맘껏 술을 마시다가 함께 정녀를 불러 술을 마시게 하니, 정녀가 불응하였다. 호암이 뒤에서 정녀의 머리에 꽂힌 금빗을 낚아채거늘 정녀가 욕하고 우니, 돌려주었다 정녀가 그 빗을 부러뜨려 땅에 던지니 왕구가 자기 빗을 주거늘 또 그 빗을 부러뜨렸다. 이에 술자리를 그만 마치고 흩어져 갔다.

잠시 뒤 왕구가 목욕할 때 호암이 와서 함께 목욕하였다. 목욕을 마치자 왕구가 말하기를 "오늘 신부와 동침하라."라 하였다. 호암이 방에 들어가 정녀를 범하자 정녀가 크게 소리치기를 "사람을 죽인다! 사람을 죽인다!"라 하고 다듬이 방망이로 호암을 쳤다. 호암이 노한 채 달아났다. 정녀는 방에 들어가 방바닥에 몸을 던지고 곡하는 소리가 밤새도록 끊이지 않았다. 이튿날에는 숨결이 겨우 이어지다가 날이 저물 무렵에 이르러 조금 기운을 차리고는 울부짖으며 죽고자 하였다.

胡巖者四人이 登樓縱飮이라가 因共呼貞女飮酒하니 貞女不應이라 巖從後攫其金梳이늘 貞女詈且泣하니 還之한대 貞女折梳擲地하니 嫗以己梳與之어늘 又折其梳라 遂罷去하다 頃之에 嫗方浴할새 巖來共浴이라 浴已에 嫗曰 今日與新婦宿하라하니 巖入犯貞女어늘 貞女大呼曰 殺人殺人이라하고 以杵擊巖하니 巖怒하여 走出이라 貞女入房하여 自投於地하고 哭聲竟夜不絶이라 明日氣息僅屬이라가 至薄暮하여 少蘇하고 號泣欲死러라

호암과 왕구가 자신들이 한 짓이 새어나갈까 두려워하여 침상 다리에 정녀를 묶어 두고 지키다가 이튿날 악소년들을 불러 술을 취하도록 먹인 다음 밤 2更에 함께 정녀를 결박하고 몽둥이와 도끼로 마구 내려치니, 정녀가 고통스러워 몸을 뒤틀며 말하기를 "어찌 칼로 나를 찔러 빨리 죽게 하지 않느냐!"라 하였다. 그러자 한 사람이 앞으로 나와 정녀의 목을 칼로 찌르고 한 사람은 정녀의 옆구리를 칼로 찌르고는 또 정녀의

음부를 훼손한 다음 다 함께 시신을 들어서 불태우려 하니, 시신이 무거워 들 수 없었다. 이에 불을 놓아서 그 방을 불태웠다. 이웃사람이 불을 끄러 왔다가 발에 시신이 밟히기에 보니 무참히 피살된 사람이라[4] 다들 깜짝 놀라서 관아에 보고하니, 악소년들이 모두 몰래 도망쳤다. 그중 한 놈이 사람들에게 말하기를 "내가 쇠몽둥이로 그 여자를 서너 번 때렸는데도 죽지 않았으니 사람이 이토록 죽기 어렵더라."라 하였다.

巖與嫗恐事泄하여 縶諸床足 守之라가 明日에 召諸惡少酣飲하고 二鼓에 共縛貞女하여 椎斧交下하니 貞女痛苦宛轉曰 何不以刃刺我하여 令速死아하니 一人乃前하여 刺其頸하고 一人刺其脅하고 又椓其陰하고 共擧尸하여 欲焚之하니 尸重不可擧라 乃縱火하여 焚其室한데 隣里之救火者가 以足蹴其尸라 見嚇然死人일새 因共驚報하니 諸惡少皆潛走라 一人私謂人曰 吾以鐵椎椎婦者數四로되 猶不肯死하니 人之難死如此라하다

정녀가 죽을 때 나이 19세였으니, 嘉靖 23년(1544) 5월 16일이다. 관가에서 어린 계집종과 악소년들을 체포하여 鞫問하니, 계집종이 손가락으로 낱낱이 가리키며 말하기를 "아무개는 우리 마님을 결박하였고 아무개는 몽둥이로 쳤고 아무개는 칼로 찔렀습니다."라 하였다. 왕구가 악소년에게 욕하기를 "내가 너에게 무슨 잘못한 일이 있느냐? 시어머니가 며느리를 죽이는 것은 죄가 없다고 네가 말하더니, 지금 어떠하냐?"라 하였다. 그리고 왕구는 얼마 뒤 감옥에서 죽었다.

貞女死時에 年十九耳니 嘉靖二十三年五月十六日也라 官逮小女奴及諸惡少鞫之하니 女奴歷指曰 是某者縛吾姊하고 某以椎擊하고 某以刃刺이라한데 嫗罵惡少曰 吾何負於汝오 汝謂姑殺婦無罪러니 今何如오라하다 嫗尋死於獄하다

정녀는 사람됨이 貞淑하고 유순하여 시어머니를 매우 정성껏 모셔 비록 모진 학대를 받았지만 원망하는 말을 한 적이 없었다. 그러다 함께 옳지 못한 짓을 하게 하려 하자 홀로 항거하여 시퍼런 칼날을 밟는 것 같은 위험한 상황에도 두려워하지 않았으니, 어질다 하지 않을 수 있겠는가! 저 불량한 놈들이 집 안에서 시어머

4) 무참히……사람이라 : ≪春秋公羊傳注疏≫ 宣公 6년 조에 "趙盾(조돈)이 다가가 보니, 赫然히 죽은 사람이었다.〔趙盾就而視之 則赫然死人也〕"라 하였는데, 注에 "혁연은 이미 사지를 찢은 모습이다.〔赫然 已支解之貌〕"라 하였다. 여기서는 상해를 당하여 죽은 시신을 말한 듯하다.

니와 더러운 淫行을 하는 것을 말하면 거듭 시어머니에게 죄를 짓게 될 터이고, 말하지 않으면 隱忍해야 할 것이니, 이러한 상황에서 처신하는 데는 더욱 어려운 점이 있었을 것이다. 시집와서 며느리가 된 날로부터 죽을 때까지 1년이 넘었고 汪氏 집에 산 것이 고작 다섯 달이었다. 혹자는 정녀가 일찍 죽지 않은 것을 의심하니, 아아! 죽는 것도 어찌 쉬운 일이겠는가.

貞女爲人淑婉하여 **奉姑甚謹**하여 **雖遭毒虐**이라도 **未嘗有怨言**이러니 **及與之爲非**하여는 **獨亢然蹈白刃而不惴**하니 **可不謂賢哉**아 **夫以群賊行汚閨闥之間**으로 **言之則重得罪**요 **不言則爲隱忍**이니 **抑其處此**가 **尤有難者矣**라 **自爲婦至死**가 **踰一年**이요 **而處汪氏僅五月**이라 **或者疑其不蚤死**하니 **嗟乎**라 **死亦豈易哉**아

嘉定에는 예전부터 烈婦祠가 있어왔다. 정녀가 죽기 사흘 전에 그 사당 곁에 사는 사람들이 모두 공중에서 음악을 연주하는 소리를 들었고, 사당 안에서는 세찬 불길이 기둥에서 뿜어져 나왔다. 사람들은 이것이 정녀가 죽을 조짐이었다고들 한다. 내가 安亭에 왔다가 이 일을 보고 그 童年의 어린 나이로 스스로 수립한 정절이 이와 같음에 탄복하고 肅然하여 모골이 竦然하였다. 인하여 그 사실을 반복해 조사하고서 그 始末을 드러내 밝혀 史家가 채택할 것에 대비한다.

嘉定故有烈婦祠하니 **貞女未死前三日**에 **祠旁人皆聞空中鼓樂聲**하고 **祠中火炎炎從柱中出**하니 **人以爲貞女死事之徵**이러라 **予來安亭**하여 **因見此事**하고 **歎其以童年妙齡**으로 **自立如此**하고 **凜然毛骨爲竦**이라 **因反覆較勘**하여 **著其始末**하여 **以備史氏之採擇**①하노라

① 살펴보건대, 秦觀[5]의 詞에 "물소뿔 빗 비스듬히 꽂은 머리에 구름 같은 머리털은 반쯤 밖으로 나왔다.〔斜揷犀梳雲半吐〕"[6]라 하니 머리 장식이 틀림없다. 따라서 '梳'자를 '梭'자로 고친 것은 맞지 않다.[7]

按秦(覿)〔觀〕[8]詞云 斜揷犀梳雲半吐라하니 爲首飾之屬이 無疑라 改從梭는 非是라

---

5) 秦觀 : 秦觀는 자가 少章이고 秦觀의 아우이다.

6) 물소뿔……나왔다 : 〈黃金縷〉에 나온다.(≪詞綜≫ 권7)

7) 따라서……않다 : ≪震川集≫에는 〈書張貞女死事〉의 글 중에 '貞女折梳擲地 媼以己梳與之'의 '梳'자가 모두 '梭'자로 되어 있다. 王文濡가 秦觀의 〈黃金縷〉에 의거하여 '梭'자를 '梳'자로 바꾸어 편집한 것이다.

8) (覿)〔觀〕 : 저본에는 '覿'자로 되어 있는데, ≪詞綜≫ 〈黃金縷〉에 의거하여 '觀'로 바로잡았다.

42. 張貞女의 獄事　張貞女獄事*

* 嘉靖 23년(1544)에 嘉定 安亭鎭에서 음탕한 시어머니가 불량배들과 간통하다가 그 사실이 며느리에게 발각되자 불량배들과 공모하여 며느리 張氏를 겁탈함으로써 그 사실을 숨기려다 장씨를 무참히 살해한 사건이 발생하였다. 이 글에서는 이 살인의 주범인 胡巖 父子가 檢屍官 및 주변 사람들을 매수하여 사건을 엄폐하려 하다가 마침내 죄상이 드러나 처벌을 받게 되는 정황을 자세히 기술하였다.

당초 胡巖 父子가 음모를 꾸며 정녀를 죽일 때 〈汪氏 집안에서〉 고용한 사람 王秀는 과거에 이미 汪嫗와 간통하였는데 그 후에 이미 왕씨 집을 떠났다. 그런데 호암이 이 사람을 돈으로 꾀어 불러 함께 왔으니, 본래 시신을 불태워 자취를 없애는 한편 貞女가 왕수와 간통했다가 자살한 것으로 誣陷하고자 하였던 것이다. 호암의 속셈은 이 두 가지였다. 대개 오늘날 부호들이 사람을 죽일 경우에는 흔히 시신을 탈취하여 불태우면 관가에서는 증거가 없다고 하여 번번이 不問에 부치고 추궁하지 않는다. 그러므로 사람을 죽이면 왕왕 시신을 불태웠으니, 관리 된 이들은 이를 알지 않아서는 안 된다.

初胡巖父子謀殺貞女에 **傭奴王秀**는 **故嘗與嫗通**이러니 **後已謝去**어늘 **巖以金餌之**하여 **呼與俱來**하니 **本欲焚尸以滅跡**하고 **又欲誣貞女與王秀私而自殺**하니 **其造意爲此兩端**이라 **蓋今豪家殺人**에 **多簒取其尸焚之**어든 **官司以其無跡**으로 **輒置不問**이라 **故殺人往往焚尸**하니 **爲吏者不可不知也**니라

불이 일어나자 사람들이 와서 불을 끌 때 호암은 벌거벗은 몸으로 짚신을 신고 있었으니, 옷에 피가 묻었지만 창졸간에 갈아 입을 옷이 없었기 때문이었다. 어떤 사람은 이르기를 "胡郎이여 일이 이와 같이 되었으니, 어찌할꼬?"라 하니, 호암이 사납게 노려보면서 말하기를 "너는 무슨 일이 있다고 하는가?"라 하고 서둘러 汪客으로 하여금 縣의 관아에 가서 자기가 정녀를 誣陷한 것과 같이 말하게 하고자 하

였다. 그런데 때마침 왕객이 술에 취하여 관아 문 밖에서 누워 자고 말았다. 그래서 정녀의 아비 張耀가 이미 먼저 들어가 사실을 말하였다. 그러나 장요는 유약한 사람이고 그의 장인이 이미 호암의 금품을 받아 장요로 하여금 朱旻만 고발하게 하였다. 그래서 典史[1]가 와서 현장을 조사할 때에도 호암은 의기양양하게 밖에 있으면서 조사하는 관리들에게 뇌물을 주었다.

火起에 人來救之할새 巖裸身着草履하니 其衣爲血所濺이로되 卒無衣易也라 人或謂胡郎이여 事如是하니 奈何오하니 巖疾視曰 若謂有何事耶라하고 亟令汪客詣縣하여 且如所以誣貞女者러니 會汪客醉臥縣門外라 而貞女父張耀已先入告之矣러라 耀弱人이요 其婦翁已得巖金하여 敎耀獨告朱旻이라 及典史來驗하여도 巖尙揚揚在外하여 爲賂驗者러라

정녀는 목구멍 아래 칼로 찔려 난 구멍이 두 손가락이 들어갈 만큼 크고 여전히 피거품이 솟아나오고 있었다. 그런데도 仵人(檢屍하는 사람)은 시신의 목을 일부러 찢고는 기만하기를 "칼로 찔린 상처는 없다."라 하였다. 시신의 옷을 다 벗기니 피부는 시퍼렇게 부었고 갈가리 찢어진 것이 칼로 죽죽 그어놓은 문양 같았으며,[2] 옆구리와 음부에는 모두 칼에 찔려 피가 흘러나왔다. 저자 사람들이 모두 원통한 일이라고 부르짖고 어떤 사람은 분노하여 오인을 두들겨 팼다. 縣令도 오인이 뇌물을 받았다는 사실을 알았으나 단지 가볍게 譴責하는 데 그치고 말았다.

貞女喉下刀孔이 容二指요 尙有血沫噴湧이어늘 仵人裂其頸하고 謾曰 無傷者라하여늘 盡去其衣하니 膚靑腫하고 寸斷如畫紋이요 脅及下體는 皆刀傷血流라 市人盡呼冤하고 或奮擊仵人하나 縣令亦知仵人受賂나 然但薄責而已러라

하루는 현령이 낮잠을 자는데 꿈속에 금빛 갑옷을 입은 神人이 양쪽 겨드랑이에

---

1) 典史 : 元나라, 明나라, 淸나라 때에 지방 관아의 관리로 知縣의 아래에 있으며 죄인을 조사하여 체포하고 감옥에 넣는 일을 관장한다. 縣丞이나 主簿가 없으면 그 직무를 아울러 관장한다.

2) 갈가리……같았으며 : 몽둥이로 때려 피부가 죽죽 갈라진 모습을 형용한 것이다. ≪震川集≫ 30권 〈招張貞女辭幷序〉에 "嘉靖 23년(1544) 5월 16일 밤에 가정현의 남자들이 떼 지어 장정녀의 침실에 들어가 몽둥이로 마구 때리니 피부와 살이 갈갈이 찢어졌다. 그래도 정녀가 숙지 않고 죽여달라고 하자 돼지를 잡는 방법을 써서 손발을 묶고 목을 찔렀다. 정녀는 한참 동안 몸을 뒤틀다가 피가 다 흘러나오자 비로소 죽었다.〔二十三年五月十六日夜 嘉定縣男子 羣入張貞女室 以椎梃亂擊 膚肉寸斷 不死 乞死 乃用屠豕法 縶手足刺頸 宛轉久之 血出盡乃死〕"라 하였다.

서 피를 흘리면서 칼을 쥐고 앞으로 와서 말하기를 "사람을 죽인 자는 胡鐸과 호암이니, 속히 이 獄事를 처리하지 않으면 네 심장을 찌를 것이다."라 하였다. 현령이 놀라 일어나 곁에 있는 사람에게 물어보고 호암이란 사람이 있는 줄 알았다. 호암의 아비는 胡堂이라 현령은 '堂'자와 '鐸'자가 소리가 비슷해 訛傳했다고 생각하다가 여종을 체포하여 국문하고서야 호암 등을 잡아들여 감옥에 가두었다.

一日令晝寢에 **夢金甲神人**이 **兩膊流血**하여 **持刀前曰 殺人者**는 **胡鐸胡巖也**니 **不速成此獄**이면 **當刺汝心**이라하여늘 **令驚起**하여 **問左右**하여 **知有胡巖**하니 **巖父胡堂**이라 **令因謂堂鐸聲近訛也**라가 **逮女奴鞫之**하여 **遂收巖等**하다

이보다 앞서 왕구는 千金의 재물을 죄다 호암의 집에 맡겼으니, 호암은 이 재물을 가지고 더욱 뇌물을 써서 석방될 방도를 찾고 있었다. 이때 張副使가 관직을 그만두고 家居[3)]하고 있으면서 居喪 중인 丘評事[4)]와 더불어 두 사람이 때때로 縣의 관아에 들어갔다. 현령이 이 두 사람에게 물었는데, 장부사가 구평사를 돌아보면서 "老法司[5)]는 어떻게 생각하시오?"라 하니, 구평사가 말하기를 "일개 여자 하나를 죽였거늘 4, 5명의 목숨으로 갚는다면 이는 監司[6)]에게 보고하여 납득시키기 어려울 것입니다."라 하였다.

대개 현령은 新進이 많아 법률을 잘 알지 못하고 게다가 옥사를 監察御史에게 보고하면 辯駁을 받아 자기 명성을 손상하게 될까 늘 염려하게 마련이다. 그러므로 이 두 사람이 이러한 말로 현령을 미혹시킨 것인데, 현령이 과연 계책을 물었다. 이에 이 두 사람이 현령에게 "고용된 사람이 가장의 처와 간음한 자에 대한 형률[7)]로 王秀를 罪에 얽어 넣으면 된다."라고 가르쳐주었다. 이런 까닭에 일이 더욱 잘 풀려서 호암 등은 모두 감옥에서 刑具를 벗고 느긋하게 지냈다.[8)]

---

3) 家居 : 벼슬을 그만두고 집에서 생활하는 것이다.

4) 評事 : 大理寺(대리시)에 소속된 관리로 疑獄을 판결하는 일을 관장한다.

5) 老法司 : 오래 獄事를 처리하는 일을 한 노련한 법관이란 말이다.

6) 監司 : 감찰하는 임무를 맡는 관리로 監察御史을 가리킨다.

7) 고용된……형률 : ≪明會典≫ 권141 〈奴及雇工人姦家長妻〉에 "무릇 奴僕 및 고용된 사람이 가장의 처나 딸과 간음한 자는 각각 참수한다.〔凡奴及雇工人姦家長妻女者 各斬〕"라 한 조문을 말한다.

8) 刑具를……지냈다 : 원문은 '頌繫'이다. 頌은 古字에서 '容'자와 통용되었다.

바야흐로 15일 뒤 정녀의 시신을 재차 검사할 때를 기다려 호암 등을 석방할 참이었다. 때마침 현령이 縣學에 이르자 학생들이 현령에게 大義로 말하였다. 현령이 비로소 부끄러워 후회하고 관아에 돌아와 호암 등을 불러들이라고 재촉하니, 호암 등은 스스로 석방되는 줄 알았고 장부사와 구평사 두 사람은 관아 앞에 앉아 있었으니, 옥사가 판결되기를 기다렸다가 금품을 받아가지고 돌아갈 작정이었던 것이다. 그런데 현령이 갑자기 호암 등을 포박하고 朱墨을 얼굴에 칠하고서[9] 安亭으로 압송해 가는 한편 사람을 보내 제사를 지내 정녀의 혼령을 위로하니, 장부사와 구평사 두 사람이 서로 돌아보며 안색이 변해 달아났다. 안정 저잣거리에서 누구나 기뻐 고무하고 통쾌해하였다. 당시 吳中에 큰 가뭄이 들어 음력 4월에서 6월까지 비가 내리지 않았는데, 이때에 이르러 큰비가 물을 쏟아붓는 듯이 내렸다.

先是에 **嫗貲千金**을 **悉寄巖家**하니 **巖以是益得行金求解**러라 **時**에 **有張副使罷官家居**할새 **與丁憂邱評事**로 **兩人時時入縣**이라 **縣令問此兩人**한대 **張顧丘曰 老法司謂何**오하니 **邱曰 殺一女子**어늘 **而償四五人**은 **難以申監司也**라하니 **蓋令多新進**하여 **不諳法律**이요 **又獄上御史**에 **常慮見駁**하여 **損傷聲譽**라 **故以惑之**러니 **令果問計**라 **兩人教令以雇工人奸家長妻律**로 **坐王秀**가 **足矣**라 **以故**로 **事益解**하여 **巖等皆頌繫**라 **方俟十五日再驗貞女**하여 **遂釋巖等**이러니 **會令至學**에 **諸生告以大義**어늘 **令方慚悔**하여 **回縣**에 **趣召巖等**하니 **巖等自謂得釋**이요 **兩人亦坐縣治前**하니 **候獄定**하여 **卽持金回也**라 **令忽縛巖等**하여 **以朱墨塗面**하여 **迎至安亭**하고 **且遣人祭慰貞女**하니 **兩人相顧變色**하여 **遁去**라 **安亭市中**이 **鼓舞稱快**라 **時**에 **吳中大旱**하여 **四月至於六月不雨**러니 **及是**하여 **大雨如注**러라

호암이 다시 守卒[10]에게 뇌물을 써서 감옥 안에서 왕구를 죽여 입을 막고 장차 왕구의 재물을 다 차지하고자 하였다. 현령도 호암의 소행으로 의심하였으나 단지 수졸을 가볍게 견책하는 정도로 마치고 말았다.

이보다 앞서 정녀가 죽었을 때 자주 神怪한 일이 있었다. 이때에 이르러 왕구의 시신을 저잣거리에 놓아두어 공개하였다. 남편 汪客이 밤중에 널을 가지고 와서 몰래 斂襲하려 하자 귀신 수백 명이 왕객을 쫓아내었다. 현령은 여전히 장부사와

---

9) 朱墨을……칠하고서 : 紅漆과 黑墨을 얼굴에 칠하는 것으로 옛날에 死刑囚임을 나타내는 것이다.
10) 守卒 : 감옥을 지키는 병졸로 看守와 같은 말이다.

구평사 두 사람의 말을 믿고서 從犯들을 석방하려 하였다. 때마침 여종이 周綸을 손가락으로 가리키며 실제로 몽둥이로 정녀를 때렸다고 하면서 서너 차례 鞫問해도 말을 바꾸지 않았다. 현령이 어찌할 수 없어 朱旻만 사면하였다. 주민은 그날 밤에 실제로 정녀를 죽이는 데 가담한 자이고 단지 방문 밖에서 범죄가 일어나는 소리를 몰래 듣기만 한 것은 아니었다.

옥사의 판결이 났는데도 장부사와 구평사 두 사람은 여전히 백주 대낮에 말을 달리고 거주하는 곳 몇 리 밖에 배를 정박하고서 종일토록 서로 모의하였다. 구평사가 말하기를 "내가 大理寺(대리시)에 가면 이 옥사는 반드시 뒤집어질 것이다."라 하고,[11] 장부사는 사람들에게 호암을 일컬으면서 오히려 胡公이라 하였으니, 사람의 마음이 없는 것이 이와 같았다.

巖復賂守卒하여 斃嫗於獄하여 欲以絶口하고 且盡匿其金하니 令亦疑巖所爲나 然但薄責守卒而已라 先是에 貞女之死에 數有神怪러니 至是에 暴嫗尸於市어늘 汪客夜持棺하여 欲竊斂之어늘 鬼數百群이 逐汪客去러라 令猶以兩人言으로 欲出爲從者러니 會女奴指周綸實以椎擊貞女하여 鞫問數四不易辭라 令無如之何하여 獨貸朱旻하니 旻是夜實共殺者요 不獨於戶外竊聽而已라 獄已具에 兩人猶馳赤日中하여 泊舟所居數里外하여 竟日相謀라 邱曰 我至大理면 此獄必反이라하고 張對人稱巖하여 猶曰胡公이라하니 其無人心如此라

정녀의 外祖는 金炳이니, 금병의 부친 金楷는 成化 을미년(1475) 南宮[12]에서 거행한 進士試에 제2인으로 급제하였고 涪州知州로 재임하다가 卒하였다. 정녀가 죽었을 때 금병의 집이 가까운 곳에 있었다. 그래서 그는 먼저 가서 정녀의 시신을 보았지만 금품을 받고는 더 이상 말하지 않았고, 외가의 친족들이 많이들 금품을 받은 데 미쳐서는 정녀의 아비인 장요조차도 좋아서 안색이 바뀌었으니, 그래서 친족들이 하는 말이 있었으나 그만 그치고 말았다.

貞女之外祖曰金炳이니 炳父楷는 成化乙未南宮進士第二人이요 爲涪州知州以卒이라 貞女死

---

11) 구평사가……하고 : 구평사는 大理評事인데 親喪을 당하여 居喪하고 있으므로 喪期가 끝나면 大理寺에 영향력을 행사하여 옥사의 판결을 뒤집을 수 있을 것이라는 말이다. 대리시는 국가의 刑獄을 관장하는 부서이다.

12) 南宮 : 禮部의 별칭이다.

時에 炳家近이라 先往見其尸하되 得金하여 遂不復言이요 及母黨之親이 多得其金하여는 雖張耀도 亦色動하니 其族有言而止러라

내가 정녀의 일을 논한 것이 이미 상세하거늘[13] 또 그 옥사를 드러내어 世變을 기록하니, 이 하나의 사건에 나아가 보더라도 그 진위를 뒤집는 것이 무슨 짓인들 하지 못하겠는가. 오직 그래도 天道가 있다는 것을 믿을 뿐이다.

嘉靖 27년(1548) 7월에 쓰노라.

予論貞女事已詳이어늘 又著其獄事하여 以志世變하니 卽此一事에 其反覆이 何所不至아 獨恃猶有天道也로다 嘉靖二十七年七月에 書하노라

---

13) 내가……상세하거늘 : 앞에 나오는 〈書張貞女死事〉를 가리킨다.

43. 褚隱君의 墓碣　褚隱君墓碣*

* 嘉靖 44년(1565) 進士試에 歸有光과 同榜及第한 褚鈇가 京師에서 자기 부친의 묘갈명을 써달라고 부탁하여 쓴 것이니, 귀유광이 60세 때 쓴 글이다. 隱君은 隱君子와 같은 말로 벼슬하지 않고 초야에 살면서 德行이 있는 인물을 뜻하는 말이다.

前代의 史書에 孝友傳이 있기에 내가 일찍이 감탄하였다. 세상의 善人 君子는 그 사적이 조정에 드러나지 않으면 아무도 알 수 없고, 산골이나 초야에서 자취가 湮沒되고 마는 데 이르는 이들이 많으니, 사서에 기록될 수 있는 경우는 대개 100에 1, 2일뿐이다. 楡次[1]의 褚隱君 같은 이는 그 孝友와 篤行을 그의 아들이 조정에 올라 당세의 군자들과 교유하지 못했다면, 또한 어떻게 稱述할 수 있으리오.

前史有孝友傳이어늘 **余嘗歎之**러라 **世之善人君子**가 **非其蹟著於朝廷**이면 **莫可得見**이요 **至於巖壑草莽之中沒沒者多矣**니 **其得列於史**는 **蓋百之一二也**라 **若楡次褚隱君者**는 **其孝友篤行**을 **非其子進登於朝**하여 **與當世之君子遊**면 **亦何以稱焉**이리오

隱君은 대대로 楡次 동쪽 白一里에 살았다. 부친 諱 鑛은 성품이 仁善하여 남에게 베풀기를 좋아하여 沾縣[2] 重興山에서 牧畜했는데 소와 양이 골짜기로 헤아릴 만큼 많이 불어났으니,[3] 사람들이 그를 일컬어 東山翁이라 하였다. 동산옹이 병들어 죽을 무렵에 君이 자신을 대신 죽게 해달라고 하늘에 빌고 산신의 사당에 기도하려고 집을 떠나 몇 리 남짓[4] 가면서 열 걸음마다 한 번씩 膜拜[5]하니, 보는 이들

---

1) 楡次 : 山西 太原府에서 속하는 縣이다.

2) 沾縣 : 山西 太原府 樂平縣을 말한다. 河나라 때 沾縣이었다.

3) 성품이……불어났으니 : 성품이 어질고 선하여 짐승을 길러도 짐승이 잘 번식하였다는 말이다. ≪史記≫ 〈孔子世家〉에 "공자가 司職의 관리가 되어서는 가축이 번식하였다.〔爲司職吏 畜蕃息〕"라 하였다. ≪詩經≫ 〈鄘風 定之方中〉에는 "이 사람의 마음가짐이 진실하고 깊을 뿐만 아니라 큰 암말이 3천 필이나 되도다.〔匪直也人 秉心塞淵 騋牝三千〕"라 하였는데, 朱熹의 註에 "사람의 마음가짐이 성실하고 깊게 하면 하는 일마다 이루어지지 않음이 없으니, 이렇게 말이 많아지게 되는 것이 당연하다.〔蓋人操心誠實而淵深 則無所爲而不成 其致此富盛 宜矣〕"라 하였다.(≪詩經集傳≫ 권2)

이 가련하게 여겼다. 또 어머니를 위하여 佛氏의 ≪盂蘭經≫[6]을 受持하여 15년 동안 독송을 그치지 않았고 과일과 채소는 신선한 것이 있으면 반드시 부모님께 먼저 올리고 나서야 자신이 감히 맛보았다.

隱君은 世家楡次東白一里하니 考諱鑛은 仁善好施하여 畜牧於沾之重輿山間에 牛羊以谷量하니 人稱之爲東山翁이라 東山翁病且死에 君籲天求代하고 賽禱山神祠하고 去其家數里所할새 十步一膜拜하니 見者憐之라 又爲母持佛氏盂蘭經하여 十五年不輟唄誦하고 菓蔬有鮮이어든 必進乃敢嘗이러라

從父 두 사람은 아들이 없거늘 일생을 마칠 때까지 자신이 효성으로 봉양하였고 喪葬을 치른 뒤에는 사당을 세워주었다. 아우를 위하여 다시 後妻를 맞이해주고, 아우가 繇役을 회피해 이웃 縣으로 갔을 때에는 아우를 불러 돌아오게 하여 농토와 宅地를 나누어주었다.

從父兩人無子어늘 孝養之終身하고 已喪葬에 立其祠러라 爲弟하여 更娶後妻하고 及其避徭之旁縣하여는 召還하여 分與之田宅이러라

縣에 큰 부역이 있자 아전이 '뇌물을 수면 면제해주겠다.'고 하거늘 군이 말하기를 "내게 재물이 있으면 縣官의 급한 사정을 돕지 않고 사사로이 아전에게 뇌물을 주겠는가?"라 하였다. 해마다 租稅는 반드시 먼저 납부하니, 마을 사람들이 감화되어 감히 逋欠하는 자가 없었다. 어떤 사람이 병으로 죽었거늘 이 사람이 이전에 벼를 훔쳐 먹었다가 田主에게 매를 맞은 적이 있는지라 맞아 죽었다고 전주를 무함한 일이 있었다. 군이 사람들을 거느리고 관가에 사뢰어 그 일을 바로잡았다.

縣中有大役에 吏請賄免이어늘 君曰 吾有財어든 不佐縣官之急하고 而以私吏耶아라하다 歲租必先入하니 里人化之하여 無敢(逋)〔逋〕[7]者러라 人有病死어늘 先嘗盜禾라가 爲田主所笞라 遂誣以

4) 남짓 : 원문은 '所'로, 대략의 숫자를 나타내는 말이다.

5) 膜拜 : 합장한 손을 이마에 대고 엎드려 절하는 것이다.

6) 盂蘭經 : ≪盂蘭盆經≫의 약칭이다. 그 내용은 대략 석가모니의 제자 目連이 음력 7월 15일 自恣日에 佛菩薩과 비구들에게 음식과 과일을 지성으로 공양함으로써 지옥에 빠진 어머니를 구제했다는 것이다. 불교에서 ≪父母恩重經≫, ≪目蓮經≫과 함께 효행을 권장하는 대표적인 경전이다.

毆死하니 君率衆白於官하여 爲直其事러라

흉년이 들자 山庄에 있는 천 석의 곡식을 모두 내어 굶주린 백성을 賑恤하였다. 그런데도 不逞한 자가 군의 곳간에 갈무리해둔 곡식을 훔쳤다. 그 鄕黨의 사람이 그 사실을 누설했는데 군은 말하기를 "이 사람은 굶주림을 참지 못하여 이런 짓을 한 것이니, 따질 것이 없다."라 하였다. 그러나 군의 집은 이로부터 궁핍해졌지만 양식을 얻으러 오는 사람이 있으면 반드시 자기 마음을 굽혀 부응해주었다.

歲飢에 山庄千石穀을 皆以賑飢民하되 猶不逞盜其窖中藏이러니 其黨泄之한데 曰 是不能忍飢而至是니 不足問也라하다 然家自是乏하되 至人有求어든 必屈意赴之러라

평소에 약속을 중시하였으며 다른 사람과 분쟁하지 않고 田宅과 재물은 반드시 양보하여 베옷을 입고 蔬食를 먹으면서 일생을 마쳤다. 일찍이 자호를 善菴이라 하였다. 榆次의 張先生이 이르기를 "善菴의 孝友와 忠信은 오늘날 보기 드무니 비록 잠시 곤궁하더라도 하늘이 장차 훌륭한 후손을 두게 하리라."라 하였다. 그 후에 과연 그러하였다. 李氏를 아내로 맞이하였고 秦氏를 繼室로 맞이하였고 맨 나중에는 賈氏를 아내로 맞아들였으니, 모두 어진 婦德이 있었다.

平生重然諾하고 不與人分爭하여 田宅財物必讓하고 而布衣蔬食(사)로 終其身이러라 嘗自號善菴이라 榆次張先生曰 善菴孝友忠信은 今時罕見이니 雖暫困이나 天將使之有後라하더니 其後果然이라 娶李氏하고 繼娶秦氏하고 最後娶賈氏하니 皆有賢德이러라

군은 嘉靖 36년(1557) 8월 모일에 卒하였으니 향년 61세이다. 그 縣의 楊安 선영의 곁에 안장하고 먼저 세상을 떠난 두 孺人을 祔葬하였다. 자식은, 아들 다섯 사람은 鍼, 錠, 鈇, 鉞, 鏜이고 딸 한 사람은 杜庭元에게 출가하였다. 鈇는 嘉靖 44년(1565) 進士試에 급제하여 京師에 있으면서 家狀을 갖추어 나를 찾아와 墓石에 쓸 글을 지어주길 청하였다.

君以嘉靖三十六年八月日卒하니 年六十有一이라 葬於其縣之楊安祖塋之次하고 先二孺人祔러라

7) (通)〔逋〕: 저본에는 '通'으로 되어 있으나, ≪震川集≫에 의거하여 '逋'로 바로잡았다.

子男五人은 **鍼錠鈇鉞鎧**이요 **女一人適杜庭元**하다 **鈇**은 **登嘉靖四十四年進士**하여 **在京師**에 **具狀謁余**하여 **書其墓石**이라

銘은 다음과 같다.
옛 晉 땅의 遼州여[8]
들판이 잘 개간되었도다[9]
넓게 펼쳐진 풀밭에
양과 소가 많이 모였어라[10]
아름다워라 이 사람이여
仁義를 이어받아 실천했으니
훌륭하고 뛰어난 그의 아들이
이제 조정에 들어감[11]을 보았도다
진실로 국가의 큰 인물이라
마침내 수립한 바 있으리니
예전에 들은 말로 미루어보면
公卿이 될 수 있으리라
훗날 시초를 상고해보는 것이
바로 이 글에 있으리라

銘曰 在晉之遼여 **畇畇原隰**이로다 **草莽廣薦**에 **羊牛濈濕**이로다 **有美伊人**이여 **仁服義襲**이로다 **嶷嶷厥子**여 **載觀其入**이로다 **允矣國器**니 **其究有立**이라 **前聞是追**컨댄 **公卿是爲**라 **後將考始**가 **其在於斯**로다

8) 옛……遼州여 : 楡次縣이 속해 있는 山西 太原府가 고대 晉나라 땅이고 遼州에 속해 있었다.

9) 들판이 잘 개간되었도다 : ≪詩經≫ 〈小雅 信南山〉에 "개간된 들판에 증손이 농사짓는다.〔畇畇原隰 曾孫田之〕"라 하였다.

10) 양과……모였어라 : ≪詩經≫ 〈小雅 無羊〉에 "네 양이 오니 그 뿔이 사이좋게 모여 있으며, 네 소가 오니 그 귀가 윤택하도다.〔爾羊來思 其角濈濈 爾牛來思 其耳濕濕〕"라 하였다.

11) 조정에 들어감 : 원문은 '入'으로 조정에 들어감을 뜻한다. ≪漢書≫ 권105 〈敍傳 上〉에 "조정에 들어와 좌조월기교위가 되었다.〔入爲左曹越騎校尉〕"라 하였다.

44. 王烈婦의 墓碣　王烈婦墓碣*

*이 글은 嘉靖 39년(1540) 이후에 쓴 것이다. 남편 周鎰이 죽고 두 아들마저 어린 나이에 홍역으로 죽자 자결하여 남편을 따라간 王氏의 행실을 기록한 것이다. 이 글은 첫머리에 가정 30년(1551)에 왜구에게 쫓겨 달아나다가 능욕을 당하지 않고 처참하게 살해당한 이름 모를 여인의 일을 먼저 제시한 것이 특이하다. 이 이름 모를 여인이 정절을 지키다 죽은 일을 湮沒하지 않기 위하여 특별히 안배하는 한편 節義를 모르는 당시 士大夫들을 비판한 것이라 생각된다.

나는 바닷가에서 태어나고 자라 발자취가 천하에 두루 미치지 못하였다. 그러나 내가 본바 향리의 여자로서 남편을 따라 죽은 이 수십 사람을 모두 그 사실을 알아 기술하였다. 그러나 천하에 일찍이 변고가 있었는데도 大吏[1]로서 죽은 사람은 겨우 한둘을 볼 수 있을 뿐이니, 천지의 기운이 어찌 유독 부녀자에게 쏠렸단 말인가. 대개 세상의 군자가 그 일을 맡지 않았거나 그 일을 맡은 사람이 그만한 사람이 못 되었기 때문일 것이다. 그래서 그런 사람을 볼 수 없었던 것이리라.

余生長海濱하여 **足跡不及於天下**라 **然所見鄕曲之女子死其夫者數十人**을 **皆得其事而紀述之**라 **然天下嘗有變矣**로되 **大吏之死**는 **僅一二見**하니 **天地之氣**가 **豈獨偏於女婦**아 **蓋世之君子**가 **不當其事**어나 **而當其事**가 **或非其人**이라 **故無由而見焉**이라

嘉靖 33년(1554)에 倭寇가 쳐들어와 노략질할 때 내가 거주하는 安亭에 한 여자가 동남쪽으로부터 달려오는데 옷고름을 매우 단단히 묶고 있었다. 왜적이 뒤쫓아와서 한 佛舍에 이르러 능욕하려 하다가 뜻대로 안 되자 그 여자의 배를 칼로 가르니, 위와 창자가 흘러나왔다. 마을 사람들이 시신을 거적으로 싸서 북쪽 언덕에 묻어주었지만 끝내 그녀의 성명을 알지 못하였다.

그래서 내가 그녀의 무덤에 묘지를 써주고자 하였으나 써주지 못하고 말았다.

---

1) 大吏 : 조정의 高官 또는 한 방면을 맡은 지방관을 말한다.

王烈婦의 죽음 같은 경우에 이르러서는 姻親간의 사람인데도 지금까지 20년 동안 한마디도 그 사실을 기록하지 못했다. 이때에 이르러 그녀의 아우 執禮가 비로소 글을 써주어 그 묘소의 碣石에 새기게 해달라고 청하였다.

嘉靖三十三年에 倭夷入寇할새 余所居安亭에 有一女子가 自東南來奔에 衣結束甚牢固라 賊逐之하여 至一佛舍하여 欲汚之라가 不可得이라 乃剖其腹하니 腸胃流出이라 里人爲藁葬北原上하되 竟不知其姓名이라 余欲爲之志其墓而未及也러라 至如王烈婦之死하여는 在姻親之間이어늘 今二十年而無一言以紀之러니 至是하여 其弟執禮가 始請書以勒石其墓라

烈婦의 남편 周鎰은 일찍 죽었고 두 아들만 남겼는데, 이윽고 두 아들마저도 홍역을 앓아 맏이는 일곱 살 만에 죽었고 막내는 홍역이 나았다가 다시 병들어 한 해를 넘기도록 앓았다. 이 때문에 열부는 寢食을 전폐하고 온갖 방법을 다 써서 救療하였으나 치유하지 못해 막내도 일곱 살 만에 죽고 말았다. 이에 열부가 목을 매 자결하였다. 아아! 어찌 슬픈 일이 아니겠는가.

蓋烈婦之夫周鎰蚤死하고 遺二孤러니 已而皆病疹하여 長者七歲而死하고 幼者疹愈矣라가 復病하여 病又經年이라 爲之廢寢食하고 百方求瘳之하되 不可得이라 亦七歲而死하니 烈婦於是自縊也러라 嗚呼라 豈不悲哉아

집례가 열부에 대한 얘기를 해주었다. 열부는 시집가기 전[2]에 옛 성현의 글을 보기를 좋아하였다. 부친이 謁選[3]하러 갔다가 京師에서 죽자 〈집례의〉 누님은 부친 얘기를 할 때마다 늘 곡하니, 듣는 사람들이 처연히 눈물을 떨구지 않는 이가 없었다. 평상시에는 집례를 보살피고 가르치는 것이 매우 지극하였다. 작은 누이가 시집가서는 그 시어머니의 행실을 수치스럽게 여겨 며느리로서의 예절을 지키려 하지 않았다. 하루는 자매가 한 자리에 앉아 얘기하다가 그 일을 언급하게 되었다. 누님이 말하기를 "누이가 지나치다. 어찌 효성을 다하여 시어머니로 하여금 스

2) 시집가기 전 : 원문은 '在室'이다. 여자가 아직 시집가지 않고 집에 있을 때를 말한다. 본래는 ≪儀禮≫ 〈喪服〉에 "시집가지 않은 딸은 아버지의 喪에 마포로 머리를 묶고 가는 대나무 비녀를 꽂고 북상투를 하고 하고 참최를 입되 3년을 입는다.〔女子子在室 爲父 布總 箭笄 髽 衰三年〕"라 하였다.

3) 謁選 : 官吏가 吏部의 선발을 받으러 가는 것이다.

스로 부끄러워하여 그런 행실을 하지 않도록 하느니만 하겠는가."라 하였다.

집례가 또 말하기를 "다른 사람은 삶과 죽음이 갈릴 때 참으로 어려워하는데 누님이 이에 대해 그야말로 매우 가볍게 보셨으니, 일찍이 마음에 두시지도 않았던 것이다."라 하였으니, 참으로 죽음에 나아가기를 자기 집에 돌아가는 것처럼 여기는[4] 것이라 할 만하다.

執禮稱其在室에 **好觀古書**라 **父謁選卒於京師**어늘 **姊每哭之**하니 **聞者莫不悽然淚下**러라 **平時撫敎執禮甚至**라 **妹嫁而恥其姑之行**하여 **不肯執婦禮**어늘 **一日姊妹相聚**에 **語及之**한데 **姊曰 妹過矣**로다 **曷若盡孝**하여 **使之自媿而不爲也**리오라하고 **又言他人於死生之際**에 **誠難**이어늘 **姊於是**에 **直視之甚輕**하니 **蓋未嘗經意也**라하니 **眞可謂赴死如歸者矣**로다

周鎰의 부친 諱 土는 工部都水司主事이고 조부 휘 燁은 監察御史에 봉해졌으니, 太倉 사람이다. 열부의 부친 휘 可大는 太學生이고 조부 휘 秩은 雲南右布政使로 崑山 사람이다. 열부는 嘉靖 18년(1539) 10월 4일에 卒하였으니, 나이 27세이다. 무덤은 雙鳳里 吳墟의 둔덕에 있다.

周鎰父諱土는 **工部都水司主事**요 **祖諱燁**은 **封監察御史**니 **太倉人**이라 **烈婦父諱可大**는 **太學生**이요 **祖諱秩**은 **雲南右布政使**니 **崑山人**이라 **其卒以嘉靖十八年十月初四日**이니 **年二十有七**이라 **葬在雙鳳里吳墟之原**하다

그 이듬해에 太倉州守가 열부의 사실을 巡按監察御史에게 보고하였다. 순안감찰어사가 올린 奏文이 禮部에 하달되어 열부의 집에 旌閭를 하사하도록 하였다. 이에 국가가 옛날의 格禮에 따라 旌表하되 外門을 높이고 문에는 綽楔을 두고 좌우에는 臺를 세우되 높이는 1丈 2尺이며, 너비는 정방형으로 만들어 높이에 맞춘 다음 흰 칠을 하고 네 모서리에는 붉은 칠을 하도록 하였으니,[5] 이 문 앞을 지나가

---

4) 죽음에……여기는 : ≪史記≫ 권79 〈范雎蔡澤列傳〉에 "군자는 절의를 지켜 난리에 죽어 죽음을 보기를 자기 집에 돌아가는 것처럼 여기니, 살아서 욕된 것이 죽어서 영광스러움만 못하다.〔君子以義死難 視死如歸 生而辱 不如死而榮〕"라 하였다.

5) 外門을……하였으니 : ≪新五代史≫ 권34 〈李自倫傳〉에 "지형에 알맞게 헤아려 외문을 높이되 문에는 綽楔을 두고 좌우에는 臺를 세우되 높이는 1丈 2尺이며, 너비는 정방형으로 만들어 높이에 맞춘 다음 흰 칠을 하고 네 모서리에는 붉은 칠을 하여 불효하거나 불의한 자들이 보

는 사람은 보고 본받을 바가 있을 것이요, 열부와 같지 못한 자는 부끄럽게 여길 것이니, 世教를 扶翼하는바, 그 뜻이 원대하다 하겠다. 그런데 공교롭게도 水部君[6]이 세상을 떠났다. 그래서 그 집안에서 이 일을 중지하여 거행하는 이가 없었고, 게다가 鎰은 후사를 두지 못하였다. 집례는 때때로 꿈속에서 열부가 맏아이 또는 막내의 손을 잡고 오는 모습을 보곤 하였다 하니, 아마도 열부의 정신은 아직 없어지지 않았는가 보다.

其明年에 太倉州守가 上其事於巡按監察御史하니 奏下禮部하여 旌其閭라 國家依古格旌表하되 高其外門하고 門安綽楔하고 左右建臺하되 高一丈二尺에 廣狹方正稱焉이요 圬以白而赤其四角하니 人之過者有所觀法이요 不然者以爲恥하니 所以扶翊世教가 其意遠矣러니 會水部君卒이라 其家寢其事하여 未有擧者요 而鎰又不置嗣라 執禮時時夢見烈婦가 攜其兒或長者或幼者하니 蓋其精爽不亡云이라

면 뉘우치고 행실을 바로잡을 수 있도록 하였다.〔其量地之宜 高其外門 門安綽楔 左右建臺 高 丈二尺 廣狹方正稱焉 圬以白而赤其四角 使不孝不義者見之 可以悛心而易行焉〕"라 하였다. 綽楔은 정려를 세울 때 정문 양쪽에 세우는 나무 기둥이다.

6) 水部君 : 장열부의 시아버지인 工部都水司主事 周土를 가리킨다. 水部는 工部의 이칭이다.

45. 朱隱君의 墓誌銘　朱隱君墓誌銘*

*이 글은 朱班의 묘지명으로 嘉靖 42년(1563), 歸有光의 나이 58세 이후에 지은 것으로 추정된다. 귀유광이 평소에 잘 알고 지내던 朱用賓의 부탁을 받고 지은 것이다. 주정은 탁월한 재능이 있어 시를 잘 지었으나 자신은 벼슬길에 오르지 못하고 초야에서 隱者로 살았고, 그의 아들 주용빈이 進士試에 탁월한 성적으로 급제하였다.

君은 諱가 珽이고 자가 朝貴로 蘇州 嘉定 사람이다. 대대로 守信鄕 蒲華里에 살았다. 부친은 휘 錦이고 조부는 휘 鯍이고 증조는 휘 惠元이다. 처음 姓은 趙氏였다가 중간에 冒姓[1]하여 陳氏로 바꾸었고 朱氏 집안의 사위가 되었으니, 조씨 때의 사적은 湮沒하여 상고할 수 없다. 주씨 어머니의 아들이 번성한지라 마침내 주씨가 되었다. 그러므로 마을 사람들은 모두 橋內朱家라 일컫는다.

君은 **諱珽**이요 **字朝貴**니 **蘇州嘉定人**이라 **世居守信鄕蒲華里**러라 **考**는 **諱錦**이요 **祖考**는 **諱鯍**이요 **曾祖考**는 **諱惠元**라 **始姓趙氏**라가 **中冒陳氏**하고 **而贅於朱**하니 **趙湮微不可考**라 **朱母之子繁衍**이라 **遂爲朱氏**라 **故里人皆稱爲橋內朱家云**이라

군은 天生으로 영특하고 豪邁하여 나이 8, 9세 때 마을의 부호가 집에 들렀는데 의복이 매우 화려하였다. 집에서 술과 음식을 차려놓고 그자를 맞이하여 공경을 다했는데, 그 부호는 더욱 거만하게 굴었다. 군이 눈을 부릅뜨고 그자를 바로 바라보면서 조모에게 말하기를 "이 사람은 무엇 하는 자입니까." 하고 작대기를 쥐고 욕하며 쫓아내니, 그 부호가 황급히 일어나 나가면서 말하기를 "씩씩한 아이가 두렵구나."라 하였다.

---

1) 冒姓 : 자기 姓氏를 버리고 다른 성씨로 바꾸는 것이다. 漢나라 대장군 衛青은 본래 鄭氏였는데 어머니의 衛媼 집안이 성씨를 따라 冒姓하여 衛氏로 바꾸었다.(≪史記≫ 권111 〈衛將軍驃騎列傳〉)

일찍이 모종의 일로 龔尙書[2]를 배알할 때 응대하는 말이 慷慨하거늘 공상서가 말하기를 "그대가 田舍에 있는 것이 애석하니, 만약 士[3]가 된다면 유능한 관리가 될 것이다."라 하였다. 홀연 하루는 쟁기를 버리고 성곽에 들어가 儒生의 학문을 묻더니, 弱冠의 나이에 선발되어 社師[4]가 되었다.

君生而英邁하여 年八九歲에 里中豪來過할새 衣服都甚이라 家具酒饌하여 延之盡敬하니 豪益倨어늘 君瞋目直視하여 語祖母曰 是人何爲者也오하고 持杖罵且逐之하니 豪遽起出曰 健兒可畏也라하다 嘗以事謁龔尙書할새 應對慷慨어늘 尙書曰 惜子居田舍하니 若爲士면 作能吏矣라하다 忽一日棄耒入郭中하여 問儒生學이러니 弱冠에 選爲社師러라

吉月에 현령이 社師들을 불러 시를 짓게 했는데, 군이 지은 시를 현령이 늘 유독 칭찬하였다. 부친을 대신해 徭役을 하러 京師에 갈 때 경유하는 길에 만난 사람들을 명부에 기록하였고, ≪進士錄≫[5]을 얻어서는 늘 펼쳐보아 마지않으면서 말하기를 "설혹 내가 아들을 둔다면 응당 이런 사람이 되게 하리라."라 하였으니, 이때는 아들 用賓이 아직 태어나지 않았을 때이다. 일찍이 재산을 아우에게 넘겨주었으며 성품이 남을 구휼하기를 좋아하여 마침내 스스로 생계를 꾸릴 수 없을 지경에 이르렀는데도 날마다 古詩를 읊조리며 편안히 유유자적하였다. 만년에 아들을 얻어서 지극히 사랑하였다.

성품이 차마 남을 미워하지 못하였는데 노년에 이르러서는 더욱 관대하고 화평하여 절대로 남과 다투지 않았고 초야에서 한가롭고 고고하게 살면서 城市에는 가지 않은 것이 20년이었다. 나이가 거의 일흔에 가까울 때 아들 용빈이 鄕進士[6]에 합격하였는데, 主司가 그의 글을 최고로 뽑았고 학자들이 傳誦하였다. 마침내 군의 소원을 이루게 되었다.

2) 龔尙書 : 龔弘(1451~1526)인 듯하다. 嘉定 사람이고, 工部尙書를 지냈다. ≪震川集≫ 권17 〈葉縣丞蘇君墓誌銘〉에 '尙書龔公弘'이라는 표현이 보인다.

3) 士 : 士大夫의 士이다. 고대에는 大夫 아래에 上士, 中士, 下士의 지위를 두었다.

4) 社師 : 社學의 敎師이다. 元나라, 明나라, 淸나라 때에는 큰 고을에는 각각 사학을 설치하고 生員으로 교사를 삼았다.

5) 進士錄 : 進士가 된 사람의 성명과 인적사항을 기록한 책이다.

6) 鄕進士 : 鄕試에 합격한 사람으로, 明淸時代에는 擧人이라 일컬었다.

吉月에 令召諸社師試詩하고 君詩를 令常獨稱善이러라 代父傜하여 之京師할새 道塗所經에 輒籍記하고 得進士錄하여 展不置曰 設吾有子면 當使爲此輩人라하니 時子用賓未生也라 嘗以財推讓其弟하고 而性好賙䘏人하여 遂至不能自給이로되 日取古詩吟詠하여 怡然自適이러라 晩得子하여 慈愛之尤至라 性不能忍睚眦之怨이러니 至老하여는 乃益寬和하여 絶不與人較하고 寄傲草野間하여 不至城市者二十餘年이라 年幾七十에 子用賓登鄕進士하니 主司第其文最高하고 學者傳誦之라 卒償君所願云이라

군의 부인은 李氏이고 繼室은 嚴氏, 孫氏이다. 자식은, 아들은 2인이니 맏이는 바로 용빈이니 嚴氏 소생이고 友恭은 아직 어리며, 딸은 3인인데 王頊, 陸萱, 吳中英이 사위이다. 나는 용빈과 자주 京師에서 만났고 嘉靖 41년(1562)에 같이 南宮에서 낙방하여 함께 집으로 돌아왔다. 군은 나의 선친보다 한 살이 더 많다. 선친은 4월에 세상을 떠났고 군은 5월 3일에 세상을 떠났으니, 실로 용빈과 같이 이 終天之痛[7]을 품게 되었다.

용빈이 그 이듬해 10월 모일에 漕水 가 언덕, 蒲華塘의 오른쪽에 군을 안장한 다음 군의 門人인 進士 陳應台로 하여금 행장을 기술하게 하고 同年 진사 秦霑과 丁允亨이 오는 편에 나에게 銘을 지어달라고 청하였다. 나는 선친이 아직 殯所에 계시니, 어찌 차마 군을 위해 명을 지을 수 있으랴만 의리상 사양하지 못하였다.

君配李氏요 繼嚴氏孫氏라 子男二人이니 長卽用賓이라 嚴氏出이요 友恭은 尙幼요 女三人은 王頊陸萱吳中英壻也라 余與用賓으로 數於京師相見하고 嘉靖四十一年에 同自南宮下第還하다 君長余先人一年이라 先人以四月謝世하고 而君以五月三日하니 實與用賓同此終天之痛이라 用賓以明年十月某日로 葬君於漕浜之原蒲華塘之右하고 使其門人進士陳應台로 具狀하여 因同年進士秦霑丁允亨來請銘이라 吾先人尙在殯하니 何忍爲君銘이리오만 而義不可辭라

銘은 다음과 같다.

성품이 강직하였으니

부드럽게 굽힐 수 없었도다

7) 終天之痛 : 부모를 잃은 슬픔을 말한다. 終天은 終身과 같다.

몸은 초야에 있으면서
聖賢의 서책[8)]을 좋아하였어라
몹시 힘들여 의로운 일 하니
자신은 오히려 곤궁하였도다
대를 이을 훌륭한 자식 있으니
능히 떨치고 일어났어라
한가한 초야로 떠나가서
노년에 문을 닫고 은둔했으니
만난 운명이 그러한지라
또한 현달하지 못하였도다
군의 후대에 이르러서는
마침내 福祿을 얻었어라
내가 이 銘을 짓노니
돌에 새길 만하도다

銘曰 性婞直兮여 不能蕘也로다 躬草萊兮여 好墳典也로다 苦爲義兮여 自屯蹇也로다 有嗣人兮여 能振搴也로다 逃閑野兮여 老閉鍵也로다 惟命之逢이여 亦未顯也로다 在君之後에 終獲戩也로다 吾爲斯銘하니 石可篆也로다

8) 聖賢의 서책 : 원문은 '墳典'이다. 三墳五典의 준말로 三墳은 三皇의 전적이고, 五典은 五帝의 전적이라 하는데, 전설 중에 나오는 옛날 전적을 통칭하는 말로 쓰인다.

46. 沈貞甫의 墓誌銘　沈貞甫墓誌銘*

* 嘉靖 34년(1555), 歸有光의 나이 50세 때 지은 글로 沈果(1514~1555)의 행적을 기록한 것이다. 심과는 자가 貞甫이고 安亭 사람으로 귀유광과는 어릴 때부터 사귄 친구이다.

내가 처음 沈貞甫를 알 때 정보는 매우 어린 나이에 馬鞍山[1] 절[2] 곁에서 독서하고 있었다. 내가 王氏를 아내로 맞이하자 아내가 정보의 妻와 자매라 때때로 처가에서 서로 만나곤 했다. 내가 일찍이 鄧尉山에 들어가 지낸 적이 있었는데, 정보가 와서 나와 함께 살면서 날마다 虎山, 西崦[3] 등 산봉우리들을 유람하면서 太湖 72峯의 빼어난 경치를 구경하였다.

馬鞍山圖

自予初識貞甫時로 **貞甫年甚少**에 **讀書馬鞍山浮屠之偏**이러니 **及予娶王氏**하여 **與貞甫之妻爲兄弟**라 **時時過內家相從也**러라 **予嘗入鄧尉山中**이러니 **貞甫來共居**하여 **日遊虎山西崦上下諸山**하여 **觀太湖七十二峯之勝**이러라

1) 馬鞍山 : 지금의 江蘇省 崑山 서북쪽에 있다.

2) 절 : 원문은 '浮屠'이다. 사찰, 승려, 승려의 유골을 안치하는 석탑 등을 일컫는 말인데, 여기서는 사찰을 뜻한다.

3) 虎山, 西崦 : 江蘇省 吳縣 光福鎭에 있다.

嘉靖 20년(1541)[4]에 내가 安亭에 와서 卜居했으니, 안정은 吳淞江 가에 있어 崑山, 嘉定과 지역이 인접한 곳이었다. 沈氏가 이 지역에 世居하고 있다. 정보는 이 때문에 나와 더욱 친밀해져 거의 하루도 빠짐없이 서신으로 서로 왕래하였다. 내가 과거에 급제하지 못하고 窮한 처지였음에도[5] 정보는 홀로 나를 신뢰하여 비록 한 글자만 의심스러워도 반드시 내 집에 들러 考訂하고 마침내 나의 말이 옳다고 하였다. 대개 내가 江海의 물가에 은거한 지 20년 동안 死喪과 憂患[6] 속에 顚倒하고 狼狽하였으니, 세상 사람들은 나를 비웃었다. 그러나 정보는 전혀 다른 사람들의 말 때문에 마음이 흔들려 동조하지 않았고, 당시의 부귀한 자들이 다 함께 나에 대해 분노하여 뭇사람들이 보고 놀라는 지경에 이르러서도 정보는 나에 대한 마음을 바꾸지 않았다.

아! 선비가 불우한 때를 만나서는 남이 한마디 말만 잘해주어도 마음에 잊지 못하는 법이다. 내가 어떻게 하여 정보에게 이런 대우를 받을 수 있었단 말인가! 이것이 내가 정보가 세상을 떠남에 대해 크게 슬퍼하지 않을 수 없는 까닭이다.

嘉靖二十年에 **予卜居安亭**하니 **安亭在吳淞江上**하여 **界崑山嘉定之壤**하니 **沈氏世居於此**라 **貞甫是以益親善**하여 **以文字往來無虛日**이라 **以予之窮於世**로 **貞甫獨相信**하여 **雖一字之疑**라도 **必過予考訂**하여 **而卒以予之言爲然**하니 **蓋予屛居江海之濱**하여 **二十年間**에 **死喪憂患**에 **顚倒狼狽**하니 **世人之所嗤笑**로되 **貞甫了不以人之說**로 **而有動於心**하여 **以與之上下**하고 **至於一時富貴翕嚇衆所觀駭**하여도 **而貞甫不予易也**러라 **嗟夫**라 **士當不遇時**하여 **得人一言之善**이라도 **不能忘於心**하나니 **予何以得此於貞甫耶**아 **此貞甫之沒**에 **不能不爲之慟也**라

정보는 사람됨이 강직하고 엄격하여 스스로 인품을 수양하기를[7] 좋아하고 꿋꿋한 操行을 지켜 옳은 사람이 아니면 일찍이 대면해 함께 말한 적이 없었다. 일을

---

4) 嘉靖 20년(1541) : 귀유광이 安亭에 와서 산 것은 嘉靖 21년이다. '十'자 뒤에 '一'자가 빠진 듯하다.

5) 窮한 처지였음에도 : 귀유광이 과거에 여러 차례 낙방한 것을 말한다.

6) 死喪과 憂患 : 귀유광은 嘉靖 14년(1535)에 딸 如蘭이 죽었고, 18년(1539)에 딸 二二가 죽었고, 27년(1548)에 장남 翻孫이 죽었고, 30년(1551)에 繼室 王氏가 죽었다.

7) 인품을 수양하기를 : 원문은 '修飾'이다. ≪荀子≫ 〈君道〉에 "삼가 인품을 수양하여 위태롭지 않았다.〔謹修飾而不危〕"라 한 데서 온 말이다.

만나면 激昂하여 죽음을 당하는 것도 피하지 않았다. 옛 성현의 전적을 보기를 특히 좋아하였고 반드시 명산과 佛寺, 道觀에 갔는데, 가는 곳마다 땅을 쓸고 향을 사른 다음 几案에 서책을 펼쳐두었다. 누가 책을 가지고 있다는 말을 들으면 갖은 방법을 써서 구하여 손수 베껴 쓴 것은 수백 권에 이르렀다. 지금 세상에는 과거를 통하여 빨리 출세하는 공부[8]가 있어 모두 경서를 읽어 古道를 아는 것을 迂闊하다고 여긴다. 그런데 정보는 홀로 서책에 있어 좋아할 줄 아는 것이 이와 같으니, 대개 바야흐로 古道로 나아가 마지않았던 것이다. 그런데 불행히 병들었고 병든 지 이미 몇 해가 되었는데도 서책을 공부하는 것이 더욱 부지런하였다. 나는 그의 뜻을 畏敬하는 한편 그의 힘이 이어지지 못할까 걱정하였는데, 마침내 병으로 죽고 말았으니, 슬프도다!

貞甫爲人伉厲하여 **喜自修飾**하고 **介介自持**하여 **非其人**이어든 **未嘗假以詞色**하고 **遇事激昂**하여 **僵仆無所避**러라 **尤好觀古書**하고 **必之名山及浮屠老子之宮**이러니 **所至**에 **掃地焚香**하고 **圖書充几**요 **聞人有書**하면 **多方求之**하여 **手自抄寫**가 **至數百卷**이러라 **今世有科擧速化之學**하여 **皆以通經學古爲迂**어늘 **貞甫獨於書**에 **知好之如此**하니 **蓋方進於古而未已也**라 **不幸而病**하여 **病已數年**에 **而爲書益勤**이라 **予甚畏其志而憂其力之不繼**러니 **而竟以病死**하니 **悲夫**라

당초에 내가 安亭에 거주할 때 일이 없어 한가하면 늘 그의 집에 들러서 차를 마시고 글을 토론하느라 혹 하루를 마치는 데 이르기도 하였다. 정보가 세상을 떠나고 난 뒤에 내가 다시 정보의 집에 갔더니, 게다가 兵火를 겪은 뒤라 홀로 서성이며 갈 곳이 없기에 더욱 사람으로 하여금 '황량한 강가가 적막하다'[9]라 하는 탄식을 하게 하였다.

初予在安亭에 **無事**면 **每過其精廬**하여 **啜茗論文**하여 **或至竟日**이러니 **及貞甫沒**하여 **而予復往**하니 **又經兵燹之後**라 **獨徘徊無所之**일새 **益使人有荒江寂寞之歎矣**러라

---

8) 과거를……공부 : 당시의 科文인 八股文을 가리킨다. 速化는 빨리 벼슬하는 것이다. 韓愈의 〈答陳生書〉에 "족하는 속화하는 방법을 찾으면서 그만한 사람에게 찾지 않고 나 같은 사람에게 찾는다.〔足下求速化之術 不於其人 乃以訪愈〕"라 하였다.

9) '황량한……적막하다 : 韓愈의 〈答崔立之書〉에 "이 모든 것이 뜻대로 되지 않을 때에는 오히려 넓고 한가로운 들판에서 밭을 갈고, 적막한 물가에서 낚시질이나 한다.〔若都不可得 猶將耕於寬閒之野 釣於寂寞之濱〕"라는 말이 있다.(≪昌黎文集≫ 권16)

정보는 휘가 果이고 자가 정보이다. 王氏를 아내로 맞아 자식이 없고 養女가 한 사람이다. 아우가 있으니, 善繼, 善述이다. 嘉靖 34년(1555) 7월 모일에 세상을 떠났으니, 나이는 42세이다. 이해 모월 모일에 아무 둔덕의 선영에 장사 지냈으니, 슬프도다!

貞甫는 諱果요 字貞甫니 娶王氏하여 無子하고 養女一人이라 有弟曰 善繼善述이라 其(葬)〔卒〕[10)]以嘉靖三十四年七月日하니 年四十有二라 卽以是年某月日로 葬於某原之先塋하니 可悲也已라

銘은 다음과 같다.
하늘인가 운명인가
알 수 없도다
그 뜻이 근면하였거늘
이에 그치고 말았도다

銘曰 天乎命乎아 不可知로다 其志之勤이어늘 而止於斯로다

10) (葬)〔卒〕: 저본과 ≪震川集≫에는 모두 '葬'으로 되어 있는데, 오자로 판단하여 '卒'로 바로잡았다. 앞의 〈王烈婦墓碣〉에 "其卒以嘉靖十八年十月初四日"이라 하였다.

47. 죽은 아이 翻孫의 壙誌　亡兒翻孫壙誌*

*이 글은 歸有光이 43세 때인 嘉靖 27년(1548)에 지은 것이다. 翻孫은 귀유광의 장남으로 16세의 나이에 요절하였다. 귀유광은 이 글에서 증손의 이름을 짓게 된 배경을 먼저 기술하고 그의 어질고 효성스러웠던 성품을 보여주는 여러 일화를 서술하면서 아들의 죽음에 대한 비통한 심정을 표현하고 있다. 말미에는 여러 經典을 인용하여 증손의 장례를 未成年의 禮가 아니라 成年의 禮로 치르는 것의 근거를 밝혔다.

슬프다. 내가 태어난 지 7년이 되었을 때 先妣[1])께서 先妻[2])와의 婚約을 정하고 우리 누님[3])을 王氏[4])에게 시집보내셨는데 1년 만에 선비께서 돌아가셨다. 나는 늦게 혼인하여 처음에 우리 딸을 낳았는데 매양 선비께서 살아 계실 때의 일을 말할 때면 그때마다 부부가 마주보고 울었다. 또 3년이 지나 우리 아이를 낳으니, 선처는 그때 이미 병을 앓고 있었으나 몹시 기뻐하여 여종을 불러 아이를 안게 하고 시아버지를 뵈었다. 임종하던 날 저녁에 아내가 몇 번 두 아이를 말하고 때때로 두 손가락을 펴서 나에게 보이니, 애통한 일이었다.

대개 우리 祖父에게 처음으로 증손자가 생겼기 때문에 아이 어미가 아이에게 曾孫이라는 字를 지어주었는데, 나는 아이 어미의 말을 저버리기가 어렵고 曾孫으로 이름을 삼을 수도 없기에 翻孫이라고 이름하였다.

---

1) 先妣 : 귀유광의 모친 周氏(1488~1513)를 이른다. 주씨는 이름이 桂이고, 太學生 周行의 딸이다. 16세에 귀유광의 부친 歸正과 혼인하여 6남매를 낳았다. 자세한 행적은 본서의 〈先妣事略〉에 보인다.

2) 先妻 : 귀유광의 첫 부인인 魏氏를 이른다. 위씨는 南京 光祿寺典簿 魏庠의 차녀로서, 1528년 귀유광과 혼인하고 1533년에 병으로 사망하였다.

3) 우리 누님 : 귀유광보다 한 살 많은 누이인 歸淑靜을 이른다.

4) 王氏 : 귀유광의 자형 王三接을 이른다. 왕삼접은 字가 汝康이고, 崑山人이다. 嘉靖 24년(1535)에 진사가 되어 柳州府知府, 河東都轉運使 등을 역임하였다. 1523년에 귀유광의 누이 歸淑靜과 혼인하였다.

嗚呼라 余生七年에 先妣爲聘定先妻하고 而以吾姊與王氏러니 一年而先妣棄余라 余晚婚하여 初擧吾女하니 每談先妣時事에 輒夫婦相對泣이러라 又三年에 生吾兒하니 先妻時已病이나 然甚喜하여 呼女婢抱하여 以見(현)舅氏러라 臨死之夕에 數言二兒하고 時時戟二指하여 以示余하니 可痛也라 蓋吾祖始有曾孫이라 故로 其母字之하여 曰曾孫하니 余重違其母言이요 又以曾孫不可以爲諱일새 故로 名䎖孫云이라

그때는 우리 아이가 태어난 지 겨우 3개월이었기에 밤낮으로 장성하기를 바랐는데, 지금 16세가 되어 우리 아이의 風貌와 정신이 남달리 빼어나 이미 아비의 책을 능히 읽는 것을 보고서 늘 先妻가 죽어도 죽지 않았음을 스스로 기뻐하였다. 先妣의 만년의 뜻과 선처의 임종 때의 말을 조금이나마 달랠 만하였는데, 내가 자애롭지 못하고 효성스럽지 못한 것이 우리 아이에게까지 화를 미쳐 할아버지와 아버지로 하여금 백발의 몸으로 우리 아이를 곡하게 할 줄은 생각지도 못하였다.

時에 吾兒生甫三月이라 日夜望其長成이러니 至於今에 十有六年이라 見吾兒丰神秀異하여 已能讀父(作)〔之〕[5]書하고 常自喜先妻爲不死矣라 而先妣晚年之志와 先妻垂絶之言을 可以少慰也러니 不意余之不慈不孝가 延禍於吾兒하여 使吾祖吾父로 垂白哭吾兒也로라

우리 아이가 죽자 우리 집안사람들은 어른 아이 할 것 없이 곡하여 슬픔을 다하였고, 지금 어미[6]의 친족들도 모두 친조카가 죽은 것보다 더 슬프게 곡하였으며, 아이와 교유하던 이들도 서로 보며 곡하였다. 그 성품이 어질고 효성스러워 부모와 諸母[7]를 뵐 때에 여전히 젖먹이 때의 기색이 있었는데도 사람들에게 자애로워 大人長者와 같은 말이 많았다. 그러므로 죽었을 때 슬퍼하지 않는 이가 없었던 것이다.

吾兒之亡에 家人無大小히 哭盡哀하고 今母之黨이 皆哭之를 愈於親甥하고 其與之游者가 相聚而哭이라 其性仁孝하여 見父母若諸母에 尙有乳哺之色이로되 慈愛於人하여 多大人長者之言이라 故로 其死에 莫不哀라

---

5) (作)〔之〕: 저본에는 '作'으로 되어 있으나, ≪文章辨體彙選≫에 의거하여 '之'로 바로잡았다.

6) 지금 어미 : 귀유광의 둘째 부인이자 䎖孫의 계모인 王氏를 이른다.

7) 諸母 : 아버지와 한 항렬이 되는 堂內親의 아내를 말한다.

처음에 나는 우리 아이를 가엾게 여겨 공부하라고 심하게 다그치지 않았다. 어떤 이가 이 점을 말하기에 나는 우리 아이라면 응당 공부하라고 다그칠 필요가 없을 것이라고 혼자 생각하였다. 일찍이 三史[8)]로 시험했을 때 곧 스스로 글 뜻을 알았다. 학생들이 와서 학문을 물으면 내가 잠깐 외출했을 때에는 아이를 시켜 답변을 대신 구술하게 했더니 왕왕 내가 말한 바와 같았다. 혹 外舍에서 들어오면 그때마다 几案 곁에 나아가 책을 펼쳐 내가 읽는 것이 어떤 글인지 보았다. 나는 한가하여 일이 없어 글 짓는 것을 배웠는데 한 편의 글이 완성될 때마다 아이가 즉시 가지고 가서 기뻐하며 낭송하였고 더불어 세속의 일을 말하면 달가워하지 않았다.

하루는 내가 학생들과 경서를 해설하고 물러나와 밥을 먹다가 바야흐로 학생들이 날씨가 춥고 해가 이미 기울었는데 아직 점심도 먹지 못했을까 염려하여 사람을 시켜 살펴보게 하였더니, 아이가 이미 어미에게 고하여 밥을 차려주었다.

洞庭山[9)]에서 와서 배우는 어떤 사람이 가난이 심한지라 내가 그를 우리 집에서 묵게 하였는데, 아이가 때로 그 방에 나아가 음식을 살피고 정성스레 위로하니, 그 사람이 감동하여 눈물을 흘렸다.

내가 처남과 집을 매매하여 집값을 이미 다 치렀는데도 요구가 그치지 않았는데, 아이는 매양 조용히 말하기를 "외삼촌이 큰 집을 버리고 작은 집에 사시니 염려해줄 만합니다. 아버지께서 결국 보살펴주셔야 할 테니 다른 것은 논하지 마십시오." 하였다.

내가 한 사람을 오해하여 매질한

洞庭山圖

8) 三史 : ≪史記≫, ≪漢書≫, ≪後漢書≫를 가리킨다.

9) 洞庭山 : 지금의 江蘇省 太湖에 있는 산이다.

일이 있는데 아이가 앞으로 나와 힘껏 변론하였으나 내가 처음에는 깨닫지 못하다가 뒤늦게 뉘우쳤다. 매 맞은 자가 아이가 죽었다는 말을 듣고 대성통곡하였다.

내가 세상에서 곤궁하게 산 지 오래되었다. 바야흐로 문을 닫고 아이를 가르치고자 생각하였는데 아이가 능히 나의 뜻을 알았다. 아이를 대할 때마다 입으로 말하지는 않았으나 내심 스스로 기뻐하여 유독 이로써 스스로 즐겼는데, 하늘이 또 아이를 이렇게 빼앗아가니, 내가 또 하늘에 무슨 죄를 지었는가.

始에 余憐吾兒하여 不甚督課之러니 或以爲言이로되 余獨自念如吾兒는 當自不待督課也라 嘗試之三史에 卽能自解라 諸生來問學者면 余少出에 令兒口傳이러니 往往如所言이라 或入自外舍하면 輒就几旁展卷하여 視所讀何書러라 余閒居無事하여 學著書러니 每一篇成에 卽持去하여 忻然朗誦하고 與之言世俗之事면 不屑也러라 一日에 余與學者로 說書退食이라가 方念諸子天寒日已西에 尙未午飧하여 使人視之하니 則兒已白母하여 爲具食矣라 洞庭有來學者가 貧甚이라 余館之러니 兒時造其室하여 視食飮하고 殷勤慰藉하니 其人爲之感泣이라 余與妻兄市宅하여 直(치)已讐而求不已어늘 兒每從容言하되 舅舍大宅而居小宅하니 可念吾父終當恤之니 他勿論也라하니라 余誤笞一人이러니 兒前力爭之로되 余初不省而後悔러라 笞者聞兒死하고 爲之大哭이러라 余窮於世가 久矣라 方圖閉門敎兒子러니 兒能解吾意라 對之에 口不言而心自喜하여 獨以此自娛러니 而天又奪之如此하니 余亦何辜於天耶아

이해 12월 나는 병을 앓아 추위를 두려워하여 일찍 일어나지 못하고 날마다 아이를 시켜 침대 앞에서 〈離騷〉를 외게 하였으니, 그 낭랑한 음성이 아직도 내 귀에 들리는 듯하다. 마침 외가에 상이 났을 때 아이가 眼疾이 있어 가고자 하지 않았는데 억지로 가자고 한 뒤에야 갔으니, 己酉日에 가서 甲子日에 죽었다.[10] 외가에 도착했을 때에는 용모가 환하니 보는 사람들이 찬탄하였다. 평소 본디 건강하여 병이 없었으니, 문을 나갈 때에는 오누이가 손을 맞잡고서 담소하는 소리가 눈앞에 가득하다가 돌아올 때에는 슬피 곡하며 서로 마주봄에 홀연 우리 아이만 보이지 않게 될 줄을 누가 생각이나 하였겠는가.

죽기 이틀 전에 내가 가서 아들을 보았더니, 아들은 내가 밤중에 앉아 있는 것을 보고 오히려 "아버지께서는 〈연세가 많아〉 피로를 견디지 못하시니, 저 때문에 잠

10) 己酉日에……죽었다 : 己酉日은 1548년 12월 8일이고, 甲子日은 같은 해 같은 달 23일이다.

못 들지 마십시오." 하였고, "어머니께서는 저 때문에 울지 마십시오. 어머니는 몸이 약하신데 지금 저 때문에 세 번이나 우셨습니다." 하였다. 또 몇 번이나 "속히 저를 데리고 집으로 돌아가주십시오."라고 말하였는데, 내가 "네가 아프니 움직여서는 안 된다." 하니, 아이는 즉시 얼굴을 찡그리며 몹시 괴로워하였다. 대개 아이의 말을 들어주지 않은 것은 아이가 살아나길 바라서였으니, 외가에서 죽는 것은 아이의 뜻이 아니었다.

歲之十二月에 余病畏寒하여 不能蚤起하고 日令兒在臥榻前誦離騷하니 音聲琅然이 猶在吾耳也라 會外氏之喪에 兒有目疾하여 不欲行이어늘 强之而後行하니 蓋以己酉往하고 甲子死也라 方至外氏하여 姿容粲然하니 見者歎異러라 生平素强壯無疾也하니 孰意出門之時엔 姊弟相攜하여 笑言滿前이라가 歸來之時엔 悲哭相向에 倏然獨不見吾兒也리오 前死二日에 余往視之러니 兒見余夜坐하고 猶曰 大人不任勞하니 勿以吾故不睡也하라하고 曰 吾母勿哭我하라 吾母羸弱이어늘 今三哭我矣라하고 又數言亟攜我還家어늘 余謂汝病不可動이라하니 卽顰蹙甚苦러라 蓋不聽兒言은 欲以望兒之生也니 死於外氏는 非其志也라

슬프다, 누군들 부모와 처자가 없으랴만, 나는 바야흐로 어려서 부모를 사모할 때에[11] 하늘이 어머니를 빼앗아갔고, 가정을 이루는 즐거움이 있는 줄을 알게 되자 아내가 죽었고, 아들이 거의 장성하자 또 아들이 죽으니, 하늘이 나에게 혹독하게 구는 것이 어쩌면 이리도 고통스럽단 말인가. 아들의 효심과 우애와 총명함과 그 四柱와 觀相으로는 모두 죽어서는 안 되는데 태어난 지 석 달 만에 어미를 잃고 16세에 나를 버리고 떠났으니, 하늘이 아들에게 어쩌면 이리도 가혹하단 말인가.

당시에 아들의 발이 문 밖을 나가지 않았거늘 客死한 것은 또 어째서인가. 術者가 말하기를 "외가에서 난 喪은 甲寅으로써 癸巳를 불렀다."[12] 하니, 아들은 癸巳

---

11) 어려서……때에 : 원문은 '孺慕'인데, 어린아이가 어버이를 깊이 사모하는 것을 이른다. ≪禮記≫ 〈檀弓 下〉에 "有子가 子游와 서서 어린아이처럼 사모하는 자를 보고 유자가 자유에게 '내가 늘 喪禮에 발을 구르는 까닭을 알지 못하여 내 없애고자 한 지 오래되었는데, 人情이 이 발을 구르는 데 있는 까닭이 이것이다.'라고 하였다.〔有子與子游立 見孺子慕者 有子謂子游曰 予壹不知夫喪之踊也 予欲去之久矣 情在於斯 其是也夫〕"하였는데, 鄭玄의 註에 "喪禮에 발을 구르는 것은 어린아이가 울부짖고 사모하는 것과 같다.〔喪之踊 猶孺子之號慕〕" 하였다.

12) 외가에서……불렀다 : 죽은 사람이 불러서 같이 가고 싶어 하는 것을 的呼煞이라 한다. ≪新證天氣大要≫ 上卷 〈六十日的呼〉에 갑자일로부터 계해일까지 60일의 干支 아래 적호살에 해

年에 태어났다. 명리에 관한 책[13]은 괴이하고 자질구레한 말로 사람을 두렵게 하는지라 늘 믿을 수 없다고 여겼는데, 그러한 것이 또 사람에게 禍福을 끼칠 수 있는 것인가.

禹鼎[14]이 淪沒되어 九黎[15]가 德政을 어지럽히니, 白日이 어두워져 惡鬼가 활개치고 사람을 해치는 귀신과 異物이 소요를 일으키며 큰 독사와 멧돼지의 긴 발톱과 큰 어금니가 들판에서 사납게 날뛰는 것은 어째서인가. 어찌하여 우리 아이처럼 훌륭하고 맑은 이들이 꺾이어 땅에 묻히게 하고, 반드시 흉악하고[16] 잔학하게 구는 자가 도리어 부귀를 누리고 장수하는가. 무릇 仁義를 실천하고 先王을 일컫는 것은 세상 사람들이 비웃는 바일 뿐만 아니라 어쩌면 하늘이 질투하고 미워하는 바일 것이다.

나는 세상길에 외로이 남아 쓸쓸히 갈 곳이 없는지라, 세 어린아이를 돌아보니 韓子(韓愈)가 "젊고 건강한 사람도 보장할 수 없으니 어린아이가 장성하여 自立하기를 바랄 수 있겠는가."[17]라고 이른 경우가 아니겠는가. 아아, 나는 세상에서 이제 그만이로다.

嗚呼라 **孰無父母妻子**리오마는 **余方孺慕**에 **天奪吾母**하고 **知有室家**어늘 **而余妻死**하고 **吾兒幾成矣**어늘 **而又亡**하니 **天之毒於余**가 **何其痛耶**아 **吾兒之孝友聰明與其命相**은 **皆不當死**어늘 **三月而喪母**하고 **十六而棄余**하니 **天之於吾兒**에 **何其酷耶**아 **當時**에 **足不踰閾外**어늘 **而以旅死**는 **其又何耶**오 **術者曰 外氏之喪**은 **以甲寅呼癸巳**라하니 **吾兒癸巳生也**라 **青烏之書**는 **俛瑣拘畏**라 **常以**

당되는 생년의 간지가 적혀 있는데, 甲寅이 癸未와 癸巳를 부르는 것으로 되어 있다. 적호살에 해당하는 사람은 하관하는 것을 보지 않고 잠시 피해야 한다. 歸䎶孫이 태어난 해의 干支가 癸巳(1533)이고 죽은 날의 간지가 甲子이며, 죽기 열흘 전이 甲寅日이다. 甲寅에 죽은 사람이 癸巳生을 불러서 歸䎶孫이 외가에서 죽었다는 뜻이다.

13) 명리에 관한 책 : 원문은 '青烏之書'인데, 본래 풍수지리서를 말하나 여기서는 명리서를 가리키는 말로 쓰였다. 青烏는 黃帝 때 풍수지리에 정통했다는 전설상의 地官이다.

14) 禹鼎 : 禹임금이 九州의 쇠를 모아 주조한 큰 솥이다. 솥의 표면에 세상의 온갖 만물의 형상을 새겨 넣어 사람들로 하여금 善惡을 알게 하였으므로, 백성들이 도깨비나 물귀신 등을 만나지 않게 되었다고 한다.(≪春秋左氏傳≫ 宣公 3년)

15) 九黎 : 상고시대 部落의 이름이다.

16) 흉악하고 : 원문은 '蒙倛'인데, 옛날에 음력 섣달에 疫鬼를 쫓아낼 때나 喪이 났을 때 쓴 神像으로 그 형상이 추악하였다.

17) 젊고……있겠는가 : 韓愈가 조카 韓老成의 상을 당해 지은 〈祭十二郎文〉에 나오는 말이다.

爲不可信이러니 其又足以移禍福於人耶아 禹鼎淪沒에 九黎亂德하니 是何白日晦冥에 邪鬼鴟張하며 神奸俶擾하고 王虺封豕의 長爪巨牙가 暴橫於原野之間耶아 何美好淸淑如吾兒를 使之摧折沈埋하고 必蒙倛而鷙鰲者가 乃享富貴而長世也오 夫服仁義하고 稱先王은 非獨世之所嗤笑라 抑亦天之所嫉惡也라 余煢煢世路에 落落無所向이라 回視三穉하니 韓子所謂少而强者를 不可保니 而孩提者를 可冀其成立耶아로다 嗚呼라 吾於世에 已矣로다

살펴보건대 ≪儀禮≫에 "公은 適子의 長殤과 中殤을 위하여 服을 입고 大夫는 적자의 장상과 중상을 위하여 服을 입는다."[18] 하였으니 이는 적자이면서 또한 殤인 경우이고, ≪春秋≫에 "伯姬가 卒하였다."라고 하였는데, ≪公羊傳≫에 "이 사람은 아직 남에게 시집가지 않았는데 어찌 '卒하였다.'라고 하는가? 혼인을 허락해서이다. 부인은 혼인을 허락하면 字를 부르고 비녀를 꽂으며 죽으면 성인의 喪으로 장례를 치른다." 하였고,[19] 郎 땅의 전투에서 汪踦가 전사하자 魯나라 사람들이 미성년자로서 장례하지 않고자 하였는데 孔子가 말하기를 "능히 방패와 창을 잡고서 社稷을 保衛하였으니 비록 미성년자로서 장례하지 않고자 하더라도 또한 괜찮지 않겠는가." 하였다.[20]

先王의 禮는 大法만 정했을 따름이다. 때에 따라 덜어내거나 보태고 輕重을 헤아리는 마땅함에 이르러서는 오로지 사람에게 맡기니, 〈檀弓〉의 기록과 〈曾子問〉 등의 諸篇에서 이를 볼 수 있다. 무릇 禮의 정미한 부분은 하나하나 전하지 못한다.

나는 내 어머니의 뜻이 슬프고 先妻가 이에 참으로 죽게 되었으므로 아들의 字를 子孝라고 짓고 成人의 喪으로 장례하려 하니, 대개 내 조부와 부친께서 마음 아파하시는 바이고 나라 사람들이 허락한 바이며 先妣의 뜻이 깃든 바이다. 공자가 말하기를 "延陵 季子는 吳나라에서 禮에 숙달한 자이다." 하였으니,[21] 저 연릉 계

---

18) 公은……입는다 : ≪儀禮≫ 〈喪服〉 殤服條에 있는 말이다. 長殤은 16세에서 19세 사이에 죽는 것을 말하고, 中殤은 12세에서 15세 사이에 죽는 것을 말한다.

19) 春秋에……하였고 : ≪春秋公羊傳≫ 僖公 8년 조에 이 내용이 보인다.

20) 郎……하였다 : 魯나라와 齊나라가 郎 땅에서 싸울 때 魯나라의 童子인 汪踦가 나서서 싸우다가 죽었는데, 노나라 사람들이 그가 비록 어리지만 성인의 예로써 장례하고자 하여 孔子에게 의견을 묻자, 공자가 비록 어린아이이지만 창을 들고 社稷을 위해 싸웠으니 성인의 예로 장례하여야 한다고 말하였다.(≪禮記≫ 〈檀弓 下〉)

21) 孔子가……하였으니 : 延陵 季子는 춘추시대 吳나라의 公子인 季札의 號이다. 계찰이 齊나라

자가 아들의 장례를 치른 일은 예로부터 있었던 것이 아닌데도 공자가 禮에 맞다고 말한 경우이다. 내가 아들에 대하여 미성년자의 喪으로 장례하지 않고자 하더라도 괜찮으리라.

按禮에 公爲適子之長殤中殤하고 大夫爲適子之長殤中殤이라하니 是適子亦殤也요 而春秋伯姬卒에 傳曰 此未適人하니 何以卒고 許嫁矣일새라 婦人許嫁면 字而笄之하고 死則以成人之喪으로 治之라하고 郎之戰에 汪踦死어늘 魯人欲勿殤한대 孔子曰 能執干戈하여 以衛社稷하니 雖欲勿殤也라도 不亦可乎아하니라 先王之禮는 爲之大法而已니 至於因時損益輕重之宜하여는 一聽之於人이니 檀弓記曾子問諸篇에 可見矣라 夫禮之精微는 不能一一而傳也라 余悲吾母之志요 而先妻於是에 眞死矣라 故로 字之曰子孝하고 而以成人之喪으로 治之하니 蓋吾祖吾父之所痛이요 國人之所許요 而先妣之志之所存也라 孔子曰 延陵季子는 吳之習於禮者也라하니 夫延陵季子之葬子는 非古有也로되 而孔子之所謂合禮者也니 余於吾兒에 欲勿殤也라도 其可乎아

아들이 죽은 지 나흘 만인 丁卯日에 縣의 金潼港에 있는 先高祖 承事郎 府君 사당의 東房에 안장하였으니, 임시로 안장하였지 제대로 장사 지낸 것은 아니다. 이 글을 써서 나의 슬픔을 기록할 따름이다.

嘉靖 27년(1548) 歲次 戊申 12월 모일.

死之四日丁卯에 爲壙於縣之金潼港先高祖承事郎府君饗堂之東房하니 渴葬이요 未成葬也라 書以志余之悲而已矣로다 嘉靖二十有七年歲次戊申十有二月某日이라

에 갔다가 돌아올 때에 그 맏아들이 죽자 嬴 땅과 博 땅 사이에 장례하였는데, 孔子가 계찰을 오나라에서 禮에 숙달한 자라고 평가하고 가서 장례하는 것을 구경한 일이 ≪禮記≫ 〈檀弓 下〉에 보인다.

48. 딸 二二의 壙志　女二二壙志*

*이 글은 歸有光이 34세 때인 嘉靖 18년(1539)에 지은 것이다. 딸이 태어난 지 300일 만에 죽은 것을 슬퍼하면서, 딸이 출생하였을 때의 기억과 이윽고 죽음을 접하게 된 정황을 적었다. 딸이 태어나기 몇 해 전부터 집에 있지 않은 때가 많았기에 딸이 태어나고 죽을 때에 곁에 있어주지 못하여 더욱 슬프다고 회고하였다.

딸 二二[1)]가 태어난 年月은 戊戌年 戊午月[2)]이고, 日時도 戊戌日 戊午時이니, 내가 기이하게 여겼다. 금년[3)]에 내가 光福山[4)]에 있었기에 이이가 나를 보지 못하여 번번이 늘 나를 찾았다. 하루는 내가 산속에서 돌아와 맏딸이 누이를 능히 안아주는 것을 보고 속으로 몹시 기뻐하였다. 내가 문을 나설 때에 이르러서는 〈채 돌이 안 되었는데〉 오히려 이이가 또 내 품속으로 뛰어들었다.

산에 이른 지 며칠 뒤 해가 저물 무렵에 나는 한창 ≪尙書≫를 읽고 있다가 고개를 들었더니 문득 집안의 노복이 앞에 와 있는 것을 보고, 놀라서 "무슨 일이 있느냐?"라고 물었다. 노복은 바로 말하지 않고 다른 일만 말하다가, 서서히 물러나 서서는 "이이가 오늘 4更에 죽었습니다."라고 하였다. 태어난 지 300일 만에 죽었으니, 이때가 嘉靖 己亥年(1539) 3월 丁酉日이었다. 내가 돌아와서 염습하여 棺에 넣고, 모월 모일에 城武公[5)]의 墓 북쪽에 묻었다. 아아, 내가 乙未年(1535) 이래로 밖에 있는 때가 많아서 우리 딸아이가 태어난 것도 이미 알지 못했고 죽는 것도 미처 보지 못하였으니, 서글프도다.

女二二가 生之年月戊戌戊午요 其日時又戊戌戊午니 予以爲奇라 今年予在光福山中이라 二二不見予하여 輒常常呼予라 一日予自山中還하여 見長女能抱其妹하고 心甚喜라 及予出門하여

---

1) 딸 二二 : 歸有光의 繼室 王氏의 소생이다.
2) 戊戌年 戊午月 : 嘉靖 17년(1538) 5월을 가리킨다.
3) 금년 : 嘉靖 18년(1539)이다.
4) 光福山 : 蘇州의 鄧尉山을 가리킨다.
5) 城武公 : 歸有光의 증조부인 歸鳳으로, 城武縣令을 지냈다.

二二尙躍入予懷中也라 旣到山數日에 日將晡에 予方讀尙書라가 擧首忽見家奴在前하고 驚問曰 有事乎아 奴不卽言하고 第言他事라가 徐却立曰 二二가 今日四鼓時已死矣라 蓋生三百日而死하니 時爲嘉靖己亥三月丁酉라 予旣歸爲棺斂하고 以某月日瘞於城武公之墓陰이라 嗚呼라 予自乙未以來로 多在外하여 吾女生旣不知하고 而死又不及見하니 可哀也已라

49. 書齋에 대한 銘 書齋銘*

*이 글은 歸有光이 崑山에서 독서하던 시절에 지은 것으로, 원래 저잣거리의 점포였던 자신의 書齋에 붙인 銘이다. 이 글에서 귀유광은 독서에 있어서 중요한 것은 독서하는 장소가 아니라 마음가짐임을 역설하고 외부 환경에 초연할 것을 스스로 다짐하였다.

이 서재는 예전에 저잣거리의 店鋪였다. 오랫동안 저잣거리 사람이 이곳에 살았고, 좌우의 이웃도 저잣거리 사람뿐이었다. 앞쪽으로 큰 거리에 임해 있으니, 거리의 행인 또한 저잣거리 사람이 많다. 책을 끼고 사는 사람은 項脊生(귀유광의 號)으로부터 시작되었는데, 얼마 지나지 않아 同志들도 차츰 와서 모여 항척생과 함께하였다. 뜰이 없어 거리를 뜰로 삼으니, 문이 반쯤 열려 있으면 지나가는 사람들이 문 곁에 서서 물끄러미 들여다보았고, 종전부터 저잣거리 사람과 매매하던 이들은 옛 지리에 익숙하여 눈으로 살필 겨를도 없이 발길 닿는 대로 걸음을 맡겨 문에 이르렀다가 비로소 알아차리고 돌아갔다. 마침내 울타리를 만들고 그 가운데에 문을 달아 人跡을 끊으려 하였으나, 귓가에 소리가 시끌시끌하고 매양 깊은 밤이 되면 更鼓가 둥둥 울리고 앉아 있는 사람이 잠들려 해도 행인이 끊이질 않았으니, 편안하고 고요한 정취를 눈으로는 얻었으나 다시 귀에서 잃었다.

齋는 故市廛也니 恒市人居之하고 鄰左右도 亦惟市人也라 前臨大衢하니 衢之行이 又市人爲多也라 挾策而居者가 自項脊生始러니 無何에 同志者亦稍稍來集하여 與項脊生으로 俱러라 無中庭하여 以衢爲庭하니 門半開에 過者側立凝視하고 故與市人爲買賣者는 熟舊地하여 目不暇擧하고 信足及門이라가 始覺而去라 已乃爲藩籬하고 衷以修扉하여 用息人影이라 然이나 耳邊聲鬨然하고 每至深夜에 鼓鼕鼕이요 坐者欲睡에 行者不止하니 寧靜之趣를 得之目而又失之耳也라

項脊生이 말한다. "내가 듣건대 朱文公(朱熹)이 羅浮山에서 10년을 靜坐하고자 하였다 한다.[1] 대개 옛날의 名人과 高士들은 그 학문을 긴 산 큰 골짜기 속 인적

이 닿지 않는 곳에서 이루었으니, 氣가 맑아지고 정신이 집중되어 어지럽지 않기 때문이다. 무릇 가까운 郊外[2)]에 작은 언덕과 자잘한 돌, 古木 몇 그루, 흐르는 물에 떨어지는 꽃잎이 사람의 정신과 생각을 상쾌하게 하거든, 하물며 하늘이 숨기고 땅이 감춰둔 신비롭고 깊숙한 區域이야 말할 나위가 있겠는가. 그 또한 학문에 도움이 없다고 할 수 없을 것이다. 그러나 吳中[3)]의 名山은 동쪽으로는 큰 바다까지 뻗었고 서쪽으로는 林屋山과 洞庭山[4)]까지 이어지니, 대개 인간 세상이 아니지만 모두 백 리쯤만 가면[5)] 유람할 만한 곳이다. 지금 멀리서 바라본 지 몇 해가 되었는데 아직 한 번도 가보지 못하였다. 지금 당장 저잣거리의 店鋪를 조금이라도 떠나고 싶지만 한 길 한 발도 떠날 수 없으니, 대개 君子의 학문은 이러한 점에 얽매이지 않아야 할 때도 있다."

項脊生曰 余聞朱文公欲於羅浮山靜坐十年이라하니 **蓋昔之名人高士**가 **其學**을 **多得之長山大谷之中人跡之所不至**하니 **以其氣清神凝而不亂也**일새라 **夫莽蒼之際**에 **小丘卷石**과 **古樹數株**와 **花落水流**가 **令人神思爽然**이어든 **況天閟地藏神區鬼奧耶**아 **其亦不可謂無助也已**라 **然**이나 **吳中名山**은 **東亘巨海**하고 **西浸林屋洞庭**하니 **類非人世**로되 **皆可宿舂遊者**라 **今遙望者幾年矣**로되 **尚不得一至**라 **卽今欲稍離市廛**호되 **去之尋丈**을 **不可得也**니 **蓋君子之學**이 **有不能屑屑於是者矣**라

管寧과 華歆이 독서할 때에 문 밖에 軺軒을 탄 사람이 기다리고 있었는데 화흠은 나아가 그를 보았으나 관녕은 돌아보지도 않았고,[6)] 狄梁公(狄仁傑)은 〈독서를

1) 내가……한다 : 羅浮山은 지금의 廣東省 增城縣에 있는 산의 이름으로, 晉나라 葛洪이 修道하여 仙術을 얻은 곳으로 유명하다. 朱熹가 이 산에서 10년 동안 靜坐하고자 하였다는 말은 그 출처가 미상이다.

2) 가까운 郊外 : 원문은 '莽蒼'이다. ≪莊子≫ 〈逍遙遊〉에 "가까운 郊外에 가는 자는 세 끼 밥을 가지고 다녀와도 배가 여전히 부르고, 백 리를 가는 자는 전날 밤에 양식을 찧어 준비해야 하고, 천 리를 가는 자는 석 달 전부터 양식을 모아야 한다.〔適莽蒼者 三飡而反 腹猶果然 適百里者 宿舂糧 適千里者 三月聚糧〕"라고 하였다.

3) 吳中 : 중국 蘇州 일대의 地名이다. 이곳이 춘추시대에 吳나라 땅이었기에 예로부터 吳中으로 불리었다.

4) 林屋山과 洞庭山 : 林屋山은 太湖의 洞庭西山에 있다. 洞庭山은 蘇州 太湖에 있는 산으로, 동쪽에 있는 洞庭東山과 서쪽에 있는 洞庭西山으로 이루어져 있다.

5) 백 리쯤만 가면 : 원문은 '宿舂'으로, 백 리 정도 되는 거리를 뜻한다. 위의 주 2) 참조.

6) 管寧과……않았고 : 管寧(158~241)과 華歆(157~231)은 삼국시대 魏나라 사람들로 어려서부터 친구 사이였다. 관녕과 화흠이 함께 글을 읽었는데, 어느 날 높은 벼슬아치가 그 문전을

하느라〉 俗吏를 대할 때에 함께 마주하여 말할 겨를도 없었으니,[7] 이 세 사람은 또한 지금 나의 처지와 같았을 것이요, 관녕과 화흠의 구별은 또한 여기에 있지 저기에 있지 않다.[8] 항척생이 말한다. "저잣거리의 점포로 서재를 삼을 수 있으니 저잣거리의 점포가 또한 서재로다."

管寧與華歆讀書에 **戶外有乘軒者**한대 **歆就視之**하고 **寧弗爲顧**요 **狄梁公對俗吏**에 **不暇與偶語**하니 **此三人者**는 **其亦若今之居也**요 **而寧與歆之辨**이 **又在此而不在彼也**라 **項脊生曰 書齋可以市廛**이니 **市廛亦書齋也**라하노라

銘은 다음과 같다.
깊은 산과 큰 못에서 실로 蛇龍이 나오니[9]
哲人은 靜觀하여 또한 그 집을 편안히 여기도다.
내 시끄러운 곳에 사니 저잣거리가 雜亂한지라
텅 빈 곳으로 달아나고자 하니 땅은 좁고 하늘은 넓도다.
해가 뜨고 일이 시작되면 사람들 끝없이 오가니
그 모습과 소리가 變幻하는 것이 시시각각 다르네.
모기 소리 우레 같고 파리 소리 폭우 같으니
작은 소리도 들리지 않는 것이 없는지라 나는 내 귀를 싫어하노라.
어찌 감히 편안하기를 생각하며[10] 顏回의 뜻[11]을 배우리오

지나갈 때 화흠이 독서를 멈추고 나가서 구경하자 관녕은 자리를 갈라 앉으면서 "그대는 나의 벗이 아니다."라고 하였다.(≪世說新語≫ 〈德行〉)

7) 狄梁公(狄仁傑)은……없었으니 : 狄梁公은 唐나라 때 梁國公에 봉해진 狄仁傑(630~700)이다. 적인걸이 어렸을 때 門人 중에 해를 당한 이가 있어 관리가 집으로 찾아와 조사를 벌이느라 뭇사람의 쟁론이 떠들썩하였다. 이때에도 글 읽기를 그치지 않는 적인걸을 관리가 책망하자, "서책 속에서 바야흐로 성현을 대하고 있거늘 어느 겨를에 俗吏를 만나 이야기하겠소."라고 하였다.(≪新唐書≫ 권115 〈狄仁傑傳〉)

8) 관녕과……않다 : 管寧과 華歆의 차이는 마음이 外物에 超然할 수 있는가의 여부에 있지 장소에 있지 않다는 뜻이다.

9) 깊은……나오니 : 예사롭지 않은 곳에서 예사롭지 않은 인물이 난다는 뜻이다. ≪春秋左氏傳≫ 襄公 21년 조에 "깊은 산과 큰 못에서 실로 龍蛇가 태어난다.〔深山大澤, 實生龍蛇〕" 하였다.

10) 편안하기를 생각하며 : 원문은 '懷居'이다. ≪論語≫ 〈憲問〉 제3장에 "선비로서 편안하기를 생각하면 선비라 할 수 없다.〔士而懷居 不足以爲士矣〕" 하였다.

11) 顏回의 뜻 : 安貧樂道를 말한다. ≪論語≫ 〈雍也〉에 "어질구나 안회여, 한 대그릇의 밥과 한

높은 집 고요한 거처가 나와 무슨 상관이겠는가.
저 집을 좋게 꾸민 자들은 그 몸을 좋게 하지는 못하니
혹 외면은 고요하여도 내면이 고요하지는 못하네.
나는 지금 이를 염려하여 두려워하며 편치 못하니
좌우에 도서를 쌓아둔 가운데에서 늘 생각하며 兢兢하네.
人心의 精微함은 神靈과 통하는 법이니,
꼭 羅浮山이라야 능히 경건하여 고요할 수 있으리오.
魚龍이 온갖 변괴를 부려도 海波는 절로 맑지만
불 속에서 뜨겁고 물속에서 젖으면[12] 한밤중에도 놀란다네.
능히 鳶飛魚躍[13]의 이치를 알면 사물마다 참된 道이리라
나는 조정도 안중에 없거니 어찌 저잣거리 사람을 의식하리오.
안을 옳다 하고 밖을 그르다 하는 것은 道敎요 佛敎니
안과 밖을 모두 잊는 것이 성현의 지극한 경지라네.
눈이 뾰족한 것을 두려워하면 가시나무를 방 가득 둘 것이요[14]
두려워 조심하면 위태로운 계단도 익숙해지네.
내 어려서부터 외진 곳 좋아하여 마치 처녀처럼 지내고
사람을 만나면 놀란 것처럼 입을 다물고 말을 하지 못했네.
밖에 나가 세상사를 接應할 때면 마치 속박을 받는 듯하니

표주박의 물을 먹으며 누추한 골목에서 사는 것을 다른 사람들은 견디지 못하는데, 안회는 그 즐거움을 한결같이 변치 않으니 어질구나 안회여.〔賢哉回也 一簞食一瓢飮 在陋巷 人不堪其憂 回也不改其樂 賢哉回也〕" 하였다.

12) 불 속에서……젖으면 : 원문은 '火熱水濡'로, 마음과 몸이 外界의 事物에 끌려다니는 상태를 비유한 표현이다. 《莊子》 〈大宗師〉의 옛 眞人에 관한 설명 중에 "이와 같은 자는 높은 곳에 올라도 떨지 않으며 물속에 들어가도 젖지 않으며 불 속에 들어가도 뜨겁지 않다.〔若然者 登高不慄 入水不濡 入火不熱〕"라는 말이 나온다.

13) 鳶飛魚躍 : 솔개는 날아 하늘에 이르고 물고기는 못에서 뛰논다는 말로, 道가 하늘 끝에서 못 속까지 환하게 드러남을 뜻한다. 《詩經》 〈大雅 旱麓〉에 "솔개는 날아 하늘에 이르고, 물고기는 못에서 뛰논다.〔鳶飛戾天 魚躍於淵〕"라는 구절에서 왔다.

14) 눈이……둘 것이요 : 《近思錄》 권5 〈克己〉에 "눈이 뾰족한 물건을 두려워한다. 이 일을 지나쳐버릴 수 없고 곧 이겨내야 하니 방 안에 뾰족한 물건을 많이 두어서 모름지기 이치로 그것을 이겨야 한다. 뾰족한 것이 반드시 사람을 찌르는 것은 아니니 어찌 두려워할 것이 있겠는가.〔目畏尖物 此事不得放過 便與克下 室中率置尖物 須以理勝他 尖必不刺人也 何畏之有〕"라는 程顥의 말이 나온다.

익혀온 바가 이와 같은지라 모습은 초라하고 마음은 부끄럽도다.
하물며 이 同胞들은 눈을 들어보면 측은하니
울타리를 이미 많이 쳤으니 떠난들 어디로 가겠는가.
황제의 風化가 이미 멀어지매 순박한 풍속 날로 경박해지니
누가 그 책임을 맡을꼬? 내 마음이 몹시 슬프도다.
사람이 인류를 깔보는 것이 한순간도 되지 않으니
길 가는 사람이 누군들 堯舜이 아니리오.

銘曰 深山大澤에 實産蛇龍이요 哲人靜觀하여 亦寧其宮이로다 余居於喧하니 市肆紛那라 欲逃空虛하니 地少天多로다 日出事起에 萬彖憧憧하니 形聲變幻이 時時不同이라 蚊之聲雷요 蠅之聲雨니 無微不聞이라 吾惡吾耳하노라 曷敢懷居하여 學顏之志리오 高堂靜居가 何與吾事리오 彼美室者는 不美厥身하니 或靜於外하고 不靜於心이라 余茲是懼하여 惕焉靡寧호니 左圖右書에 念念兢兢이라 人心之精은 通於神聖이니 何必羅浮라야 能敬斯靜이리오 魚龍萬怪에 海波自淸이나 火熱水濡면 深夜亦驚이라 能識鳶魚면 物物道眞이라 我無公朝어니 安有市人이리오 是內非外는 爲道爲釋이니 內外兩忘이 聖賢之極이라 目之畏尖이면 荊棘滿室이요 厥恐惴惴면 危堦是習이라 余少好僻하여 居如處女하고 見人若驚하여 噤不能語러라 出應世事에 有如束縛하니 所養若斯라 形穢心忸이로다 矧伊同胞는 擧目可惻이라 藩籬已多어니 去之何適고 皇風旣邈에 淳風日漓하니 誰任其責고 吾心孔悲로다 人輕人類가 不滿一瞬이니 孰塗之人이 而非堯舜이리오

50. 王氏의 畫像에 대한 贊과 序　王氏畫贊幷序*

*이 글은 歸有光이 46세 때인 嘉靖 30年(1551)에 죽은 부인 王氏의 畫像에 대해 쓴 것이다. 왕씨는 귀유광의 둘째 부인으로, 첫째 부인 魏氏가 죽은 뒤 1535년에 18살의 나이로 시집을 와서 17년 동안 함께 살다가 병으로 죽었다.

나의 처 太原 王氏[1]가 嘉靖 30년(1551) 5월 29일에 卒하였다. 나는 슬픈 마음이 지극하여 畫像을 잘 그리는 이가 없는 것을 한탄하였다. 인하여 기억하건대 唐나라 사람이 "햇볕처럼 따뜻하고 바람처럼 따스하며 서리처럼 매섭고 얼음처럼 정결하셨네."라고 하였으니,[2] 이는 나의 처를 잘 그려낸 것이다. 또 눈물을 흘리며 揚子雲(揚雄)의 詞를 읊어 "봄 나무에 싹이 트는 것같이 나의 손을 이끌어 순후한 데로 가게 하였네. 백 년이나 지났지만 그 사람이 살아 있는 듯하다."[3]라고 하였다.

두 달 뒤에 門人 許進士가 아우를 보내 화상을 그리게 하였다. 내가 처의 모습을 말로 전해주니 許氏가 한참을 묵묵히 있다가 이 화상을 그렸다. 집안사람들이 보고는 몹시 슬퍼하지 않는 이가 없었고, 처의 자매들에게 보여주자 모두 눈물을 흘렸다. 작은 처제는 "진짜 우리 언니지만 다만 말을 하지 않을 뿐이네요."라고 하였다. 그러나 내가 말한 揚子雲과 虞伯施(虞世南)의 말은 그림으로 그려낼 수 없기에 눈물을 흘리며 다음과 같이 贊을 짓는다.

余妻太原王氏가 **嘉靖三十年五月二十九日**에 **卒**이라 **余哀念之至**에 **恨無善畫者**라 **因記唐人**

---

1) 王氏 : 歸有光의 둘째 부인이다. 첫째 부인인 魏氏가 죽은 뒤 1535년에 시집을 왔다.

2) 唐나라……하였으니 : 虞世南(558~638)이 唐 太宗의 皇后인 文德皇后의 죽음을 애도하여 쓴 〈文德皇后哀冊文〉에 있는 구절이다. 우세남은 당대 초기의 文人이자 書法家로, 자가 伯施이며 餘姚 출신이다. 태종의 신임을 받아 秘書監, 弘文館學士 등을 역임하였다.

3) 봄……듯하다 : 前漢 末의 문인 揚雄(B.C. 53~A.D. 18)의 ≪法言≫ 〈寡見 제7〉에 있는 구절로, '百歲'가 원래 '五百歲'로 되어 있다. 원문의 '之'는 '가다'라는 뜻이며, '鶉'은 '淳'의 뜻이다. 이 말은 본래 양웅이 孔子를 두고 한 말이다.

有云 景暖風暄이요 霜嚴氷淨이라하니 此爲吾妻畫也라 又流涕誦揚子雲之詞云 春木之芚兮여 援余手之鶉兮로다 去之百歲나 其人若存兮로다호라 後二月에 門人許進士가 使其弟來畫라 余口授之하니 許默然良久라가 爲作此畫라 家人見之에 莫不悲慟이요 以示諸姨에 皆流涕라 小姨以爲眞是吾姊로되 但不言耳라 然이나 如余所稱揚子雲虞伯施語는 未能畫也라 涕泣而爲作贊曰

窈窕淑女를 슬퍼하고 〈關雎〉 章을 생각하네.[4)]
아득하여 볼 수 없으니 구름과 무지개를 타고 떠나갔네.
밝은 달은 지고 가벼운 옷자락만 남아 있네.
바람이 쓸쓸하니 이별을 슬퍼하노라.
陳倉縣의 寶夫人[5)]이 온 것이요, 因陀羅網의 구슬[6)]이 비친 그림자로다.
어쩌면 그리도 느릿느릿 오는가. 그대인가, 아닌가?[7)]

---

4) 窈窕淑女……생각하네 : '關雎'는 ≪詩經≫ 〈周南〉의 篇名이다. 그 시에서 "정숙한 숙녀는 군자의 좋은 짝이로다.〔窈窕淑女 君子好逑〕"라고 하였는데, 文王의 后妃인 太姒의 덕을 칭송하는 내용이다.

5) 陳倉縣의 寶夫人 : 원문의 '陳寶'는 암꿩의 精靈으로, 여기서는 처의 魂靈을 비유하는 말로 쓰였다. 春秋時代에 어떤 사람이 異物을 얻고 秦 文公에게 바치려고 가는 도중에 두 童子를 만났다. 두 동자가 이물을 보고 "그것은 '媦'라는 것으로 지하에서 죽은 사람의 뇌를 먹고 산다."라고 하자, 媦가 "두 동자의 이름은 '陳寶'인데 수놈을 얻으면 왕이 되고 암놈을 얻으면 霸者가 될 수 있다."라고 하였다. 두 동자는 꿩으로 변해 달아났는데 수컷은 南陽으로 날아갔다. 암컷은 진창의 북쪽 언덕으로 올라가 돌이 되었는데, 진 문공이 陳倉祠를 지어 제사를 지냈다고 한다. 이 진창사는 寶夫人祠라고도 하는데, 秦 穆公의 꿈에 '寶夫人'이라는 여자가 나타나 남편인 葉君(섭군)이 한두 해에 한 번씩 자신을 만나러 오므로 자신을 위해 사당을 세워주면 목공을 패자로 만들어 주겠다고 하자, 목공이 陳倉山에 가서 꿩 한 마리를 잡은 뒤 '보부인사'라는 사당을 지었다는 전설에서 나온 것이다. 葉은 南陽에 있는 縣의 이름이므로 葉君은 바로 수꿩의 정령을 가리킨다. 이는 陳寶에 대한 기존의 전설이 민간에서 더욱 俗化된 것이다.(≪天中記≫ 권12 〈符命〉, ≪新列國志≫ 제26回 〈獲陳寶穆公證夢〉)

6) 因陀羅網의 구슬 : ≪震川先生集≫의 歸莊의 註에서는 "알 수 없으니 오자가 있는 듯하다.〔不可曉 疑有誤〕"라고 하였으나, 帝珠는 佛敎에서 말하는 '因陀羅網의 구슬'로, 여기서는 처의 法身이 나타나는 것을 의미하는 것으로 보인다. ≪宗鏡錄≫에 "帝釋天의 구슬이 밝게 빛나 그림자가 겹겹이 드러난다.〔帝珠瑩淨 影現重重〕"라고 하였는데, 인드라망은 그물코마다 寶珠를 달았고 그 보주가 각각 다른 보주의 影像을 나타내며 그 영상이 각각 다른 영상을 나타내어 重重無盡하다고 한다.

7) 어쩌면……아닌가? : 원문의 '珊珊'은 '姍姍'의 오자인 듯하다. 이 구절은 漢 武帝가 총애하던 李夫人이 죽은 뒤에 지은 〈李夫人歌〉에서 "그대인가, 아닌가? 서서 바라보고 있는데 어찌하여 하늘하늘 이리도 늦게 오는가?〔是邪 非邪 立而望之 偏何姍姍其來遲〕"라고 한 표현을 변용한 것이다.(≪漢書≫ 권97 〈外戚傳 上 孝武李夫人〉)

哀窈窕하고 思關雎라 杳不見하니 乘雲霓라 墮明月하고 遺輕裾라 風蕭蕭하니 慘別離라 來陳寶요 景帝珠로다 何珊珊가 是耶非①아-景一作影-

① '景'은 '影'으로 된 본도 있다.
景은 一作影이라

51. 詹事 陸公을 祝壽하는 頌　詹事陸公壽頌*

*이 글에서 歸有光은 陸深이 여러 관직을 수행하면서 얻은 성과와 신망을 칭송하고, 비로소 벼슬에서 물러나 고향으로 돌아간 그가 장수하기를 축원하고 있다. 陸深은 嘉靖 19년(1540)에 관직에서 물러나 가정 23년(1544)에 세상을 떠났으므로 이 글은 그 사이 지어진 것으로 보인다.

詹事府 陸公[1)]은 지난날 문장과 학문으로 翰林院에서 벼슬하고 黼扆(보의)에서 천자를 모시어[2)] 천하의 人望을 받은 지 오래되었다. 某(귀유광)가 예전에 公을 해와 달처럼 높은 조정[3)]에서 우러러보고 오늘날 湖海 중에서 公을 뵈니, 난새의 자태와 봉황의 풍채[4)]요 옥처럼 깨끗한 안색과 종소리처럼 쟁쟁한 음성[5)]이라 연세가 높아질수록 더욱 씩씩하도다. 하늘이 皇室을 보우하사 나라의 원로를 주시어, 국가의 큰 계책을 보좌하고 元氣를 調

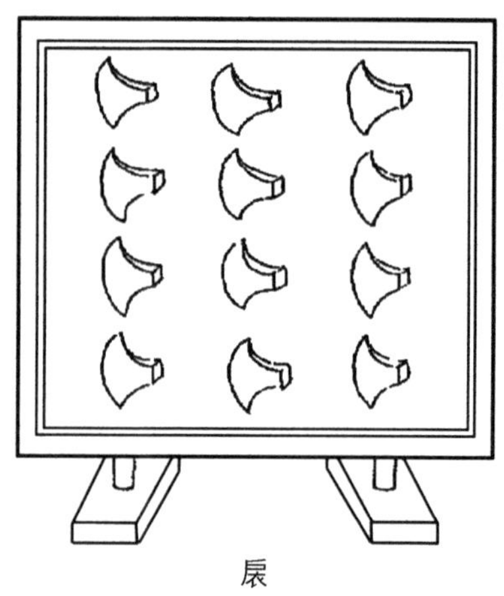
扆

1) 詹事府 陸公 : 明나라 때의 관리이자 문인인 陸深(1477~1544)을 이른다. 육심은 上海 출신으로 初名이 棨, 字가 子淵, 號가 儼山이다. 弘治 18년(1505) 진사시에 급제하여 翰林院庶吉士, 編修, 四川左布政使, 太常卿兼侍讀, 詹事府詹事 등을 역임하였다. 사후에 禮部 右侍郎으로 추증되었고, 諡號는 文裕이다. 문집으로 ≪儼山集≫이 전한다.(≪明史≫ 권286 〈陸深傳〉)

2) 黼扆(보의)에서……모시어 : 원문은 '侍黼扆'이다. '黼扆'는 玉座의 뒤쪽에 둘러친 병풍으로 도끼 문양이 그려져 있으며, 轉하여 帝王을 뜻한다.

3) 해와……조정 : 원문의 '日月之上'은 처사가 공명정대하여 해와 달처럼 높고 빛나는 조정을 의미한다. 蘇軾의 〈英州謝上表〉에 "만약 上의 뜻을 宣揚하여 조정을 빛나는 해와 달보다 높이 올려놓지 못한다면 어떻게 四方을 聳動하게 할 수 있겠습니까.〔苟不能敷揚上意 尊朝廷於日月之明 則何以聳動四方〕"라고 한 데서 온 말이다.(≪東坡全集≫ 권69 〈英州謝上表〉)

4) 난새의……풍채 : 자태와 풍채가 난새와 봉황처럼 비범하고 기품이 있다는 뜻이다.

5) 옥처럼……음성 : 朱熹가 程顥의 畫像에 남긴 贊에 "陽氣가 만물을 기르듯 하고 산처럼 우뚝하며 안색이 옥처럼 깨끗하고 음성이 종소리처럼 쟁쟁하다.〔揚休山立 玉色金聲〕"라고 하였다.(≪晦庵集≫ 권85 〈六先生畫像贊 明道先生〉)

變하여[6] 宗廟와 社稷을 흔들리지 않을 기반 위에 튼튼히 세우고 백성들을 仁壽의 경역[7]에 올리게 하였으니, 公이 어찌 一身만 保養하는 山澤 간의 癯仙(구선)[8]일 따름이겠는가. 小子 不佞[9]이 이에 頌을 지으니, 그 내용은 다음과 같다.

詹事府陸公이 **異時**에 **以文學官禁林**하고 **侍黼扆**하여 **繫天下之望**이 **久矣**라 **某昔年**에 **仰公於日月之上**하고 **今日**에 **拜公於湖海之間**하니 **鸞姿鳳骨**이요 **玉色金聲**이라 **年彌高而彌壯也**로다 **天佑皇家**하여 **貽以國老**하여 **翊贊鴻圖**하고 **調燮元氣**하여 **固宗社不拔之基**하고 **躋蒸民仁壽之域**하니 **夫豈獨康濟一身**하여 **爲山澤之癯而已**리오 **小子不佞**이 **乃作頌曰**

우뚝한 陸公은 系譜가 陸機・陸雲[10]으로부터 나왔으니
陸氏는 吳中에서 대대로 명성이 있었네.[11]
公에 이르러서는 오랠수록 더 성대해지니
滄海가 신령한 기운을 기름에 온화한 기운[12]이 가득하였어라.
옛날 우리 孝皇帝[13]께서는 聖德이 깊고 순수하시니
하늘이 억만년 후를 위하여 仁으로써 王業을 培植해주었네.
어찌 仁으로써 할 뿐이랴, 훌륭한 인물까지 내려주니,

---

6) 元氣를 調燮하여 : 大臣으로서 陰陽의 氣를 조화되게 하여 國事를 잘 다스렸다는 뜻이다.

7) 仁壽의 경역 : 사람마다 천수를 누리는 태평성대를 뜻한다. ≪論語≫ 〈雍也〉의 "智者는 물을 좋아하고 仁者는 산을 좋아한다. 智者는 動하고 仁者는 고요하며, 智者는 즐겁고 仁者는 장수한다.〔知者樂水 仁者樂山 知者動 仁者靜 知者樂 仁者壽〕"에서 온 말이다.

8) 山澤 간의 癯仙(구선) : 癯仙은 형용이 파리한 隱者를 비유하는 말이다. 漢나라 司馬相如가 天子에게 "서로 전해가면서 山澤間에 산 여러 신선들은 형용이 매우 파리하니, 이는 帝王이 뜻을 둔 신선이 아닙니다.〔列仙之傳居山澤間 形容甚癯 此非帝王之仙意也〕"라고 한 데서 유래하였다. (≪史記≫ 권117 〈司馬相如傳〉)

9) 小子 不佞 : 小子는 父兄이나 尊長者에 대하여 자신을 겸손하게 이르는 말이고, 不佞은 재주가 없다는 뜻으로 자신을 낮추어 이르는 말이다.

10) 陸機・陸雲 : 陸機(261~303)와 陸雲(262~303)은 형제로 남북조시대 晉나라의 문인이다. 두 사람 모두 詩文에 뛰어나 당대에 '二陸'으로 일컬어지며 명성을 떨쳤다.

11) 陸氏는……있었네 : 육심은 옛 吳나라 땅인 上海 출신이다.

12) 온화한 기운 : 원문은 '協氣'인데, 온화한 기운을 말한다. 司馬相如의 〈封禪文〉에 "協氣가 이리저리 흘러넘친다.〔協氣橫流〕" 하였는데, 李善의 註에 "協氣는 온화한 기운이다.〔協氣 和氣也〕"라고 하였다.(≪文選≫ 권48 〈封禪文〉)

13) 孝皇帝 : 明나라의 제9대 황제인 孝宗(1470~1505)을 이른다.

公이 바야흐로 壯年이라 그 명성 날로 새로웠도다.
南金[14]이 빛나듯이 公이 실로 출중하였으니
廟廊에 올라 문장으로 나라를 빛내었도다.
石渠閣[15]과 東觀[16]에 古風이 융성하니
찬란한 雲霞[17]는 광채가 紫宸殿[18]을 비추었도다.
세 조정[19]의 사표가 되었을 때 봉황 같고 기린 같았고
胄子의 命을 받았을 때[20] 學士들 열띤 토론을 벌였네.[21]
講幄에서 經書를 담론할 때 正道를 진달했으니
은밀히 規戒한[22] 몇 마디 말은 누가 감히 할 수 있었으랴.
公이 혹 外職에 있을 때 또한 공적이 드러났고
公이 조정에 돌아왔을 때 총애와 영광이 날로 늘었네.
列卿의 지위에 오르매 三墳五典[23]을 구비하였고
몸이 日月을 등에 지매 風雲의 기운이 가득 서리었어라.[24]

---

14) 南金 : 南方에서 산출되는 황금을 말하는데, 흔히 남방의 우수한 인재를 비유하는 말로 쓰인다.

15) 石渠閣 : 西漢 때 皇室의 藏書閣의 이름으로, 전하여 宮中의 장서각을 의미한다.

16) 東觀 : 東漢 때 역사를 撰修하고 서적을 보관하던 樓의 이름으로, 전하여 역사를 撰修하는 곳을 의미한다.

17) 雲霞 : 文采를 뜻한다. 劉勰의 ≪文心雕龍≫ 〈原道〉에 "雲霞의 아로새긴 색채는 畫工의 묘한 솜씨보다 낫다.〔雲霞雕色 有逾畫工之妙〕" 하였다.

18) 紫宸殿 : 天子가 거주하는 宮殿이다.

19) 세 조정 : 明나라 憲宗朝, 孝宗朝, 武宗朝를 말한다.

20) 胄子의……때 : ≪書經≫ 〈虞書 舜典〉에 "夔야! 네게 명해 樂을 맡기니 胄子를 가르치라.〔夔命汝典樂 敎胄子〕"라는 구절에서 온 말로, 주자는 天子부터 卿大夫에 이르기까지의 맏아들을 가리킨다. 여기서는 陸深이 國子監 司業, 祭酒 등의 벼슬을 역임한 것을 말한다.

21) 열띤……벌였네 : 원문은 '齗齗'인데, 和悅하면서도 是非를 분명하게 논쟁하는 모습을 형용하는 말이다.

22) 은밀히 規戒한 : 원문은 '造膝'인데, 황제의 무릎 아래에 바짝 다가가 은밀히 諫하는 規戒를 말한다. 朱熹의 〈答張敬夫〉에 "聖上께서 마음으로 鑑納하고 또 講席으로 造膝의 規戒를 맞아들이시니, 이 어찌 사람의 생각이 미칠 수 있는 바이겠는가.〔聖心鑑納 又以講席 延造膝之規 此豈人謀所及哉〕" 하였다.(≪晦庵集≫ 권25 〈答張敬夫〉)

23) 三墳五典 : 원문은 '典墳'인데, 三墳五典의 준말이다. 三墳은 伏羲·神農·黃帝의 글이고, 五典은 少昊·顓頊·高辛·堯·舜의 글이다.

24) 몸이……서리었어라 : 이 표현은 남북조시대 梁나라 沈約의 〈齊故安陸昭王碑文〉에 "기운은 風雲을 온축하고 몸은 日月을 등에 졌네.〔氣蘊風雲 身負日月〕"라고 한 데서 보인다.(≪文選≫

東宮의 많은 선비들 公이 그 무리를 통솔하는지라
天子께서 公을 염려하여 "오직 그대가 수고하였다." 하시고
향리로 돌아가 노후를 보내게 해주어 元老大臣을 위로하셨네.
公은 고향[25]에 살면서 참된 본성 보전하니
長江의 남쪽이요 五湖[26]의 물가라네.
시원하게 바람을 탈 제[27] 그 즐거움 끝이 없어라.
나라에 원로[28]가 있으니 朝野가 기뻐하는 바로다.
하늘이 장수를 내려 우리 임금 위하시고
山嶽이 신령을 내려 甫侯와 申伯을 낳았으니[29]
우리 밝은 황제를 도와 천년만년 장수하소서.

巖巖陸公은 系自機雲하니 惟陸於吳에 奕世有聞이로다 傳至於公하여는 久而愈芬하니 滄海育靈에 協氣氤氳이라 昔我孝皇이 聖德淵淳하시니 爲億萬年하여 培植以仁이러라 豈惟以仁이리오 又貽其人하니 公方壯齡이라 厥聲日新이로다 南金的皪하니 公爲絶倫이라 登於廟廊하여 華國以文이로다 石渠東觀에 古風載殷하니 爛然雲霞가 光映紫宸이로다 羽儀三朝에 如鳳如麟이요 胄子之命에 學士齗齗이로다 譚經講幄에 正道是陳이라 造膝數語는 人誰敢云이리오 公或居外에 亦著其勛이요 公還於朝에 寵光日增이라 位於列卿에 庀帝典墳하고 身負日月에 氣緼風雲이라 春宮濟濟를 公率其群이라

권59 〈齊故安陸昭王碑文〉) 여기서 風雲은 바람과 범이 만나고 구름과 용이 만나듯 밝은 임금과 어진 재상이 만남을 이르는 風雲之會의 뜻을 함축하고 있다.

25) 고향 : 원문은 '枌野'인데, 고향을 뜻한다. 漢 高祖가 고향 땅인 豐에 느릅나무〔枌〕를 심어 토지의 신으로 삼은 데서 온 말이다.

26) 五湖 : 고대 중국의 吳越 지역에 있던 다섯 개의 호수로 그 설이 분분한바, 太湖가 곧 五湖라는 설, 태호와 그 부근의 胥湖·蠡湖·洮湖·滆湖를 묶어 오호라고 부른다는 설, 태호 부근의 다섯 호수인 菱湖·游湖·莫湖·貢湖·胥湖가 오호라는 설 등이 알려져 있다.

27) 시원하게……제 : 이 표현은 莊子가 列子에 대해 한 말에 보인다. "저 列子는 바람을 타고 하늘 위로 올라가서 시원하게 잘 날다가 보름이 지난 뒤에 땅 위로 돌아온다.〔夫列子御風而行 泠然善也 旬有五日而後反〕"라고 하였다.(≪莊子≫ 〈逍遙遊〉)

28) 원로 : 원문은 '黃耈'인데, 노인을 말한다. ≪詩經≫ 〈小雅 南山有臺〉에 "즐거운 군자여, 어찌 黃耈하지 않으리오.〔樂只君子 遐不黃耈〕" 하였는데, 朱熹의 註에 "黃은 노인의 머리털이 다시 누렇게 되는 것이요, 耈는 노인의 얼굴이 언 배 빛이어서 때가 끼어 있는 것과 같은 것이다.〔黃 老人髮復黃也 耈 老人面凍梨色 如浮垢也〕" 하였다.

29) 山嶽이……낳았으니 : ≪詩經≫ 〈大雅 崧高〉에서 따온 구절이다. 이 구절은 원래 산악의 신령한 기운을 받아 周나라 때의 名臣인 甫侯와 申伯 같은 어진 신하가 나왔다는 말인데, 여기서는 육심이 보후와 신백처럼 산의 기운을 받아 태어난 훌륭한 신하라는 뜻이다.

天子念公하사 曰惟汝勤이라하시고 錫以歸老하여 以慰元臣이라 公居枌野하여 葆性全眞하니 大江之南이요 五湖之濱이라 冷然御風에 其樂無垠이라 國有黃耇하니 朝野所訢이로다 天錫難老하여 以爲吾君이요 維嶽降神하여 生甫及申하니 佐我皇明하여 萬億千春하소서

52. 亡友 方思曾의 墓表　亡友方思曾墓表*

*이 글은 歸有光의 벗 方元儒에 대한 墓表로, 방사증이 죽고 나서 임시로 매장되었다가 훗날 제대로 장례를 치르게 되었을 때에 지어준 것이다. 방사증은 귀유광과 함께 鄕試에 합격했던 고향의 벗으로, 귀유광은 이 글에서 방사증이 뛰어난 인재였으나 오히려 그로 인해 세속과 뜻이 맞지 않아 과거에서 낙방한 후에 떠돌며 지내면서 佛學에 빠지게 된 과정을 서술하였다. 그가 불학에 빠지게 된 것은 재능을 품고서 不遇하였기 때문이라고 애석해하였다.

나의 벗 方思曾[1)]이 죽었을 때에 마침 島夷가 쳐들어왔기에[2)] 某地에 임시로 매장해두었다. 이윽고 그의 부친 長史公[3)]이 사방에서 벼슬살이를 하였고 아들 昇은 어려서 장례를 치르지 못하였는데, 모년 모월 모일에 비로소 그의 조부 侍御府君[4)]의 묘에 祔葬하였다. 와서 墓表의 글을 청하였는데, 또한 장례를 치를 시기를 아직 정하지 못하였다 하여 글을 짓지 않았다가, 이때에 이르러 비로소 그 아들 昇에게 이 글을 주어서 돌에 새기게 하는 바이다.

予友方思曾之歿에 **適島夷來寇**라 **權厝於某地**러니 **已而**오 **其父長史公**이 **宦四方**하고 **子昇幼**하여 **不克葬**이라가 **某年月日**에 **始祔於其祖侍御府君之墓**라 **來請其墓上之文**이어늘 **亦以葬未有期不果爲**라가 **至是**에 **始畀其子昇**하여 **俾勒之於石**하노라

하늘이 人材를 내는 것이 실로 어렵고, 그를 성취하는 것은 더욱 어렵다. 무릇 인재를 내는 것은 거의 수천 수백 명 중에 한 사람을 얻을 뿐인 것이니, 그 한 사

---

1) 方思曾 : 方元儒(1515~1554)로, 후에 欽儒로 개명하였으며, 字는 思曾, 崑山人이다. 歸有光과 同鄕으로, 嘉靖 19년(1540)에 함께 擧人이 되었으나, 이후에 과거에서 번번이 낙방하였다.

2) 島夷가 쳐들어왔기에 : 嘉靖 33년(1554)에 倭寇가 嘉定과 崑山을 침입한 일을 가리킨다.

3) 長史公 : 方元儒의 부친인 方築으로, 嘉靖 4년(1525) 擧人이 되었고, 唐王府長史를 지냈다.

4) 侍御府君 : 方元儒의 조부인 方鳳(?~1550)으로, 字는 時鳴, 號는 改亭이다. 正德 3년(1508)에 進士가 되었고, 廣東提學僉事 등을 지냈으며, 저서에 ≪方改亭奏草≫ 등이 있다.

람은 과연 수천 수백 명 중에서 빼어나다. 그렇고 보면 그 처세하는 바가 반드시 자신을 남다르게 여기는 점이 있어 수천 수백 명이 하는 바와 똑같이 하고자 하지 않을 것이고, 게다가 그 만나는 상황이 그를 격발하게 함이 있을 것이다. 이런 까닭으로 편안히 거처하고 천천히 가서 마침내[5] 中庸의 道에 들어가지를 못하니, 하늘이 인재를 성취하는 것이 과연 더욱 어렵다 하겠다.

蓋天之生材實難이요 **其所以成就之尤難**이라 **夫其生之者**는 **率數千百人之中**에 **得一人而已耳**니 **其一人者**는 **果出於數千百人之中**하니 **則其所處**가 **必有以自異**하여 **而不肯同於數千百人之爲**요 **而其所値**가 **又有以激之**라 **是以**로 **不克安居徐行**하여 **以遽入於中庸之道**하니 **則天之所以成材者**가 **其果尤難也**라

사증이 어려서부터 빼어난 자품을 지녀, 20여 세에 禮經으로 京闈(南京)에서 첫 번째로 천거되었는데,[6] 이윽고 한두 번 會試에서[7] 낙방하고 나자, 스스로 꾸짖으며 의심하기를 "내가 한 바는 지극하다 여겨지는데도 합격하지 못하였으니, 저들에게 필시 나의 공부보다 빼어난 점이 있을 것이다." 하였다. 그리하여 사람을 시켜 서신과 폐백을 갖추어 사방으로 다니면서 이미 급제한 사람과 邑里의 선비들을 찾게 하여서, 모두 집에 초치하고서 머물게 하면서 대접하였다. 그 사람들 중에는 또한 顯官이 되어서 떠난 자도 있었으나, 사증은 자신의 재주를 자부하고, 돌아봄에 그들의 공부가 실로 자신보다 훌륭하지 못하다고 여겼는지라 또 마침내 싫증이 나서 그만두어 오래도록 머물게 하지 못하였다.

思曾少負奇逸之姿하여 **年二十餘**에 **以禮經爲京闈首薦**이러니 **旣一再試春官不利**하니 **則自叱而疑曰 吾所爲以爲至矣**어늘 **而又不得**하니 **彼必有出於吾術之外者**라하여 **則使人具書幣**하여 **走四方**하여 **求嘗已得高第者與夫邑里之彦**하여 **悉致之於家而館餼之**라 **其人亦有爲顯官以去者**나 **然**이나 **思曾自負其材**하고 **顧彼之術**이 **實不能有加於吾**라 **亦遂厭棄**하여 **不能以久**러라

---

5) 마침내 : 원문의 '遽'는 '遂'의 뜻으로 쓰였다.

6) 禮經으로……천거되었는데 : 科擧 初場에서 ≪禮記≫로 시험을 보아 1등으로 합격하였다는 뜻이다.

7) 會試에서 : 進士試를 보는 것은 말한다. 원문의 '春官'은 禮部의 별칭인데, 진사시를 예부에서 주관하였다.

바야흐로 응시하여 급제하지 못하였을 때에 분울하여 功名을 탐탁지 않게 여기는 뜻을 두게 되었다. 그 후 京師로 會試를 보러 갈 때마다[8] 때때로 長江을 가로질러 건너서 北岸을 배회하다가 문득 배를 돌려 金山과 焦山으로 노 저어 가서 노닐다가 돌아왔다. 客들과 술을 마시고 노래를 부르며 지내면서, 현귀한 사람과는 전혀 왕래하지 않았고, 간혹 맞닥뜨렸을 때에 그들이 악착스럽게 구는 것을 보면 반드시 기세로 그들을 눌러주었다.

方其試而未得也하여는 **則憤憾而有不屑之志**라 **其後每偕計吏行**에 **時時絶大江**하여 **徘徊北岸**이라가 **輒返棹登金焦二山**하여 **徜徉以歸**라 **與其客飮酒放歌**에 **絶不與豪貴人通**하고 **間與之相涉**에 **視其齷齪**하면 **必以氣陵之**라

臨安에 佛學을 하는 사람이 있음을 듣고는 사증이 가서 그를 스승으로 섬겨서 禮拜하고 찬탄하면서 해설해주길 청하였다. 이로부터 禪學을 하는 사람을 만나면 비록 이른바 墮龍과 啞羊[9]처럼 계율을 범하거나 어리석은 무리라고 하더라도 곧 꿇어앉아 절하고서 시주하여 眞乘(참된 법)을 얻기를 바랐다. 그리하여 사람들이 마침내 사증이 과연 佛家의 설에 빠져들었다고 여기고, 그가 뜻을 얻지 못하여 이 불학에 마음을 쏟은 것임을 알지 못하게 되었다. 이로써 옛날에 세속의 옷을 벗고 동자처럼 삭발하고서 山林으로 도망가서 속세에 처하지 못하였던 사람들이 반드시 모두 그 敎義에 전심치지하였던 것이 아니라, 또한 분울한 비가 있어서 그렇게 한 것임을 알 수 있지 않겠는가.

사증의 재주로 보아 이 사람을 조처하여 벼슬자리에 두어 그로 하여금 분울한

8) 京師로……때마다 : 鄕試에 합격하고서 중앙의 시험을 보러 가는 것을 뜻한다. ≪史記≫ 〈儒林列傳〉에, "計吏와 동행하게 해서 太常으로 보내 博士弟子들처럼 수업 받게 해야 한다.〔當與計偕 詣太常 得受業如弟子〕"라고 건의한 말에서 유래하였다.

9) 墮龍과 啞羊 : ≪法苑珠林≫에 따르면, 출가하여 계율을 어긴 경우에는 地獄에 떨어지지 않으면 龍中에 떨어진다고 하였다. 또 무지하여 깨닫지 못한 승려를 啞羊僧이라고 하는데, ≪大智度論≫ 권3에 "어찌하여 啞羊僧이라 이름하는가? 비록 계율을 깨뜨리지는 않았으나, 根機가 우둔하여 지혜가 없어서 好醜를 분별치 못하고 輕重을 알지 못하고 죄가 있고 없음을 알지 못하니, 마치 여기에 중이 있어서 두 사람이 토론을 하는데 결단을 내리지 못하여 묵묵히 말이 없는 것이 비유컨대 흰 양이 죽임을 당하는데도 소리를 내지 못하는 것과 같으니, 이것을 아양승이라고 한다.〔云何名啞羊僧 雖不破戒 鈍根無慧 不別好醜 不知輕重 不知有罪無罪 若有僧事 二人共諍 不能斷決 默然無言 譬如白羊 乃至人殺 不能作聲 是名啞羊僧〕"라고 하였다.

기운이 없도록 하였다면 과연 이렇게 하였겠는가? 그러나 그에게 나이를 더 주어서 지금까지 살게 했더라면, 그 분울한 기운이 더욱 심해지지 않고 장차 이렇게 하지 않았을 줄을 또 어찌 알겠는가? 아니면 저 불가의 道는 텅 비어 있어서 초연히 세속과 다투지 않는지라, 그의 분울한 기운을 해소해 줄 수 있었던 것인가? 아니면 장차 그 기운을 평이하게 하여 밖으로 바라는 것이 없어서 편안히 거처하고 천천히 가서 中庸의 道에 이르렀겠는가? 이것이 내가 하늘이 인재를 성취하는 것이 어렵다고 탄식하는 까닭이다.

聞爲佛之學於臨安者하고 **思曾往師之**하여 **作禮讚歎**하여 **求其解說**이라 **自是**로 **遇禪者**하면 **雖其徒所謂墮龍啞羊之流**라도 **卽跪拜施舍**하여 **冀得眞乘焉**이라 **而人遂以思曾果溺於佛之說**하고 **不知其有所不得志而肆意於此**라 **以是**로 **知古之毁服童髮**하여 **逃山林而不處**가 **未必皆精志於其教**요 **亦有所憤而爲之者耶**아 **以思曾之材**로 **有以置之**하여 **使之無憤懣之氣**면 **其果出於是耶**아 **然**이나 **使假之以年**하여 **以至於今**이면 **又安知其憤懣不益甚而將不出於是耶**아 **抑彼其道空蕩**하여 **翛然不與世競**이라 **而足以消其憤懣之氣耶**아 **抑將平其氣**하여 **無待於外**하여 **安居徐行而至於中庸之途也**아 **此吾所以歎天之成材爲難也**라

사증은 諱가 元儒이며, 후에 欽儒로 고쳤다. 증조는 麟이니, 承德郎 禮部主事에 추증되었다. 조부는 鳳이니, 朝列大夫・廣東僉事・前監察御史이다. 부친은 築이니, 지금 唐府長史侍御이다. 부친이 형 鵬[10]과 같은 해에 進士試에 합격하였는데, 侍御는 權貴의 뜻을 거슬러 폄출되었고, 형은 翰林春坊이 되었다가 太常卿에 이르렀는데 또한 파직되어 돌아왔다. 사증이 그 뒤를 이어 일어남에, 반드시 前人보다 더 빛나고 현달할 것이라고 여겼는데 끝내 벼슬을 얻지 못하고 죽었다. 때는 嘉靖 모년 모월 모일이니, 춘추가 40세이다. 朱氏를 아내로 맞았으니, 福建都轉運鹽使司判官 希陽의 따님이다. 아들은 한 명이니 昇이고, 딸은 3명이니 모두 측실의 소생이다.

思曾은 **諱元儒**요 **後更曰欽儒**라 **曾祖曰麟**이니 **贈承德郎禮部主事**요 **祖曰鳳**이니 **朝列大夫廣東僉事前監察御史**요 **父曰築**이니 **今爲唐府長史侍御**라 **與兄鵬同年擧進士**러니 **侍御以忤權貴**

10) 鵬 : 方鵬으로, 字는 時擧, 號는 矯亭이다. 관직이 南京太常寺卿에 이르렀다.

出하고 而兄爲翰林春坊하여 至太常卿이러니 亦罷歸러라 思曾後起하여 謂必光顯於前之人이러니 而竟不得位以歿하니 時嘉靖某年月日也니 春秋四十이라 娶朱氏하니 福建都轉運鹽使司判官希陽之女라 男一人이니 昇이요 女三人이니 皆側出이라

思曾은 어려서 나와 친하였다. 나는 지금 李中丞 廉甫[11]와 더불어 저물녘에 성 밖 해자 위의 다리를 거닐면서 늘 그의 집을 바라보고 서글퍼하면서 돌아왔으니, 서로 아끼고 사모함이 이와 같았다. 뒤에 나는 사증과 함께 文會를 만들었고, 또 함께 鄕試에 합격하였다. 사증은 田野에 園亭을 만들고서 매화가 피는 시기에 이를 때마다 사람을 시켜 초대하였는데 내가 가보지 못한 때가 많았다. 사증은 때로 가마를 타고 安亭江[12] 가의 우리집에 들러서, 반드시 한껏 취해서 돌아갔다.

한번은 내 글을 上海 陸詹事 子淵[13]에게 보여주었는데 그가 몹시 칭찬하는 말을 하니, 사증은 이른 새벽 배를 타고 와서 알려주었다. 나는 세상이 알아주기를 구하는 자는 아니지만, 또한 여기에서 사증이 나를 좋아하는 마음이 깊었음을 볼 수 있다.

사증을 안장할 때 陳吉甫[14]가 이미 墓誌銘을 써주었다. 나는 사증의 재주를 끝까지 다 발휘하게 하지 못한 것을 애통하게 여겨 또한 그를 대신해 하늘에 유감을 전할 따름이다.

思曾少善余라 余與今李中丞廉甫로 晩步城外隍橋하여 每望其廬하고 悵然而返하니 其相愛慕如此라 後余同爲文會하고 又同擧於鄕하다 思曾治園亭田野中하고 至梅花開時하여 輒使人相召어늘 余多不至라 而思曾時乘肩輿하여 過安亭江上하여 必盡醉而歸라 嘗以予文으로 示上海陸詹事子淵에 有過奬之語어든 思曾凌曉乘船來告라 予非求知於世者로되 而亦有以見思曾愛予之深也라 思曾之葬也에 陳吉甫旣爲銘이로되 予獨痛思曾之材를 使不得盡其所至라 亦爲之致憾於天而已矣로라

11) 李中丞 廉甫 : 李憲卿(1506~1562)으로, 字는 廉甫, 號는 西川子이다. 中丞은 御使를 가리키는데, 그는 巡撫湖廣左副都御使를 지냈다.

12) 安亭江 : 歸有光의 집이 있던 곳이다.

13) 陸詹事 子淵 : 陸深(1477~1544)으로, 초명은 榮, 자는 子淵, 上海縣 사람이다. 弘治 18년(1505)에 進士가 되었고, 嘉靖 연간에 詹事가 되어 翰林院을 관장하였다. 시호는 文裕이다. 저서로 ≪儼山集≫·≪史通會要≫ 등이 있다.

14) 陳吉甫 : 陳敬純으로, 字는 吉甫이다.

53. 龔裕州[1)]를 祝壽하는 序　龔裕州壽序*

*이 글은 裕州太守를 지낸 龔天然을 祝壽하는 序이다. 공천연은 歸有光의 처남인 魏希明의 장인이다. 이 글에서 귀유광은 "智者는 動하고 仁者는 고요하며, 지자는 즐겁고 인자는 장수한다.〔知者動 仁者靜 知者樂 仁者壽〕"라는 孔子의 말을 가져와 공천연이 富貴를 누리면서도 장수할 수 있었던 이유에 대해 기술하였다.

孔子가 말하기를 "仁者는 長壽한다."라고 하니, 무릇 인자가 어찌 반드시 장수할 수 있는가? 능히 고요하여 장수하는 이치를 얻기 때문이다.[2)] 인생 백 년 동안 구구한 몸으로 날마다 外物과 겨루니, 만약 富貴의 길에서 분주히 달리며 맹목적으로 추구하여 그 가벼운 것으로 그 무거운 것을 얽맨다면,[3)] 이와 같은 자는 비록 장수하는 데[4)] 이를지라도 이는 수명을 짧게 재촉하는 道이다. 만약 부귀의 길에서 분주히 달리며 맹목적으로 추구하여 그 가벼운 것으로 그 무거운 것을 얽매지 않는다면, 이와 같은 자는 비록 장수하는 데 이르지 못할지라도 이는 장수하는 道이다.

孔子曰 仁者壽라하니 **夫仁者**가 **豈能必壽哉**아 **以其能靜而得壽之理也**일새라 **人生百年**에 **以區區之形**으로 **日與外物爲角**하니 **夫苟役役然馳騁眩鶩於富貴之途**하여 **以其所輕**으로 **累其所重**이면 **若是者**는 **雖至黃耇**라도 **其道促矣**요 **夫苟不役役然馳騁眩鶩於富貴之途**하여 **以其所輕**으로 **累其所重**이면 **若是者**는 **雖不至黃耇**라도 **其道長矣**라

---

1) 龔裕州 : 裕州太守를 지낸 龔天然을 이른다. 공천연은 귀유광의 처남인 魏希明의 장인인데, 자세한 행적은 미상이다. ≪震川集≫ 권13에 수록된 〈戴素庵先生七十壽序〉와 본서 〈魏誠甫行狀〉에 그 이름이 보인다.

2) 孔子가……때문이다 : 孔子가 말하기를 "智者는 물을 좋아하고 仁者는 산을 좋아한다. 지자는 動하고 인자는 고요하며, 지자는 즐겁고 인자는 장수한다.〔知者樂水 仁者樂山 知者動 仁者靜 知者樂 仁者壽〕" 하였다.(≪論語≫ 〈雍也〉)

3) 그 가벼운……얽맨다면 : 가벼운 것은 富貴를, 무거운 것은 壽命을 가리킨다.

4) 장수하는 데 : 원문은 '黃耇'이다. ≪詩經≫ 〈小雅 南山有臺〉에 "즐거운 君子여 어찌 黃耇하지 않으리오〔樂只君子 遐不黃耇〕" 하였는데, 朱熹의 註에 "黃은 노인의 머리카락이 다시 누렇게 되는 것이다. 耇는 노인의 얼굴이 언 배 빛이어서 마치 때가 낀 것과 같은 것이다.〔黃 老人髮復黃也 耇 老人面凍梨色 如浮垢也〕" 하였다.

龔先生은 명을 받아 裕州를 맡아 다스리니 大夫의 爵秩이 있고 집안에 田宅이 넉넉하니 封侯의 봉록이 있다. 銀朱와 黼績의 화려함[5]은 애초에 세속 사람과 다를 것이 없는데 東園公과 綺里季의 고상함[6]을 얻었으며, 맛이 진하고 달며 부드러운 음식과 살진 고기 및 진한 술[7]의 봉양은 애초에 세속 사람과 다를 것이 없는데 赤松子와 王子喬의 自適함[8]을 얻었으며, 호수 둘레에 거처하여 물고기와 새가 위아래에서 노닐고 농부와 촌로가 노래하고 떠들며 웃고 즐기는지라 郡邑이 시끄러운 사이에 살면서도 武陵桃源의 興趣를 얻었으니, 先生은 아마도 富貴의 길에서 분주히 달리지 않는 자이리라. 君子가 사람을 논하는 것은 가까운 점을 취하는 법이니, 선생은 아마도 仁者는 고요하여 장수한다는 이치를 얻었을 것이다.

龔先生이 受命守裕州하니 有大夫之秩하고 家富田宅하니 有封侯之奉이라 銀朱黼績之華가 未始異於世어늘 而得園綺之高焉하며 溫淳甘膬脭醲肥厚之養이 未始異於世어늘 而得松喬之適焉하며 環湖而居에 魚鳥上下하고 田夫野老가 謌呼而笑傲라 當郡邑喧囂之間하여 而得武陵桃源之趣焉하니 先生은 其不役役者歟인저 君子之論人이 取其近이니 先生은 其得仁者靜而壽之理歟인저

나의 처남 溫甫가 先生과 대대로 인척을 맺었기에 나에게 와서 글을 지어 祝壽하기를 청하였다. 내 일찍이 논하기를, "지금 세상의 이른바 축수하는 글이라는 것은 옛 제도가 아니다. 세상에 태어난 지 몇 해가 되었는지를 말하는 것에 불과할 따름이니 어찌 글로써 축수할 수 있으랴."라고 하였다. 그런데 선생을 논함에 이르러서는 비로소 文에 드러내어 축수할 만한 분이기에 이 글을 써서 그에게 보내노라.

予之內弟溫甫가 與先生世通姻好일새 來請予文爲祝이라 予嘗論今世有所謂壽文者는 非古之制니 不過謂生於世幾何年耳니 奚以文爲이리오 至論先生하여는 迺可以著之於文而爲壽者也일새 書以歸之하노라

---

5) 銀朱와……화려함 : 銀朱는 은으로 만든 官印과 그 관인을 매는 붉은 絲帶이며, 黼績는 수놓은 禮服으로, 모두 高官의 차림새를 가리킨다.

6) 東園公과……고상함 : 東園公과 綺里季는 秦나라 말기에 虐政을 피하여 商山에 들어간 隱者이다. 이들은 避世의 뜻을 담은 紫芝歌를 부르면서 훗날 漢 高祖의 부름을 받고도 나오지 않고 淸高하게 살았다.(≪史記≫ 권55 〈留侯世家〉)

7) 맛이……술 : 前漢의 문인 枚乘이 지은 시 〈七發〉에 "飮食則溫淳甘膬脭醲肥厚"라 하였는데, ≪六臣註文選≫에 "溫淳은 맛이 진함을 이른다.……膬는 부드러워 쉽게 부서지는 것이다.……脭은 살진 고기이다.……醲은 좋은 술이다.〔溫淳 謂凡味之厚也……膬 腐易破也……脭 肥肉也……醲 酒之上者〕" 하였다.(≪六臣註文選≫ 권34 〈七發八首〉)

8) 赤松子와……自適함 : 赤松子와 王子喬는 전설상의 仙人으로, 둘 다 불로장수한 것으로 알려져 있다.

54. 鄭伯魯의 모친 唐夫人의 80세를 祝壽하는 序
鄭母唐夫人八十壽序*

*이 글은 歸有光이 姻戚인 鄭若曾의 모친 唐夫人의 80세를 축수하며 쓴 서문이다. 귀유광은 이 글에서 정약증의 집안 5代가 모두 건강하여 天倫의 즐거움을 누리고 있는 것을 찬탄하는 한편, 정약증이 뛰어난 재주에도 불구하고 세상에서 쓰이지 못하는 것을 안타까워하였다.

나의 벗 鄭君 伯魯[1]가 젊어서는 莊渠先生[2]과 甘泉先生[3]의 문하에서 從遊하고 만년에는 唐應德[4]과 벗이 되어 郡治에 살았으니, 士大夫들이 모두 숭상하는 名士였다. 올해 12월 某日에 그 모친인 太夫人 唐氏를 모시고 80세를 축수하였다. 나와 백로는 모두 魏氏 집안의 사위이고[5] 妻家의 아우 중에는 백로에게서 배운 사람이 많았다. 이에 魏濬甫[6]가 와서 나에게 태부인을 위해 壽序를 써달라고 청하였다.

予友鄭君伯魯가 **少遊莊渠甘泉二先生之門**하고 **晩與唐**(以)〔應〕[7]**德爲友**하여 **居於郡城**하니

---

1) 鄭君 伯魯 : 鄭若曾(1503~1570)이다. 蘇州 崑山 사람으로 자는 伯魯, 호는 開陽이다. 33세에 秀才로 선발되어 國子監에 들어가 貢生이 되었다. 官途에서 실의한 뒤 고향에 돌아와 학문에 정진하였다. 地理와 軍事에 밝았다. 1550년 무렵 동남쪽 연안에 倭寇가 자주 침입하자 沿海地圖를 제작하였는데, 능력을 인정받아 胡宗憲의 幕僚가 되었다. 저서에 ≪日本圖纂≫, ≪籌海圖編≫, ≪江南經略≫ 등이 있다.

2) 莊渠先生 : 莊渠는 明代의 학자인 魏校(1483~1543)의 號이다. 蘇州 崑山 사람으로 자는 子才이다. 胡居仁에게 程朱學을 배웠다. 歸有光의 스승이기도 하다.

3) 甘泉先生 : 甘泉은 明代의 학자인 湛若水(1466~1560)의 號이다. 廣東 增城 사람으로 자는 元明이며 陳獻章의 제자이다. 진헌장에게 수학하였으며 王守仁과 함께 강학하였다.

4) 唐應德 : 應德은 明代의 학자 唐順之(1507~1560)의 자이다. 常州府 武進縣 사람으로 호는 荊川先生이다. 명대 중기의 대표적인 散文家이자 王守仁의 제자인 王畿에게 가르침을 받은 陽明學者이기도 하다.

5) 나와……사위이고 : 鄭若曾과 歸有光은 魏校의 아우인 光祿寺典簿 魏庠의 사위였다.

6) 魏濬甫 : 歸有光의 처남으로 魏庠의 둘째 아들이다.

7) (以)〔應〕: 저본에는 '以'로 되어 있으나, ≪震川先生全集≫(南昌府學, 1843)에 의거하여 '應'으로 바로잡았다.

士大夫皆崇尙之라 今年十二月某日에 奉其母太夫人唐氏爲八十之壽하니 予與伯魯로 同爲魏氏諸倩(청)이요 內家諸弟는 多從伯魯學者라 於是에 濬甫來請予爲太夫人壽序라

대개 唐氏는 長洲(蘇州府 長洲縣)의 望族이고 鄭氏는 華原王[8] 이래로 수백 년 동안 이어온 簪纓[9]世家이다. 나는 魏氏 집안과의 인척 관계로 늘 여종이 왕래했는데 여종이 자주 太夫人의 덕을 말하였고, 伯魯는 차근차근 학문에 종사하고 날마다 효성을 다하여 어버이를 봉양하는 것이 자식으로서 하기 어려운 점이 있었다. 세속에서 부러워하는 바였으나 한때의 부귀영화였을 뿐이고, 가문 내에 화란이 많았는지라 하늘에서 얻은 운수를 왕왕 온전히 누리지 못하였다. 그러나 정씨의 和氣가 오직 한 가문에 모여들었으니, 백로의 尊大人과 태부인이 모두 고령의 나이로 堂에 계시고[10] 백로 부부가 偕老하여 올해 예순이고 그 자식은 이미 손자가 있다. 이에 정씨가 5代가 되었는데 부모와 부부, 형제와 자손이 모두 온전하니, 天倫의 즐거움을 세상에서 찾아보면 이런 경우가 없다. 백로의 재주가 세상에 쓰였다면 높은 벼슬에 오르는 것도 어렵지 않았겠지만, 時運을 만나지 못하여 향리에서만 중시를 받고 있다. 그러나 어찌 이것으로 저것을 바꾸겠는가.

蓋唐氏는 長洲望族이요 而鄭自華原王以來로 數百年爲簪纓世家라 予以魏氏之連으로 常有女婢往來러니 數能道太夫人之德이요 而伯魯循循學道하고 日致孝養이 有人子之所難者하니 世俗之所慕艶이로되 惟一時之輝華顯奕이요 而家門之內에 多有虧敗라 其於所得於天之數에 往往不能以全이로되 而鄭之和氣가 獨鍾萃於一門하니 蓋伯魯之尊人與太夫人이 皆高年在堂이요 伯魯夫婦偕老하여 今年六十이요 而其子已有孫이라 於是에 鄭氏五世矣어늘 父母夫婦兄弟子孫皆全하니 天倫之樂이 求之於世에 蓋無有也라 以伯魯之才로 使之用於世면 可以致顯仕爲不難이로되 顧以詘於時로 而獨重於鄕里之間이라 然이나 豈以此易彼哉아

나는 타고난 운명이 곤궁하고 고독한지라 백로가 가진 것 중에 한 가지도 온전

---

8) 華原王 : 北宋代의 관리 鄭居中(1059~1123)이다. 給事中, 翰林學士 등을 역임하였고, 사후에 華原郡王으로 추증되었다.

9) 簪纓 : 관원이 쓰는 비녀와 갓끈으로, 高官大爵을 비유하는 말이다.

10) 堂에 계시고 : 원문은 '在堂'으로 부모가 건강하게 살아 있는 것을 말한다.

히 가진 것이 없다. 이는 마치 물에 빠진 사람이 언덕 위의 사람이 술을 마시고 휘파람 불고 노래하는 모습을 고개를 들어 바라보는 것과 같으니, 어떻게 마음을 가눌 수 있겠는가. 그러므로 濬甫의 청에 감히 축하드리는 것이 아니고 본 바를 쓸 뿐이다. 이로써 서문을 삼는다.

予賦命窮獨이라 伯魯之所有를 無一全者하니 如溺者於岸上之人이 飮酒嘯歌에 擧首望之어니 何以爲情이리오 故於濬甫之請에 非敢爲賀요 書所見而已로라 是爲序하노라

55. 周氏 부부를 祝壽하는 序　周氏雙壽序*

*이 글은 歸有光이 周良佐와 그의 아내 朱氏의 장수를 축원한 글이다. 말미에서 귀유광은 周氏 부부의 아들 才와 친분이 있던 벗 顧文載의 부탁으로 이 글을 쓰게 되었다고 밝혔다.

옛날에 그 사람을 친애하면 반드시 그가 오래 살기를 바라고,[1] 그가 오래 살기를 바랐으므로 頌祝하는 뜻을 드러내었으니, ≪詩經≫ 300편이 장수에 대해 말한 것이 많다.[2] 옛날에는 '上壽'가 있고 '祝壽'가 있고 '爲壽'가 있었다.[3] 이는 모두 친애하는 뜻을 드러내는 것이 아닌 것이 없으니, 반드시 고령의 노인에게만 베푸는 것은 아니다. 옛날의 養老禮[4]는 매우 잘 갖추어져 있었으니 일찍이 생신에 장수를 축원한 적은 없었다.[5] 대개 지금 세상에서부터 점점 풍속이 되어 자손들이 이를 융숭한 예라 여기고, 姻戚과 黨友(마을의 벗)도 이를 좋은 인사로 여기지만 옛날의 예와는 거리가 멀다.

古者에 **親愛其人**이면 **必欲其久生**이요 **欲其久生**이라 **故**로 **致其頌禱之意**하니 **詩三百篇**이 **以壽爲言者多矣**라 **古有上壽**하고 **有祝壽**하고 **有爲壽**하니 **蓋無非致其親愛之意**니 **非必施於高年耆老之人**이라 **惟古之養老之禮甚備**하니 **未嘗有於其生辰而爲壽者**라 **蓋自今世**로 **寖以成俗**하니 **子孫**

1) 그……바라고 : ≪論語≫ 〈顔淵〉에서 孔子가 "사랑할 때에는 살기를 바라고 미워할 때에는 죽기를 바란다. 이미 살기를 바라고 또 죽기를 바라는 것이 미혹이다.〔愛之欲其生 惡之欲其死 旣欲其生 又欲其死 是惑也〕"라고 하였다.

2) ≪詩經≫……많다 : ≪詩經≫의 시 중에서 임금의 萬壽無疆을 축원한 〈小雅 天保〉와 春酒를 빚어 장수를 기원하는 것을 노래한 〈豳風 七月〉 등이 대표적이다.

3) 옛날에는……있었다 : '上壽'와 '爲壽'는 상대에게 술을 올리며 장수를 축원하는 것이다. '祝壽'는 장수를 축원하거나 생신을 축하하는 것을 말한다.

4) 養老禮 : 古代에 나이가 많고 덕망이 높은 이에게 酒食를 대접하고 敬禮하던 예절을 말한다. ≪禮記≫ 〈內則〉에 "무릇 노인을 봉양할 때에, 有虞氏는 燕禮를 썼고 夏后氏는 饗禮를 썼고 殷나라 사람은 食禮를 썼고 周나라 사람은 이 예들을 정비하여 겸용하였다.〔凡養老 有虞氏以燕禮 夏后氏以饗禮 殷人以食禮 周人脩而兼用之〕"라고 하였다.

5) 일찍이……없었다 : '爲壽'는 본래 평소의 연회 자리에서 하는 것으로, 생일날에 한정하여 특별히 하는 것이 아니다.

以是爲隆禮하고 **而姻婚黨友**가 **以是爲好問**이로되 **去於古則遠矣**라

비록 그러하나 사람이 그 어버이를 사랑하는 자는 하지 못할 일이 없으니 무릇 그 사랑을 드러낼 수 있는 것을 하지 않음이 없고, 그 어버이를 공경하는 자는 하지 못할 일이 없으니 무릇 그 공경을 드러낼 수 있는 것을 하지 않음이 없다. 그 어버이를 사랑하고 공경하면 또한 남의 어버이를 사랑하고 공경하게 마련이니 무릇 남의 어버이를 사랑하고 공경할 수 있는 것을 하지 않음이 없다. 지금 장수를 축원하는 것이 이에 가까울 것이다.

雖然이나 **人之愛其親者**는 **無所不至**하나니 **則凡可以致其愛者**를 **無不爲也**요 **敬其親者**는 **無所不至**하나니 **則凡可以致其敬者**를 **無不爲也**라 **愛敬其親**이면 **亦愛敬人之親**이니 **則凡可以愛敬人之親者**를 **無不爲也**라 **今之爲壽者**가 **其(進)〔近〕**[6]**是歟**인저

周君 良佐는 이치를 따르고 힘을 다하여 庶士의 직분에 이바지하고[7] 그 배필인 朱姥는 자애롭고 검소하며 온화하고 선량하여 인척의 가르침을 따라 행하니, 고을과 향리에서 그들을 칭찬한 지가 오래였다. 올해 예순이 되어 장수를 축원하니, 그 부모는 자애롭고 그 자식은 효성스러우며 그 인척과 黨友는 공경하였다. 孔子가 "내가 鄕飮酒禮를 보고서 王道가 簡易하다는 것을 알았다."[8]라고 하였으니, 이 또한 이른바 '한번 거행하였거든 폐지하지 못한다.'[9]라는 것이다. 군의 아들 才가 일찍이 나를 太學에서 알았고, 나의 벗 顧文載가 그와 黨友이다.[10] 그러므로 고문

---

6) (進)〔近〕: 저본에는 '進'로 되어 있으나, ≪震川先生集≫(上海古籍出版社, 1981)에 의거하여 '近'으로 바로잡았다. 周本淳의 校勘記 참조.

7) 이치를……이바지하고 : 원문은 '循理率力 共庶士之職'인데, 여기서 '率'은 '用'이나 '行'의 뜻이며 '共'은 '供'과 같다.

8) 내가……알았다 : ≪禮記≫ 〈鄕飮酒儀〉에 보이는 말인데, 漢나라 鄭玄의 注에 "'易易(이이)'는 교화의 근본이 어진 이를 높이고 나이 많은 이를 존숭하는 것일 뿐임을 말한다.〔易易 謂敎化之本 尊賢尙齒而已〕"라고 하였다.

9) 한번……못한다 : ≪禮記≫ 〈曲禮 下〉에 "모든 제사는 이미 폐지한 것은 감히 다시 거행하지 못하고, 한번 거행한 것은 감히 폐지하지 못한다. 제사 지낼 대상이 아닌 대상에 제사하는 것을 '淫祀'라 하는데 음사는 福이 없다."〔凡祭 有其廢之 莫敢擧也 有其擧之 莫敢廢也 非其所祭而祭之 名曰淫祀 淫祀 無福〕라고 한 데 보인다.

10) 나의……黨友이다 : 원문은 '余友顧文載予爲黨友者'인데, 여기서 '予'는 '與', '同'의 뜻이다.

재가 가서 장수를 축원하고 내게 부탁하여 서문을 쓰게 하였다.

周君良佐는 循理率力하여 共庶士之職이요 厥配朱姥는 慈儉溫良하여 服姆姻之教하니 邑里稱之가 久矣라 今年六十而爲壽하니 其父母之慈也요 其子之孝也요 其婚姻黨友之恭敬也라 孔子曰 吾觀於鄕에 而知王道之易易也라하니 此亦所謂有其擧之어든 莫可廢者乎인저 君之子才는 嘗識予於太學이요 而余友顧文載予爲黨友者라 故로 往爲壽하고 而屬余序之云하노라

56. 唐虔伯의 祭文　祭唐虔伯文①*

*이 글은 唐虔伯에 대한 祭文으로, 代作한 것이다. 당건백에 대해서는 본서 〈守耕說〉에 일부 보인다. 嘉定 사람이고 潘子實·李浩卿 등을 통해 알게 되었으며, 〈수경설〉은 당건백이 자기 장인의 서재에 대한 글을 歸有光에게 부탁한 것이기도 하다. 그가 鄕試에 급제하고서 처음 벼슬을 하게 되어 가던 길에 별세하였음을 이 글을 통해 알 수 있다. 또한 그가 同門의 훌륭한 스승이었음을 밝혔다.

①〈唐虔伯의 祭文을〉 대신 짓다.
代라

아아, 黃鵠은 하늘까지 솟아오름에 하루에 천리를 가는데,[1] 매미와 메까치는 느릅나무와 박달나무에 머물 뿐이다.[2] 누군들 그렇다고 하지 않겠는가마는 이 둘이 처지가 바뀌었으니, 선생의 큰 뜻이 여기에서 그치고 말았지만, 선생의 어린 시절을 돌아보건대 하늘 높이 날아오를 인재였어라. 아아, 슬프도다.

嗚呼라 **黃鵠摩天**에 **一擧千里**어늘 **蜩與鷽鳩**는 **榆枋而已**라 **孰云不然**이리오마는 **兩易其處**로다 **先生之志**가 **而止於此**언마는 **顧視童嬰**컨대 **凌空出羽**러라 **嗚呼哀哉**라

옛날 學宮에 계실 때에 강직하게 쟁변하였으니,[3] 다닐 때에는 걸음이 반듯하고 말할 때에는 자세가 발랐네. 초연하게 우뚝 서서 士林에 독보하였고, 위난을 물리

---

1) 黃鵠은……가는데 : 黃鵠은 새 중에 가장 높이 날아 단번에 천 리를 날아간다는 황색의 고니를 가리킨다.

2) 매미와……뿐이다 : 《莊子》 〈逍遙遊〉에 붕새는 9만 리를 올라서 바람을 타고 南冥으로 날아간다고 하는데, 이를 들은 매미와 메까치가 비웃으며 "우리는 훌쩍 솟아올라 느릅나무나 박달나무가 있는 곳까지 가려 해도 때로는 이르지 못하고 땅바닥에 떨어지고 마는데, 어째서 9만 리나 올라가서 남쪽으로 가려 하는가?〔蜩與學鳩笑之曰 我決起而飛 搶榆枋而止 時則不至而控於地而已矣 奚以之九萬里而南爲〕"라고 하였다.

3) 강직하게 쟁변하였으니 : 齗齗은 '誾誾'과 같다. 《論語》 〈述而〉에 孔子가 鄕黨에 있을 때 "조정에서 하대부와 말을 할 적에는 강직하게 하고, 상대부와 말을 할 적에는 부드러운 태도로 간쟁하였다.〔朝與下大夫言 侃侃如也 與上大夫言 誾誾如也〕"라고 하였다.

치고 절조를 세울 적에 의로운 기색이 반드시 나타났으니, 諸生과 後學은 공손히 물러나 겸양하고 州牧과 邦伯은 와서 자문하였네.

昔在學宮에 **侃侃齗齗**하니 **行則方履**하고 **語則正襟**이라 **邈然孤特**하여 **高步士林**하고 **排難立節**에 **義色必形**이라 **諸生後學**은 **退讓逡巡**이요 **州牧邦伯**은 **來咨來詢**이러라

段干木의 집처럼 지나는 자들이 흠모하였고,[4] 여러 사람들이 지목하기를 玳瑁와 南金이라 하였네. 어이하여 백발의 몸으로 홀로 옛 성인의 經書를 읽으며 지냈던가. 오랜 세월 공부한 끝에 鄕試로 급제하여 京師로 올라갔는데, 一命[5]의 영광을 받고서 가던 길에 彭城에서 운명하였네. 아아, 슬프도다.

干木之廬는 **過者則欽**이요 **衆所指目**은 **玳瑁南金**이라 **胡以白首**로 **獨抱遺經**고 **積日累月**에 **旅貢在庭**이러니 **一命之榮**에 **道殞彭城**이라 **嗚呼哀哉**라

무릇 우리 同門이 일찍부터 깊은 가르침을 받았으니, 세월이 흘러갔어도 가르침에 부응하지 못해 부끄럽네. 3년 동안 만나지 못하여 꿈속에도 京師에 갔었다가 돌아온다는 소식을 듣고서 서로 말하며 기뻐하였는데, 성의 서쪽을 멀리 바라봄에 흰 명정이 와서 멈추었네. 뉘와 함께 돌아가리오. 九原에서 일어날 수 없네.[6] 술잔을 앞에 놓고서 한 번 통곡하고 几筵에 올리노라. 아아, 슬프도다.

凡我同門이 **夙承奧旨**러니 **歲月荏苒**에 **慚德無似**라 **三年不見**에 **夢寐京邸**라가 **聞有歸音**하여 **相告以喜**러니 **瞻望城西**에 **素旐來止**라 **其誰與歸**리오 **九原莫起**라 **臨觴一慟**하고 **薦于筵几**로라 **嗚呼哀哉**라

---

4) 段干木의……흠모하였고 : 戰國時代의 隱者였던 段干木은 魏 文侯의 禮訪을 피하기 위하여 담을 넘어 도망하였으나, 위 문후는 그의 마을을 지날 때 수레의 橫木을 잡고 몸을 굽혀 예를 표하였다고 한다.(≪孟子≫ 〈滕文公 下〉, ≪呂氏春秋≫ 〈期賢〉)

5) 一命 : 처음으로 관직에 제수될 때에 받는 최하위의 품계로, 고대에 명사에게 주는 命級의 등급이 一命부터 九命까지 아홉 단계가 있었는데, 일명이 가장 낮은 등급이다.

6) 뉘와……없네 : 九原은 전국시대 晉나라 卿大夫의 묘지가 있던 곳으로, 후대에 일반적으로 무덤을 뜻하게 되었다. ≪禮記≫ 〈檀弓〉에 趙文子가 叔譽와 함께 구원을 구경하였는데, 조문자가 말하기를, "여기 죽은 이들을 만일 살릴 수 있다면 내 누구와 함께 돌아가리오?〔死者若可作也 吾誰與歸〕"라고 하였다. '누구와 함께 돌아가리오'란 말은 '누구와 함께 벗하리오'라는 의미이다.

57. 顧文康公[1)]의 夫人에 대한 祭文　祭顧文康公夫人文*

*이 글은 文康公 顧鼎臣의 夫人인 周氏에 대한 祭文이다. 皇室에서 徽號를 冊上하는 禮와 親蠶의 禮에 참여하여 보조한 일, 고정신이 宮保에 올랐을 때 1품 부인의 誥命을 받든 일, 죽어서 葬祭를 하사받은 일을 기술하여, 주씨가 살아서나 죽어서나 지극한 은혜와 영광을 누렸음을 칭송하였다.

슬프다, 부녀자의 직분은 閨門을 벗어나지 않는 법이지만[2)] 그 지위가 존귀해져서는 皇室과 통한다. 文康公은 大科에서 자취를 떨치더니[3)] 40년 동안 마침내 지극히 높은 자리에 올랐네. 공이 누린 富壽康寧[4)]은 당대에 드문 바인데, 夫人이 공과 짝하여 더불어 해로하였네. 혁혁하신 우리 황제께서는 통일한 聖眞이시니[5)] 禮를 상고하고 樂을 익혀 制作[6)]이 분분하였네. 이미 성대한 祭典을 치르매 百神이 다 도우니, 문강공이 和樂하게 황제의 좌우에 있었네.

嗚呼라 **女婦之職**은 **不出閨門**이로되 **及其崇貴**하여는 **與皇家通**이라 **維文康公**은 **大科奮跡**이러니

---

1) 顧文康公 : 顧鼎臣(1473~1540). 明나라 蘇州府 昆山 출신. 초명은 仝, 자는 九和, 호는 未齋. 弘治 18년(1505) 進士가 되어 修撰에 오르고, 左諭德, 禮部右侍郎, 禮部尙書兼文淵閣大學士, 太子少保, 太子太傅 등을 역임하였다. 사후 太保가 추증되었으며, 文康은 그 諡號이다. 저서에 ≪未齋集≫, ≪文康公全集≫ 등이 있다.(≪明史≫ 권193 〈顧鼎臣傳〉)

2) 부녀자의……법이지만 : ≪小學≫ 〈明倫〉에 "부인은 남에게 복종한다. 이런 까닭으로 마음대로 행동하는 의리가 없고 세 가지 따라야 할 도리가 있다. 집에 있을 때에는 아버지를 따르고 남에게 시집가서는 남편을 따르고 남편이 죽으면 자식을 따라서 감히 스스로 이루는 바가 없다. 그리하여 敎令이 閨門을 벗어나지 않으며 일은 음식을 마련하는 데 있을 뿐이다.〔婦人伏於人也 是故無專制之義 有三從之道 在家從父 適人從夫 夫死從子 無所敢自遂也 敎令不出閨門 事在饋食之間而已矣〕"라는 孔子의 말이 보인다.

3) 大科에서……떨치더니 : 顧鼎臣이 弘治 18년(1505) 乙丑科에서 장원급제한 것을 가리킨다.

4) 富壽康寧 : 사람의 五福 가운데 셋이다. ≪書經≫ 〈周書 洪範〉에 "五福은 첫째는 장수함이고, 둘째는 부유함이고, 셋째는 강녕함이고, 넷째는 덕을 좋아함이고, 다섯째는 考終命이다.〔五福 一曰壽 二曰富 三曰康寧 四曰攸好德 五曰考終命〕" 하였다.

5) 통일한 聖眞이시니 : 원문은 '統壹聖眞'이다. 統壹은 儒學의 가르침으로 견해를 귀결시켜 일치시켰다는 뜻이고, 聖眞은 天子나 皇帝와 같은 말이다.

6) 制作 : 禮樂에 관한 典章制度를 가리킨다.

四十年間에 **遂躋崇極**이라 **富壽康寧**은 **當世所少**니 **夫人配之**하여 **與之偕老**라 **赫赫我皇**은 **統壹聖眞**이니 **考禮(擬)〔肄〕**[7)]**樂**하여 **制作紛紜**이라 **旣秩殷典**에 **百神咸侑**하니 **文康雍雍**하여 **在帝左右**로다

아름다워라. 夫人은 象服이 어울리니[8)] 兩宮에 朝見(조현)할 때 后妃의 거처를 따랐네. 엄숙한 太室(太廟)에서 玉冊과 金寶[9)]를 올리는 일을 도우니 金章과 玉牒[10)]을 부인이 인도하였고, 기름진 西苑[11)]에서 그 蠶事를 다스리니 鞠衣[12)]와 翟車[13)]를 부인이 모셨어라.[14)] 아득한 천 년 동안 大禮가 끊어졌는데 부인이 이러한 때를 만나서 못 보던 바를 보게 되었네. 匹婦의 미천함으로 一命[15)]도 많다 할 것인데 훌륭한 부인은 太山 같고 黃河 같도다.[16)] 살아서는 誥命이 있었으니 一品의 귀함이요,[17)]

---

7) (擬)〔肄〕: 저본에는 '擬'로 되어 있으나, ≪震川集≫에 의거하여 '肄'로 바로잡았다.

8) 象服이 어울리니 : 象服은 고대에 왕후나 귀부인이 입던 禮服으로, 겉에 각종 物象을 그려 장식으로 삼은 옷이다. 이 句는 ≪詩經≫ 〈鄘風 君子偕老〉에 "君子와 百年偕老해야 하는지라 副笄에 여섯 군데 옥을 더하니 차분하고 의젓하며 太山 같고 黃河 같아서 象服이 어울리거늘 그대가 선하지 못함은 어째서인가.〔君子偕老 副笄六珈 委委佗佗 如山如河 象服是宜 子之不淑 云如之何〕"라고 한 데서 따왔다.

9) 玉冊과 金寶 : 왕이나 왕비의 尊號를 올릴 때 함께 올리는 것으로, 玉冊은 덕을 칭송하는 글을 새긴 책이고, 金寶는 追上하는 尊號를 새긴 印章이다.

10) 金章과 玉牒 : 金章은 金寶를, 玉牒은 玉冊을 가리킨다.

11) 西苑 : 北京 舊皇城 西華門 서쪽에 있는 宮苑의 이름. 원래는 金나라의 離宮이었는데, 明나라 때에는 苑이 大內의 서쪽에 있으므로 西苑이라 칭했다.

12) 鞠衣 : 왕후가 親蠶할 때 입는 누르스름한 뽕잎 색의 예복이다. ≪周禮≫ 〈天官 內司服〉의 翟車에 관한 鄭玄의 注에 "鞠衣는 누른 뽕나무 색의 의복이다. 색이 鞠塵과 같으니, 뽕나무 잎이 처음 나온 것을 형상하였다.〔鞠衣 黃桑服也 色如鞠塵 象桑葉始生〕" 하였다.

13) 翟車 : 后妃가 타는 수레이다. ≪周禮≫ 〈春官 巾車〉의 翟車에 관한 鄭玄의 注에 "꿩의 깃털로 수레 옆을 장식하였다.……后妃가 타고서 뽕밭으로 나간다.〔以翟飾車之側……后所乘以出桑〕" 하였다.

14) 엄숙한……모셨어라 : '太室穆穆'에서 '夫人是導'까지는 明 世宗이 자신의 繼母와 生母인 昭聖太后와 慈孝獻皇后에게 昭聖皇太后와 章聖皇太后라는 徽號를 冊上하는 의례를 거행할 때 顧文康公의 夫人이 일정한 역할을 했음을 말하였고, '西苑膴膴'에서 '夫人則侍'까지는 皇室에서 親蠶의 禮를 행할 때 역시 고문강공의 부인이 일정한 역할을 했음을 말하였다.(≪震川集≫ 권12 〈顧夫人八十壽序〉)

15) 一命 : 가장 낮은 品階를 말한다. 周나라 官制는 아홉 등급으로 나뉘었는데, 가장 낮은 등급이 一命, 가장 높은 등급이 九命이었다.(≪周禮≫ 〈大宗伯〉)

16) 太山……같도다 : 원문은 '如山如河'로, 夫人의 차분하고 의젓한 모습을 비유한 표현이다. ≪詩經≫ 〈鄘風 君子偕老〉에서 따왔다.

17) 살아서는……귀함이요 : 顧文康公이 宮保에 올랐을 때 夫人 周氏에게 1품 부인의 誥命이 내

죽어서는 황제께 訃告를 아룀이 있으니 葬祭를 하사하셨네. 潭山의 언덕에 文康公을 따라 묻히니, 天子의 下賜는 은혜와 영광이 지극하도다. 무릇 富貴한 사람들도 죽지 않는 이가 없으니, 우리 산 사람들이 누군들 애통하지 않으리오. 尙饗.

猗與夫人은 象服是宜니 朝於兩宮에 從后之居로다 太室穆穆에 佐上冊寶하니 金章玉牒을 夫人是導요 西苑臕臕에 庀其蠶事하니 鞠衣翟車를 夫人則侍로다 邈然千載에 大禮曠墮러니 夫人際之하여 見所未覩로다 匹婦之微는 一命爲多어늘 有美夫人은 如山如河로다 生有誥命은 一品之貴요 薨有奏訃에 賜之葬祭로다 潭山之原에 從文康止하니 天子之賜가 恩榮極矣로다 凡厥富貴가 莫不有終이니 維我生人이 誰能不恫이리오 尙饗이라

鞠衣

려진 바 있다.(≪震川集≫ 권12 〈顧夫人八十壽序〉)

58. 鮑縣令의 夫人에 대한 祭文　祭鮑縣令夫人文*

*이 글은 鮑縣令의 부인에 대해 쓴 祭文으로, ≪震川先生集≫에는 실려 있지 않다. 포현령과 그 부인의 인적 사항은 未詳이다. 歸有光은 이 글에서 부인이 빈천한 시절에 남편을 내조하며 고생하다가, 남편이 현령이 된 뒤에는 세상을 떠나 부귀를 누리지 못하게 된 것을 안타까워하였다.

아, 정숙한 英靈은 바르고 얌전하며 아름다우니,
女儀는 짝할 이 드물고 婦道는 견줄 이가 없었다네.
능히 지아비를 도와 당대의 어진 이와 나란히 서게 하였으니,
大庖의 솜씨 펼쳐내지 못하고 와서 작은 생선을 삶았네.[1]
부부가 손잡고 서로 어울리며 休戚을 함께 슬퍼하였으니,
안으로는 琴瑟이 좋고 밖으로는 鳴絃[2]을 도왔네.
물 긷고 절구질하는 일 하지 않게 되자 冠帔[3]가 앞에 놓였으니,
녹을 받는 것이 화락하고[4] 늘어진 옷이 펄럭였어라.
어째서 세상을 버려 중년도 마치지 못하였는가.
예전에 빈천하였을 적에는 또 많이 떠돌아다녔는데,

霞帔

1) 大庖의……삶았네 : 大庖는 뛰어난 요리사를 말한다. ≪呂氏春秋≫ 〈貴公〉에서 "뛰어난 匠人은 模型을 볼 뿐 직접 깎지 않고, 뛰어난 요리사는 五味를 조화롭게 할 뿐 籩豆에 나열하지 않는다.〔大匠不斲 大庖不豆〕"라고 하였다. '來烹小鮮'은 ≪老子≫에 "大國을 다스리는 것이 작은 생선을 삶는 것과 같다.〔治大國 若烹小鮮〕"라고 한 데서 온 표현이다. 이 구절은 鮑縣令이 큰 재주를 가지고 작은 縣을 다스린 것을 의미한다.

2) 鳴絃 : '鳴弦'과 같은 말로, ≪論語≫ 〈陽貨〉의 "孔子가 武城에 가서 거문고와 노랫소리를 들었다. 부자가 빙그레 웃으면서 '닭을 잡는 데 어찌 소 잡는 칼을 쓰느냐.'라고 하였다.〔子之武城 聞弦歌之聲 夫子莞爾而笑 曰割鷄 焉用牛刀〕"라는 고사에서 나온 말이다. 禮樂으로 백성을 다스리며 善政을 베푸는 것을 비유하는데, 뛰어난 재주를 지니고 작은 고을을 다스리는 데 그쳤다는 의미 역시 내포하고 있다.

3) 冠帔 : 古代의 부녀자의 복식이다. 冠은 모자이고, 帔는 披肩으로 양어깨를 덮는 천이다.

4) 녹을……화락하고 : ≪周易≫ 漸卦 六二 爻辭의 "기러기가 너럭바위에서 점점 날아간다. 먹고 마시는 것이 화락하니 길하다.〔鴻漸于磐 飮食衎衎 吉〕"라는 표현을 변용한 것이다.

이제 부귀해진 뒤에 끝내 목숨을 연장하지 못했도다.
사람이 어찌할 수 없는 일이요, 푸른 하늘은 아득히 멀도다.
저 길한 길을 따라[5] 상여가 돌아가는구나.
魂氣는 가지 못하는 곳이 없으니[6] 영령은 잘 가소서.
산 멀고 물 먼데 가는 길이 슬프니,
太行山과 王屋山[7]이 흰 구름 사이에 있구나.

於惟淑靈은 **貞靚嬋娟**하니 **女儀罕儷**요 **婦道莫肩**이로다 **克相君子**하여 **竝躋時賢**하니 **未展大庖**하고 **來烹小鮮**이로다 **提携相從**하여 **休戚共憐**하니 **內諧琴瑟**하고 **外贊鳴絃**이로다 **井臼已失**에 **冠帔在前**하니 **食祿衎衎**이요 **垂衣襜襜**이러라 **夫何委世**하여 **不竟當年**고 **昔也賤貧**에 **亦惟多邅**이러니 **今旣富貴**에 **而卒不延**이로다 **匪人之能**이요 **悠悠蒼天**이로다 **遵彼吉路**하여 **輤車言旋**이라 **氣無不之**니 **靈其往旃**하소서 **山迢水遠**에 **行道悽然**하니 **太行**(항)**王屋**이 **白雲之間**이로다

5) 저……따라 : ≪文選≫에 실린 潘岳이 죽은 처를 애도하며 쓴 〈哀永逝文〉에 “서글퍼서 느릿느릿 가니, 길한 길을 따라가는데 죽어서 돌아가는구나.〔悵悵兮遲遲 遵吉路兮凶歸〕”라고 한 표현을 변용한 것이다.

6) 魂氣는……없으니 : 吳나라 季札이 齊나라에 갔다가 돌아올 적에 長子가 嬴과 博 사이에서 죽자, 그곳에 장사 지내고 “뼈와 살이 흙으로 돌아갔으니 天命이다. 魂氣는 가지 않는 곳이 없으니 가지 않는 곳이 없을 것이다.〔骨肉歸復于土 命也 若魂氣則無不之也 無不之也〕”라고 하고는 마침내 그곳을 떠났다는 고사가 있다.(≪說苑≫ 권19 〈修文〉)

7) 太行山과 王屋山 : 河南城과 陝西省 경계에 있는 두 산이다.

59. 何氏의 부인을 弔問하는 글과 序 弔何氏婦文幷序*

*이 글은 歸有光이 죽은 아내의 친척 형제인 何氏가 부인상을 당하자 망자를 조문하고 하씨를 위로하기 위하여 지은 글이다. 귀유광 자신도 아내를 잃는 슬픔을 이미 겪은 처지로서 하씨에게 더욱 깊은 공감과 연민을 드러내고 있다.

何氏의 부인은 鄒平王府敎授 周君의 딸이다. 처음에, 鄒平君이 長興에서 敎授로 있을 때 부인이 何生과 함께 따라와 장흥에 와서 거주하였다. 하생이 병이 들자 부인이 몰래 자기 팔뚝 살을 도려내어 椒湯에 넣어 올리니 병이 나았다. 추평군이 관직을 옮긴 뒤에 하생 부부는 崑山으로 돌아왔는데 어느 날 부인이 병으로 죽었다. 하생은 나의 죽은 妻와 형제의 戚誼가 있으니, 동자였을 때 나의 집에 온 적이 있다. 내 처가 죽었을 때 하생은 오지 못했는데 뜻밖에 몇 년 사이에 하생 역시 처를 얻었으나 이미 죽었다. 하생을 보고 이를 말하자 눈물이 주르륵 흘렀다. 글을 지어 조문한다.

何氏婦는 鄒平王敎授周君女也라 始에 鄒平君敎長興할새 婦與何生으로 隨家長興이러니 何生病에 婦潛白割肱하고 合椒湯進之하니 良愈라 鄒平君이 旣遷官에 生夫婦還崑山이러니 一日에 婦病死라 生與予亡妻有兄弟之戚하니 爲童子時에 嘗來予家라 予妻死에 生亦不來러니 不意數年間에 生亦有妻已死라 見生言之에 潸然淚下라 爲文以弔之하노라

효자의 獨行[1]이여, 세상에서 혹 그 훌륭함에 대해 말하도다.
진실로 자기 몸을 해쳐 어버이를 보전하니 또 어찌 떳떳한 본성에 어긋나겠는가.
이는 前代에 전하던 바니 자식이 본래 가지고 있는 것이라네.
지금에 이르러 처음 보게 되었으니 부인이 지아비를 위하여 자신의 살을 베었네.
지아비와 아버지는 道가 하나이니[2] 누가 마땅한 의리가 아니라고 하겠는가.

---

1) 獨行 : 뜻을 고결하게 지니고 時流에 휩쓸리지 않는 행위를 말한다.(≪禮記≫ 〈儒行〉)
2) 지아비와……하나이니 : ≪儀禮≫ 〈喪服〉에 "부인은 三從의 의리가 있고 자기 마음대로 하는

팔뚝 살을 도려내어 지아비를 섬겼으니 백발이 되도록 서로 의지하며 살아가려니 여겼네.

어째서 착하고 어여쁜 부인은 빨리 죽었는가. 돌연 스스로 등을 돌리고 먼저 떠나갔구나.

저 지아비를 방황하게 만들었으니 몸은 메마르고 얼굴은 검구나.

아침에 문 나섰다가 돌아오기 어렵게 되었으니 텅 빈 휘장에서 밤마다 눈물 흘리네.

지아비의 병을 염려하였으니 옥처럼 고운 살결도 아까워하지 않았네.

어째서 멀리 떠나가 돌아보지 않았나. 결국에는 또 이별의 슬픔만 남겼네.

이제부터 그가 병에 걸려 파리해지면 또 누가 그를 위해 걱정해주리오.

저 만물은 서로 의탁하니 저마다 자기 짝을 얻어 기쁘구나.

사람이 살면서 배필이 있으니 진실로 한평생 함께하기를 기약한다네.

어째서 중도에 짝을 잃었는가. 함께 가다가 문득 그 짝을 잃어 탄식하도다.

내가 예전에 이런 변고 겪은 적 있는데 아득히 오랜 세월이 지나갔네.

하생의 늘어뜨린 머리[3] 기억하니 옛날을 슬퍼하며 서글피 탄식하네.

하물며 같은 일을 겪어 서로 동감하니 나도 모르게 눈물이 줄줄 흐르는구나.

惟孝子之獨行兮여 **世或議其爲奇**로다 **苟毁身以全親兮**여 **又何乖於民彝**리오 **斯前世之所傳兮**여 **在人子固有之**로다 **至於今而創見兮**여 **婦爲夫而自刲**이라 **夫與(婦)〔父〕**[4]**其一道兮**여 **夫孰謂其非宜**리오 **殘肢體以事君子兮**여 **謂白首其相隨**로다 **胡淑婉之速化兮**여 **忽自背而先馳**라 **致夫君之徬徨兮**여 **形枯槁而面黧**라 **旦出門而難歸兮**여 **夜涕泣於空帷**라 **惟夫病之可念兮**여 **尙無愛於玉肌**러라 **何遐擧而不顧兮**여 **乃又遺之以離悲**라 **自今其被疾而致羸兮**여 **又誰爲之憂危**리오 **彼萬族之相托兮**여 **各得其偶以嬉嬉**라 **夫人生之有妃匹兮**여 **固百年以爲期**라 **何中道而自失兮**여 **行忽歎其仳離**로다 **予昔嘗歷此變兮**여 **怳日遠而星移**라 **憶何生之垂髦兮**여 **悼往昔而傷咨**라 **況同事而相感兮**여 **不知夫涕淚之淋灕**라

도리가 없다. 시집가기 전에는 아버지를 따르고, 시집간 뒤에는 지아비를 따르고, 지아비가 죽은 뒤에는 자식을 따른다.〔婦人有三從之義 無專用之道 故未嫁從父 旣嫁從夫 夫死從子〕"라고 하였다.

3) 늘어뜨린 머리 : 원문은 '垂髦'인데, 아직 冠禮를 치르지 않은 동자의 다팔머리를 말한다.

4) (婦)〔父〕: 저본에는 '婦'로 되어 있으나, ≪震川先生集≫(上海古籍出版社, 1981)에 의거하여 '父'로 바로잡았다.

方望溪文鈔

권2 方望溪文鈔

01. 周公에 대한 論　周公論*

＊方苞는 이 글에서 벗 劉捷과의 문답 형식을 통해 周公이 직접 아우 管叔을 주벌한 의리를 규명하고, 이어 주공이 東征한 후에 주변국을 鎭撫하여 후환을 막고 分封制를 시행함으로써 주나라가 오랫동안 天子國으로서의 명맥을 이어나갈 수 있었던 기반을 마련하였음을 설파하였다.

劉子 古塘[1]이 나에게 묻기를 "周公이 東征을 두 公(太公望 呂尙과 召公)에게 맡기지 않고 管叔을 직접 주벌한 것[2]은 어째서인가?"라고 하였다.

내가 답하기를 "이것이 바로 주공이 주공인 까닭이니, 관숙을 마땅히 주벌해야 한다는 것을 분명히 알면서도 두 公의 손을 빌린다면 이는 외면을 꾸며서 형을 죽였다는 평판을 피하는 것이다. 후세의 亂臣賊子가 반드시 다른 사람의 손을 빌리거나 혹은 매수해서 주벌하여 사람들의 입을 막은 것을 보면, 주공의 마음은 순수하게 天理로 가득했음을 알 수 있다. 대개 천리로는 거짓을 할 수 없다. 게다가 이로써 萬世의 인륜을 밝혀 大義를 위해서는 친족도 멸하는 법이니[3] 비록 아우라도 그 형을 죽일 수 있음을 알게 하고, 또 높은 지위에 있으면서 亂賊을 토벌하지 못하면 적과

周公

1) 劉子 古塘 : 劉捷(1658~1726)으로 자는 月三, 호는 古塘이다. 先代는 會寧 사람인데 이주하여 金陵에 살았다. 康熙 50년(1711)에 江南 鄕試에서 壯元을 차지하였다. 방포는 16세에 형 方舟와 함께 같은 마을에 살고 있던 劉捷과 교분을 맺었다.(≪望溪先生年譜≫)

2) 周公이……것 : 周 武王이 紂를 정벌한 뒤 紂의 아들 武庚을 그 땅에 봉하고 자신의 아우인 管叔·蔡叔·霍叔에게 감시하게 하였다. 이후 무왕이 죽고 어린 成王이 왕위에 오르자 숙부인 周公이 攝政을 하였다. 이때 관숙·채숙·곽숙이 무경과 함께 반란을 일으켰는데, 주공이 3년 동안 東征하여 무경과 관숙을 죽이고 채숙과 곽숙은 추방하였다.(≪史記≫ 권35 〈管蔡世家〉)

3) 大義를……법이니 : ≪春秋左氏傳≫ 隱公 4년 조에 보이는 말로, 衛나라 大夫 石碏의 아들 石厚가 公子 州吁와 함께 魏 桓公을 시해하자, 석작이 석후와 주우를 죽인 일에 대해 평한 말이다.

죄가 같음을 밝힌 것이다.

孔子가 ≪春秋≫를 지을 적에 隱公의 大夫로서 桓公의 신하가 되었거나 환공의 대부로서 莊公과 閔公의 시대에 죽은 자들에 대해서는 모두 '卒'이라고 쓰지 않음으로써 모두 주벌해야 하는 죄가 있음을 보였다[4]. 그러나 〈鴟鴞〉 詩를 보면, 일찍이 '자식을 기르느라 노심초사하였다.'고 탄식하였으니,[5] 주공은 종신토록 文考와 文母[6]가 길러준 은혜와 노고를 늘 가슴 아파하여 근심스레 스스로 마음을 풀지 못하였다. 이는 적을 토벌하는 義와 형을 불쌍히 여기는 仁이 진실로 병행하여 서로 어긋나지 않는 것이다[7]."라고 하였다.

劉子古塘이 **問於余曰 周公不以東征屬二公**하고 **而親加刃於管叔**은 **何也**오 **余曰 是乃所以爲周公也**니 **明知管叔之當誅而假手於二公**이면 **是飾於外**하여 **以避其名也**라 **觀後世亂臣賊子**가 **必假手於他人**이어나 **或賣而誅之**하여 **以塞衆口**하면 **則周公之純乎天理**를 **可見矣**라 **蓋天理**는 **不可以爲僞**요 **且以昭萬世之人紀**하여 **使知大義滅親**이니 **雖弟**라도 **可加刃於其兄**이요 **又以明居位而不能討亂**이면 **則與之同罪**라 **孔子作春秋**에 **於隱之大夫而臣於桓**하고 **桓之大夫而死於莊閔之世者**에 **皆不書其卒**하여 **以(云)〔示〕**[8]**皆有可誅之罪也**라 **然**이나 **觀鴟鴞之詩**면 **早已歎育子之閔斯**하니 **則終公之身**하여 **長隱痛乎文考文母之恩勤**하여 **而愍然無以自解**하니 **蓋討賊之義**와 **與哀兄之仁**이 **固竝行而不相悖也**라

古塘이 또 묻기를, "周公의 聖德으로도 3년 동안 군대를 외지에 내보내서 싸운

---

4) 孔子가……보였다 : 桓公・莊公・閔公은 모두 정상적인 왕위 계승 과정을 거친 것이 아니라, 先君의 시해나 權臣의 추대에 의해 왕위에 오른 인물이다. 환공은 隱公을 시해한 公子 翬에 의해 세워졌고, 장공은 부친인 환공이 齊나라에서 시해된 뒤에 즉위하였고, 민공은 장공 사후에 慶父에 의해 세워졌다. 그러므로 두 군주를 시대에 걸쳐 신하가 된 대부는 모두 군주를 저버린 사람들이다.

5) 鴟鴞……탄식하였으니 : '鴟鴞'는 ≪詩經≫ 〈豳風〉에 실린 시의 편명으로, 다른 새의 둥지를 빼앗고 새끼를 빼앗아 잡아먹는 올빼미를 管叔과 蔡叔에 비겨 풍자한 내용이다. 그 시에서 "사랑하고 애쓰면서 자식을 기르느라 노심초사했느니라.〔恩斯勤斯 鬻子之閔斯〕"라고 하였다

6) 文考와 文母 : '文考'는 文王이고, '文母'는 文德을 갖춘 后妃를 칭송하는 말로 여기서는 문왕의 후비인 太姒를 가리킨다.

7) 적을……것이다 : ≪中庸章句≫ 30章의 "만물이 함께 길러져 서로 해치지 않고, 도가 함께 행해져 서로 어긋나지 않는다.〔萬物幷育而不相害 道幷行而不相悖〕"라는 구절을 변용한 것이다.

8) (云)〔示〕 : 저본에는 '云'으로 되어 있으나, ≪方苞集≫(上海古籍出版社, 1983)에 의거하여 '示'로 바로잡았다.

뒤에야 겨우 奄[9]을 정벌한 것은 어째서인가?"라고 하였다.

내가 답하기를, "이는 時이고 勢이다. 武王이 九牧(九州)의 군주를 정벌하고서 豳州의 언덕에 올라가 商나라의 都邑을 바라볼 적에 이미 하늘의 保佑를 안정시키지 못할까 근심하여 밤에 잠을 이루지 못하였다.[10] 三叔(管叔·蔡叔·霍叔)이 流言蜚語[11]를 퍼뜨리자 武庚이 그 王統을 크게 세우게 되어서는,[12] 무릇 暴德과 逸德을 숭상하여 행하는[13] 사람들이 모두 때를 틈타 자기 욕심을 채울 생각을 하였고, 비록 선한 무리들이 있더라도 殷나라 先王의 옛 덕을 추념하여 잊지 못하였다. 그러하니 이때를 당하여 위세로써 크게 警動시키지 않으면 바로잡을 수가 없었다. 그래서 나라를 멸한 것이 50개국이나 많은 데 이렀으니, 그 마음을 진심으로 복종시킨 것이 아니면 오래도록 유지되어 안정될 수 없었을 것이다.

그러므로 도끼가 부서지고 이가 빠진 뒤에[14] 袞衣와 繡裳을 입고서[15] 大師를 徐

---

9) 奄 : 동방에 있던 나라로 武庚을 도와 반란을 일으켰는데, 周公이 정벌하였다. 상세한 내용은 ≪孟子≫ 〈滕文公 下〉에 보인다.

10) 武王이……못하였다 : 이 일화는 ≪史記≫ 〈周本紀〉에 보인다. "武王이 九牧의 군주를 징벌하고 豳州의 언덕에 올라 商나라의 도읍을 바라보았다. 무왕이 周나라에 이르러 밤에도 잠들지 못하였다. 周公 旦이 왕의 처소로 나아가 '어째서 잠을 이루지 못하십니까.'라고 하니, 왕이 '너에게 고하노라. 하늘이 殷나라의 제향을 흠향하지 않아 내가 태어나기 전부터 지금 60년이 되도록 麋鹿(四不像)이 교외에 있고 蜚鴻(蠛蠓)이 들에 가득하다.……지금에 이르러 내가 하늘의 보우를 안정시키지 못하니 어찌 잠들 겨를이 있겠는가.'라고 하였다.〔武王徵九牧之君 登豳之阜 以望商邑 武王至於周 自夜不寐 周公旦卽王所 曰曷爲不寐 王曰 告女 維天不饗殷 自發未生 於今六十年 麋鹿在牧 蜚鴻滿野……以至今 我未定太保 何暇寐〕"

11) 流言蜚語 : 武王이 죽자 管叔이 여러 아우들과 함께 "周公이 장차 어린 成王에게 이롭지 못할 것이다."라는 유언비어를 퍼뜨렸다.(≪書經≫ 〈周書 金縢〉)

12) 그……되어서는 : 원문의 '誕紀其序'는 ≪書經≫ 〈周書 大誥〉의 "조금 후한 殷나라가 크게 감히 그 王統을 세워 하늘이 위엄을 내렸으나, 우리나라에 병이 있어 백성이 편안하지 못함을 알고는 '내가 基業을 회복시켜 주겠다.' 하여 도리어 우리 周나라를 鄙邑으로 삼으려 한다.〔殷小腆 誕敢紀其敍 天降威 知我國有疵民不康 曰予復 反鄙我周邦〕"라는 구절을 변용한 것이다.

13) 暴德과……행하는 : ≪書經≫ 〈周書 立政〉의 "아! 受의 덕이 어두울 적에, 형벌을 숭상하는 暴德의 사람과 나라를 함께 다스리며, 추악한 습속을 익힌 逸德의 사람들과 정사를 함께하였습니다.〔嗚呼 其在受德暋 惟羞刑暴德之人 同于厥邦 乃惟庶習逸德之人 同于厥政〕"라는 구절을 변용한 표현이다. 원문의 '羞'는 '進'과 같으며 崇尙의 뜻이다.

14) 도끼가……뒤에 : 三叔의 죄를 다스리기 위해 동정한 주공의 노고를 노래한 ≪詩經≫ 〈豳風 破斧〉에 "이미 내 도끼 부서졌고, 또 다른 도끼도 이 빠졌네.〔旣破我斧 又缺我斨〕"라고 하였다.

15) 袞衣와……입고서 : ≪詩經≫ 〈豳風 九罭〉에 나오는 표현이다. "아홉 주머니 그물에 걸린 물고기여, 송어와 방어로다. 내가 그분을 만나보니 袞衣와 繡裳을 입었도다. 기러기가 날아감에 물가를 따라가나니 공이 돌아가심에 갈 곳이 없겠는가.〔九罭之魚 鱒魴 我覯之子 袞衣繡裳 鴻

와 兖에 주둔시켜 東夏(中國의 東部)로 하여금 마음이 흔들리지 않게 하였고, 그런 뒤에 歸順한 자들은 천천히 살펴 가르쳐 고해주고 따르지 않는 자들은 잡아다가 죄를 두려워하며 신중히 결정하여,[16] 무소와 범을 막듯 주밀하게 방비하고 어린 아이를 보살피듯 어루만져 길러주었다. 그래서 回軍하는 날에 이르러 동쪽의 사람들이 주공이 돌아가서 다시 오지 않는 것을 슬퍼하였으니, 奄이 비록 屈强하나 惡行을 함께하지는 않았던 것이다. 그래서 그 군주를 토벌하되 벌이 백성에게까지 미치지 않았고 그 族姓[17]을 나누어 구분하여 형제의 나라에 예속시키고 그중 특히 사나운 자들은 새 도읍으로 옮겨 몸소 어루만져 달랬으니, 이 때문에 오래도록 안정되어 후환이 없었던 것이다.

九罭袞衣圖

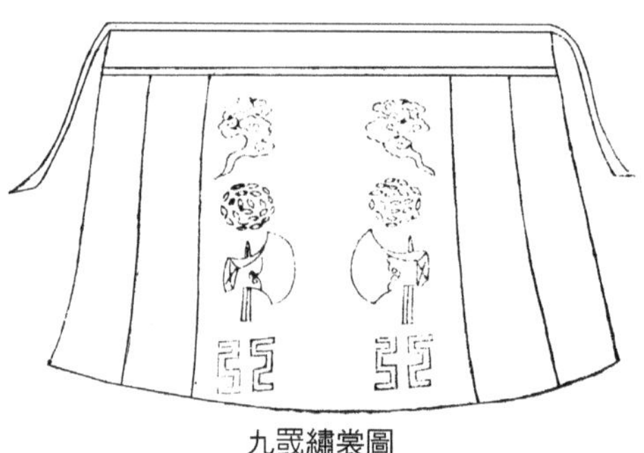

九罭繡裳圖

古塘復問曰 以周公之聖으로 暴師三年而僅乃克奄은 何也오 曰 此時也勢也라 武王徵九牧之君하여 登豳阜以望商邑에 已憂未定天保하여 而夜不能寐라가 及三叔流言에 武庚誕紀其序하여는 凡羞行暴德逸德之人이 皆乘時而思逞하고 雖有善類라도 亦追念殷先王之舊德而不能忘하니 當是時하여 非大動以威면 不能革也라 故로 滅國이 至於五十之多하니 非誠服其心이면 不能久而安也라 故로 破斧缺斨之後에 袞衣繡裳으로 駐大師於徐兖之間하여 俾東夏無搖心하고 然後에 徐察其鄕順者而敎告之하고 取其不迪者而戰要囚之하여 周防如兕虎하고 撫育如嬰兒하니 至班師之

飛遵渚 公歸無所〕"라고 하였다. 이 시는 周公이 동쪽 지방에 있을 때 그 지역 사람들이 주공을 만난 것을 기뻐하고 또 주공이 돌아가는 것을 서운해하는 내용이다.

16) 歸順한……결정하여 : ≪書經≫ 〈周書 多方〉에서 周公이 "내가 이렇게 가르쳐 고하며 내가 이렇게 두려워하며 죄수를 결단하되 두 번에 이르고 세 번에 이른다.〔我惟時其敎告之 我惟時其戰要囚之 至于再 至于三〕"라고 한 말을 변용하여 쓴 표현이다. 원문의 '要'는 '要辭', 즉 죄수를 조사하여 받아낸 供招를 말하는데, 要辭를 바탕으로 숙고하여 신중히 형벌을 결정하는 것을 말한다.

17) 族姓 : 同姓의 親族을 말하므로, 여기서는 姬氏를 가리킨다.

日하여 東人以公歸不復으로 爲悲하니 則奄雖屈强이나 無與同惡矣라 故로 討其君而罰不及民하고 分其族姓하여 以隸兄弟之邦하고 遷其尤桀驁者於新邑而身拊循焉하니 所以久安而無後患也라

이뿐만이 아니다. 견고한 지형은 나라를 지키는 말단의 일이지만 聖人 또한 버리지 않으셨다. 武王이 商나라를 이긴 초기에 곧바로 周나라의 도읍을 洛邑에 정하였는데 周公과 召公이 끝내 경영하여 사냥하고 회동하는 곳으로 만들었으니, 참으로 雍州가 비록 견고하기는 하나 東夏에서 멀어 제후를 가까이에서 제어하기 어려웠다. 그래서 땅의 중심에 도읍을 정한 것이다.

陳·杞·許·蔡는 그 남쪽에 나라를 정해주고, 虞·虢·韓·魏·晉·燕은 그 북쪽에 나라를 정해주었으며, 齊·魯는 그 동쪽에 나라를 정해주었고, 宋·衛는 河水 양쪽에 있었으니, 왕실의 至親이 아니면 三恪과 大嶽[18]의 후예이고 開國에 참여한 股肱之臣이었다. 이는 鬼方이 殷나라를 배반한 것[19]과 萊夷가 齊에서 싸운 것[20]을 보고 警戒하여, 일찌감치 너럭바위와 뽕나무 뿌리[21]와 같은 견고한 기반을 만든 것이다. 그래서 周나라가 쇠미했을 때 사방의 제후들에게 끝내 의지하여 간신히 방어하여 '모두가 함께 높이는 天子'라는 虛名을 이어나간 것이 거의 600년이었다. 대개 時와 勢는 사사로운 지혜로 바로잡을 수 없고 견고한 지형은 무력으로 다툴 필요가 없는 것이다. 오직 성인만이 道로 헤아려[22] 그 時義를 잃지 않아

---

18) 三恪과 大嶽 : 前代의 諸侯國을 의미한다. 三恪은 陳·杞·宋으로, 武王은 천하를 얻은 후에 虞의 후손을 陳에, 夏의 후손을 杞에, 殷의 후손을 宋나라에 봉하고 前代의 왕에 공경을 표한다는 의미로 '三恪'이라고 불렀다. 大嶽은 四岳으로, 共工의 후예로 堯의 신하가 되었는데 禹의 治水를 도운 공적으로 제후의 우두머리가 된 인물이다. '四岳'을 堯의 신하로서 제후로 분봉된 羲和의 네 아들인 羲仲·羲叔·和仲·和叔 4인으로 보는 견해도 있다.

19) 鬼方이……것 : 鬼方은 殷周代에 서북쪽 변방에 있던 민족으로 殷나라와 적대 관계였는데, 高宗이 정벌하여 서쪽으로 이주시켰다.

20) 萊夷가……것 : 萊夷는 殷周代에 山東 지역에 있던 민족으로, 魯 襄公 6년(B.C. 567)에 齊나라에 패전하여 멸망하였다.

21) 뽕나무 뿌리 : 뽕나무는 叢生하여 그 뿌리가 깊이 박혀 있다. ≪周易≫ 否卦 九五 爻辭에 "혹시 망하지 않을까 늘 염려해야 뽕나무 뿌리에 매어놓은 것처럼 안정되리라.〔其亡其亡 繫于苞桑〕"라고 하였다.

22) 道로 헤아려 : 원문의 '道揆'는 義理로 사물을 헤아려 마땅하게 하는 것을 말한다. ≪孟子≫ 〈離婁 上〉에 "위에서는 도로 헤아림이 없고 아래에서는 법을 지킴이 없다.〔上無道揆也 下無法守也〕"라고 한 데서 나왔다.

서 宗社를 안정시키고 백성을 편안하게 할 수 있으니, 이는 바로 천리의 運用을 그대로 따르는 것이다."라고 하였다.

匪特此也라 形勝者는 守國之末務나 而聖人亦不廢하니 當武王克商之初하여 卽定周居於洛邑이어늘 周召卒營之하여 以爲蒐狩會同之地하니 良以雍州雖固나 而遠於東夏하여 難以臨制諸侯라 故로 宅土中이라 陳杞許蔡는 國其南하고 虞虢韓魏晉燕은 國其北하며 齊魯는 國其東하고 宋衛는 夾河而居하니 非王室之周親이면 卽三恪大嶽之裔冑요 開國之股肱이니 蓋懲於鬼方之叛殷과 萊夷之爭齊하여 而早爲盤石苞桑之固也라 故로 周之衰에 卒賴四方諸侯하여 艱難守禦하여 以延共主之虛名者가 垂六百年이니 蓋時勢不可以私智矯요 形勝不必以武力爭이라 惟聖人이라야 能以道揆而不失其時義하여 以安宗社하고 以奠生民이니 則仍天理所運用也라

古塘이 말하기를 "훌륭하다! 앞의 말을 통해서는 성인은 한결같이 천리를 따라서 대처하지 못하는 변고가 없음을 알았고, 뒤의 말을 통해서는 성인이 세상의 변고를 깊이 살피되 제어하는 방법이 道로 헤아리는 것을 넘어서지 않음을 알았다. 前代에서 옛사람을 평론한 자[23]가 일찍이 이런 말을 한 적이 없었는데, 後代의 군자는 마땅히 이 말을 들을 것이다."라고 하였는데, 물러나 나의 형 百川[24]에게 질정하니 또한 옳다고 하였다. 이에 써서 기록한다.

古塘曰 旨哉라 由前之說이면 則知聖人一循乎天理而無不可處之事變하고 由後之說이면 則知聖人深察乎世變하되 而所以御之者가 仍不越於道揆라 前世之尙論者가 未嘗及此러니 後之君子는 宜有聞焉이라하여늘 退而正於吾兄百川하니 亦曰然이라 乃敍而錄之하노라

---

23) 옛사람을 평론한 자 : 원문의 '尙論'은 古人의 언행이나 인격을 논하는 것을 뜻한다. ≪孟子≫ 〈萬章 下〉에 "천하의 훌륭한 선비와 벗하는 것만으로는 만족하지 못하여 또다시 위로 올라가 옛사람을 논한다.〔以友天下之善士爲未足 又尙論古之人〕"라고 한 데서 나온 말이다.

24) 百川 : 方苞의 형 方舟(1665~1701)로 자가 百川이다. 五經의 訓義를 비롯한 百家의 학문에 밝았고 課試의 時文이 당세에 유행하였다.

02. 灌嬰에 대한 論　灌嬰論*

*이 글은 灌嬰이 漢나라 呂氏의 난을 진압하는 데에 공로를 세운 진정한 신하임을 논한 것이다. 陳平과 周勃이 대표적인 功臣으로 일컬어지지만, 실제로 관영의 뒷받침이 없었다면 결코 여씨의 난을 진압할 수 없었을 것임을 논리적으로 설명하였다. 또한 난이 평정된 후에 관영이 자신의 공로를 드러내지 않았음을 칭찬하였다.

漢나라의 二世 惠帝 때 呂氏들이 난을 일으켰을 때에[1] 천하를 안정시켜 劉氏를 평안하게 한 자는 灌嬰[2]이거늘, 논의하는 이들이 陳平과 周勃[3]에게 功을 미루어준 것은 잘못이다. 진평이 승상이 되어서 부정한 모의를 듣고서 南軍과 北軍을 呂産과 呂祿에게 넘겨주어서,[4] 周勃로 하여금 장군의 이름은 있되 그 실질이 없게 한 것이 오래였다. 하루아침에 변고가 창졸간에 일어나자 주발이 군으로 들어가지 못하였으니, 진평은 이미 지혜가 다하고 능력이 다하였던 것이다. 만약 속이는 말이 통하지 않고, 왕명을 거짓으로 의탁하고서[5] 모의한 것이 새어나갔다면, 진평과

1) 漢나라의……때에 : 漢 惠帝 이후에 呂太后가 실권을 잡고 呂氏들을 왕으로 삼았으며, 여태후가 죽자 여씨들이 반란을 일으킨 것을 말한다.

2) 灌嬰 : 睢陽縣 사람으로, 劉邦의 신임을 받아 漢나라를 건국하는 데에 공을 세워 한나라 초기에 潁陰侯에 봉해졌다. 그는 漢 高祖가 붕어한 뒤 惠帝와 呂后를 섬겼는데, 여후가 죽은 뒤에 呂祿 등이 반란을 일으킴에 齊哀王이 그 소식을 듣고 왕이 될 수 없는 자를 죽이고자 하니, 여록이 관영을 대장으로 삼아 이들을 치도록 하였다. 관영은 滎陽에 이르러 병사를 주둔하고 齊王에게 呂氏를 죽일 것이라는 소문을 퍼뜨렸고, 결국 여씨 일족을 처단하였다. 文帝가 황제로 등극하여 관영을 太尉에 제수하였고, 周勃이 승상을 그만두자 승상이 되었다.(≪史記≫ 권95 〈灌嬰傳〉)

3) 陳平과 周勃 : 이들은 모두 漢 高祖의 신하로서, 漢 惠帝가 죽자 呂后가 呂氏 형제들을 왕으로 삼으려고 도모하니, 좌승상 陳平과 태위 周勃이 우선 찬동하였다가, 여후의 사후에 酈寄를 시켜 北軍의 장수 呂祿의 병권을 빼앗아 마침내 모든 여씨를 잡아 참수하고 文帝를 세우는 데 있어서 공을 세웠다.(≪史記≫ 권9 〈呂后本紀〉)

4) 南軍과……넘겨주어서 : 呂后가 병이 심해지자 呂祿에게 北軍을, 呂産에게 南軍을 맡게 한 것을 가리킨다.(≪史記≫ 권9 〈呂后本紀〉)

5) 왕명을……의탁하고서 : 원문의 節은 符節, 즉 왕명을 뜻하며, 矯는 속인다는 뜻으로, 왕명을 속여 의탁하는 것을 말한다.

주발은 끌려가 함께 결박되었을 것이니, 여산과 여록을 어찌할 수 있었겠는가. 예로부터 이런 방법을 써서 나라를 패망하고 자신도 죽은 사람이 많았다. 진평과 주발의 일이 다행이도 성취될[6] 수 있었던 것은 관영이 그들을 위하여 권력으로 뒷받침해 준 덕분이었다.

漢之再世에 **諸呂作難**할새 **定天下安劉氏者**는 **嬰也**어늘 **而議者推功於平勃**은 **誤矣**라 **平爲丞相**에 **聽邪謀**하여 **以南北軍屬產祿**하여 **使勃有將之名而無其實**이 **久矣**라 **一旦變起倉卒**에 **而勃不得入於軍**하니 **則平已智盡而能索矣**라 **鄕使紿說不行**하고 **矯節而謀洩**이면 **平勃有相牽而就縛耳**니 **如產祿何**리오 **前古用此以敗國殄身者衆矣**라 **平勃之事**가 **幸而集**은 **則嬰爲之權藉也**라

呂氏는 비록 세 명의 王[7]이 있었으나, 國都로부터 천 리 밖으로 떨어져 있어서 한 사람도 구원해주는 이가 없었고, 제후들이 서쪽 지역에서 合從하여서 나라의 군병을 다 비워서 관영에게 준 상황이었다. 이때를 당하여 여씨가 믿었던 사람은 관영뿐이었는데, 관영은 滎陽에서 군병을 주둔하고서 제후들과 연합하여 변란이 일어나기를 기다리고 있었으니, 이는 마치 돼지 한 마리가 우리에 갇혀 있는데 호랑이가 바깥에서 억누르고 있는 형세와도 같았다. 여씨의 마음이 孤單하였기에 酈寄의 모의가 통할 수 있었으니,[8] 公卿과 吏士들이 여산과 여록이 장차 형세가 기울 것임을 분명히 알아서 이들을 넘어뜨리는 데에 합심하였다. 그러므로 왕명을 거짓으로 의탁하여 大殿을 폐쇄하자 감히 반대하면서 득실을 따지는[9] 이가 없었으니, 이를 활쏘기에 비유하자면 주발은 화살이고 관영은 활을 당긴 셈이었다.

만일 여록이 직접 나와서 齊와 楚를 당적하고 여산이 남군과 북군을 겸하여 거느리고서 스스로 진정시켰다면 난을 평정하는 것은 혹 부족하였을지 몰라도 亂賊이 되는 大臣들을 창도하는 데는 충분한 힘이 있었을 것이다.

---

6) 성취될 : 원문의 '集'은 '이루어지다'라는 뜻이다. 예컨대 ≪詩經≫ 〈小雅 小旻〉에, "꾀하는 이 하도 많아, 일이 제대로 이루어지지 않네.〔謀夫孔多 是用不集〕"라고 하였다.

7) 세 명의 王 : 梁王이었던 呂產, 趙王이었던 呂祿, 燕王이었던 呂通을 가리킨다.

8) 酈寄의……있었으니 : 陳平과 周勃이 꾀를 내어 酈寄를 시켜 역기의 친구 呂祿에게 권하여 거느린 군사를 주발에게 인도하게 한 것을 말한다.

9) 득실을 따지는 : ≪戰國策≫ 〈魏策〉에 "사람이 많으면 득실을 따짐이 없을 수 없고, 득실을 따지면 말이 누설된다.〔多人不能無生得失 生得失則語泄〕"라고 한 데서 온 말로, 이해관계가 생긴다는 뜻이다.

呂氏는 雖三王이나 懸國千里外하여 無一夫之援이요 而諸侯合從西鄕하여 空國兵以授嬰이라 當是時하여 呂氏所恃者는 嬰耳어늘 而嬰頓兵滎陽하여 與諸侯連和하여 以待其變하니 是猶孤豚局於圈檻에 而虎扼其外也라 呂氏心孤라 故로 酈寄之謀得入하니 而公卿吏士가 曉然知產祿之將傾하여 同心於踣之라 故로 矯節閉殿에 莫敢齟齬하여 以生得失하니 譬之於射에 勃은 矢요 而嬰은 弦機也라 鄕使呂祿自出以當齊楚하고 而產兼將南北軍이면 以自定은 或不足이어니와 以倡亂賊諸大臣은 有餘力矣라

呂氏의 본래 모의는 관영이 齊나라와 合兵하기를 기다려서 그런 뒤에 군사를 일으키고자 한 것이었다. 그러므로 비록 酈寄의 말을 들었으나 오히려 유예하면서 결단하지 못하고 있었는데, 賈壽가 齊나라에서 왔을 때에야 관영의 모략을 알고 印章을 典客에게 맡겼으니,[10] 이는 관영을 기다릴 것이 없음을 스스로 알아서 계획을 바꾸어 죽음을 늦추고자 한 것이었다. 그러므로 그 틈을 인하여 기회를 잡을 수 있었다. 이를 말미암아 살펴보건대 천하를 안정시켜 유씨를 평안하게 한 자는 관영인 것이 분명하니, 진평과 주발에게 공을 미루어준 것은 잘못인 것이다.

呂氏本謀는 欲待嬰與齊合兵而後發이라 故로 雖聽酈寄之言이나 尙猶豫未有所決也러니 及賈壽自齊來하여 知嬰謀然後에 以印屬典客하니 蓋自知無以待嬰하여 而欲改圖以緩死라 故로 得因其瑕釁而乘之라 由是觀之컨대 定天下安劉氏者嬰也가 審矣니 其推功於平勃은 誤也라

내 또 느끼는 바가 있도다. 三代 이후로 漢나라의 치세가 上古에 가까웠으니 그 大臣들이 나라를 도모함이 마치 집안사람들이 집안을 위하는 것과도 같았다. 관영의 功은 비록 진평과 주발에 가려졌으나 봉해진 것은 그래도 그다음이었거니와, 平陽侯 曹窋이 여산의 모의를 누차 들추어내어 진평과 주발에게 보고하여 그 機先을 꺾게 한 것에 이르러서는[11] 功이 관영에게 뒤지지 않는데, 일이 평정된 때에

10) 賈壽가……맡겼으니 : 賈壽는 呂后가 정권을 잡았을 때에 郎中令으로 있었는데, 齊나라에 갔다가 와서 灌嬰이 齊·楚와 연합하여 呂氏들을 주벌하려고 한다는 소식을 呂產에게 전하고, 그에게 입궁하라고 채근하였다. 그러자 이를 안 曹窋이 陳平과 周勃에게 이 사실을 알렸고, 이로 인해 일을 서둘러 황제의 명령이라고 符節을 속여 주발이 북군에 들어갔다. 또 주발이 酈寄와 典客 劉揭를 시켜 呂祿에게 上將軍의 도장을 전객 유게에게 넘기도록 하여 병권을 받아, 이로써 북군을 거느리게 되었다.(≪史記≫ 권9 〈呂后本紀〉)

이르러서 呂氏들을 주벌하는 일에 참여하지 않았다고 하여 관직을 빼앗겼는데도 한마디도 자신의 功에 대해 말하지 않았으니, 아아, 어쩌면 그리도 중후하였단 말인가.

韓琦와 富弼은 어진 사람이었으나, 宋나라의 재상이 되었을 때에 한기가 부필과 撤簾의 모의를 함께하지 않았다고 해서 부필이 원망하는 마음을 품었으니,[12] 人心이 변하는 것이 세대를 따라 내려가서 끝내 옛날을 돌이킬 수 없게 된 것인가? 아니면 윗사람이 인도하는 바가 다르기 때문인가? 이는 국가를 소유한 이들이 마땅히 늘 염려해야 할 바이다.

韓琦

抑吾有感焉하니 **三代以下**로 **漢治爲近古**하니 **其大臣謀國**이 **若家人然**이라 **嬰之功**이 **雖掩於平勃**이나 **受封猶次之**어니와 **至平陽侯窋**이 **屢發産謀**하여 **以關平勃**하여 **折其機牙**하여는 **功不在嬰下**로되 **及事平**하여 **以不與誅諸呂**로 **奪官**이어늘 **而無一言以自列**하니 **嗚呼**라 **何其厚與**아 **韓富**는 **賢人也**로되 **其相宋也**에 **以不共撤簾之謀生怨**하니 **豈人心之變**이 **隨世以降**하여 **而終不可返於古邪**아 **抑上所以導之者異邪**아 **此有國家者所宜長慮也**라

富弼

11) 平陽侯……이르러서는 : 平陽侯 曹窋은 漢 高祖의 功臣 曹參의 아들이다. 惠帝 6년(B.C. 189)에 평양후를 이어받았다. 그는 御史大夫가 되어서 呂産이 賈壽로부터 灌嬰이 齊·楚와 연합하여 呂氏들을 주벌하려고 한다는 소식을 들었음을 알고 이 사실을 陳平과 周勃에게 전했으며, 이후 南軍이 여씨의 수중에 있을 때에도 여산의 모략을 알고서 이를 진평에게 전하였다. 孝文帝가 즉위한 뒤에는 면직되어 侯가 되었다.(≪史記≫ 권9 〈呂后本紀〉)

12) 韓琦와……품었으니 : 원문의 韓富는 北宋의 韓琦와 富弼을 말한다. 宋 英宗이 갑자기 병이 나서 太后가 垂簾聽政하게 되었을 때에 한기가 大臣들과 還政 문제를 논의한 다음 홀로 남아 태후에게 환정할 것을 요구하고, 곧바로 큰 목소리로 명하여 수렴하였던 것을 거두게 하였다. 본래 부필은 한기가 자신에게 정사를 상의하지 않는 것을 달갑지 않게 여겼는데, 한기가 태후에게 환정을 요구하고 撤簾하게 한 일을 듣고는 자신과 이 일을 함께하지 않았다고 하여 원망하는 마음을 품었다. 그러자 한기가 이 일은 태후의 뜻대로 한 것이니, 어떻게 부필과 드러내놓고 말할 수 있었겠느냐고 하여 이로 인해 부필의 원망이 더욱 깊어졌다고 한다.(≪資治通鑑後編≫ 권72 〈宋紀72〉)

03. 方正學에 대한 論　方正學論*

* 후대에 절개를 지킨 忠臣으로 높이 평가된 方孝孺에 대해 평론한 글이다. 死生患難의 때를 당하여 강직하게 굴기만 하고 스스로 굽히지 않아 자신도 죽고 十族에까지 禍를 미치게 한 방효유의 일이 잘못된 처사였음을 논하고, 유사한 사례로 劉琨이 강퍅하게 간쟁했다가 兩親을 죽음에 빠뜨린 일을 들었다. 글의 말미에 보이는 篤行보다 博學, 審問, 愼思, 明辨이 선행되어야 한다는 말이 이 글의 主眼이 된다.

道를 알지 못하는 사람과 그 大體를 조금 알되 살핌이 정밀하지 못하고 지킴이 미숙한 사람은 生死가 갈리는 患難의 때를 만나면 猝然間에 놀라서 常度를 잃지 않는 경우가 없다. 正學 方公의 일[1] 같은 경우는 나로서는 이해할 수 없다. 나라가 망하고 군주가 죽었으면 칼을 뽑아[2] 자결하여 욕됨이 없게 해야 하고, 만약 불행히 巡邏兵에게 발각되었다면 입을 다물고 목구멍을 끊어서 음식을 먹지 않고 죽었어야 하는데, 어인 까닭으로 口舌로 논변하는 사이에 말을 많이 하여 先人의 宗祀를 침몰시키고 억울하게 十族까지 화가 미치게 하였는가.

方孝孺

燕王이 자신을 周公에 견준 데 이르러서는[3] 가사 聖賢의 무리가 이러한 상황을

1) 正學 方公의 일 : 正學 方公은 明나라의 忠臣이자 學者인 方孝孺(1357~1402)를 이른다. 방효유는 字가 希直·希古, 號가 遜志, 諡號가 文正이며, 正學은 그 별칭이다. 洪武帝 때 등용된 이래 여러 皇族의 사부가 되어 皇室의 두터운 신임을 받았는데, 永樂帝가 皇位를 찬탈한 후 즉위의 詔書를 짓도록 명하자 이를 거부하여 극형에 처해졌고, 그의 一族과 親友, 弟子 등 十族이 연좌되어 처벌되었다.

2) 칼을 뽑아 : 원문은 '縮劒'으로, 여기서 '縮'은 '取'의 뜻이다. 《戰國策》 〈秦策5〉에 "武安君이 북쪽을 향해 再拜하여 賜死의 명을 받아들이고 칼을 뽑아 장차 자결하려 하였다.〔武安君北面再拜賜死 縮劍將自誅〕" 하였는데, 姚宏의 註에 "縮은 취함이다.〔縮取〕" 하였다.

3) 燕王이……이르러서는 : 燕王은 훗날 永樂帝가 된 朱棣(1360~1424)이다. 明 太祖 朱元璋의

만난다면 틀림없이 아마 말하기를 "王이 능히 주공이 되는 것이 저의 가장 큰 소원입니다. 그러나 설령 그렇게 되지 못할지라도 한 성씨로 대를 이어가는 것은 仇敵이 서로 兼倂하는 것과 다릅니다. 王이 능히 우리 임금의 아들을 보살펴 왕의 여러 손자처럼 한다면 海內가 悅服하고 高皇帝[4]의 英靈도 실로 왕을 가상히 여겨 의지할 것입니다." 라고 하였을 것이다. 그런데 方公은 이러한 계책을 내지 않고 그 아들을 보좌하라고 말하였으니, 이는 그 임금의 아들을 솥과 도마 위에 둔 격이다.

연왕은 도적의 마음으로 백 번을 싸워 천하를 얻었는데, 公은 진실로 연왕이 그 사람의 품에서 빼앗은 물건을 그 사람에게 되돌려주기를[5] 바랐단 말인가. 그러므로 公이 오로지 강직하기만 하면서 스스로 굽히지 않았다고 하는 것은, 聖賢의 道로써 헤아려보건대 그야말로 이른바 졸연간에 놀라서 상도를 잃었다는 것이다.

道之不聞과 **與粗知其大體**하되 **而察之未精**하며 **操之未熟**은 **其遇死生患難之交**에 **未有不震於卒然**하여 **而失其常度者也**라 **若正學方公之事**는 **吾惑焉**이로라 **國破君亡**에 **縮劒自裁**하여 **以無辱**이 **可也**요 **卽不幸爲邏者得**이면 **閉口絶**肮하여 **不食而死**가 **可也**어늘 **何故**로 呫呫**於口舌之間**하여 **以致沈先人之宗**하고 **而枉及十族哉**아 **至燕王以周公自比**하여는 **使聖賢之徒當此**면 **必將曰 王能爲周公**은 **是某之上願也**어니와 **卽不能**이라도 **一姓繼統**은 **與仇敵相兼者異**라 **王能卵翼吾君之子**하여 **而比于諸孫**이면 **則海內悅服**하고 **而高皇帝之靈**이 **實嘉賴之**라하여늘 **計不出此**하고 **而以輔其子爲言**하니 **是置其君之子於鼎俎之上也**라 **燕王以盜賊之心**으로 **百戰而得天下**어늘 **公誠望其取諸其懷而與之乎**아 **故**로 **公之任剛而自謂不屈者**는 **以聖賢之道**로 **衡之**컨대 **正所謂震於卒然而失其常度耳**라

그러나 公의 일은 끝에 가서는 잘못되었으나 처음에는 그래도 병통이 없었다. 바야흐로 晉나라가 망하여 中原이 劉淵과 石勒[6]에 의해 분열되었을 때 劉廣武[7]가

넷째 아들로서 연왕에 봉해졌으나, 建文 元年에 起兵하여 조카 建文帝를 廢位하고 帝位에 올랐다. 연왕이 皇位를 찬탈한 후 즉위 詔書 짓기를 거부하는 方孝孺를 궁으로 불러들여 설득할 때 "선생은 스스로 고생하지 말라. 나는 周公이 成王을 보좌했던 일을 본받고자 할 따름이다.〔先生毋自苦 予欲法周公輔成王耳〕"라고 말한 바 있다.(≪明史≫ 권141 〈方孝孺傳〉)

4) 高皇帝 : 明 太祖 朱元璋을 이른다.

5) 그 사람의……되돌려주기를 : 그 사람의 품에서 빼앗은 물건을 그 사람에게 되돌려준다는 말로서, 여기서는 燕王이 찬탈한 帝位를 다시 돌려줄 리가 있겠느냐는 뜻으로 쓰였다. 이 말은 ≪春秋左氏傳≫ 宣公 11년 條의 傳에 나온다.

만약 北藩에 나라를 세워 晉나라의 朔政을 奉行할 수 있었다면[8] 張軌・段匹磾・慕容廆[9]와 같은 데 불과하고 晉나라에 조금도 損益이 없었을 텐데, 强暴한 사람들 사이에서 輾轉하면서 강퍅하게 諫爭하다가 원망을 사서 兩親을 죽는 지경에 빠뜨렸다. 이는 道에 대하여 대체로 들은 바가 없는 것인데 칭찬하는 자들은 異議가 없으니, 그 미혹됨이 심하도다.

저 유광무가 어찌 이를 이롭게 여겼겠으며, 方正學이 어찌 이를 명예롭게 여긴 사람이었겠는가. 그러나 자신을 죽여도 仁을 이루지 못하였으니, 이것이 君子의 독실한 행실은 반드시 그보다 앞서 널리 배우고 자세히 묻고 신중히 생각하고 밝게 분변하여야 하는[10] 까닭이다. 그렇다면 유광무의 입장이 된 사람은 마땅히 어떻게 했어야 하는가? 중간에 晉나라로 돌아가지 못할진댄, 쟁기를 지고 들에서 밭을 갈았다면 아마도 제 몸을 보전하고 어버이를 보전할 수 있었을 것이다.

抑公之事는 **失於終**이로되 **而始猶無病也**라 **方晉之亡**하여 **中原裂於劉石**할새 **劉廣武卽能建國北蕃**하여 **以奉晉朔**이면 **不過與張段慕容等**이요 **於晉**에 **毫無加損**이어늘 **而崎嶇暴人之間**하여 **愎諫造怨**하여 **陷二親於死亡**이라 **此於道**에 **槪乎其未有聞**이어늘 **而稱之者**가 **無異議**하니 **甚矣**라 **其惑也**여 **夫廣武**가 **豈以是爲利**하며 **正學**이 **豈以是爲名者哉**아 **而殺身**이 **不足以成仁**하니 **此君子之篤行**이 **所以必先之學問思辨也**라 **然則爲廣武者**는 **宜柰何**오 **不能間歸於晉**인댄 **則負耒耜而耕於野**면 **庶幾身可全而親可保也**라

6) 劉淵과 石勒 : 劉淵(?~310)은 匈奴族 출신으로 西晉 말엽에 난을 일으켜 五胡十六國의 하나인 漢나라를 세우고 稱帝하였다. 石勒(274~333)은 羯族 출신으로 劉淵의 휘하에 들어가 대장군이 되었다가 자립하여 역시 오호십육국의 하나인 後趙를 세웠다.

7) 劉廣武 : 西晉의 장수 劉琨(271~318)으로, 유곤은 字가 越石이며 廣武는 그 封號이다. 晉나라가 남쪽으로 천도한 뒤에 스스로 社稷之臣의 뜻을 품고 외적에 항거하였다. 石勒에게 패한 뒤 幽州刺史 段匹磾에게 투항하였으나 단필제가 그를 꺼려 결국 살해되고 그 부모도 화를 입었다.

8) 晉나라의……있었다면 : 古代 帝王은 매년 음력 12월에 이듬해의 曆日과 政令을 公布하고 諸侯는 이를 奉行하였으니, 이를 朔政이라 한다. 晉나라의 삭정을 봉행한다는 것은 곧 晉나라 王室을 받든다는 뜻이다.

9) 張軌・段匹磾・慕容廆 : 張軌(255~314)는 字가 士彦으로, 西晉에서 涼州刺使를 지냈는데 세력을 길러 前涼을 세웠다. 段匹磾(?~322)는 鮮卑族 출신으로 建武 初에 劉琨과 연합하여 石勒을 토벌하였으나 훗날 유곤을 죽였다. 慕容廆(269~333)는 선비족 출신으로 五胡十六國의 하나인 前燕을 세웠다.

10) 널리……하는 : 원문은 '學問思辨'으로, 博學・審問・愼思・明辨을 이른다. ≪中庸章句≫ 經 20장에 "널리 배우고 자세히 묻고 신중히 생각하고 밝게 분변하고 독실히 행해야 한다.〔博學之 審問之 愼思之 明辨之 篤行之〕" 하였다.

04. 于忠肅에 대한 論　于忠肅論*

*忠肅은 명나라의 大臣 于謙의 諡號이다. 이 글에서 方苞는 明 代宗이 太子를 바꿀 때에 우겸이 간쟁하지 않은 것이 權道에 맞는 일이었음을 논변하고 있다.

孔子가 말하기를 "함께 설 수는 있어도 함께 權道를 행할 수는 없다."라고 하였다.[1] ≪易≫의 도는 간혹 지나침이 있지만 中은 그런 경우가 없으니, 中은 權道가 아니면 얻을 수 없고 일의 변고를 만나면 더욱 얻기 어려워진다. 明나라 景泰[2] 연간에 于忠肅公[3]이 태자를 바꾸는 것에 대해 간쟁하지 않았다. 그를 위해 해명하는 자가 "공이 몰래 간쟁하고 감히 드러내지 않았다."라고 하고, 어떤 이는 "景泰帝는 나라를 안정시킨 공이 있으니 천하를 소유한 자가 마땅히 그 자손이어야 한다."라고 하니, 이는 모두 공의 마음을 알지 못한 것이다.

孔子曰 可與立이오도 未可與權이라하니 易之道는 正或有過어니와 而中則無之하니 中非權不得이요 而遭事之變則尤

于謙

1) 孔子가……하였다 : ≪論語≫ 〈子罕〉에 보인다.

2) 景泰 : 明나라의 7대 황제인 代宗의 연호로, 1450년을 원년으로 하여 1457년까지 사용되었다. 代宗 朱祁鈺은 永宗의 이복동생인데, 영종이 오이라트(Oirāt)족 정벌에 나섰다가 포로로 잡혀간 '土木之變'으로 인해 1449년에 황제로 옹립되었다. 영종은 이듬해 北京으로 송환되어 上皇으로서 紫宮星의 南宮에 유폐되었다. 1452년에 대종은 황태자였던 영종의 아들 朱見深을 폐출하여 沂王으로 봉하고 자신의 아들 朱見濟를 황태자로 세웠다. 이후 영종이 '奪門之變'을 일으켜 황위를 되찾음으로써 대종은 폐위되었고 한 달 후에 암살되었다.

3) 于忠肅公 : 명나라의 大臣 于謙(1398~1457)이다. 浙江 錢塘 사람으로, 자는 廷益, 호는 節庵, 시호는 忠肅이다. 永樂 19년(1421)에 進士가 되어 巡按江西 등을 역임했으며, 宣宗이 즉위한 이듬해 漢王 朱高煦의 반란을 진압하는 데 참여했다. 토목지변이 일어난 뒤에 南遷하자는 논의에 맞서 北京을 수호하고 朱祁鈺을 새 황제로 옹립하였다. 영종이 북경에 송환된 뒤 혼란한 정국에서 각지의 봉기를 진압하는 데 앞장섰다. 탈문지변으로 영종이 복위된 후에 우겸은 반역죄로 처형되었다. 이후 成化 연간에 伸冤되어 復官되었다.(≪明史≫ 권170 〈于謙列傳〉)

難이라 **明景泰中**에 **于忠肅公**이 **不爭易儲**하니 **爲之解者曰 公陰爭之而不敢暴也**라하고 **或曰景泰有定國之功**하니 **有天下者**가 **宜其子孫**이라하니 **是皆未得公之心也**라

宋 太宗이 아들에게 왕위를 전해주려는 사심을 품자 趙光美와 趙德昭가 제 목숨대로 살지 못하고 죽었다.[4] 季桓子가 병에 걸리자 正常에게 명하여 "南孺子의 아이가 남자거든 고하여 後嗣로 세우고 여자거든 肥를 세우도록 하라."라고 하였는데, 계환자가 죽자 季康子 肥가 즉위하였다. 장사를 지낸 뒤에 계강자가 조정에 나와 있었는데 南氏가 아들을 낳자 정상이 아이를 수레에 싣고 조정에 가서 "夫子께서 유언이 있으셨는데 '남씨가 아들을 낳으면 군주와 大夫들에게 고하여 후사로 세우라.'고 하셨습니다."라고 하니, 계강자가 자리에서 물러날 것을 청하였다. 魯 哀公이 共劉를 보내 아이를 살펴보게 하니, 누군가가 그 아이를 이미 죽였다.[5]

宋太宗이 **挾傳子之私**에 **而光美德昭**가 **不得良死**라 **季桓子有疾**에 **命正常曰 南孺子之子**가 **男也**어든 **則以告而立之**하고 **女也**어든 **則肥也可**라하더니 **桓子卒**에 **康子卽位**라 **旣葬**에 **康子在朝**한대 **南氏生男**이어늘 **正常載以如朝曰 夫子有遺言**호되 **南氏生男**이어든 **則以告於君大夫而立之**라하니 **康子請退**라 **公使共劉視之**하니 **則或殺之矣**라

景泰帝가 태자를 바꿀 결심을 하였을 때 간쟁하는 자가 비록 조정을 가득 채울 정도로 많더라도 꺼릴 것이 못 되었지만, 공의 경우는 경태제 자신이 그에 의해 옹립되었고 宗廟社稷을 보존한 공훈이 있는지라 中外의 인심이 그에게 매여 있었다. 그러니 공이 말을 했다면 경태제는 마음이 외로워지고 변란을 우려하였을 것이다. 경태제의 도량이 진실로 반드시 宋 太宗보다는 더 넓었지만 威權은 季康子의 10배, 100배는 되었으니, 이것이 바로 공의 마음이 두려워했던 바였다. 南城의 높은 나무를 베어낼 때의 상황[6]은 천하가 위태로웠는데, 감히 경솔히 시험 삼아

---

4) 宋 太宗이……죽었다 : 趙光美(949~984)와 趙德昭(951~979)는 宋 太宗 趙匡義의 동생인데, 光美는 후에 廷美로 개명하였다. 태종이 즉위한 뒤 조정미는 秦王에 봉해졌으나 誣陷을 받아 涪陵縣公으로 降封되었고 이후 房州에 안치되어 병으로 죽었다. 조덕소는 태종의 幽州 親征에 따라갔는데, 軍中에서 잠시 태종의 소재를 알지 못하는 일이 있을 때 그를 옹립하려는 사람이 있었다. 이 때문에 후에 태종의 배척을 받아 자살하였다.(≪宋史≫ 권244 〈列傳 第3 宗室1〉)

5) 季桓子가……죽였다 : 이 일화는 ≪春秋左氏傳≫ 哀公 3년 조에 보인다.

해볼 수 있었겠는가.

方景泰帝決志易儲하여 **爭者雖盈廷**이라도 **不足忌**어니와 **而公則其身之所由以立也**요 **動在社稷**이라 **中外之人心繫焉**하니 **公有言**이면 **則心孤而慮變矣**라 **帝之度量**이 **固**[7)]**必遠過宋太宗**이나 **而威權則十百於康子**하니 **是乃公之所心悸也**라 **南城高樹之伐**이 **殆哉岌岌乎**러니 **而敢輕試哉**아

魯 昭公이 出奔하였을 적에 叔孫婼는 스스로 죽게 해달라고 빌고 그 司馬인 鬷戾(종려)를 주벌하지 않았는데,[8)] 先儒가 이를 잘못으로 여겼으니 숙손야의 마음이 또한 공의 마음과 같음을 알지 못한 것이다. 春秋時代에 강한 家臣들이 권세를 믿고서 서로 죽이는 일이 없는 나라가 없었다. 季氏의 악이 오래된지라 악행을 하지 않고서도 나라가 자신에 의해 제어되었으니 昭公이 밖에 있는 것은 꺼릴 것이 못되었지만, 만약 숙손야가 종려를 주벌했다면 계씨가 변란을 우려하게 되었을 것이다. 이는 叔孫氏의 우환일 뿐만 아니라 나는 圉人 犖과 卜齮 같은 역적[9)]이 다시 일어나 소공의 아들인 公衍과 公爲가 더는 魯나라에서 편안하지 못했을까 두렵다. 숙손야를 위해 계책을 세운다면, 반드시 계씨를 힘써 주벌하여 소공을 안정시킨 뒤에야 종려에게 칼날을 가할 수 있었다. 그러므로 어쩔 수 없이 죽음으로써 스스로 해명하였으니, 이는 숙손야가 權道에 밝은 것이다.

나는 正常을 통해 于忠肅公의 의리를 알았고 또 우충숙공을 통해 숙손야의 마음

---

6) 南城의……상황 : '南城'은 紫禁城의 南宮으로, 영종이 유폐되어 있던 곳이다. 景泰 5년(1454)에 給事中 徐正이 영종의 복위를 바라는 세력이 있으니 廢太子 朱見深을 沂州로 추방하고 南城을 더 높이 쌓은 뒤에 그 주변의 높은 나무를 베어내어 비상시의 사태에 대비할 것을 은밀히 청하였다. 경태제가 처음에는 이를 받아들이지 않았는데, 후에 어사 高平이 다시 청하여 결국 남성의 나무를 모두 베어내었다.(≪明史紀事本末≫ 권35 〈南宮復辟〉)

7) 固 : ≪方苞集≫(上海古籍出版社, 1983)에는 '未'로 되어 있다.

8) 魯 昭公이……않았는데 : 叔孫婼는 魯 昭公의 大夫로 叔孫昭라고도 한다. 鬷戾는 叔孫昭의 司馬이다. 소공은 당시 실권을 잡고 있던 季孫氏를 제거하려 하였는데, 종려가 이를 듣고 '季氏가 없으면 叔孫氏도 없다.'라고 하고 소공의 군대를 공격하였다. 이후 소공은 三桓氏의 공격을 받아 齊나라로 망명하였다. 숙손야는 소공의 귀국을 위해 힘썼으나 뜻대로 되지 않자 목욕재계한 뒤 祝宗에게 자기가 죽도록 기도해달라고 하였는데, 얼마 뒤에 죽었다.(≪春秋左氏傳≫ 昭公 25년)

9) 圉人……역적 : 圉人은 말을 기르는 관직명이다. 魯 莊公이 죽은 뒤 子般이 즉위하자 장공의 아우인 慶父가 圉人 犖을 시켜 시해하고 장공의 서자인 閔公을 세운 뒤에 다시 卜齮를 시켜 민공을 시해하였다.(≪春秋左氏傳≫ 莊公 32년・閔公 3년)

을 알았다. 그래서 아울러 논하여 변고를 만나 中에 처하는 자로 하여금 권도를 알 수 있게 한다.

魯昭公之出也에 叔孫婼自祈死어늘 而不誅其司馬鬷戾하니 先儒病焉하니 不知婼之心이 亦猶是也라 春秋時에 强家脅權而相滅者는 無國無之라 季氏之惡稔矣라 其不動於惡하여 以國制於己하니 而昭公在外는 爲不足忌耳어니와 若婼誅鬷戾면 則季氏之慮變矣니 非獨叔孫氏之憂라 吾恐圉人犖卜齮之賊復興하여 而公衍公爲가 不得復安於魯也라 爲叔孫計컨대 必力能誅季氏하여 定昭公而後에 可加刃於鬷戾라 故로 不得已而以死自明하니 此叔孫之明於權也라 吾因正常而得于公之義하고 又因于公而得叔孫婼之心라 故로 竝論之하여 使遭變而處中者로 有以權焉이라

05. 사람의 근원을 밝힘 상　原人 上*

*이 글은 사람의 근본을 따져서 논한 것으로, 上下 두 편 중에 上篇이다. 方苞는 이 글에서 사람이 禽獸와 다른 것은 사람이 바르고 통하는 기질을 갖추고 있기 때문이라고 하였다. 따라서 사람이 惡을 행하는 것은 금수에 비해 그 죄가 훨씬 무거우며, 天性을 밝게 알아서 人道를 돌이켜야 함을 주장하였다.

孔子는 "天地의 생명 중에 사람이 가장 귀하다."라고 하였고,[1] 董子(董仲舒)는 "사람이 하늘에서 명을 받은 것이 진실로 다른 생물과는 초연히 다르다."라고 하였다.[2] 이는 聖人과 賢人에게서만 알 수 있는 것이 아니라 길 가는 사람에게서도 알 수 있으며, 길 가는 사람에게서만 알 수 있는 것이 아니라 지극히 어리석고 악한 사람에게서도 알 수 있다. 어째서 그렇게 말하는가?

성인과 현인은 자식이 되어서는 능히 어버이에게 자식의 도리를 다하며, 신하가 되어서는 능히 임금에게 신하의 도리를 다하고, 세속의 사람들은 처자식을 따르면 능히 그 힘을 다하며 자기 嗜欲을 다 부릴 수만 있으면 자기 몸을 바치니, 이것이 길 가는 사람도 堯舜이 될 수 있다는 증거이다.[3] 부인이 음란한 짓을 하는 것이나 남자가 저잣거리에서 물건을 훔치는 것은 그 본심을 잃은 자가 아니라면 이런 일

董仲舒

1) 孔子는……하였고 : 이 말은 ≪孝經≫ 〈聖治章〉에 보인다.

2) 董子(董仲舒)는……하였다 : 董子는 董仲舒로, 前漢의 儒學者이다. 武帝에게 유학을 국가의 통치이념으로 삼도록 권유하였으며, 春秋公羊學을 공부하여 하늘과 사람의 밀접한 관계를 강조하였다. 인용된 말은 그가 무제 즉위 초에 지은 賢良對策에 보이는데, ≪前漢書≫ 卷56 〈董仲舒傳〉에 실려 있다.

3) 이것이……증거이다 : ≪孟子≫ 〈告子 下〉에 曹나라 군주의 아우인 曹交가 "사람은 모두 요순이 될 수 있다 하니, 그러한 이치가 있습니까?〔人皆可以爲堯舜 有諸〕"라고 묻자, 맹자가 이에 대해 그렇다고 대답하였다.

을 하려는 이가 없지만, 혹 이를 들추어내는 사람이 있으면 얼굴에 부끄러운 빛을 띠고 말에 노기를 드러낸다. 그러므로 금수들이 저마다 그 性을 하나씩 지닌 것은 사람이 미치지 못할 바가 있지만 금수의 기질이 치우치고 막힌 것은 바꿀 수가 없고, 사람이 그 본성을 잃은 것이 금수만도 못한 점이 있으나 그 기질의 바르고 통하는 것은 갖추어져 있는 것이다.

孔子曰 天地之性에 **人爲貴**라하고 **董子曰 人受命於天**이 **固超然異於群生**이라하니 **非於聖人賢人**에 **徵之**요 **於塗之人**에 **徵之也**며 **非於塗之人**에 **徵之**요 **於至愚極惡之人**에 **徵之也**라 **何以謂**오 **聖人賢人**은 **爲人子而能盡其道於親也**하며 **爲人臣而能盡其道於君也**요 **而比俗之人**은 **徇妻子則能竭其力**하며 **縱嗜欲則能致其身**하니 **此塗之人能爲堯舜之驗也**라 **婦人之淫**과 **男子之(方)〔市〕**[4]**竊**은 **非失其本心者**면 **莫肯爲也**로되 **而有或訐之**면 **則怍於色怒於言**이라 **故**로 **禽獸之一其性**이 **有人所不及者矣**로되 **而偏且塞者不移也**요 **人之失其性**이 **有禽獸之不若者矣**로되 **而正且通者具在也**라

宋나라의 元凶 劉劭[5]가 주살될 때에, 臧質에게 "이 몸은 천지도 용납하지 않는 바인데 丈人은 어찌하여 곡을 하는가."라고 하였고, 唐나라의 柳璨[6]이 형벌에 임하여 스스로를 꾸짖어서 "나라의 적을 저버렸으니, 죽는 것이 당연하다."라고 하였다. 이를 말미암아 살펴보건대 유소가 자식으로서, 유찬이 신하로서, 부자간의 도리와 군신간의 도리에 있어서 분명히 알지 못했던 적이 없었다. 오직 알면서도 惡에 동요된 것이기에 사람의 죄가 금수에 비해 더하고, 오직 惡에 동요되었으나 그래도 알고 있었기에 사람의 性은 금수에 비해 돌이킬 수 있는 것이다. 孟子는 "사람이 금수와 다른 점이 거의 없다."라고 하였으니,[7] 통렬하구나, 이 말이여. 天性에 있어서 밝은 사람이 아니면 어찌 능히 스스로 人道를 돌이킬 수 있겠는가.

宋元兇劭之誅也에 **謂臧質曰 覆載所不容**이니 **丈人何爲見哭**고하고 **唐柳璨臨刑**에 **自詈曰 負國**

---

4) (方)〔市〕: 저본에는 '方'으로 되어 있으나 ≪新譯 方苞文選≫에 의거하여 '市'로 바로잡았다.

5) 元兇 劉劭 : 元兇은 南朝 宋나라 劉劭(424~453)의 별칭이다. 文帝의 맏아들인 그가 황태자로 있으면서 巫蠱를 행하자 문제가 폐위시키려 하니, 453년에 張超之를 시켜 문제를 시해하고 스스로 왕이 되었다가 뒤에 臧質의 군대에 사로잡혀 孝武帝에게 주살되었다.

6) 柳璨 : 字는 照之로, 唐 昭宗 때 進士가 되어 벼슬하였는데, 張廷範 등과 결탁하여 朱溫을 위해 哀帝에게 禪位를 받아내었다가, 후에 무함을 받아 주온에게 살해당하였다.

7) 孟子는……하였으니 : 이 말은 ≪孟子≫ 〈離婁 下〉에 보인다.

賊하니 死其宜矣라하니 由是觀之컨대 劭之爲子와 燦之爲臣이 未嘗不明於父子君臣之道也요 惟知之而動於惡이라 故로 人之罪가 視禽獸爲有加요 惟動於惡而猶知之라 故로 人之性이 視禽獸爲可反이라 孟子曰 人之所以異於禽獸者幾希라하니 痛哉라 言乎여 非明於天性이면 豈能自反於人道哉아

06. 사람의 근원을 밝힘 하　原人 下*

*이 글에서 方苞는 '上古時代에는 대개 태평하였고 전란이 일어나도 큰 살상은 없었는데 전국시대로부터 元, 明에 이르기까지는 수십 년 사이에 작고 큰 전란이 이어지고 전란이 있을 때마다 백성들이 많이 죽었다.'고 하면서, 그 원인이 전국시대부터 사람의 도리를 지키지 않은 데 있다고 주장하였다.

黃帝, 堯舜으로부터 周나라 중엽에 이르기까지 거의[1] 2000년 동안에 백성은 多福하고 장수하며 늘 수백 년 동안 전란을 보지 않았고, 비록 역성혁명으로 왕조가 바뀔지라도 殃禍가 백성에게는 미치지 않았다. 그리고 아래로 내려와 춘추시대에 이르러서는 천하가 서로 짓밟아 크게 혼란했는데도[2] 오히려 先王의 遺澤에 힘입어 서로 관계를 유지하여 會盟하거나 討伐할 때 말로 시비를 분명히 가리고[3] 예의를 갖추었다. 게다가 그 당시에는 전투할 때 반드시 兵車를 사용했고 긴 병기[4]는 활과 화살에 불과했으니, 이른바 '敗績(大敗)'[5]이란 것은 군사들이 도주하여 潰散

---

1) 거의 : 원문은 '僅'으로 '거의 가깝다'는 뜻이다. 《晉書》 권59 〈趙王倫傳〉에 "병란이 일어난 지 60여 일 동안에 전투에서 살해한 사람이 거의 10만 명에 가깝다.〔自兵興六十餘日 戰所殺害僅十萬人〕"라 하였다.

2) 천하가……혼란했는데도 : 《莊子》 〈在宥〉에 "천하가 서로 짓밟아 크게 혼란하였다.〔天下脊脊大亂〕"라 했는데, 陸德明의 《釋文》에 "脊脊의 脊은 독음이 藉이니 在와 亦의 반절이고 서로 짓밟는 것이다."라 하였다.

3) 말로……가리고 : 《春秋左氏傳》 隱公 11년 條에 息나라가 鄭나라와 언쟁하다가 전투를 벌여 大敗한 사건에 대해 "자신의 덕을 헤아리지도 않았고, 역량을 헤아리지도 않았고, 친한 이를 친하게 여기지도 않았고, 사실에 근거하여 자기의 말을 따져보지도 않았고, 누구에게 허물이 있는지 살피지도 않았다. 이 다섯 가지 옳지 못한 죄를 범하고서 남을 공격하였으니 패전한 것이 또한 당연하지 않겠는가.〔不度德 不量力 不親親 不徵辭 不察有罪 犯五不韙而伐人 其喪師也 不亦宜乎〕"라 하였다. 徵辭는 杜預의 注에 "언어로 서로 원한이 생겼으니, 응당 그 말을 분명히 증명하여 옳고 그름을 살펴야 한다.〔言語相恨 當明徵其辭 以審曲直〕"라 하였다.

4) 긴 병기 : 원문은 '長兵'이다. 먼 거리의 적을 살상할 수 있는 병기를 말한다. 《史記》 권108 《匈奴列傳》에 "장병은 활과 화살이요 단병은 칼과 창이다.〔其長兵則弓矢 短兵則刀鋋〕"라 하였다.

5) 敗績(大敗) : 《書經》 〈商書 湯誓〉에 "하나라 군사가 敗績하였다.〔夏師敗績〕"라 했는데, 孔安國의 傳에 "크게 崩潰하는 것을 패적이라 한다.〔大崩曰敗績〕"라 하였다.

한 것일 뿐이고 포로로 잡은 적이 천백 사람에 이르면 ≪春秋≫의 傳에서 반드시 特書하여 크게 참혹한 변고로 여겼다.

自黃帝堯舜으로 **至周之中葉**히 **僅二千年**에 **其民繁祉老壽**하고 **恒數百年不見兵革**이요 **雖更姓易代**라도 **而禍不延於民**하고 **降及春秋**하여는 **脊脊**(자자)**大亂**하되 **尙賴先王之遺澤**하여 **以相維持**하여 **會盟討伐**에 **徵辭執禮**라 **且其時**에 **戰必以車**요 **而長兵不過弓矢**하니 **所謂敗績**은 **師徒奔潰而已**요 **其俘獲至千百人**이면 **則傳必特書**하여 **以爲大酷焉**이러라

전국시대로부터 元·明에 이르기까지 또한 2,000년이지만 수십 년 사이에 작은 변란이 없은 적이 없고 100년 내지 300년 만에 大亂에 이르지 않은 경우가 없었다. 兵禍가 이어지는 상태가 걸핏하면 수십, 백 년이었고 사람을 많이 죽인 것이 매양 수십, 백만이라, 前代의 역사를 두루 살펴보면 기재된 백성의 수가 혹 10에서 3, 4가 줄기도 하고 혹 10에서 1, 2가 줄기도 하였으니, 어찌하여 하늘은 前古의 백성은 몹시 사랑하고 후세의 백성들은 전혀 생각지 않는단 말인가!

自戰國至元明이 **亦二千年**이로되 **無數十年而無小變百年三百年而不馹至於大亂者**하니 **兵禍之連**이 **動數十百年**이요 **殺人之多**가 **每數十百萬**이라 **歷稽前史**에 **所載民數**가 **或十而遺其四三焉**이요 **或十而遺其一二焉**이니 **何天之甚愛前古之民而大不念後世之民也**아

傳에 "사람이 하늘에 있어서 道로써 命을 받았으니, 도에 순응하지 않는 자는 하늘이 관계를 끊어버린다."라 하였으니,[6] 三代 이전은 교화가 행해지고 民生이 후하였다. 그래서 刑戮을 받거나 放逐[7]된 백성을 제외하면 모두 人道에 멀리 위배된 사람이 아니었으니, 이는 天地의 마음이 깃든 바[8]요 五行의 빼어난 기운이 모인 바[9]이다. 그런데 많이 죽일 수 있겠는가.

---

6) 傳에……하였으니 : ≪春秋穀梁傳≫ 莊公 원년 條에 보인다.

7) 放逐 : 원문은 '放流'이다. ≪大學章句≫ 傳 10장에 "오직 어진 사람이라야 不善한 사람들을 추방하되 사방 오랑캐 땅으로 내쫓아 중국에서 함께 살지 못하게 하였다.〔唯仁人放流之 迸諸四夷 不與同中國〕"라 하였다.

8) 天地의……바 : ≪周易≫ 復卦의 〈彖傳〉에 "복에서 천지의 마음을 본다.〔復 其見天地之心乎〕"라 하였다. 천지의 마음이란 陽이 소멸하지 않아 끊임없이 만물을 생성하는 것을 말한다. 여기서는 天地의 理가 사람에게 깃들어 性이 되었음을 말한다.

傳曰 人之於天也에 以道受命하니 不若於道者는 天絶之也라하니 三代以前은 敎化行而民生厚라 舍刑戮放流之民하면 皆不遠於人道者也니 是天地之心之所寄요 五行之秀之所鍾이니 而可多殺哉아

人道를 잃은 것이 戰國時代로부터 시작되었으니, 그 당시에 자기 임금을 簒逆하고 弑害한 사람들이 제후의 반열에 들어 侯王이 되었고 포악하고 奸詐한 자들이 어깨를 나란히 하고 將相이 되었다. 따라서 백성들의 耳目과 心志가 옮겨갔으니, 숭상하는 것은 機變이요 急求하는 것은 嗜欲이었다. 그리하여 인륜을 하찮게 여기고 義理에 어긋난 짓을 하면서 마치 당연한 것처럼 편안히 여겼으니, 사람의 도리가 이미 금수와 구별할 수 없어 하늘에게 관계를 끊기게 된 것이다. 그러므로 하늘이 더 이상 人道로 대해주지 않고 풀을 후려쳐 베고 짐승을 죽이듯이 섬멸하면서[10] 조금도 불쌍하게 여기지 않는다.

人道之失이 自戰國始하니 當其時하여 簒弑之人이 列爲侯王하고 暴詐之徒고 比肩將相이라 而民之耳目心志移焉하니 所尙者機變이요 所急者嗜欲이라 薄人紀悖理義하여 安之若固然하니 人之道가 旣無以自別於禽獸하여 而爲天所絶이라 故不復以人道待之하여 草薙禽獮하여 而莫之憫痛也리

秦漢 이후로 중간에 衰亂한 시대를 거쳤으나 혹 수십, 백년의 안정된 시기가 있으면 그때에는 정사가 반드시 조금 밝게 정비되었고 人風이 반드시 조금 淳實해졌다. 그러나 大亂이 일어나는 것은 반드시 政法과 禮俗을 죄다 잃은 뒤에 있었으니, 대개 사람의 도리가 거의 스스로 설 수 없게 되었기에 사람을 무참히 죽여 말끔히 없애지 않으면 更新할 수 없었던 것이다. 그러나 禍亂이 이루어진 때에 이르러서는 죄 없이 죽은 이들이 얼마나 되는지도 알 수 없다. 그러나 그 사이에 참혹한 재

9) 五行의……바 : 北宋의 학자 程頤가 "천지가 정기를 쌓음에 오행의 빼어난 기운을 얻은 것이 바로 사람이 된다.〔天地儲精 得五行之秀者爲人〕"라 하였다. 사람이 만물 중에서 가장 빼어난 기운을 받아서 태어났음을 말한다.(≪近思錄≫ 권2 〈爲學類〉)

10) 풀을…섬멸하면서 : 唐나라 韓愈의 〈送鄭尙書序〉에 "어지러워 다스릴 수 없을 지경에 이르면 풀을 후려쳐 베고 짐승을 죽이듯이 섬멸하여 뿌리까지 다 끊어버리고야 만다.〔至紛不可治 乃草薙而禽獮之 盡根株痛斷乃止〕"라 하였다. ≪韓文考異≫ 注에 "獮는 殺이다."라 하였다.

난에서 스스로 벗어나 거의 다 죽었다가 다시 살아난 이들은 반드시 人道를 다 잃지는 않은 사람이다.

秦漢以還에 **中更衰亂**하되 **或有數十百年之安**하면 **則其時政事必少修明焉**이요 **人風必少淳實焉**이라 **而大亂之興**이 **必在政法與禮俗盡失之後**하니 **蓋人之道**가 **幾無以自立**일새 **非芟夷蕩滌**이면 **不可以更新**이라 **至於禍亂之成**하여는 **則無罪而死者**가 **亦不知其幾矣**라 **然其間得自脫於瘡痍之餘**하여 **剝盡而復生者**는 **必於人道未盡失者也**러라

슬프다! 옛날 사람이 밤낮으로 백성들을 위로하고 오게 했던 것[11]은 백성들이 하늘로부터 받은 바를 잃게 될까 크게 걱정했던 것이다. 하늘로부터 받은 바를 잃고도 스스로 알지 못하여 잃은 상태를 그대로 방치한 채 조처하지 않으면 그러한 상태가 오래 지속되어 마침내 하늘의 앙화를 범하여 族類를 다 죽이게 될 수 있으니, 이것이 三王의 德이 天地에 짝할 수 있었던 까닭일 것이다.

嗚呼라 **古之人**이 **日夜勞來其民**은 **大懼其失所受於天耳**라 **失所受而不自知**하여 **任其失而不爲之所**면 **其積也遂足以干天禍而幾盡其類**니 **此三王之德所以侔於天地也與**인저

11) 백성들을……것 : 은덕으로 백성들을 위로하여 오게 하는 것이다. ≪孟子≫ 〈滕文公 上〉에 "방훈이 이르기를 '위로하고 오게 하며, 바로잡아주고 펴주며, 도와주고 보살펴주어 스스로 제 천성대로 살 수 있게 하고, 또 이어서 진작하고 은혜를 베풀어준다.〔勞之來之 匡之直之 輔之翼之 使自得之 又從而振德之〕'라 하였다."라 한 것을 축약하여 인용하였다. 放勳은 堯임금이다.

07. 過失의 근원을 밝힘　原過*

* 方苞는 이 글에서는 君子와 보통사람, 聖人과 小人의 과실이 각각 어떠한 것인지를 규명하고, 사소한 과실이라도 엄히 방비해야 함을 역설하였다.

君子의 過失은 人事의 변고를 만나 스스로 벗어나지 못한 경우가 열 중 일곱이고 事理를 살피되 상세히 살피지 못한 경우가 열 중 셋이며, 보통 사람의 과실은 무심히 저지른 경우가 열 중 셋이고 스스로 알면서도 그 욕심을 이기지 못한 경우가 열 중 일곱이다. 그래서 군자의 과실은 참으로 이른바 '과실'이라는 것이니 仁義가 中을 넘어선 것이고, 보통 사람의 과실은 이른바 '과실'이라는 것이 아니니 惡行 중에 작은 것이다.

君子之過는 値人事之變하여 而無以自解免者가 十之七이요 觀理而不審者가 十之三이며 衆人之過는 無心而蹈之者가 十之三이요 自知而不能勝其欲者가 十之七이라 故로 君子之過는 誠所謂過也니 蓋仁義之過中者爾요 衆人之過는 非所謂過也니 其惡之小者爾라

君子보다 뛰이나 聖人이 된 자는 그 過失을 얻은 것이 반드시 人事의 변고 때문이니 事理를 살피되 상세히 살피지 못한 경우는 드물고, 보통 사람보다 못하여 小人이 된 자는 모두 그 욕심을 이기지 못하여 악에 동요된 것이니 무심히 저지른 경우가 또한 드물다. 보통 사람은 큰 악행에 대해서는 항상 두려워하여 감히 저지르지 못하지만 작은 악행에는 그 욕심을 이기지 못하여 우선 스스로 용서한다. 聖賢이 작은 과실을 보는 것이 보통 사람이 큰 악행을 보는 것과 같기 때문에 두려워하며 감히 범하지 못하고, 소인이 큰 악행을 보는 것이 보통 사람이 작은 과실을 보는 것과 같기 때문에 사납게 저지르면서 아랑곳하지 않는 것이다.

上乎君子而爲聖人者는 其得過也가 必以人事之變이니 觀理而不審者則鮮矣요 下乎衆人而爲小人者는 皆不勝其欲而動於惡하니 其無心而蹈之者가 亦鮮矣라 衆人之於大惡에 常畏而不敢爲로되 而小者則不勝其欲하여 而姑自恕焉이라 聖賢視過之小가 猶衆人視惡之大也라 故로 凜

然而不敢犯하고 小人視惡之大가 猶衆人視過之小也라 故로 悍然而不能顧라

의복과 器物을 처음 사용할 때에는 항상 더러워지거나 망가질까 두려워하다가 이미 더러워지고 망가진 뒤에는 더는 아끼지 않으니, 만약 사소한 過失이라는 이유로 스스로 용서하고 쉽게 저지른다면 큰 악행에 이르기 전에는 그만두지 않을 것이다. 그래서 나무 한 그루를 베고 짐승 한 마리를 죽이는 것을 때에 맞게 하지 않는 것을 孔子가 孝가 아니라고 하였으니[1], 은미하고 또 위태롭다.

服物之初御也엔 常恐其汚且毁也라가 旣汚且毁엔 則不復惜之矣니 苟以細過自恕而輕蹈之면 則不至於大惡不止라 故로 斷一樹殺一獸를 不以其時를 孔子以爲非孝하니 微矣哉며 亦危矣哉로다

1) 나무……하였으니 : ≪禮記≫ 〈祭義〉에 "曾子가 樹木을 때에 맞게 베고 禽獸를 때에 맞게 죽여야 하니, 夫子께서 '나무 한 그루를 베고 짐승 한 마리를 죽이는 것을 때에 맞게 하지 않으면 효가 아니다.'라고 하셨다.〔曾子曰 樹木以時伐焉 禽獸以時殺焉 夫子曰 斷一樹 殺一獸 不以其時 非孝也〕"라고 하였다.

08. 끌채를 멘 말에 대한 說　轅馬說*

*이 글에서 方苞는 끌채를 멘 말이 다른 말들보다 힘들고 어려운 역할을 맡지만 끌채 아래에서 시험해보지 않으면 말의 품성과 능력을 제대로 알 수 없다고 하였다. 인재를 가려 뽑는 방도를 말의 경우에 은근히 빗대어 제시한 것으로 보인다.

내가 邊塞를 갈 때에[1] 짐을 실은 수레에 타고서 끌채를 멘 말을 보고 느낀 바가 있었다. 옛날의 수레는 하나의 끌채〔輈〕에 橫木을 더하여 두 필의 말에 멍에를 메웠는데,[2] 지금은 한 필의 말이 양 끌채〔轅〕[3] 사이에서 멍에를 메어서 목은 멍에에 얽매이며 등은 뱃대끈에 옭매이고, 앞에는 가슴걸이를 뒤에는 밀치끈을 맨다. 언덕을 올라갈 때에는 기진맥진하여 숨을 헐떡이고 땀을 흘린 뒤에야 뒤로 물러나는 수레바퀴를 끌어당길 수 있고, 언덕을 내려갈 때에는 정강이를 오므리고 말발굽을 모은 뒤에야 아래로 낮아지는 끌채를 버틸 수 있다. 채찍질을 하여 올라가게 하고 가시나무로 매질하여 빠진 것을 일으키게 하니, 위험을 만나 전복되면 힘줄이 끊어지고 뼈가 부러지는 것을 피할 방도가 없으나, 앞에서 이끌거나 곁에서 달리는 말들은 이런 고생을 하지 않는다. 목이 말라 시내에서 물을 마시거나 멍에를 벗고 말구유에 나아가는 것은 항상 다른 말들보다 뒤에 한다. 아! 말의 책임이 이보다 더 어려운 것이 어디 있겠는가.

余行塞(새)上할새 乘任載之車하여 見馬之負轅者而感焉이라 古之車는 獨輈加衡而服兩馬러니 今則一馬夾轅而駕하여 領局於梔하며 背承乎韅하고 靳前而靽後라 其登阤也에 氣盡喘汗而後에 能引其輪之郤也요 其下阤也에 股蹷蹄攢而後에 能抗其轅之伏也라 鞭策以勸其登하고 棰棘以

---

1) 내가……때에 : 方苞는 筆禍 사건으로 투옥되었다가 나와서 南書房에 들어간 후에, 매년 康熙帝를 따라 熱河行宮에 갔었다.

2) 옛날의……메웠는데 : 고대의 수레는 하나의 끌채에 네 필의 말이 멍에를 메었는데, 끌채 양쪽으로 있는 중앙의 두 말을 服馬라 하고, 양쪽 가에 있는 말을 騑馬 혹은 驂馬라고 하였다. 예컨대 《詩經》 〈鄭風 大叔於田〉에 "두 복마는 제일 좋은 말이다.〔兩服上襄〕"라고 하였다.

3) 끌채〔輈〕에……끌채〔轅〕 : 원문의 '輈'와 '轅'은 모두 '끌채'를 뜻하는데, 大車에 사용하는 것은 '轅'이라 하고, 兵車·田車·乘車에 사용하는 것은 '輈'라 한다.

起其陷하니 乘危而顚에 折筋絶骨을 無所避之로되 而衆馬之前導而旁驅者不與焉이어늘 其渴飮於溪하고 脫駕而就槽櫪은 則常在衆馬之後라 噫라 馬之任이 孰有艱於此者乎아

그러나 말의 품성과 능력은 끌채 아래에서 시험해보지 않으면 변별할 수가 없다. 혹 服馬가 적합하지 않으면 비록 말을 잘 모는 사람일지라도 부릴 수가 없다. 노둔한 말은 힘이 감당할 수가 없고, 사납게 움직이는 말은 쉽게 놀라 종잡을 수 없어서, 평탄한 길을 가다가도 놀라 거꾸러져 수레를 전복시키는 경우도 있다. 올라갈 때에는 절뚝거리는 듯하고 내려갈 때에는 무너지는 듯하며, 진흙에서 쩔쩔매고 진창에 빠져서 늘 끌채 가운데서 혼자 고꾸라져, 다른 말들도 모두 함께 이끌려 지장을 받는다. 아아, 수레를 모는 이들은 삼갈지어다.

然이나 其德與力은 非試之轅下면 不可辨이라 其或所服之不稱이면 則雖善御者라도 不能調也니 駑蹇者는 力不能勝이요 狡憤者는 易懼而變하여 有行坦途驚蹶而僨其車者矣라 其登也若跛하며 其下也若崩하고 濘旋淖陷하여 常自頓於轅中而衆馬皆爲所掣하니 嗚呼라 將車者其愼哉어다

09. 高素侯 先生의 手札 두 편에 씀 書高素侯先生手札二則*

* 方苞가 평소 존경해온 高素侯(高裔)의 편지 두 편에 쓴 글이다. 방포는 고소후에게 科文을 배우고 그의 집에서 숙식하는 등 많은 은혜를 입었다. 고소후가 세상을 떠난 뒤 고소후의 글은 자신에게 남아 있지 않았는데 우연히 散稿 속에서 이 두 편의 편지를 발견하고 과거 고소후와의 인연과 고소후의 남다른 덕행을 기록한 것이다.

一則[1]

기사년(1689) 여름 4월에 내가 歲試[2]로 선생께 인정을 받았고, 가을 7월에 부름을 받아 使院[3]에 들어갔고 신미년(1691)에는 京師에서 從遊하였으니, 선생은 나의 飢寒를 염려하여 德義로 나를 깨우쳐주시고 한 번 출입할 때마다 하는 일이 무엇인지 묻지 않은 적이 없었으며 내가 교유하는 사람에 대해서는 누군인지 묻지 않은 적이 없었다. 대개 계유년(1693) 이전에는 일찍이 열흘이나 한 달도 선생의 곁을 떠난 적이 없었다. 그래서 무릇 내가 지은 글들에 선생이 모두 손가락으로 가르쳐주고 입으로 가르쳐주셨다.

己巳夏四月에 **余以歲試**로 **見知於先生**하고 **秋七月**에 **招入使院**하고 **辛未從遊京師**하니 **先生軫其飢寒**하여 **開以德義**하고 **一出入**에 **未嘗不詰所有事也**요 **所與往還**에 **未嘗不叩其爲孰誰也**라 **蓋自癸酉以前**으로 **未嘗旬月去乎先生之側**이라 **而凡所爲文**에 **先生皆指畫口授焉**이라

갑술년(1694) 후에 사방에 다니며 經書를 가르치느라 한 달이나 한 철을 넘도록

1) 一則 : 저본에는 없는데 譯文에서 두 편을 구별하기 위해 넣었다. 아래 二則도 마찬가지이다.

2) 歲試 : 明淸 때 매년 府, 州, 縣에서 시행하던 考試로 歲考라고도 한다. 府, 州, 縣의 生員, 增生, 廩生들은 세고를 보아야 했다. 성적에 따라 賞罰을 내렸다.

3) 使院 : 節度使가 出征하거나 入朝하거나 죽었는데 후임이 없을 경우에는 모두 留後가 그 직무를 대행하였는데, 유후의 관사를 일컫는 말이다. 절도사가 이곳에서 집무를 보기도 하였다.

선생의 곁을 떠나간 적이 있었는데, 선생은 서신을 보낼 때마다 어김없이 내가 지은 時文(科文)을 보내달라고 하셨다. 이는 내가 평소 시문 짓기를 싫어하는 줄 알고 督責하신 것이었다. 병자년(1696)에 京兆에서 科試를 보고는 과거 공부를 그만두고 향리로 돌아가 다시는 과거에 응시하지 않고자 하여 내가 지은 시문들을 죄다 生徒와 벗들에게 나눠주었지만 선생이 수정해주신 것만은 감히 버리지 못해 몇 해 동안 보내준 手札과 함께 잘 갈무리하여[4] 先代로부터 내려온 서책을 보관하는 궤짝 속에 넣어두었다.

甲戌後에 授經四方하여 閱月踰時러니 先生通書에 必索所爲時文하니 蓋知余素厭此而督之라 丙子試京兆하고 罷歸에 將不復應有司之擧하여 悉散所爲時文於生徒朋遊하되 獨先生所點定은 不敢棄擲하여 竝數歲中手札하여 巾笥而置之先世藏書櫃中이러라

무인년(1698)에 선생이 서찰로 나에게 鄕試를 보라고 독책하였는데, 기묘년(1699)에 과연 향시에 뽑혔다. 그래서 선생에게 그동안 지은 글들에 서문을 써달라고 청하여 세상에 간행하고자 하여 京師에 이르렀더니, 선생은 이미 병석에 누워 계셨다. 그래서 두세 차례 찾아뵈면서 차마 말하지 못하였다. 그러다가 禮部에 들어가 과거를 보아 성공하기도 전에 선생이 운명하셨다. 집에 돌아가서 보관하던 글을 꺼내어 보니, 선생이 보내주신 서찰과 함께 모두 썩고 좀먹었다. 나의 글은 생도와 벗들에게 흩어져 있었기 때문에 收合하여 그나마 17편을 얻었지만 선생이 지적해 論次해주신 글은 하나도 남은 것이 없었다.

戊寅에 先生以書督應鄕試러니 己卯에 果得擧라 將請先生序其文하여 以行於世하여 至京師하니 而先生已寢疾이라 數進見(현)에 未忍言이라가 入試於禮部하여 未竣事에 而先生歿이라 歸至家하여 發向所藏하니 則與遺書竝朽蠹矣라 余文은 以散在生徒朋游間일새 收之에 尙得十七이로되 而先生所論次는 無一存者러라

---

4) 잘 갈무리하여 : 원문은 '巾笥'이다. 일반적으로는 巾衍, 巾箱과 같은 말로 쓰이는데, 여기서는 동사로 쓰여 천으로 싸서 잘 보관함을 뜻한다. ≪莊子≫ 〈秋水〉에 "내가 듣건대 초나라에 신령한 거북이 있다가 죽은 지 이미 3,000년인데 왕이 이 거북을 잘 갈무리하여 묘당에 보관한다고 한다.〔吾聞楚有神龜 死已三千歲矣 王巾笥而藏之廟堂之上〕"라 하였다.

나는 타고난 자질이 愚拙한 데다 특히 時文을 좋아하지 않았으니, 오랜 시일에 걸쳐 시문을 공부하여 卷帙을 이루게 된 것은 모두 선생이 督責하고 인도하여서 한 것이었는데 선생이 지도해주신 글들은 도리어 문집 속에 들어가 幽明 간에 師弟의 情誼를 기록할 것이 조금도 남아 있지 않으니, 이것이 내가 밤낮으로 悔痛하며 自責하여 자신을 용납할 수 없는 까닭이다.

余天資蹇拙이요 尤不好時文하니 累日積久하여 以至成帙은 皆先生督責敦率以爲之어늘 而先生所講授가 反不得少留集中以誌師弟存歿之誼하니 此余所以日夜悔痛自責而無以容也라

이 서찰은 바로 무인년에 보내어 鄕試를 보라고 명하신 것이니, 가장 뒤에 받아 미처 갈무리하여 보관한 것 중에 넣지 못했기 때문에 홀로 남아 있을 수 있었던 것이다. 올해 병술년(1706) 6월 초하루 후 7일에 散帙 속에서 다시 찾았다. 이때 생도와 붕우들이 내가 會試에 급제했다고 하여 그동안 내가 지은 時文을 모아서 판각하기에 인하여 이 書簡의 머리에 서문을 쓰고 아울러 선생이 切磋琢磨해주신 뜻을 기록하여 나의 시문 공부가 연유한 바를 드러내 보인다. 선생의 筆墨은 평소 남의 손을 빌리기를 좋아하지 않으셨기 때문에 評訂하는 말은 모두 감히 함부로 부탁하지 못하였다.

是書乃戊寅見遺命就鄕試者니 以得之最後라 未入巾笥中일새 故得獨存이라 而今丙戌六月朔後七日에 復於散帙中得之라 時에 生徒朋游가 以余登會試榜이라하여 彙刻前後所爲時文일새 因以冠於簡端하고 竝記先生所以切劘之意하여 以見余時文之學之所自요 而先生筆墨은 素不肯假手於人이라 故評訂之語는 皆不敢妄託焉이라

二則

선생의 孝悌의 행실에 대해서는 향리 사람들로부터 조정 사대부에 이르기까지 모두 그들의 말을 기록하였지만 才幹과 식견이 탁월하여 족히 사람의 의지하는 바가 되었던 것은 앞날을 기다렸고 세상에 시행하지는 못하였기 때문에 세상에서 아는 사람이 없다. 내가 선생의 誌銘에 이미 그 대략을 서술하였지만 자기 몸가짐과 남을 대하는 것이 博大하고 돈독한 점으로 말하자면 순수하여 옛 賢者의 풍모가

있었고 자질구레한 일들도 後學에 모범이 되지 않는 것이 없었다.

先生孝弟之行은 自鄕人及朝士大夫히 皆載其言이나 而才識卓然하여 足爲物所倚賴는 則有待而未施라 故世無知者라 余於誌銘에 旣陳其大略이어니와 至於處己待物이 博大敦篤하여는 粹然有古賢之風하고 叢細之事가 無不可以法後學이라

苞는 山澤에서 생장하다가 선생을 섬기게 되었으니, 당시 겨우 부모의 슬하를 떠난 터라 교제 중의 이른바 世情이란 것을 전혀 알지 못하였다. 한갓 옛 글에 실려 있는 古人의 언행과 行事를 보고서 곧바로 요즘 세상에서도 그대로 실행할 수 있다고 여겼다.

苞生長山澤이라가 獲事先生하니 時甫去父母膝下하여 絶不知交際中所謂世情者라 徒見書傳所載古人語言行事하여 以謂直可推行於時러라

先生이 40세 때 내가 글을 지어 祝壽하면서[5] "옛날의 군자는 그 사람을 사랑하면 그 사람이 성취함이 없을까 걱정하였으니, 孝悌란 것은 사람의 떳떳한 행실이다."라 하였으니, 선생이 세상에 드러난 바가 아직 古人과 같이 赫然한 것이 있지 않기에 선생이 성취함이 없을까 내가 크게 걱정했던 것이다.

선생이 이 글을 뜰에 걸어두게 하시고 한 달쯤 지나 나에게 말하기를 "자네는 교제하는 사람에게 모쪼록 조심하여 글을 주지 말라."라 하기에 내가 그 까닭을 물었는데, 선생이 말하기를 "오늘날 남에게 글을 주는 사람은 이로써 禽犢[6]을 삼거늘 자네가 이 글에서 말한 것은 모두 古義이니, 거듭 허물이 될까 두렵다."라 하셨다. 내가 대답하기도 전에 선생이 말하기를 "나는 시험해본 바가 있으니,[7] 세상 사람

5) 先生이……祝壽하면서 : ≪方苞集≫ 권7에 〈高素侯先生四十壽序〉가 실려 있다.

6) 禽犢 : 새와 송아지로 고대에 남에게 선물로 주는 것이다. 출세와 승진을 바라는 뇌물을 뜻하는 말로 쓰인다. ≪荀子≫ 〈勸學〉에 "군자의 학문은 이로써 자신을 아름답게 하고, 소인의 학문은 이로써 禽犢을 삼는다.〔君子之學也 以美其身 小人之學也 以爲禽犢〕"라 하였는데, 楊倞의 注에 "禽犢은 선물로 바치는 물건이다."라 하였다.

7) 나는……있으니 : 孔子가 "내가 남에 대해 누구를 훼방하고 누구를 칭찬하겠는가. 만일 칭찬하는 바가 있으면 그 시험해본 바가 있을 것이다.〔吾之於人也 誰毁誰譽 如有所譽者 其有所試矣〕"라 하였다. 여기서는 경험해본 적이 있다는 뜻으로 말하였다.

과는 바른말[8]을 해서는 안 된다. 일전에 자네가 나에게 축수한 글은 뜻은 참으로 후하지만 나를 찾아온 손님들은 보고서 모두 내가 不肖한 행실이 있어 자네에게 비판을 받았다고 여겼다."라 하셨다. 내가 "어찌하여 철거하지 않습니까?"라 하니, 선생이 "나는 참으로 그 사람들로 하여금 천하의 正論을 한 번 듣게 하고 싶었다."라 하셨다.

先生四十에 爲文以壽하여 謂古之君子는 愛其人也면 則憂其無成하니 孝弟者는 人之庸行이라하니 而先生所表見於世가 尙未有赫然如古人者라 苞大懼先生之無成也러라 先生命張於庭하고 踰月에 語余曰 生은 所與交에 愼毋以文贈하라하여늘 余請其故한대 先生曰 今之贈言者는 以爲禽犢也어늘 而生所陳은 皆古義니 恐重爲尤라하여늘 余未答이러니 先生曰 吾有所試也니 世不可與莊語라 日에 生所以壽我者는 意良厚나 而吾客見之에 皆謂吾有不肖之行하여 而爲生所譏切也라하여늘 余曰 何弗撤也오하니 先生曰 吾正欲使諸公一聞天下之正議耳라하다

내가 처음 京師에 이르러 선생의 집에서 휘장을 내리고[9] 밤에 독서하고 있는데, 어떤 동자가 획획[10] 하며 귀신 소리를 내기에 내가 미워서 때렸더니, 다음날 선생이 府中의 童奴들을 두루 다 불러서 손가락으로 가리키며 "아무개 아무개가 잘못하는 일이 있거든 자네가 나를 대신해 때리게. 아무개 아무개는 내 아우를 시켜 때릴 것이다. 이놈들은 특히 완강하여 자네가 아마 懲治하지 못할 것이다."라 하셨다. 이로부터 부중의 동노들이 모두 두려워하여 감히 나를 건드리지 못하였다.

그리고 한 해가 지나서야 비로소 내가 때린 동노가 바로 太公(선생의 부친)의 侍者였다는 말을 들었다. 내가 함부로 동노를 때린 일을 태공이 우려하여 선생을 매우 심하게 질책하니, 선생은 동노가 이를 믿고 나에게 무례하게 굴까 염려하였고, 또 내가 때때로 동노를 직접 때려 태공의 마음을 언짢게 할까 염려하였던 것이다.

---

8) 바른말 : 원문은 '莊語'이다. ≪莊子≫ 〈天下〉 "천하를 혼탁하여 바른말을 할 수 없다고 여긴다.〔以天下爲沈濁不可與莊語〕"라 하였는데, 王先謙의 ≪莊子集解≫에 "莊語는 正論과 같다."라 하였다.

9) 휘장을 내리고 : 漢나라 때 董仲舒가 "휘장을 내리고 강송하며 3년간을 뜰을 엿보지 않았다.〔下帷講誦 三年不窺園〕"라 한 데서 온 말로 독서에 전념함을 뜻한다.(≪漢書≫ 권56 〈董仲舒傳〉)

10) 획획 : 원문은 '砉欻'로, 귀신의 소리를 형용한 것이다. 唐나라 韓愈의 〈送窮文〉에 "숨을 죽이고 가만히 들으니, 휘파람을 부는 듯, 우는 듯, 획획 하고 한숨을 쉬는 듯한 소리가 들리는 듯하였다.〔屛息潛聽 如聞音聲 若嘯若啼 砉欻嚘嚶〕"라 하였다.

余始至京師하여 下帷先生之廬하여 夜讀書러니 有童奴砉欻爲鬼聲일새 余惡而抶之러니 越日에 先生遍召府中童奴하여 指曰 某某有過어든 生爲吾抶之하라 某某는 使吾弟鞭之라 是尤頑梗하니 生恐不足以掀也라하니 自是로 府中童奴皆慴하여 莫敢忤余러라 又踰年에 始聞余所抶乃太公侍者라 太公恚余之妄하여 讓先生甚切하니 先生恐童奴恃此以無禮於余하고 又恐余時親抶之하여 以損太公之歡也라

내가 기거하는 서재는 두 집 중간에 있었으니, 동쪽은 선생이 빈객을 접대하는 집이고 서쪽은 태공이 거처하는 집이었다. 奴僕 아무개가 疫疾에 걸리자 태공이 나를 서쪽의 서재로 옮겼다. 京師 사람들이 말하기를 "이 병은 잘 전염된다."라 하니, 탕약을 갖다 주는 사람이 들창 밖에서 넘겨주었다. 그래서 환자의 오줌이 쌓여서 오래 지나자 악취가 방 밖에까지 풍겨서 그 방 가까이 가는 사람은 견딜 수가 없었다. 내가 집을 세내어 이사하고 싶다고 말씀드렸더니, 선생이 급히 제지하며 말하기를 "나의 賓從[11]은 잠시 출입을 謝絶하여 악취를 삼가 피하는 것이 무방하다. 내가 듣건대 병세가 심히 위중한 사람은 머무는 곳을 변경해서는 안 되니, 몸을 흔들어놓으면 살 수 없다."라 하셨다. 몇 달이 지나자 그 노복의 병이 나았다.

선생의 마음이 매우 仁厚하여 사물에 있는 이치를 능히 다 알아서 발휘하는 것[12]이 이와 같았으니, 무릇 내가 미처 듣고 보지 못한 것은 유추해 알 수 있을 것이다. 하늘이 나이를 더 주어서 온축한 바를 세상에 펼 수 있게 했다면, 비록 古人과 같이 赫然한 것이라도 어찌 이루지 못하였겠는가. 이로써 옛날의 명성을 떨치고 功業을 이룬 이와 당시에 드러난 바가 없는 이들은 모두 만난 때가 마침 그러했던 것이니 이것만 가지고서 그 사람의 실상을 다 알 수는 없다는 사실을 알 수 있다.

余臥齋在兩宅中間하니 其東爲先生賓醼之堂이요 其西爲太公燕私之齋러라 僕某遘厲疾에 公移余於西齋러니 京師人言是疾善傳染이라하니 致湯藥者隔簾牖而委之라 溲溺竝積하여 久之에 臭達於外라 近者不堪일새 余議僦屋以遷焉하니 先生急止之曰 吾賓從可暫謝出入하여 謹避其

11) 賓從 : 빈객과 隨從이다. 여기서는 자기 집에 와서 거주하고 있는 方苞를 가리킨다.

12) 매우……것 : 仁은 남을 내 몸처럼 사랑하는 마음이다. ≪近思錄≫ 권1 〈道體〉에 "하늘에 있으면 命이 되고 사물에 있으면 理가 되고 사람에 있으면 性이 된다.〔在天爲命 在物爲理 在人爲性〕"라 하였다. 程頤의 말이다. 즉 매우 仁하므로 환자를 보살피는 이치를 잘 알아서 병을 낫게 할 수 있었다는 말이다.

惡이 無傷也라 吾聞疾甚者는 不可以變更이니 震蕩之면 無生理矣라하더니 數月에 竟瘳라 先生之心이 厚於仁而能盡在物之理가 如此하니 凡余所不及聞知者를 可類測也라 使天假之年而得展所蘊於世면 雖赫然如古人者라도 豈不足以致哉아 以此知古之發名成業與無所顯於時者皆會其所適而然이니 未可以旣人之實也라

내가 선생의 遺墨을 다시 찾은 일로 예전에 선생께 은혜를 입은 일을 追念하였다. 그래서 아울러 이 사실을 기록하는 한편 내가 선생께 배운 바가 한갓 문장뿐만이 아니라는 사실을 드러낸다.

余以重得先生遺跡으로 追念夙昔所感被於先生者라 因竝志之하고 又以見余之所師於先生者가 蓋不徒以文術也로라

10. 孫文正[1)]의 傳의 뒤에 씀　書孫文正傳後*

*이 글은 ≪明史≫의 〈孫承宗傳〉을 읽고 쓴 것이다. 방포는 이 글에서 明末에 孫承宗이 大凌에서 대패하고 탄핵을 받아 물러난 것이 모두 조정의 奸人들 때문이었다는 사실을 서술하고, 이로써 周延儒를 비롯한 宦官이 명나라의 멸망을 초래하였음을 밝혔다.

明나라가 망하려 할 때 가장 顚倒된 일은 袁崇煥[2)]을 죽이고 孫文正公을 閑地에 둔 것만 한 것이 없다. 그러나 간첩의 말은 당시에 오히려 진위를 분별하기 어려웠다.

莊烈愍帝[3)]가 帝位를 이어받은 지 2년이 되던 해에, 공이 고향의 집에 있다가 기용되어 위급하고 어려운 와중에 명을 받아[4)] 잃어버렸던 畿內를 수복하고 망해가던 宗社를 안정시켰으니, 그 재주가 세상에 드물고 나라를 근심하여 자신의 몸을 잊은 것은 황제가 직접 목도한 것이었다.

關門이 안정되고 寧前이 수복되고[5)] 屯營이 세워지자 軍民이 비로소 굳건한 뜻을

---

1) 孫文正 : 明代 말기의 관리이자 군사전략가인 孫承宗(1563~1638)으로, 直隷 高陽 사람이며 자는 稚繩, 호는 愷陽이다. 天啓 연간에 兵部尙書 등을 역임하고 袁崇煥을 비롯한 유능한 장수들을 기용하였으나, 宦官 魏忠賢의 시기를 받아 고향으로 물러났다. 崇禎 2년(1629)에 청나라 군대가 長城을 침입해오자 다시 기용되었다가, 이듬해 張春과 祖大壽가 淸나라에 투항한 일로 파직되어 고향으로 돌아갔다. 1638년 淸軍이 대거 공격해왔을 때 고향을 지키다가 온 가족이 전사하였고 자신은 자결하였다.(≪明史≫ 권364 〈孫承宗傳〉)

2) 袁崇煥 : 袁崇煥(1584~1630)은 명대 말기의 장수로 後金에 맞서 遼東 방비에 힘썼다. 崇禎 초에 督師薊遼가 되었는데, 椵島에서 독자적인 세력을 구축하고 있던 毛文龍을 황제의 裁可 없이 죽였다는 일로 閹黨의 공격을 받았다. 이후 후금이 환관을 매수하여 원숭환이 후금과 내통하였다는 말을 퍼뜨려 모반 혐의로 처형되었다.(≪明史≫ 권364 〈袁崇煥傳〉)

3) 莊烈愍帝 : 莊烈愍은 명나라의 마지막 황제 崇禎帝 朱由檢의 시호이다. 1644년에 李自成이 농민반란군을 이끌고 북경을 침입하자 자결하였다.

4) 위급하고……받아 : 諸葛亮의 〈出師表〉의 "패배한 군대 사이에서 임무를 받고 위급하고 어려운 때에 명을 받든 지가 그로부터 21년이 되었습니다.〔受任於敗軍之際 奉命於危難之間 爾來二十有一年矣〕"라는 구절을 변용한 표현이다.

5) 關門이……수복되고 : 關門은 山海關으로 河北省 北東端의 萬里長城이 끝나는 곳에 설치된 관문이다. 寧前은 遼東의 錦州・松山・杏山・右屯及大・小淩河 일대를 포함하는 지역이다. 두

갖게 되었는데, 안에서는 奸臣들에게 가려져 군량을 늦게 지급하고 出兵 시기를 어겨 공의 손발을 묶고 밖에서는 정권이 통일되지 못하여 분열되어 공의 완성된 계획을 어지럽혀 大凌에서의 참패[6)]에 이르렀다. 그 枝末을 살펴보면 軍律을 어기고 군대를 잃게 한 것은 丘禾嘉이고, 그 근본을 따져보면 계획을 망치고 화를 불러온 것은 바로 班軍[7)]을 철수하고 이미 내려진 명을 고치자는 의론을 주장한 조정의 신하이다. 그런데 죄의 유무를 분명히 따져보지 않고 도리어 무식한 자가 공이 築成한 일을 추궁한 것 때문에 공이 물러나게 허락하여, 8년 동안 폐출되어 물러나 있을 때 한마디 말도 자문하지 않았다. 그래서 결국에는 淸軍에 맞서 길거리에서 싸우다가 힘이 다하여 온 집안사람이 다 죽게 만들었으니, 이것이 바로 천하 사람들이 탄식하고 통탄하여 莊烈愍帝를 위해 해명해주지 못하는 것이다.

當明之將亡하여 **其事最傎者**는 **莫若殺袁崇煥與置公閒地**라 **然**이나 **間諜之言**은 **當其時**하여 **迹猶難辨也**라 **莊烈愍帝嗣位之二年**에 **公自家起**하여 **受命危難中**하여 **復已失之畿甸**하고 **定將傾之宗社**하니 **其才不世出**이요 **而憂國忘身**은 **帝所親見也**라 **及關門靖**하고 **寧前收**하고 **屯營立**하여 **軍民始有固志**어늘 **而內蔽於奸僉**하여 **緩餉愆期**하여 **以掣公之手足**하고 **外則政權不一**하여 **分操割裂**하여 **以亂公之成謀**하여 **至大凌覆敗**하니 **按其末**이면 **則失律喪師者**는 **丘禾嘉也**요 **循其本**이면 **則敗謀速禍**는 **乃撤班軍改成命主議之廷臣**이어늘 **不明徵罪之有無**하고 **乃以無識者追咎築城**으로 **而聽公引退**하여 **廢棄八年**에 **不咨一語**하여 **卒使巷戰力屈**하여 **闔門就死**하니 **此天下所歎息痛恨**하여 **不能爲帝解者**라

곳 모두 후금으로부터 북경을 방비하는 전략적 요충지였다.

6) 大凌에서의 참패 : 大凌은 大凌河라고도 하며 遼寧 서부에서 遼東灣으로 흘러가는 강이다. 崇禎 4년(1631)에 명나라 군대는 錦州에서 후금의 군대와 대치하고 있었다. 이때 孫承宗이 대릉하에 먼저 築城하여 방비하자고 주장하였으나, 薊遼巡撫로 있던 丘禾嘉(?~1632)가 명을 어기고 右屯과 大凌에 동시에 성을 쌓았다. 7월에 공사를 시작하였는데, 새로 교체된 兵部尙書가 축성에 반대하여 주둔하고 있던 군대를 철수시켰다. 8월에 후금의 군대가 침입하였을 때 大凌城 축성 공사는 절반쯤 완성된 상태였다. 손승종이 吳襄과 宋偉 두 장수를 중심으로 한 援軍을 조직하여 대릉하로 보냈으나, 구화가가 계속 출정 날짜를 변경한 탓에 군대가 협동하지 못해 결국 대릉하를 빼앗겼다. 이후 조정 신하들이 계속 상소하여 대릉성을 축성한 것을 비판하자, 손승종은 병을 핑계로 상소하여 물러났다.(≪明史≫ 권364 〈丘禾嘉傳〉)

7) 班軍 : 명대의 군사조직 중 하나로, 본래 소속된 지역을 떠나 다른 지역에서 番戍, 屯田, 工造 등의 임무를 수행하는 것이다.

당시에 周延儒와 溫體仁[8)]이 이미 황제의 知遇를 크게 입어 權柄을 잡고 있었으니, 두 사람은 모두 魏忠賢[9)]의 잔당이었다. 위충현 때부터 이미 공이 지방에서 반란을 일으킬 것[10)]이라 무고하였고, 공이 두 번 등용되고 두 번 파직되어 죽음에 이르게 된 것이 실로 주연유·온체인 두 사람이 나라의 권병을 잡은 때와 시기가 일치하니, 주연유가 황제를 독대하고 온체인이 은밀히 上奏한 것이 아무도 모르는 가운데 공을 모함한 것임을 어찌 헤아릴 수 있었겠는가.

공이 처음 조정에 이르러 平臺에서 召對할 적에 황제가 직접 京城의 수비를 맡겼는데 그 다음날 공을 通州로 내보낸 것[11)]을 보면, 간사한 자들이 공을 미워하여 황제에게 공을 이간질한 것은 그 술수가 대개 변화가 많았다.

공이 죽은 뒤에 황제가 슬퍼하여 恤錢을 후하게 내리라고 명하니, 나라의 권병을 잡은 자들도 오히려 그 義烈을 시기하여 갖가지 방법으로 저지하였는데, 하물며 공이 살아 있을 때에 공의 공적이 이루어져 자기보다 높은 자리에 있게 될까 두려워했던 자들은 말해 무엇 하겠는가. 그러나 그들에 의해 가려지고 막힌 이는 바로 國事를 근심하여 애쓰며 恭儉하고 명철한 군주였으니, 아! 이것이 바로 정치를 할 때 간사한 이들을 두려워해야 하는 이유이다.[12)]

蓋方是時하여 **周延儒溫體仁**이 **已深結帝知**하여 **而得事柄矣**니 **二人皆忠賢餘黨也**라 **自忠賢**

8) 周延儒와 溫體仁 : 周延儒(1593~1644)는 崇禎帝의 신임을 받아 자주 그와 독대하고 首輔를 지냈다. 1643년 청나라 군대를 공격하기 위해 군대를 이끌고 나갔을 때 허위로 戰功을 보고한 일로 직위를 삭탈당하고 억지로 자결하였다. 溫體仁(1573~1638)은 주연유에 의해 內閣首輔 천거되었으나 袁崇煥을 죽이는 등 전횡을 일삼았다.

9) 魏忠賢 : 魏忠賢(1568~1627)은 熹宗 때 無賴漢 출신으로 환관이 되었는데, 왕의 유모 奉聖夫人 客氏와 私通하고 국정을 농단하다가 崇禎帝 때 탄핵을 받아 자살하였다.

10) 지방에서……것 : 원문의 '晉陽之甲'은 지방관이 조정에 불만을 품고 거병하는 것을 말한다. 春秋時代 晉나라 大夫 趙鞅이 晉陽의 군대를 일으켜 임금의 측근인 荀寅과 士吉射를 쫓아낸 일에서 나온 말이다.(≪春秋公羊傳≫ 定公 13년)

11) 공이……것 : 平臺는 자금성 내의 임금이 신하를 소대하던 곳이다. 通州는 北京 동쪽에 있다. 崇禎 2년(1629)에 崇禎帝는 물러나 있던 孫承宗을 兵部尙書로 임명하고 통주의 군대 시찰을 맡겼다. 이후 숭정제는 손승종을 만나 方略을 자문한 뒤에 통주로 가지 말고 북경 내외의 수비를 총괄하라고 명하였는데, 다음날 밤에 傳旨가 내려와 통주로 보내졌다.(≪明史≫ 권364 〈孫承宗傳〉)

12) 정치를……이유이다. : ≪書經≫ 〈周書 立政〉에 "나라에서는 정사를 세울 때 간사한 사람을 쓰지 말아야 하니, 이들은 德에 順하지 못하므로 세상에 드러나지 못할 것입니다.〔國則罔有立政 用憸人 不訓于德 是罔顯在厥世〕"라고 하였다.

時로 己誣公欲興晉陽之甲하고 而公之再用再罷하여 以至於死가 實與(至)〔二〕[13]人之秉國相始終하니 延儒之獨對와 體仁之密揭가 所以構公於冥昧之中者를 豈可測哉아 觀公始至하여 召對平臺에 帝親以京城相屬이러니 越日而出公於通하면 則群邪之側目於公하여 而攜公於帝者는 其術蓋多變矣라 公旣死에 帝嗟悼하여 命優恤하니 當國者가 猶忌其義烈하여 而多方以格之어든 況生時에 懼公功成而位居己上者乎아 而爲所蔽壅者는 乃(優)〔憂〕[14]勤恭儉明察之君이니 嗚呼라 此立政所以畏憸人也라

13) (至)〔二〕: 저본에는 '至'로 되어 있으나, ≪方苞集≫(上海古籍出版社, 1983)에 의거하여 '二'로 바로잡았다.

14) (優)〔憂〕: 저본에는 '優'로 되어 있으나, ≪方苞集≫(上海古籍出版社, 1983)에 의거하여 '憂'로 바로잡았다.

11. 楊維斗[1] 先生의 傳의 뒤에 씀　書楊維斗先生傳後*

*이 글은 明末의 학자이자 復社의 영수였던 楊廷樞의 傳에 관하여 쓴 것으로, 양정추가 받고 있던 비방을 논변하여 그를 변호하였다. 方苞는 그가 명말의 위태로운 상황에 小人들에 맞서서 淸議를 견지하였던 것을 높이 평가하고, 그를 비방하는 논의가 만연한 세태를 비판하였다.

楊廷樞

辛未(康熙 30, 1691)·壬申(康熙 31, 1692) 연간에 나는 京師에 있었다. 당시 四明 萬季野[2](萬斯同)가 橫雲山人[3](王鴻緖)을 위하여 《明史》의 원고를 쓰면서, 모든 魏忠賢[4]의 당여로서 東林과 復社의 군자들에게 해를 끼친 이들은 비록 작은 善이 있더라도 반드시 그 心術을 적발하여 큰 惡을 가리지 못하도록 하였다.

그러자 당시의 聲氣를 좇는 선비들이 너도나도 말하기를, "東林은 高攀龍·顧憲成에게서 시작되었는데,[5] 忠憲[6](高攀龍)은 비판할 여지가 없지만, 涇陽[7](顧憲成)은

1) 楊維斗 : 楊廷樞(1595~1647)로, 明末의 학자이자 復社의 영수이다. 자는 維斗, 호는 復庵, 시호는 忠文이며, 蘇州府 長洲 사람이다. 權臣 魏忠賢에게 핍박받던 周順昌을 도왔다. 崇禎 3년(1630)의 鄕試에서 장원으로 뽑혀 擧人이 되어 張溥 등과 동년급제하였다. 淸軍이 蘇州로 남하하자 反淸 운동을 하고 있었는데, 永曆 원년(1647)에 일이 누설되어 淸兵에 체포되어 항복을 권유받았으나 듣지 않았고, 혹독한 형벌을 받았음에도 復社의 명단을 밝히지 않은 채 참수되었다. 영력 3년(1649)에 翰林院侍讀에 추증되었고, 學者들이 忠文이라고 私謚하였으며, 淸나라 조정에서 忠節이란 시호를 내렸다.

2) 萬季野 : 萬斯同(1638~1702)으로, 淸初의 사학가이다. 浙江 四明(鄞縣) 사람으로 자는 季野, 호는 石園, 시호는 貞文先生이다. 黃宗羲의 高弟로서 古學을 연구하고, 역사에 정통하였다. 1678년 博學鴻詞에 추천되었으나 벼슬하지 않고, 후에 史局에 참여하여 《明史稿》 등을 편찬했다.

3) 橫雲山人 : 王鴻緖(1645~1723)로, 淸初의 관료이자 학자이다. 江蘇 婁縣 사람으로 초명은 度心, 자는 季友, 호는 儼齋 혹은 橫雲山人이다. 康熙 12년(1673)에 수석으로 進士가 되었고, 정쟁으로 두 번 탄핵을 받았으나 戶部尙書로 진급하였다. 40년간 《明史》 편찬의 책임을 맡았다.

4) 魏忠賢 : 1568~1627. 明末의 환관으로 熹宗의 총애를 받아 비밀경찰인 東廠의 수장이 되었고, 東林派 관료를 탄압하며 정치를 농단하여 명나라의 멸망을 촉진하였다.

물러나 鄕里에서 거처하면서 멀리서 조정의 權柄을 잡고서 海內의 사대부들을 마음대로 기용하기도 하고 퇴출하기도 하였으니, 이 어찌 군자가 할 바이겠는가. 復社는 張溥·楊廷樞에게서 시작되었으니,[8] 海內에 따르는 무리가 만여 명이었다. 양정추는 鄕貢士[9]로서 향리에서 거처하면서 吳門에서 顧秉謙[10]을 쫓아내고 呂純如[11]·錢裔肅[12]을 물리쳐서 士大夫들로 하여금 同類에 끼워주지 못하게 하였으니, 예로부터 處士의 橫議[13]로서 그 기염이 이토록 극도에 이른 것은 있지 않았다."라고 하였다.

이때에 吳門의 汪武曹[14]·何屺瞻[15]이 또한 淸議를 견지하기를 좋아하였는데 이 말 때문에 기운이 막혔고, 나의 벗 北平 王崑繩[16]이 鄒南皐(鄒元標)가 熊廷弼을 죽

5) 東林은……시작되었는데 : 高顧는 明末 東林黨의 영수라 불리는 高攀龍(1562~1626)과 顧憲成(1550~1612)을 가리킨다. 고헌성은 제자 고반룡 등과 함께 無錫 東林書院에서 강학하였고, 東林學派를 일으켜 동림당을 세웠다. 동림당은 처음에 재야의 학자들이 모여 時政을 비판하던 것이, 조정의 관리들까지 모여서 大政黨이 되었고, 후에 환관 魏忠賢의 탄압으로 해를 입었다.

6) 忠憲 : 高攀龍의 시호이다.

7) 涇陽 : 顧憲成의 별호이다.

8) 復社는……시작되었으니 : 張楊은 明末 復社를 만든 대표적인 두 사람인 張溥(1602~1641)와 楊廷樞를 가리킨다. 이들은 天啓 4년(1624)에 복사를 결성하였고 차츰 전국으로 확산되었다. 복사는 문학 활동을 함께하고, 환관을 비판하는 등 정치를 논하기도 하였다.

9) 鄕貢士 : 鄕試에 급제해 선발되어 서울로 올려진 사람을 말한다.

10) 顧秉謙 : 1550~1632. 호는 益庵, 南直隸 蘇州府 昆山縣 사람이다. 萬曆 23년(1595)에 進士가 되었고, 벼슬길에 올랐는데, 宦官 魏忠賢에게 영합하여 그 반대파를 제거하는 데에 힘썼다.

11) 呂純如 : 1580~? 자는 孟諧, 호는 益軒이며, 江蘇 吳江 사람이다. 萬曆 29년(1601) 進士가 되었고, 벼슬은 兵部尙書에 이르렀다. 만년에 南宅에서 학도를 가르쳤다.

12) 錢裔肅 : 1589~1646. 명말청초의 역사가이자 장서가로, 자는 嗣美, 江蘇省 常熟 사람이다. 錢謙益의 족손이다.

13) 處士의 橫議 : 聖君이 없는 시대에 지위도 없는 사람이 정치에 대해 함부로 논하는 것을 말한다. ≪孟子≫ 〈滕文公 下〉에 "성왕이 나타나지 않아 제후들이 방자하고 처사들은 마구 의론하니, 양주와 묵적의 말이 천하에 가득하여 천하의 말이 양주로 돌아가지 않으면 묵적으로 돌아간다.〔聖王不作 諸侯放恣 處士橫議 楊朱墨翟之言盈天下 天下之言不歸楊則歸墨〕"라고 하였다.

14) 汪武曹 : 汪份(1655~1721)으로, 자는 武曹이며, 長洲 사람이다. 康熙 43년(1704)에 進士가 되어 벼슬에 올랐다. 吳中에서 문장으로 이름이 나서 陶元淳, 何焯과 함께 일컬어졌다. 저서에 ≪遄喜齋集≫, ≪河防考≫가 있다.

15) 何屺瞻 : 何焯(1661~1722)으로, 자는 屺瞻, 호는 義門·無勇·茶仙, 長洲 사람이다. 康熙 42년(1703)에 進士가 되어 벼슬에 올랐다. 고증학자이자 서법가로 명성이 있었다. ≪詩古文集≫ 등 많은 저서를 남겼다.

16) 北平 王崑繩 : 王源(1648~1710)으로, 자는 崑繩, 호는 或菴이며, 直隸省 大興縣 사람이다. 北平은 현재의 북경이다.

이려는 의론을 주장한 것[17]을 미워하여서 또한 "오활한 유생이 어찌 천하의 큰 계책을 알리오."라고 하였다.

辛未壬申間에 **余在京師**라 **時**에 **四明萬季野**가 **爲橫雲山人**하여 **草創明史**하되 **凡魏忠賢餘黨齮齕東林復社諸君子者**는 **雖有小善**이라도 **必摘發其心術**하여 **使不能掩大惡**하니 **一時馳逐聲氣之士**가 **雜然曰 東林始於高顧**하니 **忠憲**은 **無遺議矣**어니와 **涇陽**은 **退居鄕里**하여 **而遙執朝柄**하여 **進退海內士大夫**하니 **豈君子所爲**리오 **復社始於張楊**하니 **海內朋從者萬餘人**이라 **楊以鄕貢士里居**하여 **而遂顧秉謙於吳門**하고 **屛呂純如錢裔肅**하여 **使士大夫不得與之齒**하니 **自古處士橫議**가 **其氣燄未有至於斯極者**라하니 **時**에 **吳門汪武曹何屺瞻**이 **亦好持淸議**러니 **爲之氣噎**요 **而吾友北平王崑繩**이 **惡鄒南皐主議殺熊廷弼**하여 **亦謂迂儒豈知天下大計**리오하다

宣城 梅定九[18]와 西江 梁質人[19]과 慈谿 姜西溟[20]이 각각 논변하여서 나에게 질정하였기에, 나는 바로 다음과 같이 고해주었다.

"무릇 이른바 淸議란 모두 임금에게 충성하고 백성에게 이로운 말이니, 임금에게 충성하고 백성에게 이로운 것은 小人의 사사로운 계책에 해롭지 않은 것이 없다. 그러므로 소인들이 기약하지 않고서도 함께 적으로 여겨 즉시 그 청의를 주장한 말을 써서 배척하여서, '이는 바로 마음으로 비난하고 거리에서 비방하여 자신의 주장을 과시하는 것을 명예로 삼는 자이다.'[21]라고 한다. 이로 인하여 忠良한

---

17) 鄒南皐(鄒元標)가……것 : 鄒南皐는 鄒元標(1551~1624)로, 자는 爾瞻, 호는 南皐, 江西 吉水縣 사람이며, 명말 東林黨의 영수이다. 熊廷弼(1569~1625)은 명말의 장군으로, 자는 飛百, 호는 芝岡, 시호는 襄愍公이다. 遼東經略으로서 後金에 맞서 공을 세웠으나, 天啓 2년(1622) 王化貞이 그의 전략을 무시하고 후금을 공격하였다가 크게 패하자 廣寧을 포기하고 山海關으로 퇴각하였다. 조정에서 이 일을 조사하게 하였는데, 당시 左都禦史로 있던 추원표 등이 판결하여 사형에 처하게 하였고, 웅정필은 그 책임을 뒤집어쓰고 1625년 억울하게 처형되었다가 후에 사면되었다.

18) 宣城 梅定九 : 梅文鼎(1633~1721)으로, 자는 定九, 호는 勿庵이며, 宣州 사람이다. 청초의 천문학자이자 수학자로 저명하다. 저서로는 ≪梅氏叢書輯要≫ 등이 있다.

19) 西江 梁質人 : 梁份(1640~1729)으로, 자는 質人이며, 南豐 사람이다. 지리학에 능통하였고 문장으로도 저명하였다. 저서에 ≪懷葛堂文集≫ 등이 있다.

20) 慈谿 姜西溟 : 姜宸英(1628~1699)으로, 자는 西溟, 호는 湛園·葦間이며, 浙江 慈溪 사람이다. 명말청초의 서법가이자 사학가로, 朱彝尊, 嚴繩孫과 함께 江南三布衣로 불렸다. 저서로는 ≪湛園集≫이 있다.

21) 이는……자이다 : 李斯가 焚書를 주장하며 올린 글에 "사람들이 명령이 새로 내렸다는 말을 들으면 각기 자신이 배운 것을 가지고 비판하여 들어가서는 마음으로 비난하고 나와서는 거

이가 죄가 아닌 일로 죽음에 이르면서도 스스로 辨明할 길이 없다. 그러므로 군자가 청의를 지닌 것을 오직 지위에 있는 소인만 미워할 뿐만이 아니라 아직 벼슬에 오르지 않은 소인도 미워하게 마련이니, 훗날의 자신의 소행이 필시 그 사람의 뜻에 합당할 수 없음을 스스로 헤아리기 때문이다. 오직 당시의 소인만 미워할 뿐만이 아니라 후세의 소인도 미워하여, 우리 임금이 하루아침에 前言을 鑑戒로 삼음이 있다면 우리들의 술수를 다시 펼치지 못할 것이라고 여긴다."

세 君子가 나의 말을 퍽 전송하였다. 이를 말미암아 그 설을 주장하는 사람들이 이를 매우 병통으로 여겼다.

宣城梅定九西江梁質人慈谿姜西溟이 各有論辨하여 以質於余어늘 余正告之曰 凡所謂清議者는 皆忠於君利於民之言也니 而忠於君利於民은 未有不害於小人之私計者라 故로 小人不約而同仇하여 卽用其言以擠之하여 以爲是乃心非巷議하여 誇主以爲名者也라 由是로 忠良危死於非罪로되 而無道可以自明이라 故로 君子之有清議는 不獨在位之小人嫉之요 卽未進之小人亦嫉之하나니 蓋自度異日所爲가 必不能當夫人之意也라 不惟當時之小人惡之요 卽後世之小人亦惡之하여 以爲吾君一旦而有鑑於前言이면 則吾儕之術이 不可以復騁也라하니 三君子頗誦吾言이라 由是로 倡爲是說者多病之러라

아아, 顧憲成과 楊廷樞 두 선생의 일은 진실로 중도에 조금 지나치기는 하였다. 그러나 이 당시에는 宗廟社稷이 멸망할 날이 머지않은 상황이었다. 人主가 고립됨에 위에서는 보필하는 이가 없고, 小民이 곤궁하게 죽음에 아래에서는 보고하는 이가 없는데, 奸人들이 그 가운데에서 결합하였다. 그러므로 부득이하여 크게 부르짖고 발분하여 자신의 몸을 死地에 두어서 임금이 한 번 깨닫기를 바랐으니, 이는 바로 옛 충신과 효자가 방패를 베고 자던[22] 의리였다.

만일 君子가 清議로써 小人에게 원망을 샀다고 한다면, 宋나라의 程子・朱子가

리에서 모여 비방해서, 주장을 과시함으로써 명예를 삼고 취향을 달리함으로써 고상함을 삼아 아랫사람들을 유도하여 비방을 만들어 냅니다.〔人聞令下 則各以其學議之 入則心非 出則巷議 誇主以爲名 異趣以爲高 率群下以造謗〕"라는 말이 보인다.(≪通鑑節要≫ 권3 〈後秦紀 始皇帝 下〉)

22) 방패를 베고 자던 : 원수를 갚기 위해 辛苦함을 이른다. 子夏가 孔子에게 부모의 원수에 대처하는 방법을 묻자 공자가 "거적을 깔고 방패를 베개 삼아 자며 벼슬하지 않고 더불어 천하를 함께하지 않으며, 시장과 조정에서 만나면 兵器를 가지러 되돌아가지 않고 싸운다.〔寢苫枕干 不仕 弗與共天下也 遇諸市朝 不反兵而鬪〕"라고 한 데서 온 말이다.(≪禮記≫ 〈檀弓 上〉)

멀리서 조정의 權柄을 잡고서 간인과 겨루었다는 말을 내 들어보지 못하였고, 여기에서 더 올라가 말하면 溫良恭儉하여 말이 지나치지 않았던 孔子도[23] 그 당시에 이미 나무를 베어내고 자취를 삭제하는[24] 분노를 면하지 못하였다. 무릇 소인배가 지적하여 비방해서 모함하였던 忠良한 이들은 바로 黃帝의 明堂, 唐堯의 衢室, 有虞氏의 旌, 夏后氏의 鼓, 殷湯의 總街, 周武의 靈臺[25]에서 군주가 몸을 기울여 공손히 의견을 구하고, 마음을 비워 의견을 들어서 자신의 견해를 버리고서 의견을 따랐던 신하들이다.

漢·唐·宋·明의 두세 올바른 군주를 제외하면 亂政을 펼치고 덕이 부족한 군주와 간사하고 부패한 무리의 소인이 시대마다 없었던 적이 없었다. 그러나 오직 禍가 淸議에 미치고 주벌이 淸流에 미치면, 나라가 갑자기 망하였다. 반드시 이와 같은 뒤에 충량한 이가 모두 없어져서 온갖 일이 모두 혼매해져서 나라를 함께 일으킬 사람이 없게 되는 것이다.

嗟乎라 顧楊二先生之事는 誠少過於中이라 然이나 當是時하여 宗社之滅亡이 無日矣라 人主孤立에 無輔於上하고 小民困死에 無告於下요 而群奸盤結於中이라 故로 不得已而呼號憤發하여 置

---

23) 溫良恭儉하여……孔子도 : ≪論語≫ 〈學而〉에 "夫子(孔子)께서는 온순하고 어질고 공손하고 검소하고 겸양하여 이것을 얻으셨으니 선생님의 구하심은 타인이 구하는 것과는 다를 것이다.〔夫子溫良恭儉讓以得之 夫子之求之也 其諸異乎人之求之與〕"라고 하였으며, '言不過物'은 말이 실제의 일보다 지나치지 않아 딱 들어맞는 것으로, ≪禮記≫ 〈內則〉에 "마흔 살이 되어야 비로소 벼슬을 하는데, 사물에 대하여 계책을 내고 사려를 내어서 도리에 합치할 것 같으면 복종하고 불가할 것 같으면 그만두고 떠나간다.〔四十始仕 方物出謀發慮 道合則服從 不可則去〕"라고 하였는데, 이에 대해 朱子가 해석하면서 "사물에 대하여 계책을 내면 계책이 지나치지 않는다.〔方物出謀 則謀不過物〕"라고 하였다.

24) 나무를……삭제하는 : ≪莊子≫ 〈讓王〉에 "夫子(孔子)는 두 번 魯나라에서 쫓겨나고 衛나라에서 수레바퀴 자취가 삭제되었고 宋나라에서 나무를 베는 위협을 당했다.〔夫子再逐於魯 削跡於衛 伐樹於宋〕"라고 하였다. 수레바퀴 자취가 삭제되었음은 임용되지 않았음을 뜻하며, 宋나라에서 나무를 베는 위협을 당한 것은 孔子가 曹나라를 떠나 송나라로 가서 제자들과 함께 큰 나무 밑에서 禮를 익히고 있을 적에 송나라의 大夫 桓魋가 공자를 죽이려고 그 나무를 베어내자, 공자가 그곳을 떠나버렸던 데서 온 말로, ≪史記≫ 권47 〈孔子世家〉에 보인다.

25) 黃帝의……靈臺 : ≪管子≫ 〈桓公問〉에, "黃帝가 明臺에서의 의논을 세운 것은 위로 賢人에게서 본 것이었고, 堯가 衢室에서 물은 것은 아래로 사람들에게서 의견을 들은 것이었고, 舜은 善을 고하는 旌을 두어서 임금이 가려지지 않았고, 禹는 조정에 諫鼓를 세워서 백성들이 물을 것에 대비하였고, 湯은 總街의 庭을 두어서 남의 비방을 살폈고, 武王은 靈臺의 알림을 둠에 賢者가 기용되었다.〔黃帝立明臺之議者 上觀於賢也 堯有衢室之問者 下聽於人也 舜有告善之旌 而主不蔽也 禹立諫鼓於朝 而備訊唉 湯有總街之庭 以觀人誹也 武王有靈臺之復 而賢者進也〕"라고 하였다.

其身於死地하여 以冀君之一寤하니 卽古忠臣孝子枕干之義也라 如謂諸君子以淸議賈怨於小人이면 則宋之程朱가 未聞遙執朝柄하여 與奸人相角이요 等而上之하면 則孔子之溫良恭儉言不過物도 而當其時하여 已不免伐檀削迹之怒矣라 凡群小所指爲誹謗以陷忠良者는 乃黃帝之明堂과 唐堯之衢室과 有虞氏之旌과 夏后氏之鼓와 殷湯之總街와 周武之靈臺의 所側席以求之하고 虛中以聽之하여 舍己以從之者也라 漢唐宋明舍二三誼主而外에 亂政凉德과 奸人敗類가 無世無之로되 惟禍延於淸議하고 誅及於淸流면 則其亡也忽焉이라 蓋必如是然後에 忠良凋盡하고 百度皆昏하여 而國無與立也라

宋人伐木

秀水 朱竹垞[26]가 吳江의 吳扶九의 처소에서 ≪復社姓名錄≫을 얻고서 뒷일을 가지고서 확인해보니, 布衣로 죽어 알려지지 않은 이가 열 사람 중 세 사람이었고, 관직에 있으면서 구차하지 않아서 學行이 사방에 알려진 이가 열 사람 중 여섯 사람이었으며, 스스로 그 이름과 행적을 훼손한 이는 단지 열 사람 중 한 사람일 따름이었다.

明 福王[27] 때에 阮大鋮이 上言하기를, "孔子의 門人이 삼천이었는데 楊氏가 모은

26) 秀水 朱竹垞 : 朱彝尊(1629~1709)으로, 자는 錫鬯, 호는 竹垞, 醧舫, 小長盧釣魚師, 金風亭長이며, 浙江 秀水 사람이다.

27) 福王 : ?~1646. 明나라가 멸망한 후, 華中·華南의 지방 정권으로서 존속한 南明 제1대의 황제이다.

무리는 만이었으니, 반역하지 않고 무엇을 하겠습니까?"라고 하였고, 御史 王實鼎이 이어서 〈復社渠魁〉 상소를 올려서 반드시 선생을 死地에 두고자 하였으니,[28] 자고로 善人들이 의기투합하여[29] 서로 감응하였던 것이 復社처럼 성대하였던 적이 없고, 小人들이 선인을 무고하는 말 또한 魏忠賢의 黨처럼 놀라웠던 적이 없었다. 그러나 代가 바뀐 후에 오히려 선생을 너무 심했다고 하는 자가 있다. 人心이 악에 빠지는 것이 이와 같으니, 군신과 붕우의 도리가 거의 종식되었구나.

秀水朱竹垞(타)가 **曾於吳江吳扶九所**에 **得復社姓名錄**하여 **以其後事徵之**하니 **死於布褐而無聞焉者**가 **十之三**이요 **當官不苟**하고 **學行顯於四方者**가 **十之六**이요 **自毁其名行者**는 **特十一耳**라 **明福王時**에 **阮大鋮**이 **上言孔子之門人三千**이어늘 **而楊氏聚徒有萬**하니 **不反何待**리오하고 **御史王實鼎**이 **繼上復社渠魁一疏**하여 **必欲置先生死地**하니 **自古善人以氣類相感召**가 **未有若復社之盛**이요 **小人誣善之辭**가 **亦未有若魏黨之可駭詫者**로되 **而易代以後**에 **猶有謂先生爲已甚者**하니 **人心之陷溺若此**라 **君臣朋友之道**가 **蓋幾乎息矣**로다

康熙 己未年(1679)에 睢州 湯文正[30]이 監司로 있다가 다시 翰林에 들어가서 ≪明史≫의 찬수관으로 충원되어 上奏하기를, "順治 9년(1652)에 世祖 章皇帝께서 明臣 范景文과 倪元璐와 劉理順 등 莊烈愍帝를 따라 사직을 위해 죽은 이들을[31] 특별히 정표하였습니다. 청컨대 순치 元年(1644)과 2년 이전에 本朝에 항거하여 危難에 목숨을 바친 신하들을 사실에 의거하여 곧바로 쓰고 주저하지 마소서."라고 하였다. 聖祖 仁皇帝께서 가상히 여겨 그렇게 하도록 허여하여서 史館에 반포하도록 하

---

28) 阮大鋮이……하였으니 : 魏忠賢을 위시한 奄黨 중 한 명이었던 阮大鋮이 자리를 얻고는 楊廷樞에 대한 원한을 갚고자 하였고, 御史로 있던 王實鼎이 완대성의 뜻에 영합하여 〈復社渠魁疏〉를 올려 양정추를 전적으로 지적하여 옥사를 일으키고자 하였던 것을 말한다.(≪蘇州府志≫ 〈人物8 吳縣〉)

29) 의기투합하여 : ≪周易≫ 乾卦 〈文言傳〉에 "같은 소리끼리 서로 응하고 같은 기운끼리 서로 찾나니……이것은 각자 자신에 맞는 성향을 따르는 것이다.〔同聲相應 同氣相求……則各從其類也〕"라고 하였다.

30) 睢州 湯文正 : 湯斌(1627~1687)로, 자는 孔伯, 호는 荊峴, 潛庵이며, 河南 睢州 사람이다. 順治 9년(1646)에 進士가 되어 벼슬이 刑部尙書에 이르렀다. 시호는 敏果이다.

31) 明臣……이들을 : 莊烈愍帝는 明의 마지막 황제인 崇禎帝의 시호이다. 崇禎 17년(1644)에 李自成에 의해 북경이 함락되자 숭정제가 萬歲山에서 목매 자살하였는데, 范景文·倪元璐·劉理順 등이 모두 이때 함께 자결하였다.

여 成命을 삼았으니, 이를 말미암아 明末의 諸賢의 義烈이 모두 드러날 수 있었다.

乾隆 6년(1741)에 ≪명사≫가 완성되니, 先生의 손자 繩武가 本傳에 쓴 사실을 말한 것이 너무 소략하다고 하여 나에게 따로 글을 써서 기록해주기를 청하였다. 나는 "그럴 것이 없다. 萬氏(萬斯同)가 찬정한 史稿에 선생과 徐公 汧[32]의 傳을 합하여 쓰면서 함께 물에 빠져 죽었다고 하였는데, 지금 ≪欽定明史≫[33]에서 이미 그 오류를 바로잡았다. 형장에서도 뜻을 굽히지 않아서 목은 이미 떨어졌는데도 목소리가 목에서 나오던 것을 이미 특필대서하였으니, 작은 일은 말할 것이 못 된다. 다만 顧秉謙을 쫓아내고 呂純如·錢裔肅을 물리친 의리와 涇陽(顧憲成)의 선악을 드러내어 밝힌 것이 지금 간사한 말에 가려졌으므로, 이를 드러낸다. 先生이 지하에서 일어날 수 있다면[34] 마땅히 내 말을 知言이라 여겨, 비루한 사내와 어리석은 선비의 五藏에 답답하게 맺혀 있는 의심을 하루아침에 씻어낼 수 있는 데 대하여 후련해할 것이다."라고 하였다.

康熙己未에 睢州湯文正이 自監司復入翰林하여 充明史纂修官하여 奏順治九年에 世祖章皇帝가 特旌明臣范景文倪元璐劉理順等從莊烈愍帝死社稷者하니 請元年二年以前抗拒本朝臨危致命諸臣을 據事直書하여 無庸瞻顧라하여늘 聖祖仁皇帝嘉與하여 頒之史館하여 以爲成命이라 由是로 明季諸賢義烈이 皆得顯見이라 乾隆六年에 明史成하니 先生之孫繩武가 以本傳辭事太略이라하여 請余別爲文以識之어늘 余曰 無以爲也라 萬氏所定史稿에 以先生與徐公汧合傳하여 謂竝死於水러니 今欽定之史已正其誤矣라 臨刑不屈하여 首已墜而聲從項出을 旣大書特書하니 則小者不足道矣라 惟逐秉謙屛呂錢之義與涇陽之顯明臧否가 至今爲淫辭所蔽晦라 故로 表而出之하노니 九原可作이면 當以余爲知言하고 而暢然於鄙夫瞀儒五藏之癥結을 可一朝而盪滌也라

32) 徐公 汧 : 徐汧(1597~1645)으로, 자는 九一, 호는 勿齋이며, 長洲 사람이다. 명말에 순절하였다. 淸代에 완성된 ≪明史≫에는 傳이 빠져 있다.

33) 欽定明史 : 欽定은 왕명으로 제정한 것을 가리키므로, 여기에서는 淸代에 順治·康熙·雍正·乾隆朝를 거쳐 완성된 ≪明史≫를 뜻한다.

34) 先生이……있다면 : 九原은 戰國時代 晉나라 卿大夫의 묘지가 있던 곳으로, 일반적으로 무덤을 뜻한다. 春秋時代 趙文子가 叔向과 구원에 가서 노닐다가 "죽은 이가 만약 일어날 수 있다면 나는 누구와 더불어 돌아갈꼬?〔死者若可作也 吾誰與歸〕"라고 한 데서 온 말이다.(≪國語≫ 〈晉語〉)

12. 潘允慎의 家傳 뒤에 씀　書潘允慎家傳後*

*이 글은 方苞가 24세 때인 康熙 30년(1691)에 지은 것이다. 방포는 潘允慎이라는 인물의 家傳에서 그가 明나라 말기에 자기 자신과 친족을 보전하였다는 것을 읽고는, 명나라가 망할 때 潘允慎처럼 운이 좋았던 이들은 소수에 불과하였으며 훨씬 많은 이들이 참혹하게 희생되었음을 상기하고 있다. 나아가 당시 요직에 있던 간신들이 명나라를 패망에 이르게 하였다고 비판하였다.

신미년(1691) 9월 21일 날이 저물 무렵에 서가 위에 흩어진 책을 점검하다가 濟寧의 諸生 潘允慎[1]의 家傳에 그가 流寇[2]를 공격하여 祖母를 死地에서 벗어나게 하고 몸을 떨쳐 일어나 불 속에 뛰어들어 불타는 섶에서 형을 구출하였다는 말이 실린 것을 보고 집을 맴돌며 길이 탄식하면서 한밤중까지 잠을 이루지 못하였다.

대개 明나라가 망한 것은 사정이 옛날과 다르니, 군주에게 薄德이 있었던 것이 아니요 조정에 暴政이 있었던 것이 아니요 백성들에게 離叛하려는 마음이 있었던 것이 아니었다. 양식도 兵器도 없고 해자는 묻히고 성은 무너졌으며 올빼미처럼 사나운 亂賊의 기세가 세차게 타오르는 불길 같았는데, 守令과 學官들은 죽기를 각오하고 방어하여 제 몸을 희생하고 집안을 滅하면서도 후회하지 않는 자가 없는 곳이 없었고, 조정 벼슬아치와 士民들은 太廟에서 통곡하고 거리에서 抗戰하여 집집마다 울부짖고 사람마다 투지를 가다듬어 적의 칼날과 화살에 목숨을 버린 자가 없는 곳이 없었으니, 반윤신처럼 一身과 친족을 보전하고 태연히 근심이 없었던 사람은 천 명이나 백 명 중에 열이나 하나도 없었다.

辛未九月二十一日에 **日將暮**에 **檢架上散帙**이라가 **見濟寧諸生潘允慎家傳**에 **載其衝擊流寇**하여

---

1) 濟寧의……潘允慎 : 濟寧은 지금의 山東省 濟寧市 일대의 지명이다. 이 글에 따르면 潘允慎은 明淸 교체기를 살다간 濟寧의 秀才인데, 이 글 외에는 이름이 보이지 않아 자세한 행적을 알 수 없다.

2) 流寇 : 무리를 지어 떠돌아다니는 도적으로, 明나라 말엽에 난리를 일으킨 李自成과 張獻忠 등의 무리를 가리킨다.

脫祖母死地하고 奮身蹈火하여 出兄於燔薪하고 匝屋長吁하여 夜參半不能寐로라 蓋惟明之亡은 事與古異하니 君非有涼德也요 朝非有暴政也요 衆非有離心也라 無食無兵하고 池湮城圮요 梟張之賊이 勢如猛火어늘 而守令學官은 奮死守禦하여 殺身殘家而不悔者가 無地無之요 薦紳士民은 廟哭巷戰하여 戶號人厲하여 併命於鋒鏑者가 無地無之하니 其如允愼之保身與親泰然而無患者는 千百中에 無十一也라

대개 莊烈愍帝(崇禎帝의 諡號)가 帝位를 계승함에 이르러 여러 대의 충성스럽고 어진 신하들은 逆心을 품은 환관배[3]의 중상모략에 이미 다 죽었고, 門戶의 禍에 걸려들지 않은[4] 孫高陽,[5] 盧義興,[6] 孫雁門[7] 같은 公들은 다시 간사한 자들의 모함에 의해 죽을 고비에 처하였다. 그러므로 周延儒[8]와 溫體仁[9]이 임금의 신임을 받게 된 이후로 무릇 內職에서 大臣을 맡거나 外職에서 節鉞[10]을 잡고 오래도록 평안하고 근심이 없었던 자들은 모두 교묘하게 아첨하고 간사하게 속이며 비루하고 잔인한 인물들이었으니, 社稷의 위태로움과 生民의 禍亂은 그들의 우려와는 까

3) 逆心을……환관배 : 환관 魏忠賢과 그 一黨을 가리킨다.

4) 門戶의……않은 : 朋黨을 결성했다는 罪名에 걸려들지 않았다는 말로, 여기서 門戶는 朋黨의 뜻이다.

5) 孫高陽 : 明나라 말기의 장수 孫承宗(1563~1638)을 이른다. 손승종은 字가 稚繩이고, 號가 愷陽이다. 萬曆 연간에 進士가 된 이래 장수로서 혁혁한 공로를 세워 벼슬이 兵部尙書, 太子太傅에 이르렀으나, 환관 魏忠賢의 시기를 받아 벼슬을 그만두고 귀향하였다. 이후 清軍이 대거 공격할 때 집안사람들을 거느리고 高陽을 수비하다가 일가족이 전사하였고, 자신은 청군에 사로잡혀 목을 매어 죽었다. 고양은 河北省 保定의 한 지명으로, 손승종이 이곳 출신이다.

6) 盧義興 : 明나라 말기의 장수 盧象昇(1600~1639)을 이른다. 노상승은 字가 建斗이고, 號가 九臺이다. 天啓 2년(1622)에 進士가 된 이래 大名知府・右參政・兵部侍郞・兵部尙書 등을 역임하였다. 清軍과의 전쟁 중에 戰歿하여, 南明에서 忠烈이라는 시호를, 清朝에서 忠肅이라는 시호를 각각 하사받았다. 義興은 江蘇省 義興으로, 노상승이 이곳 출신이다.

7) 孫雁門 : 明나라 말기의 장수 孫傳庭(1593~1643)을 이른다. 손전정은 字가 伯雅이고, 號가 白谷이다. 萬曆 47년(1619) 進士가 되어 水城知縣에 임명되고, 이후 魏忠賢이 정사를 어지럽히자 乞歸하였다. 雁門은 代州(지금의 陝西省 代縣)의 異稱으로, 손전정이 代州 鎭武衛 출신이다.

8) 周延儒 : 1593~1643. 常州 宜興 사람으로, 字가 玉繩이다. 萬曆 41년(1613) 進士가 되어 崇禎 3년(1630)에 首輔가 되었다. 督師로서 清軍에 抗戰하였으나 戰績을 허위로 보고했다가 관작을 삭탈당하고 억지로 자결하였다.

9) 溫體仁 : ?~1638. 浙江 烏程 사람으로, 字가 長卿이다. 萬曆 26년(1598) 進士가 되고 崇禎 6년(1633)에 周延儒를 밀어내고 首輔가 되었다. 魏忠賢의 舊黨을 기용하려 했다가 탄핵당하여 관직을 떠났다.

10) 節鉞 : 節은 符節이고 鉞은 斧鉞로, 將軍이나 節度使를 임명할 때 사용한 물건이다.

마득히 무관하였고, 朋黨을 지어 도모하고 사사로이 계책하여 權要에게 아첨하고 빌붙어서 오직 사소한 일에서조차 마음을 얻지 못할까 두려워하였다. 그리하여 武夫들은 관직의 크고 작음을 막론하고 모두 文臣의 지휘와 言官의 분규에 痛憤하여 갈수록 賊을 기르고 君上을 위협하는 것으로 스스로 편안하려는 계책을 삼았다.

이런 까닭으로 군주는 위에서 고립되고 백성은 아래에서 들끓고 일어나 흙이 무너지고 물고기가 썩어 문드러지듯이[11] 한 번에 潰散하여 수습할 수 없게 되었으니, 어찌 天命이 크게 끊어졌는지라[12] 나라를 망하게 할 재목을 많이 내어 백성 위에서 방자히 굴게 하고, 꼿꼿하고 방정하며 국사를 근심하여 근면하며 공손하고 검약하는 군주도 은밀히 그 반성하는 거울을 빼앗아[13] 간특한 사람들의 疾味[14]를 즐겨 나라가 敗亡하고 목숨을 잃으면서도 깨닫지 못하는 지경에 이르게 한 것이 아니겠는가. 아아, 이는 또 예로부터 나라가 망하는 자취가 한 번 변한 것이로다.

蓋至莊烈愍帝嗣位하여 而累世之忠良은 已盡於逆閹之斲喪矣요 其未罹門戶之禍如孫高陽盧義興孫雁門諸公은 復危死於奸憸之擠陷이라 故로 自周延儒溫體仁이 得君以後로 凡內服大僚하며 外秉節鉞하여 久安而無患者가 皆巧佞姦欺庸鄙忍心之人也니 社稷之傾危와 生民之禍亂이 漠然不以關其慮요 而朋謀私計하고 諂附權要하여 惟恐失意於幾微라 武夫則無小無大히 皆痛心於文臣之節制와 言路之紛糾하여 轉以養賊脅上으로 爲自安之計라 是以로 人主는 孤立於上하며 蒸黎는 糜沸於下하여 土崩魚爛하여 一潰而不可收하니 豈非天命遐終이라 故로 多生亡國之材하여 使恣於民上하고 而剛正憂勤恭儉之君도 亦陰奪其鑑하여 使嗜奸人之疾味하여 以至於敗國殞身而不寤與아 嗚呼라 此又自古亡國轍迹之一變也로다

---

11) 흙이……문드러지듯이 : 순식간에 붕궤하여 손쓸 방법이 없고 민심이 離散하고 기강이 무너져 부패해가는 상황을 비유하는 말이다.

12) 天命이……끊어졌는지라 : 국가의 命運이 크게 떨어졌다는 뜻이다. ≪書經≫ 〈周書 召誥〉에 "하늘이 이미 大國 殷나라의 命을 크게 끊어버렸다.〔天旣遐終大邦殷之命〕" 하였다.

13) 그……빼앗아 : 하늘이 자신을 비추어볼 수 있는 거울을 빼앗았다는 말로, 반성할 줄 모른다는 뜻이다. ≪春秋左氏傳≫ 僖公 2년 조에, 虢公이 戎을 敗北(패배)시켰을 때 晉나라 卜偃이 "이것은 하늘이 그의 거울을 빼앗아 그 병폐를 더하게 한 것이다.〔是天奪之鑑 而益其疾也〕" 하였다.

14) 疾味 : 병을 일으키는 맛있는 음식으로, 듣기에는 좋지만 병통의 근원이 되는 간신배의 감언이설을 비유하는 말이다. ≪國語≫ 〈楚語 下〉에 "내가 듣건대 나라가 패망하려 할 때에 반드시 간사한 사람을 등용하여 그 疾味를 즐긴다 하니, 그대를 두고 한 말일 것이다.〔吾聞國家將敗 必用姦人 而嗜其疾味 其子之謂乎〕"라는 葉公의 말이 나온다.

13. 熊氏의 家傳의 뒤에 씀 書熊氏家傳後*

*이 글은 明末淸初 무렵 나라가 혼란하여 각지에 변란이 횡행했을 적에 반란군에 맞서 성을 지킨 熊孔數와 그의 아들 熊迎龍의 사적을 기록한 家傳 뒤에 쓴 글이다. 方苞는 웅공부의 증손 熊暉吉과의 교분으로 이 글을 쓰게 되었다. 방포는 이 글에서 조상의 명성이 전해지는 것은 후손에게 달려 있으니, 웅휘길에게 현달한 지위에 올라 조상의 명성을 널리 전하고 집안의 후손들을 흥기시킬 것을 당부하였다.

≪周官≫의 법에 나라에 大事가 있으면 諸子가 國子를 인솔하여 太子에게 데리고 가서 王宮을 지키고[1] 掌固가 士庶子에게 왕궁을 방어하는 일을 나누어주어 庶人들을 인솔하였으니,[2] 오직 士여야만 의리에 밝아 庶人들의 唱導가 되어 비록 위태하여 죽게 되더라도 뜻을 빼앗을 수가 없다.

明나라 말엽에 流賊이 中原에 횡행하여 그 세력이 바닷가까지 미쳤으니, 諸生으로서 향리를 지키느라 家産을 다 쓰고 자신도 죽어 그 몸을 해친 자는 멀고 외진 작은 고을에도 반드시 몇 사람이 있었다. 대개 亂亡과 변고를 겪지 않으면 옛 성인이 법을 제정한 마음을 알지 못하는 법이니, 모든 일이 다 그러하거니와 이는 특히 현저히 드러난 경우이다.

周官之法에 **國有大事**어든 **諸子帥國子而致於太子**하여 **以守王宮**하고 **掌固頒守政於士庶子**하여 **以帥衆庶**하니 **蓋惟士**라야 **明於義理**하여 **能爲衆庶之倡**하여 **雖至危死**라도 **而志不可奪也**라 **明之末**

---

1) ≪周官≫의……지키고 : 諸子는 周나라의 관직명으로, 國子를 교육하고 통솔하는 직책이다. 국자는 諸侯·卿·大夫·士의 아들이다. ≪周禮≫ 〈夏官 諸子〉에 "諸子는 부친의 副貳인 국자를 관장하여 戒令과 교육을 관장하며 그 등급을 분별하고 그 지위를 바르게 하였다. 나라에 大事가 있으면 국자들을 인솔하여 太子에게 데리고 가서 태자가 그들을 쓸 수 있게 하였다.〔諸子掌國子之倅 掌其戒令與其敎治 辨其等 正其位 國有大事 則帥國子 而致於大子 惟所用之〕"라고 하였다.

2) 掌固가……인솔하였으니 : 掌固는 周나라의 관직명으로, 나라를 지키는 성곽을 건설하는 직책이다. 士庶子는 卿·大夫의 자제로서 숙직하며 왕궁의 경호를 담당하는 관직이다. ≪周禮≫ 〈夏官 掌固〉에 "掌固는 성곽과 해자와 울타리를 견고하게 갖추는 일을 관장하여 士庶子와 백성들에게 수비하는 임무를 나누어준다.〔掌固掌修城郭溝池樹渠之固 頒其士庶子及其衆庶之守〕"라고 하였다.

造에 **流賊橫發於中原**하여 **延蔓海隅**하니 **其以諸生捍衛鄕里而破家亡身**하여 **殘其支體者**는 **荒陬小邑**에 **必有數人焉**이라 **蓋不經亂亡變故**면 **不知古聖人制法之心**하나니 **凡事皆然**이어니와 **而玆尤其顯見者矣**라

내가 사방을 다닐 적에 이르는 곳마다 長老가 저마다 옛일을 이야기하였으나 관리들 사이에서 말이 전해지는 사람은 다만 睢州의 湯潛庵[3] 선생의 모친과 閩中의 鄭侍郞 重의 부친뿐이다. 그러나 정시랑 부친의 의리가 탕잠암 선생의 모친만큼 멀리 전해지지는 못하였으니, 이 때문에 죽은 자의 의리와 명성마저도 자손 때문에 드러나거나 숨겨지기도 한다는 것을 탄식한다. 그러나 죽음을 자기 집에 돌아가는 것처럼 여기는 의리[4]에 있어서는 진실로 더하거나 줄어드는 것이 없다.

余遊四方할새 **所至**에 **長老各有述**이로되 **而語在搢紳間者**는 **惟睢州湯潛庵先生之母**①와 **閩中鄭侍郞重之父**②라 **然**이나 **鄭父之義**가 **不若湯母之遠聞**하니 **因是**로 **歎死者之義聲**이 **又以子孫爲顯晦**라 **然**이나 **於視死如歸之義**에는 **則固無加損也**라

①〈황잠암 선생의 모친은〉 流賊이 睢州를 침공하였을 때 유적을 꾸짖자 유적이 노하여 四肢를 찢었다.

流賊破睢州에 罵賊하니 賊怒하여 支解之라

②〈정시랑의〉 부친은 字가 華振이니 변란이 일어난 것을 듣고 山莊에서 그 아내를 데리고 성에 들어와 지키다가 성이 무너지자 누각에 올라 불을 놓고 처와 함께 焚身하여 죽었다.

父字華振이라 聞變하고 自山莊으로 挈其妻하여 入城守禦라가 城破에 登樓擧火하여 竝自焚死라

張獻忠[5]이 楚와 蜀(四川)과 江西에 출몰한 때부터 변란이 國初에 이르기까지 그

3) 湯潛庵 : 潛庵은 명나라의 관리 湯斌(1627~1687)의 호이다. 탕빈은 河南 睢州 사람으로 자는 孔伯 또는 荊峴이고, 호는 潛庵이며 시호는 文正이다. 順治 9년(1652) 進士가 되었다. 翰林院 侍講을 거쳐 內閣學士와 江寧巡撫를 역임했으며 工部尙書까지 올랐다.

4) 죽음을……의리 : 의리를 위해서는 죽음도 편하게 여기는 것을 말한다. ≪史記≫ 권79 〈蔡澤傳〉에 "이 때문에 군자는 난리에 의로써 죽는 것을 마치 자기 집에 돌아가는 것처럼 여긴다.〔是以君子以義死難 視死如歸〕"라고 하였다.

5) 張獻忠 : 張獻忠(1606~1646)은 명나라 말기에 농민 반란군의 지도자로 李自成과 합세하여 襄陽, 武昌 등지에서 관군을 격파하였고, 1644년에 四川 지방에 大西國을 세우고 스스로 황제를 칭하였다. 3년 뒤에 남하한 淸軍에 의해 패망하였다.(≪明史≫ 권309 〈張獻忠傳〉)

치지 않으니, 매번 急變이 있을 때마다 城邑의 선비와 백성이 다투어 산택으로 달아났다. 熊孔敷는 新昌縣(浙江省의 縣)의 諸生이다. 성이 함락되려 할 때 홀로 피하려 하지 않으니, 그 아들 迎龍이 집안사람을 보내 모친을 데리고 나오게 하고 혼자 부친을 모셨다. 잠깐 뒤에 적이 이르자 孔敷가 단정히 앉아 일어나지 않으니 적이 노하여 직접 칼로 찔렀는데, 영룡이 몸으로 막아 왼쪽 이마에 칼을 맞아 눈동자가 눈자위 밖으로 나왔으나, 땅에 엎드려 애걸하기를 마지않아 마침내 그 아비는 화를 면하게 하였으니, 南豐 梁質人[6]이 傳을 지어 그 일을 전하였다.

그 증손 暉吉이 나에게 道義의 벗이 된다. 내가 노쇠하고 병들었다 하여 굳이 서둘러 나의 글로 조부를 드러내고자 하였다. 이에 내가 고하기를 "내가 듣건대 善人은 반드시 훌륭한 후손이 있다고 한다. 지금 그대는 志行이 단정하니 이는 그대 조부의 의로운 마음과 효성스러운 덕성이 열어준 것이다. 그러나 典籍에 기록된 조부와 부친의 훌륭한 명성은 매번 후대 사람에 힘입어 멀리 전해지니, 그대가 과연 湯公에 비길 만큼 현달한 지위에 오른다면 여러 세대 이후에도 후손들이 오히려 조상으로 근원을 거슬러 올라가 흥기하는 바가 있을 것이니, 또 어찌 나의 말에 의지할 것이 있겠는가."라고 하였다. 이미 이로써 말해주고 인하여 傳의 뒤에 쓴다.

自張獻忠이 出沒楚蜀江西로 寇亂至國初未已하니 每有警에 城邑士民이 爭竄山澤이라 熊孔敷者는 新昌諸生也라 城將陷에 獨不肯避하니 其子迎龍이 使家人以母出하고 而獨身侍父라 俄而賊至에 孔敷端坐不起하니 賊怒하여 手刃之한대 迎龍以身蔽하여 左額受刃하여 目睛綴眶外로되 仆地告哀不已하여 乃免其父하니 南豐梁質人이 作傳以傳其事러라 其曾孫暉吉이 於余爲道義交라 以余衰病으로 必欲其祖見(현)於余文하니 乃告之曰 吾聞善人은 必有後라하니 今子之志行端直하니 是乃祖之義心孝德이 有以開之也라 然이나 書傳所記 祖若父之令名은 每賴後之人而章徹하니 子果能比跡於湯公이면 則奕世以下에 猶將溯源於高曾하여 而有所興起焉이리니 又何藉於余言이리오 旣以語之하고 因爲書於傳後하노라

6) 梁質人 : 梁份(1641~1729)은 江西省 南豐 사람으로, 자가 質人이다. 젊었을 때 彭士望, 魏禧와 교유하면서 經世의 학문을 익혔고 古文辭에 능했다. 만릿길을 유람하면서 각지의 古地名, 산천형세, 풍속과 민심 등을 고찰하고 逸事를 수집하여 ≪西陲今略≫ 등을 지었다.

14. 〈王氏三烈女傳〉 뒤에 씀　書王氏三烈女傳後*

*이 글은 金壇 王若霖이 기록한 자기 집안의 세 烈女에 대한 傳을 읽고서 적은 글이다. 方苞는 이 글에서 明末에 순절한 여인이 많은 것에서 女教의 성대함을 볼 수 있다고 하면서, 그렇게 죽고서 이름이 알려지지 않은 것은 애석한 일이지만, 한편으로는 부여받은 이치를 따라서 제대로 죽은 것이므로 여한이 없는 죽음이라고 평하였다.

〈三烈女傳〉은 金壇 王若霖이 그 世父의 두 딸과 族姊가 함께 土賊 倪文炳에게 죽은 일을 기록한 것이다.

明나라가 망할 무렵에 中原과 楚와 蜀 땅이 이미 流寇에게 불타버렸는데, 愍皇帝[1]가 社稷을 위하여 순절하고 동남쪽의 도적들이 봉기할 때에 이르러서, 長老들이 전한 여인들로 水火에 스스로 투신하거나 도적을 꾸짖으면서 칼날에 죽은 자들이 이루 다 셀 수 없이 많으니, 女教의 성대함이 옛날에 있지 않았던 바였다.

高皇帝가 六宮의 禮를 정한 이래로 前代의 昭儀·充華·美人 등의 호칭을 다 바꾸어서[2] 모두 德으로써 명명하였다. 황실의 여인은 두 번 결혼하지 못한다는 것이 國典에 드러나 있는지라, 민황제가 사직을 위해 순절할 때에 后妃들이 실로 먼저 순절하였으니, 禮教가 점차 높아진 것과 志氣가 감동한 것이 그렇게 됨을 알지 못하면서 그렇게 됨이 있었던 것이다.

三烈女傳은 金壇王若霖이 志其世父之女二及族姊同時死土賊倪文炳事也라 明將亡에 中原楚蜀已盡燬於流寇러니 及愍皇帝殉社稷하고 東南盜賊蜂起하여 長老所傳女子自投於水火及罵

---

1) 愍皇帝 : 명나라의 제16대 황제인 崇禎帝(재위 1628~1644)를 말한다. 묘호는 毅宗, 시호는 順天受道敬儉寬文襄武體仁致孝莊烈愍皇帝이며, 휘는 由檢이다. 1644년에 李自成이 이끄는 반란군이 北京을 점령하자 妻妾과 딸을 죽이고 자신도 景山에서 자살하였다.

2) 高皇帝가……바꾸어서 : 고대에 천자의 황후는 正寢에, 3부인·9嬪·27世婦·81御妻는 5개의 燕寢에 나누어 거처하였는데, 六宮은 이 여섯 처소를 말한다. 昭儀·充華·美人은 妃嬪의 칭호들인데, 明代에 이르러서는 이러한 칭호들이 없어지고 淑妃·賢妃·德妃·恭妃 등의 칭호들을 사용하였다.

賊而斃於鋒刃者를 不可勝數니 女敎之盛이 前古所未有也라 蓋自高皇帝定六宮之禮로 盡革前代昭儀充華美人諸號하여 而皆以德命하고 帝室之女不得再適이 (箸)〔著〕[3]於令典이라 而愍皇帝之殉社稷也에 后實先之하니 禮敎之所漸摩와 志氣之所感動이 蓋有不知其然而然者矣라

일찍이 탄식하기를, 자고로 패란하여 멸망하는 화의 단초가 몇 가지에 불과하니, 혹은 權姦 때문이었고 혹은 寵姬 때문이었고 혹은 宦官 때문이었다. 그 패란을 일으키는 자가 몇 사람에 불과한데 혹 끝내 그 목을 보존하여 죽고서 천하의 忠臣과 義士, 孝子와 悌弟, 貞婦와 烈女로 하여금 죄가 없이 水火와 도적의 사이에서 목숨을 버리게 한다. 그런데다가 몸이 죽고서 이름이 전해지는 자는 천에 열, 백에 하나일 따름이니, 어찌 조물주의 유감이 없을 수 없는 바가 아니겠는가.

竊嘗歎自古亂亡之釁이 不過數端이니 或以權姦이며 或以女寵이며 或以宦寺요 其造亂者가 不過數人이니 或竟得保其首領以歿하여 而使天下忠臣義士孝子悌弟貞婦烈女로 無罪而併命於水火盜賊之間이요 且身死而名傳者는 千百中無十一焉이니 豈非造物之不能無憾者哉아

비록 그렇지만 사람이 태어남에 죽지 않는 경우가 없으니, 능히 性命의 이치를 따라서 죽은 사람은 바로 하늘에게서 받은 바를 온전히 한 수 있었던 사람이다. 晉나라의 羊皇后[4]의 부귀와 강녕은 비록 어리석은 사람이나 어린아이라고 할지라도 모두 불행인 줄을 아니, 그렇다면 세 열녀와 같은 경우는 비록 考終[5]하였다고 해도 좋을 것이다. 이로써 말한다면 비록 세 열녀의 주음과 같았으나 민멸되어 전해지지 않는 사람도 한이 없을 수 있을 것이지만, 혹 이를 알게 되면 그 전해지지 못하는 것을 차마 들을 수 없는 것이 우리들의 의리이다.

---

3) (箸)〔著〕: 저본에는 '箸'로 되어 있으나, ≪方望溪先生全集≫에 의거하여 '著'로 바로잡았다.

4) 晉나라의 羊皇后 : 西晉時代의 사람 羊獻容으로, 羊瑾의 손녀이자 羊玄之의 딸이다. 八王의 난에 여러 번 황후에 올랐다가 폐위되고 복위되는 과정을 거쳤다. 처음에 晉 惠帝 司馬衷의 황후가 되었으나, 前趙의 軍이 침입하였을 때 잡혀서 억지로 劉曜의 첩이 되었고, 유요가 즉위하자 황후가 되었다.(≪晉書≫ 권31 〈惠羊皇后傳〉)

5) 考終 : ≪書經≫ 〈周書 洪範〉에 나오는 다섯 가지 福 중 하나인 '考終命'으로, 명대로 살다가 죽는 것을 뜻한다. 蔡沈은 ≪書經集傳≫에서 "'考終命'은 그 바른 명을 순히 받는 것이다.〔考終命者 順受其正也〕"라고 하였다.

雖然이나 人之生也에 莫不有死니 其能順性命之理而死者는 是得全其所受於天者也라 若晉羊皇后之富貴康寧은 雖愚夫豎子라도 皆知爲不幸하니 則如三烈女者는 雖謂之考終이라도 可也라 用此言之면 雖與三烈女之死同이나 而泯滅無聞者도 亦可以無恨이로되 而有或知之면 則不忍聽其無傳者가 吾黨之義也라

15. 古文 ≪尙書≫를 읽고 뒤에 씀　讀古文尙書書後*

*方苞가 古文 ≪尙書≫ 僞作說에 대한 자신의 견해를 제시한 글이다. 이 글에서 방포는 고문 ≪상서≫ 25편의 문투가 今文과 유사하지 않은 것은 秦漢의 儒者들이 深奧하고 艱澀한 語句를 알기 쉬운 말로 바꾸었기 때문일 뿐 그 大體는 본래의 ≪尙書≫와 다르지 않다고 주장하였다.

先儒 중에 古文 ≪尙書≫의 문투〔辭氣〕가 今文과 유사하지 않다는 이유로 그 眞僞를 의심한 사람이 많다.[1] 그런데 생각건대 위조하여 이 책을 만들 수 있는 자가 누구이겠는가? 무릇 周나라 이래로 글을 저술하여 각각 스스로 일가를 이룬 것은 그러한 사람을 손꼽아 헤아릴 수 있다. 말이 道에 가깝기로는 荀子(荀卿)와 董子(董仲舒)만 한 분이 없는데 두 분의 정밀한 말을 취하여도 〈伊訓〉, 〈太甲〉, 〈說命〉 사이에 두면 서로 닮지 않았거든, 左丘明·司馬遷·揚雄이 능히 이 책을 만들었다고 할 수 있겠는가? 하물며 그보다 못한 사람들이야 더 말할 나위가 있겠는가.

先儒以古文尙書辭氣不類今文으로 **而疑其僞者**가 **多矣**라 **抑思能僞爲是者**가 **誰與**아 **夫自周以來**로 **著書而各自名家者**는 **其人**을 **可指數也**라 **言之近道**가 **莫若荀子董子**어늘 **取二子之精言**이라도 **而措諸伊訓大甲說**(열)**命之間**이면 **弗肖也**어든 **而謂左丘明司馬遷揚雄**이 **能爲之與**아 **而況其下焉者與**아

그렇다면 그 문투가 今文과 유사하지 않은 것은 어째서인가. 일찍이 ≪史記≫에 采入된 ≪尙書≫를 보건대 "마침내 동쪽 제후들을 만나보셨다.〔肆覲東后〕"[2]라는 대

1) 先儒……많다 : 古文 ≪尙書≫는 漢 景帝 때 魯恭王이 孔子의 옛집을 허물었을 때 벽에서 나온 ≪尙書≫로서, 先秦의 蝌蚪文字로 기록되어 있다. 今文 ≪상서≫는 한 문제 때 박사 伏勝이 암송하고 있던 ≪상서≫의 내용을 隸書로 기술한 것이다. 금문 ≪상서≫와 고문 ≪상서≫ 중 어느 것이 원본인지에 대해 논쟁이 분분한데, 宋代의 朱熹, 蔡沈부터 明나라의 梅鷟, 淸나라의 閻若璩에 이르기까지 많은 학자들에 의해 고문 ≪상서≫ 僞作說이 제기되었다.

2) 마침내……만나보셨다〔肆覲東后〕 : ≪書經≫ 〈虞書 舜典〉에 나오는 句이다.

목에서는 "마침내 동쪽 지방의 君長을 만나보셨다.〔遂見東方君長〕"로 바꾸었고, "太子 丹朱가 啓明합니다.〔太子朱啓明〕"[3]는 "嗣子 丹朱가 開明합니다.〔嗣子丹朱開明〕"라 하였고, "功庸을 일으켜 帝堯의 일을 넓힐 자가 있거든〔有能奮庸 熙帝之載〕"[4]은 "堯의 일을 훌륭히 완성할 수 있는 자가 있으면〔有能成美堯之事者〕"이라고 하였으니, 이와 같은 類를 일일이 열거할 수 없을 정도이다.

이로 말미암아 의심하건대 古文이 알기 쉬운 것은 틀림없이 秦漢의 儒者가 그 글을 얻고서 그 深奧함과 艱澀함을 너무 어렵게 여겨 조금 드러나고 쉬운 말로 바꾸었기 때문일 것이요, 그 大體는 진실로 經의 본래의 글이라 하겠다. 〈無逸〉 편은 今文인데 시험 삼아 한두 가지 심오하고 간삽한 말을 바꾸어보면 古文 25편[5]의 문투와 다른 점이 있겠는가.

然則其辭氣不類今文은 **何也**오 **嘗觀史記所采尙書**컨대 **於肆覲東后**엔 **則易之曰 遂見東方君長**이라하고 **太子朱啓明**은 **則曰 嗣子丹朱開明**이라하고 **有能奮庸**하여 **熙帝之載**는 **則曰 有能成美堯之事者**라하니 **如此類**를 **不可毛擧**라 **因是疑古文易**(이)**曉**는 **必秦漢間儒者得其書**하여 **苦其奧澀**하여 **而稍以顯易**(이)**之辭**로 **更之**요 **其大體則固經之本文也**라 **無逸之篇**은 **今文也**니 **試易其一二奧澀之語**면 **則與古文二十五篇之辭氣**로 **其有異乎**아

司馬遷이 〈儒林列傳〉을 서술하면서 "孔氏家에 古文 ≪尙書≫가 있었는데 孔安國이 今文으로 읽고 마침내 그 집안에 소장되어 있던 逸書를 찾아내 꺼내었다."[6] 하

---

3) 太子……啓明합니다〔太子朱啓明〕 : ≪書經≫ 〈虞書 堯典〉에 나오는 句로, "맏아들인 丹朱가 啓明합니다.〔胤子朱啓明〕"로 된 판본도 있다.

4) 功庸을……있거든〔有能奮庸 熙帝之載〕 : ≪書經≫ 〈虞書 舜典〉에 나오는 句이다.

5) 古文 25편 : 〈大禹謨〉, 〈五子之歌〉, 〈胤征〉, 〈仲虺之誥〉, 〈湯誥〉, 〈伊訓〉, 〈太甲 上〉, 〈太甲 中〉, 〈太甲 下〉, 〈咸有一德〉, 〈說命 上〉, 〈說命 中〉, 〈說命 下〉, 〈泰誓 上〉, 〈泰誓 中〉, 〈泰誓 下〉, 〈武成〉, 〈旅獒〉, 〈微子之命〉, 〈蔡仲之命〉, 〈周官〉, 〈君陳〉, 〈畢命〉, 〈君牙〉, 〈冏命〉의 25편을 가리킨다.

6) 孔氏家에……꺼내었다 : ≪史記≫ 〈儒林列傳〉을 조금 바꾸어 옮긴 것이다. 원 글에는 "孔氏家에 古文 ≪尙書≫가 있었는데 孔安國이 今文으로 읽고 이어서 그 집안에 소장되어 있던 逸書를 찾아내 꺼내어 10여 편을 얻으니, 대개 ≪상서≫는 이로부터 편수가 늘어났다.〔孔氏有古文尙書 而安國以今文讀之 因以起其家逸書 得十餘篇 蓋尙書滋多於是矣〕"로 되어 있다.(≪史記≫ 권121 〈儒林列傳 伏生〉) ≪사기≫의 위 부분은 "因以起其家 逸書得十餘篇"으로 구두를 떼기도 하나, 이 글에 인용된 것을 볼 때 方苞는 "因以起其家逸書 得十餘篇"의 형식으로 이해한 듯하다. 여기서 '起'는 ≪史記索隱≫의 註를 참조하여 '찾아내어 꺼내다〔起發以出〕'의 뜻으로 번역하였다.

였고, 공안국이 그 책에 스스로 序文을 써서 "蝌蚪文字로 쓴 글은 세상에 쓰이지 않은 지 이미 오래되어 당대인 가운데 알아볼 수 있는 이가 없다. 그리하여 伏生에게 들은 ≪상서≫를 가지고 文義를 상고하고 논증하여 그중 알아볼 수 있는 것을 정하니 〈복생의 것보다〉 25편이 늘어났다."[7] 하였다.

무릇 古文은 이미 알아보기 어려웠기에 가까스로 복생의 글에 나아가 증험하여 알았으니, 그렇다면 그 본래의 글 중 결락되고 더럽혀진 곳이나 글자의 모양이 복생의 ≪상서≫에 구비되어 있지 않은 곳은 조금 보태거나 덜어내어서 그 말을 채워 뜻을 통하게 하지 않을 수 없었을 것이다. 이 늘어난 25편은 오직 알기 쉽게 하기 위한 것이니, 복생의 글과 다른 점이 있겠는가. 그렇다면 사마천이 이른바 "금문으로 읽었다."라는 것은 곧 내가 말한 드러나고 쉬운 말로 그 深奧하고 艱澀한 부분을 알 수 있게 하였다는 것일지니, 隷書로 전하였다는 말은 아닐 것이다.

遷傳儒林에 **曰 孔氏有古文尙書**어늘 **而安國**이 **以今文讀之**하고 **遂以起其家逸書**라하고 **而安國自序其書**하여 **謂科斗書廢已久**에 **時人無能知者**라 **以所聞伏生之書**로 **考論文義**하여 **定其可知者**하니 **增多二十五篇**이라하니라 **夫古文**은 **旣不可知**라 **僅就伏生之書**하여 **以證而得之**하니 **則其本文缺漫及字體**가 **爲伏生之書所不具者**는 **不得不稍爲增損**하여 **以足其辭**하여 **暢其指意**하니 **此增多二十五篇**은 **所以獨爲易(이)曉**니 **而與伏生之書**로 **異與**아 **然則遷所云以今文讀之者**는 **卽余所謂以顯易之辭**로 **通其奧澀**니 **而非謂以隷書傳之也**라

7) 蝌蚪文字로……늘어났다 : 孔安國의 〈尙書序〉를 조금 축약하여 옮긴 것이다. 원 글에는 "科斗文字로 쓴 글이 세상에 쓰이지 않은 지 이미 오래되어 당대인 중 알아볼 수 있는 이가 없다. 그리하여 伏生에게 들은 ≪尙書≫를 가지고 文義를 상고하고 논증하여 그중 알아볼 수 있는 것을 정하되 隷書로 古文을 정리하고 다시 竹簡으로 쓰니, 복생의 것에서 25편이 더 많아졌다.〔科斗書廢已久 時人無能知者 以所聞伏生之書考論文義 定其可知者 爲隷古定 更以竹簡寫之 增多伏生二十五篇〕라고 되어 있다.(≪尙書正義≫ 〈尙書序〉)

16. 〈儒林傳〉의 뒤에 씀　書儒林傳後*

*이 글은 ≪史記≫ 〈儒林列傳〉을 읽고 지은 것이다. 方苞는 이 글에서 司馬遷이 公孫弘의 功令을 읽고 탄식한 까닭에 대해 서술하였는데, 공손홍이 儒學의 부흥을 위해 학문으로 관리를 선발하는 제도를 마련하여 利祿으로 학자들을 유인함으로써 오히려 유학의 쇠망을 초래하였기 때문이라는 것이다.

子長(司馬遷)이 〈儒林傳〉의 序에서 "내가 功令[1]을 읽다가 學官의 길을 넓히는 데 이르러서는 일찍이 책을 덮고 탄식하지 않은 적이 없다."고 하였으니, 이는 儒術이 이때부터 변한 것을 탄식한 것이다.

司馬遷

옛날에는 文學[2]으로 관직을 삼은 적이 없었으니, 德으로 나아오게 하며 事功으로 등용하며 언어로 등용하였고[3] ≪詩≫·≪書≫를 비롯한 六藝[4]는 다만 사물에 있는 이치를 통달하여 六德을 기르고 六行을 이루는 데[5] 쓸 뿐이었다. 戰國時代와 秦·漢代에 쓴

1) 功令 : 국가에서 학자들을 시험하고 등용하는 것에 대한 규정이다.

2) 文學 : 學問을 범칭하는 말로, ≪論語≫ 〈先進〉에서 孔子가 제자를 넷으로 분류하여 "德行에는 顔淵·閔子騫·冉伯牛·仲弓이었고, 言語에는 宰我·子貢이었고, 政事에는 冉有·季路였고, 文學에는 子游·子夏였다.〔德行 顔淵閔子騫冉伯牛仲弓 言語 宰我子貢 政事 冉有季路 文學 子游子夏〕"라고 한 바가 있다.

3) 德으로……등용하였고 : ≪禮記≫ 〈文王世子〉에서 "무릇 郊學에서 學士의 재능을 논할 때는 반드시 賢德이 있는 자를 취하고 재능이 있는 자를 거두어들여 혹은 덕으로 나아오게 하며 혹은 事功으로 등용하며 혹은 언어로 등용한다.〔凡語于郊者 必取賢斂才焉 或以德進 或以事擧 或以言揚〕"라고 하였다.

4) 六藝 : 고대에 학생을 교육하던 6가지 과목인 禮·樂·射·御·書·數를 가리키기도 하나, 여기서는 儒家의 經傳인 ≪詩≫·≪書≫·≪禮≫·≪樂≫·≪易≫·≪春秋≫ 六經을 말한다.

5) 六德을……데 : 六德과 六行은 周代에 大司徒가 백성을 가르친 여섯 조목의 덕성과 행실이다. ≪周禮≫ 〈地官司徒 大司徒〉에 "鄕學의 세 가지 敎法으로 萬民을 교화하여 賓客의 예로 대우하고 천거하여 國學에 올려 보낸다. 첫째는 六德이니 知·仁·聖·義·忠·和이고, 둘째는 六行이니 孝·友·睦·婣·任·恤이고, 셋째는 六藝이니 禮·樂·射·御·書·數이다.〔以鄕三物敎萬

것은 權謀와 재주와 무예뿐이었으니, 문학으로 관직을 삼은 것은 叔孫通의 제자가 禮를 제정하여서 으뜸으로 선발된 것[6]에서 시작되어 公孫弘이 太常에게 인재를 시험 보이기를 청한 것[7]에서 완성되었으니, 유술의 성쇠가 이로부터 나누어졌다.

子長序儒林曰 余讀功令이라가 **至於廣厲學官之路**하여는 **未嘗不廢書而歎**이라하니 **蓋歎儒術自是而變也**라 **古未有以文學爲官者**하니 **以德進**하며 **以事擧**하며 **以言揚**이요 **詩書六藝**는 **特用以通在物之理而養其六德**하고 **成其六行焉耳**라 **戰國秦漢所用**은 **惟權謀材武**니 **其以文學爲官**은 **始於叔孫通弟子以定禮爲選首**하여 **成於公孫弘請試士於太常**하니 **而儒術之汚隆**이 **自是而中判矣**라

子長의 뜻은 다음과 같다.

周나라가 쇠한 뒤로 王路[8]가 무너지고 邪道가 흥하였는데, 孔子가 儒術로 바로잡아 도가 궁하였으나 후회하지 않았다.[9] 그 제자가 이를 계승하여, 비록 세상이 쇠미하여 戰國時代에 이르러 儒學이 이미 배척되었으나 孟子와 荀卿이 홀로 그 業을 지켰고, 秦나라가 학문을 없애버렸음에도[10] 齊・魯의 儒者들이 經書를 講誦하기를 그치지 않았고, 漢나라가 일어난 지 70여 년에 天子와 公卿들은 모두 유술을 좋아하지 않았으나 여러 老師들이 여전히 전해지는 경서를 지켰으니, 漢 武帝의 시대에 함께 조정에 나온 자들은 모두 秦・漢 때에는 기운이 꺾이고 내쳐졌으나

民 而賓興之 一曰六德 知仁聖義忠和 二曰六行 孝友睦婣任恤 三曰六藝 禮樂射御書數]"라고 하였다.

6) 叔孫通의……것 : 叔孫通(B.C. 245?~B.C. 190?)은 이름이 何, 자가 通으로 魯나라 薛縣 사람이다. 秦나라의 博士로 있다가 漢 高祖 劉邦에게 발탁되었는데, 고조를 설득하여 魯나라의 諸生들을 불러 漢나라의 禮法을 새로 제정하였다. 고조 7년(B.C. 200)에 長樂宮이 완공되자 제후와 신하들이 예법에 맞게 조회를 하도록 주도하였는데, 그 공으로 太常에 임명되었고 그와 함께 예를 제정했던 제자들은 모두 郎官이 되었다.(≪史記≫ 권99 〈叔孫通傳〉)

7) 公孫弘이……것 : 公孫弘(B.C. 200~B.C. 121)은 자가 季 또는 次卿이며 菑川 薛縣 사람이다. 젊었을 때 獄吏가 되었으나 곧 면직되고 布衣로 있다가, 漢 武帝 즉위 초에 賢良으로 등용되어 재상까지 올랐다. 學官으로 있을 때 무제에게 지방의 인재들을 太常에게 보내 수업 받게 하고 1년 뒤에 시험을 보여 文學과 掌故의 결원에 충원할 것 등을 청하고, 이를 功令으로 기록하여 시행할 것을 청한 바 있다.(≪史記≫ 권121 〈儒林列傳〉) 태상은 宗廟의 禮儀와 博士의 選試를 주관하는 관직이다.

8) 王路 : 王道와 같은 말로 先王의 法道를 말한다.

9) 도가……않았다 : 孔子가 ≪春秋≫를 저술하던 중에 魯 哀公이 서쪽으로 사냥을 나가 기린을 얻자, 공자가 "나의 도가 다하였다.[吾道窮矣]"라고 한 바 있다.(≪史記≫ 권47 〈孔子世家〉)

10) 秦나라가……없애버렸음에도 : 秦나라 때 始皇帝가 천하의 서적을 불태우고 유생들을 생매장하여 죽인 焚書坑儒를 가리킨다.

자신이 배우는 것을 스스로 폄하하려 하지 않은 이들이다.

대개 유자들은 여기에 道術이 담겨 있다고 여겨 힘써 지켰다. 그래서 비록 곤궁하더라도 후회하지 않은 것이다. 그런데 公孫弘이 유술을 흥기시킨 것은 利祿으로 유인하여 '문학과 예의로 관리가 된다.'[11]라고 하여 有司에게 시험 받게 하여 聖人의 경서를 才藝로 만들고 많이 외우는 것을 능통하다고 여겨, 掌故[12]와 比等하게 하였다. 이로 말미암아 유술의 도가 낮아지고 예의가 사라져서 '문학'이라 일컫는 것 또한 옛날과 달라졌다.

其意蓋曰 自周衰로 王路廢而邪道興이어늘 孔子以儒術正之하여 道窮而不悔러니 其弟子繼承하여 雖陵遲至於戰國하여 儒學旣絀焉이로되 而孟子荀卿이 獨遵其業하고 遭秦滅學에 齊魯諸儒가 講誦不絶하고 漢興七十餘年에 自天子公卿으로 皆不悅儒術이나 而諸老師가 尙守遺經하니 其竝出於武帝之世者는 皆秦漢間摧傷擯棄而不肯自貶其所學者也라 蓋諸儒以是爲道術所託하여 勤而守之라 故로 雖困而不悔러니 而弘之興儒術也는 則誘以利祿하여 而曰 以文學禮義爲官이라하여 使試於有司하여 以聖人之經爲藝하고 以多誦爲能通하여 而比於掌故라 由是로 儒之道汚하고 禮義亡하여 而所號爲文學者가 亦與古異矣라

子長이 읽은 功令은 바로 公孫弘이 奏請한 말이다. 孔子 이후로 여러 儒者들이 계승한 전통이 戰國時代와 秦·漢을 거치면서 외롭고 위태하였으나 일찍이 끊어진 적이 없던 것을 공손홍이 한마디 말로 망하게 하되, 그 명분은 '현명한 인재를 권면한다.'라는 것이고 '도가 침체된 것을 슬퍼한다.'라는 것이었으니[13] 심히 탄식할 만하지 않은가.

아아, 漢나라가 文學으로 관리를 삼은 것이 비록 옛날의 제도는 아니지만 그래

11) 문학과……된다 : 公孫弘이 漢 武帝에게 奏請한 말 중에 "治禮와 掌故는 문학과 예의로 관리가 되었으니 적체되어 있는 사람의 관직을 옮겨주십시오.〔治禮次治掌故 以文學禮義爲官 遷留滯〕"라고 하였다.(≪史記≫ 권121 〈儒林列傳〉) 여기서 '次治' 2자는 衍字이다.(≪史記會注考證≫)

12) 掌故 : 漢나라의 관직명으로, 국가의 典章制度를 관장한다.

13) 그 명분은……것이었으니 : 公孫弘이 學官이 되어 도가 침체된 것을 슬퍼하여 漢 武帝에게 주청하기를 "……황제께서 太常은 博士 및 제자들과 논의하여 향리의 교화를 높이고 현명한 인재를 두루 등용하라.'고 하셨습니다.……교화를 높이고 현명한 인재를 권면하여 사방을 교화하니, 이는 태평성대의 근원입니다.〔公孫弘爲學官 悼道之鬱滯 乃請曰……太常議 與博士弟子 崇鄕里之化 以廣賢材焉……崇化厲賢 以風四方 太平之原也〕"라고 하였다.(≪史記≫ 권121 〈儒林列傳〉)

도 많이 외우는 것을 경서에 능통한 것으로 여겼는데, 또 그 변화가 마침내 과도하게 詞章에 집중되어 끝내 민멸되어 돌아오지 못하였다. 그러하다면 자장이 근심한 바가 참으로 심원한 것이도다!

子長所讀功令은 卽弘奏請之辭也라 自孔子以來로 群儒相承之統이 經戰國秦漢하여 孤危而未嘗絶者를 弘乃以一言敗之하되 而其名則曰 厲賢材라하고 悼道之鬱滯라하니 不甚可歎乎아 嗟夫라 漢之文學이 雖非古나 猶以多誦爲通經也러니 又其變이 遂濫於詞章하여 終沈冥而不返焉하니 然則子長之所慮가 其遠矣哉인저

17. 또 〈儒林傳〉의 뒤에 씀　又書儒林傳後*

*이 글은 앞의 〈書儒林傳後〉의 후속편이다. 方苞는 이 글에서 〈書儒林傳後〉의 구조와 내용을 세밀하게 분석함으로써, 司馬遷이 公孫弘의 功令을 읽고 탄식한 것은 이 때문에 儒道가 망했기 때문인데 오히려 공손홍을 찬미한 말로 오독되고 있음을 지적하였다.

이 글은 儒術을 서술하여 漢나라가 일어났을 때에 이르러 먼저 “이에 儒學이 흥기한 것을 찬탄하였다.”라고 하고, 이어서 “천하의 學士가 휩쓸리듯 유학을 따랐다.”라고 하고, 마지막으로 “이때부터 이후로 公·卿·大夫·士와 관리 중에 燦然하게 文學에 힘쓰는 선비가 많았다.”라고 하였다. 그 말을 언뜻 보면 찬미하는 데 가까운 듯하다. 그래서 司馬遷이 책을 덮고 탄식한 것을 모두가 六藝(六經)를 부흥시키기 어려움을 탄식한 것이라고 여긴다.

그러나 그가 “유학이 흥기한 것을 찬탄하였다.”라고 한 것은 ‘太常의 諸生이 으뜸으로 선발된 것’을 이어서 말한 것이고, “학사가 유학을 따랐다.”라고 한 것은 ‘公孫弘이 布衣의 신분으로 三公이 된 것’을 이어서 말한 것이고, “찬연하게 문학에 힘쓰는 선비가 많았다.”라고 한 것은 ‘선발하여 관리를 충원하는 것[1)]’을 이어서 말한 것이니, 사마천의 뜻을 분명히 알 수 있다.

여러 經師를 기술하고 그들의 제자와 자손이 大官이 된 것까지 자세히 언급하면서, 申公[2)]의 문하를 먼저 기술하되 그중 관리와 백성을 다스려서 배운 바에 걸맞

---

1) 선발하여……것 : 〈儒林列傳〉의 序에서 公孫弘이 漢 武帝에게 주청하여 文學과 掌故의 인원을 선발하여 左右 內史를 비롯한 여러 관직에 보임하게 한 것을 가리킨다. 그 내용은 다음과 같다. “治禮와 掌故는 문학과 예의로 관리가 되었으니 적체되어 있는 사람의 관직을 옮겨주십시오. 청컨대 그 가운데 직질이 比二百石 이상인 사람과 百石 이상 중에 한 분야 이상에 능통한 小吏를 택하여 좌우 내사와 大行의 卒史에 보임하고……무엇보다도 經書를 많이 외우는 자를 채용하고 인원이 부족하면 장고에서 선발하여 中二千石의 屬官으로 보임하고 문학과 장고 중에서 郡의 속관으로 보임하여 충원하십시오.〔治禮次治掌故 以文學禮義爲官 遷留滯 請選擇其秩比二百石以上 及吏百石通一藝以上 補左右內史大行卒史……先用誦多者 若不足 乃擇掌故 補中二千石屬 文學掌故補郡屬 備員〕”(≪史記≫ 권121 〈儒林列傳〉)

은 자를 구별하여 기록한 것이 몇 사람에 지나지 않고,[3] 또 바로 말하여 결론 내리기를 "學官이 된 제자들이 품행은 비록 갖추지 못했으나 大夫·郎中·掌故의 자리에 이른 자는 수백 명에 이르렀다."라고 하였으니, 풍자하고 애통해한 뜻이 또한 간절하고 분명하지 않은가.

是書敍儒術하여 至漢興하여 首曰 於是에 喟然歎興於學이라하고 繼曰 天下之學士가 靡然鄉風이라하고 終曰 自此以來로 公卿大夫士吏가 斌斌多文學之士라하니 驟觀其辭면 若近於贊美라 故로 廢書而歎을 皆以爲歎六藝之難興也라 然이나 其稱歎興於學也는 承太常諸生之爲選首하고 稱學士鄉風은 承公孫弘以白衣爲三公하고 稱斌斌多文學之士는 承選擇備員하니 則遷之(居意)〔意居〕[4]可知矣라 其述諸經師하고 備及弟子子孫之爲大官에 而首於申公之門호되 別其治官民하여 能稱所學者를 不過數人이요 而復正言以斷之曰 學官弟子가 行雖不備나 而至於大夫郎中掌故以百數라하니 其刺譏痛惜之意가 不亦深切著明矣乎아

그가 孔子의 문하에서는 다만 다섯 사람을 들어 서술했으니,[5] '이들이 聖人의 문하에서 매우 뛰어난 인물은 아니지만 크게는 師傅나 卿相이 되었고 작게는 사대부의 벗이나 스승이 되었고 子夏의 무리에게서 가르침을 받은 자들[6] 또한 王子의 스승이 되었다.'는 말이다. 대개 儒者는 숨어서 세상에 보이지 않을지언정 세상에 나와서는 반드시 그 도를 스스로 가볍게 여기려 하지 않음이 이와 같다. 그런데 지금은 도리어 經書를 기억하고 외는 것으로 掌固와 比等하게 되어 卒史[7]의 자리

2) 申公 : 〈儒林列傳〉의 가장 앞에 나오는 인물이다. 申公은 이름은 培이고 魯나라 사람이다. 스승 浮丘伯에게서 詩를 수학했고 楚나라 太子의 師傅로 있다가 물러난 뒤에 평생 제자를 양성했는데 문하에 모인 제자가 1,000여 명이나 되었다. 80여 세의 나이에 漢 武帝의 부름을 받아 太中大夫가 되었다.(≪史記≫ 권121 〈儒林列傳〉)

3) 그중……않고 : 申公의 제자 중에 관리가 된 자는 孔安國·周霸·夏寬·魯賜·繆生·徐偃·闕門慶忌 8인인데 ≪史記≫에 "그들이 관리와 백성을 다스린 것은 모두 청렴하고 절조가 있어 학문을 좋아한다고 일컬어졌다.〔其治官民 皆有廉節 稱其好學〕"라고 하였다.(≪史記≫ 권121 〈儒林列傳〉)

4) (居意)〔意居〕: 저본에는 '居意'로 되어 있으나, ≪方苞集≫(上海古籍出版社, 1983)에 의거하여 '意居'로 바로잡았다.

5) 그가……서술했으니 : 〈儒林列傳〉의 序에서 司馬遷이 孔子 사후에 각국의 諸侯들에게 유세한 70명의 門徒 중에서 衛나라에서 있었던 子路·陳나라에 있었던 子張·楚나라에 있었던 澹臺子羽·西河에 있었던 子夏·齊나라에서 생애를 마친 子貢 다섯 사람을 꼽은 것을 말한다.(≪史記≫ 권121 〈儒林列傳〉)

6) 子夏의……자들 : 田子方, 段干木, 吳起, 禽滑釐를 말한다.(≪史記≫ 권121 〈儒林列傳〉)

를 채우니, 이 중에도 유자가 있겠는가.

公孫弘 이전에는 유자의 도가 비록 막혔어도 망한 적은 없었는데, 공손홍 이후로 유자가 진출할 길은 트였으나 그 도는 망하였다. 이것이 그가 책을 덮고 탄식한 까닭인데, 그 글을 읽는 자들[8]은 도리어 찬미하는 말로 여기니, 아, 잘못 본 것이다.

其於孔子之門에 **獨擧五子**하니 **若曰 是於聖門**에 **非殊絶也**로되 **而大者**는 **爲師傅卿相**하며 **小者**는 **友敎士大夫**요 **其受業於子夏之倫者**도 **亦爲王者師**하니 **蓋儒者寧隱而不見**이언정 **其出也**엔 **必不肯自輕其道如此**어늘 **今乃以記誦**으로 **比掌故**하여 **補卒史**하니 **此中尙有儒乎**아 **由弘以前**은 **儒之道**가 **雖鬱滯而未嘗亡**이러니 **由弘以後**에 **儒之途通而其道亡矣**니 **此所以廢書而歎也**어늘 **而習其讀者**는 **乃以爲贊美之辭**하니 **噫失之矣**로다

---

7) 卒史 : 漢代의 官名으로, 官署의 屬吏 중의 하나이다.

8) 그 글을……자들 : 원문의 '習其讀'은 ≪春秋公羊傳≫ 定公 원년 조에는 "定公과 哀公의 역사에는 은미한 말이 많아서 주인인 정공과 애공이 그 經文을 익히고 그 傳에 대해 물어도 자신에게 죄가 있는지 알지 못할 것이다.〔定哀多微辭 主人習其讀而問其傳 則未知己之有罪焉耳〕"라고 한 데서 나온 말로, 何休의 注에 따르면 '讀'은 '經'을 가리킨다. 여기서는 ≪史記≫를 포함한 전적 일반을 가리키는 것으로 보인다.

18. 〈淮陰侯列傳〉 뒤에 씀　書淮陰侯列傳後*

*이 글은 方苞가 ≪史記≫ 〈淮陰侯列傳〉을 읽고 記事에서 詳略의 妙를 적절히 운용한 司馬遷의 筆法을 예찬한 것이다. 사마천이 〈회음후열전〉에서 韓信의 功績과 方略을 기술할 때 사건에 따라 상략을 달리한 것은 일의 輕重을 헤아린 것이며, 武涉과 蒯通의 말을 상세히 실은 것은 은미한 문장으로 애통한 심정을 기록한 것임을 밝혔다.

太史公(司馬遷)은 漢나라가 일어날 때의 여러 장수에 대하여 모두 그 이룩한 공적만 열거하고 그 方略은 언급하지 않았으니, 자잘한 것은 굳이 말할 것이 없었기 때문이다. 다만 韓信에 있어서만큼은 상세하게도 그 방략을 말하였으니, 대개 한신이 참여한 전투에 劉邦과 項羽의 興亡이 매여 있었기 때문이요, 게다가 그 兵略이 족히 후세의 법이 될 만하였기 때문이다.

韓信

그러나 井陘[1)]의 전투 외에 夏陽[2)]과 濰水[3)]에서의 事蹟은 대체로 소략하고, 楚나라를 공격하고 代나라를 격파한 일도 그 이룩

1) 井陘 : 지금의 河北省 남서부에 있는 지명으로, 秦漢時代의 중요한 군사적 요충지였다. 韓信이 이곳에서 背水陣을 치고 趙나라 군대를 크게 물리쳐 趙王을 사로잡고 陳餘를 참수하였다.(≪史記≫ 권92 〈淮陰侯列傳〉)

2) 夏陽 : 원문은 '陽夏'인데, 〈淮陰侯列傳〉에 의거하면 夏陽의 誤記이다. 하양은 지금의 陝西省 韓城縣 남부에 있는 지명으로, 韓信이 이곳에서 木罌缶를 이용해 황하를 건너 安邑을 습격하여 魏王 豹를 사로잡았다.(≪史記≫ 권92 〈淮陰侯列傳〉)

3) 濰水 : 지금의 山東省 濰河이다. 韓信이 이곳에서 齊王 田廣과 楚將 龍且의 군대를 크게 격파하였다.(≪史記≫ 권92 〈淮陰侯列傳〉)

한 공적만 간략히 거론하였거니와, 三秦[4)]을 평정한 일에 이르러서는 〈"삼진을 평정하였다.〔定三秦〕"라는〉 한마디 말로 다하고 그 일이 도리어 다른 傳에 흩어져 보이니, 대개 漢나라와 楚나라의 전쟁에서 오직 삼진을 평정하는 일이 쉬웠으므로 비록 한신의 책략으로 세운 전공일지라도 또한 굳이 말할 것이 없었기 때문이다.

左氏(左丘明)가 韓 땅에서의 전투를 기록할 때 한창 卜士 徒父의 占辭를 언급하다가 "〈晉軍이〉 세 번 敗退하여 韓 땅에 이르렀다."라는 말로 글을 이었으니,[5)] 언뜻 보면 말뜻이 서로 이어지지 않는 듯하다. 그러나 만약 秦나라와 晉나라가 韓 땅에서 벌인 전투를 서술하기에 앞서 두 나라의 將帥와 佐將, 세 차례 패전한 시기와 장소를 다 나열한다면 다리에 종기가 나 혈맥이 잘 통하지 않을 텐데 그 몸통을 오히려 스스로 들 수 있겠는가.[6)] 이것이 紀事文은 ≪春秋左氏傳≫과 ≪史記≫를 으뜸으로 일컫는 까닭이다.

太史公이 **於漢興諸將**에 **皆列數其成功**하고 **而不及其方略**하니 **以區區者不足言也**일새라 **惟於信**에 **詳哉其言之**하니 **蓋信之戰**은 **劉項之興亡**이 **係焉**이요 **且其兵謀**가 **足爲後世法也**라 **然**이나 **自井陘而外**에 **陽夏濰水之蹟**은 **蓋略矣**요 **其擊楚破代**도 **亦約擧其成功**이어니와 **至定三秦**하여는 **則以一言蔽之**하고 **而其事反散見於他傳**하니 **蓋漢楚之爭**에 **惟定三秦爲易**(이)라 **雖信之部署**라도 **亦不足言也**라 **左氏紀韓之戰**에 **方及卜徒父**(보)**之占**이라가 **而承以三敗及韓**하니 **乍觀之**에 **辭意似不相承**이라 **然**이나 **使戰韓之前**에 **具列兩國之將佐三敗之時地**면 **則重腿滯壅**이니 **其體尙能自擧乎**아 **此紀事之文所以左史稱最也**라

司馬遷이 武涉과 蒯通의 말[7)]을 상세히 실은 것은 문장을 은미하게 써서 애통한

---

4) 三秦 : 지금의 陝西省 일대에 있었던 雍·塞·翟 세 나라의 合稱으로, 秦나라가 망한 뒤에 項羽가 關中을 三分하여 章邯을 雍王에, 司馬欣을 塞王에, 東翳를 翟王에 봉한 데서 이러한 명칭이 비롯되었다.

5) 左氏(左丘明)가……이었으니 : 左丘明은 ≪春秋左氏傳≫ 僖公 15년 조에서 秦나라가 晉나라를 討伐한 일을 기술하기에 앞서 卜士 徒父의 占辭를 길게 기록한 다음, 전쟁의 과정에 대한 아무런 구체적 서술 없이 곧바로 晉나라 군대가 세 번 敗退하여 韓 땅에 이르렀다고 기술하였다.

6) 다리에……있겠는가 : 다리는 지엽적인 것을, 몸통은 본질적인 것을 가리킨다. 지엽적인 부분이 비대해져 오히려 본질적인 부분이 잘 드러나지 않는 것을 비유적으로 표현한 문장이다.

7) 武涉과 蒯通의 말 : 武涉과 蒯通은 각각 楚나라와 齊나라의 謀士이다. 劉邦이 韓信을 齊王에 봉하고 楚나라를 공격하게 하자 두려움을 느낀 項羽가 무섭을 파견하여 한신에게 漢나라를 배신하고 楚나라를 도울 것을 권하게 하였고, 괴통은 한신이 齊나라 토벌을 그만두려 할 때에

심정을 기록한 것이다. 바야흐로 한신이 齊나라 전역을 차지하여 군대의 위세가 楚나라와 漢나라를 진동할 때에는 차마 이익을 좇아 의리를 배반하지 못하고[8] 도리어 천하가 이미 평정된 후에 謀叛하였던가. 그가 처음에 무함을 입은 것은 縣을 순행할 때 兵力을 진열해놓고 출입하였기 때문일 뿐이었는데[9] 종국에는 속임수에 넘어가 포박당하여 宮廷에서 斬首되었고,[10] 죄를 심리하여 그 말을 명백하게 징험하였다는 말은 듣지 못하였으니, 의거한 바라고는 반역을 고발한 무함[11]일 따름이었다. 그가 陳豨와 사람들을 물리치고 손을 잡고 나눈 말[12]을 누가 들었겠는가.

列侯(韓信을 가리킴)가 免職되어 집으로 돌아가 兵符도 印信도 符節도 官印도 없는데, 家臣과 밤중에 詔書를 꾸며 여러 관아의 죄수와 노비들을 풀어주고자 했던들[13] 누가 따랐겠는가. 한신의 잘못은 오직 假王이 되기를 청하고 領地를 나누어 받기를 약속한 뒤에 垓下에서 漢王의 군사와 會合한 데[14] 있다. 그러나 秦나라가 그 사슴을 잃어버리자 이를 쫓아 얻고자 한 자가 많았으니,[15] 괴통이 한신에게 배

또한 한신에게 漢나라를 배신하고 自立할 것을 권하였으니, 〈淮陰侯列傳〉에는 두 사람의 말이 자세하게 실려 있다.(≪史記≫ 권92 〈淮陰侯列傳〉)

8) 차마……못하고 : 蒯通이 韓信에게 기회는 두 번 다시 오지 않는다며 自立할 것을 권할 때 한신이 漢王의 은혜를 열거하며 "내 어찌 이익을 좇아 의리를 배반할 수 있으리오?〔吾豈可以鄕利倍義乎〕" 하고 거절하였다.(≪史記≫ 권92 〈淮陰侯列傳〉)

9) 그가……뿐이었는데 : 韓信이 처음 楚나라에 가서 縣邑을 순행할 때에 兵力을 진열해놓고 출입하였는데, 어떤 사람이 상소하여 한신이 모반하였다고 밀고하였다.(≪史記≫ 권92 〈淮陰侯列傳〉)

10) 종국에는……斬首되었고 : 韓信은 呂后의 사주를 받은 蕭何 등에게 속아 入宮했다가 여후가 준비해둔 武士에게 사로잡혀 長樂宮 鍾室에서 참수당하였다.(≪史記≫ 권92 〈淮陰侯列傳〉)

11) 반역을……무함 : 죄를 짓고 구금되어 있던 韓信의 舍人이 있었는데, 그 사인의 아우가 變이 일어났다고 고발하고 한신이 모반하려는 정황을 呂后에게 아뢴 것을 가리킨다.(≪史記≫ 권92 〈淮陰侯列傳〉)

12) 그가……말 : 陳豨가 鉅鹿郡守에 임명되어 韓信에게 작별인사를 하러 왔을 때 한신이 그의 손을 잡고 左右를 물리친 뒤에 나눈 대화를 가리킨다.(≪史記≫ 권92 〈淮陰侯列傳〉)

13) 家臣과……했던들 : 陳豨와 모반을 계획한 韓信이 家臣과 음모하여 밤중에 거짓 詔書를 내려 여러 관아의 죄수와 노비들을 풀어놓고, 이들을 동원하여 呂后를 습격하고자 한 일을 가리킨다.(≪史記≫ 권92 〈淮陰侯列傳〉)

14) 假王이……데 : 韓信은 齊나라를 격파하고 스스로 그 왕이 되고자 劉邦에게 자신을 假王으로 삼아 달라고 청하여 齊王이 되었다. 그 후에 유방이 固陵에서 궁지에 몰리자 張良의 계책을 써서 제왕 한신을 불러들였는데, 한신은 垓下에서 유방의 군대와 會合하여 그를 도와 項羽를 격멸하였다. 항우가 패하자 유방은 제왕 한신의 군대를 습격하여 빼앗았다.(≪史記≫ 권92 〈淮陰侯列傳〉)

15) 秦나라가……많았으니 : 秦나라가 망한 뒤에 천하를 차지하려 한 사람이 많았다는 뜻으로,

반할 것을 敎唆한 것은 죄를 그래도 용서할 수 있었는데, 하물며 齊나라를 평정하고서 스스로 왕이 되기를 요구하고 楚나라를 격멸하고서 땅을 얻는 것을 이롭게 여긴 것은 도리어 죄를 조금도 경감해줄 수 없었단 말인가. 그러므로 괴통의 말로 篇을 마친 것이다.

其詳載武涉蒯通之言은 則微文以誌痛也라 方信據全齊하여 軍鋒震楚漢에 不忍鄕利倍義하고 乃謀畔於天下旣集之後乎아 其始被誣는 以行縣할새 陳兵出入耳러니 終則見紿被縛하여 斬於宮禁이요 未聞讞獄而明徵其辭하니 所據乃告變之誣耳라 其與陳豨辟人挈手之語를 孰聞之乎아 列侯就第하여 無符璽節篆하니 而欲與家臣夜詐詔하여 發諸官徒奴련들 孰聽之乎아 信之過는 獨在請假王與約分地而後에 會兵垓下라 然이나 秦失其鹿에 欲逐而得之者가 多矣니 蒯通敎信以反은 罪尙可釋이어든 況定齊而求自王하며 滅楚而利得地는 乃不可末減乎아 故로 以通之語로 終焉이라

여기서 사슴은 帝位에 대한 비유이다. 蒯通이 漢 高祖에게 "秦나라가 그 사슴을 잃어버리자 천하가 모두 그 뒤를 좇았는데 마침내 재주가 뛰어나고 발이 빠른 자가 먼저 사슴을 차지하였다.〔秦失其鹿 天下共逐之 於是高材疾足者先得焉〕"라고 한 데서 비롯되었다.(≪史記≫ 권92 〈淮陰侯列傳〉)

19. 〈太史公自序〉의 뒤에 씀　書太史公自序後*

*이 글은 方苞가 ≪史記≫ 〈太史公自序〉를 읽고서 적은 것으로, 총 두 편 중에 첫 편이다. 이 글에서 방포는 〈태사공자서〉에서 언급된 司馬遷 부자와 封禪의 일에 대하여 논하였는데, 오랫동안 끊어졌다가 올리게 된 봉선이 方士들에 의해 그르쳐진 것을 부친 司馬談이 한스러워하여 결국 죽음에 이르게 되었음을 사마천이 서술한 것이라 해석하였다.

子長(司馬遷)이 〈封禪書〉를 지어서 武帝의 미혹을 드러내었으나,[1] 아버지의 죽음을 쓸 때에는 "이해에 天子가 비로소 漢나라의 封禪을 올렸는데 太史公은 周南에 머무르고 있으면서 수행에 참여하지 못하였다. 이 때문에 發憤하여 장차 죽게 되었다."[2]라고 하였다. 또 아버지의 말을 기록하기를, "지금 천자께서 천년의 統緖를 이어받아 泰山에 제사를 올리는데 내가 수행하지 못하는 것은 운명이로구나!"[3]라고 하였다.

내가 젊었을 때에 이를 읽고 의심스럽게 여겼는데, 〈봉선서〉를 읽으면서 儒者들

---

1) 子長(司馬遷)이……드러내었으나 : 子長은 司馬遷의 字이다. 封禪書는 ≪史記≫ 권28에 실려 있는 〈封禪書〉를 가리킨다. 封禪은 고대의 제왕이 천지에 올리던 제사로, 태산에 올라가 사방의 흙을 높이 쌓아 단을 만들고 天祭를 지내는 것을 '封'이라고 하고, 태산의 아래 梁父에 땅을 깎아 깨끗이 쓸고 地神에게 지내는 제사를 '禪'이라고 한다. 〈封禪書〉에서는 고대로부터 秦始皇, 이후 漢 武帝에 이르기까지의 이 제사를 기술하였는데, 한 무제의 기록에 이르러서는 무제가 方術에 능한 이들을 신용하여 의견을 따른 내용이 적혀 있다. 예컨대 方士 李少君이 방술로 무제의 환심을 얻어 무제에게 부엌 신에 제사하면 신령한 물건을 얻고, 그 물건으로 丹砂를 황금으로 바꿀 수 있으며, 황금으로 그릇을 만들면 장수하여 바다 속 蓬萊山의 安期生과 같은 신선을 만날 수 있는데, 그 신선에게 봉선의 예를 행하면 죽지 않는다고 말을 올리자, 무제가 그 말을 믿고 친히 부엌의 신에게 제사를 올리고, 방사들을 시켜 바다에 가서 봉래산의 안기생의 무리를 찾게 하니, 燕과 齊의 괴이한 선비들이 이소군을 모방하여 신선의 일을 일삼게 되었다고 한다.

2) 이해에……되었다 : 이는 ≪史記≫ 권130 〈太史公自序〉에 보인다. 司馬遷의 아버지인 太史公 司馬談이 泰山의 祭天 행사에 참여하지 못하고 周南에 남겨진 것을 안타깝게 여겼음을 말한다. 주남은 洛陽을 가리킨다.

3) 지금……운명이로구나 : 이 역시 ≪史記≫ 권130 〈太史公自序〉에 보인다.

이 봉선의 일을 분별하여 밝히지 못한 대목에 이른 뒤에야 그 뜻을 알게 되었다. 봉선의 제사가 오랫동안 끊겼는지라 그 禮儀를 자세히 알 수는 없지만, 이를 가지고서 不死의 이름에 부합한다고 하여 괴이한 물건을 초치하여 蓬萊山 仙人의 方術을 접한다면[4] 사람들마다 그것이 망령된 말임을 알 것이다. 자장은 유자들이 이를 분별하여 밝히지 못하여 천하의 비웃음을 받는 것을 한스럽게 여겼다. 그러므로 自序에 그 뜻을 부쳐서 아버지가 여기에 참여하지 못했으니, 아버지가 발분하여 죽은 것은 천자가 漢나라의 봉선을 올려서 천년의 통서를 이어받은 것이 도리어 거듭 方士들에 의해 미혹되었는데, 자신이 일에 참여하여 그 일을 분별하여 밝히지 못한 것을 한스러워했기 때문이라는 것을 밝혔다.

泰山圖

4) 봉선의……접한다면 : 《史記》 권12 〈孝武本紀〉에 "封禪의 일이 끊긴 지 오래되어 그 禮儀를 아는 이가 없었다.……齊人 丁公은 나이가 90여 세였는데, '봉선은 不死의 이름에 부합합니다.'라고 하였다.……天子는 公孫卿과 方士가 '黃帝 이상으로는 봉선하여 모두 괴이한 물건을 초치하여 神과 통하였다.'라고 한 말을 듣고서 황제가 蓬萊山의 신선과 접한 것을 본뜨고자 하였다.〔封禪用希曠絶 莫知其儀禮……齊人丁公年九十餘曰 封禪者合不死之名也……天子旣聞公孫卿及方士之言 黃帝以上封禪 皆致怪物與神通 欲放黃帝以嘗接神僊人蓬萊士〕"라고 하였다.

子長作封禪書하여 著武帝愚迷로되 而序其父之死엔 則曰 是歲에 天子方建漢家之封이어늘 而太史公留滯周南하여 不得與從事라 故로 發憤且卒이라하다 又記其言曰 今天子接千歲之統하여 封泰山이어늘 而余不得從行은 命也夫인저하다 余少讀而疑焉이러니 及讀封禪書하여 至群儒不能辨明封禪事하고 然後에 得其意라 蓋封禪用事가 雖希曠이라 其禮儀를 不可得而詳이나 然이나 以是爲合不死之名하여 致怪物하여 接僊人蓬萊士之術이면 則夫人而知其妄矣라 子長恨群儒不能辨明하여 爲天下笑라 故로 寓其意於自序하여 以明其父未嘗與此하니 而所爲發憤以死者는 蓋以天子建漢家之封하여 接千歲之統이어늘 乃重爲方士所愚迷하니 恨已不得從行하여 而辨明其事也라

蓬萊山

여러 제사들을 기록한 것을 보면 오직 太畤와 后土 두 제사만 그 이름을 스스로 밝혔고, 篇末에 뜻을 부쳐서 "다섯 가지는 寬舒의 제사이다."라고 하였으니,[5] 이는 태치와 후토 두 제사 이외에는 모두 관서가 이룬 것이고 자신은 그 논의에 참여하지 않았음을 보인 것이다.

오직 그 自序에서 "使命을 받들고 갔다가 마침 돌아와서 아버지를 河水와 洛水의

5) 여러……하였으니 : 太畤는 泰畤로서, 고대에 天子가 天神에게 제사를 올리는 곳을 말하며, 后土는 地神에 올리는 제사를 말한다. 寬舒는 祠官으로, 제사를 관장하는 관리를 말한다. ≪史記≫ 권12 〈孝武本紀〉에 "지금 천자가 제사를 일으킨 것은 泰一과 后土인데 3년마다 직접 교외에서 행한 제사이며, 漢나라에서 시작된 封禪은 5년마다 한 번 행해졌다. 薄誘忌가 건의하여 세워진 泰一 및 三一, 冥羊, 馬行, 赤星의 다섯 가지는 관서의 사관이 歲時에 禮를 행하며, 이외에 앞의 다섯 제사에 후토를 합한 여섯 제사는 모두 太祝이 주관하였다.〔今天子所興祠 泰一后土 三年親郊祠 建漢家封禪 五年一修封 薄忌泰一及三一冥羊馬行赤星 五寬舒之祠官以歲時致禮 凡六祠皆太祝領之〕"라고 하였다.

사이에서 뵈었다."라고 하였으니, 이해의 封禪에 父子가 모두 참여하지 않았던 것이 분명한데, 〈封禪書〉의 後論에서는 스스로 수행하였다고 하였으니,[6] 수행한 것은 바로 그 5년 뒤에 한 번 시행하였던 봉선인가? 자장의 말에, "배우기를 좋아하고 깊이 생각하여 마음으로 그 뜻을 아는 이가 아니라면, 견해가 얕고 과문한 이에게 말해주기 어렵다."[7]라고 하였으니, 그렇다면 자장의 글을 읽는 사람이 그 말한 바의 뜻을 구하지 않아서야 되겠는가.

所記群祀는 惟太畤后土二祠를 自著其名하고 而寓其意於篇末曰 五는 寬舒之祠라하니 示太畤后土二祠而外에 皆寬舒成之요 而已不與其議也라 獨其自序曰 奉使適反하여 見父於河洛之間이라하니 則是歲封禪에 其父子皆未與가 明矣어늘 而封禪書後論에 則自謂從行이라하니 豈所從者는 乃其後五年一修之封與아 子長之言曰 非好學深思하여 心知其意면 難爲淺見寡聞者道라하니 然則讀子長之書者가 不求其所以云之意가 可乎아

6) 〈封禪書〉의……하였으니 : ≪史記≫ 권130 〈太史公自序〉의 마지막의 司馬遷의 논평에 "나는 황제를 따라 巡狩하면서 天地의 여러 신과 名山大川에 제사 지내고 또 봉선에도 참여하였다.〔余從巡祭天地諸神名山川而封禪焉〕"라고 한 말이 보인다.

7) 배우기를……어렵다 : 이 말은 ≪史記≫ 권1 〈五帝本紀〉의 마지막에 실린 司馬遷의 논평에 보인다.

20. 또 〈太史公自序〉의 뒤에 씀　又書太史公自序後*

*이 글은 方苞가 ≪史記≫ 〈太史公自序〉를 읽고서 적은 것으로, 총 두 편 중에 두 번째 편이다. 이 글에서 방포는 〈태사공자서〉가 司馬遷의 家傳에 해당하는 앞부분과 ≪사기≫를 지은 뜻을 서술한 뒷부분으로 나뉜다고 하면서, 褚少孫이 ≪사기≫를 보완하면서 태사공이라는 말을 마음대로 추가하여 본래의 뜻을 어지럽혔다고 비판하였다.

≪史記≫의 世表[1)]에 '太史公讀'이라고 한 것은 그 아버지(司馬談)를 가리킨 것이다. 그러므로 자기를 일컬을 때에는 '余讀'이라 하여 구별하였으니, 그 밖의 書와 傳[2)]의 篇首 및 중간에 '太史公曰'이라고 표한 것은 褚少孫[3)]이 망령되이 더 넣은 것이다. 그러므로 모든 篇 중에 이 네 글자를 없애야 글이 올바르게 되어 서로 이어진다.

史記世表曰太史公讀者는 **謂其父也**라 **故**로 **於己所稱**에 **曰余讀以別之**하니 **其他書傳篇首及中間標以太史公曰**은 **則褚少孫之妄耳**라 **故**로 **凡篇中去此四字**라야 **文正相續**이라

다만 이 篇의 '先人有言'이라고 한 부분은[4)] 윗글과 서로 이어지지 않으니, 살펴보건대 본래 두 편이었던 듯하다. 前篇은 司馬遷의 家傳이니, 그 아버지가 ≪史記≫를 論定하여 편차를 하고자 함에 사마천이 太史令이 되어서 石室金匱[5)]의 책을 뽑아 서술하고 편집했다. 그 선대에 대대로 天官을 관장하였는데 사마천이 〈太史令이

---

1) 史記의 世表 : 表에 해당하는 글들로, ≪史記≫ 권13의 〈三代世表〉로부터 권22의 〈漢興以來將相名臣年表〉까지를 말한다.

2) 書와 傳 : ≪史記≫의 書 8편과 列傳 70편을 가리킨다.

3) 褚少孫 : 前漢의 역사학자이다. 博士를 지냈으며, 司馬遷이 세상을 떠난 뒤에 ≪史記≫의 전승 과정에서 흩어진 10편을 ≪漢書≫의 기록에 근거하여 보완하였다.

4) 다만……부분은 : ≪史記≫ 권130 〈太史公自序〉의 중간에 '太史公曰先人有言'이라고 한 부분을 가리킨다. 이때의 太史公은 司馬遷을, 先人은 사마천의 부친인 司馬談을 가리킨다.

5) 石室金匱 : 돌로 지은 집과 금으로 만든 상자라는 뜻으로, 漢나라의 藏書閣을 뜻한다.

되어서〉 天曆을 바꾸고 明堂에서 반포하는 儀禮를 거행하였으니,[6] 傳에서 말한 일이 끝났다.

後篇은 글을 지은 뜻을 스스로 서술한 것이다. 黃帝로부터 시작하여 올라가서 그 大體를 通論한 것은 ≪詩經≫의 大序와 같고, 130편에 각각 몇 마디 말을 달아놓은 것은 ≪시경≫의 小序와 같다. 〈本紀〉에서 12번 '著'라고 한 것은 그 아버지가 분류한 조목이고, 그 나머지에서 '作'이라고 한 것은 자신이 논하여 실은 것이다. 이를 통틀어 "태사공의 책에 서문을 쓴다."라고 한 것은 이 책은 바로 아버지의 책이므로 자신이 감히 專有하지 못함을 밝힌 것이다.

그 本傳에 "청컨대 선조들이 정리해놓은 옛날의 기록들을 모두 논하여 감히 빠뜨리지 않도록 하겠습니다."라고 하였으므로 태사공의 책에 서문을 씀을 이미 마침에 특별히 이로써 그 뜻을 게시한 것이다. 다시 "나는 黃帝 이래로 太初 연간에 이르기까지 130편을 하나하나 서술하였다."라고 한 것은 대체적인 숫자를 편의 마지막에 달아놓은 것이 衛霍의 列傳[7]에서 단지 左方兩大將軍 및 裨將들의 이름을 표시해둔 것과 같다.

褚少孫이 首尾에 '太史公曰'을 더하고 중간에 壺遂에게 답할 때와 李陵의 禍를 만났을 때에 아울러서 '太史公'이란 세 글자를 더하여[8] 마침내 世表에서 칭한 '太史公讀'으로 하여금 거의 누구인지 알 수 없고, 이 篇에 서술한 말과 뜻이 애매하여 식별할 수 없게 하였다. 무릇 이 篇은 사마천의 家傳이다. 그러므로 그 아버지에게 있어서 처음에 이름을 일컫고 그 뒤로는 관작으로 바꾸었으니, 다시 자신을 관작으로 칭하여 그 아버지와 섞이게 하는 것이 가하겠는가? 이 때문에 저소손이 더하

6) 사마천이……거행하였으니 : ≪史記≫ 권130 〈太史公自序〉에 "太史公이 세상을 떠난 지 3년 뒤 遷은 太史令이 되어서 사관의 기록과 石室, 金匱의 책들을 읽기 시작했다. 5년 뒤인 太初 원년(B.C. 104) 11월 甲子 초하루 동지, 天曆을 비로소 바꾸어서 明堂에서 아뢰어 儀禮를 거행하여 여러 신들이 제향을 받았다.〔卒三歲而遷爲太史令 紬史記石室金匱之書 五年而當太初元年 十一月甲子朔旦冬至 天曆始改 建於明堂 諸神受紀〕"라고 하였다. 天曆을 바꾼 것은 새로운 달력인 太初曆을 반포하였음을 뜻한다.

7) 衛霍의 列傳 : 衛霍은 漢 武帝 때의 명장인 衛青과 霍去病을 일컫는다. 이들의 열전은 ≪史記≫ 권111 〈衛將軍驃騎列傳〉에 보인다.

8) 중간에……더하여 : ≪史記≫ 권130 〈太史公自序〉에 "上大夫 壺遂가 '예전에 孔子는 왜 ≪春秋≫를 지었습니까?'라고 물었는데, 太史公이 말하였다.〔上大夫壺遂曰 昔孔子何爲而作春秋哉 太史公曰〕"라고 한 부분과, "이에 ≪사기≫를 論次하였다. 7년 뒤에 태사공이 李陵의 禍를 만나 감옥에 갇혔다.〔於是論次其文 七年而太史公遭李陵之禍 幽於縲紲〕"라고 한 부분을 가리킨다.

여 바꾸었음을 알 수 있는 것이다.

惟是篇先人有言은 與上不相承하니 蓋按之本二篇也라 其前篇은 遷之家傳也라 其父欲論次史記러니 而遷爲太史令하여 紬石室金匱之書요 其先世世掌天官이러니 而遷改天曆하고 建於明堂하니 則傳之辭事畢矣라 後篇은 則自述作書之指也라 自黃帝始以上하여 通論其大體는 猶詩之有大序也요 百三十篇各繫數言은 猶詩之有小序也라 本紀十二曰著者는 其父所科條也요 餘書曰作者는 己所論載也라 總之曰爲太史公書序者는 明是書乃其父之書라 而己不敢專也라 其本傳曰 請悉論先人所次舊聞하여 不敢闕이라하다 故로 序書既終에 而特以是揭其義焉이라 其覆出余述歷黃帝以來至太初而訖百三十篇은 蓋擧其凡計하여 綴於篇終이 猶衛霍列傳에 特標左方兩大將軍及諸裨將名耳라 自少孫於首尾加太史公曰하고 而中答壺遂及遭李陵之禍에 竝增太史公三字①하여 遂使世表稱太史公讀者로 幾不辨爲何人하고 而是篇所述로 辭指曖昧하여 不可別白이라 夫是篇은 遷之家傳也라 故로 於其父에 始稱名하고 而繼則以爵易焉이어늘 乃復自稱爵하여 以混於其父可乎아 此以知爲少孫所增易也라

① ≪漢書≫ 〈司馬遷傳〉에 "10년 후에 李陵의 禍를 만났다."라고 하였다.
漢書에 十年而遭李陵之禍라하다

옛 책의 篇帙이 이미 거짓되고 혼란해졌는지라, 학자가 백세의 뒤에서부터 억측에 의거하여 결정하니 믿을 것은 그 속에 있는 뜻을 찾을 수 있는 것일 따름이다. 그러나 세상의 선비들이 전해진 것에 함닉된 지 오래되었으니, 그 뜻을 아는 이를 과연 아침저녁 사이에 만날 수 있겠는가?[9)]

古書篇帙이 既有僞亂이라 學者從百世下하여 憑臆以決之하니 所恃者는 義意有可尋耳라 然이나 世士溺於所傳이 舊矣니 知其解者를 果可以旦暮遇之耶아

9) 과연……있겠는가 : ≪莊子≫ 〈齊物論〉에 "만세가 지난 뒤라도 한 번 이를 이해하는 대성인을 만나게 된다면, 이는 마치 아침저녁 사이에 만나는 것과 같다.〔萬世之後而一遇大聖 知其解者 是旦暮遇之也〕" 했는데, 천재일우의 기회를 만난 것처럼 다행으로 여긴다는 뜻이다.

21. 石齋 黃公[1]의 手札에 대한 跋　跋石齋黃公手札*

*이 글은 黃道周와 喬可聘이 주고받은 14편의 서찰에 붙인 跋文이다. 이 글에서 方苞는 벼슬할 때나 은거할 때나 황제에게 陳言하기를 그치지 않은 황도주의 꼿꼿한 면모를 기술하고, 崇禎帝가 小人輩를 腹心의 자리에 두고 황도주와 같은 忠良을 멀리한 것을 애석하게 여겼다.

公이 寶應 사람 喬侍御[2]에게 보낸 手札 14편이다. 그중 12편은 모두 짤막한 서찰이니, 崇禎 15년(1642)에 수자리 살던 곳에서 다시 召命을 받고 도성으로 들어가 아침저녁으로 주고받은 말이다. 말이 긴 것이 2편인데, 이때는 公이 병을 稱託하여 남쪽으로 돌아가자 越中의 諸賢이 學舍를 짓고 公을 머물게 하여 講學하고 질문하는데 侍御가 때마침 巡按御史가 되어 왔으니, 하나는 그 처음 도착하여 안부를 물은 서찰에 답한 것이요, 하나는 장차 御史의 일을 復命하고자 하는 일로 특별히 보낸 것이다.

公與寶應喬侍御手札이 **十有四**라 **其十有二**는 **皆短札**이니 **乃崇禎十五年**에 **自戍所**로 **復召入都**하여 **晨夕往復語也**라 **長言者二**니 **時則引疾南還**에 **越中諸賢**이 **築學舍**하고 **留公講問**이어늘 **而侍御適爲巡按**하니 **一答其始至通問之書**요 **一將以使事反命而特致之**라

公이 莊烈愍帝(崇禎帝)를 섬길 때를 상고해보건대 陳言하고 命에 답한 것이 어느 것 하나 황제의 마음과 서로 어긋나지 않는 것이 없었고, 두세 執政이 魏忠賢[3]이

1) 石齋 黃公 : 明나라 말기의 학자이자 관리인 黃道周(1585~1646)를 이른다. 황도주는 字가 幼元·螭若이며, 石齋는 그 號이다. 明나라 멸망 이후 福王이 옹립되자 禮部尙書가 되었고 복왕이 체포된 후에도 唐王을 받들어 明나라 황실을 재건하기 위해 힘쓰며 스스로 淸軍과 싸웠으나 패하여 죽었다.

2) 寶應 사람 喬侍御 : 喬侍御는 明나라 말기의 관리인 喬可聘(1589~1675)을 이른다. 교가빙은 字가 君徵이고, 號가 聖任이다. 侍御는 御史를 뜻하는 말로, 교가빙은 天啓 2년(1622) 進士가 되어 中書舍人에 제수되고 관직이 河南道監察御史에 이르렀다. 寶應은 楊州府 寶應縣으로, 교가빙이 이곳 출신이다.

이전에 쓰던 방법[4]을 본받아 자신들과 의견이 다른 사람을 극력 배척하였다. 그리하여 公은 세 번 나아갔다가 세 번 쫓겨나 廷杖[5]을 맞은 것이 80대요 鎭撫司[6]로 移獄되어 고문을 당한 것이 네 차례였다.

하루아침에 죄수 명부에서 벗어나서는 政事의 得失과 君子와 小人의 消長에 대하여 무릇 보고 들은 바가 있으면 마음을 함께하는 이들과 바로잡을 것을 생각하지 않음이 없었고, 몸을 이끌고 물러나 높은 바위 깊은 계곡 속에 종적을 감추어서도 民生의 疾苦와 吏治(지방관의 다스림)의 번잡하고 가혹함과 軍事가 계책을 잃은 것과 權臣이 君主를 그르치는 것에 대하여 몸은 局外에 있으면서도 오히려 벗에게 요구하여 반드시 陳言하게 하여 군주가 한 번 깨닫기를 바랐으니, 대개 군자의 本性은 마음에 뿌리를 두고 있어서[7] 스스로 그만두지 못하는 것이 이와 같다.

考公之事莊烈愍帝컨대 **陳言對命**이 **無一不與帝心相違**요 **二三執政**이 **祖魏忠賢故知**하여 **力排異己**라 **公三進三逐**하여 **廷杖八十**이요 **移獄鎭撫司**하여 **考掠者四**러라 **一朝而脫囚籍**하여는 **則於政事之得失**과 **君子小人之消長**에 **凡有見聞**이면 **無不與同心者**로 **思所以挽正**하고 **及引身以退**하여 **匿跡於巉巖深谷之中**하여도 **而民生之苦病**와 **吏治之煩苛**와 **軍事之失圖**와 **柄臣之誤主**를 **身在局外**로되 **猶責其友以必言**하여 **而冀君之一寤**하니 **蓋君子所性**이 **根於心**하여 **而不能自已者**가 **如此**하니라

아아, 莊烈愍帝는 國勢가 傾覆되던 때에 帝位를 계승하여 한 시대의 忠良한 신하

---

3) 魏忠賢 : 1568~1627. 明나라 熹宗에서부터 毅宗 때까지의 환관으로, 희종의 총애를 업고 전횡을 일삼고 악행을 자행하였다. 東林黨을 탄압하여 국정을 擅斷하다가 의종 때 탄핵을 받고 자살하였다.

4) 이전에……방법 : 원문은 '故知'로, 이전부터 사용한 방법이나 계략을 뜻하는 故智와 같은 말이다. ≪史記≫ 권45 〈韓世家〉에 "秦王은 반드시 張儀의 故智를 본받을 것이다.〔秦王必祖張儀之故智〕" 하였는데, ≪史記集解≫에서 徐廣의 말을 인용하여 "故智는 이전의 謀計와 같다.〔猶前時謀計也〕" 하였다.

5) 廷杖 : 明나라 때 황제가 官員에게 내린 酷刑 가운데 하나로, 殿陛 아래에서 朝臣을 곤장 치는 것이다.(≪明史≫ 권95 〈刑法 3〉)

6) 鎭撫司 : 明나라 황실의 親衛軍인 錦衣衛에 소속된 기구로서, 황제가 결정한 사안을 전담하여 刑部의 사법 절차를 거치지 않고 직접 감찰, 체포, 行刑, 처결할 수 있었다.

7) 君子의……있어서 : ≪孟子≫ 〈盡心 上〉에 "君子의 本性은 仁義禮智가 마음에 뿌리를 두고 있는지라 그 드러나는 빛이 환하게 얼굴에 나타나고 등에 넘쳐흐른다.〔君子所性 仁義禮智 根於心 其生色也 睟然見於面 盎於背〕" 하였다.

들이 비록 자기의 비위를 거슬러서 이들을 몹시 미워하였으나 우연히 感發한 바가 있으면 幡然히 생각을 바꾸어 그 사람을 가까이하고 일을 맡기지 않은 적이 없었다.

그러나 결국에 公과 念臺 劉公[8] 같은 분은 충성을 다하는 데 뜻이 있었으나 충성을 바칠 길이 없었던 데서 가로막혔고, 孫文正[9]과 盧忠烈[10] 같은 분은 죽음을 무릅쓰고 떨쳐 일어나는 데 뜻이 있었으나 목숨을 던질 적절한 때가 아니었던 데서 곤액을 당했으니, 이는 모두 질시하는 신하들이 연이어 腹心의 자리를 차지하였고, 그 술수의 변화가 다단하여 東과 西의 方面을 바뀌게 할 수 있는지라 人主가 스스로 옮겨가면서도 깨닫지 못하였기 때문이다.

이와 같은 자들[11]을 내쳐서 유배하지는 못할망정 도리어 더불어 아침저녁으로 측근에 두고 깊은 대화를 나누었으니, 비록 태평성세를 당해서도 禍亂의 階梯를 아니 낳지 못할 것인데, 하물며 어려운 상황이 이미 이루어진 뒤임에랴. 聖人이 ≪周易≫에 繫辭를 달 때 "患難이 풀리는 것은 그 징험이 小人이 물러감에 있다."라고 하되 六五에서 말하였으니,[12] 天位에 있는 자가 마음에 새겨 생각하지 않을 수 있겠는가.

嗚呼라 **莊烈愍帝**는 **嗣位於國勢傾危之日**하여 **一時忠良**이 **雖觸忤憎惡**나 **偶有感發**이면 **未嘗不**

8) 念臺 劉公 : 明나라 말기의 경학가이자 문장가인 劉宗周(1578~1645)를 이른다. 유종주는 初名이 憲章이고, 字가 起東이며, 念臺는 그 號이다. 萬曆 29년(1601) 進士가 되고, 右通政으로 魏忠賢을 탄핵하다가 削籍되어 귀향하였다. 이후 진퇴를 거듭하다 弘光帝가 監國할 때 복직하여 馬士英과 高傑 등을 탄핵하였으나 받아들여지지 않자 사직하였다. 南明의 도읍이 함락된 뒤 단식하다가 23일 만에 죽었다.

9) 孫文正 : 明나라 말기의 관리이자 武將인 孫承宗(1563~1638)을 이른다. 손승종은 字가 稚繩이고, 號가 愷陽이며, 文正은 그 諡號이다. 혁혁한 공로를 세워 兵部尙書, 太子太傅 등을 지냈으나 魏忠賢의 시기를 받아 벼슬을 그만두고 낙향했다. 崇禎 11년(1638) 淸軍이 대거 공격할 때 高陽을 지키다가 전 가족이 戰死하였다.

10) 盧忠烈 : 明나라 말기의 관리이자 武將인 盧象昇(1600~1639)을 이른다. 노상승은 字가 建斗이고, 號가 九臺이며, 忠烈은 그 諡號이다. 進士 출신으로 저명한 將帥이기도 하여 淸兵의 침범을 여러 차례 물리쳤으며, 兵部尙書를 역임하였다. 1639년 淸軍에 포위되어 전사하였다.

11) 이와 같은 자들 : 원문은 '如而夫者'로, '而夫'는 '此人'이나 '若人'과 같은 말이다. ≪莊子≫ 〈列禦寇〉에 "이와 같은 자는 一命으로 임명되면 거만해져 남의 말을 따르지 않는다.〔如而夫者 一命而呂鉅〕" 하였는데, 劉淇는 ≪助字辨略≫에서 "而夫는 若人이라는 말과 같다.〔而夫 猶云若人〕" 하였다.

12) 聖人이……말하였으니 : ≪周易≫ 解卦 六五爻辭에 "君子가 풀어버림이 있으면 吉하니 小人에게서 징험함이 있다.〔君子維有解 吉 有孚于小人〕"라 하고, 그 〈象傳〉에 "군자가 풀어버림이 있음은 소인이 물러가는 것이다.〔君子有解 小人退也〕"라 하였다.

幡然易慮하여 而親之任之也라 然이나 卒之에 如公如念臺劉公은 志在竭忠이로되 而窮於效忠之無路하며 如孫文正如盧忠烈은 志在奮死로되 而扼於投死之非時하니 皆由媢嫉之臣이 相繼而居腹心之地요 其術百變하여 能使東西易面이라 人主自爲轉移而不覺耳라 如而夫者를 不能放流요 乃與之朝夕深言於帷幄하니 雖當平世라도 猶不能無生亂階온 況屯難已成之後乎아 聖人繫易에 謂難之解는 驗在小人之退라하되 而於五發之하니 位乎天位者가 可不服念哉아

22. 熊偕呂의 遺文에 대한 序　熊偕呂遺文序*

*이 글은 方苞가 77세 때인 乾隆 9년(1744)에 지은 것이다. 이 글은 山西 壽陽 令을 지낸 熊偕呂의 八股文에 대한 서문으로, 방포는 가족의 새 묘역을 구하는 데 도움을 준 웅해려의 아들 熊又昌의 부탁으로 이 글을 썼다. 방포는 이 글에서 권력자에게 아부하지 않고 원칙을 지킨 웅해려의 품성과 수양현을 잘 다스린 治績을 서술하는 한편, 그가 오랫동안 科擧 공부에만 몰두하였고 부임한 지 얼마 되지 않아 세상을 떠나 뜻을 펴지 못한 것에 대한 안타까움을 드러냈었다.

내가 사방을 다니면서 당대의 사대부들과 왕래한 시일이 오래됨에 비로소 歐陽公(歐陽脩)이 말한 '한 세상 동안 부지런히 힘써 문장에 마음을 다하는 자'[1)]는 세상에 조금도 손익이 없어서 있으나마나 한 존재이니 참으로 슬퍼할 만하다는 것을 알게 되었다. 그래서 중년 이후로는 항상 처신이 구차하지 않고 실제에 소용이 있는 사람을 남몰래 구하였다.

余客游四方하여 **與當世士大夫**로 **往還日久**에 **始知歐陽公所云 勤一世以盡心於文字者**는 **於世毫無損益而不足爲有無**하니 **洵足悲也**라 **故**로 **中歲以後**로 **常陰求行身不苟而有濟於實用者**라

雍正 元年(1723)에 川陝總督 年羹堯[2)]가 대궐에 들어가 황제를 알현할 때 이르는 곳마다 院司와 提·鎭[3)]이 모두 과도한 예로써 높이고 공경하였다.[4)] 당시에 山

---

1) 한……자 : 歐陽脩가 〈送徐無黨南歸序〉에서 "지금 배우는 자들은 옛 성현의 불후함을 사모하면서도 한 세상 동안 부지런히 힘써 문장에 마음을 다하지 않는 자가 없으니 이는 모두 슬퍼할 만하다.〔今之學者 莫不慕古聖賢之不朽 而勤一世以盡心於文字間者 皆可悲也〕"라고 하였다.

2) 年羹堯 : 1679~1726. 청나라의 名將으로, 자는 亮工이고 호는 雙峰이며 安徽 鳳陽府 懷遠 사람인데 후에 漢軍 鑲黃旗에 소속되었다. 康熙 39년(1700)에 進士가 되었고 四川總督, 川陝總督을 역임하였다. 康熙帝 사후에 隆科多와 함께 雍正帝의 擁立에 중요한 역할을 하였다. 雍正 元年(1723)에 太保, 三等公에 봉해졌다. 이후 撫遠大將軍이 되어 靑海의 羅卜藏丹津을 평정한 공으로 一等公까지 올랐으나 옹정제의 견제를 받아 賜死되었다.

3) 提·鎭 : 提는 提督을 가리키며, 鎭은 總兵의 별칭이다.

西 壽陽令[5])이 술과 음식을 진설하되 한결같이 역참의 옛 상례를 지켜 연갱요가 당도했다는 전갈[6])이 분분히 이르자 혼자 나아갔던 사실을 다투어 전하였다. 연갱요 또한 남다르게 여겨 그 성명을 물으니 江西 安義의 熊應璜 偕呂[7])였으니, 그해에 처음 進士로 출신하여 관리에 임용되었다.

부임하여서 즉시 八卦를 본떠 경내를 구획하여 九宮[8])을 만들고, 사방의 면적을 각각 계산하고 사람들이 모여드는 곳을 골라 社倉[9]) 하나와 義學[10]) 하나를 설치하되 中央은 곱절로 두 개를 설치하였다. 흉작과 세금에 백성들이 거처를 멀리 떠나지 않고 젊은이와 노인이 서로를 스승 삼아 친하고 화목하였다. 구역 안에 다섯 가호씩 묶어 서로 보호하고 규찰하니 도적과 사특한 백성이 거주해서 살 곳이 없고 도망쳐 숨을 곳이 없었다.

1년 만에 정사가 잘 행해져 향리와 교외에 개가 도둑을 보고 짖는 경계[11])가 없었으니, 아! 이것이 ≪周官≫의 比·閭·族·黨·州·鄕의 법[12])이고, 朱子가 '學校·教養·德行·道藝·選擧·爵祿·宿衛·征伐·師旅·田獵을 합하여 모두 한

---

4) 대궐에……공경하였다 : 연갱요는 전공을 많이 세워 옹정제의 총애를 받았으므로 교만하였다고 한다. 入覲할 때 總督 李維鈞과 巡撫 範時捷이 길에 꿇어앉아 전송하였고 京師에 도착해서는 辟除하여 행인에게 길을 양보하게 하였다고 한다.(≪清史稿≫ 列傳82 〈隆科多 年羹堯〉)

5) 壽陽令 : 壽陽은 山西省 동쪽의 縣이다. 雍正 2년(1724)에는 山西省 平定州에 소속되었다.

6) 당도했다는 전갈 : 원문은 '傳呼'로, '喝道'와 같은 말로 고관이 당도하면 큰소리로 외치며 알려서 일반인의 통행을 금지하는 것이다.

7) 熊應璜 偕呂 : 熊應璜은 康熙 44년(1705)에 鄕試에 합격하였고, 57년(1718)에 戊戌科에 第三甲으로 합격하였다.(≪江西通志≫ 권56 〈選擧8〉)

8) 九宮 : 易術에서 말하는 아홉 개의 방위로, 離·艮·兌·乾·坤·坎·震·巽 여덟 개의 궁에 中央宮을 더한 것이다.

9) 社倉 : '義倉'과 같은 말로, 흉년의 피해를 막기 위해 지방에 설치한 곡식 창고이다.

10) 義學 : 일반 민중을 위해 지방에 설치한 초급 학교로, 康熙 41년(1702) 처음 설립된 뒤로 정부의 적극적인 장려책으로 전국적으로 세워졌다.

11) 개가……경계 : 도적이 침입하는 소란을 말한다. ≪漢書≫ 〈匈奴傳贊〉에서 "3대 동안 개가 짖는 경계가 없었고 백성들은 군역을 지지 않았다.〔三世無犬吠之警 黎庶亡幹戈之役〕"라고 한 데서 나왔다.

12) ≪周官≫의……법 : 比·閭·族·黨·州·鄕은 周나라 때 지방의 호적을 편제한 각 단위로서, 향리의 이웃을 결속하여 서로 돕게 만든 제도이다. ≪周禮≫ 〈地官 大司徒〉에 "다섯 집이 比가 되어 서로 보호하게 하고, 5비가 閭가 되어 서로 맞아들이게 하고, 4여가 族이 되어 서로 喪葬을 돕게 하고, 5족이 黨이 되어 서로 구제하게 하고, 5당이 州가 되어 서로 구휼하게 하고, 5주가 鄕이 되어 서로 대우하게 한다.〔五家爲比 使之相保 五比爲閭 使之相受 四閭爲族 使之相葬 五族爲黨 使之相救 五黨爲州 使之相賙 五州爲鄕 使之相賓〕"라고 하였다.

가지 일로 만든다.'라고 한 것[13)]이다. 이 법이 시행되었다면 사람마다 그 거처를 편안히 여기고 그 업을 지키며 그 분수를 지키고 그 일을 받들어 천하가 평안해질 것인데, 군은 1년이 지나 官舍에서 죽었다.

雍正元年에 **川陜總督年羹堯入覲**할새 **所至**에 **院司提鎭**이 **皆過禮以崇敬**이라 **一時爭傳山西壽陽令供具**호되 **一守驛站故常**하여 **傳呼紛至**하니 **則獨身前往**이라 **羹堯亦異之**하여 **問其姓名**하니 **則江西安義熊應璜偕呂也**니 **是年**에 **始以進士出試用**이라 **到官**에 **卽象八卦**하여 **區境內爲九宮**하고 **各計廣輪**하고 **擇走集支湊之地**하여 **設社倉一義學一**하되 **中央倍之**하니 **凶荒賦粟**에 **不遠其居**하고 **少長相師**하여 **以親以睦**이라 **區中聯伍**하여 **相保相糾**하니 **盜賊奇衺之民**이 **居無所容**하고 **竄無所匿**이라 **期月政行**하여 **鄕郊無犬吠之警**하니 **嗚呼**라 **此周官比閭族黨州鄕之法**이요 **朱子所謂合學校敎養德行道藝選擧爵祿宿衛征伐師旅田獵而共爲一事者**라 **此法行**이면 **則人人安其居宿其業**하며 **守其分承其事而天下平矣**어늘 **乃君踰年而卒於官**하다

나는 화란[14)]을 겪은 후에 先祖와 亡兄弟를 다시 터를 잡아 安葬했으니, 다시 지하수가 壙中으로 흘러드는 것 때문에 관을 꺼내 매장한 것이었다. 乾隆 7년(1742)에 致仕하고 고향에 돌아오니, 余生 煛(희)가 江西에서 와서 나를 위해 묘역을 구하였고, 8년 가을에 또 나의 벗 魏方伯 愼齋를 통하여 熊秀才 又昌을 알게 되었다. 물어보니 壽陽君의 아들이었다.

이로 인하여 군의 평소 행실을 상세히 알게 되었으니, 그 진퇴와 取捨는 반드시 옛날의 의리로 스스로 단속하였다. 오랫동안 과거에 급제하지 못하자 房師[15)] 아무개가 수백 금을 주어 捷徑을 따르게 하였으나, 수양군은 굳이 사양하며 받아들이지 않았다. 관리가 되어서는 전임 수령을 위해 밀린 부채를 맡아 자기의 가산을 덜어내었고, 관직에서 물러나 집에 있을 때에는 앞장서서 廬溪의 제방을 복원하여 30여 리를 윤택하게 하니 50년이 되도록 가뭄과 장마에 곤란을 겪지 않았다.

---

13) 朱子가……것 : 朱熹가 "옛사람들은 學校·敎養·德行·道藝·選擧·爵祿·宿衛·征伐·師旅·田獵이 모두 다만 하나의 일로서 모두 하나의 이치이다.〔古人學校敎養德行道藝選擧爵祿宿衛征伐師旅田獵 皆只是一項事 皆一理也〕"라고 한 것을 가리킨다.(≪朱子語類≫ 권86)

14) 화란 : 方苞가 康熙 50년(1711)에 戴名世의 ≪南山集≫에 서문을 썼다가 筆禍 사건에 연루되어 투옥되고 노예 신분으로 강등된 사건을 가리킨다. 2년 뒤 면죄를 받아 복권되었다.

15) 房師 : 淸代의 鄕試와 會試의 시험관이다. 각자 방을 나누어 따로 試卷을 열람했기 때문에 '방사'라고 한다.

아! 처신이 구차하지 않고 재주가 실제에 쓰이는 것은 군이 거의 여기에 가까울 것이다. 내가 동시대에 살면서도 그 사람을 한번 보아 흉중에 쌓인 뜻을 다 말하지 못하는 것이 애석하다.

余難後에 先祖及亡兄弟를 再卜葬하니 再以陰流入壙起厝(조)러라 乾隆七年에 告歸하니 余生㷆가 至自江西하여 爲余求兆域하고 八年秋에 又因吾友魏方伯愼齋而得熊秀才又昌이라 叩之하니 則壽陽君之子也라 因是具悉君之生平하니 其進退取與는 必以古義自繩이라 久困公車에 房師某가 畀數百金하여 使由捷徑이나 君固辭不受러라 及當官하여는 則爲前令任宿負하여 以毁其家요 其家居에는 倡復廬溪堰하여 潤三十餘里하니 垂五十年에 不困於旱潦라 噫라 行身不苟而才濟於實用은 君其庶幾乎인저 惜乎吾與生同時而不得一見其人하여 罄其胸中所蘊蓄也라

彭蠡湖圖

熊又昌은 뜻이 크고 기개가 드높아 부친의 풍모가 있어, 나를 위하여 三江과 彭蠡[16]의 험한 길을 건너 4천여 리를 왕복하여 해를 연이어 두 차례 온 뒤에야 묘역을 얻는 일이 이루어졌다.

그가 돌아가려 할 적에 수양군의 制義[17]를 꺼내 서문을 청하였다. 펼쳐서 보았더니 그 근원은 그 鄕先生 陳際泰 공과 章世純 공[18]에게서 나와 조금 그 격조를 변화시킨 것이었다. 대개 수양군이 오랫동안 科場에 있으면서 歐陽公이

16) 三江과 彭蠡 : 三江은 江西에서 합류하는 贛江, 撫河, 信江이다. 彭蠡는 江西 豫章郡에 있는 鄱陽湖를 가리킨다. 세 강이 합류하는 곳을 三江口라고 하는데, 삼강구의 물이 파양호로 흘러 들어간다.

17) 制義 : 과거시험의 문제인 八股文, 즉 時文을 말한다. 아래의 制藝도 같다.

18) 鄕先生……章世純 공 : 鄕先生은 致仕한 뒤 향리에 사는 노인을 일컫는 말이다. 陳際泰(1567~1641)와 章世純(1575~1644)은 모두 江西 臨川 출신으로 萬曆 말년에 時文의 변혁을 자임하였다. 여기에 艾南英과 羅萬藻를 더하여 '臨川四家'라고 일컫는다.

'시속을 따른다.'라고 한 것[19]을 參用하지 않을 수는 없었으나, 성질의 강직함과 지식의 넓고 깊음이 이따금 辭氣의 밖으로 약동하여 드러났으니 그 속에 쌓인 뜻을 숨기지 못한 것이다.

그러나 군이 經史와 古文에 돈독히 뜻을 두었으나 모두 책을 이루지 못하고 남아 있는 것은 制藝뿐이고, 공의 높은 명망으로 ≪周官≫의 정치와 교화에 원대한 뜻을 두었으나 한 고을 안에서도 정사를 이루지 못했으니, 그 글에 서문을 쓰면서 일찍이 책을 덮고 여러 번 탄식하지 않은 적이 없었다.

又昌은 偶儻有父風하여 爲余涉三江彭蠡之險하여 往反四千餘里하여 連歲再至而後有成事라 將歸에 出君制義請序라 發而視之하니 其源出於其鄉先生陳章諸公而小變其格調니 蓋君久於場屋하여 不得不參用歐公所謂順時者로되 而性質之耿介와 智識之閎深이 時躍露於辭氣之外하니 則其積於中者를 不可掩也라 然이나 以君之篤志經史古文으로도 皆未克成書하고 而所存惟制藝요 以君高望으로 遠志於周官之治敎하되 而不獲成政於一邑之間하니 序其文에 未嘗不掩卷而三歎也라

19) 歐陽公이……것 : 歐陽脩가 〈與荊南樂秀才書〉에서 "대저 時文은 비록 浮薄하고 工巧하다고 하나 그 공부는 또한 쉽지 않습니다. 나는 천품이 좋지 못하여 억지로 공부했습니다. 그러므로 당시 세상 사람들이 지은 것에 비하면 더욱 잘 지은 것이 아니었습니다. 그러나 이미 祿仕를 취하고 명예를 훔칠 수 있었던 것은 時俗을 따랐기 때문이었습니다.〔夫時文 雖曰浮巧 然其爲功亦不易也 僕天資不好而彊爲之 故比時人之爲者 尤不工 然已足以取祿仕而竊名譽者 順時故也〕"라고 한 것을 가리킨다.

23. 〈巖鎭曹氏女婦貞烈傳〉의 序　巖鎭曹氏女婦貞烈傳序*

*이 글은 歙縣 曹晉袁이 자신의 집안의 貞烈을 지킨 부인들에 대해 기록한 傳에 方苞가 지어준 序文이다. 방포는 이 글에서 역사를 돌아보면 程子가 부인이 절개를 지켜야 함을 주장하고 난 뒤부터 부인들이 失節을 수치로 알아 교화된 것이므로, 정자의 功이 크다고 하였다.

歙縣 曹晉袁이 그의 高祖와 曾祖 이하로 멀고 가까운 친족 중 宗婦로서 貞烈을 지킨 이를 전한 것이 45人인데, 曹氏의 여인으로서 再嫁를 허락하였으나 정절을 지켜서 죽을 때까지 과부로 지내면서 변고를 만나 의리를 지키다 죽은 이가 13人이다.

내가 살펴보니, 婦人으로서 정절을 완전하게 지킨 이는 六經에 실린 衛나라 共姜[1]과 紀나라 叔姬[2] 두 사람뿐이다. 周나라 이전에는 부인이 改嫁하는 것을 잘못으로 여기지 않았고, 남자 또한 재가한 사람을 수치로 여기지 않았다. 齊 桓公이 少姬에게 노하자 아직 부부의 관계를 끊지는 않았는데 蔡人이 그녀를 재가시켰고,[3] 郤犫가 〈魯나라에 와서〉 아내를 구하자 魯人이 施氏의 아내를 빼앗아 주었

---

1) 衛나라 共姜 : 春秋時代 때 衛나라 세자 共伯의 아내로, 공백이 일찍 죽어 과부가 되자 그 부모가 개가시키려 하였으나, 듣지 않고 〈柏舟詩〉를 지어 죽음으로 절개를 지킬 것을 맹세하였다.(≪詩經≫ 〈鄘風 柏舟〉)

2) 紀나라 叔姬 : 春秋時代 紀나라의 절개를 지킨 여인이다. ≪春秋左氏傳≫ 魯 莊公 12년 조에 "莊公 12년 봄 周王 3월에 紀나라 叔姬가 酅로 돌아갔다.〔十有二年春王三月 紀叔姬歸于酅〕"라고 하였는데, 이에 대해 杜預의 注에 "紀侯가 나라를 버리고 外國으로 가서 죽자, 숙희가 魯나라로 돌아왔다가 紀季가 齊나라의 附庸國이 되어 자신을 안정시킨 뒤에 숙희는 다시 紀나라로 돌아가서 節義를 온전히 지켜 婦道를 잘 마쳤으므로 紀에 매어 기록하여 처음 출가하는 것처럼 글을 만들었으니, 이는 숙희를 훌륭하게 여긴 것이다.〔紀侯去國而死 叔姬歸魯 紀季自定於齊而後歸之 全守節義以終婦道 故繫之紀而以初嫁爲文 賢之也〕"라고 하였다.

3) 齊 桓公이……개가시켰고 : 齊 桓公에게 王姬·徐嬴·蔡姬 등의 부인이 있었는데, 少姬는 그중에 채희를 가리킨다. 제 환공이 채희에게 노하여 그를 蔡나라로 돌려보냈으나 부부의 관계를 끊지 않았는데, 蔡人이 채희를 개가시킨 것을 말한다. ≪春秋左氏傳≫ 魯 僖公 3년 조에 "齊侯가 채희와 囿에서 뱃놀이를 할 때 채희가 제 환공이 탄 배를 흔드니, 환공은 겁에 질려 얼굴빛이 변하여 그러지 말라고 禁止하였으나, 듣지 않았다. 환공이 怒하여 그녀를 채나라로 돌

다.[4] 公侯와 卿族이 이와 같았으니, 다른 이들이 어떠하였을지 알 수 있다.

李斯가 秦나라를 찬송함에 비로소 "자식을 두고서 재가하면 죽은 이를 저버리고 정절을 지키지 못한 것이네. 妻가 도망가서 재가하면 자식이 어머니로 삼을 수 없는 것이네."라는 글이 있었으니,[5] 이전에는 敎化와 禁令이 미치지 못하였던 것이다.

歙縣曹晉袁이 **傳其高曾以下遠近宗婦貞烈者**가 **四十有五人**이니 **曹氏之女**로 **許嫁而守貞**하여 **終世爲嫠**하여 **遭變而死義者**가 **十有三人**이라 **余觀婦人以節完者**는 **六經所著衛共姜紀叔姬兩人而已**라 **蓋自周以前**으로 **婦人不以改適爲非**하고 **男子亦不以再嫁者爲恥**라 **齊桓怒少姬**에 **未絶之也**어늘 **而蔡人嫁之**요 郤犨**求婚**에 **魯人爲奪施氏婦**하니 **公侯卿族如此**하니 **則他可知矣**라 **李斯頌秦**에 **始有有子而嫁**는 **倍死不貞**이라 **妻爲逃嫁**면 **子不得母之文**하니 **蓋前此**는 **非敎禁之所及也**라

일찍이 正史와 천하의 郡縣志를 살펴보니, 부인으로서 정절을 지켜 의리를 지키다 죽은 이를 周·秦 이전에는 가리켜서 셀 수 있는 정도이고, 漢으로부터 唐에 이르기까지의 동안에도 거의 없었으며, 北宋 이후로는 자세히 다 얘기하더라도 시중 드는 하인을 바꿀 정도로 많지는 않다.[6]

려보냈으나 부부의 관계를 斷絶하지는 않았는데, 채인은 그녀를 다른 곳으로 개가시켰다.〔齊侯與蔡姬乘舟于囿 蕩公 公懼變色 禁之 不可 公怒歸之 未之絶也 蔡人嫁之〕"라고 하였다.

4) 郤犨가……주었다 : 春秋時代 晉나라 대부인 郤犨가 魯나라에 아내를 구하자, 聲伯이 施氏에게 주었던 外妹를 빼앗아 극주에게 주었던 것을 가리킨다. ≪春秋左氏傳≫ 魯 成公 11년 조에 "晉나라 극주가 노나라에 와서 聘問하고는 성백에게 아내감을 구해달라고 要求하니, 성백은 시씨에게 주었던 아버지가 다른 누이를 빼앗아 극주에게 주었다. 그때 婦人이 시씨에게 '禽獸도 오히려 제짝을 잃으려 하지 않는데, 당신은 장차 어찌할 생각이오.'라고 묻자, 시씨는 '나는 당신을 지키려다가 殺害되거나 逐出되는 禍를 당할 수 없소.'라고 하니, 부인은 드디어 극주를 따라가서 郤氏에게서 자식 둘을 낳았다. 극씨가 滅亡하자 晉人이 그녀를 시씨에게 돌려주니, 시씨가 黃河에서 그녀를 맞이할 때 그 두 아이를 황하에 던져 죽였다. 부인이 怒하여 말하기를, '당신은 제 아내도 庇護하지 못하고 잃더니, 또 남의 孤兒마저 사랑하지 못하여 저들을 죽였으니, 장차 어찌 끝이 좋을 수 있겠소.'라고 하고서, 드디어 시씨의 아내가 되지 않겠다고 盟誓하였다.〔郤犨來聘 求婦於聲伯 聲伯奪施氏婦以與之 婦人曰 鳥獸猶不失儷 子將若何 曰 吾不能死亡 婦人遂行 生二子於郤氏 郤氏亡 晉人歸之施氏 施氏逆諸河 沈其二子 婦人怒曰 己不能庇其伉儷而亡之 又不能字人之孤而殺之 將何以終 遂誓施氏〕"라고 하였다.

5) 李斯가……있었으니 : 秦 始皇이 巡遊하면서 會稽山에 자신의 공을 새긴 비석을 세웠는데, 이때에 左丞相 李斯가 수행하였다. 그 글을 〈會稽山刻石文〉이라고도 하는데, "有子而嫁 倍死不貞"과 "妻爲逃嫁 子不得母"와 같은 구절들이 실려 있다. 회계산은 浙江 紹興縣 동남쪽에 있는 산이다.(≪史記≫ 권6 〈秦始皇本紀〉)

6) 자세히……않다 : 更僕은 할 말이 많아서 하인을 차례로 교대시키는 것을 말한다. 원문의 '不可更僕'은 여기서는 자세히 다 말하더라도 하인을 교대시킬 정도로 많지는 않다는 뜻이다. 이

夫婦의 의리는 程子에 이른 뒤에 크게 밝아졌으니, 이 이전에는 范文正公과 같이 어진 분으로서도 國恩을 朱氏에게 미루었는데,[7] 정자는 며느리를 아내로 맞아간 사람을 자기 손자의 원수로 여겼다. 失節한 婦人을 아내로 맞이하는 문제를 논하면서 아내를 맞은 그 사람도 실절하는 것이라고 하였고, "굶어죽는 것은 작은 일이고 실절하는 것은 중대한 일이다."라고 한 말[8]을 시골 농부와 저잣거리의 아이도 모두 귀로 익숙하게 들어 알게 되었다. 이로부터 男子들이 대부분 부인의 실절을 수치로 여겨서 이를 증오하고 천하게 여겼으니, 이것이 부인들이 스스로 분발하게 된 까닭일 것이다.

아아, 秦 始皇帝가 禁令을 만든 이래로 역대로 이를 지켜왔으나 교화되는 바는 여전히 드물었는데, 정자의 한마디 말이 이에 우주를 진동하여 백세 이후의 인륜에 관계됨이 이와 같으니, 이는 孔孟과 程朱의 立言의 功이 천지와 더불어 나란히 서서 堯·舜·湯王·文王의 계통을 직접 이은 바인 것이다.

嘗考正史及天下郡縣志하니 婦人守節死義者를 周秦前可指計요 自漢及唐에 亦寥寥焉이요 北宋以降으로는 則悉數之에 不可更僕矣라 蓋夫婦之義는 至程子然後大明이니 前此에는 以范文正公之賢으로도 猶推國恩於朱氏어늘 而程子則以娶其子婦者로 爲其孫之仇라 其論娶失節之婦也에 以爲己亦失節이요 而餓死事小失節事大之言을 則村農市兒가 皆耳熟焉이라 自是以後로 爲男子者가 率以婦人之失節爲羞하여 而憎且賤之하니 此婦人之所以自矜奮與인저 嗚呼라 自秦皇帝設禁令으로 歷代守之로되 而所化尙希러니 程子一言이 乃震動乎宇宙하여 而有關於百世

표현은 본래 魯 哀公이 孔子에게 선비의 행실에 대하여 묻자, 공자가 "갑자기 세자면 그 수를 다 말하지 못하고, 다 세자면 오랫동안 앉아 있어 모시는 하인을 바꾸어도 마칠 수 없습니다.〔遽數之 不能終其物 悉數之 乃留更僕 未可終也〕"라고 대답한 말에서 유래하였다.(≪禮記≫ 〈儒行〉)

7) 范文正公과……미루었는데 : 范文正公은 宋나라 재상 范仲淹(989~1052)으로, 文正은 그의 시호이다. 여기에서 朱氏는 주씨에게 再嫁했다가 돌아온 범중엄의 어머니를 가리킨다. 범중엄은 2세에 부친을 여의어 생계가 어려워진 어머니가 주씨에게 재가하였는데, 따라가서 주씨의 姓을 따랐다가 후에 本姓으로 돌아왔다.

8) 失節한……말 : ≪二程遺書≫ 권22하에 "'과부는 이치상 아내로 맞아서는 안 될 듯하니, 어떻습니까?'라고 묻자, '그렇다. 무릇 아내를 맞이함은 자신의 배필로 삼는 것이다. 만약 정절을 잃은 사람을 배필로 삼으면 자신이 절개를 잃는 것이 된다.'라고 하였다. 또 '혹 가난하고 궁핍하여 의탁할 곳이 없는 과부가 있다면 재가할 수 있습니까?'라고 묻자, '이는 단지 후세에 추위와 굶어죽는 것을 두려워하기에 이런 말이 있게 된 것이다. 그러나 굶어죽는 것은 매우 작은 일이고, 절개를 잃는 것은 매우 중대한 일이다.'라고 하였다.〔問孀婦於理似不可取如何 曰然 凡取以配身也 若取失節者以配身 是己失節也 又問或有孤孀貧窮無託者 可再嫁否 曰 只是後世怕寒餓死 故有是說 然餓死事極小 失節事極大〕"라고 한 내용이 보인다.

以下之人紀若此하니 此孔孟程朱立言之功이 所以與天地參而直承乎堯舜湯文之統與인저

黔과 越에 猺民이 있는데, 女子가 許婚하면 집을 떠나 들에 가서 아이를 가진 뒤에야 시집간다. 그렇게 하지 않으면 부모가 거두어주지 않고 남편의 집안에서 맞이하지 않으니, 이 어찌 本性이 다르기 때문이겠는가. 또한 습속에 물든 것일 뿐이다. 나라의 禁令을 엄히 신칙하여 聖賢의 가르침으로써 깨우치면 어찌 마침내 바뀌지 않는다는 보장이 있겠는가? 내가 晉袁이 서술한 바를 인하여 고금의 禮俗의 변화가 그 펼쳐짐에 단서가 있고 이루어짐에 漸次가 있음에 느낀 바가 있어서 이와 같이 갖추어 논하였다. 또 이로써 진원이 이 글을 지은 것이 또한 장차 世教에 도움이 될 것이니, 단지 曹氏의 광영일 뿐만이 아님을 드러낸다.

黔越有猺民焉하니 女子許嫁하면 則去其家而適野하여 有身然後歸라 匪是면 則父母不收하고 夫家不迎也니 豈其性殊與아 亦習所蔽耳라 使嚴中國禁하여 而開以聖賢之教하면 安知其不可終革乎아 吾因晉袁所述하여 有感於古今禮俗之變이 其發有端하고 其成有漸하여 而備論之如此요 又以見晉袁之爲此가 亦將有輔於世教니 而非徒爲曹氏之光榮也라

24. 余西麓[1])을 보내는 序 送余西麓序*

*이 글은 方苞가 繼母를 봉양하기 위해 고향으로 돌아가는 벗 余華瑞에게 준 送序이다. 여화서는 어려서 생모를 여의고 계모의 손에 자랐으나 계모에 대한 효성이 지극하고 이복형제와의 우애가 돈독했던 방포의 벗이다. 이 글에서 방포는 여화서의 모자 관계를 風範으로 예찬한 한편, 이로써 ≪春秋公羊傳≫의 '母弟稱弟說'이 잘못된 설명임을 역설하였다.

옛날에 公羊氏(公羊高)가 經書를 해설할 때 잘못되고 어긋난 곳이 많지만, 그나마 다행히도 道에 뚜렷이 어긋나 사람들을 미혹하지는 못하되 인습한 나머지 잘 살피지 못하는 것으로 母弟(同腹弟)에 관한 설명[2])만 한 것이 없다. 그러므로 程子가 이를 辨正하여 "母弟라고 말한 것은 嫡庶를 구별하기 위함이니, 嫡子가 죽으면 모제가 다음으로 즉위하기 때문이요 그 사이에 親疏가 있다는 말이 아니다."라고 하였다.[3])

무릇 ≪春秋≫에서 兄弟라고 쓴 것은 아직 爵位가 없었기 때문에 親屬 간의 호칭을 써서 公子로서 大夫가 된 자들과 구별한 것일 뿐이니, 어찌 이를 통하여 그 어미가 같은지 다른지를 알 수 있겠는가. 정자가 깊이 辨正하지 않은 것은 다만 당시 세간의 미혹된 바를 풀어주려 했을 뿐 經의 本義에 대해서는 상세히 설명할 겨를

---

1) 余西麓 : 余華瑞를 이른다. ≪鶴徵後錄≫에 따르면 여화서는 江南 歙縣 출신으로 西麓은 그 字이며, 方苞가 內閣學士로 있을 때 여화서를 천거하였다고 한다. 그 외 자세한 행적은 미상이다.

2) 母弟(同腹弟)에……설명 : ≪春秋≫ 隱公 7년 조에 "齊侯가 그 아우 年을 보내어 聘問하였다.〔齊侯使其弟年來聘〕"라고 하였는데, 이 經文에서 年을 公子로 칭하지 않고 아우라고 칭한 이유에 대해 ≪春秋公羊傳≫ 권3에서 "아우라고 칭한 것은 어째서인가? 母弟를 弟라 칭하고 母兄(同腹兄)을 兄이라 칭하기 때문이다.〔其稱弟何 母弟稱弟 母兄稱兄〕"라고 설명한 것을 이른다.

3) 程子가……하였다 : ≪程氏經說≫에 "先儒의 母弟에 관한 설명은 대개 禮文에 嫡子의 同母弟를 세운다는 말이 있음에 말미암은 것이다. 동모제라고 말한 것은 대개 적자임을 이른 것일 뿐 同母兄弟가 더 친하다고 여긴 것은 아니다. 만약 동모형제가 더 친하다고 여겼다면 이는 사람의 도리를 모르고 禽獸의 道에 가까워지는 것이다.〔先儒母弟之說 蓋緣禮文有立嫡子同母弟之說 其曰同母弟 蓋謂嫡爾 非以同母爲加親也 若以同母爲加親 是不知人理 近於禽道也〕" 하였다.

이 없었기 때문이다.

昔公羊氏之說經也에 其謬戾多矣나 然이나 猶幸顯悖於道하여 不足以惑人이로되 而習而不察者는 莫如母弟之說이라 故로 程子辨之하여 以謂母弟者는 所以別嫡庶니 嫡死則母弟以次立이요 非謂有疏戚於其間也라하니라 夫春秋之以兄弟書者는 以其未有爵列이라 故로 以其屬稱으로 用別於公子之爲大夫者耳니 曷由知其母之同異哉아 程子所以不深辨者는 徒以解時俗之所惑이요 而於經之本義에 有不暇詳焉耳라

내가 보고 들은 바로는, 무릇 前母의 아들이 後母에 대해서나 후모가 전모의 아들에 대하여 한결같이 所生과 같이 보는 경우는 열에 두셋도 보지 못하였고, 異腹형제의 우애가 돈독하여 틈이나 의심이 없는 경우는 열에 두셋도 보지 못하였다. 자식으로 말하면 그 아비를 무시하는 셈이 되고, 어미로 말하면 그 지아비를 무시하는 셈이 되니, 어찌 人道의 極變이 아니겠는가. 그런데도 서로 因習하여 常例가 되었으니, 생각하지 않음이 심하도다.

自吾有聞見으로 凡前子之於母와 後母之於子에 一視如所生者는 十不二三得焉이요 異母之兄弟가 篤愛而無間疑者는 十不二三得焉이라 自子言之하면 則爲不有其父요 自母言之하면 則爲不有其夫니 豈非人道之極變哉아 而相習爲故常하니 甚矣라 其不思也여

나의 벗 여서록은 博學하고 문장을 잘하여 명성이 고을을 뒤덮는데 젊어서는 일찍이 한 번도 京師에 이르지 않더니 예순이 가까운 나이에 홀연 와서 노닐었다. 내가 그 까닭을 묻자, 서록이 말하기를 "옛날에는 내게 아우가 있어서 장사를 하여 우리 부모님을 봉양할 수 있었습니다. 나는 이 덕분에 밖으로 부모님을 떠나지 않을 수 있었는데, 우리 아우가 죽고 집안이 영락하여 아버지를 장사 지내지 못하고 어머니를 봉양할 수 없었으므로 고생 끝에 이곳에 이르렀습니다." 하였다.

내 집에서 묵은 지 1년이 넘도록 무릇 봄가을 서리와 이슬이 내릴 때면 그 아우를 애통해하지 않은 적이 없고, 비가 오고 바람이 불거나 춥거나 더울 때면 그 어머니를 걱정하지 않은 적이 없었다.

하루는 나에게 장차 남쪽으로 돌아가려 한다고 告하며 말하기를 "내 누이동생의 남편이 죽었습니다. 내가 돌아가지 않으면 우리 어머니의 병이 발작할 것입니다."

라고 하기에, 인하여 그 집안의 일을 물어서 비로소 서록이 어려서 모친을 잃었는데 後母가 자신이 낳은 자식이나 다름없이 그를 보살폈고, 서록도 그 아우와 누이동생에 있어서 생을 마칠 때까지 틈이나 의심이 없었다는 것을 알게 되었다.

무릇 옛날에 효자로 일컬어진 이들은 자애롭지 못한 후모 때문에 孝行이 드러난 경우가 많았는데, 西麓의 孝行은 도리어 자애로운 후모 때문에 드러나지 못했으니, 이는 그 母子가 모두 風範이 될 만하기에 그 떠나는 길에 마침내 글로 드러내고, 아울러 "母弟를 弟라 한다."라는 설명이 곧 公羊氏의 잘못된 말이요 ≪春秋≫에는 본래 이러한 뜻이 없음을 밝힘으로써 程子가 언급하지 않은 바를 보완하노라.

吾友余西麓은 博學有文하여 名稱蓋州部로되 而少壯未嘗一至京師러니 近六十에 忽來游라 叩之한대 曰 昔吾有弟하여 能服賈以養吾親이라 吾是以로 能不離親於外也러니 吾弟死而家落하여 父不能葬하며 母無以養이라 故로 顚頓至此라하다 館於余逾年토록 凡春秋霜露에 未嘗不痛其弟也하며 風雨寒暑에 未嘗不念其母也러니 一日에 告余將南歸하여 曰 吾女弟之夫가 死라 吾不歸면 吾母疾將作矣라하여늘 因叩其家事하여 始知西麓少失母러니 母撫之가 不異於所生하고 而西麓之於弟妹에 亦終其身토록 無間疑호라 夫古稱孝者는 多以後母之不慈而彰이어늘 而西麓之孝는 乃以母之慈而隱하니 是其母子皆可風也일새 於其行也에 遂見(현)於文하고 兼著母弟曰弟가 乃公羊氏之過言이요 而春秋本無此義하여 以補程子之所不及云하노라

25. 淳安 方文輈에게 주는 序　贈淳安方文輈序*

*이 글은 方苞가 同族인 方文輈를 전송하며 쓴 서문이다. 방포는 이 글에서 三代 이후로 시대가 지날수록 문장이 쇠미해지기는 하였으나, 문장의 성쇠는 시대의 추이에 따른 것이 아니라 나라의 교화와 개인의 노력 여하에 달린 것이므로 지금에도 古文을 회복할 수 있다는 文章觀을 드러내었다. 그리고 방문주에게 파면되어 물러나게 된 것을 기회로 삼아 더욱 고문에 매진할 것을 당부하였다.

문장이 전해지는 것이 시대가 내려감에 따라 낮아지니 옛날로는 반드시 돌아갈 수 없다고 여기는 것은 미혹된 생각이다. 모든 사물의 技巧는 후세에 이르러 더욱 精妙해지니 마음을 다하여 完善하기를 추구할 뿐이다. 그렇다면 도덕과 문예가 쇠미해지는 것은 그 이유를 알 수 있다.

文章之傳이 **代降而卑**하니 **以爲古必不可復者**는 **惑也**라 **百物技巧**는 **至後世而益精**하니 **竭心焉以求其善耳**라 **然則道德文術之所以衰者**는 **其故可知矣**라

周나라 때에는 문장에 통달하지 않은 사람이 없었으니, 기록에 보이는 바로는 노복이나 하인도 閑雅한 말을 구사하였다. 蘇秦[1)]이 성공한 뒤에 蘇代와 蘇厲[2)]가 비로소 市籍[3)]에서 벗어나 제후에게 유세하였으니, 문장의 웅건함은 후세의 宿學이 미치지 못하였다.

대개 夏·商·周 三代의 태평성대에 글을 배울 줄 모르는 사람은 없었으니, 비

1) 蘇秦 : 戰國時代의 遊說家로 燕·魏·齊·趙·楚·韓 6국이 힘을 합쳐 秦나라에 대항하는 合從策을 주장하여 후에 6국의 재상이 되었다. 이후 張儀의 連衡策에 밀려 실패하고 齊나라 대부에게 미움을 사 살해당하였다.(≪史記≫ 권69 〈蘇秦列傳〉)

2) 蘇代와 蘇厲 : 蘇秦의 동생으로, 소진이 縱橫說을 성공시키는 것을 보고 따라 배웠다. 소진이 죽은 뒤에, 소대와 소려가 제후들을 찾아가 유세가로 활동하였다.(≪史記≫ 권69 〈蘇秦列傳〉)

3) 市籍 : 商人의 호적으로, 시적에 기록된 상인과 그 자손은 관리가 될 수 없었고 服役의 의무가 있었다.

록 農·工·商賈라도 어렸을 때는 진실로 塾師와 里門의 가르침[4]을 받았고 그중 우수한 백성으로서 士가 될 수 있는 자는 학교[5]에 모여 ≪詩≫·≪書≫를 비롯한 六藝[6]를 전수받아 天·地·人 三才와 만물의 이치를 궁구하고 스승과 벗을 통해 점차 琢磨하게 하는 것이 항상 수십 년이었다. 그러므로 학문이 깊은 자는 性命의 이치를 알 수 있고, 그 여력이 문장에 드러난 것 또한 충실하고 빛나니 후세 사람들이 미칠 수 있는 것이 아니었다.

周時에는 **人無不達於文**하니 **見於傳者**는 **隸卒厮輿**도 **亦能雍容辭令**이러라 **蘇秦旣遂**에 **代厲始脫市籍**하여 **馳說**(세)**諸侯**하니 **而文辭之雄**은 **後世之宿學**이 **不能逮也**라 **蓋三代盛時**에 **無人而不**(無)〔知〕[7]**學**하니 **雖農工商賈**라도 **其少也**에 **固嘗與於塾師里門之敎矣**요 **至秀民之能爲士者**하여는 **則聚之庠序學校**하여 **授以詩書六藝**하여 **使究切於三才萬物之理**하고 **而漸摩於師友者**가 **常數十年**이라 **故**로 **深者**는 **能自得其性命**하고 **而飆流餘談之發於文辭者**도 **亦充實光輝**하니 **而非後世所能及也**라

漢나라의 문장은 武帝 시대가 끝나면서 쇠미하였으니, 비록 유능한 자라도 氣象이 나약하였다. 대개 周나라 사람이 남긴 학문을 老師와 宿儒가 전한 것이 이에 이르러 땅을 쓸어낸 것처럼 다 사라졌다. 이때 이후로 古文의 학문이 수백 년마다 한 번 흥기하였으니, 唐·宋 시대에 전해지는 諸家가 이런 경우이다. 東漢과 南宋은 학자들이 訓詁만 專攻하였기 때문에 의리에는 밝았으나 문장까지 잘하지는 못하였다.

문장이 더욱 쇠미해진 것은 明나라의 시대였으니, 唐·宋 시대의 학자들이 비록 詩賦와 論策과 같은 말단을 좇았으나 취하여 배운 것은 오히려 넓었다. 그래서 하루아침에 배우던 것을 버리고 고문을 하더라도 힘을 쓸 수 있는 바탕이 있었다. 그런데 明나라 시대에는 오로지 五經과 四書의 글에만 힘쓰니, 그 구호는 정당하

4) 塾師와……가르침 : 옛날에는 家마다 塾, 黨에는 庠을 두어 백성을 가르치고, 배울 능력이 없어 농부가 된 자에게는 三老가 里門에 앉아 예절을 가르쳤다고 한다.(≪二程遺書≫ 권17)

5) 학교 : 원문의 '庠序學校'는 중국 고대의 교육기관이다. 周나라 때는 庠, 商나라 때는 序, 夏나라 때는 校였고, 學은 三代가 모두 동일했다.(≪孟子≫ 〈滕文公 上〉)

6) 六藝 : 고대에 학생을 교육하던 6가지 과목인 禮·樂·射·御書·數를 가리키기도 하나, 여기서는 儒家의 經傳인 ≪詩≫·≪書≫·≪禮≫·≪樂≫·≪易≫·≪春秋≫ 六經을 말한다.

7) (無)〔知〕 : 저본에는 '無'로 되어 있으나, ≪方苞集≫(上海古籍出版社, 1983)에 의거하여 '知'로 바로잡았다.

지만 사람들이 하나의 經書만 가지고서 어렸을 때부터 장성할 때까지 공부하여, 뛰어나고 민첩한 기운이 모두 時文에 소모된 뒤에야 餘力으로 고문을 하니, 스스로 수립하지 못하는 것이 마땅하다.

이로 말미암아 보건대 문장의 성쇠는 한결같이 위에서 가르치는 바와 아래에서 배우는 바가 그렇게 된 까닭이 있었던 데 달린 것이지, 시대에 따라 오르내리는 것이 아니다.

漢之文은 **終武帝之世而衰**하니 **雖有能者**라도 **氣象薾然**이라 **蓋周人遺學老師宿儒之所傳**이 **至是而掃地盡矣**라 **自是以降**으로 **古文之學**이 **每數百年而一興**하니 **唐宋所傳諸家是也**라 **漢之東**과 **宋之南**은 **其學者專爲訓詁**라 **故**로 **義(禮)〔理〕**[8]**明**이나 **而文章**은 **則不能兼勝焉**하고 **而其尤衰**는 **則在有明之世**하니 **蓋唐宋之學者**가 **雖逐於詩賦論策之末**이라 **然**이나 **所取尙博**이라 **故**로 **一旦去爲古文**이라도 **而力猶可藉也**러니 **明之世**는 **一於五經四子之書**하니 **其號則正矣**어니와 **而人占一經**하여 **自少而壯**하여 **英華果銳之氣**가 **皆敝於時文而後**에 **用其餘以涉於古**하니 **則其不能自樹立也**가 **宜矣**라 **由是觀之**컨대 **文章之盛衰**는 **一視乎上之所以敎**와 **下之所以學**이 **各有由然**이요 **而非以時代爲升降也**니라

周나라가 쇠망한 뒤로 唐나라에 이르기까지 학문이 황폐해지고 도가 막힌 것이 거의 천 년이었는데, 昌黎 韓子(韓愈)가 나와 마침내 秦·漢을 능가하고 周나라 사람을 계승하였으니, 학문에 힘쓰고 문장을 지은 방법이 그 글에 갖추어진 것을 살펴서 알 수 있다. 그렇다면 지금의 사람이 만약 한자의 학문을 배울 수 있다면 어찌 한자의 문장을 짓지 못하겠는가.

夫自周之衰로 **以至於唐**히 **學蕪而道塞**이 **近千歲矣**러니 **及昌黎韓子出**하여 **遂以掩迹秦漢**하고 **而繼武於周人**하니 **其務學屬文之方**이 **具於其書者**를 **可按驗也**라 **然則今之人**이 **苟能學韓子之學**인댄 **安在不能爲韓子之文哉**리오

나의 同姓으로서 淳安縣에 사는 方文輈[9]가 時文으로 천하에 이름이 났다. 그는

---

8) (禮)〔理〕: 저본에는 '禮'로 되어 있으나, ≪方苞集≫(上海古籍出版社, 1983)에 의거하여 '理'로 바로잡았다.

9) 方文輈: 方楘如(1680~?)로, 자가 若文 또는 文輈, 호는 樸山 또는 藥房이다. 方士穎의 아들

三代와 兩漢의 글을 어렸을 때부터 익혔는데 進士가 되어서는 한결같이 古文을 하였다. 그는 벼슬길에 처음 나가자마자 좌절을 겪었으니 사람들이 모두 그의 나이가 젊고 힘이 강한 것을 아까워하지만, 나는 홀로 하늘이 장차 그의 길을 열어주어 고문에서 얻는 바가 있게 할 것이라고 여긴다. 앞서 배운 학문이 바탕이 될 만하고 뒤에 남은 시간이 넉넉하니, 내 말을 듣는다면 속히 돌아가 힘쓸 바에 종사할 수 있을 것이다.

吾同姓在淳安者曰文輈가 以時文名天下하니 其於三代兩漢之書에 童而習焉이러니 及成進士하여는 則一以爲古文이라 其仕也에 始出而顚하니 人皆惜其年力之盛强이로되 吾獨謂天將開之하여 而使有得於古也라하니 其前之學有可藉요 而後之爲時也寬이라 聞吾言이면 可以速歸而從所務矣라

이다. 康熙 54년(1706) 進士가 되어 豐潤知縣을 지냈다. 젊은 시절 毛奇齡에게서 수학했으며 敷文書院 등에서 강학하였다. 方舟, 方苞와 함께 '三方'으로 일컬어졌다.

26. 李雨蒼을 보내는 序　送李雨蒼序*

*이 글은 지방관으로 떠나는 벗 李雨蒼에게 준 送序이다. 그가 方苞의 사람됨과 문장을 깊이 인정하였던 것을 서술하고서, 글을 읽고서 부족한 점이 있으면 비평해줄 것을 당부하였고, 또 지방관으로서 직무에 힘써서 당분간 문장은 접어둘 것을 권하였다.

永城 李雨蒼이 힘써 배워서 古文을 공부하여 諸經으로부터 그 외에 周·秦 이래의 문장가를 두루 보아서 신중히 취하였다. 무릇 世敎와 人心과 政法에 무익한 것은 문장이 비록 훌륭하더라도 반열에 끼워주지 않았고, 말이 온당하더라도 그 사람이 옳아야 했다. 그러므로 비록 揚雄과 같은 대가라 하더라도 수록하지 않았으나, 과분하게도 나의 글은 끼워 넣어주었다. 나는 본디 雨蒼의 아우 畏蒼과 사귀었는데, 우창이 당세의 문장을 사사로이 논할 적에 나를 빼고는 취할 만한 사람이 없다고 하였으나, 守選[1]한 지 1년이 넘어가도록 그 아우를 인하여 교분을 통하지 않았다.

永城李雨蒼이 力學治古文하여 自諸經而外에 徧觀周秦以來之作者而愼取焉이라 凡無益於世敎人心政法者는 文雖工이라도 弗列也요 言當矣라도 猶必其人之可라 故로 雖揚雄氏라도 無所錄이나 而過以余之文次焉이라 余故與雨蒼之弟畏蒼交러니 雨蒼私論竝世之文할새 舍余요 無所可로되 而守選踰年에 不因其弟以通也러라

雍正 6년(1728)에 建寧府의 知府의 직임을 승계하는 일로 京師에 왔고, 또 해가 넘도록 끝내 소식을 듣지 못하였다. 나는 이를 인하여 그 사람됨이 반드시 독실하여 自新하여서 구차하게 다른 사람을 기쁘게 하지 않는 이임을 알고서 비로소 소개를 거치지 않고서 찾아갔으니, 한번 만나봄에 오래 사귄 벗과 같았다. 나의 周官에 대한 글[2]을 읽어보고는 즉시 그 하던 일을 멈추고서 손수 베껴 썼다.

---

1) 守選 : 選用되기를 기다리는 것을 말한다.

2) 나의……글 : 方苞의 저술로 ≪周官集注≫ 13권, ≪周官析疑≫ 36권, ≪周官辯≫ 1권 등이 있다.

떠날 날이 머지않아 이어서 보기가 어렵겠기에 굳이 나에게 글을 지어달라고 청하였다. 내가 생각건대 古人이 벗을 사귄 것은 장차 유익함을 구하고자 하였던 것이니, 우창은 내가 그를 유익하게 하기를 바라지만, 그는 무엇으로 나를 유익하게 해줄 것인가? 옛날에 道術을 공부하는 사람은 배운 바가 다르면 서로 덮어서 그 옳음을 보지 않고, 배운 바가 같으면 서로 덮어서 그 그름을 보지 않았으니, 내 바라건대 우창은 내 글을 좋아한다고 하여 그 그름을 숨기지 말지어다.

雍正六年에 **以建寧守承事**로 **來京師**하고 **又踰年終不相聞**이라 (合)〔余〕[3]**因是意其爲人必篤自信而不苟以悅人者**하고 **乃不介而過之**하니 **一見如故舊**라 **得余周官之說**하고 **時輟其所事而手錄焉**이라 **以行之速**으로 **繼見之難**일새 **固乞余言**이라 **余惟古之爲交也**는 **將以求益也**니 **雨蒼欲余之有以益也**어니와 **其何以益余乎**아 **古之治道術者**는 **所學異則相爲蔽而不見其是**하고 **所學同則相爲蔽而不見其非**하니 **吾願雨蒼好余文而毋匿其非也**라

古人은 관직을 맡아 그 뜻을 행할 수 있다면 저술하는 바가 없었다. 우창이 관직에 복무함에 비록 역력하게 聲譽와 功績이 드러났으나, 天子를 위하여 큰 고을을 지킬 때에 강역이 千里이고, 새벽에 세수하고 머리 감고서 동틀 무렵에 일을 보고 백성을 다스릴 때에 한 번 움직이고 한 번 말하는 것에 모두 世教과 人心과 政法의 興廢가 달렸으니, 한 생각이라도 周密하지 못하고 한 가지 일이라도 酬應하지 못하면 배운 바가 이 때문에 무너질 것이다. 그대는 맡은 바에 전심할 것이요, 문장에 있어서는 잠시 그만두는 것이 옳다.

古之人이 **得行其志**면 **則無所爲書**라 **雨蒼服官**에 **雖歷歷著聲績**이나 **然**이나 **爲天子守大邦**에 **疆域千里**요 **昧爽盥沐**하고 **質明而涖事臨民**에 **一動一言**이 **皆世教人心政法所由興壞也**니 **一念之不周**하고 **一物之不應**이면 **則所學爲之虧矣**라 **君其併心於所事**요 **而於文則暫輟**이 **可也**라

3) (合)〔余〕: 저본에는 '合'으로 되어 있으나, ≪方望溪先生全集≫에 의거하여 '余'로 바로잡았다.

27. 孫以寧[1])에게 보낸 편지 與孫以寧書*

*이 편지는 方苞가 48세 때인 康熙 54년(1715)에 孫用楨에게 보낸 것이다. 이 편지를 보내기에 앞서 방포는 손용정의 요청을 받아 그 曾祖父 孫奇逢의 傳을 지었는데, 이 편지에서 방포는 글을 지을 때 虛實과 詳略을 헤아리는 도리에 대하여 자세히 논하는 한편 손기봉의 傳을 지을 때 주안을 둔 부분을 직접 설명하였다.

옛날에 歸震川(歸有光)은 일찍이 발자취가 鄕里를 벗어나지 못하여 보고 들은 바에 기록할 만한 기특한 節操와 위대한 행실이 없음을 스스로 한스럽게 여겼습니다. 명을 받들어 孫徵君(孫奇逢)을 위해 傳을 지으니,[2]) 이는 제 문장이 그에 의탁하여 무게를 더하게 되는 것이니 감히 저의 어리석은 마음을 다하지 않을 수 있겠습니까.

보여주신 바 諸賢이 손징군의 事迹을 論述한 것은 모두 요체를 얻지 못하였습니다. 대개 그 大體가 세 단락을 벗어나지 않으니, 講學의 宗旨와 師友의 淵源을 상세히 서술하거나 평생의 義俠한 사적을 일일이 열거하거나 門牆이 넓고 커서[3]) 海內에 우러러 사모하는 자가 많음을 성대하게 칭송하였습니다. 이 세 가지는 모두 손징군의 지엽적인 사적이니, 세 가지가 상세하면 손징군의 뜻과 사업은 잘 드러나지 않습니다.

昔에 **歸震川嘗自恨足跡不出里閈**하여 **所見聞**이 **無奇節偉行可紀**러라 **承命**하여 **爲徵君作傳**하니 **此吾文所託以增重也**니 **敢不竭其愚心**가 **所示群賢論述**은 **皆未得體要**라 **蓋其大致**가 **不越三端**하니

1) 孫以寧 : 孫用楨(1662~1750)이다. 房山 출신으로, 以寧은 그 字이다. 康熙 59년(1720)에 擧人이 되어 禹州와 許州의 學正을 지내고 府學敎授에 올랐다. 방포가 〈孫徵君傳〉으로 立傳한 孫奇逢의 曾孫이다. 저서에 ≪緘齋集≫, ≪四書醒義≫가 있다.

2) 명을……지으니 : 方苞가 지은 〈孫徵君傳〉을 가리킨다. 〈손징군전〉은 본서에 수록되어 있다.

3) 門牆이 넓고 커서 : 門牆은 師門을 뜻하는 말로, ≪論語≫ 〈子張〉의 "夫子의 담은 높이가 몇 길이라 문으로 들어가지 않고서는 宗廟의 아름다움과 百官의 많음을 볼 수 없다.〔夫子之牆數仞不得其門而入 不見宗廟之美百官之富〕"라는 子貢의 말에서 왔다. 문장이 넓고 크다는 것은 곧 門生과 弟子가 많다는 뜻이다.

或詳講學宗指及師友淵源하고 或條擧平生義俠之迹하고 或盛稱門牆廣大海內嚮仰者多라 此三者는 皆徵君之末迹也니 三者詳에 而徵君之志事隱矣라

옛날에 글 짓는 법에 밝았던 이들은 기록한 사적이 반드시 그 사람의 규모와 서로 맞았으니, 太史公(司馬遷)이 陸賈의 傳을 지을 때 그 노비와 재물을 나누어준 일은 자질구레한 것까지 다 기록하였거니와[4] 만약 〈蕭相國世家〉와 〈曹相國世家〉에서도 그 治積을 낱낱이 열거하였다면 글자를 비록 10배를 더하여도 다 기술할 수 없었을 것입니다. 그러므로 일찍이 〈留侯世家〉에서 글 쓰는 이치를 드러내어 말하기를 "留侯가 조용히 上과 천하의 일을 말한 것이 매우 많지만 천하의 存亡과 관계된 바가 아니므로 드러내지 않는다."라고 하였으니,[5] 이는 후세의 글 짓는 선비들에게 虛와 實, 詳과 略을 헤아리는 저울과 자를 명확하게 보인 것입니다. ≪宋史≫와 ≪元史≫ 등의 史書들은 마치 市廛의 장부처럼 샅샅이 기록하여 보는 이로 하여금 끝까지 읽지 못하게 하니, 이러한 도리를 잘 알지 못했기 때문입니다.

古之晰於文律者는 所載之事가 必與其人之規模相稱하니 太史公傳陸賈에 其分奴婢裝資는 瑣瑣者皆載焉이어니와 若蕭曹世家에 而條擧其治績이면 則文字雖增十倍라도 不可得而備矣라 故로 嘗見(현)義於留侯世家하여 曰 留侯所從容與上言天下事가 甚衆이로되 非天下所以存亡이라 故로 不著라하니 此明示後世綴文之士以虛實詳略之權度也라 宋元諸史는 若市肆簿籍하여 使覽者로 不能終篇하니 坐此義不講耳라

孫徵君의 義俠함은 楊漣과 左光斗의 일[6]을 빼면 모두 시골의 자기 지조를 아끼는

4) 太史公(司馬遷)이……기록하였거니와 : 司馬遷의 〈酈生陸賈列傳〉에 陸賈가 다섯 아들에게 200金의 재물을 나누어주어 생업을 마련하게 하면서 자기가 찾아갈 때 잘 대접하면 자신이 가진 寶劍과 車馬, 侍從을 갖게 될 것이라고 말한 일이 자세하게 기록되어 있다.(≪史記≫ 권97 〈酈生陸賈列傳〉)

5) 일찍이……하였으니 : ≪史記≫ 권55 〈留侯世家〉에는 "上과 조용히 천하의 일을 말한 것이 매우 많지만 천하의 존망과 관계된 바가 아니므로 드러내지 않는다.〔所與上從容言天下事甚衆 非天下所以存亡 故不著〕"로 되어 있다.

6) 楊漣과……일 : 楊漣과 左光斗가 환관 魏忠賢의 부함을 입어 廠獄에서 죽었는데, 禍가 자신에게 미칠 것을 염려하여 아무도 나서지 못했으나 孫徵君과 鹿正, 張果中만이 양련과 좌광두를 구원하여 그들의 遺骨이 고향으로 돌아갈 수 있었다. 자세한 내용은 본서에 수록된 〈孫徵君傳〉에 보인다.

자들[7])도 노력해 할 수 있는 바이고, 그 門牆이 넓고 큰 것은 곧 時勢를 헤아리고 자기 역량을 헤아려 감히 孔子와 孟子가 孺悲와 夷之를 거절한 것[8])처럼 하지 못한 것이니 부득이한 일이었으며, 학문 강론에 이르러서는 저술한 것이 잘 갖춰져 있습니다. 그러므로 모두 채택하여 傳에 쓰지 않고 그 大略만 虛寫[9])하였습니다.

옛날에 歐陽公(歐陽脩)이 尹師魯(尹洙)의 墓誌를 지었을 때 심지어 글로써 스스로 변명하기까지 하였고,[10]) 韓退之(韓愈)가 李元賓(李觀)의 墓誌를 지은 것은 지금까지도 너무 소략하지 않은가 여기는 자들이 있습니다.[11]) 그러나 이원빈은 나이가 채 서른이 되지 못하여 그 德이 이루어지지 못했고 功業이 드러나지 않았는데 銘辭에 "재주는 當世에 높고 행실은 古人보다 뛰어났네."라고 하였으니, 이 밖에 오히려 어찌 말할 만한 것이 있겠습니까.

徵君義俠은 **舍楊左之事**면 **皆鄕曲自好者所能勉也**요 **其門牆廣大**는 **乃度**(탁)**時揣己**하여 **不敢如孔孟之拒孺悲夷之**니 **非得已也**요 **至論學**하여는 **則爲書甚具**라 **故**로 **竝弗採著於傳**하고 **而虛言其大略**호라 **昔**에 **歐陽公**이 **作尹師魯墓誌**에 **至以文自辨**하고 **而退之之誌李元賓**은 **至今有疑其太略者**라 **夫元賓**은 **年不及三十**하여 **其德未成**하며 **業未著**어늘 **而銘辭**에 **有曰 才高乎當世**요 **而行出**

---

7) 시골의……자들 : 원문은 '鄕曲自好者'로, 賢者는 못 되지만 자신의 몸가짐을 깨끗이 할 줄 아는 시골 사람을 뜻한다. ≪孟子≫ 〈萬章 上〉에 "자신의 지조를 팔아 그 임금을 성취시키는 것은 鄕黨의 자기 지조를 아끼는 자들도 하지 않는데, 賢者가 이런 짓을 한다고 이르겠는가.〔自鬻以成其君 鄕黨自好者不爲 而謂賢者爲之乎〕" 하였는데, 朱熹의 註에 "自好는 스스로 그 몸을 아끼는 사람이다.〔自好 自愛其身之人也〕" 하였다.

8) 孔子와……것 : ≪論語≫ 〈陽貨〉에 "孺悲가 孔子를 뵙고자 하였는데 공자께서 병이 있다고 거절하셨다.〔孺悲欲見孔子 孔子辭以疾〕" 하였는데, 朱熹의 註에 孺悲는 魯나라 사람으로 일찍이 공자에게 士喪禮를 배웠는데 이때 공자에게 죄를 지은 것이 있었다고 되어 있다. ≪孟子≫ 〈滕文公 上〉에 "墨家의 道를 따르는 夷之가 徐辟을 통해 孟子를 뵙길 구하자, 맹자가 말하하기를 '내 진실로 만나길 원했는데 지금은 내가 아직 병중이라 병이 낫거든 내가 가서 만나볼 테니 이자는 오지 말라.'라고 하였다.〔墨者夷之 因徐辟而求見孟子 孟子曰 吾固願見 今吾尙病 病愈 我且往見 夷子不來〕" 하였다.

9) 虛寫 : 개괄적이고 요약적으로 사적을 기술하는 방식을 말한다. 반대되는 개념인 實寫는 마치 눈앞에서 펼쳐지는 것처럼 구체적으로 사적을 기술하는 방식이다.

10) 옛날에……하였고 : 歐陽脩가 자신의 벗 尹洙의 墓誌를 撰하였는데, 이 묘지를 두고 글의 詳略이 失當하였다는 등 措辭가 맞지 않다는 등 사람들의 비난이 일자, 〈論尹師魯墓誌〉라는 글을 지어 스스로 변명하였다.(≪文忠集≫ 권73 〈尹師魯墓誌〉·〈論尹師魯墓誌〉)

11) 韓退之(韓愈)가……있습니다 : 韓愈가 자신과 同年에 進士가 된 李觀이 29세의 나이로 京師에서 客死하자 그 墓銘을 지었는데, 그 全文이 157字에 불과하여 지나치게 간략함을 불만스럽게 여기는 사람들이 있었다.(≪韓昌黎文集≫ 권6 〈李元賓墓銘〉)

乎古人이라하니 則外此에 尙安有可言者乎아

저의 이 傳이 나가면 지나치게 간략하다고 문제시하는 자들이 반드시 있을 것이니, 이들은 종전에 諸賢이 손징군의 事迹을 論述한 것은 오직 사실을 밝히는 데에만 힘썼기 때문에 사적이 상세할수록 의리는 더 협소해졌음을 알지 못합니다. 지금 나의 傳은 상세한 것을 간략하게 하고 實寫한 것을 虛寫하매[12] 손징군이 마음속에 쌓아둔 바를 言意의 밖에서 더욱 잘 알 수 있을 듯하니, 훗날 家乘에 싣고 史官에게 전달할 때 부디 저것으로 이것을 바꾸지 마십시오. 생각건대 足下께서는 식견이 분명하여 뭇사람의 말에 미혹되지 않으실 것이니, 이는 손징군이 의지할 바입니다. 저의 글에서 더하거나 덜어내지 말고, 별도로 상의하고자 하는 것이 있으면 분명하게 일러주십시오.

僕此傳出에 必有病其太略者리니 不知往者群賢所述이 惟務徵實이라 故로 事愈詳而義愈陿이라 今詳者略하며 實者虛에 而徵君所蘊蓄을 轉似可得之意言之外하니 他日에 載之家乘하고 達於史官에 愼毋以彼而易此하라 惟足下的然昭晰하여 無惑於群言하니 是徵君之所賴也라 於僕之에 無加損焉이요 如別有欲商論者인댄 則明以喩之하라

12) 實寫한……虛寫하매 : 구체적이고 묘사적으로 기술된 사적을 개괄적 서술로 간략하게 기술하였다는 뜻이다.

28. 李剛主[1)]에게 보낸 편지　與李剛主書*

＊이 글은 方苞가 54세 때인 康熙 60년(1721)에 지은 것으로, 李塨의 장남 李習仁의 부음을 듣고 이공에게 보낸 편지이다. 이습인은 방포에게 수학한 적이 있는데, 24세의 나이로 요절하였다. 이 글에서 방포는 이공이 朱子를 비판한 것이 이러한 우환을 초래하였을 수 있다고 말하며, 그에게 평소 저술 가운데 주자를 비판한 대목을 삭제할 것을 권하고 있다.

9월 중에 변새에서 돌아와 편지를 부쳐 문안하였는데 소식이 오래도록 이르지 않더니, 仲冬 보름 이틀 뒤에 어떤 사람이 봉해진 편지를 가져왔기에 열어보니 太夫人의 行狀이었습니다. 아들 章[2)]을 불러 읽게 하였는데 글의 말미에 郎君[3)] 長人의 행장이 붙어 있었으니 놀랍고 애통하여 저녁밥을 먹을 수 없었습니다. 태부인께서 연로하여 考終[4)]하신 것도 어질고 효성스러운 자에게는 오히려 마음을 가누기 어려운 일인데 하물며 장인의 요절이 겹쳤음에 있어서이겠습니까.

李塨

이 아이는 天民 중에 빼어난 사람이요, 그저 李氏 집안만이 믿고 의지할 사람이 아니니, 저 자신을 달랠 수 없는데 어찌 吾兄을 달래드리겠

1) 李剛主 : 淸나라의 학자 李塨(1659~1733)으로, 호는 恕谷이며 剛主는 그 字이다. 直隷 蠡縣 출신이다. 習齋 顔元의 수제자로서 宋明理學에 반대하여 經世致用을 주장하고 實學과 實用을 제창하였다. 안원과 함께 顔李學派로 일컬어진다. 저서에 ≪大學辨業≫, ≪易詩春秋四書傳注≫, ≪恕谷後集≫ 등이 있다.

2) 아들 章 : 方苞의 아들 方道章을 가리킨다.

3) 郎君 : 남의 아들을 높여 부르는 말이다.

4) 考終 : 考終命의 준말로, 제명대로 살다가 편안히 죽는 것을 말한다. ≪書經≫ 〈周書 洪範〉에서는 고종명을 壽·富·康寧·攸好德과 더불어 五福으로 꼽았다.

습니까. 그러나 구구히 말하고자 하는 것이 있으니, 말한다면 제때가 아니어서 오형의 마음을 거듭 상하게 할 것이요, 말하지 않는다면 交友하는 도리에 있어서 不忠이 될 것입니다. 이러한 까닭으로 감히 끝내 말합니다.

九月中에 自塞上歸하여 附書相問이러니 而息耗久不至라가 仲冬望後二日에 或致函封할새 發之則太夫人行述也러라 呼兒章讀之하니 篇終而郎君長人之狀이 附焉이라 驚痛不能夕食이러라 太夫人耄而考終도 在仁孝者에 猶難爲懷어든 況重以長人之夭枉乎아 此子는 天民之秀요 非獨李氏所恃賴也라 僕不能自解어니 豈能爲吾兄解리오 然有區區而欲言者하니 言之則非其時而重傷吾兄之意요 不言則於交友之道爲不忠이라 是以로 敢終布之하노라

≪周易≫에 "거듭된 우레가 震이니 군자가 이것을 보고 두려워하며 수양하고 반성한다"[5]라고 하였습니다. 제가 평생 骨肉들의 우환과 喪事를 당한 것이 거의 보통 사람에게 없는 정도였으니, 슬프고 근심스럽고 위급한 가운데 매번 스스로 생각하기를, 성격이 옹졸하고 말이 경솔하고 방자하여 상서롭지 못한 기운과 실로 감응하여 불러오는 이치가 있다고 여겼습니다. 그런데 吾兄의 순후하고 아름다운 德行으로 만년에 이러한 일을 당하니, 하늘의 道를 말함에 응당 그렇지 않아야 할 점이 있습니다.

易曰 洊雷震이니 君子以하여 恐懼修省하나니라하니 僕平生所遭骨肉閔凶이 殆人理所無라 悲憂危蹙中에 每自念性資迫隘하고 語言輕肆하여 與不祥之氣로 實有相感召之理러니 以吾兄之德行醇懿로 而衰暮罹此하니 語天之道에 有不當然者라

吾兄은 習齋 顔氏[6]의 학문을 계승하여 著書에 朱子를 헐뜯은 말이 많은 듯합니다. 습재가 스스로 주자와 다른 주장을 한 것은 여러 經書의 義疏와 가르침을 베푼 조목에 지나지 않으니, 性命과 倫常의 큰 근원은 어찌 둘이 있겠습니까. 이는 子張과 子夏가 사람을 사귀는 도리를 논하고[7] 曾參과 言偃이 禮를 의론하면서[8] 각각

---

5) ≪周易≫에……반성한다 : ≪周易≫ 震卦 大象傳에 보인다.

6) 習齋 顔氏 : 淸나라의 학자 顔元(1635~1704)으로, 習齋는 그 호이다. 宋明理學을 비판하고 실천적 학문을 주장하였다. 朱子의 ≪四書集註≫를 비판하며 ≪四書正誤≫를 지었으며, ≪朱子語類評≫을 남기기도 하였다.

7) 子張과……논하고 : 子夏의 門人이 자하가 사람을 사귀는 도리에 대하여 "좋은 사람은 사귀고 좋지 않은 사람은 거절한다.〔可者與之 其不可者拒之〕"라고 하였다고 하자, 子張은 "내가 들은 것과는

소견을 견지하였으나 그들 모두가 孔子의 門徒가 되는 데에는 아무 문제가 없는 것과 같으니, 비방을 하여 무엇하겠습니까.

≪禮記≫에 "사람은 천지의 마음이다.〔人者天地之心〕"[9]라고 하였으니, 孔孟 이후에 마음과 천지가 서로 닮아서 이 말에 족히 걸맞은 자는 程朱가 아니고 누구이겠습니까. 만약 그 道를 헐뜯는다면 이는 천지의 마음을 해치는 것이니, 하늘이 돕지 않는 바가 될 것이 분명합니다. 그러므로 王陽明 이래로 주자를 극렬히 헐뜯은 자 가운데 대가 끊어져 제사를 받지 못하는 이가 많으니, 제가 보고 들은 경우를 모두 손꼽을 수 있고, 習齋와 西河[10]의 경우 또한 오형이 목격한 바입니다.

竊疑吾兄承習齋顔氏之學하여 **著書多訾謷朱子**하니 **習齋之自異於朱子者**는 **不過諸經義疏與設敎之條目耳**니 **性命倫常之大原**은 **豈有二哉**아 **此如張夏論交**하고 **曾言議禮**하여 **各持所見**이나 **而不害其竝爲孔子之徒也**니 **安用相詆訾哉**아 **記曰 人者天地之心**이라하니 **孔孟以後**에 **心與天地相似**하여 **而足稱斯言者**는 **舍程朱而誰與**리오 **若毁其道**면 **是謂戕天地之心**이니 **其爲天之所不祐**가 **決矣**라 **故**로 **自陽明以來**로 **凡極詆朱子者**가 **多絕世不祀**하니 **僕所見聞**을 **具可指數**요 **若習齋西河**는 **又吾兄所目擊也**라

저는 금년 이래 먹고 마시는 것이 더욱 줄고 변새는 일찍 추운 탓에 上氣病[11]에 걸려 죽을 뻔한 것이 두 번이니, 하루아침에 죽기라도 한다면 끝내 이를 左右께 아뢸 자가 없을 듯합니다. 이는 제가 吾兄과 예전부터 서로 애중해온 情誼를 저버리

다르다. 군자는 어진 이를 높이고 뭇사람을 포용하며, 잘하는 이를 가상히 여기고 잘하지 못하는 이를 불쌍히 여긴다. 내가 크게 어질면 남에 대해 무엇인들 포용하지 못하겠는가. 내가 어질지 못하면 남이 나를 거절할 것이니 어찌 남을 거절할 수 있겠는가.〔異乎吾所聞 君子尊賢而容衆 嘉善而矜不能 我之大賢與 於人何所不容 我之不賢與 人將拒我 如之何其拒人也〕" 하였다.(≪論語≫ 〈子張〉)

8) 曾參과……의론하면서 : 원문 '曾言'의 言은 言偃이니, 子游의 이름이다. 曾子가 襲裘로 조문하고 子游는 裼裘로 조문하니 증자는 자유의 복장이 禮에 맞지 않다고 여겼는데, 주인이 小斂을 마치고 喪服을 갖추자 자유가 얼른 습구를 하니, 증자는 비로소 자신이 틀렸고 자유가 옳다고 하였다. 습구는 웃옷을 입어 갖옷을 가린 차림이며, 석구는 갖옷을 드러낸 차림으로 吉服이다. 주인이 變服하기 전에는 吉服으로 조문하는 것이 예법이었다.(≪禮記≫ 〈檀弓 上〉)

9) ≪禮記≫에……마음이다〔人者天地之心〕 : ≪禮記≫ 〈禮運〉에 "사람은 천지의 마음이며 오행의 단서이다.〔人者天地之心也 五行之端也〕"라고 하였다.

10) 西河 : 淸나라의 학자 毛奇齡(1623~1716)으로, 西河는 그 호이다. 朱子를 비판하여 ≪四書改錯≫을 지은 바 있다.

11) 上氣病 : 천식을 이른다.

는 것이니 죽어도 책임을 면할 수 없을 것입니다.

옛날에 泰伯은 아들이 없었고 伯魚는 일찍 죽었습니다.[12] 더구나 오형은 자손이 매우 번성하니 제가 드린 말씀이 이치가 약하고 뜻이 비루하여 道가 있는 자의 생각을 바꿀 수 없는 줄은 잘 압니다. 그러나 군자는 자신을 반성하는 데는 아무리 자세해도 꺼리지 않고, 古人을 논할 때에는 아무리 관대해도 싫어하지 않는 법입니다. 혹여 저의 어리석은 정성을 살펴 평소 저술한 글들 중에서 朱子를 헐뜯은 말들을 모두 삭제하고 자기 의견을 곧바로 서술하여 孔子의 道를 함께 밝힌다면, 저의 말이 비록 온당하지 못하지만 오형에게 德이 성하고 禮가 공손한 것이 되리니 도움 되는 바가 어찌 얕고 작겠습니까.

僕自今年來로 食飮益衰하고 塞外早寒이라 得上氣疾하여 幾死者再焉하니 恐一旦委溝壑이면 則終無以此聞於左右者리니 是僕負吾兄夙昔相愛重之誼而死有餘責也라 昔에 泰伯無子하고 伯魚早喪이어든 況吾兄은 子姓甚殷하니 固知所陳이 理弱情鄙하여 不足移有道者之慮라 然이나 君子는 省身不厭其詳이요 論古不嫌其恕니 儻鑑愚誠하여 取平生所述訾謷朱子之語하여 一切薙芟하고 而直抒己見하여 以共明孔子之道하면 則僕之言이 雖不當이나 而在吾兄에 爲德盛而禮恭이리니 所補豈淺小哉리오

太夫人은 이미 祔葬하였다고 들었는데 저는 몸이 관직에 매여 있고 아들 章은 홍역을 앓은 뒤이기에 바람을 쐴 수 없으니 새해가 되면 가서 조문하게 하겠습니다. 그에 앞서 대신 위문하고 長人의 哀辭[13]를 함께 드립니다. 遺腹子가 천만다행으로 남자아이라면 속히 내게 알려주십시오. 편지를 앞에 두고 목메어 우느라 하고 싶은 말을 다하지 못합니다.

聞太夫人旣祔葬이라하니 僕身拘綴하고 兒章疹後不可以風일새 將使獻歲赴弔라 先此代唁하고 幷呈長人哀辭하노라 其遺腹이 若天幸男也면 則速以報我하라 臨簡哽咽하여 不盡欲言하노라

12) 泰伯은……죽었습니다 : 泰伯은 周나라 太王의 장남이다. 부친이 막내아들인 季歷에게 왕위를 물려줄 뜻이 있자 아우 仲雍과 함께 荊蠻으로 달아남으로써 왕위를 양보하였다. 孔子는 이를 두고 "태백은 지극한 덕이라고 이를 만하다.〔泰伯 其可謂至德也已矣〕" 하였다.(≪論語≫ 〈泰伯〉) 伯魚는 孔子의 아들로 공자보다 먼저 죽었다.

13) 長人의 哀辭 : 이 글은 ≪方苞集≫ 권16에 〈李伯子哀辭〉라는 제목으로 실려 있다.

29. 某公에게 답한 편지　答某公書*

*이 글은 方苞가 布衣 시절의 벗이었던 이에게 답한 편지이다. 당초에 방포는 현재 벼슬길에 올라 있는 벗에 대해 세간에 비방이 있음을 알고서, 그에게 이에 대해 경계하는 편지를 보냈다. 그런데 벗이 이를 서운해하는 편지를 보내자, 방포는 이 글에서 권계하는 것이 벗의 도리임을 말하면서, 일이 일어나기 전에 경계해야 함을 거듭 당부하였다.

보내신 편지를 받고부터 수일 동안 근심스럽고[1] 두려웠습니다. 저를 깊이 알고 있는 公으로서도 저의 어리석은 마음을 잘 알지 못하니, 침묵하고 말수가 없습니다. 근래에 근거 없는 말이 날로 심해지고 있기에, 공이 마땅히 두려워하며 警戒로 삼아야 한다고 한 것이니, 저에게 있어서는 절로 떠도는 말을 듣고서 믿지 않을 수 있지만, 공은 스스로 돌이킴에 이런 일이 없다고 해서 이를 소홀하게 여겨서는 안 됩니다.

自得手敎로 **沖惕累日**이라 **以公知某之深**으로도 **而猶未達愚心**하니 **不可以默而止也**라 **比者**에 **浮說日滋**라 **故**로 **謂公宜怵然爲戒**니 **在某**에는 **自能聞流言而不信**이나 **而公則不宜謂自反無是而忽之也**라

聖人이 ≪周易≫에 말을 달 적에 乾卦의 九三에서 “君子가 이를 보고서 종일토록 힘쓰고 힘써 저녁까지도 반성하면 위태로우나 허물이 없으리라.”라고 하였고, 또 〈繫辭傳 下〉에서 “九二는 칭찬이 많고 九四는 두려움이 많다.”라고 하였으니, 九三은 그래도 반성하는 정도에 그치지만, 九四에 가서는 두려울 것이니, 어찌 두려워하며 警戒로 삼는 데서 그칠 뿐이겠습니까? 경계는 어떻게 하는 것입니까? 道義의 벗이 아니라면 반드시 여러 가지 방법으로 막아서 자기에게 친밀하게 다가오지 못하게 해야 하는 것입니다.

---

1) 근심스럽고 : 원문의 ‘沖’은 ‘忡’과 통용된다.

孟子가 말한 세 번 스스로 반성한다는 것[2]은 군자가 貧賤에 처하여 橫逆을 만나면 그렇게 할 따름이지만, 만약 때를 만나 높은 자리에 올라 뜻을 행한다면 스스로 돌이킬 뿐만이 아니라, 반드시 實德과 實事를 행하여 천하 사람들의 마음을 크게 감복하게 해야 합니다. 진실한 마음에는 감동하지 않는 이가 없는 법이니, 古人의 자취를 분명히 볼 수 있습니다. 그렇게 된다면 오히려 어찌 경계를 할 필요가 있겠습니까.

그러나 처음에는 반드시 능히 경계하는 것에서부터 시작해야 합니다. 왕년에 간사한 사람의 망언이 公에게 이르렀는데, 제가 이 사실을 말해주자 公이 더욱 엄히 삼갔고, 두세 同志가 원한과 혐의를 피하지 않고서 뭇사람들에게 바른말을 하였는지라 지금에 이르러 잠잠해졌으니, 이것이 근거 없는 말을 두려워하며 경계해야 한다는 분명한 증거입니다. 그러나 근거 없는 말을 그치게 하기 어려움이 그림자를 쏘는 것[3]보다도 더 심하니, 그림자를 쏘는 것은 자취가 있지만 근거 없는 말은 자취가 없습니다. 그치게 하기 어렵다면 그 근원을 끊어내고 그 혐의를 피하는 일을 마땅히 더욱 힘써야 합니다.

聖人繫易에 **於乾之九三曰 君子以**하여 **終日乾乾**하여 **夕惕若**하면 **厲**하나 **无咎**리라하고 **又曰 二多譽**하고 **四多懼**라하니 **三猶惕也**어니와 **四則懼矣**니 **豈止於怵然爲戒乎**아 **戒之云何**오 **苟非道義之交**면 **必多方限隔**하여 **俾不得親附**가 **是也**라 **孟子所謂三自反者**는 **君子處貧賤而遭橫逆則然耳**어니와 **若遭時行志**면 **則不惟自反**이요 **必將使實德實事**로 **有以大服天下之心**이라 **而誠無不動**이니 **古人軌迹**을 **昭然可睹**라 **其然則尙安用戒哉**아 **然**이나 **其初則必自能戒始**라 **往年**에 **宵**

---

2) 孟子가……것 : ≪孟子≫ 〈離婁 下〉에 “여기에 어떤 사람이 있는데, 자신을 대하기를 橫逆으로써 하면, 君子는 반드시 스스로 돌이켜서, ‘내 반드시 仁하지 못하며 내 반드시 禮가 없는가 보다. 이러한 일이 어찌 이를 수 있겠는가.’ 한다. 스스로 돌이켜 仁하였으며, 스스로 돌이켜 禮가 있었는데도, 그 橫逆이 전과 같으면 君子는 반드시 스스로 돌이켜, ‘내 반드시 성실하지 못한가 보다.’라 한다. 스스로 돌이켜 성실하였으되, 그 횡역이 전과 같으면, 군자는 말하기를 ‘이는 妄人일 뿐이다.’ 하니, 이와 같다면 禽獸와 어찌 구별되겠는가. 금수에게 또 무엇을 꾸짖을 것이 있겠는가.〔有人於此 其待我以橫逆 則君子必自反也 我必不仁也 必無禮也 此物奚宜至哉 其自反而仁矣 自反而有禮矣 其橫逆由是也 君子必自反也 我必不忠 自反而忠矣 其橫逆由是也 君子曰 此亦妄人也已矣 如此則與禽獸奚擇哉 於禽獸又何難焉〕”라고 한 내용을 가리킨다.

3) 그림자를 쏘는 것 : 詭寄로 남의 눈을 현혹하게 하는 것을 말한다. 물여우〔蜮〕가 사람의 그림자를 쏘아 해독을 끼치는 데서 따온 말이다. ≪詩經≫ 〈小雅 何人斯〉에 “도깨비도 되었다가 또 물여우도 되었구나.〔爲鬼爲蜮〕”라고 하였는데, 그 註에 “이 물여우가 입에 모래를 머금고 사람의 그림자에 뿜으면 그 사람에게 바로 腫氣가 생긴다.”라고 하였다.

人妄言이 能自通於左右라 某以告에 公益嚴毖요 二三同志가 不避怨嫌而昌言於衆이라 至於今則寂然矣니 此無稽之言亦宜怵然爲戒之明效也라 然이나 浮言難息이 較甚於影射하니 蓋影射有迹이나 而浮言無迹也라 息之難인댄 則所以絶其根源而避其疑似者를 宜尤力焉이라

보내온 편지에서 또 말하기를, "그대처럼 나를 믿고 알아주는 이조차도 간사한 말에 의혹되니, 그대의 편지를 읽어봄에 오랫동안 망연하였다."라고 하였으니, 이는 제 마음을 살피지 못한 것이고 事理에 있어서도 통달하지 못한 것입니다. 공은 저에게 있어서 환난이 있을 때마다 구제해주어서 좋은 친분을 쌓아온 지가 오래입니다. 그래서 누차 근거 없는 말을 번거롭게 알려드리고 지나친 말로 규계하였으니, 공을 제가 깊이 알고 깊이 믿지 않는다면 이와 같이 할 수 있겠습니까.

그러나 공은 지위가 公相으로 지극히 높은데도 저처럼 布衣로 가난할 때에 사귄 이가 자신을 믿지 않고 알아주지 않을까 염려하니, 여기에서 바로 公이 자신을 대함이 두텁고 저를 대하는 것도 가볍지 않음을 볼 수 있습니다. 이는 제가 근거 없는 말에 대하여 스스로 알아차리고도 알려주지 않으면 마음이 편치 못하여 의리상 그만둘 수 없는 까닭입니다.

富鄭公과 같이 어진 사람에 대해서도 蘇洵은 그가 이루는 일이 없을까 우려하였고,[4] 伊川 程子는 국가의 큰일에 대해 알고서도 말하지 않는 사람을 名教의 죄인이라고 하였으니, 옛 군자들이 예전부터 아끼고 존경하던 이에게 요구하기를 배로 엄하게 한 것은 忠厚가 지극한 것이었습니다.

제가 말한 것과 같은 경우는 참소를 걱정하고 기롱을 두려워하였던 것에 불과하니, 세속의 얕은 생각일 뿐입니다. 그러나 저 이외에는 또한 이처럼 자주 공에게 충고하는 사람이 없을 듯합니다. 공께서는 한번 생각해보십시오. 친구가 비방을 받는다는 소식을 듣고서 듣지 못한 것처럼 제쳐두는 것이 어렵겠습니까, 아니면 전전긍긍하면서 반드시 아뢰고자 하여 권계하여 바로잡아 하나도 숨기지 않는 것

---

4) 富鄭公과……우려하였고 : 富鄭公은 北宋 仁宗 때의 명신인 富弼(1004~1083)로 자는 彦國이고, 河南 洛陽 사람이며, 鄭國公에 봉해졌다. 그가 慶曆 연간의 新政에 임용되고 그 뒤 至和 2년(1055)에 宰相에 임명되었는데도 별다른 改革을 일으키지 못하자, 蘇洵이 嘉祐 元年(1056)에 편지를 보내어 이를 비판하고 충고하면서, "옛 군자들은 그 사람을 아끼면 그가 이루는 일이 없을까 염려하였다.〔蓋古之君子 愛其人也 則憂其無成〕"라고 하였다.(≪嘉祐集≫ 권11 〈上富丞相書〉)

이 어렵겠습니까? 이를 살핀다면 저의 마음을 알 수 있을 것입니다.

來示又云 相信相知如某로도 而猶惑於僉邪之言하니 得某書에 憮然者久之라하니 則未察愚心이요 而於事之理에 亦未達也라 公於某에 患難相拯하여 情好久長이라 而數以無稽之言瀆告하고 過當之語相規하니 非相知相信之深이면 而能如是乎아 然이나 公位極公相이로되 而惟恐布衣窮交가 不相信不相知하니 卽此見公之自待也厚요 而視某亦不輕이니 此某所以於無稽之談에 自覺不以告하면 而心不能安하여 義不可止也라 以富鄭公之賢으로도 而蘇洵憂其無成하고 伊川程子謂於國家大事에 知而不言하여 爲名敎罪人이라하니 蓋古之君子가 於夙所愛敬에 則責之倍嚴은 忠之至厚之至也라 若某所云은 不過憂讒畏譏니 世俗之淺意耳라 然이나 自某而外에 恐亦無用此數數於左右者矣라 公試思하라 聞知舊被謗에 而置若不聞者가 難乎아 抑崎嶇而必以達하여 規切而一無隱者가 難乎아 審此則可知鄙人之心矣리라

더 청할 것이 있습니다. 우리 皇上의 德政이 날로 새로워지고 있으니, 만약 水災를 인하여 大臣을 불러 의견을 구한다면 급히 개진해야 할 것들이 대략 몇 가지가 있습니다. 만약 이를 모두 시행할 수 있다면 功이 社稷에 있게 될 것이고, 가령 한두 가지만을 조처하더라도 生民들이 은택을 입을 것입니다. 삼가 조목을 別紙에 나열하니, 부디 어리석은 말을 유념해주십시오. 어느 날에 겨를이 생기십니까. 그래도 공께 직접 나아가 면대하고 의논하는 것이 마땅할 것입니다.

更有請者라 我皇上德政日新하니 若因水災延問大臣하면 急宜開陳者가 約有數事니 若盡獲施行이면 功在社稷이요 卽措注一二라도 亦澤被群生이리 謹條列別簡하노니 惟宿留瞽言하리 何日得暇오 尙當就公面議之라

30. 某에게 보낸 편지　與某書*

*方苞가 어린 시절부터 친했던 벗에게 보낸 편지로, 구체적인 수신자는 미상이다. 이 글에서 방포는 수신자가 주위 사람들에게 자신을 헐뜯는 말을 하고 다닌다는 다른 벗들의 전언을 언급한 뒤, 자신이 혹 잘못한 점이 있다면 타인의 입을 통해 그러한 말을 듣게 하지 말고 직접 대면하여 책망해달라고 청하였다.

나와 그대는 두세 살 어린아이 때부터 놀며 지낸 것이 마치 형제와 같습니다. 그런데 내가 입에 풀칠하러 먼 지방에 가서 살면서부터 10년에 두세 번도 만나지 못했으나 그대가 나와 교제하는 道가 지난날과 다른 듯하니, 아마도 내가 잘못한 일이 있는 것입니다. 의심하면서도 감히 묻지 못하는 것은 그대와 나의 사이에 할 바가 아닙니다.

僕與吾子는 **孩提遊處**가 **如兄弟**하니 **自僕餬口遠方**으로 **十年**에 **不再三見**이러니 **而吾子所以交僕之道**가 **若異于往時**하니 **豈僕有所得過邪**아 **疑焉而不敢請**은 **非所施於吾子與僕之間也**라

지난날 내가 江南에 있을 때, 그대가 京師에 들어가 虞山 사람 翁尙書[1)]의 문하에 거처하여 公卿들 사이에 명성과 稱譽가 자자하다고 들었습니다. 그런데 내가 경사에 이르자 어떤 사람이 고하기를 "그대는 某가 尙書와 교제한 방법을 알고 있습니까? 어떤 사람이 있는데 상서에게 말하면 시행되지 않는 것이 없고 평소부터 그대를 嫉視해왔습니다. 某가 사람이 많이 모인 가운데서 그대를 괴벽하고 망령된 사람이라고 자주 헐뜯어 그 사람을 꾀었더니, 그 사람이 과연 흔쾌히 교제하기를 원하여 이로써 상서에게서 자기가 뜻하던 바를 얻을 수 있었습니다."라고 하였습니다. 내가 말하기를 "괴벽하고 망령된 점을 제가 혹 가지고 있으니, 제 벗이 우연

1) 虞山 사람 翁尙書：翁叔元(1633~1701)이다. 字가 寶林, 號가 鐵庵이며, 江蘇省 虞山 출생이다. 康熙 15년(1676)에 進士가 되어 編修에 제수된 이후 國子監祭酒, 工部尙書, 刑部尙書 등을 역임하였다. 저서에 ≪鐵庵文稿≫, ≪梵園詩集≫이 있다.

히 저의 실상을 말하였을 뿐입니다." 하였는데, 얼마 후 고하는 자가 똑같은 말을 하였습니다.

내가 물러나와 생각하기를 "≪史記≫에 이르지 않았던가. 管子(管仲)가 가난할 때 일찍이 鮑叔을 속였으나 포숙은 끝까지 관자를 잘 대우하였다.[2] 나의 벗은 어버이가 연로하고 집안이 가난한데 상서가 힘을 쓰면 능히 자신을 떨쳐 일으킬 수 있는지라 나를 폐백으로 삼아 구차히 어떤 사람을 위로하였을 뿐이다. 그가 마음으로 어찌 나를 비난하였겠는가." 하였고, 얼마 후 그대를 만났을 때 나를 반기는 것이 평소와 다름없었기에 마침내 다시 의심하지 않았습니다.

往者에 **僕在江南**할새 **聞吾子入京師**하여 **處虞山翁尙書門下**하여 **名譽籍籍公卿間**이러니 **及僕至京師**하여 **或告曰 子知某所以交於尙書之道乎**아 **有某人者**하니 **於尙書**에 **言無不行**이요 **素嫉子**라 **某於稠人中**에 **數詆子怪僻謬妄**하여 **以啗之**러니 **其人果欣然願交**하여 **以此得志於尙書**라하니라 **僕曰 怪僻謬妄**을 **吾或有之**하니 **吾友偶道其實耳**러니 **旣而**요 **告者同詞**라 **僕退而思曰 記不云乎**아 **管子困時**에 **嘗欺鮑叔**이어늘 **叔終善遇之**라 **吾友親老**하고 **家窘空**이어늘 **尙書力能振之**라 **徒用我爲質**(지)하여 **以苟慰某人者耳**니 **其心豈非我哉**리오하고 **旣而**요 **見吾子**에 **相歡如平生**일새 **遂不復疑**러라

근자에 褐甫[3]가 나에게 이르기를 "某가 그대를 헐뜯는다. 그래서 나를 돌아볼 때마다 깜짝 놀란다." 하였고, 大山[4] 또한 그대가 내가 남을 시기해 이기려 하기를 좋아하여 다른 사람을 명성으로 누른다고 말하였다 하니, 나는 듣고서 두려워

---

2) 管子(管仲)가……대우하였다 : 춘추시대 齊나라의 管仲과 鮑叔은 어려서부터 친구 사이였다. 포숙은 관중의 어짊을 잘 알아주었지만, 관중은 워낙 빈곤하여 포숙을 항상 속이곤 했다. 그러나 포숙은 끝까지 관중을 믿어주어, 뒤에 관중이 "나를 낳아준 분은 부모요, 나를 알아준 이는 포숙아이다."라고 하였고, 여기서 管鮑之交라는 고사가 생겼다.(≪史記≫ 권62 〈管仲列傳〉)

3) 褐甫 : 方苞의 벗인 戴名世(1653~1713)를 이른다. 대명세는 安徽省 桐城 출신으로, 號가 葯身·南山·憂菴이고, 褐甫는 그 字이다. 康熙 48년(1709)에 進士가 되어 翰林院編修를 지냈다. 방포와 함께 桐城派 계열 문인의 대표적인 인물로 꼽힌다. 그 저서 ≪南山集≫에 南明의 年號를 쓰고 남명이 淸나라에 저항한 사적을 기술하여, 淸나라를 부정하고 明나라의 부흥을 도모한 죄로 강희 52년(1713)에 처형당하였다. 죽은 뒤 사람들은 그 이름을 諱하여 宋潛虛先生이라 불렀는데, 戴氏가 先秦 때 宋나라에서 나왔기 때문이었다.

4) 大山 : 方苞의 벗인 劉岩(?~1716)을 이른다. 유암은 江蘇省 江浦 출신으로, 原名이 枝桂이고, 號가 無垢이며, 大山은 그 字이다. 康熙 42년(1703)에 進士가 되어 翰林院編修를 지냈다. 바둑을 잘하고 詩文을 잘 지어 이름이 있었다. 저서에 ≪大山詩集≫, ≪拙修齋稿≫, ≪匪莪堂文集≫ 등이 있다.

반성하였습니다. 그대가 다른 사람에게 나를 헐뜯었으리라고 내가 어찌 감히 의심할 수 있겠습니까마는, 두 君子(褐甫와 大山)의 말이 사실이라면 그대는 진실로 나를 不肖하게 여기는 것입니다.

나는 실로 모르겠습니다만 그대가 명성이라고 이른 것은 무엇입니까. 君子는 죽을 때까지 이름이 일컬어지지 않는 것을 싫어하는 법입니다.[5] 몸을 수양하고 立言하여 후세에 명망이 있는 것이라면 百世의 사람들을 속일 수가 없으니 비록 남을 시기하여 이기려 해도 소용이 없을 것이요, 문장을 조탁하고 文辭를 구사하여 당대의 식견 없는 자들을 속여서 명예를 취하려 한다면 또한 명성이라고 할 수 있겠습니까. 또 남을 시기하는 것이 비록 不肖한 마음이지만 그러한 마음이 일어나는 데에는 반드시 까닭이 있을 터이니, 사냥을 나간 적도 없는데 어찌 메추리와 큰 돼지를 잡은 사냥꾼을 시기하겠습니까.

乃者에 **褐甫謂余**하되 **某短子**라 **每顧我而瞿然**이라하고 **大山亦云 吾子言僕好忌克**하여 **與人相鎭以名**이라하니 **僕聞而惕然**호라 **子短僕於他人**을 **僕何敢疑**리오마는 **二君子之言然**이면 **則子眞以僕爲不肖矣**라 **僕誠不識子之所謂名者**는 **何也**오 **君子疾沒世而名不稱焉**하나니 **修身立言**하여 **以有望於後**면 **則百世之人**을 **不可欺**니 **雖忌克**이라도 **無所用也**요 **若雕文騁辭**하여 **以誑時無識者**하여 **而取譽焉**이면 **又可以爲名乎**아 **且忌雖不肖之心**이나 **其發必有由**니 **未嘗田弋**이어늘 **豈忌獵者之有鶉豜哉**아

그대는 생각나지 않습니까? 추억컨대 어렸을 때 그대와 北山의 남쪽에서 장난치고 놀 적에는 수풀 속에 앉아 노래를 서로 주고받을 뿐이었고 일찍이 학문이며 문장이 있는 줄을 몰랐는데, 지금 도리어 명성으로 누르겠습니까. 나는 宋(宋潛虛)과 劉(劉岩) 두 君子와 비록 道義로써 서로 면려하며 교제해왔지만 그대만큼 오래된 벗은 아닙니다. 내가 그대에게 잘못한 점이 있다면 대면해서 책망하지 못할 이유가 무엇이라고 반드시 두 군자의 말을 빌려서 警戒하는 것입니까. 나와 그대는 헤어질 수 있는 교제가 아니기에 감히 所懷를 숨기지 못하니, 그대는 가르침을 주시기 바랍니다.

---

5) 君子는……법입니다 : 이 말은 ≪論語≫ 〈衛靈公〉에 보인다.

吾子其未之思乎아 憶兒時에 與吾子嬉戲北山之陽할새 坐草閒하여 歌呼相屬하고 未嘗知有學問文章이러니 今乃以名相鎭邪아 僕與宋劉二君子로 雖以道義相砥勖而爲交나 未若吾子之久故也라 僕有不善吾子어든 豈不可面責之완대 而必借二君子之言하여 以相警(我)〔哉〕[6)]아 僕與吾子는 非可以離異之交也일새 不敢匿所懷하노니 惟吾子示之하라

---

6) (我)〔哉〕: 저본에는 '我'로 되어 있으나, ≪方望溪全集≫에 의거하여 '哉'로 바로잡았다.

31. 王崑繩[1]에게 보낸 편지　與王崑繩書*

*이 글은 方苞가 26세 때인 康熙 32년(1693)에 王源에게 보낸 편지이다. 방포는 24세에 처음 왕원과 교분을 맺은 뒤로 그와 빈번히 만나며 학문을 토론하였다. 康熙 32년에 왕원은 順天府 鄕試에 급제하였고 방포는 향시에서 낙방하였는데, 왕원이 방포에게 그리움과 위로의 뜻을 담은 편지를 보내온 데 대해 방포가 이 편지로 답하였다. 이 글에서 방포는 자신의 곤궁한 처지를 토로하면서도 꾸준히 학업에 정진할 것을 다짐하고, 왕원에게도 과거 급제에 도취되지 말고 스스로 면려하기를 권하고 있다.

저는 머리를 조아립니다. 齋中에서 손을 잡고 이별하고서부터 다시 만나지 못했는데 손수 쓰신 편지를 받으매 情義가 돈독하고 文辭가 質實하니, 비록 옛적에 교제를 잘한 사람일지라도 어찌 이보다 낫겠습니까. 제가 벗들과의 교유에 종사한 지가 그간 근 10년인데, 心事와 志趣가 서로 같아 그 깊은 곳까지 아는 분이 吾兄만 한 사람이 있겠습니까.

苞는 **頓首**하노라 **自齋中交手**로 **未得再見**이러니 **接手書**에 **義篤而辭質**하니 **雖古之爲交者**라도 **豈有過哉**아 **苞從事朋游**가 **間近十年**에 **心事臭味相同**하여 **知其深處**가 **有如吾兄者乎**아

도성 문을 나서서 배를 띄워 남쪽으로 내려가 모래바람과 속세 먼지의 괴로움으로부터 멀어지니 눈과 귀가 탁 트여 씻기고, 또 膝下에서 온화한 낯빛으로 봉양하는 도리[2]를 저버린 지 오래인데 돌아가 부모님을 살필 수 있게 되니 이 몸의 미천

1) 王崑繩 : 淸나라의 학자 王源(1648~1710)으로, 崑繩은 그 字이다. 順天府 大興縣 출신이다. 顔李學派의 일원으로, 宋明理學과 王守仁의 心學을 비판하고 經世致用과 實事實功을 주장하였다. 저서에 ≪居業堂集≫, ≪平書≫ 등이 있다.

2) 온화한……도리 : 원문은 '色養'인데, 자식이 온화한 얼굴빛으로 부모를 봉양하는 것을 말한다. ≪論語≫ 〈爲政〉에 子夏가 孝에 대해서 묻자 孔子가 "얼굴빛을 온화하게 하는 것이 어려우니, 일이 있으면 자제들이 그 수고로움을 대신하고, 술과 밥이 있으면 부형이 드시게 하는 것을

하고 가난함을 자못 잊겠습니다. 다만 생각건대 두세 명의 벗이 타지에 멀리 떨어져 있기에 만날 날을 기약할 수 없는지라 꿈속에서 때때로 兄이 褐甫[3] 등과 손뼉을 치며 유쾌하게 古今을 담론하고 술에 취해 즐거워하며 웃고 소리치는 모습을 보니, 잠에서 깨면 서글퍼져 벗들과 떨어져 홀로 지내는[4] 한만 더합니다.

出都門하여 **運舟南浮**하여 **去離風沙塵埃之苦**하니 **耳目開滌**하고 **又違膝下色養久**에 **得歸省視**하니 **頗忘其身之賤貧**이로되 **獨念二三友朋**이 **乖隔異地**하여 **會合不可以期**라 **夢中時時見兄與褐甫輩**로 **抵掌今故**하고 **酣嬉笑呼**하니 **覺而怛然**하여 **增離索之恨**이라

저는 10월 하순에 집에 도착하여 8일을 머무르고 곧바로 생계를 위하여 宣城과 歙縣 사이를 분망히 오갔습니다. 涇河의 물길로 들어가서 보니 좌우로 높이 솟은 봉우리가 하늘을 찌르고 물이 맑아 강바닥이 보이고 벼랑의 바위가 만 겹으로 들쑥날쑥한데 바람과 구름이 오가고 오래된 나무와 기이한 덩굴과 긴 대나무가 울창하게 얽혀 생기가 있고 촌락에 사는 사람들이 매우 한가하였습니다. 인하여 생각건대 옛날 莊周와 陶潛의 무리가 한가로이 노닐며 속세를 벗어나 巖穴에 거처하면서 냇물을 감상할 제[5] 한 가지 일도 그 마음을 얽매는 것이 없고 天地와 日月과 山川의 精華가 胸臆을 적셔주어 기이한 기운을 가득 모이게 하였으므로 그 문장이 모두 그와 닮아 나온 것을 생각하였습니다.

만약 제가 이곳에서 1畝의 집과 몇 頃의 밭[6]을 얻어 농사짓고 수양하면서 經書를 연구하고 글을 써서 胸中이 활짝 트여 外物의 侵亂을 받지 않으면, 그 성취하는

효라고 할 수 있겠는가.〔色難 有事 弟子服其勞 有酒食 先生饌 曾是以爲孝乎〕"라고 한 데서 유래한 말이다. 혹은 자식이 부모의 안색을 잘 살펴 봉양하는 것으로 해석하기도 한다.

3) 褐甫 : 淸나라의 문인 戴名世(1653~1713)를 이른다. 대명세는 安徽省 桐城 출신으로, 號가 葯身·南山·憂菴이고, 褐甫는 그 字이다. 康熙 48년(1709)에 進士가 되어 翰林院編修를 지냈다. 方苞와 함께 桐城派 계열 문인의 대표적인 인물로 꼽힌다.

4) 벗들과……지내는 : 원문은 '離索'인데, 離群索居의 줄임말이다. 벗들과 떨어져 외따로 살아가는 것을 말한다.

5) 巖穴에……제 : 초야에서 유유자적하는 은자의 삶을 말한다. ≪史記≫ 권79 〈范雎蔡澤列傳〉의 "그대는 어찌하여 이러한 때에 재상의 印을 풀어 賢者에게 양보해주고 물러나 巖穴에 거처하면서 냇물을 감상하지 않는가.〔君何不以此時歸相印 讓賢者而授之 退而巖居川觀〕"라는 말에서 왔다.

6) 1畝의……밭 : 畝와 頃은 모두 토지 면적을 측량하는 단위이다. 淸나라 때에는 사방 5尺을 1步, 240步를 1畝, 100畝를 1頃이라 하였다.

바가 반드시 끝내 古人에 뒤지지는 않을 것입니다. 그런데 도리어 일 년 내내 분주히 고생하면서 남에게 衣食을 구하여, 산을 넘고 물에서 자면서 넘어지고 두려워하기도 하고, 胥吏나 하는 잡일이나 기술에 얽매이는 천한 일을 하면서[7] 속세의 일에 속박되기도 하여, 하루도 心身을 한가히 할 수 없습니다. 君子는 곤궁한 처지를 편안히 여기니[8] 一身의 辛苦와 憔悴함을 두려워하지 않는 법입니다. 정신과 지혜가 어지럽고 흐릿하여 학업이 황폐해지므로 무궁한 뜻을 품고도 끝내 일을 이루지 못할까 참으로 두렵습니다.

苞는 **以十月下旬至家**하여 **留八日**하고 **便飢驅宣歙間**하니 **入涇河路**에 **見左右高峰刺天**하고 **水淸冷見底**하고 **崖巖參差萬疊**에 **風雲往還**하고 **古木奇藤修篁**이 **鬱盤有生氣**하고 **聚落居人**이 **貌甚閒暇**라 **因念古者莊周陶潛之徒**가 **逍遙縱脫**하여 **巖居而川觀**에 **無一事繫其心**하고 **天地日月山川之精**이 **浸灌胸臆**하여 **以鬱其奇**라 **故**로 **其文章**이 **皆肖以出**이라 **使苞於此間**에 **得一畝之宮**과 **數頃之田**하여 **耕且養**하여 **窮經而著書**하여 **胸中豁然**하여 **不爲外物侵亂**하면 **其所成就**가 **未必遂後於古人**이어늘 **乃終歲僕僕**하여 **向人索衣食**하여 **或山行水宿**하여 **顚頓怵迫**하고 **或胥易**(이)**技係**하여 **束縛於塵事**하여 **不能一日寬閒其身心**하니 **君子固窮**이라 **不畏其身辛苦憔悴**로되 **誠恐神智滑**(골)**昏**에 **學殖荒落**하여 **抱無窮之志而卒事不成也**로라

제가 태어난 지 26년이 되었습니다. 만약 흐리멍덩하게 세월을 허송하는 것이 늘 이미 지나온 날과 같다면 이렇게 살아서 사오십 세가 되는 것이 어찌 어렵겠습니까.[9] 자신에도 얻은 바가 없고 후세에도 보탠 바가 없으면, 장차 평범한 사람들과 마찬가지로 전혀 알려지지 못할 것입니다. 이 일을 생각할 때마다 묵은 병이 몸에 붙은 듯하여 한밤중에 일어나 서서 집을 빙 둘러 방황하니, 하인과 아이종이 놀라고 이상하게 여겨 말할 바를 알지 못합니다. 저의 心事를 누구에게 말할 수 있

---

7) 胥吏나……하면서 : 원문은 '胥易技係'인데, ≪莊子≫ 〈天地〉의 "이는 잡일을 맡고 기술에 얽매여서 몸을 수고롭게 하고 마음을 졸이는 자들이다.〔是胥易技係 勞形怵心者也〕"라는 老子의 말에서 가져온 표현이다.

8) 곤궁한……여기니 : 원문은 '固窮'인데, 곤궁한 처지에도 道義를 지키며 이를 편안히 여기는 것을 말한다. ≪論語≫ 〈衛靈公〉에 "君子는 곤궁함을 끝까지 지키니, 小人은 궁하면 넘친다.〔君子固窮 小人窮斯濫矣〕"라는 孔子의 말이 나온다.

9) 이렇게……어렵겠습니까 : ≪論語≫ 〈子罕〉에 "사오십 세가 되도록 세상에 알려지지 않은 사람이라면 두려워할 것이 없다.〔四十五十而無聞焉 斯亦不足畏也已〕"라는 孔子의 말이 보인다.

겠습니까. 吾兄께서는 저를 위하여 어떻게 계책하시겠습니까.

苞之生이 二十六年矣라 使蹉跎昏忽이 常如旣往인댄 則由此而四十五十이 豈有難哉아 無所得於身하며 無所得於後하니 是將與衆人同其蔑蔑也라 每念玆事에 如沈疴之附其身하여 中夜起立하여 繞屋傍偟하니 僕夫童奴怪詫하여 不知所謂라 苞之心事를 誰可告語哉리오 吾兄은 其安以爲苞策哉아

吾兄이 과거에 급제한 것은 士友 간에 慶賀하지 않는 이가 드물지만 저는 삼가 두려운 마음이 듭니다. 韓退之(韓愈)가 "衆人(小人)이 나아가는 것은 애초에 물러나는 계기가 되지 않는 것이 없다."[10]라고 하였으니, 원컨대 때때로 스스로 깨달아 주시기 바랍니다. 저는 요사이 經書들을 깊이 연구하여 舊說의 울타리를 타파하고 성현이 이런 말을 한 뜻을 찾고자 하니, 비록 風雪을 무릅쓰고 객사에 들어와 있으나 감히 잠시도 스스로 공부를 그만둘 수 없습니다. 세월이 빨리 흐르니 오직 저마다 면려하여 외로운 삶을 위로해주기 바랍니다. 저는 머리를 조아립니다.

吾兄得擧는 士友間에 鮮不相慶이로되 而苞竊有懼焉하노니 退之云 衆人之進은 未始不爲退라하니 願時自覺也하노라 苞는 邇者에 欲窮治諸經하여 破舊說之藩籬하고 而求其所以云之意하니 雖冒雪風하여 入逆旅이나 不敢一刻自廢로리 日月迅邁에 惟(名)〔各〕[11]勖勵以慰索居어다 苞는 頓首하노라

10) 衆人(小人)이……없다 : 이 말은 韓愈의 〈答侯繼書〉에 보인다.(≪昌黎先生集≫ 권16 〈答侯繼書〉)
11) (名)〔各〕: 저본에는 '名'으로 되어 있으나, ≪方望溪先生全集≫에 의거하여 '各'으로 바로잡았다.

32. 韓慕廬 學士[1)]에게 보낸 편지 與韓慕廬學士書*

*이 글은 方苞가 자신의 글을 높이 평가해준 韓菼에게 보낸 편지이다. 이 글에서 방포는 자신이 어릴 적에는 古文 공부에 전념하였으나 생활고를 해결하기 위하여 八股文을 익혀 학생들을 가르칠 수밖에 없는 형편임을 말하고, 자신이 다른 일에 얽매이지 않고 고문에만 매진할 수 있도록 한담이 지원해주기를 은근히 청하고 있다. 고문과 팔고문에 대한 방포의 태도를 보여주는 글이다.

昌黎 韓子(韓愈)가 말하기를 "앞에서 끌어주지 않으면 아무리 훌륭하여도 이름을 드날릴 수 없고, 뒤에서 밀어주지 않으면 아무리 성대하여도 이름을 후세에 전할 수 없다."[2)]라고 하였습니다. 선비 중에 명예를 얻고 관직에 오르고자 하여 當世에 바라는 바가 있는 자는 이 말을 가지고 王公大人에게 요구하지 않는 사람이 없고, 왕공대인은 마지못해 억지로 그에 응해주니, 앞에서 끌어주는 사람과 뒤에서 밀어주는 사람이 둘 다 마땅한 사람이 아닌데도 서로 영합하여 구차히 명예를 구합니다. 그리하여 혹 행동은 부지런

韓菼

1) 韓慕廬 學士 : 韓菼(1637~1704)을 말한다. 慕廬는 그 호이다. 康熙 12년(1673)에 進士가 되어 禮部尙書 兼 翰林院掌院學士에까지 올랐다. 經史에 해박하고 文才로 이름이 널리 알려졌으며, 顧炎武·朱彝尊·方苞 등과 교유하였다. ≪大淸一統志≫와 ≪平定朔漠方略≫ 등의 편찬을 주관하였다. 저서에 ≪有懷堂詩文集≫ 등이 있다.

2) 앞에서……없다 : 韓愈의 〈與于襄陽書〉에, "선비로서 능히 큰 명성을 누리며 당세에 현달한 자는 천하의 명망을 지닌 먼저 현달한 선비가 앞에서 끌어주지 않은 경우가 없고, 선비로서 아름다운 광채를 드리우고 후세를 비추는 자 또한 천하의 명망을 지닌 後進의 선비가 뒤에서 밀어주지 않은 경우가 없습니다. 앞에서 끌어주지 않으면 아무리 훌륭하여도 드러날 수 없고, 뒤에서 밀어주지 않으면 아무리 성대하여도 후세에 전해질 수 없으니, 이 두 사람은 서로 의지하지 않은 적이 없습니다.〔士之能享大名顯當世者 莫不有先達之士負天下之望者爲之前焉 士之能垂休光照後世者 亦莫不有後進之士負天下之望者爲之後焉 莫爲之前 雖美而不彰 莫爲之後 雖盛而不傳 是二人者未始不相須〕"라는 말이 보인다.

하지만 마음에는 차지 못하고 혹 서로 교분은 합치하지만 道는 일컬을 만한 것이 없으니, 저는 이것을 부끄럽게 여깁니다.

自昌黎韓子有言하되 **莫爲之前**이면 **雖美弗揚**이요 **莫爲之後**면 **雖盛不傳**이라하니 **士之取名致官**하여 **有所希於當世者**는 **莫不挾此以要於王公大人**이요 **王公大人**은 **不得已而强應之**하니 **前與後**가 **兩非其人**이어늘 **而交相蒙**하여 **以苟爲名**이라 **或迹勤而意不屬**하고 **或交合而道無可稱**하니 **苞竊恥之**라

지난 壬申年(1692)에 같은 고을의 錢先生 飮光[3])을 楚江의 길에서 우연히 만났을 때 그가 말하기를 閣下께서 편지를 보내어 제가 지은 글을 극찬하셨다고 하였으니, 저는 마음으로 기억하고 있었습니다. 작년에 京師에서 遊學하다가[4]) 마침 각하께서 대궐에 이르도록 돈독히 불러주신 일이 있었는데, 우물쭈물하며 해를 넘겨 감히 대궐 섬돌에 발자취가 닿은 적이 없었습니다.

각하께서는 고상한 학업으로 俗學을 깎아내고 吳會 중[5])에서 떨쳐 일어나셨으니, 수십 년 이래로 먼 변새와 궁벽한 구석에서 儒者의 옷을 입은 자들 중에 책을 끼고 찬탄하며 은하수인 양 바라보지 않는 이가 없습니다. 京師에서 布衣로 타관살이하는 선비들은 더더욱 한마디 칭찬을 받아서 뽐내며 외우고 다녀 벗들에게 스스로 자랑하고자 합니다. 그런데 유독 저는 閣下와 만나보지 않고도 서로 안 것이 여러 해나 되었습니다. 행여 한곳에서 합친다면 그 기세가 서로 통할 만한데도 오히려 한 번 뵙기를 우물쭈물하였던 것은 대개 배운 바가 성취되지 않아 나를 좋아하는 사람의 마음에 흡족하지 못할까 스스로 두려워하였기 때문입니다.

往者壬申에 **與同邑錢先生飮光**으로 **道遇楚江**할새 **言閣下有書**하여 **極贊苞所爲文**이라하니 **苞心識**(지)**焉**이러라 **昔歲**에 **客遊京師**라가 **適會閣下敦召至闕**이로되 **逡巡踰年**하여 **未嘗敢以足迹接乎堦墀**라 **閣下以大雅之業**으로 **剗刮俗學**하고 **振起吳會之間**하니 **數十年以來**로 **絶徼荒陬被儒服者**가

3) 錢先生 飮光 : 명말청초의 문인 錢澄之(1612~1693)를 말한다. 初名은 秉鐙이고 字는 幼光이었는데 후에 澄之로 개명하고 자를 飮光이라 하였다. 호는 田間이다. 安徽省 桐城 사람이다. 抗淸 활동에 참가하였다가 실패한 뒤 저술에 진념하였다. 詩文으로 명망이 높았다. 저서에 ≪前間詩集≫, ≪前間文集≫, ≪前間詩學≫ 등이 있다.

4) 京師에서 遊學하다가 : 방포는 康熙 30년(1691) 24세의 나이로 太學에서 유학하였다.

5) 吳會 중 : 江蘇省 蘇州 일대를 말한다. 韓菼은 소주 출신이다.

莫不挾冊咨嗟하여 望若雲漢이요 其在京師布衣羈旅之士는 尤欲得一言之譽하여 矜而誦之하여 以自張於朋齒로되 獨苞與閣下로 未見而相知가 積數年之久라 幸而合併於一地면 其勢可以相通이로되 而猶逡巡於一見者는 蓋自懼所學之無成而無以厭屬乎好我者之意也러라

그 뒤 宋子 潛虛[6]가 말하기를 閣下께서 나의 안부를 물으신 것이 두세 번에 이르렀다고 하였기에 어쩔 수 없이 성취되지 못한 글을 가지고 각하께 質正하였습니다. 그런데 각하께서는 도리어 깊이 推重해주시며 말씀하시기를 "深山窮谷에 오히려 재능 있는 자가 가려진 채 숨어 있어서 그 소리와 자취를 엿보고 찾을 수 없는 경우는 혹 모르겠지만, 사람들의 耳目이 미쳐서 알려진 사람 중에서는 능히 대적할 자가 없다."라고 하셨으니, 저는 그것을 듣고 두려워 마음에 감당할 수 없었습니다.

무릇 천하의 賢人君子가 나에 대해서 과분하게 칭찬하는 말을 하는 것은 비록 혹 시험해봄이 있어서 장차 그러할 줄을 아는 것이지만,[7] 이미 중요하고 원대한 일을 나에게 맡겼고 보면 나로서는 감당하지 못할까 두렵고 그 사람 또한 내가 성취하지 못할까 근심할 것입니다.

저는 어릴 적부터 서당의 스승에게 배운 적이 없었고 父兄이 명하여 經書를 외웠으며 글을 배울 때에는 古文을 익혔습니다. 14, 5세가 되자 집안 형편이 점차 궁박해져 의복과 음식을 해결할 수 없었기에 生徒를 모아서 그 강습비에 의지하여 아침저녁 끼니를 마련하고자 하였으니 그러한 뒤에 時文[8] 짓는 법을 배웠습니다. 익힌 바가 아닌 것인데 억지로 지으니 그 意義와 體製가 科擧를 보는 선비로서 법

6) 宋子 潛虛 : 淸나라의 문인 戴名世(1653~1713)를 말한다. 자는 田有·褐甫이며, 호는 南山이다. 安徽省 桐城 사람이다. 康熙 48년(1709)에 進士가 되어 翰林院 編修에 올랐다. 저서 ≪南山集≫에 명나라 永曆 연호를 써 넣었다는 이유로 하옥되어 사형에 처해졌다. 이는 청대에 일어난 대표적인 文字獄의 하나이다. 이후로 사람들이 그의 성명을 諱하여 宋潛虛라고 불렀다. ≪남산집≫의 서문을 지었던 방포 또한 이 일로 투옥되었다가 사면되었다.

7) 무릇……것이지만 : ≪論語≫ 〈衛靈公〉에 孔子가 이르기를, "내가 남에 대해서 누구를 헐뜯고 누구를 칭찬하겠는가. 만약 칭찬하는 자가 있다면 그를 시험해봄이 있어서이다.〔吾之於人也 誰毁誰譽 如有所譽者 其有所試矣〕"라고 한 말이 보인다. 이에 대하여 朱子는 "혹 칭찬하는 자가 있다면 반드시 일찍이 그를 시험해봄이 있어서 그가 장차 그러할 줄을 안 것이다.〔或有所譽者 則必嘗有以試之 而知其將然矣〕"라고 풀이하였다.

8) 時文 : 科擧 답안에 쓰이던 문체인 八股文을 이른다.

식을 지키는 자들과는 모양이 매우 달랐습니다. 이 때문에 함께 응시한 자들로부터 비방을 불러오고 有司에게 누차 미움을 받아 낭패를 겪으며 실의한 채 곧바로 오늘에 이르렀으니, 어릴 적 익힌 고문 공부는 날이 갈수록 없어지고 달이 갈수록 줄어들어 점점 성취하지 못하게 되었습니다.

其後宋子潛虛爲言호되 閣下辱問이 至於再三이라할새 不獲已以其未成之業으로 質於左右어늘 而閣下乃深進之하여 以謂深山窮谷에 尙有能者가 掩匿潛藏하여 而無所窺尋其聲迹은 或未可知어니와 至於耳目所及하여는 無能敵者라하시니 苞聞之에 怵然不克於心이러라 夫天下賢人君子가 而於我에 有溢美之言은 雖或有所試하여 以知其將然이나 而旣以重遠之事屬我하니 則在我懼其不堪이요 而其人亦將卹焉하여 憂我之無成이라 苞自童稚로 未嘗從黨塾之師하고 父兄命誦經書하고 承學에 治古文이러라 及年十四五에 家累漸迫하여 衣食不足以相通일새 欲收召生徒하여 賴其資用하여 以給朝夕하니 然後에 學爲時文이라 非其所習이어늘 强而爲之하니 其意義體製가 與科擧之士守爲法程者로 形貌至不相似라 用是召謗於同進하고 屢憎於有司하여 顚頓侘傺하여 直至於今하니 而幼所治古文之學은 日亡月削하여 寖以無成이라

“사물 중에 지극한 것은 둘 모두에 능할 수 없다.”라는 말이 있으니, 3, 4백년 이래로 古文 공부가 해이해지고 쇠퇴하여 진작되지 못한 것은 모두 科擧에 응시하는 선비들은 힘이 분산되고 공부가 얕아 그 길을 끝까지 파고들 수 없고, 時文의 유행은 반드시 甲科와 乙科의 과거[9]에 붙은 이후에 전해지기 때문입니다. 明代의 처음부터 끝까지 혁연히 드러나 크게 유행한 자는 겨우 십수 인인데 이 십수 인이라는 자들은 모두 갑과·을과에 급제하여 과거를 거친 자들이었습니다.

그 사이에 산골짜기에 사는 초췌한 선비 한두 명이 생각과 정력을 다하여 혹 이로써 그 무리에게 추앙받고 수십 년 동안 이름을 날렸지만 그 존재가 있는 듯 없는 듯하여 점점 쇠퇴하여 사라지고 말았으니, 대개 그 용도를 다른 일에 쓸 곳이 없기 때문에 갑과·을과에 급제하여 과거를 거친 자가 아니면 과거를 치르는 선비는 늘 버려진 채 거두어지지 않습니다.

자기 시대에 능히 스스로 자랑하지 못하는데 어찌 그 후대에 능히 전하겠습니까. 시문 공부는 當世에 전해지고 후대에 행해질 수 있기를 바라는 것이니 그 어렵

9) 甲科와……과거 : 明淸代에는 進士試를 甲科, 鄕試를 乙科로 칭하였다.

고 외롭고 위태로움이 고문과 다름이 없습니다. 이미 성취하였는데도 만약 당세에 거두어지지 못하면 공연히 그 마음만 쓰고 결국 민멸되고 마니 애석해하지 않을 수 있겠습니까.

語曰 物之至者는 不兩能이라하니 三數百年以來로 古文之學이 弛廢陵夷而不振者는 皆由科擧之士가 力分功淺하여 末由窮其塗徑也요 而時文之行은 必附甲乙科第而後傳일새라 終始有明之代에 赫然暴見而大行者는 僅十數人이로되 而此十數人者는 皆擧甲乙歷科第者也라 其間一二山谷憔悴之士가 窮思畢精하여 或以此見推於其徒하고 發名於數十年之間이로되 而若存若亡하여 侵尋沈沒以歸於盡하니 蓋由其用無所施於他事라 非擧甲乙歷科第면 科擧之士는 常棄而不收라 不能自張於其時어니 安能有所傳於其後邪리오 夫時文之學은 欲其可以傳世而行後하니 其艱難孤危가 不異於古文이라 及於旣成에 而苟不爲時所收면 則徒厲其心而卒歸於漫滅하니 (不可)〔可不〕[10]惜哉아

제가 지은 글로 말하면 時文에 독실하지 않아서 스스로 곤경에 처한 것이 징험이 이미 이전의 일에서 드러났습니다. 늘 결연히 버리고 떠나 스스로 山林에서 마음껏 지내고 다시는 有司가 선발하는 과거에 응시하지 않음으로써, 어릴 적에 익힌 古文 공부에 耳目과 心思를 專一하게 하고 싶지만, 집안이 곤궁하여 남에게 의지하고 구하여 살아가고 있으니, 가령 이 말을 한 번 내면 곧 이상한 사람이 될 것입니다. 當時에 그 학문을 쓸 곳이 없기에 生徒들이 그 말을 듣고자 하지 않으니, 비록 서당의 스승이 되어 글귀를 풀이하고 句讀(구두)를 끊어줌으로써[11] 아침저녁 끼니를 해결하는 것조차도 할 수 없으니 그 또한 어렵지 않겠습니까.

若苞之爲文은 其不篤於時하여 以自困躓가 效已見於前事矣라 常欲決然捨去하여 自放於山林하고 不復應有司之擧하여 以一其耳目心思於幼所治古文之學이로되 而家窮空하여 資求於人하니 使斯言一出이면 便爲怪民이리라 當時無所用其學이라 生徒不欲聞其言하니 雖欲爲黨塾之師하여 鉤章斷句하여 以贍朝夕도 且不可得하니 其不亦難乎아

10) (不可)〔可不〕: 저본에는 '不可'로 되어 있으나, ≪方苞集≫에 의거하여 '可不'로 바로잡았다.

11) 글귀를……끊어줌으로써 : 원문은 '鉤章斷句'이다. 본디 난삽한 문장을 '鉤章棘句'라고 일컫는 바, 韓愈의 〈貞曜先生墓志銘〉에 "어려운 문장과 난삽한 구절에서는 간담을 쥐어짰다.〔鉤章棘句 掐擢胃腎〕"라는 말이 보인다.(≪五百家注昌黎文集≫ 권29) 여기서 방포는 이 구절을 변용하여, 서당의 스승이 글귀를 풀이하고 구두를 끊어주며 글을 가르치는 것을 빗댄 듯하다.

더욱 어려운 것이 있으니, "남을 가르치기를 게을리하지 않는다."[12]라는 것은 옛날에 道가 자기에게 충분하여 그 터득한 바를 남과 함께하고자 생각한 경우입니다. 저와 같은 사람은 스승에게 배우고 학문에 힘쓸 겨를도 없는데 마음을 어기고 뜻을 거스르며 이 일을 해온 지가 또 십 년 남짓입니다.

책을 펼쳐 뒤적일 때마다 나이가 많고 적은 生徒들이 번갈아 일어나 학업을 물으니 서너 번 멈추느라 책을 마칠 수가 없습니다. 입으로 설명하고 손가락으로 가리키며 가르치고 나면 정신이 흐릿하게 쇠하고 고갈되는 것이 마치 물건이 꼭꼭 봉해져 다시 나올 수 없는 것과 같습니다. 날마다 다시 이와 같으니 무슨 수로 古人의 情狀을 볼 수 있겠습니까.

抑又有難者하니 **誨人不倦**은 **古之道足於己而思以同其所得於人者也**라 **若苞者**는 **方當從師務學之不暇**어늘 **而違心拂志以事此者**가 **且十年餘**라 **每當發書翻覆**에 **生徒小大**가 **更**(경)**起問業**이라 **廢輟數四**하여 **不能終卷**하니 **講畫**(획)**既畢**에 **神志眊然衰竭**이 **如物緘封不可復出**이라 **日復如此**하니 **何由得見古人情狀**이리오

저는 桐山의 남쪽에 先世가 남기신 밭 100여 畝가 있으니, 가뭄이나 장마가 들지 않으면 집안사람들의 밥을 먹여 살릴 수 있습니다. 게다가 서로 알고 지내는 氣力이 있는 자가 조금 은혜를 베풀어 저 자신으로 하여금 남에게 구하지 않고 여유롭게 지내도록 해준다면 곧 온갖 일을 물리치고 깊은 산에서 글을 읽어 그 뜻한 바를 마칠 수 있을 것입니다. 그러나 세상의 힘 있는 자는 이미 제가 알지 못하고 저를 깊이 알아주는 자는 또 저를 떨치게 하기에는 힘이 충분하지 못합니다. 세속의 일 속에 섞여서 흐릿하게 마치 평생 포로처럼 지낸다면 비록 평범한 사람이 되어 세상을 떠나지 않고자 하더라도 그럴 수 없을 것입니다.

마음속에 쌓아둔 것을 평소에 감히 세상 사람들에게 말하지 못했는데 우연히 감발되자 스스로 그만둘 수 없으니 말이 제 분수에 넘쳤습니다. 생각건대 두터이 나를 사랑하시고 부지런히 나를 推重하시는 閣下께서는 응당 주제넘고 어리석다고

12) 남을……않는다 : ≪論語≫ 〈述而〉에서 孔子가 "묵묵히 기억하며, 배우고 싫어하지 않으며, 남을 가르치기를 게을리하지 않는 것, 이 중에 어느 것이 나에게 있겠는가.〔默而識之 學而不厭 誨人不倦 何有於我〕"라고 하였다.

여기지 않으실 것입니다. 간절하고 정성스러운 마음을 다 갖추어 말씀드리지 못합니다. 저는 머리를 조아립니다.

苞有先世遺田百餘畝在桐山之陽하니 歲無旱潦면 可食家人之半이라 使更得相知有氣力者가 少潤澤之하여 使其身寬然無求於人이면 便可屛百事하고 抱書窮山하여 以竟其所志로되 顧世有力者는 旣不相知하고 而相知深者는 又力不足以振之라 混混塵事中하여 僡然若終身之虜면 雖欲不爲衆人以沒世라도 不可得也리라 私心所蓄을 素不敢爲世人道러니 偶然感發에 不能自已하니 言非其量이라 惟閣下愛我之厚와 進我之勤이 當不以爲狂惑이리라 懇悃之私를 不能宣備라 苞는 頓首하노라

33. 孫徵君[1]의 傳　孫徵君傳*

*이 글은 方苞가 48세 때인 康熙 54년(1715)에 지은 孫徵君의 傳이다. 손징군은 明나라 말엽의 학자 孫奇逢으로, 손기봉은 명나라가 망한 뒤 淸나라 조정에서 누차 불렀으나 出仕하지 않아 사람들로부터 '孫徵君'으로 칭송을 받은 인물이다. 방포는 손기봉의 曾孫인 孫用楨의 요청을 받아 이 傳을 지었는데, 창작 배경이나 창작 시 주안을 둔 부분은 〈與孫以寧書〉에 자세하게 언급되어 있다. 이 傳은 손기봉의 학문이나 品行보다 그가 楊漣과 左光斗 등을 구원한 일화를 보다 자세히 서술하고 있다.

孫奇逢은 字가 啓泰이고 號가 鍾元이니 北直 容城 사람이다. 어려서 뜻이 크고 기개가 있어 남다른 節操를 좋아하되 집안에서의 操行이 독실하고 훌륭하였고, 세상을 經營할 지략을 품고서 늘 혁혁히 功烈을 드러내고자 하였지만 억지로 벼슬하려고 하지 않았다. 나이 17세에 萬曆 28년(1600)의 順天府 鄕試에 합격하였다.

孫奇逢

孫奇逢은 **字啓泰**요 **號鍾元**이니 **北直容城人也**라 **少倜儻好奇節**이로되 **而內行篤修**하고 **負經世之略**하여 **常欲赫然著功烈**이로되 **而不可强以仕**라 **年十七**에 **擧萬曆二十八年順天鄕試**하다

이에 앞서 高攀龍과 顧憲成[2]이 東林書院에서 講學할 때 海內의 士大夫로서 명예

1) 孫徵君 : 明末淸初의 理學者 孫奇逢(1585~1675)을 이른다. 손기봉은 지금의 河北省 容城 사람으로, 萬曆 28년(1600) 擧人이 되었고, 東林黨 사람들과 친밀히 왕래하였다.

2) 高攀龍과 顧憲成 : 高攀龍(1562~1626)은 無錫人으로 字가 存之이다. 天啓 연간에 魏忠賢에게 반대하였다가 削職되고 東林書院에서 講學하였다. 顧憲成(1550~1612)은 또한 無錫人으로 字

와 의리를 세우려 한 이들이 많이 따랐는데, 天啓 初에 역적 환관 魏忠賢이 政權을 잡음에 이르러 탐욕스럽고 비루한 자들이 앞다투어 그 門下에서 배출되어 동림서원의 여러 君子를 지목하여 朋黨이라 하였다. 이로 말미암아 楊漣, 左光斗, 魏大中, 周順昌, 繆昌期[3]가 차례로 廠獄[4]에서 죽고 禍가 親黨까지 미쳤는데, 奇逢만은 定興 사람 鹿正, 張果中[5]과 함께 온 힘을 기울여 그들을 구원하였다. 諸公의 遺骨이 마침내 이에 힘입어 향리로 돌아가게 되었으니, 이들이 세상에 전하는 '范陽[6] 三烈士'이다.

先是에 高攀龍顧憲成이 講學東林할새 海內士大夫立名義者가 多附焉이러니 及天啓初에 逆奄魏忠賢得政하여 叨穢者가 爭出其門하여 而目東林諸君子爲黨이라 由是로 楊漣左光斗魏大中周順昌繆(무)昌期가 次第死廠獄하고 禍及親黨이어늘 而奇逢이 獨與定興鹿正張果中으로 傾身爲之라 諸公이 卒賴以歸骨하니 世所傳范陽三烈士也라

이때를 당하여 孫承宗이 大學士 兼兵部尙書로서 薊州와 遼東의 經略이 되고, 奇逢의 벗 歸安 사람 茅元儀[7]와 鹿正의 아들 鹿善繼[8]가 모두 그 幕府에 있었다. 기

가 叔時이다. 고반룡과 동림서원에서 함께 강학하며 세간에 '高顧'로 일컬어졌다. 두 사람 모두 東林黨의 領袖이다.

3) 楊漣……繆昌期 : 楊漣(1572~1625)은 湖廣 應山人으로 字가 文孺이고 號가 大洪이다. 일찍이 魏忠賢의 24가지 罪目을 탄핵하는 상소를 올렸다가 投獄되어 獄中에서 죽었다. 左光斗(1575~1625)는 安慶 桐城人으로 字가 遺直이고 號가 浮丘이다. 양련의 상소를 지지하였다가 또한 옥중에서 죽었다. 魏大中(1575~1625)은 浙江 嘉善人으로 字가 孔時이고 號가 廓園이다. 위충현을 탄핵하는 상소를 올린 일로 옥중에서 죽었다. 周順昌(1584~1626)은 江蘇 吳縣人으로 字가 景文이고 號가 蓼洲이며, 繆昌期(1562~1626)는 江蘇 江陰人으로 字가 當時이고 號가 西溪이다. 주순창과 무창기는 위충현의 일당에게 무함을 입고 하옥되어 옥중에서 죽었다.

4) 廠獄 : 明나라 때 東廠과 西廠에 설치되어 있었던 감옥이다. 동창과 서창은 逆謀 방지 등을 위하여 官民의 動靜을 살피던 密偵 기관으로, 환관의 지배하에 큰 권력을 휘둘렀다.

5) 定興……張果中 : 鹿正은 字가 成宇로 定興人이고, 張果中은 字가 子度로 新城人이다. 楊漣과 左光斗의 獄事가 일어나자 녹정과 장과중은 孫奇逢과 상의해 수천 금을 募捐하여 그들을 營救하는 데 전력하였다.

6) 范陽 : 지금의 北京市와 保定市 일대의 옛 지명으로, 容城・定興・新城이 모두 그 범위에 속한다.

7) 歸安……茅元儀 : 1594~1640. 字가 止生이고, 號가 石民이다. 茅坤의 손자이다. 天啓 初에 孫承宗의 幕僚로 있었다. 歸安은 지금의 浙江省 吳興縣 동남쪽에 있는 지명으로, 모원의가 이곳 출신이다.

8) 鹿正의……鹿善繼 : 鹿善繼(1575~1636)는 直隷 定興人으로 字가 伯順이고 號가 乾岳이다. 鹿正의 아들이다. 天啓 2년 孫承宗이 薊州와 遼東의 經略이 되었을 때 自請하여 從事官이 되었다.

봉이 손승종에게 은밀히 편지를 올리자 손승종이 軍事로 상소하여 조정에 들어가 황제를 뵙기를 청하였다. 이에 魏忠賢이 크게 두려워하여 龍床을 돌면서 읍소하였는데 엄한 批旨로 손승종을 중도에 가로막으니, 세상 사람들은 이로써 기봉의 의리를 더욱 훌륭하게 여겼다.

臺垣과 巡撫[9]가 번갈아 천거하여 누차 부름을 받았으나 나아가지 않았고, 손승종이 疏請하여 職方[10]으로 起用하여 軍事를 보좌케 하고자 모원의를 시켜 먼저 가서 초빙하게 하였는데 기봉은 역시 응하지 않았다.

蘇門山圖

그 후에 畿內에서 盜賊이 몇 차례 騷擾를 일으켜 容城이 위태하여 곤경에 빠지므로 이에 가솔을 이끌고 易州의 五公山[11]에 들어가니, 門生과 벗으로서 따라와 그를 보호해주는 이가 수백 집안이었다. 기봉이 規章과 紀律을 만들어 임무를 안배하여 방어하면서도 講學하는 소리가 그치지 않았다.[12]

本朝(清朝)에 들어와 國子祭酒로 徵召하여 有司가 재촉하였으나 끝까지 고사하였다. 新安으로 移居했다가 이윽고 黃河를 건너 蘇門山 百泉[13]에 정착하였

---

9) 臺垣과 巡撫 : 臺垣은 御史의 官署로, 여기서는 어사와 諫官을 가리킨다. 巡撫는 清나라 때의 지방관으로, 한 省의 軍事, 吏治, 刑獄, 民政 등을 총괄하였다.

10) 職方 : 周代에 천하의 지도와 四方의 職貢을 관장한 벼슬의 이름으로, 清代에는 兵部에 職方司가 설치되어 있었다.

11) 易州의 五公山 : 易州는 지금의 河北省 易縣 일대의 옛 지명이다. 五公山은 易州의 서쪽에 있다.

12) 講學하는……않았다 : 禮樂으로 敎化하여 學習하고 誦讀하는 소리가 끊이지 않았다는 뜻이다. 孔子가 陳나라와 蔡나라 사이에서 화를 당하였는데, 양식이 떨어져 7일이나 굶었으면서도 더욱 강개하여 講誦하며 絃歌를 그치지 않았다는 말이 ≪孔子家語≫ 〈在厄〉에 보인다.

13) 蘇門山 百泉 : 蘇門山은 河南 輝縣의 서북쪽에 있는 산이고, 百泉은 소문산 기슭의 지명이다.

는데, 水部郎 馬光裕[14]가 夏峰[15]의 田地와 廬舍를 바치므로 마침내 子弟를 거느리고 몸소 농사를 지었고, 四方에서 와서 배우며 머물기를 원하는 이들에게도 밭을 주어 경작하게 하니, 거주하는 곳이 마침내 聚落을 이루었다.

方是時하여 孫承宗이 以大學士兼兵部尙書로 經略薊遼하고 奇逢之友歸安茅元儀와 及鹿正之子善繼가 皆在幕府라 奇逢密上書承宗하니 承宗以軍事疏請入見(현)이라 忠賢大懼하여 繞御床而泣이어늘 以嚴旨로 遏承宗於中途하니 而世以此로 益高奇逢之義하다 臺垣及巡撫交薦하여 屢徵不起요 承宗欲疏請以職方起贊軍事하여 使元儀先之어늘 奇逢亦不應也러라 其後에 畿內盜賊數駭에 容城危困이라 乃攜家하여 入易州五公山하니 門生親故從而相保者가 數百家라 奇逢爲敎條하여 部署守禦로되 而絃歌不輟하다 入國朝하여 以國子祭酒徵하여 有司敦趣이어늘 卒固辭하다 移居新安이라가 旣而渡河하여 止蘇門百泉이러니 水部郎馬光裕가 奉以夏峰田廬라 遂率子弟躬耕하고 四方來學願留者를 亦授田使耕하니 所居遂成聚하다

奇逢이 처음에 녹선계와 講學할 때에는 陸象山(陸九淵)과 王陽明(王守仁)을 宗師로 삼았는데 만년에 이르러 이를 고쳐 朱子(朱熹)의 학설을 和通하였다. 그 몸을 수양할 때 힘써 스스로 刻苦하고 砥礪하여 어버이의 喪을 치를 적에는 형제를 거느리고 墓所 곁에서 여묘살이를 한 것이 무릇 6년이었다. 사람은 賢愚를 따지지 않고 만약 배우기를 청하면 반드시 그 품성에 가까운 바로써 깨우쳐주어 소행에 스스로 힘쓰게 하였다. 그는 남들과 간격을 둠이 없어 비록 武夫나 사나운 軍卒, 工人이나 商人, 종이나 마부, 농부나 목동일지라도 반드시 誠意로써 대하였으니, 이로 말미암아 이름이 천하에 알려졌으면서도 사람 중에 싫어하고 미워하는 자가 없었다. 양련과 좌광두가 危難에 처한 때를 당하여 사람들은 모두 기봉도 위험할 것이라고 여겼으나, 위충현의 左右가 모두 近畿人으로 일찍이 기봉의 질실한 품행을 尊重하여 陰으로 돕지 않는 이가 없었다.

奇逢이 始與鹿善繼講學엔 以象山陽明爲宗이러니 及晩年乃更하여 和通朱子之說이라 其治身에 務自刻砥하여 執親之喪에 率兄弟하여 廬墓側이 凡六年이러라 人無賢愚히 苟問學이면 必開以性之所

14) 水部郎 馬光裕 : 水部郎은 水利 등의 사무를 담당하는 工部 소속의 官名이다. 馬光裕는 山西 安邑人으로, 字가 繩詒이고, 號가 止齋이다.

15) 夏峰 : 蘇門山의 여러 봉우리 중 하나이다.

近하여 使自力於庸行이라 其與人無町畦하여 雖武夫悍卒工商隸圉野夫牧豎라도 必以誠意接之하니 用此로 名在天下로되 而人無忌嫉者러라 方楊左在難하여 衆皆爲奇逢危이로되 而忠賢左右가 皆近畿人이요 夙重奇逢質行하여 無不陰爲之地者러라

왕조가 바뀐 뒤에 여러 公이 기봉을 억지로 기용하고자 하자, 平涼 사람 胡廷佐[16)]가 말하기를 "사람은 저마다 뜻이 있으니, 저 사람은 은거하여 한가로이 지내는 것을 스스로 즐거워하는데 무엇 때문에 반드시 우리들과 같은 길을 가게 하려는가." 하였다. 夏峰에 산 지 25년 만에 卒하니, 享年 92세였다. 河南과 河北의 學者들이 歲時로 百泉書院에서 제사를 받들고, 容城에서는 劉因, 楊繼盛[17)]과 함께 享祀하고, 保定에서는 文正公 孫承宗, 忠節公 鹿善繼와 學宮에 合祀하니, 天下 사람들은 평소 面識이 있는 사람이건 없는 사람이건 모두 그를 일컬어 '夏峰先生'이라고 한다.

鼎革後에 諸公必欲强起奇逢한대 平涼胡廷佐가 曰 人各有志니 彼自樂處隱就閑이어늘 何故로 必令與吾儕一轍乎아하다 居夏峰二十有五年에 卒하니 年九十有二라 河南北學者가 歲時에 奉祀百泉書院하고 而容城은 與劉因楊繼盛으로 同祀하고 保定은 與孫文正承宗鹿忠節善繼로 竝祀學宮하니 天下無知與不知히 皆稱曰夏峰先生이라하다

다음과 같이 贊한다.

나의 先兄 百川[18)]이 夏峰의 學者에게서 들으니, 孫徵君이 일찍이 다른 사람에게 말하기를 "내 처음에는 양련, 좌광두와 같은 운명이 되리라고 스스로 생각하였는데, 난리를 겪음에 미쳐 목숨을 잃을 뻔한 일이 수차례였으나 마침내 무탈하였으니, 이런 까닭으로 학문은 天命을 알아 疑惑하지 않는 것을 귀하게 여긴다."[19)]라고

16) 平涼……胡廷佐 : 胡廷佐는 平涼人으로, 貢生이 되어 河南西華縣令과 淮徐兵備僉事 등을 역임하였다.

17) 劉因 楊繼盛 : 劉因(1249~1293)은 元나라의 학자이자 문인으로, 字가 夢吉이고, 號가 靜修이다. 學行으로 천거되어 承德郎과 右贊善大夫 등을 역임하고, 辭職하고 歸鄕한 뒤에는 道學에 매진하여 당대에 大儒로 일컬어졌다. 楊繼盛(1516~1555)은 明나라의 人臣으로, 字가 仲芳이고, 號가 椒山이다. 嚴嵩을 탄핵했다가 누명을 쓰고 투옥되어 피살당하였다.

18) 나의……百川 : 方苞의 형인 方舟를 이른다. 百川은 그 字이다.

19) 학문은……여긴다 : 孔子가 "나는 마흔에 疑惑하지 않았고, 쉰에 天命을 알았다.〔四十而不惑

하였다 한다.

손징군이 학문을 논한 글이 잘 갖춰져 있고[20] 그 질실한 品行은 學者들이 年譜로 엮었다.[21] 그러므로 여기서는 논하지 않고, 다만 그 우뚝이 큰 행실만 기술하노라.

高陽의 孫少師(孫承宗)가 軍事를 맡기려 했을 때 선생이 굳이 사양하고 나아가지 않은 것을 사람들이 다 애석해하지만, 少師는 두 번 起用되고 두 번 罷黜되어 끝내 功을 이루지 못하였으니, ≪周易≫에 이른바 "절개가 돌과 같아 하루를 마치지 않고 떠나간다."[22]라는 말이 아마도 선생에 거의 가까울 것이다.

讚曰 先兄百川이 聞之夏峰之學者하니 徵君嘗語人曰 吾始自分與楊左諸賢同命이러니 及涉亂離하여 可以犯死者가 數矣로되 而終無恙하니 是以로 學貴知命而不惑也라하다 徵君論學之書가 甚具요 其質行은 學者譜焉이라 玆故로 不論하고 而獨著其犖犖大者하노라 方高陽孫少師以軍事相屬하여 先生力辭不就를 衆皆惜之로되 而少師再用再黜하여 訖無成功하니 易所謂介于石不終日者가 其殆庶幾邪인저

五十而知天命]"라고 한 말이 ≪論語≫ 〈爲政〉에 나온다.

20) 손징군이……있고 : 孫奇逢의 저서에 ≪讀易大旨≫, ≪尙書近指≫, ≪四書近指≫, ≪中州人物考≫, ≪理學傳心纂要≫ 등이 있다.

21) 그……엮었다 : 魏一鰲(1613~1692), 湯斌(1627~1687) 등이 편찬한 〈孫徵君年譜〉를 이른다. 方苞가 쓴 〈孫徵君年譜序〉가 ≪望溪集≫에 수록되어 있다.

22) 절개가……떠나간다 : 절개가 단단한 돌과 같아서 혼탁한 조정에서 벼슬하지 않고 단호하게 떠남을 말한다. ≪周易≫ 豫卦 六二 爻辭에 "절개가 돌과 같아서 하루를 마치지 않고 떠나니, 貞하고 吉하다.[介于石 不終日 貞吉]"라고 하였다.

34. 돌아가신 어머니의 行略　先母行略*

*이 글은 方苞가 48, 9세이던 康熙 54년(1715)에서 55년 사이에 지은 것이다. 방포의 어머니 吳氏는 강희 54년 12월에 세상을 떠났다. 이 글에서 방포는 어머니의 家系, 아버지와 결혼하게 된 배경, 성실하고 자애로웠던 성품, 가족들의 잇따른 객사와 요절로 만년에 心疾을 앓게 된 상황 등을 차분히 서술하여 어머니의 평생을 기록하고 있다.

우리 어머님은 姓이 吳氏이니, 先世는 莆田[1] 사람이고 뒤에 京師[2]로 이주하였다. 외조부는 諱가 勉이니,[3] 이름난 諸生[4]이 되어 國子監의 貢生이 되고[5] 同州・光州 두 州의 知州이자 同知紹興府事로 있었는데, 곧은 절개로 그 지역의 권세 있고 지위 높은 사람을 거슬러서 관직에서 물러나셨다. 長江과 淮河 일대를 떠돌다가 우리 집안 塗山 어른[6]의 처소에서 우리 아버님의 詩를 보고 인하여 딸을 시집보내셨다.

吾母姓吳氏니 **先世莆田人**이요 **後遷京師**라 **外祖諱勉**이니 **爲名諸生**하여 **貢成均**하고 **知同光二州同知紹興府事**러니 **以直節忤其地權貴人**하여 **罷官**이라 **流轉江淮間**이라가 **於吾宗老塗山所**에 **見先君子詩**하고 **因女焉**하다

우리 어머니는 태어날 때부터 성품이 고요하고 단정하며 정성스러운 뜻이 가득하여 종신토록 급한 말과 사나운 안색이 없으셨다. 5, 6세 때에 외조부께서 늘 말씀하

---

1) 莆田 : 福建省 莆田縣을 이른다.

2) 京師 : 南京을 말한다.

3) 외조부는……勉이니 : 吳勉은 字가 素裘이다. 자세한 행적은 ≪方苞集≫ 권12 〈同知紹興府事吳公墓表〉에 보인다.

4) 諸生 : 明淸代에 이미 지방 학교에 입학한 生員을 諸生이라 하였다.

5) 國子監의……되고 : 원문은 '貢成均'이다. 成均은 國子監을 의미한다. 貢生은 府・州・縣에서 生員으로 선발되어 국자감에서 수학하는 사람을 말한다.

6) 塗山 어른 : 方文(1612~1669)을 말한다. 塗山은 그 호이다. 吳勉은 방문의 처소에서 方仲舒의 詩文을 즐거이 감상한 뒤, 방문의 소개를 통하여 딸을 방중서에게 시집보냈다.

시기를 "우리 집안이 쇠하는구나. 이 딸아이가 끝내 아들이 아니라니."라고 하시며 經書와 史書 중에서 여자에 관한 내용을 만나면 반드시 어머니에게 講說해주셨다.

어머님은 우리 아버님에게 시집와서는 시어머니가 이미 돌아가셔서 미처 모시지 못하였으니 혹 돌아가신 우리 할머님께 말이 미치면 번번이 목메어 우시면서 눈물을 떨구려 하셨다. 前母인 姚孺人이 딸 둘을 남겼는데 둘째 누이가 어릴 적에 사납고 거만하였거늘 어머님이 잘 보살피니[7] 오랜 시간이 지나 후회하고 뉘우쳐서 힘써 효도하고 공경하였다.

吾母生而靜正하고 **誠意盎然**하여 **終身無疾言遽色**이라 **五六歲時**에 **外祖每曰 吾宗衰**라 **此女乃不爲男兒**라하고 **遇經史中女事**하면 **必爲講說**하다 **及歸先君子**하여는 **不及事姑**하니 **或語及先王母**면 **輒哽咽欲淚**러라 **前母姚孺人**이 **遺女二**하니 **次姊少桀傲**어늘 **母呴濡**하니 **久而悔悟**하여 **勉爲孝敬**이러라

우리 아버님은 중년에 더욱 궁핍해졌고, 어머니는 나의 형제와 여자 형제 모두 6명을 낳으셨다. 여종 하나가 늙어서 집안일을 다 맡아 하지 못하였기에 바느질하고 길쌈하고 빨래하는 일과 물 뿌리고 비로 쓸며 밥 짓고 물 긷는 일을 모두 몸소 하셨다. 겨울이 되면 겨우 해진 솜이불 한 채가 덮을 것만 있고 깔 것은 없었으며 한 달 중에 하루 두 끼를 먹지 못하는 날이 여러 번이었다.

그러나 우리 아버님은 교유하기를 좋아하여 沿江 일대의 명망 있는 인사들이 왕래하지 않는 날이 없어서 반드시 안주와 음식을 차려서 종일토록 머물며 즐겼는데, 어머니는 일찍이 등에 등창이 났는데도 여전히 억지로 힘써 대접하여 10여 년 동안 잠시도 쉴 겨를이 없었다.

그런데도 우리 아버님은 성격이 엄하고 굳세어 조그마한 것이라도 제대로 마련되지 않으면 손님이 물러간 뒤에 반드시 힐책하여 조금도 용서하지 않으셨는데, 어머니는 더욱 독실하고 신중하여 얼굴에 기미를 내보이지 않으셨다. 우리 아버님이 임종하실 때에 슬피 말씀하시기를, "당신과 함께 산 지 50년 동안 당신은 나에게 털끝만치도 부끄러울 일을 하지 않았소." 하셨다.

先君子中歲尤窮空이요 **母生苞兄弟及女兄弟凡六人**이라 **一婢老不任事**라 **縫紝浣濯**과 **洒掃炊**

7) 잘 보살피니 : 원문은 '呴濡'인데, 곤경에 처하여 보살펴주는 것을 말한다. ≪莊子≫ 〈大宗師〉에, "물이 말라 물고기들이 땅바닥에 처하게 되면 서로 입김을 내뿜어 축축하게 해주고 서로 거품으로 적셔준다.〔泉涸 魚相與處於陸 相呴以濕 相濡以沫〕"라고 한 데서 온 말이다.

汲을 皆身執之러라 方冬時에 僅敝絮一衾이 有覆而無薦하고 旬月中不再食者가 屢焉이로되 而先君子喜交游하여 江介耆舊가 過從無虛日하여 必具肴蔬하여 淹留竟日이어늘 母嘗疽發於背로되 猶勉强供事하여 十餘年에 無晷刻休暇어늘 而先君子性嚴毅하여 絲粟不治어든 客退에 必詰責하여 不少寬假하니 母益篤謹하여 無幾微見於顔面이러라 及先君子將終에 惻然曰 與若共事五十年에 若於我에 毫髮無愧也라하시다

어머님은 성품이 효성스럽고 자애로우셨는데 외조부와 외조모, 외숙이 모두 객사하였고 연이어 내 아우도 요절하였으며 형과 馮氏에게 시집간 누님 또한 중도에 요절하였다. 그래서 어머님은 묵묵히 슬픔과 근심을 품으시어 마침내 心疾(일종의 정신질환)이 되었는데, 60세 이후에 이 병을 앓아 거의 20년이 되었다. 병이 발작할 때마다 밤낮으로 말씀을 쉬지 않으셨으나, 모두 어릴 적 들으신 옛사람의 아름다운 말과 훌륭한 행실과 부모를 모실 때 있었던 일에 대한 것이었고 비루하거나 도리에 어긋나는 것은 없었다.

병으로 자리에 누우신 지 한 해가 넘어 몸을 뒤척이며 고통스러워하시니 보는 사람들이 마음으로 슬퍼하였는데도 어머니는 태연하여 때때로 조금 신음하시고 하늘이나 부모를 부르짖으신 적은 없었다. 병이 오래되어 병세가 심해졌을 때 나와 어린 누이동생이 곁에 있었는데 근심하는 안색이나 슬퍼하는 말씀이 없으셨으니, 不肖子의 마음을 아프게 할까 염려하신 것이었다.

평생 한마디도 종들을 꾸짖지 않으셨으나 능히 그들로 하여금 사모하고 경외하여 감히 속임수를 부리지 못하게 하셨으니, 돌아가신 뒤에 집안에서 어머님을 모시던 老小 종들이 자손들보다 더 슬피 울어서 아무리 달래도 그치게 할 수 없었다. 아들 苞는 피눈물을 흘리며 서술한다.

母性孝慈한대 而外祖父母及舅氏가 皆客死하고 繼而吾弟早夭하고 兄及姊適馮氏者가 復中道夭라 默默銜悲憂하여 遂成心疾이러니 六十後患此하여 幾二十年이라 每作에 晝夜語不休나 然이나 皆幼所聞古嘉言懿行及侍父母時事요 無涉鄙倍者러라 臥疾逾年에 轉側痛苦하니 見者心惻이로되 而母恬然하여 時微呻하고 未嘗呼天及父母러라 旣彌留에 苞及小妹在側한대 無戚容悲言하니 恐傷不肖子之心也라 生平未嘗一語詈僕婢나 而能使愛畏하여 不敢設欺誑이라 卒之後에 內御者가 老幼悲啼가 過於子姓하여 不可曲止焉이라 男苞泣血述하노라

35. 陽明[1)]의 祠堂을 重建한 記　重建陽明祠堂記*

*이 글은 方苞가 80세 때인 乾隆 12년(1747)에 지은 것이다. 陳悳榮이 明代의 사상가 王陽明을 존숭하여, 貴州布政使로 부임하고서 金陵의 西華門 밖에 있던 왕양명의 사당을 중건하고 방포에게 記文을 부탁하였다. 방포는 程朱學을 존숭하였음에도 왕양명의 학설을 긍정하여서, 明末에 사람들이 羞惡와 是非의 본심을 잃은 것을 보고 왕양명이 良知를 내세워서 큰 영향을 끼쳤다고 평가하였다.

王陽明

내가 견문이 있은 이후로 살펴보건대 백수십 년 사이에 北方의 眞儒로서 죽어서도 불후한 이가 세 사람으로, 定興 鹿太常[2)]과 容城 孫徵君[3)]과 睢州 湯文正[4)]이니, 그들의 학문은 모두 陽明 王氏를 종주로 삼았다. 비루한 유학자들이 혹 程朱의 緖言을 竊取하여 양명을 제멋대로 비방하여 聲名을 꾀하고 勢利를 좇는다. 그러므로 내가 평소 함께 배운 벗에 대하여서, 궁하여 布衣로 있는 이에게는 묵묵히 알고 몸소 행하기를 요구하고, 영달하여 특별한 절조를 지닌 이에게는 睢州(湯斌)의 뜻과 사업으로써 권면하여 講

---

1) 陽明 : 明代의 사상가 王守仁(1472~1528)으로, 자는 伯安, 浙江 餘姚 사람이다. 良知心學을 주장하여 陽明學派를 형성하였다.

2) 定興 鹿太常 : 鹿善繼(1565~1636)로, 자는 伯順, 호는 乾岳, 江村漁隱이며, 直隸 定興 사람이다. 萬曆 41년(1613)에 進士가 되어 벼슬이 太常寺少卿에 이르렀다. 淸兵이 定興을 공격할 때에 굴하지 않아 죽었다. 시호는 忠節이다.

3) 容城 孫徵君 : 孫奇逢(1584~1675)으로, 자는 啓泰, 호는 鍾元・夏峰이며, 直隸 保定府 容城縣 사람이다. 明末에 東林黨과 함께 魏忠賢을 반대하였고, 이로 인해 충절로 알려졌다. 淸朝에 부름을 받았으나 벼슬하지 않고 강학하며 일생을 마쳤으므로 孫徵君이라 불린다. 李顒, 黃宗羲와 함께 三大儒라고도 불린다.

4) 睢州 湯文正 : 湯斌(1627~1687)으로, 자는 孔伯, 호는 荊峴, 潛庵이며, 河南 睢州 사람이다. 順治 9년(1646)에 進士가 되어 벼슬이 刑部尙書에 이르렀다. 시호는 敏果이다.

學의 宗旨를 標致하지 않게 하였다.

自余有聞見으로 **百數十年間**에 **北方眞儒死而不朽者三人**이니 **曰定興鹿太常**과 **容城孫徵君**과 **睢州湯文正**이니 **其學**이 **皆以陽明王氏爲宗**이라 **鄙儒膚學**이 **或勦程朱之緖言**하여 **漫詆陽明**하여 **以釣聲名而逐勢利**라 **故**로 **余於平生共學之友**에 **窮在下者**는 **則要以默識躬行**하고 **達而有特操者**는 **則勖以睢州之志事**하여 **而毋標講學宗指**라

金陵의 西華門 밖에 예부터 陽明書院이 있으니, 어느 해에 폐해진 지 알지 못한다. 講堂과 學舍와 두른 담이 모두 무너졌고, 남은 屋은 농사꾼들이 거주하여 주위가 측간으로 둘려 있다. 그 죄를 성토하고자 하면 당사자는 이미 죽었고, 옛 모습을 복구하고자 하면 비용이 나올 곳이 없었다.

乾隆 11년(1746)에 貴州布政使 安州 陳公[5]이 安徽로 전임하여 北山에서 나를 방문하였는데, 우연히 이에 대해 말하여 마침내 복구시킬 논의를 하였다. 이듬해 5월에 완성을 고하고 나에게 記文을 맡겼다. 公은 바로 내가 평소에 睢州의 뜻과 사업으로써 권면하던 사람이고, 그의 尊丈 鳴九先生[6]은 忠節(鹿善繼)과 徵君(孫奇逢)의 학문을 계승하여 고향에서 가르치고 있다. 그러므로 공이 이 사당을 이처럼 빠르게 완성한 것이다.

金陵西華門外에 **舊有陽明書院**하니 **不知廢自何年**이라 **講堂學舍周垣盡毁**요 **其餘屋**은 **圃者居之**하여 **繚以廁匽**라 **欲聲其罪**인댄 **則其人已亡**이요 **欲復其舊**인댄 **則費無所出**이러니 **乾隆十一年**에 **貴州布政使安州陳公**이 **調移安徽**하여 **過余北山**한대 **偶言及此**하여 **遂議興復**이라 **逾歲五月**에 **告成**하고 **屬記之**라 **蓋公乃余素以睢州志事相勖者**요 **其尊人鳴九先生**은 **承忠節徵君之學**하여 **爲教於鄕國**이라 **故**로 **公於玆祠**에 **成之如此其速也**라

아아, 어리석은 儒者가 전해들은 것만으로도 陽明氏가 良知를 게시하여 가르침의 本旨로 삼았음을 알고 있다. 明나라가 開國한 이래로 순박한 士風이 天順[7] 연

5) 安州 陳公 : 陳悳榮으로, 자는 廷彦이며, 直隸 安州 사람이다. 康熙 51년(1712)에 進士가 되었고, 乾隆 초에 貴州按察使와 布政使가 되었다.

6) 鳴九先生 : 陳鶴齡으로, 자는 鳴九로, 유학에 전념하였다. 正定縣의 教諭에 뽑혔고, 후에 順天府武學教授로 승직하였다.

간의 초에 이르러 한 번 변하였으니, 三楊[8]의 忠心이 작위와 녹봉 때문에 쇠약해진 것을 말미암아, 天子의 秉權과 閣部의 職權이 은밀하게 王振[9]과 汪直[10]의 무리들에게 빼앗기고, 王文[11]과 萬安[12]이 앞서서 宦官에게 영합하여 政府를 점거하여 忠良한 이들을 배척하고 廷杖[13]의 형벌을 시작하였는지라, 士大夫들 중에 進取에 힘쓰는 이들이 점점 그 羞惡와 是非의 본심을 잃어서 쉽게 不仁과 不義에 스스로 빠지게 되는 지경에 이르렀다.

양명씨가 이를 목격하고서 상심하여 사람이 만약 그 본심을 잃는다면 총명이 機謀로 흘러 들어가고 학문이 법조문을 엄혹하게 하여 없는 죄를 씌우는 것을 돕게 되니, 良知를 굳게 지키면 그래도 〈良心을〉 짓눌러 없애서 금수와 멀지 않은 상태가 되는[14] 지경에는 이르지 않게 되니, 이렇게 하는 것만 못하다고 여겼다.

天啓[15] 연간에 이르러서, 魏忠賢의 黨[16]이 마구 해독을 끼치면서 善人의 부류를 다 없애고자 하였다. 鹿太常과 孫徵君이 이를 목격하고서 상심하였고 또 楊漣과 左光斗의 難[17]을 몸소 급하게 여겼으므로, 陽明의 說이 곧장 人心을 가리킨 것에

---

7) 天順 : 明 英宗의 연호로, 1457년에서 1464년까지이다.

8) 三楊 : 楊士奇(1365~1444)·楊榮(1371~1440)·楊溥(1372~1446)로, 明 仁宗부터 英宗 때의 세 大臣이다.

9) 王振 : ?~1449. 明初의 환관으로, 山西 蔚州 사람이다. 正統 7년(1442)에 英宗을 보필하던 張太皇太后가 별세하고 三楊 역시 그 뒤에 늙어서 죽자, 王振이 黨을 만들어 권력을 전횡하였다.

10) 汪直 : 明初의 환관으로, 廣西 大藤峽 사람이다. 여러번 獄事를 일으켜서 후에 폄출되어 죽었다.

11) 王文 : 1393~1457. 자는 千之이며, 束鹿 사람이다. 永樂 19년(1421)에 進士가 되어 吏部尙書 등의 관직을 거쳤다.

12) 萬安 : ?~1489. 자는 循吉이며, 四川 眉州 사람이다. 正統 13년(1448)에 進士가 되어 권세 있는 환관들에게 아첨하였으며, 관직이 吏部尙書에 이르렀다.

13) 廷杖 : 조정에서 관리들 앞에서 곤장을 치는 형벌을 말한다.

14) 그래도……되는 : 사람이 양심을 잃어서 금수와 멀지 않은 상태에 놓이는 것을 말한다. ≪孟子≫ 〈告子 上〉에 "낮 동안 저지르는 이욕에 찬 행위가 良心을 짓눌러 없애니, 짓눌러 없애기를 반복하면 夜氣가 보존될 수 없다. 야기가 보존될 수 없으면 금수와 거리가 멀지 않게 된다.〔旦晝之所爲 有梏亡之矣 梏之反覆 則其夜氣不足以存 夜氣不足以存 則其違禽獸不遠矣〕"라고 하였다.

15) 天啓 : 明 熹宗의 연호로, 1621~1627년까지가 해당된다.

16) 魏忠賢의 黨 : 魏忠賢(1568~1627)은 明末의 환관으로 熹宗의 총애를 받아 비밀경찰인 東廠의 수장이 되었고, 東林派 관료를 탄압하며 정치를 농단하여 명나라의 멸망을 촉진하였다.

17) 楊漣과……難 : 원문의 '楊左'는 楊漣(1572~1625)과 左光斗(1575~1625)를 가리킨다. 이들

대해 깊이 감발하여 學者들과 함께 이를 발명하고자 하였다.

嗟乎라 貿儒耳食도 亦知陽明氏揭良知以爲教之本指乎인저 有明開國以來로 淳朴之士風이 至天順之初而一變하니 蓋由三楊忠衰於爵祿하여 以致天子之操柄과 閣部之事權이 陰爲王振汪直輩所奪하고 而王文萬安이 首附中官하여 竊據政府하여 忠良斥하고 廷杖開라 士大夫之務進取者가 漸失其羞惡(오)是非之本心하여 而輕自陷於不仁不義하니 陽明氏目擊而心傷하여 以爲人苟失其本心이면 則聰明入於機變하고 學問助其文深이니 不若固守其良知가 尙不至梏亡而不遠於禽獸라 至天啓中하여 魏黨肆毒하여 欲盡善人之類하니 太常徵君目擊而心傷하고 且身急楊左之難라 故로 於陽明之說直指人心者에 重有感發하여 而欲與學者共明之라

그렇다면 이 사당에 오르는 이 지역 人士들은 마땅히 陽明의 節義와 功勳, 鹿太常과 孫徵君과 湯文正의 뜻과 사업이 어떠하였으며 자신이 날마다 부지런히 힘쓰는 것이 어떤 일인지 생각할 터이니, 마음으로 부끄러워하여 먹고 잘 때에 스스로 편안할 수가 없을 것이다.

또 생각하건대 陽明의 문하에 龍溪[18]나 心齋[19]와 같은 이들이 과도한 말이나 부적당한 행동을 하기는 하였지만 권모술수로 권세를 추구하였다는 말은 들어보지 못하였고, 두 번 전해진 이후에 혹 禪寂에 흘러가기는 하였으나 비루한 것을 탐내다가 廉隅를 훼손하였다는 말은 들어보지 못하였다. 만약 입으로는 程朱의 말을 외면서 추구하는 바를 사사로이 취한다면 이는 孟子가 이른바 그 본심을 잃은 것인지라[20] 벽을 뚫고 담을 넘는[21] 이들과 같은 자인 것이니, 陽明氏의 무리도 부끄러워하여 무리에 끼워주지 않을 것이다. 이것이 바로 陳公이 이 사당을 重建한 本志이다.

은 東林黨의 일원으로, 東林六君子에도 포함된다. 이들은 魏忠賢을 탄핵하고 그 무리에 대항하였다가 하옥되어서 죽었는데, '楊左之難'은 이를 말한다.

18) 龍溪 : 王畿(1498~1583)로, 자는 汝中, 호는 龍溪, 紹興府 山陰 사람이다. 王陽明을 스승으로 섬겨서 왕양명의 학문을 전파하는 데 힘썼다.

19) 心齋 : 王艮(1483~1541)으로, 자는 汝止, 호는 心齋, 泰州 安豐場 사람이다. 王陽明의 제자로서 泰州學派를 창시하였다.

20) 孟子가……것인지라 : ≪孟子≫ 〈告子 上〉에 나오는 말로, 이익에 미혹되어 선량한 본심을 잃은 것을 말한다.

21) 벽을……넘는 : ≪論語≫ 〈陽貨〉에 "얼굴빛은 근엄하면서 마음이 유약한 것을 소인에게 비유하면 벽을 뚫고 담을 넘는 도적과 같을 것이다.〔色厲而內荏 譬諸小人 其猶穿窬之盜也與〕"라고 하였다.

然則此邦人士升斯堂者는 宜思陽明之節義勳猷와 忠節徵君文正之志事爲何如하며 而己之日有孜孜者爲何事니 則有內愧而寢食無以自安者矣리라 又思陽明之門如龍溪心齋가 有過言畸行이나 而未聞其變詐以趨權勢也요 再傳以後에 或流於禪寂이나 而未聞其貪鄙以毁廉隅也라 若口誦程朱而私取所求면 乃孟子所謂失其本心이라 與穿窬爲類者니 陽明氏之徒도 且羞與爲伍라 是則陳公重建玆祠之本志也夫인저

郡志에 실린 前輩 焦弱侯의 〈重修書院記〉[22]에 대략 이르기를, "이 사당을 창건한 사람은 海門 周公[23]이니 당시에 京兆(京都의 長官)를 攝行하고 있었다. 그 후에 與參 黃公[24]이 이 일을 이어서 이에 완성하였다."라고 하였다.

지금 이 사당을 중건함에 비용이 처음 짓는 것보다도 많이 들었다. 公은 오직 房屋과 田地가 예전에 사사로이 授受된 유래를 따지지 않고서 官에서 이를 갚아주되 값은 되도록 적게 하고자 하였으며, 工人을 모으고 재료를 갖춤에 자신의 봉록을 함께 내었고, 邑侯인 海寧 許君이 이를 도왔다. 일을 紳士에게 맡겨서 胥吏를 경유하지 않았으므로, 오래지 않아 일이 이루어졌다. 乾隆 11년(1746) 季冬에 시작하여 12년 仲夏에 완성되었다. 方苞는 적는다.

郡志載前輩焦弱侯重修書院記에 略云 創建者는 海門周公이니 時攝京兆라 厥後與參黃公嗣事하여 乃成之라하다 今玆重建에 費大於作始라 公惟不詰屋與地私相授受之由하고 而官贖之하되 價從其低하고 鳩工庀材에 竝出祿賜하니 邑侯海寧許君助之라 屬役於紳士하여 不由胥吏라 故로 不日而事集이라 經始於乾隆十一年季冬하여 訖工於十二年仲夏라 方苞記하노라

22) 焦弱侯의 〈重修書院記〉: 焦弱侯는 焦竑(1540~1620)으로 자는 弱侯, 호는 漪園·澹園이며, 江寧 사람이다. 회시에서 장원하여 벼슬이 翰林院修撰에 이르렀다. 〈重修書院記〉는 그의 문집 ≪澹園續集≫ 권4에 실려 있는데, 제목은 〈陽明先生祠堂記〉이다.

23) 海門 周公: 周汝登(1547~1629)으로, 자는 繼元, 호는 海門이며, 嵊縣 사람이다. 王陽明의 再傳弟子이며, 萬曆 5년(1577) 進士가 되어 벼슬이 工部尙書에 이르렀고, 만력 15년에 鹿山書院을 세웠다.

24) 與參 黃公: 黃承玄(1584~1620)이다. '玄'자가 '元'자로 되어 있는 문헌도 있는데, 康熙帝의 이름 玄燁을 피휘한 것으로 보인다. 자는 履常, 호는 與參이며, 秀水 사람이다. 萬曆 14년(1586)에 進士가 되어 관직이 副都御史巡撫福建에 이르렀다.

36. 豐臺[1]를 遊覽한 일에 대한 記　遊豐臺記*

＊이 글은 方苞가 51세 때인 康熙 57년(1718)에 豐臺를 유람하고 지은 記文이다. 풍대는 北京의 서남쪽에 위치한 臺로, 이 글에서 방포는 벗들과 이곳을 유람하게 된 경위와 과정 및 노닌 일을 기술하는 한편 다시 기약하기 어려운 벗들과의 만남에 대한 소회를 드러내었다.

豐臺는 京城과 거리가 10리로 가까우니, 거주하는 백성들이 꽃을 심는 일로 業을 삼는데 작약이 특히 무성한지라 꽃이 필 때면 도성 사람들이 무리 지어 가서 노닌다. 나는 여섯 번 京師에 갔지만 한 번도 가서 보지 못하였는데, 戊戌年(1718) 여름 4월 내가 장차 塞門[2]에 가려할 때 寓安[3]이 上黨[4]으로 가려 하기에 그 寓所를 찾아 작별하는데, 우안이 "어찌 豐臺를 유람하지 않으리오." 하고는 마침내 嘉定 사람 張樸村,[5] 金壇 사람 王篛林,[6] 나의 宗弟 方文輈,[7] 門生 劉師向[8]에게 알려

---

1) 豐臺 : 지금의 北京市 서남부에 위치한 豐臺區 일대의 지명으로, 이곳에 사는 사람들은 대부분 꽃을 가꾸는 일로 생업을 삼았고, 元나라 때 高官들이 이곳에 세운 園亭이 淸代까지도 많이 남아 있었다.

2) 塞門 : 河北省에 있는 承德 避暑山庄을 가리킨다.

3) 寓安 : 方正瑗을 이른다. 방정연은 安徽省 桐城 출신으로, 字가 玫士이고, 寓安은 그 號이다. 저서에 ≪源莊詩集≫, ≪源莊詞≫, ≪杜詩淺說≫, ≪易錄≫ 등이 있다.

4) 上黨 : 지금의 山西省 長治 일대에 해당하는 옛 縣의 이름이다.

5) 嘉定……張樸村 : 張雲章(1648~1726)을 이른다. 장운장은 江蘇省 嘉定 출신으로, 字가 漢瞻이고, 樸村은 그 號이다. 일찍이 國子監 太學生이 되었는데, 布衣로 일생을 마쳤다. 저서에 ≪樸村集≫이 있다.

6) 金壇……王篛林 : 王澍(1668~1743)를 이른다. 왕주는 江蘇省 金壇 출신으로, 篛林은 그 字이고, 號가 虛舟이다. 康熙 51년(1712)에 進士가 된 이후로 관직이 吏部員外郞에 이르렀다.

7) 나의……方文輈 : 方苞의 從弟 方楘如(1680~?)를 이른다. 방목여는 浙江省 淳安 출신으로, 號가 樸山이고, 字가 若文·文輈이다. 康熙 45년(1706) 進士가 되어 豐潤知縣을 지냈다. 毛奇齡에게 受業하여 經師에 통달하였으며, 문장에 뛰어나 方苞·方舟와 함께 '二方'으로 일컬어졌다. 저서에 ≪周易通義≫, ≪集虛齋學古文≫, ≪樸山存稿≫ 등이 있다.

8) 門生 劉師向 : 方苞의 門生으로, 江蘇省 寶應 출신이며 字가 封事이다. 康熙 50년(1711)에 擧人이 되고 江津知縣을 역임하였다.

함께 수레를 타고 갔다.

豐臺去京城十里而近하니 居民以蒔花爲業이로되 芍藥尤盛이라 花時에 都人士群往遊焉하니라 余六至京師로되 未得一造觀이러니 戊戌夏四月에 將赴塞門할새 而寓安之上黨이라 過其寓爲別이어늘 曰 盍爲豐臺之遊리오하고 遂告嘉定張樸村金壇王篛林余宗弟文輈門生劉師向하여 共載以行하니라

그곳에서 가장 성대한 곳은 王氏園으로 일컬어지는데 문이 닫혀 들어가지 못하였고, 곁채를 둘러보다가 울타리 사이로 꽃봉오리 두어 두둑이 보이자 從者가 "고작 이것뿐이로구나." 하였다. 그 지방 사람들에게 물으니, "처음 꽃을 심을 때에는 손바닥처럼 평평한 들판이 천 畝나 서로 이어지고 다섯 가지 색깔[9]의 꽃이 섞여 있었습니다. 그리하여 기이한 장관을 이루었는데, 그 후로 거주하는 사람이 점점 늘어나면서 저마다 담과 울타리를 쳐서 경계를 긋고 樹木이 떨기로 자라므로 꽃이 비록 번성하여도 가려져 보이지 않게 되었습니다. 유람하는 사람들은 다만 예전의 소문을 羨慕하여 부산히 와서 모이는 것일 뿐입니다."라고 하였다.

그리하여 길가의 늙은 나무 아래로 가서 땅에 자리를 깔고 앉았다가 한참 뒤에야 비로소 농사짓는 자의 집 뒤에 있는 작은 정자를 구해 쉬었다. 이때 長幼의 次序를 따지지 않고서 눕고 앉고 일어나고 서는 것을 오직 사람에게 편한 대로 하였고, 말하고자 하는 바를 마음껏 다 말하고 술잔을 들어 서로 권하면서 날이 저물어서도 오히려 돌아가지 못했으니, 대개 나는 근래 몇 해 동안 술자리가 이때만큼 즐거운 적이 없었다.

其地最盛者는 稱王氏園이니 扃閉不得入하고 周覽旁舍라가 於籬落間에 見蓓蕾數畦하니 從者曰 止此矣라하여늘 問之土人하니 初植時에 平原如掌이 千畝相連하고 五色間廁이라 所以爲異觀也러니 其後居人漸多에 各爲垣牆籬落하여 以限隔之하고 樹木叢生이라 花雖繁이나 隱而不見이어늘 遊者特豔其昔之所聞하여 而紛然來集耳라하니라 因就道旁老樹하여 席地坐라가 久之에 始得圃者宅後小亭하여 而憩休焉할새 少長不序하고 臥起坐立을 惟所便人이요 暢所欲言하고 擧酒相屬(촉)하여 向夕猶不能歸하니 蓋余數年中에 未有宴醼遊若此之適者호라

9) 다섯 가지 색깔 : 청색, 적색, 백색, 흑색, 황색이다.

생각건대 나는 평소 우둔하고 꼿꼿하여 어울리는 이가 적어서, 서로 깊이 아는 사람은 20년 이래로 죽은 이가 반이 넘고 살아 있는 사람은 이날 동행한 여러 君子가 그 반이다. 여러 군자는 벼슬하기도 하고 은거하기도 하며 노닐기도 하고 공부하기도 하여 저마다 趨向이 다른데 차례로 이곳에 와서 모였으니, 만나지 못한 기간이 길게는 몇 년이고 적어도 해가 바뀌고 철이 바뀌었다. 어찌 기약하기 어려운데 다행스럽게도 이루어진 일이 아니겠는가.

그러나 寓安이 出行할 때가 열흘 정도밖에 남지 않았고, 관직을 그만두고 장차 돌아가려 하는 자는 文輈이고, 일이 끝나 돌아가고자 하는 자는 樸村이고, 選用되기를 기다려 장차 出仕하려 하는 자는 劉生이며, 翁林만이 관직을 맡고 있으나 장차 致仕하고 돌아가려 하니, 헤아려보건대 내년에 꽃이 필 때 이곳에 머무르고 있을 사람은 오직 나 한 사람뿐이다. 어찌 다만 내가 늙고 병들며 객지에 떠도는 몸이어서 이 즐거운 모임을 다시 갖기 어려운 것이겠는가. 여러 군자의 종적이 갈리고 의탁하는 곳이 달라지니, 비록 山川 景物의 뛰어남이 지금보다 열 배 백 배가 되더라도 노쇠한 벗들이 이번 유람처럼 하늘가에서 무리 지어 모여 기뻐하며 악수하는 일은 아마도 또한 자주 만날 수 없을 듯하다. 그러므로 저마다 이 일을 시로 쓰고 내가 그 記를 짓노라.

念平生鈍直寡諧하여 相知深者가 二十年來로 凋零過半하고 其存者는 諸君子가 居其半矣라 諸君子는 仕隱遊學하여 各異趨로되 而次第來會於此하니 多者數年이요 少亦歷歲移時라 豈非事之難期而可幸者乎아 然이나 寓安之行也가 以旬日爲期矣라 其官罷而將歸者는 則文輈也며 事畢而欲歸者는 樸村也며 守選而將出者는 劉生也요 惟翁林當官이로되 而行且告歸하니 計明年花時에 滯留於此者가 惟余獨耳니 豈惟余之衰疾羈孤에 此樂難再이리오 卽諸君子踪跡乖分하고 栖托異向하니 雖山川景物之勝이 什百於斯라도 而耆艾故人이 天涯群聚하여 歡然握手가 如茲遊者를 儻亦未可多遘也라 因各述以詩하고 而余爲之記云하노라

37. 潭柘山[1]을 遊覽한 일에 대한 記　遊潭柘記*

*이 글은 方苞가 51세 때인 康熙 57년(1718)에 潭柘山을 유람하고 지은 記文이다. 이 글에서 방포는 벗들과 함께 담자산을 유람하면서 景物을 감상한 일을 기술하고, 그 속에서 얻은 감회와 깨달음을 서술하였다.

康熙 戊戌年(1718) 여름 4월 22일 내가 장차 塞上[2]에 나아가려 할 때 寓安[3]이 劉生 師向[4]과 함께 나를 찾아왔다. 때마침 공무 여정이 이삼일 여유가 있었기에 潭柘山을 유람하기로 의논하였는데, 從者들이 난색을 표하며 "길이 좁아서 수레가 다니기에 불편하니 종일토록 가도 도착하지 못할 것입니다." 하였다. 잠시 후 먹구름이 모이고 거센 바람이 일자 사람들이 모두 주저하였는데, 우안이 "수레 삯을 곱절로 지불했고 비가 쏟아질 것이니, 내일 동틀 무렵에 반드시 길을 나서야 한다." 하였다.

康熙戊戌夏四月望後七日에 **余將赴塞上**할새 **寓安偕劉生師向過余**라 **會公程可寬信宿**일새 **乃謀爲潭柘之遊**러니 **而從者難之**하여 **曰 道局窄**하여 **不利行車**하니 **窮日未可達也**라하다 **少間**에 **雲陰合**하고 **厲風起**에 **衆皆以爲疑**어늘 **寓安曰 車倍僦**요 **雨淋漓**하니 **詰旦必行**이라하다

길에 오르자 과연 구불구불하고 멀어서 자갈길을 지날 때는 자주 수레가 흔들렸다. 해질녘에 산어귀에 이르니 사방으로 보이는 것이 모두 황량한 언덕이었다. 비록 나 또한 이 여행이 고생스럽다고 거의 후회할 뻔했으나 어찌할 수 없었다. 산

---

1) 潭柘山 : 北京 서쪽 近郊에 있는 산이다. 이 산기슭에 潭柘寺가 있으니, 담자사는 北京에서 가장 일찍 건립된 사찰로서 西晉 愍帝 때 최초 嘉福寺라는 이름으로 건립되었다. 唐·金·元·明을 거치면서 수차례 이름이 바뀌었으나, 이 절의 뒤에 龍潭이라는 못이 있고 산에 산뽕나무가 많아 민간에서는 주로 潭柘寺로 불리었다.

2) 塞上 : 변방을 뜻하는데, 여기서는 河北省의 承德山莊을 가리킨다.

3) 寓安 : 方正瑤을 이른다.

4) 劉生 師向 : 方苞의 門生인 劉師向을 이른다.

속으로 1, 2리를 들어가자 길이 가파르고 좁아 수레에서 내려 걸어서 절 문에 이르니, 산의 형세가 비로소 나타나자 수풀과 샘의 맑은 기운이 시원하게 트여 사람의 마음과 서로 맞았다.

이때는 날이 이미 저물 무렵이라 절의 西堂에서 자고, 새벽에 두 사람을 일으켜 옷을 걸치고 산을 올라 절의 깊숙하고 높은 곳까지 갔다가 내려와 왼쪽으로 돌아서 절을 벗어나 산길을 따라 동쪽으로 올라가서 潭柘寺의 옛 터를 찾아가노라니, 시냇물 소리가 길을 따라 감돌고 蘟藾[5]가 수북한 것이 마치 吳越의 계곡과 산속을 가는 듯하였다. 좋은 바위를 만나면 그때마다 줄지어 앉아서 오래도록 머물고 앞으로 나아갈 줄을 몰랐다.

해가 장차 중천에 뜨려 하자, 從者가 말하기를 "더이상 지체하면 일에 미치지 못할 것입니다."라고 하기에, 내가 옷자락을 떨치고 일어나니 두 사람은 서로 바라보며 실망하는 기색이 있었다. 헤아려보건대 산을 다니며 구경한 것이 3분의 2요 龍潭 가까지 거리가 2리인데 끝내 가보지 못한 것이다.

既就途에 果回遠이라 經砠磧에 數(삭)頓撼이라 薄暮에 抵山口하니 而四望이 皆荒邱라 (離)〔雖〕[6] 余亦幾悔茲行之勞나 而無得也러라 入山一二里에 徑陡仄이라 下車하여 步至寺門하니 而山之面勢가 始出에 林泉清淑之氣가 曠然與人心相得이라 時에 日已向暝이라 乃宿寺西堂하고 質明에 起二子하여 披衣攀躡하여 窮寺之幽與高라가 降而左하여 出寺하여 循山徑東上하여 求潭柘舊址할새 泉聲隨逕轉하고 蘟藾密蒙이 如行吳越溪山中이라 遇好石하여 輒列坐淹留하고 不能進이러라 日將中에 從者曰 更遲之면 事不逮矣라하여늘 余拂衣起하니 二子相視悵然이라 計所歷於山이 得三之二요 去潭側二里어늘 竟不能至也라

옛날에 莊周가 배운 바를 自述하여 천지의 精神과 왕래한다고 하더니,[7] 내가 塵世의 일에 시달리다가 홀연 이 산이 나의 정신과 잘 맞는 것을 보니 거의 장주가 말한 것과 방불하다 하겠다. 나는 山水의 고장에서 태어났으니, 옛날에 누가 나에게 굴레

---

5) 蘟藾 : 蘟은 고사리 비슷한 풀이고, 藾는 쑥이다.

6) (離)〔雖〕 : 저본에는 '離'로 되어 있으나, ≪望溪集≫에 의거하여 '雖'로 바로잡았다.

7) 옛날에……하더니 : ≪莊子≫ 〈天下〉에 "홀로 천지의 精神과 왕래하면서도 萬物을 오만하게 흘겨보지 않는다.〔獨與天地精神往來 而不敖倪於萬物〕"라는 말이 나온다.

를 씌우고 고삐를 채웠으랴. 그런데 도리어 스스로 세상에 이끌려 그 몸과 마음을 속박하여 이 아름다운 경치를 저버렸으니, 후회한들 어찌 돌이킬 수 있겠는가.

무릇 옛날의 達人이 巖穴에 살고 시냇물을 구경하면서[8] 은거하여[9] 〈세상에 이름이 인몰되어도〉 후회하지 않았던 것은, 저들이 진실로 공적이 하늘과 땅 사이에 있고 명예를 끝없이 떨치더라도 마침내 내가 타고난 性命의 實情을 바꾸지 못한다는 이치를 보았던 것이니, 하물며 비루하고 천박한 일에 정신을 소모하면서[10] 위축된 채로 세상을 마치는 것이야 말할 나위 있겠는가.

昔에 **莊周自述所學**하여 **謂與天地精神往來**라하더니 **余困於塵勞**라가 **忽睹茲山之與吾神者**가 **善也**하니 **殆恍然於周所云者**라 **余生山水之鄉**하니 **昔之日**에 **誰爲羈紲者**리오 **乃自牽於俗**하여 **以桎梏其身心**하여 **而負此時物**하니 **悔豈可追邪**아 **夫古之達人**이 **巖居川觀**하여 **陸沈而不悔者**는 **彼誠有見於功在天壤**하고 **名施罔極**이 **終不以易吾性命之情也**온 **況敝精神於蹇淺**하여 **而躄躄以終世乎**아

나는 늙었다. 나 자신을 돌아보건대 운수가 기구하니, 어찌 감히 다시 망령되이 이에 뜻을 두겠는가. 劉生은 뜻이 한창 왕성하여 나가서 벼슬을 할 것이니, 그 몸을 마음대로 할 수 있는 사람은 오직 寓安뿐이다. 그렇다면 지금 이후로 우안이 어찌 이 이치를 깨닫지 못해서야 되겠는가.

余老矣라 **自顧數奇**하니 **豈敢復妄意於此**리오 **而劉生志方盛**하여 **出而當官**하리니 **得自有其身者**는 **惟寓安耳**라 **然則繼自今**으로 **寓安尙可不覺寤哉**아

---

8) 巖穴에……구경하면서 : 원문은 '巖居川觀'으로, 유유자적하는 隱者의 삶을 말한다. ≪史記≫ 〈范雎蔡澤列傳〉의 "그대는 어찌하여 이러한 때에 재상의 印을 풀어 賢者에게 양보해 주고 물러나 巖穴에 거처하면서 냇물을 감상하지 않는가.〔君何不以此時歸相印 讓賢者而授之 退而巖居川觀〕"라는 말에서 비롯되었다.

9) 은거하여 : 원문은 '陸沈'이다. 陸沈은 육지에 물이 없는데도 빠졌다는 뜻으로, 隱居를 비유하는 말이다. 東方朔이 지은 〈據地歌〉에 "속세에 숨어도 지내고 金馬門에서 세상을 피하기도 하네.〔陸沈於俗 避世金馬門〕"라고 하였다.(≪史記≫ 권126 〈滑稽列傳〉)

10) 비루하고……소모하면서 : ≪莊子≫ 〈列禦寇〉에 "匹夫의 지식은 예물이나 서신 따위를 벗어나지 못하는지라 비루하고 천박한 일에 정신을 소모한다.〔小夫之知 不離苞苴竿牘 敝精神乎蹇淺〕"라는 구절을 원용하였다.

38. 雁蕩山[1]을 유람한 記　遊雁蕩記*

*이 글은 方苞가 76세 때인 乾隆 8년(1743)에 지은 것이다. 이해 가을에 방포는 浙東으로 醫員을 찾아갔다가 雁蕩山을 유람하였다. 이 글에서 방포는 안탕산이 다른 名山과 구별되는 특징으로 두 가지를 들고 있다. 첫째는 사람의 접근이 어려워 태고의 모습을 간직하고 있다는 것이고, 둘째는 보는 이로 하여금 엄숙한 마음이 들게 한다는 것이다. 이 두 가지를 미루어보면 고결한 선비의 학문과 聖賢의 도리를 터득할 수 있다고 하였다.

雁蕩山圖

1) 雁蕩山 : '蕩'은 '宕'으로도 쓴다. 浙江省 동남쪽에 있는 산으로 北雁蕩山, 中雁蕩山, 南雁蕩山으로 나뉜다. 높은 벼랑과 기이한 봉우리와 폭포가 많은 것으로 유명하다.

癸亥年(1743) 仲秋(8월) 14일에 雁蕩山에 들어가 이틀 뒤에 돌아오니, 古蹟은 荒蕪해진 것이 많아서 올라가 찾지 못하였으나 산의 자태와 절벽의 색깔은 이전에 눈으로 보지 못했던 것이었다. 甥姪 鮑孔巡이 말하기를 "어찌 記를 짓지 않으십니까?" 하니, 내가 말하기를 "이 산은 記를 지을 수 없다. 永州와 柳州의 산들은 황량하고 구석진 지방의 한 언덕 한 골짜기인데 柳子厚(柳宗元)가 좌천되어 살 때 그 산들의 경치를 유람하면서 세월을 보냈기 때문에 그 形容을 곡진히 묘사하였다.[2] 그러나 이 산의 경우에는 浙東과 浙西의 산과 바다가 서리고 얽힌 바에 그윽하고 기이하고 험준하여 형상이 특이한 것이 실로 크고도 많으니, 그 형상을 비슷하게 묘사하고자 하면 산의 자태와 절벽의 색깔이 名山이라고 일컬어지는 산들과 똑같아져 이 산의 巖壑과 구별할 수 없게 될 것이다." 하였다.

癸亥仲秋望前一日에 **入雁山**하여 **越二日而反**하니 **古蹟多榛蕪**라 **不可登探**이로되 **而山容壁色**은 **則前此目見者所未有也**라 **鮑甥孔巡**이 **曰 盍記之**리오 **余曰 茲山**은 **不可記也**라 **永柳諸山**은 **乃荒陬中一邱一壑**이어늘 **子厚謫居**에 **幽尋以送日月**이라 **故**로 **曲盡其形容**이어니와 **若茲山**은 **則浙東西山海所蟠結**에 **幽奇險峭**하여 **殊形詭狀者**가 **實大且多**하니 **欲雕繪而求其肖似**인댄 **則山容壁色**이 **乃號爲名山者之所同**이라 **無以別其爲茲山之巖壑也**라하니라

그런데 내가 유독 이 산에서 얻은 것은 두 가지가 있다. 종전에 본 산, 예컨대 皖桐[3]의 浮山, 金陵[4]의 攝山, 臨安[5]의 飛來峯 같은 곳은 그 벼랑과 골짜기가 수려하지 않은 것은 아니지만 무지한 중이 신선이나 부처의 貌相을 많이 깎아 만들고 속된 선비가 스스로 자기 이름이나 그 詩辭를 새긴 것이 마치 흉터가 쑥 불거져 나와 사람의 눈에 들어오는 듯하였다.

그러나 이 산은 홀로 그 태곳적의 자태와 색깔을 보전한 채로 지금에 이르렀으니, 대개 절벽이 천 길이나 높이 솟아서 더위잡고 오를 수 없는 데다가 위치가 외

---

2) 永州와……묘사하였다 : 柳宗元은 唐 德宗 연간에 監察御使로 있었는데 王叔文의 黨에 연좌되어 永州司馬로 폄적되었다가 柳州刺史로 옮겨졌다. 이로 말미암아 〈永州八記〉를 비롯하여 永州와 柳州의 山水에 대한 記를 다수 창작하였다.(≪新唐書≫ 권168 〈柳宗元列傳〉)

3) 皖桐 : 皖桐은 安徽省 桐城縣을 말한다.

4) 金陵 : 金陵은 南京의 옛 이름이다.

5) 臨安 : 현 浙江省 杭州이다.

지고 멀어서 부귀하고 힘 있는 자들이 이를 길이 없고 설사 찾아오더라도 또한 오래 머무르며 건물을 짓고 工匠을 모아 자신을 드러내지 못하였기 때문이니, 이로써 마침내 신선이나 부처의 모상을 깎아 만드는 무지한 중과 자기 이름이나 시사를 새기는 속된 선비의 손에 더럽혀지지 않은 것이다.

而余之獨得於玆山者는 **則有二焉**하니 **前此所見**이 **如皖桐之浮山金陵之攝山臨安之飛來峯**은 **其崖洞**이 **非不秀美也**로되 **而愚僧多鑿爲仙佛之貌相**하고 **俗士自鐫名字及其詩辭**가 **如瘡痏黶然而入人目**이로되 **而玆山**은 **獨完其太古之容色**하여 **以至於今**하니 **蓋壁立千仞**이라 **不可攀援**이요 **又所處僻遠**이라 **富貴有力者**가 **無因而至**하고 **卽至**라도 **亦不能久留**하여 **構架鳩工**하여 **以自標揭**하니 **所以終不辱於愚僧俗士之剝鑿也**라

또 무릇 山川 가운데 맑고 아름다운 것은 능히 유람하는 자로 하여금 흔연히 즐거워하게 한다.[6] 그러나 이 산은 바위가 깊고 절벽이 깎아지른 듯하여 우러러 관찰하고 굽어 살펴보는 사람은 엄숙하고 공손하며 고요하고 바른 마음이 자기도 모르게 스스로 동하니, 대개 이 산에 이르면 온갖 감정이 사라지고 온갖 생각이 없어져 나의 本心이 천지의 精神과 한 번 서로 連接하기 때문이다.

又凡山川之明媚者는 **能使遊者**로 **欣然而樂**이어니와 **而玆山**은 **巖深壁削**이라 **仰而觀俯而視者**가 **嚴恭靜正之心**이 **不覺其自動**하니 **蓋至此則萬感絶百慮冥**하여 **而吾之本心**이 **乃與天地之精神**으로 **一相接焉**이라

이 두 가지를 살피면 고결한 선비가 자신을 지키고 세상을 살아가는 학문과 聖賢이 자신을 이루고 남을 이루어주는 도리를 모두 터득할 수 있을 것이다.

察於此二者면 **則修士守身涉世之學**과 **聖賢成己成物之道**를 **俱可得而見矣**리라

6) 山川……한다 : ≪莊子≫ 〈知北游〉에 "산림과 못가는 나로 하여금 흔연히 즐거워하게 한다.〔山林與 皐壤與 使我欣欣然而樂與〕"라는 말이 보인다.

39. 姜西溟[1)]의 遺言을 기록함 記姜西溟遺言*

*이 글은 方苞가 51세 때인 康熙 57년(1718)에 지은 것이다. 방포는 25세 때 姜宸英과 처음 만났다. 방포는 이 글에서 강신영이 생전에 말한 유언을 기술하여 그의 지향과 성격이 어떠했던가를 드러내 보이는 한편, 강신영이 명성은 당시에 이름난 문장가들보다 못하지만 문장의 기상과 體格은 더욱 雅正하다고 평가하였다.

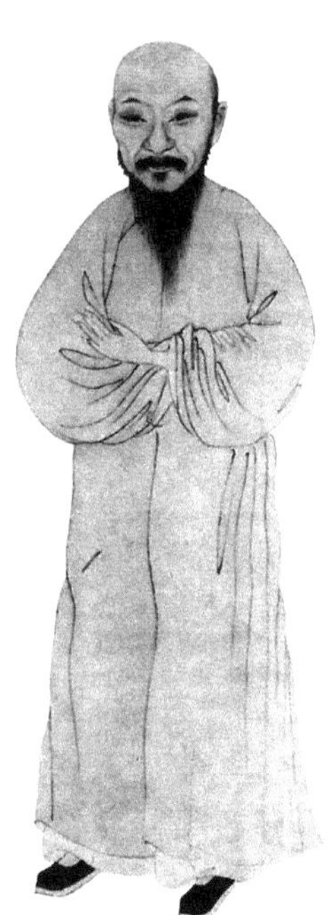
姜宸英

내가 童子[2)]일 때 海內에 古文을 잘하는 이 몇 사람에 대해 들었는데, 慈谿 姜西溟이 그중 한 분이다. 임신년(1692)에 京師에 갔더니, 서명이 소개도 없이 나를 찾아와서 자기가 지은 글을 가지고서 토론을 부탁하며 말하기를 "그대만이 이 글들을 알 것이다. 나는 스스로 헤아리건대, 나의 역량이 이 정도에 그치지 않을 터인데 과거 공부에 빠져 동서로 분주히 다니느라 나의 재주를 다 발휘하지 못했다. 지금에 와서 후회해도 소용이 없다."라 하였다. 당시 서명은 나이가 나보다 곱절이나 많았는데도 나를 찾아와 나와 교제하면서 마치 동년배처럼 대하였다.

余爲童子에 **聞海內治古文者數人**하니 **而慈谿姜西溟**이 **其一焉**이라 **壬申至京師**러니 **西溟不介而過余**하여 **總其文**하여 **屬(촉)討論曰 惟子知**

1) 姜西溟 : 姜宸英(1628~1699)의 자가 西溟이고 호는 湛園이며, 浙江省 紫溪 사람이다. 천거를 받아 明나라 史館에 들어가 纂修官이 되었고, 朱彛尊, 嚴繩孫과 더불어 江南三布衣로 일컬어졌다. 康熙 36년(1697)에 進士試에 제3名으로 급제하여 翰林院編修에 제수되었다. 康熙 38년(1699)에 順天府 鄕試의 副考官이 되었다가 正考官 李蟠의 부정에 연루되어 탄핵을 받아 수감되어 옥중에서 죽었다. 그는 성격이 狂狷하여 세상 사람들과 어울리기 어려웠다는 評을 받는다. 古文에 능하고 經史, 書法에 뛰어났다. 저서로 《湛園集》, 《葦間詩集》이 있다.

2) 童子 : 童子試에 入格한 사람인 童生을 말한다. 淸나라 과거제도에는 童子試, 秀才試, 擧人試, 會試, 朝考試의 다섯 단계가 있다.

此라 **吾自度**(탁)**尙有不止於是者**로되 **以溺於科擧之學**하여 **東西奔迫**하여 **不能盡其才**하니 **今悔而無及也**라하니 **時**에 **西溟長余以倍**어늘 **而又過焉而交余**를 **若儕輩**러라

그 후 병자년(1696)에 天津에서 함께 타향살이를 하였는데, 이별하기 전날 밤에 나의 등을 어루만지며 탄식하였다.

“나는 늙었으니, 만날 날을 기약할 수 없다. 나는 젊을 때부터 늘 文苑傳[3] 중의 사람이 될까 걱정했는데, 失意한 채 지금에 이르렀다. 그대가 훗날 나의 墓誌를 쓰게 되거든 기록할 것은 다음 세 가지뿐이다.

내가 처음 京師에 이르렀을 때 明氏[4]의 아들 成德이 나를 맞이하여 그의 집에 가서 매우 충심과 공경으로 대우해주었다. 하루는 그가 와서 말하기를 ‘나의 아버님이 나를 믿는 것이 우리 집의 아무개를 믿는 것만 못하니, 선생이 그 사람에게 한 번만 禮를 갖추면 바라는 바를 얻지 못할 것이 없을 것입니다.’라 하였다. 내가 노하여 그를 질책하여 말하기를 ‘처음에는 내가 그대를 佳公子[5]로 여겼더니, 이제 그대를 알았다.’라 하고 그날로 서적과 행장을 챙겨 짐을 꾸리고서 그와 왕래를 끊었다.

其後丙子에 **同客天津**이러니 **將別之前夕**에 **撫余背而歎曰 吾老矣**니 **會見不可以期**라 **吾自少**로 **常恐爲文苑傳中人**이러니 **而蹉跎至今**이라 **子他日誌吾墓**어든 **可錄者獨三事耳**라 **吾始至京師**에

---

3) 文苑傳 : 옛날 史書에서 文人의 행적을 기술한 傳으로 范曄의 ≪後漢書≫로부터 시작되었다. ≪宋史≫에 이르러서는 道學傳이 생기면서 문원전은 상대적으로 격하되었다. 宋나라 劉摯는 “선비는 응당 器局과 식견을 우선해야 하니, 한번 문인으로 불리면 볼 것이 없다.〔士當以器識爲先 一號爲文人 無足觀矣〕”라 하였다.

4) 明氏 : 納蘭明珠(1635~1708)를 가리킨다. 그는 자가 端範이고 滿洲 正黃旗 사람으로 벼슬이 武英殿太學士를 거쳐 太子太師에 이르렀다. 그의 맏아들 納蘭性德(1655~1685)은 자가 容若이고 호가 飮水·楞伽山人이다. 康熙 12년(1673), 殿試에 뽑혀 벼슬이 一等侍衛에 이르렀고 詞로 이름났다. 저서로 ≪納蘭詞≫가 있다. 姜宸英이 납란명주에게 죄를 지었으나 납란성덕과는 관계가 좋았다. 강신영의 〈通議大夫一等侍衛進士納蘭君墓表〉에 “비록 나의 狂狷한 성품으로 종일 그 곁에서 소리치며 오만한 행동을 하여도 나를 괴이하게 여기지 않았으니, 대개 내가 실의하고 불우하여 용렬한 時俗을 싫어함이 특히 심하다는 것을 알았던 것이다.〔雖以予之狂 終日叫號慢侮於其側 不予怪 蓋知予之失之不偶而嫉時憤俗特甚也〕”라 하였다.

5) 佳公子 : 재주와 행실이 출중한 귀족 집안의 자제를 말한다. ≪史記≫ 〈平原君虞卿列傳〉 論에 “풍모가 뛰어난, 혼탁한 세상의 가공자이다.〔平原君翩翩濁世之佳公子也〕”라 하였다.

明氏之子成德이 **延至其家**하여 **甚忠敬**이러라 **一日進曰 吾父信我**가 **不若信吾家某人**하니 **先生一與爲禮**하면 **所欲無不可得者**라하여늘 **吾怒而斥曰 始吾以子爲佳公子**러니 **今得子矣**라하고 **卽日卷書裝**하여 **遂與絶**이러라

崑山 徐司寇 健菴[6]은 나의 오랜 벗으로 천하의 선비를 벼슬길에 등용할 수도 있고 退出할 수도 있는 지위에 있었다. 그래서 평소의 친구들이 모두 물러나 제자의 반열에 나아갔는데 나만 홀로 그와 서로 형제로 불렀다. 그리고 그의 아들 아무개가 누각을 짓고 나를 초청하여 술을 대접하여 낙성하면서 말하기를 '아버님께서 「이 누각에 이름을 짓는 이는 반드시 해내의 第一流여야 한다.」라 하셨습니다. 그래서 선생께 부탁합니다.'라 하기에 내가 웃으며 말하기를 '이 누각은 東向이니, 東樓[7]라 命名하는 것이 좋겠다.'라 했더니, 건암이 이 말을 듣고 서운하게 생각하였다.

崑山徐司寇健菴은 **吾故交也**라 **能進退天下士**라 **平生故人**이 **竝退就弟子之列**이어늘 **獨吾與爲兄弟稱**하고 **其子某作樓成**에 **飮吾以落之曰 家君云 名此**는 **必海內第一流**라 **故以屬先生**이라하여늘 **吾笑曰 是東鄕**이니 **可名東樓**라하니 **健菴聞而憾焉**이러라

常熟 翁司寇 寶林[8]도 나의 친구이다. 그가 늘 나의 글을 달라고 청하면서 말하기를 '나의 이름이 그대의 문집 중에 보이지 않는 것이 나의 유감이다.'라고 하였었다. 그런데 翁이 湯司空 斌을 攻斥한 일로 급속히 승진하여 이 司寇의 지위를 차지했을 때에 이르러 내가 분개하여 글을 지어[9] '옛날에 태자를 輔導하고 교육하는

---

6) 崑山……健菴：徐乾學(1631~1694)의 자가 原一이고 호가 健菴이며, 崑山 사람이다. 그는 康熙 9년(1670)에 과거에 급제하고 벼슬이 刑部尙書에 이르렀다. 저서로 ≪讀禮通考≫, ≪憺園集≫ 등이 있다. 司寇는 淸나라 때 형부상서의 별칭이 大司寇이고, 刑部侍郎의 별칭이 小司寇였다. 강희 28년(1689)에 서건학이 ≪大淸一統志≫를 纂修할 때 조정에 요청하여 姜宸英, 黃虞稷과 함께 일하였다.

7) 東樓：明나라 때 간신인 嚴嵩의 아들 嚴世蕃의 호가 東樓이다. 즉 강신영이 동루라는 이름으로 徐乾學 父子를 신랄하게 풍자한 것이다. 엄숭과 엄세번 부자는 간신으로 권력을 전횡하다가 처형되었다. ≪明史≫〈奸臣列傳〉에 들어 있다.(≪明史≫ 권308)

8) 常熟……寶林：翁叔元(1633~1701)은 초명이 梅이고, 자가 寶林이고, 호가 鐵庵이며, 江蘇省 常熟 사람이다. 康熙 15년(1676)에 과거에 급제하였고 벼슬이 刑部尙書에 이르렀다. 저서로 ≪鐵庵文稿≫, ≪梵園詩集≫이 있다.

직위로는 太傅·少傅[10]와 같은 관원이 있었으니, 태부는 父子와 君臣의 도리를 살펴서 보여주고 소부는 태자를 받들어 태부의 덕행을 보여주어 알게 한다. 지금 詹事는 正·貳가 있으니,[11] 곧 옛날 태부·소부의 남은 제도이다. 翁君이 貳詹事(少詹事)가 됨에 그 正詹事는 기실 雎州 湯公이었으니, 탕공은 자신을 다스림과 관직생활과 조정에서의 처신이 반듯하게 법도가 있었다. 나는 옹군이 필시 탕공의 덕행을 잘 알아서 보여줌으로써 태자를 輔導할 것임을 안다.'라 하였더니, 翁이 나의 글을 보고는 멍하니 낙심하여 무릎을 꿇고 사과하기를 '내가 죄를 알겠다. 그러나 원컨대 그대는 이 글을 流出하지 말라.'라 하였다. 그러나 나는 이튿날 이 글을 간행하여 유포하였으니, 翁이 이 때문에 나를 놔두지 않고 방해하는 것이 특히 급박하였다. 이것이 내가 지금까지 곤액을 당하게 된 까닭이다."

당시 서명은 나이 일흔 남짓에 비로소 京兆에서 과거에 급제하였고, 또 해를 넘겨 진사가 되었으니, 마침 翁이 관직을 떠났을 때였다. 그래서 長洲 韓公 菼이 皇上에게 천거하여 上甲[12]을 얻었다. 己卯年(1699)에 順天府의 鄕試를 주관하다가 老眼이 침침한 탓에 동료 試官에게 기만을 당한 일로 吏議[13]에 걸려 마침내 刑部의 감옥에서 憤死하였다.

常熟翁司寇寶林도 **亦吾故交也**라 **每乞吾文曰 吾名不見子集中**하니 **是吾恨也**라하더니 **及翁以攻湯司空斌**으로 **驟遷據其位**하여 **吾發憤爲文**하여 **謂古者輔敎太子**에 **有太傅少傅之官**하니 **太傅審父子君臣之道以示之**하고 **少傅奉太子以觀太傅之德行而審諭之**라 **今詹事有正貳**하니 **即古**

9) 翁이……지어 : 康熙 26년(1687)에 納蘭明珠 일당이 湯斌을 攻斥할 때 翁叔元이 상소하여 탕빈을 탄핵하여 僞道學(거짓 도학)이라 하였다. 이때 姜宸英이 移文을 보내 옹숙원을 질책하였다.(≪郎潛紀文初筆≫ 권12) 탕빈은 청나라 초기의 학자로 호는 潛菴이다. 벼슬은 工部尙書에 이르렀고 孫奇逢에게 10년간 수학하여 程朱學과 陸王學의 장점을 아울러 얻었다. 그의 학문은 '刻厲實行 講求實用'을 근본으로 삼았다. 저서로는 ≪洛學篇≫·≪雎州志≫·≪湯子遺書≫ 등이 있다.

10) 太傅·少傅 : 태부는 고대 三公의 하나로 周나라 때 처음으로 설치한 관직이다. 천자 또는 태자를 輔導한다. 소부는 고대 三孤의 하나로 직책은 대개 태부와 같되 직급은 조금 낮다.

11) 지금……있으니 : 秦나라 때 詹事를 두었으니, 그 직책은 황후와 태자의 家事를 관장하는 것이었다. 후대로 와서는 태자를 모시는 官屬의 長이 되었다. 明·淸時代에는 詹事府를 설치하여 詹事와 少詹事를 두었다. 품계는 첨사는 3品이고 소첨사는 4품이었다.

12) 上甲 : 科擧를 보던 시대에 殿試의 성적이 가장 뛰어난 사람을 일컫는 말로 一甲이라고도 한다.

13) 吏議 : 司法 관리가 범법한 사람을 처분하여 죄를 정하는 논의이다.

太傅少傅之遺也라 翁君之貳詹事에 其正實睢州湯公이니 公治身當官立朝가 斬然有法度라 吾知翁君必能審諭湯公之德行以導太子矣라하니 翁見之憮然하여 長跽而謝曰 某知罪矣라 然願子勿出也어다하여늘 吾越日刊而布之하니 翁用此相操尤急이라 此吾所以困至今也라하니 時西溟年七十餘에 始擧於京兆하고 又踰年成進士하니 適翁去位라 長洲韓公菼薦於上하여 得上甲하다 己卯主順天鄕試하여 以目昏不能視爲同官所欺하여 掛吏議하여 遂發憤死刑部獄中하다

西溟이 古文을 지을 때 그 명성이 동시대의 몇 사람만큼 성대하지 못했으나 그 기상과 體格의 雅正함이 실로 그들보다 나았다. 자기 재능을 다하지 못함에 이르러서는 자신을 아는 것이 분명하였다. 평소 자신이 역사의 文苑傳에 들어갈까 걱정하였는데, 인생의 말로에는 무겁게 오명을 뒤집어쓰고 말았다. 그러나 그 죄는 다른 사람으로 말미암은 것이라 사람들이 모두 이해하거늘 분노가 폭발하여 죽었으니, 또한 꼬장꼬장하고 介潔하며 염치를 아는 이라 할 만하다.

서명이 죽었을 때 그의 집 사람이 나에게 墓誌銘을 부탁한 적이 없고 나는 곤궁한 몸으로 떠돌아다니느라 그 집과 소식을 주고받지 못한 지가 헤아려보면 벌써 19년이 되었다. 우선 그가 한 말을 전하여 사람들로 하여금 그의 마음속에 간직한 본래의 뜻을 알게 하노라.

西溟之治古文也에 其名不若同時數子之盛이나 而氣體之雅正은 實過之라 至不能盡其才하여는 則所自知者審矣라 平生以列文苑傳爲恐이러니 而末路乃重負汚累라 然罪由他人하니 人皆諒焉이어늘 而發憤以死하니 亦可謂狷隘而知恥者矣라 西溟之死也에 其家人未嘗以誌銘屬余요 而余困躓流離하여 與其家不通問者計數已十有九年이라 姑傳其語하여 俾衆白於其本志之所蓄云하노라

40. 左忠毅公의 逸事　左忠毅公逸事*

*이 글은 左光斗(1575~1625)의 알려지지 않은 일화를 기록한 것이다. 좌광두는 자가 遺直·共之이고, 호가 浮丘로, 明나라 神宗 萬曆 35년(1607)에 進士가 되어 中書舍人에 제수되고 御史에 선발되었다. 東林黨 六君子의 한 사람으로, 史可法의 스승이다. 天啓 4년(1624) 趙南星·楊漣·魏大中 등과 함께 상소하여 환관 魏忠賢(1568~1627)을 탄핵하였다. 그러나 다음해 도리어 위충현의 誣告를 입고 투옥되어 고문을 받다가 옥사하였다. 사람들이 鐵骨御史라 일컬었다. 毅宗 연간에 右都禦史·太子少保에 추증되었고, 南明 弘光 연간에 忠毅라는 시호를 받았다.

이 글은 方苞가 그의 부친인 方仲舒에게 들은 얘기이다. 그중 좌광두가 옥중에서 史可法(1602~1645)에게 한 말은 방포의 부친이 方文에게 들었고 방문은 사가법 본인에게 직접 들었다고 한다. 이 글은 방포 나이 4, 50세 때 쓴 것으로 추정된다.

선친(方仲舒)께서 일찍이 다음과 같은 얘기를 하셨다.

同鄕 선배인 左忠毅公이 京城 부근에서 學務를 시찰할 때 하루는 눈보라가 치는 몹시 추운 겨울에 말을 탄 수행원 몇 사람을 데리고 나가 微行하다가 한 古寺에 들어갔더니, 곁채에 한 학생이 書案에 엎드려 자고 있고 막 지은 글이 있었다. 공이 그 글을 다 읽어보고는 곧 담비 갖옷을 벗어 그 학생을 덮어주고 방문을 닫아주었다. 그리고 절의 승려에게 물어보니 그 학생은 史公 可法이었다. 科試를 개최했을 때에 관리가 호명하여 순서가 史公에 이르자 공이 눈을 둥그렇게 뜨고 주시하다가 사공이 試券을 바치자 곧바로 면전에서 第一로 서명하였다. 그리고 공은 사공을 집으로 불러들여 부인에게 절하게 하고는 말하기를 "나의 아들들은 녹록하니, 훗날 나의 志業을 이을 사람이 오직 이 학생일 것이다."라 하였다.

先君子嘗言鄕先輩左忠毅公이 視學京畿할새 一日風雪嚴寒에 從數騎出하여 微行入古寺러니 廡下一生伏案臥하고 文方成草라 公閱畢에 卽解貂覆生하고 爲掩戶러라 叩之寺僧하니 則史公可

法也라 及試하여 吏呼名至史公이어늘 公瞿然注視라가 呈卷에 卽面署第一하고 召入하여 使拜夫人하고 曰 吾諸兒碌碌하니 他日繼吾志事는 惟此生耳라하다

左公이 廠獄에 갇혔을 때[1]에 史公은 아침부터 저녁까지 獄門 밖에 있었는데, 逆閹[2]이 매우 삼엄하게 방비하는지라 비록 좌공 집안의 奴僕일지라도 근접할 수 없었다. 오래 지나 좌공이 炮烙[3]을 받아서 조만간 죽을 것이란 소문을 듣고는 50兩의 금을 갖고 가서 눈물을 흘리며 감옥을 지키는 옥졸에게 의논하니, 옥졸이 감동하였다.

그리하여 옥졸이 하루는 사공으로 하여금 허름한 옷을 바꾸어 입고 짚신을 신고 등에는 광주리를 지고 긴 삽을 손에 쥐고 오물을 청소하는 사람으로 가장하게 하고서 감옥 안으로 인도하여 들어가서 좌공이 있는 곳을 몰래 가르쳐주었다. 좌공은 땅바닥에 자리를 깔고 담에 기대앉아 있는데 얼굴과 이마가 뜨거운 刑具에 문드러져 누군지 알아볼 수 없었고 왼쪽 무릎 아래는 근육과 뼈가 죄다 노출되어 있었다.

사공이 앞으로 나아가 무릎을 꿇고서 공의 무릎을 껴안고 오열하니, 좌공이 그 목소리를 알아차렸으나 눈을 뜰 수 없었다. 이에 좌공이 힘을 다해 팔을 들어서 손가락으로 눈자위를 벌리자 눈빛이 횃불과 같았다. 좌공이 노하여 "용렬한 놈아! 여기가 어디라고 네가 왔느냐. 국가의 일이 이토록 허물어졌으니, 이 늙은이는 이제 그만이다. 그런데 너조차도 자신을 가볍게 여기고 大義를 모르니, 천하의 일을 누가 지탱할 수 있겠느냐? 속히 가지 않으면 姦人이 모함하길 기다릴 것 없이 내가 지금 곧바로 너를 때려죽이겠다."라 하고는, 이어 땅 위에 놓인 刑具를 더듬어 잡고 던져서 치려는 태세를 보였다. 사공이 입을 다물고 감히 우는 소리를 내지 못하고서 빠른 걸음으로 감옥을 나왔다.

후일에 사공은 늘 눈물을 흘리며 그 당시의 일을 남들에게 얘기하기를 "우리 스

1) 左公이……때 : 좌광두와 楊漣이 權臣 魏忠賢의 스물두 가지 죄를 적발하여 탄핵하였다가 天啓 4년(1624) 11월에 下獄되었다. 廠獄은 명나라 때 東廠과 西廠에 설치되었던 감옥으로 환관이 관장하였다.

2) 逆閹 : 역적 환관이란 말로 당시 권력을 전횡하던 환관 魏忠賢을 가리킨다.

3) 炮烙 : 인두와 같은 쇠붙이를 불에 달구어 죄인의 몸을 지지는 극형이다.

승님은 肺肝이 다 鐵石으로 만들어진 분이다."라 하였다.

及左公이 下厰獄하여 史朝夕獄門外러니 逆閹防伺甚嚴이라 雖家僕이라도 不得近이라 久之에 聞左公被炮烙하여 旦夕且死하여 持五十金하여 涕泣謀於禁卒하니 卒感焉이라 一日使史更敝衣草屨背筐手長鑱하여 爲除不潔者하여 引入하여 微指左公處하니 則席地倚牆而坐에 面額焦爛하여 不可辨하고 左(膂)〔膝〕[4] 以下는 筋骨盡脫矣라 史前跪抱公膝而嗚咽하니 公辨其聲而目不可開라 乃奮臂하여 以指撥眥에 目光如炬라 怒曰 庸奴여 此何地也완대 而汝來前고 國家之事가 糜爛至此하니 老夫已矣어늘 汝復輕身而昧大義하니 天下事誰可支拄者오 不速去면 無俟姦人搆陷이요 吾今卽撲殺汝하리라하고 因摸地上刑械하여 作投擊勢어늘 史噤不敢發聲하고 趨而出이러라 後常流涕述其事以語人曰 吾師는 肺肝皆鐵石所鑄造也라하다

崇禎 말엽에 流賊 張獻忠[5]이 蘄・黃・潛・桐[6] 일대에 출몰하였다. 사공이 鳳廬道[7]로서 檄文을 받들고 守禦할 때 매양 警報가 있으면 몇 달 동안 잠자리에 들지 않고 장수와 士卒들로 하여금 번갈아 쉬게 하고 자신은 軍幕 밖에 앉아서 건장한 졸개 10명을 뽑은 다음 두 사람씩 쭈그리고 앉게 하고 등을 기대어 있다가 일정한 시각이 지나면 교대하게 하였다. 추운 겨울날 그렇게 앉아 있다가 일어나서 옷을 흔들어 털면 갑옷에 붙어 있던 얼음과 서리가 떨어져 맑은 소리가 울렸다. 혹자가 조금 쉬라고 권하자 공은 말하기를 "나는 위로는 조정을 저버릴까 두렵고 아래로는 나의 스승님에게 부끄러울까 두렵다."라 하였다.

사공은 군대를 통솔하여 桐城을 오갈 때면 반드시 좌공의 집에 몸소 찾아가서

---

4) (膂)〔膝〕: 저본에는 '膂'으로 되어 있으나, ≪方苞集≫에 의거하여 '膝'로 바로잡았다.

5) 流賊 張獻忠 : 유적은 떠돌아다니며 노략질하는 도적인데 명나라 말엽에 농민들을 모아 봉기했던 李自成・張獻忠 등 또는 그들이 이끄는 군대를 멸시하여 일컫는 말로 쓰인다. 장헌충(1606~1647)은 명나라 말기의 반란군 지도자로, 별칭은 黃虎이다. 1628년에 陝西省 북쪽 지역에 기근이 극심한 틈을 타서 산적의 우두머리가 되어 약탈을 자행하였다. 명나라가 멸망한 해인 1644년에는 10만 명의 군사를 이끌고 四川省에 가서 스스로 왕위에 올라 '大西國王'이라 호칭하였으며, 화폐를 주조하고 과거제도를 실시하기도 하였으나, 포악한 정책을 펼쳐 수많은 사람을 죽였다. 1647년 청나라 군사에게 사로잡혀 처형되었다.

6) 蘄・黃・潛・桐 : 오늘날 湖北省 지역의 蘄春縣・黃岡縣 및 安徽省 지역의 潛山縣・桐城縣을 가리킨다.

7) 鳳廬道 : 鳳은 鳳陽府이고 廬는 廬州府이다. 道는 官名으로 명나라 때 分守道와 分巡道로 나뉘었다. 按察使, 按察分司 또는 監司라고도 하였다.

좌공의 부모님 안부를 살피고 堂에 올라가 좌공의 부인을 배알하였다.

崇禎末에 **流賊張獻忠出沒蘄黃潛桐間**이라 **史公以鳳廬道奉檄守禦**할새 **每有警**에 **輒數月不就寢**하여 **使將士更休**하고 **而自坐幄幕外**하여 **擇健卒十人**하여 **令二人蹲踞而背倚之**라가 **漏鼓移則番代**라 **每寒夜**에 **起立振衣裳**하면 **甲上氷霜迸落**하여 **鏗然有聲**이라 **或勸以少休**어늘 **公曰 吾上恐負朝廷**하고 **下恐愧吾師也**라하다 **史公治兵**하여 **往來桐城**에 **必躬造左公第**하여 **候太公太母起居**하고 **拜夫人於堂上**하다

나의 宗老[8)] 塗山은 좌공의 사위로 나의 선친과 친한 사이였다. 이분이 말하기를 "좌공이 옥중에서 한 말은 바로 사공에게서 직접 들었다."라 하였다.

余宗老塗山은 **左公甥也**니 **與先君子善**이라 **謂獄中語乃親得之於史公云**이러라

8) 宗老 : 宗親으로서 연배가 높은 사람을 일컫는 말이다.

41. 高陽 孫文正公의 逸事　高陽孫文正公逸事*

*孫承宗(1563~1638)의 시호가 文正公이고, 자는 稚繩, 호는 愷陽이며, 高陽 사람이다. 그는 明나라 天啓 연간에 兵部尙書가 되고 遼東의 經略으로 4년 동안 있으면서 袁崇煥, 孫元化, 鹿善繼, 茅元儀 등을 기용하여 淸나라 군대를 무찌르고 승전하였다. 그러나 그는 환관 魏忠賢의 비위를 거슬러 모함을 받고 면직되고 말았다. 崇禎 11년(1638), 청나라 군대가 保定에 들어와 고양을 공격할 때 손승종은 집안 사람들을 거느리고 항전하다가 온 집안사람이 모두 순국하였다.

이 글에서 방포는 손승종이 천계 2년(1622)에 薊州・요동의 경략으로 부임할 때 전별연에서 자신만 홀로 거친 음식을 먹은 일을 들어서 국가를 위해 헌신하는 그의 충절을 찬양하는 한편 손승종의 임용을 막은 간신들에 대해 분개하였다.

杜先生 岕가 일찍이 말하였다.

"歸安 茅止生[1]은 高陽 孫少師에 대해 익히 잘 안다. 그가 말하기를 '孫公은 天啓 2년에 太學士로 薊州・遼東 지역 經略으로 부임하러 갈 때 술자리를 열어 친지들과 전별하니 모인 사람이 100명이었다.

한 사람이 좌중에 있다가 앞으로 나아와 말하기를 「공이 나가는 것을 처음에 나는 국가를 위해 慶賀하였는데, 이제 무겁게 근심이 있습니다. 封疆과 社稷이 공의 한 몸에 맡겨져 있으니, 공이 능히 이 직책을 감당한다면 온갖 물품을 구비하여 스스로 享有할지라도 사람들이 잘못한다고 하지 않겠지만 만약 감당하지 못한다면 비록 자신과 집안을 다 훼손할지라도 책임을 피하기 어려울 터인데, 하물며 儉薄한 생활 정도로 책임을 때울 수 있겠습니까. 내가 보니 빈객들이 먹는 것은 모두 잘 찧은 고운 쌀밥이거늘 공만 홀로 거친 쌀밥을 먹고 있으니, 작은 명예를 假飾해서 사람들의 마음을 눌러 感服하게 하는 것은 천하의 重任을 진 사람이 할 바가 아닙니다.」라 하였다.

1) 茅止生 : 茅元儀의 자가 止生이다. 본서 〈孫徵君傳〉 참조.

공이 揖하고 대답하기를 「선생이 나를 가르쳐준 말씀이 매우 합당합니다. 그러나 내가 감히 이렇게 함으로써 명성을 얻으려는 것이 아닙니다. 좋은 옷과 맛 좋은 음식은 내가 秀才로 있을 때 진실로 실컷 입고 먹지는 못하였습니다. 그렇지만 진사가 되어 釋褐[2)]하고 돌아온 뒤부터 이 몸은 이미 내 것이 아니요 조정에는 변고가 많고 변방에는 警報가 날로 놀라우니, 하루아침에 중임을 맡았을 때 굶주림과 노고를 참아내지 못하면 몸소 솔선하여 軍衆을 이끌 수 없을 것이라 생각했습니다. 이로부터 감히 맛좋은 음식을 먹으며 좋은 옷을 입지 못하고 힘써 스스로 노력하며 분발하여 오늘에 이른 지가 19년입니다.」라 하더라.'라 하였다."

杜先生岕嘗言歸安茅止生은 習於高陽孫少師라 道公天啓二年에 以大學士로 經略薊遼할새 置酒別親賓하니 會者百人이라 有客中坐前席而言曰 公之出을 始吾爲國慶이러니 而今重有憂로다 封疆社稷이 寄公一身하니 公能堪이면 備物自奉이라도 人莫之非어니와 如不能이면 雖毁身家라도 責難逭이온 況儉觳乎아 吾見客食皆鑿이어늘 而公獨飯粗하니 飾小名以鎭物은 非所以負天下之重也라하여늘 公揖而謝曰 先生誨我가 甚當이나 然非敢以爲名也라 好衣甘食은 吾爲秀才時에 固不厭이어니와 自成進士로 釋褐而歸하여 念此身已不爲己有요 而朝廷多故하고 邊關日駭하니 恐一旦肩事任에 非忍饑勞면 不能以身率衆이라 自是로 不敢適口體하고 强自勗厲하여 以至於今이 十有九年矣라하다

아 슬프다! 공의 기개는 역적 환관을 꺾었으며 총명은 모든 일을 환히 알았고 智謀와 忠勇을 갖춘 선비들을 모아서 그들의 재능을 다 발휘하게 하고 危困하고 傷害를 입은 군졸들을 써서 그들의 무력을 다하게 한 것은 唐·宋時代 名賢들 중에 그래도 비교할 이가 있겠지만, 정성이 사람들을 감동시켜 공이 규찰한 사람, 배척한 사람들이 물러나서 원망하는 말이 없으며 반역한 장수, 먼 외지 사람들이 다 공의 뜻을 알아듣고서 생각을 고쳐 두마음을 먹지 않은 것으로 말하자면, 漢나라 諸葛武侯(諸葛亮) 이후로는 그만한 규모와 기상은 오직 공이 있을 뿐이다.

이는 바로 사욕을 극복하고 자신을 반성하여 백성을 걱정하고 국가를 염려하는 진실한 마음이 절로 천하에 이른 것이니,[3)] 호걸의 재능을 몸에 갖추고 聖人의 도

2) 釋褐 : 처음 벼슬하여 관직에 나가는 것을 말한다. 褐은 신분이 낮은 사람이 입는 옷이다. 즉 평민의 옷을 벗고 관복을 입는다는 말이다.

에 대해 대략 들은 이가 아니면 뉘라서 이렇게 할 수 있으리오. 그러나 소수의 執政과 중앙에서 변경의 軍事를 관장하여 한 몸과 같은 일을 하는 사람들이 실로 공을 용납하지 못하였다. ≪周易≫에 "미더움이 돼지와 물고기에 미친다."라 하였는데[4] 저 시기 질투한 신하들은 감화될 수 있는 돼지나 물고기만도 못하니, 두려워하지 않을 수 있는가!

嗚呼라 公之氣折逆奄하며 明周萬事하고 合智謀忠勇之士하여 以盡其材하며 用危困瘡痍之卒하여 以致其武는 唐宋名賢中에 猶有倫比어니와 至於誠能動物하여 所糾所斥이 退無怨言하며 叛將遠人이 咸喩其志하여 而革心無貳하여는 則自漢諸葛武侯而後로 規模氣象은 惟公有焉하니 是乃克己省身憂民體國之實心自然而愾乎天下者니 非躬豪傑之才而概乎有聞於聖人之道면 孰能與於此리오 然惟二三執政與中樞邊境事同一體之人이 實不能容이로다 易曰 信及豚魚라하니 娼嫉之臣은 乃不若豚魚之可格하니 可不懼哉아

3) 천하에……것이니 : 원문의 '愾乎天下者'는 ≪禮記≫ 〈哀公問〉에 "자신의 몸을 공경함으로써 백성의 몸에 미치고 자신의 아들을 공경함으로써 백성의 아들에 미치고 자신의 아내를 공경함으로써 백성의 아내에 미치니, 임금이 이 세 가지를 실행하면 천하에 이를 것이다.〔身以及身 子以及子 妃以及妃 君行此三者 則愾乎天下矣〕"라 한 데서 온 말이다. 鄭玄의 注에 "愾는 至와 같다."라 하였다.

4) ≪周易≫에……하였는데 : ≪周易≫ 中孚卦에 "중부는 돼지와 물고기면 길하니, 큰 시내를 건넘이 이롭고 정함이 이롭다.〔中孚 豚魚 吉 利涉大川 利貞〕"라 하였는데, 그 彖辭에 이르기를 "돼지와 물고기에 미쳐 길함은 미더움이 돼지와 물고기에 미친 것이다.〔豚魚吉 信及豚魚也〕"라 하였다.

42. 石齋 黃公의 逸事　石齋黃公逸事*

*石齋 黃公은 黃道周(1585~1646)이다. 그는 자가 幼玄, 幼平, 螭若, 細遵이고 호가 石齋이며 글씨를 잘 썼다. 그는 벼슬이 武英殿太學士 兼吏部兵部尙書에 이르렀고, 청나라 군대에 항전하다 패전하여 체포되었고 절개를 굽히지 않아 처형되었다. 이 글에서 방포는 황도주가 기생의 유혹을 물리쳤고 처형을 당할 때 당당하고 태연자약한 모습을 보였던 두 가지 일화를 기록하였다.

黃岡 杜蒼略 先生[1)]이 金陵에 와 살면서 明나라 말엽 前輩들의 遺事를 익히 잘 알았다. 그가 일찍이 다음과 같은 얘기를 하였다.

崇禎 某年에 余中丞 集生[2)]이 譚友夏[3)]와 더불어 金陵에서 結社하였는데, 마침 石齋 黃公이 그곳에 와서 노닐기에 더불어 사귀면서 서로 퍽 마음이 맞았다. 황공은 아무리 다급할 때라도 반드시 예법을 지켰으므로 諸公들이 내심 그를 向慕하였다. 그러나 그가 너무 예법에 구속되는 것을 몹시 답답하게 여겼다.

黃道周

그래서 한번 시험해보고자 하였는데, 기생 顧氏는 傾國之色이라 할 만큼 미인이요 총명하여 글과 역사

1) 黃岡……先生 : 杜岕의 자가 蒼略이고 黃岡 사람이다.

2) 余中丞 集生 : 余大成의 자가 集生이다. 中丞은 官名으로 巡撫의 존칭이다. 그는 萬曆 35년(1607)에 진사가 되었고 환관 魏忠賢의 비위를 거슬러 관직에서 쫓겨났다. 벼슬이 山東巡撫에 이르렀다.

3) 譚友夏 : 譚元春(1586~1631)의 자가 友夏이다. 竟陵 사람으로, 동향의 鍾惺과 함께 竟陵派로 불린다.

를 환히 알았으며 박자에 맞추어 노래를 부르면 보는 사람들이 심취하지 않는 이가 없었다. 하루는 큰 눈이 내리기에 余氏 집의 정원에서 황공을 불러 술을 대접하면서 기생 고씨로 하여금 술 시중을 들게 하였는데, 황공이 그리 싫어하는 기색을 보이지 않았다.

그래서 제공들이 번갈아 술을 권하여 황공은 술을 몹시 마시고 크게 취하였다. 사람들이 황공을 보내 미리 준비해둔 독채에 눕히니, 그 방 침상에는 베게, 이불, 요가 각각 하나씩만 있었다. 고씨로 하여금 황공의 속옷을 다 벗기고 이어 방문을 잠그게 한 다음 제공들이 엿보았다. 공은 놀라 일어나 옷을 찾았으나 찾지 못하자 이불을 끌어다 자기 몸을 덮어 감싸고 고씨에게 명하여 요를 깔고 눕게 하였다. 그런데 요가 두껍고 폭이 좁아서 몸을 돌릴 수 없기에 고씨를 침상에 와서 눕게 하였다. 고씨가 드디어 황공의 몸에 밀착하거늘 황공은 천천히 말하기를 "이렇게 할 필요 없다."라 하고는 몸을 옆으로 뉘어 방 안쪽을 향하고서 숨을 수십 번 쉬자 곧바로 깊이 잠들었다가 4更에 깨어서 얼굴을 방 바깥 쪽을 향하였다. 고씨가 거짓으로 잠든 체하면서 깨지 않고 몸을 황공에게 밀착하였는데 잠깐 만에 공은 처음처럼 깊이 잠들었다.

이튿날 이른 아침에 고씨가 방을 나와서 그 상황을 자세히 말하고는 또 말하기를 "공들은 名士로서 시를 읊고 술을 마시기를 즐길 따름이다. 성인이 되고 부처가 되며 충신이 되고 효자가 되는 것은 마침내 황공의 몫이 될 것이다."라 하였다.

黃岡杜蒼略先生이 客金陵하여 習明季諸前輩遺事라 嘗言崇禎某年에 余中丞集生與譚友夏로 結社金陵이러니 適石齋黃公來遊라 與訂交에 意頗洽이러라 黃公造次必於禮法이라 諸公心嚮之나 而苦其拘也라 思試之한대 妓顧氏는 國色也요 聰慧通書史하고 撫節按歌에 見者莫不心醉라 一日大雨雪일새 觴黃公於余氏園하여 使顧佐酒러니 公意色無忤라 諸公更勸酬하여 劇飮大醉어늘 送公臥特室하니 榻上枕衾茵各一이라 使顧盡弛褻衣하고 隨鍵戶하고 諸公伺焉하니 公驚起하여 索衣不得이라 因引衾自覆薦하고 而命顧以茵臥하니 茵厚且狹하여 不可轉이라 乃使就寢하니 顧遂暱近公이어늘 公徐曰 無用爾라하고 側身內向하여 息數十轉에 卽酣寢하고 漏下四鼓覺(교)하여 轉面向外하니 顧佯寐無覺(교)하고 而以體傍公한대 俄頃에 公酣寢如初라 詰旦顧出하여 具言其狀하고 且曰 公等爲名士하여 賦詩飮酒를 是樂而已矣라 爲聖爲佛하고 成忠成孝는 終歸黃公이라하다

명나라가 망했을 때 공은 金陵에 구금되어 있었는데, 감옥에서 늘 ≪尙書≫와 ≪周易≫을 읽었고 몇 달 만에 용모가 더 좋아졌다. 正命[4]하기 전날 저녁에 한 老僕이 〈斂襲을 하기 위해〉 바늘과 실을 가지고 와서 공을 향해 울며 말하기를 "이것이 제가 주인님을 모시면서 하는 마지막 일입니다."라 하였다. 공이 말하기를 "나는 바르게 살다 죽으니[5] 이는 考終[6]이다. 너는 어찌 슬퍼하느냐."라 하였으며, 친구가 술과 고기를 가지고 와서 영결하거늘 평상시처럼 술을 마시고 고기를 먹고는 아침까지 단잠을 푹 잤다.

그리고 일어나 세수하고 양치하고 옷을 갈아입고 奴僕 아무개에게 말하기를 "예전에 아무개가 종이 두루마리를 가지고 와서 나에게 글씨를 써달라고 부탁하기에 내가 이미 허락하였으니, 그 말을 지키지 않을 수 없다."라 하고는 먹을 갈고 종이를 펴서 小楷[7]를 쓰고 다음으로 行書를 쓰면서 보니 종이의 폭이 매우 길기에 큰 글씨를 써서 마무리하고 인장을 찍고는 비로소 문을 나가 형장에 나아갔다. 그 글씨를 쓴 두루마리가 금릉 아무개의 집에 소장되어 있다.

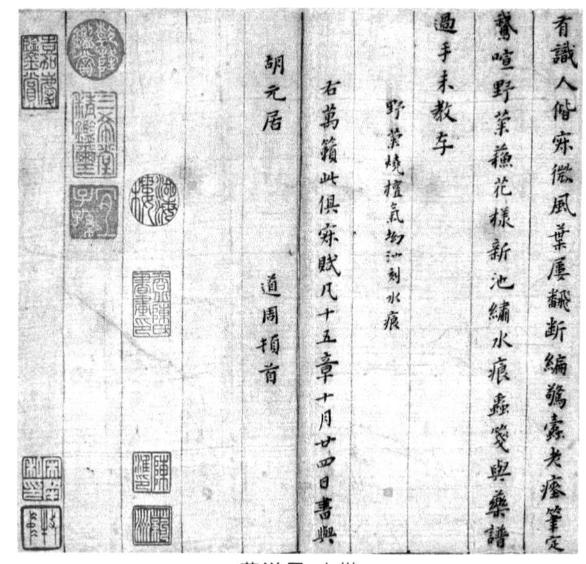
黃道周 小楷

及明亡하여 公縶於金陵이러니 在獄에 日誦尙書周易하고 數月貌加豐이라 正命之前夕에 有老僕

4) 正命 : ≪孟子≫ 〈盡心 上〉에 "자기 도리를 다하고 죽는 것은 정명이다.〔盡其道而死者 正命也〕"라 한 데서 온 말로 죽음을 뜻한다.

5) 나는……죽으니 : 임종 때까지 바른 도리를 지키다 죽는 것으로, 군자의 죽음을 뜻한다. 曾子가 죽을 때 "내가 바름을 얻어서 죽는다면 그것으로 그만이다.〔吾得正而斃焉 斯已矣〕" 하였다. (≪禮記≫ 〈檀弓 上〉)

6) 考終 : ≪書經≫ 洪範九疇의 五福 중 考終命으로, 타고난 天壽를 누리고 죽는 것을 뜻한다. 蔡沈의 ≪書經集傳≫에 "고종명은 그 바른 명을 순하게 받는 것이다.〔考終命者 順受其正也〕"라 하였다.

7) 小楷 : 작은 글씨로 쓰는 楷書를 이르는 말이다.

持鍼線하여 向公而泣曰 是我侍主之終事也라하여늘 公曰 吾正而斃하니 是爲考終이라 汝何哀오라하고 故人持酒肉與訣이어늘 飮啖如平時하고 酣寢達旦하고 起盥漱更衣하고 謂僕某曰 曩에 某以卷索書어늘 吾旣許之하니 言不可曠也라하고 和墨伸紙하여 作小楷하고 次行書할새 幅甚長이라 乃以大字竟之하고 加印章하고 始出就刑하니 其卷藏金陵某家라

顧氏는 공을 만난 뒤부터 때로 부끄러워 자신을 원망하다가 얼마 지나지 않아 〈기생을 그만두고〉 벼슬아치 아무개에게 시집갔다. 李自成이 京師를 함락했을 때 그 지아비에게 이르기를 "당신이 죽는다면 내가 먼저 목을 매 자결하겠소."라 하였지만 그 지아비가 그 말을 따르지 못했다. 그 얘기가 사대부들 사이에 알려져 당시에 美談으로 여겼다.

顧氏自接公으로 時自懟라가 無何에 歸某官하다 李自成破京師에 謂其夫하되 能死면 我先就縊라하여늘 夫不能用이라 語在搢紳間하여 一時以爲美談焉이러라

43. 旅館의 어린아이　逆旅小子*

*方苞가 石槽라는 곳에 유숙할 때 여관 주인이 죽은 형의 재산을 갈취하기 위해 고아인 어린 조카를 몹시 구박하는 것을 보고 관가에 고발하였으나 그 이듬해 와 보니 그 아이는 죽고 관가에서는 아무런 조처도 하지 않았다. 방포는 옛날의 법이 무너져 이웃은 물론 관가도 믿을 수 없는 현실을 개탄하였다.

무술년(1718) 가을 9월에 내가 邊塞에서 돌아와 石槽[1]에서 유숙하고 있었다. 여관의 어린아이가 몸은 몹시 여위고 낡은 옷 한 벌에 버선도 신지 않고 신발도 신지 않았는데 주인이 그를 매질하는 것이 매우 사나워 아이가 몹시 슬피 울고 있었다. 동서쪽 이웃집에 물어보았더니, "이는 주인의 형의 고아이다. 전답이 한 구역 있고 가축과 농기구가 그런대로 갖춰져 있으니, 어린아이가 성장하면 그와 나누어야 할까 봐 걱정하는 것이다. 이런 까닭에 이 아이가 추위와 굶주림에 시달리는 것도 아랑곳하지 않고 고된 노역을 시키고 밤에는 문 밖에 가둬두니, 모진 바람이 불어 살 수 없을 것이다."라 하였다.

戊戌秋九月에 余歸自塞上하여 宿石槽러니 逆旅小子가 形苦羸하고 敝布單衣로 不襪不履한대 而主人撻擊之甚猛이라 泣甚悲어늘 叩之東西家하니 曰 是其兄之孤也라 有田一區요 畜産什器粗具하니 恐孺子長而與之分이라 故不恤其寒饑而苦役之하고 夜則閉之戶外에 嚴風起하니 弗活矣라하다

1) 石槽 : 지명으로, 驢子槽의 이칭이다. 驢槽라고도 한다. ≪薊山紀程≫ 권2 〈渡灣〉에 "盧龍塞(노룡새)에서 10여 리를 나아가면 여자조에 이른다. 강물이 있는데 퍽 넓다. ≪大明一統志≫에 '石槽는 府城의 동쪽 5리 지점에 있다. 위쪽이 낮게 패여 구유와 비슷한 큰 돌이 있는데, 전해오는 얘기로 唐나라 사람 張果가 나귀를 먹이던 곳이라 한다. 驢槽라는 이름은 石槽에서 변한 것이다.'라 하였다."라 하였다.

내가 京師에 이르러 재차 글로 京兆尹에게 이 사실을 알렸으니, 의당 縣에 檄書를 보내 그 아이의 삼촌을 체포하여 그 사건을 조사하고 고을 이웃으로 하여금 保任[2]하게 한 뒤에 석방할 것이었다. 그런데 그 이듬해 4월에 다시 이곳을 지나가게 되었는데 고을 사람이 말하기를 "그 어린아이는 과연 그해 겨울에 죽었고 그자도 暴死하여 그의 처자식과 전답, 집, 가축은 모두 다른 사람의 소유가 되었다."라 하였다. "관리가 꾸짖고 그 사건을 조사한 적이 있는가?"라고 물었더니, 그런 일이 없었다.

余至京師하여 再書告京兆尹하니 宜檄縣捕詰하고 俾鄉鄰保任而後釋之러니 逾歲四月에 復過此하니 里人曰 孺子果以是冬死而某亦暴死하여 其妻子田宅畜物이 皆爲他人有矣라하여늘 叩以吏曾呵詰乎아하니 則未也러라

옛날에 上古의 聖王은 바른 도리를 백성들에게 밝게 알려주면서도 오히려 완악한 자들이 알아듣지 못할까 염려하였기 때문에 鄕八刑으로 萬民을 糾察하였으니,[3] 어버이에게 불효하거나 어른을 공경하지 않거나 친족과 화목하지 않거나 인척을 친애하지 않거나 벗에게 신의를 지키지 않거나 곤궁한 사람을 구제하지 않는 자는 형벌이 따랐으며 다섯 家戶씩 서로 보증하여 한 가호에 사특한 죄가 있으면 다른 가호들도 함께 벌을 받게 하였다. 이런 까닭에 그 죄를 짓는 길을 막아서 백성들로 하여금 사아한 쪽으로 움지일 수 없게 하였던 것이다. 그리고 管子의 법은 鄕師[4]로부터 什伍[5]의 長에 이르기까지 서로 감독하고 규찰하여 죄가 있으면 모두

2) 保任 : 擔保와 같은 말로 죄나 과오를 지은 사람을 석방할 때 또다시 그런 잘못을 저지르지 않도록 다른 사람이 보증을 서는 것이다. ≪周禮≫ 〈秋官 大司寇〉 "州里의 수령으로 하여금 保任하게 하고 그렇게 하면 용서하여 놓아준다.〔使州里任之 則宥而舍之〕"라 하였다.

3) 鄕八刑으로……糾察하였으니 : ≪周禮≫ 〈地官 大司徒〉에 "六鄕의 여덟 가지 형벌을 사용하여 만민을 규찰한다. 첫째는 어버이에게 불효한 데 대한 형벌이며, 둘째는 九族과 화목하지 못한 데 대한 형벌이며, 셋째는 인척을 친애하지 않은 데 대한 형벌이며, 넷째는 윗사람을 공경하지 않은 데 대한 형벌이며, 다섯째는 벗에게 신의를 지키지 않은 데 대한 형벌이며, 여섯째는 곤궁한 사람을 구제하지 않은 데 대한 형벌이며, 일곱째는 유언비어를 날조한 데 대한 형벌이며, 여덟째는 난을 일으킨 백성에 대한 형벌이다.〔以鄕八刑糾萬民 一曰不孝之刑 二曰不睦之刑 三曰不婣之刑 四曰不弟之刑 五曰不任之刑 六曰不恤之刑 七曰造言之刑 八曰亂民之刑〕"라 하였다. '육향'은 王城 밖 100리 이내의 지역을 모두 여섯 鄕으로 나눈 것이다.(≪周禮≫ 〈地官 鄕老〉 鄭玄 注)

4) 鄕師 : 周나라 때 地官에 속한 벼슬이다. 六鄕 중에 3鄕마다 2인의 향사를 두어 교육과 정치를 맡게 하였다.(≪周禮≫ 〈地官 鄕師〉)

관할하는 관리에게 미쳤다.[6] 대개 周公이 염려한 바는 백성들이 경박해지는 것일 따름이었는데 관자에 이르러서는 게다가 관리들이 실정을 숨길까 걱정하였으니, 여기에서 후대로 갈수록 세상이 변했다는 것을 볼 수 있다.

昔에 **先王以道明民**하되 **猶恐頑者不喩**라 **故以鄕八刑**으로 **糾萬民**하니 **其不孝不弟不睦不婣不任不恤者**는 **則刑隨之**하고 **而五家相保**하여 **有罪奇衺則相及**이라 **所以閉其塗**하여 **使民無由動於邪惡也**러니 **管子之法**은 **則自鄕師**로 **以至什伍之長**히 **轉相督察**하여 **而罪皆及於所司**하니 **蓋周公所慮者**는 **民俗之偸而已**러니 **至管子**하여는 **而又患吏情之遁焉**하니 **此可以觀世變矣**로다

5) 什五 : ≪周禮≫ 〈天官 宮正〉에 "什伍를 모이게 하여 道藝를 가르쳤다."라 하였는데, 注에 "5인을 伍라 하고, 伍가 둘인 것을 什이라 한다."라 하였다.

6) 管子의……미쳤다 : ≪管子≫ 1권 〈首憲〉에 보인다.

44. 萬季野의 墓表　萬季野墓表*

* ≪明史≫를 찬술한 저명한 史家인 萬斯同(1638~1702)의 자가 季野이다. 만사동이 자신의 사후에 자신의 行狀과 墓碣을 쓰고 자신이 찬술하던 ≪명사≫를 완성해달라고 方苞에 부탁한 일을 회상한 것이 이 글의 주된 내용이다. 만사동은 官撰史書는 여러 사람들의 손에 의해 이루어지므로 글과 내용이 雜亂하게 되기 쉽다는 점을 우려하면서 전문 史家가 찬술해야 한다고 주장하였다.

季野는 姓이 萬氏이고 諱가 斯同이니 浙江 四明 사람이다. 그의 본래 스승은 念臺 劉公[1]이었다. 유공이 세상을 떠난 뒤에 黃宗羲 黎洲라는 제자가 있었으니, 절강 사람으로서 유공의 명성을 듣고 興起한 이들이 많이들 그를 스승으로 섬겼는데 季野와 그의 형 充宗(萬斯大)이 그중에서 가장 이름이 알려졌다.

萬斯同

季野는 **姓**은 **萬氏**요 **諱**는 **斯同**이니 **浙江四明人也**라 **其本師曰念臺劉公**이니 **公旣歿**에 **有弟子曰黃宗羲黎洲**라 **浙人聞公之風而興起者**가 **多師事之**로되 **而季野與兄充宗**이 **最知名**이라

季野는 어릴 때부터 남달리 明敏하였고 束髮[2]하고부터는 時文(科文)을 공부한

1) 念臺 劉公 : 劉宗周(1578~1645)의 初名은 憲章, 자는 啓東이고 호가 念臺이다. 저명한 학자로 蕺山書院에서 講學하였으므로 세상 사람들이 蕺山先生이라 일컬었다. 淸나라 군사가 杭州를 공격해 함락시켰을 때 단식하여 자결하였다. 저서로 ≪劉子全書≫, ≪劉子全書遺編≫이 있다.

적이 없었다. 그러므로 그 학문이 博通하고 특히 明나라 一代의 역사 사실에 대해 익히 알았다. 나이 예순에 가까울 때 조정의 諸公들이 ≪明史≫를 修纂하는 일로 계야를 京師로 불러들였는데, 경사에 와서 유학하는 선비들이 다투어 그에게 고대의 儀法[3]을 묻느라 한 달에 두세 차례씩 모여 들은 바를 기록하여 함께 講習하였다. 나만 그 모임에 참여하지 않았는데 계야는 유독 연령과 학덕을 낮추어 나와 사귀었고 늘 말하기를 "그대는 古文에 참으로 얻은 바가 있다. 그러나 원컨대 그대는 고문에 너무 빠지지는 말라. 唐宋 때 문장가로 이름난 여덟 사람[4] 중에 道에 대해 조금 아는 이는 韓愈氏뿐이고 그 나머지는 문장을 가지고 學者들에게 愛玩거리를 주었을 따름이지 세상에는 과연 도움이 있지 않다."라 하였다. 내가 고문 공부를 그만두고 經書의 이치를 탐구한 것이 이때부터 시작되었다.

季野少異敏하고 **自束髮**로 **未嘗爲時文**이라 **故其學博通而尤熟於有明一代之事**라 **年近六十**에 **諸公以修明史**로 **延致京師**러니 **士之遊學京師者**가 **爭相從問古儀法**하여 **月再三會**하여 **錄所聞**하여 **共講肄**로되 **惟余不與**어늘 **而季野獨降齒德而與余交**하고 **每曰 子於古文**에 **信有得矣**라 **然願子勿溺也**어다 **唐宋號爲文家者八人**이 **其於道粗有明者**는 **韓愈氏而止耳**요 **其餘則資學者以愛玩而已**니 **于世非果有益也**라하다 **余輟古文之學而求經義**가 **自此始**라

병자년(1596) 가을에 내가 남쪽으로 돌아가려 할 때 계야가 나를 불러 그의 寓舍에 이틀 동안 유숙하게 하면서 말하였다.

"나는 늙었다. 그대는 동서로 바삐 다니니, 내 身後의 일[5]을 미리 그대에게 부탁한다. 이는 나의 사사로운 일이지만 보다 큰 일에 관련이 있으니, 史書를 修纂하기 어려운 지가 오래이다. 기록한 일이 진실하지 않고 문장이 좋지 못하면 후대에 크

---

2) 束髮 : 머리털을 묶는 것으로 ≪禮記≫ 〈玉藻〉에 "동자의 예절은 검은 베옷에 비단으로 가선을 두르고 紳과 아울러 紐를 비단으로 만들며 비단으로 머리털을 묶으니, 모두 붉은색 비단이다.〔童子之節也 緇布衣錦緣 錦紳幷紐 錦束髮 皆朱錦也〕"라 한 데서 온 말이다. 통상 成童인 15세를 뜻한다. 옛날에는 이 나이에 就學하였다.

3) 고대의 儀法 : 古禮의 儀節이다. 방포가 쓴 〈梅徵君墓表〉에 萬斯同을 두고 "어릴 때부터 ≪明史≫을 쓰겠다고 자임했으며, 아울러 古禮의 儀節에 밝았다.〔自少以明史自任 而兼辨古禮儀節〕"라 하였다.

4) 唐宋……사람 : 唐宋八大家인 韓愈, 柳宗元, 歐陽脩, 蘇洵, 蘇軾, 蘇轍, 王安石, 曾鞏을 가리킨다.

5) 身後의 일 : 죽은 뒤에 행장이나 墓碣銘을 쓰는 일을 말한다.

게 전해지지 못할 것이다. 李翶와 曾鞏이 기롱한 바 '魏晉 이후로는 忠賢과 간신의 사적이 아울러 애매하여 분명치 못한 것은 司馬遷, 班固와 같은 문장력이 없기 때문이다.'[6]라 한 것이 이를 두고 말한 것이다. 그런데 지금에 있어서는 기록하는 일이 진실하기가 더욱 어려우니, 대개 세상 사람들이 경박해진 지가 오래이기 때문이다.

好惡가 각자의 마음대로 일어남에 毁譽가 따라서 생겨나니, 한 집안에서 생긴 일을 말하는 사람이 셋이면 전하는 말이 각기 다르게 마련이다. 하물며 수백 년 오래 전의 일이야 말할 나위 있겠는가. 그러므로 언어는 왜곡해 갖다 붙여서 만들어낼 수 있고 사적은 실체 없는 허황한 것을 엮어낼 수 있는 법이니, 전하여 퍼뜨리는 사람이 반드시 정직한 행실을 가진 것이 아니요 듣고 쓰는 사람이 반드시 변별할 식견이 있는 것이 아니다. 따라서 〈역사를 쓰는 사람이〉 그 시대를 논하고 그 사람을 알아서[7] 안팎을 다 환히 아는 경우가 아니면, 쓰는 당사자는 진실이라 여겨도 〈그 글을 읽는〉 다른 사람은 기만을 당하는 이가 많을 것이다.

丙子秋에 **余將南歸**할새 **要余信宿其寓齋曰 吾老矣**라 **子東西促促**하니 **吾身後之事**를 **豫以屬**

---

6) 李翶와……때문이다 : 唐나라 이고의 〈答皇甫湜書〉에 "족하는 范曄의 《漢書》, 陳壽의 《三國志》, 王隱의 《晉書》를 읽어보십시오. 그 글들이 생경하기도 하고 익숙하기도 한 것이 평소에 반복해 읽은 左丘明, 司馬遷, 班固의 글과 비교해 어떠합니까? 그러므로 평소에 반복해 읽은 글은 사적이 환히 드러나게 되고 평소에 드물게 읽은 글은 사적이 어두워지는 법이니, 그 글을 자주 읽느냐 드물게 읽느냐는 그 문장 수준이 높으냐 낮으냐에 달려 있는 것은 필연적인 이치이다.〔足下讀范曄漢書陳壽三國志王隱晉書 生熟何如左丘明司馬遷班固書之溫習哉 故溫習者事跡彰 而罕讀者事跡晦 讀之疎數 在詞之高下 理必然也〕"라 하였다.(《李文公集》 권6) 宋나라 曾鞏의 〈南齊書目錄序〉에 "장차 是非, 得失, 興敗, 治亂의 자취를 가지고 모범과 鑑戒를 삼으려 한다면 반드시 修纂을 맡길 만한 사람을 얻은 뒤에야 그 글이 후세에 길이 전해질 수 있을 것이니, 이것이 역사를 짓는 까닭이다. 그러나 수찬을 맡긴 사람이 적임자가 못 되면 혹 眞意를 잃기도 하고 혹 사실을 어지럽히기도 하고 혹 이치를 분석한 것이 맞지 않기도 하고 혹 글을 서술한 것이 좋지 못하기도 한다. 그러므로 비록 남다른 공, 훌륭한 덕과 같은 비상한 자취가 있더라도 어두워 분명하지 못하고 꽉 막혀 드러나지 못하게 된다.〔將以是非得失興壞理亂之故而爲法戒 則必得其所託而後能傳於久 此史之所以作也 然而所託不得其人 則或失其意 或亂其實 或析理之不通 或設辭之不善 故雖有殊功韙德非常之跡 將闇而不章 鬱而不發〕"라 하였다.

7) 그 시대를……알아서 : 《孟子》 〈萬章 下〉에 "천하의 좋은 선비를 벗하는 것을 만족스럽지 못하게 여겨, 또다시 위로 올라가서 옛사람을 논하나니, 그 시를 외고 그 글을 읽으면서도 그 사람을 알지 못해서야 되겠는가. 이 때문에 그 當世를 논하는 것이니, 이는 위로 올라가서 벗하는 것이다.〔以友天下之善士爲未足 又尙論古之人 頌其詩 讀其書 不知其人 可乎 是以 論其世也 是尙友也〕"라 하였다.

子하니 是吾之私也나 抑猶有大者라 史之難爲가 久矣니 非事信而言文이면 其傳不顯이라 李翺曾鞏所譏魏晉以後賢奸事迹竝暗昧而不明은 由無遷固之文이 是也라 而在今則事之信이 尤難하니 蓋俗之偸久矣라 好惡因心而毁譽隨之하니 一室之事를 言者三人에 而其傳各異矣온 況數百年之久乎아 故言語可曲附而成이요 事迹可鑿空而構이니 其傳而播之者가 未必皆直道之行也요 其聞而書之者가 未必有裁別之識也라 非論其世知其人而具見其表裏면 則吾以爲信이라도 而人受其枉者多矣라

내가 젊었을 때 某氏[8]의 집에 유숙한 적이 있었다. 그 집에는 ≪列朝實錄≫[9]이 있었는데, 내가 그 책의 내용을 묵묵히 기억하고 암송하여 감히 한 마디 말, 한 가지 사실도 빠뜨리지 않았다. 그리고 장성하여 사방을 다니면서 유서 깊은 집안의 長老들을 찾아가서 옛 전적들을 찾고 지난 일들을 조사하면서 郡誌, 邑誌 및 개인들의 墓誌, 家傳들에 이르기까지 두루 다 망라하고 참고하지 않음이 없되, 요컨대 ≪열조실록≫을 기준으로 삼았으니, 대개 실록이란 그 사실과 말을 直截하게 기록한 글이라 덧보태거나 꾸밀 수 있는 것이 없기 때문이다. 그 시대를 통하여 그 일을 고찰하고 그 말을 조사하고서 평정한 마음으로 살펴보면 그 사람의 본말을 8, 9할을 알 수 있을 것이다.

그러나 그 말을 할 때는 혹 연유가 있으며 그 일의 단서는 혹 원인이 있고 후세로 가면서 혹 다른 영향을 받아서 사실이 바뀌어 기록되기도 하니, 그렇다면 다른 서적이 아니면 다 기록할 수 없다. 무릇 실록의 기록이 자세하기 어려운 것은 내가 다른 서적으로 증명하며, 다른 서적의 틀리고 허황한 것은 내가 실록에서 본 기록을 가지고 변별하였으니, 비록 다 믿을 만하다고 감히 말할 수는 없지만 옳고 그름이 사람에 의해 왜곡되는 것은 적으리라.

옛사람이 ≪宋史≫에 대해 이미 글이 繁雜한 점을 문제로 지적하였는데 내가 서술한 바는 아마도 이보다 곱절은 더할 터이다. 글이 간결한 것이 귀한 줄 모르는 것이 아니라, 나는 후세의 역사를 기술하는 사람들이 글을 많이 기술하는 데 힘쓰고 절제

8) 某氏 : 徐元文(1634~1691)을 가리킨다. 그는 자가 公肅이고 호가 立齋이며 崑山 사람이다. ≪明史≫를 修撰하는 일을 주관하였다.

9) 列朝實錄 : 명나라 列聖朝의 실록이다.

할 줄 모를까 염려하기 때문에 미리 더할 수 없을 만큼 극도로 서술하여 역사 기록들 중에서 내가 취한 바는 내용을 줄여도 되고 내가 취하지 않은 바는 반드시 그 일과 말이 진실이 아니므로 더 보태어 넣어서는 안 된다는 점을 알게 한 것이다.

그대가 진실로 고문을 일삼고자 한다면 원컨대 이 일에 오로지 뜻을 두어 내가 서술한 바에 나아가 義法[10)]으로써 요약하고 그 글을 짜임새 있게 정리한 다음 훗날 책이 완성되면 그 後尾에 기재하기를 '이는 四明 사람 萬氏가 초고를 쓴 것이다.'라 하면 내가 죽어도 여한이 없을 것이다."

그러고는 이어서 사면 벽의 書架에 얹힌 책들을 손가락으로 가리키며 말하기를, "이는 내가 40년 동안 수집한 것이다. 해를 넘겨 나의 책이 완성되면 응당 모두 함께 그대에게 줄 것이다."라 하였다.

吾少館于某氏러니 其家有列朝實錄이라 吾默識暗誦하여 未敢有一言一事之遺也러라 長遊四方하여 就故家長老求遺書하고 考問往事하여 旁及郡志와 邑乘과 雜家誌傳之文히 靡不網羅參伍하되 而要以實錄爲指歸하니 蓋實錄者直載其事與言而無可增飾者也라 因其世以考其事覈其言하여 而平心以察之하면 則其人之本末을 可八九得矣라 然言之發이 或有所由하며 事之端이 或有所起하고 而其流或有所激하면 則非他書면 不能具也라 凡實錄之難詳者는 吾以他書證之하며 他書之誣且濫者는 吾以所得于實錄者裁之하니 雖不敢具謂可信이나 而是非之枉於人者는 蓋鮮矣라 昔人于宋史에 已病其繁蕪러니 而吾所述將倍焉이니 非不知簡之爲貴也라 吾恐後之人이 務博而不知所裁라 故先爲之極하여 使知吾所取者有可損이요 而所不取者必非其事與言之眞而不可益也라 子誠欲以古文爲事인댄 則願一意于斯하여 就吾所述하여 約以義法而經緯其文하고 他日書成에 記其後曰 此四明萬氏所草創也라하면 則吾死不恨矣라하고 因指四壁架上書曰 是吾四十年所收集也라 踰歲에 吾書成이면 當竝歸于子矣라하다

또 말하였다.

"옛날 司馬遷, 班固는 재능이 이미 걸출한 데다 부친의 학문을 이어받았다. 그러므로 기술한 일이 신뢰할 만하고 그 문장이 좋았는데, 그 후 전문가들이 쓴 史書들

---

10) 義法 : 桐城派 古文家들이 글을 쓸 때 순수해야 할 순칙을 말한다. 방포의 〈書貨殖傳後〉에 "≪春秋≫에서 義法을 제정한 것은 太史公부터 시작되었고 후세의 문장에 조예가 깊은 이들도 이를 갖추고 있다.〔春秋制義法 自太史公發之 而後之深于文者亦具焉〕"라 하였다.

은 재능은 비록 사마천, 반고에 미치지 못하지만 그래도 국가에서 編修한 것처럼 雜亂하지는 않았다. 비유하자면 남의 집에 들어갔을 때 처음에는 客廳과 침실, 측간과 욕실을 두루 보고 이어서 그 재산과 禮俗을 알고 오래 지나서 그 집의 남녀노소의 타고난 성품, 기질의 剛柔, 尊卑와 貴賤, 賢愚를 다 익히 잘 안 뒤에야 그 집안의 일을 파악해 관리할 수 있는 것과 같다.

국가가 편수한 사서는 창졸간에 많은 사람들에 의해 이루어져 집필하는 사람들의 재능이 적합한지와 역사 사실을 익히 잘 알고 있는지를 선별할 겨를이 없으니, 이는 저잣거리의 사람을 불러서 집안의 일을 의논하는 것과 같을 뿐이다. 그대가 이 일을 하기를 내가 바라는 것은 한갓 나 자신의 心力을 아껴서일 뿐만이 아니다. 나는 많은 사람들이 일을 분담하여 찢어 나누어 一代의 治亂의 역사, 忠賢과 간신의 사적을 애매하여 분명치 못하게 만들까 염려하는 것이니, 그대가 만약 이 일을 할 수 없다면 훗날 나를 위하여 다시 유능한 사람을 선택하여 이 일을 맡겨주게."

又曰 昔遷固才旣傑出이요 **又承父學**이라 **故事信而言文**이러니 **其後專家之書**는 **才雖不逮**나 **猶未至如官修者之雜亂也**라 **譬如入人之室**에 **始而周其堂寢匽**温**焉**하고 **繼而知其蓄産禮俗焉**하고 **久之**에 **其男女少長性質剛柔輕重賢愚**를 **無不習察**이니 **然後可制其家之事也**라 **官修之史**는 **倉卒而成於衆人**하여 **不暇擇其材之宜與事之習**하니 **是猶招市人而與謀室中之事耳**라 **吾欲子之爲此**는 **非徒自惜其心力**이라 **吾恐衆人分操割裂**하여 **使一代治亂賢奸之迹**으로 **暗昧而不明**이니 **子若不能**이면 **則他日爲吾**하여 **更擇能者而授之**하라라하다

계야는 志學[11] 때부터 곧 ≪明史≫를 찬술하는 일을 자임하였다. 그가 京師에 간 것은 서적들 중에서 스스로 입수할 수 없는 것들이 있었기 때문이었다. 그래서 반드시 有力한 사람의 도움을 받아서 뜻을 이루어 자기 일을 마친 뒤에야 돌아오고자 하였다.

내가 집에 돌아온 지 한 해를 넘겼을 무렵 계야는 마침내 객지에서 죽었고 그 곁에 자제들이 없었다. 그래서 그가 집필하던 역사 원고와 서적들이 결국 어디로 갔는지 알 수 없게 되고 말았다. 나는 뜻을 이루지 못하고 형편이 곤궁하여 계야가

11) 志學 : 孔子가 "나는 열다섯 살에 학문에 뜻을 두었다.〔吾十有五而志于學.〕"라 한 데서 온 말로 대개 15세를 가리킨다.

부탁한 큰 일인 ≪명사≫ 찬술에 이미 종사하지 못하였고, 그의 行狀과 墓誌의 글도 오래도록 쓰지 못하였다. 무술년 여름 6월, 邊塞에 있으면서 지난날 계야가 한 말을 追念하고서 비로소 이 墓表를 쓰니, 그가 죽은 때와 거리가 대개 21년이다.

季野自志學으로 卽以明史自任이라 其至京師는 蓋以群書有不能自致者라 必資有力者以成之하여 欲竟其事然後歸러라 及余歸踰年하여 而季野竟客死하고 無子弟在側이라 其史藁及群書가 遂不知所歸러라 余迍邅轗軻하여 於所屬史事之大者에 旣未獲從事하고 而傳誌之文도 亦久而未就라 戊戌夏六月에 臥疾塞上하여 追思前言하여 始表而誌之하니 距其歿이 蓋二十有一年矣라

계야는 품행이 淸高하고 기질이 화평하여 남과 교제하면 시일이 오래 지날수록 더욱 사랑하고 공경할 만하였다. 그가 죽었을 때 가족들이 나에게 訃告한 적이 없었고 나는 매양 그의 집에 가서 조문하고자 하였으나 하지 못하였다. 그래서 그의 평생 행적에 대해 서술할 길이 없고 단지 그가 闡明한 역사를 서술하는 법만 써서 드러낸다. 계야가 찬술한 本紀와 列傳이 모두 460권이요 오직 志들만 완성하지 못하였다. 그 책들이 모두 華亭 王氏[12]에게 있다. 淮陰 사람 劉永禎[13]이 이 책들을 초록한 것이 과반이고 전부 다 초록하지는 못하였다. 후일 ≪명사≫를 찬술할 작가가 있으면 이 책들에서 考正할 수 있을 것이다.

季野行淸而氣和하여 與人交에 久而益可愛敬이라 其歿也에 家人未嘗訃余요 余每欲赴其家弔問而未得也라 故(余)〔於〕[14]平生行迹에 莫由敘列이요 而獨著其所闡明于史法者하노라 季野所撰本紀列傳이 凡四百六十卷이요 惟諸志未就라 其書具存華亭王氏라 淮陰劉永禎錄之過半而未全하니 後有作者可取正焉이라

12) 華亭 王氏 : 王鴻緖(1645~1723)의 자는 季友, 호는 儼齋 또는 橫雲山人이고, 華亭 사람이다. 그가 萬斯同이 찬술한 ≪明史≫를 删改하여 ≪明史稿≫를 지술하였다 康熙 41년(1702) 4월 8일, 만사동이 북경에 있는 왕홍서의 집에서 죽었다.

13) 淮陰……劉永禎 : 자는 子函이고 淮陰 사람으로 만사동을 師事하였다. 閻若璩의 사위이다.

14) (余)〔於〕 : 저본에는 '余'로 되어 있으나, ≪方苞集≫에 의거하여 '於'로 바로잡았다.

45. 鮑氏의 딸 球의 壙銘　鮑氏女球壙銘*

*方苞가 鮑氏에게 시집간 누이의 딸의 孝行을 기록하였다. 그 누이의 병환이 위독하였는데, 장녀가 병구완을 하여 어머니는 소생시키고 자신은 역질에 걸려 16세의 어린 나이로 죽고 말았다.

康熙 경인년(1710) 여름 5월에 鮑氏에게 시집간 나의 누이가 臥病하여 몹시 위독하기에 내가 고향으로 가는 길에 가서 보았다. 그 장녀 球가 모시고 간병하면서 조심하여 환자가 음식을 얼마나 먹는지, 잠자리에 들고 일어나는 것은 어떠한지를 살피고 있었는데, 구는 말할 때마다 눈물을 떨구었다. 한 달이 넘어 내가 皖桐[1] 집에 있었는데, 奴僕이 왔다. 그에게 물어보았더니 누이의 병은 조금 나았지만 구가 역질에 걸려 죽었다고 하였다.

康熙庚寅夏五月에 余妹適鮑氏者가 臥疾甚憊어늘 而余有故鄕之行하여 往視之하니 其長女球侍하여 戒以在視食飮寢興之節할새 球淚應聲落이러라 踰月에 余在皖家러니 僕至라 叩之則妹疾少蘇로되 而球遘癘疾死矣라

金陵은 사람들의 습속이 浮薄하고 나태하며 女敎는 더욱 제대로 되지 못하였다. 그래서 여인들이 좋은 음식을 먹고 좋은 의복을 입고서 遊樂하느라 집 밖을 나다니니, 딸 노릇을 하고 며느리 노릇을 하는 도리는 전혀 듣지 못한다. 부유한 집 여자는 이렇게 하는 것으로 남보다 낫다고 자랑하고 가난한 사람은 이렇게 하지 못하면 자기 부모를 원망하고 자기 남편을 업신여기고 자기 시부모를 멀리한다.

내가 매양 노모를 곁에서 모시면서 친가와 외가의 여인들을 볼 때마다 옛날 여인의 범절을 애기해주었더니, 여인들이 왕왕 내 애기를 마음속으로 싫어하여 차츰차츰 스스로 물러나 자리를 떠나갔다. 그런데 球만은 홀로 내 애기를 귀담아들으

1) 皖桐 : 安徽省 桐城縣을 말한다.

면서 시간이 오래 지나도 더욱 공경하는 모습을 보였다.

金陵俗浮惰하고 而女教尤不修라 甘食美服하고 嬉遊而外하니 爲女爲婦之道는 胥無聞焉이라 其富女以此相高하고 貧者不得則以懟其父母하고 賤其夫하고 而外其舅姑라 余每侍老母側에 見內外宗女하고 爲陳古女婦儀法하니 群女往往心病余言하여 稍稍自引去로되 獨球承聽하여 久而益恭이러라

鮑氏는 본래 부유했다가 球의 부친에 이르러 몹시 가난해졌고 게다가 자녀도 많았지만 집안에 奴婢가 없었다. 그래서 구는 10세 때부터 곧바로 어머니를 도와서 물을 긷고 불을 때 밥을 짓고 바느질하고 빨래하면서 아우와 누이들을 돌보면서 무릇 성인이 겪을 고생을 실로 다 맛보았으며, 세상에 태어나서 죽을 때까지 조석의 끼니는 한 번도 알맞은 정도로도 먹어본 적이 없고 걸치는 의복은 한 가지도 변변히 입어본 적이 없었다. 그러므로 나와 그 부모가 이 때문에 더욱 슬픈 마음을 주체하지 못하는 것이다.

그러나 세상의 복을 누리고 장수하면서도 사람의 도리는 제대로 지키지 못하여 하늘로부터 받은 天性에 부끄러운 사람이 많거늘 구는 부끄러울 게 없다. 그렇고 보면 나와 그 부모는 또한 餘恨이 없을 수 있을 것이다.

鮑氏故富饒라가 至球父하여 甚窶하고 又多子女로되 而家無僕婢라 球自十歲로 卽佐其母하여 汲爨縫紉浣濯하고 攜持弟妹하여 凡成人之艱辛을 貫備嘗焉이요 而自有生以至於歿에 其饔飧未嘗一節適也요 被服未嘗一完善也라 故余與其父母가 用此尤不能爲懷라 然世之福祥壽考而缺於人道하여 以愧負其所受於天者多矣어늘 而球無愧也라 然則余與其父母亦可以無恨也라

球는 康熙 경인년 7월 23일에 요절하였으니, 나이 16세였고 자식이 없다. 아무 고을 아무 둔덕에 안장하였다.

球以康熙庚寅七月二十三日殤하니 年十有六이요 未字라 葬於某鄉某原이라

銘은 다음과 같다.

그만이로다! 처음으로 돌아가니

산 사람으로서 겪은 고생을
이제야 벗어났구나
어머니가 병환에서 나았으니
지하에서 편안히 지낼지어다

銘曰 而已反其初하니 **生人之患**을 **而今其免夫**인저 **而母疾其蘇**하니 **而安而居**어다

46. 李剛主의 墓誌銘　李剛主墓誌銘*

*李塨(1659~1733)의 자가 剛主이고 호는 恕谷이다. 이공과 王源(1648~1710)은 方苞와 친구인데 두 사람 모두 習齋 顔元(1635~1704)에게 수학하여 程朱學을 비판하다가 방포의 말을 듣고 종전의 생각을 바꾸게 되었다는 것이 이 글의 요지이다. 묘지인데도 고인의 행실을 자세히 기록하지 않고 학문적인 성향을 과감하게 바꾼 용감한 면모만을 자세히 기술했다는 점이 이 글의 특징이다.

李塨은 자가 剛主이니 直隸[1] 蠡縣 사람이다. 그 부친 孝慤先生[2]이 博野 顔習齋[3]와 뜻이 맞는 벗이었다. 강주는 束髮(25세)하고부터 곧바로 習齋에게 가서 수학하였다.

李塨字剛主이니 **直隸蠡縣人**이라 **其父孝慤先生**이 **與博野顔習齋**로 **爲執友**라 **剛主自束髮**로 **卽從之遊**러라

습재의 학문은 그 근본이 嗜欲을 참고 근력을 고되게 써서 집안일을 부지런히 하고 어버이를 봉양하는 한편 그리고 남은 힘으로 六藝를 배우고 世務를 익힘으로써 천하 국가에서 자신을 써줄 때에 대비하는 데 있다. 습재는 이를 孔子의 학문이라 하여 스스로 程朱와 구별하였는데 그 제자들은 모두 독실히 그를 믿었다.

習齋之學이 **其本在忍嗜欲苦筋力**하여 **以勤家而養親**하고 **而以其餘**로 **習六藝講世務**하여 **以備天下國家之用**이라 **以是爲孔子之學**하여 **而自別於程朱**어늘 **其徒皆篤信之**러라

---

1) 直隸 : 淸代 省 이름으로 오늘날 河北省 지역에 해당한다.

2) 孝慤先生 : 李明性을 가리킨다. 그의 자는 洞初, 호는 晦夫이고 明나라 말엽의 諸生이었다. 효각선생은 門人들이 올린 私諡이다.

3) 博野 顔習齋 : 顔元(1635~1704)의 자는 易直(이직) 또는 渾然이고 호가 習齋이며, 河北 博野 사람이다. 明末淸初의 저명한 학자요 교육가로 李塨과 더불어 顔李로 병칭되며, 이들이 창립한 학파를 顔李學派라 한다.

내가 일찍이 강주에게 이르기를, "程朱의 학문도 결코 이런 일을 하지 않는 것은 아니지만 무릇 이러한 것들은 곧 道의 法迹[4)]일 따름이다. 가사 敬・靜과 같은 心性 공부를 통하여 그 근원을 탐구하지 않으면 性命의 이치에 대해 아는 것이 진실하지 못하여 자기 心身에 발현하고 천하 국가에 시행되는 것이 次序에 맞게 잘 이루어지지 못할 것이다."라 하였더니, 강주가 안색이 변하여 한참 동안 말이 없었다.

余嘗謂剛主하되 程朱之學이 未嘗不有事於此로되 但凡此乃道之法迹耳라 使不由敬靜以探其根源하면 則於性命之理에 知之不眞하여 而發於身心하고 施於天下國家者를 不能曲得其次序라하니 剛主色變爲默然者久之러라

나의 벗 王源 崑繩[5)]은 도량이 넓고 특출한 사람이라 사모하는 바는 오직 漢나라 諸葛武侯(諸葛亮)와 명나라 王文成(王陽明)뿐이고 程朱를 지목하여 오활하다고 한다. 그가 강주를 보고는 크게 기뻐하고서 이어 함께 습재를 師事하였으니, 이때 나이가 거의 예순에 가까웠다. 내가 물었더니, 그가 말하기를, "사람들은 나를 두고 當世 사람들은 안중에도 없다고들 하는데 그렇지 않다. 과연 뛰어난 인물이 있다면 감히 나 자신을 스스로 誇大해 높이겠는가."라 하였다.

吾友王源崑繩은 恢奇人也라 所慕는 惟漢諸葛武侯明王文成이요 而目程朱爲迂闊이라 見剛主而大說하여 因與共師事習齋하니 時年將六十矣라 余詰之하니 曰 衆謂我目空竝世人은 非也라 果有人이면 敢自侈大乎아라하다

강주가 일찍이 그의 벗을 위해 일이 많은 고을을 다스려준 적이 있었는데, 한 해 만에 政敎가 크게 시행되었다. 이 일로 이름이 公卿들 사이에 진동하였다. 그래서 經籍을 가르칠 스승으로 閫外[6)]를 맡을 사람을 초빙하려는 王公들이 다투어 그를 招致하고자 하였지만 그는 굳게 거절하고 가지 않았다. 康熙 경오년(1690)에 응시

4) 法跡 : 진리가 현실에 구현되어 나타나는 현상이라는 뜻이다.

5) 王源 崑繩 : 王源의 자가 崑繩이다. 본서 〈與王崑繩書〉 참조.

6) 閫外 : 가정 밖을 말한다. ≪孔子家語≫ 〈本命〉에 "婦女는 敎令이 규문을 벗어나지 않으며 하는 일은 술과 음식을 마련하는 것에 있을 뿐이니, 곤외에서의 잘한 일, 못한 일은 없다.〔敎令不出於閨門 事在供酒食而已 無閫外之非儀也〕"라 하였다.

하여 乙科[7]에 합격하였고 만년에 通州學正에 제수되었다가 한 달 만에 모친이 연로하다는 이유로 사직하고 향리로 돌아가니, 長官이 그 뜻을 꺾지 못하였다.

剛主嘗爲其友治劇邑이러니 期年에 政敎大行이라 用此名動公卿間이라 諸王延經師主闔外者가 爭欲致之로되 堅不就라 康熙庚午嘗擧乙科하고 晩歲授通州學正하여 浹月에 以母老告歸하니 長官不能奪也러라

곤승은 慷慨하여 세상사에 마음이 맞지 않아 양친을 장사 지낸 뒤에는 드디어 마음 내키는 대로 유람하여 장차 名山 大壑을 찾아서 은거하고자 하였으니, 비록 처자식일지라도 그가 간 곳을 알지 못하였다. 나와 강주가 늘 시름에 잠겨 그를 그리워하였지만 종적을 찾을 수 없었는데, 몇 해 만에 그가 홀연 나의 집에 와서 말하기를, "내가 천하의 선비를 찾은 지 40년에 그대와 강주를 얻었다. 그런데 그대는 程朱의 학문을 독실하게 믿는지라 끝내 그대의 생각을 바꾸지 못한 것을 한스럽게 여겨 이 때문에 내가 왔다."라 하고는 20일 남짓 머물면서 정주가 잘못된 까닭과 습재가 옳은 까닭을 다 들추어내었지만 나는 그와 한번도 논쟁하지 않았다.

그가 떠나가려 할 때 실망하여 말하기를, "그대는 끝내 어리석은 생각을 고수하니, 나는 이제 떠나가겠다. 百世 이후 총명하고 걸출한 선비들로 하여금 쓸모없는 학문에 깊이 빠져 돌아오지 못하도록 하는 것은 바로 정주의 죄이다."라 하기에, 내가 일어나서 말하였다.

"그대의 말이 끝났으니, 내가 말해도 되겠는가? 그대는 정주를 숨이 가물가물하는 다 죽어가는 사람으로 보지 말라. 朱子가 孝宗에게 올린 글[8]을 보면 비록 晩明 때 楊漣·左光斗의 강직한 절개라도 이보다 더할 수는 없을 것이요, 주자가 浙東에서 救荒하고 荊湖를 按撫한 일[9]은 西漢의 趙廣漢·張敞[10]의 吏治라도 이보다

7) 乙科 : 과거에 합격하여 擧人이 된 것이다. 明淸時代에는 擧人을 을과라 하고 進士를 甲科라 하였다.

8) 朱子가……글 : 紹興 32년(1162) 6월에 孝宗이 즉위하여 求言하는 詔命을 내렸고 그해 8월에 朱熹가 조명에 응하여 올린 〈壬午應詔封事〉를 가리킨다.

9) 주자가……일 : 朱熹가 淳熙 8년(1181)에 浙東 지역에 提擧로 임명되어 救荒한 일과 紹熙 4년(1193)에 荊湖南路安撫使에 임명된 일을 가리킨다.

10) 趙廣漢·張敞 : 漢나라 때 京兆尹을 맡아 지방관으로서 훌륭한 治積을 남긴 사람들이다. ≪漢書≫ 권72 〈王吉傳〉에 "앞서 경조윤을 역임한 이로 조광한, 장창, 王尊, 王章, 王駿 등이 있

더할 수는 없을 것이다. 그런데도 세상 사람들이 이 일을 일컫지 않는 것은 주자의 높고 큰 도덕을 일컫다 보니 이 일은 더욱 하찮게 작아졌을 뿐이다.

내가 우선 淺近한 일로 그대에게 설명해보겠다. 바른 의리가 아니면 비록 三公과 같이 존귀한 자리일지라도 자신을 더럽히기라도 할 듯이 피하는 것은, 그대가 정주에게 그러한 점 있다고 믿을 수 있을 것이다. 지금 조정의 아무개, 아무개 같은 자들은 그대가 일찍이 賤視하여 미워한 사람이지만 만약 하루아침에 그들이 조정에서 그대를 칭찬하여 學士[11]나 御史中丞[12]의 자리로 그대를 부르면, 그대는 장차 山海로 도망쳐 의리상 돌아보지도 않겠는가? 아니면 오히려 주저하면서 스스로 결단하지 못하겠는가? 나는 원컨대 그대는 돌아가 처자식을 보살피면서 세상의 흐름 따라 進退하여 귀결은 자신을 깨끗이 지킬 수 있도록 하라."[13]

곤승이 이로부터 종신토록 입으로 정주를 비난하지 않았다.

崑繩慨不快意하여 **旣葬二親**에 **遂漫遊**하여 **將求名山大壑而隱身焉**하니 **雖妻子**라도 **不知其所之**라 **余與剛主每蹙然長懷而無從迹之**러니 **數年**에 **忽至余家曰 吾求天下士四十年**에 **得子與剛主**로되 **而子篤信程朱之學**이라 **恨終不能化子**하여 **爲是以來**라하고 **留兼旬**에 **盡發程朱之所以失**과 **習齋之所以得者**어늘 **余未嘗與之爭**이러니 **將行**에 **憮然曰 子終守迷**하니 **吾從此逝矣**라 **使百世以下聰明傑魁之士**가 **沈溺於無用之學而不返**은 **是卽程朱之罪也**라하여늘 **余作而言曰 子之言盡矣**니 **吾可以言乎**아 **子毋視程朱爲氣息奄奄人**하라 **觀朱子上孝宗書**하면 **雖晩明楊左之直節**이라도 **無以過也**요 **其備荒浙東安撫荊湖**는 **西漢趙張之吏治**도 **無以過也**어늘 **而世不以此稱者**는 **以道德崇閎稱**에 **此轉渺乎其小耳**라 **吾姑以淺事喩子**호리라 **非其義也**면 **雖三公之貴**라도 **避之若浼**는 **子之所能信於程朱也**라 **今中朝如某某**는 **子夙所賤惡**로되 **倘一旦揚子於朝**하여 **以學士或御史中丞徵子**면 **將亡命山海**하여 **而義不反顧乎**아 **抑猶躊躕不能自決也**아 **吾願子歸視妻孥**하고 **流行坎止**하여 **歸潔其身而已矣**어다라하니 **崑繩自是**로 **終其身**토록 **口未嘗非程朱**러라

었는데, 모두 유능하다는 명성이 있었다. 이런 까닭에 京師에서 사람들이 '앞에는 조광한과 장창이 있었고 뒤에는 三王이 있었다.〔前有趙張 後有三王〕'라고 칭찬한다."라 하였다.

11) 學士 : 大學士이다. 淸나라 때는 內閣 대학사 4인을 두었는데 正1品이다.

12) 御史中丞 : 秦나라 때 官名인데, 淸나라 때는 總督 또는 巡撫의 별칭으로 쓰였다.

13) 귀결은……하라 : 孟子가 "성인의 행실은 동일하지가 않으니, 혹은 멀리 떠나기도 하고 혹은 가까이서 군주를 모시기도 하며 혹은 떠나가기도 하고 혹은 떠나가지 않기도 하나 귀결은 그 몸을 깨끗이 하는 것일 뿐이다.〔聖人之行不同也 或遠或近 或去或不去 歸潔其身而已矣〕"라 하였다.(≪孟子≫ 〈萬章 上〉)

그 후 내가 刑部의 감옥을 나오니,[14] 강주가 와서 위로하였다. 내가 곤승에게 해준 말을 그에게 말했더니, 강주가 즉시 일어서서 自責하고는 정주의 말을 불만스럽게 여겨 자신의 經說[15]에 실어 이미 판각한 것을 가져다 과반을 삭제하였다. 이어서 습재의 ≪存治編≫·≪存學編≫[16] 중 내 마음에 들지 않는 것을 말했더니, 곧바로 개정하고 말하기를, "우리 스승님이 처음 내개 가르침을 주실 때 곧 과오를 고치는 것을 중요하다 하였다. 그대의 말이 옳으니, 내가 감히 이러한 글들을 남겨두어 후인들이 비판할 구실거리가 되도록 하겠는가."라 하였다.

其後余出刑部獄하니 **剛主來唁**이라 **以語崑繩者語之**하니 **剛主立起自責**하고 **取不滿程朱語載經說中已鐫板者削之過半**이라 **因擧習齋存治存學二編未愜余心者告之**하니 **隨更定曰 吾師始敎**에 **卽以改過爲大**라 **子之言然**하니 **吾敢留之爲口實哉**아라하다

습재는 아들이 없다. 강주가 중년에 博野로 옮겨가 살면서 습재를 위해 사당을 수리하여 학생들을 불러 모았으니, 박야는 경사와 거리가 300리이다. 강주는 나를 위문하러 온 뒤로 다시 세 차례 내 집에 왔으니, 한 번은 내 어머니를 문병하러 온 것이고, 두 번째는 弔喪하러 온 것이고, 마지막에는 스스로 생각해보건대 자신이 노쇠해 기력이 없어 다시는 출타하지 못할까 염려하여 나에게 와서 告別한 것이다. 당시 그는 柴車를 타고 장자 習仁[17]이 말을 몰았으며, 왕복하는 도중에 말이 먹을 사료까지도 모두 수레에 싣고 왔으니, 내가 당시 곤궁하고 형편이 어려운 줄 알았기 때문이다. 아아! 바로 이 사실에서 강주가 자신에 근면하고 집안에 모범을 보이고 남에게 베풀고 사물을 처리하는 것을 모두 알 수 있다.

---

14) 내가……나오니 : 方苞가 康熙 50년(1711)에 戴名世의 ≪南山集≫에 서문을 썼다가 筆禍 사건에 연루되어 투옥되고 노예 신분으로 강등된 사건을 가리킨다. 2년 뒤 면죄를 받아 복권되었다.

15) 經說 : 李塨이 저술한 ≪論學≫, ≪學禮錄≫, ≪學樂錄≫, ≪學射錄≫, ≪田賦考辨≫, ≪周易傳注≫, ≪論語傳注≫ 등을 가리킨다.

16) 습재의 ≪存治編≫·≪存學編≫ : 顔元이 ≪存性編≫ 2권, ≪存學編≫ 4권, ≪存治編≫ 1권, ≪存仁編≫ 1권을 저술하였다. 이 넷을 合稱하여 四存編이라 한다.

17) 習仁 : 李習仁(1698~1721)은 자가 長人이고 李塨의 장남이다. 방포에게 수학하였고 古文을 잘 지었다. 그의 사후에 방포가 〈李伯子哀辭〉를 지었다.

習齋無子라 剛主中歲遷博野하여 爲葺祠堂하여 以收召學者하니 博野去京師三百里라 剛主自來唁後로 復三至余家하니 一問吾母之疾이요 再弔喪이요 終則自計衰疲하여 恐不能更出而就別余라 驅柴車하여 長子習仁御하고 往返芻秣을 皆載車中하니 知余時窶且艱也라 嗚呼라 卽是而剛主之勤於身하며 式於家하며 施於人하고 而措注於事物者를 居可知矣라

강주는 언어가 온화하고 종일 단정히 앉아서 엄숙하고 공경스러우며 차분하고 화평하였으니, 가까이 다가간 사람은 자기도 모르게 몸가짐을 가다듬었다. 곤승의 기개로 연로한 때에 강주에게 굽혔고 강주와 같이 자기 스승의 학문을 독실히 믿는 사람으로서 나의 한마디 말에 생각을 바꾸었으니, 자신을 속이지 않는 진실한 뜻과 善을 따르는 데 용감한 점이 모두 학자들의 본보기가 될 만하므로 자세히 기록하고 나머지 행실은 다 기록하지 않는다.

剛主言語溫然하고 終日危坐하여 肅敬而安和하니 近之者不覺自斂抑이라 以崑繩之氣로 旣老而爲剛主屈하고 以剛主之篤信師學으로 以余一言而翻然改하니 其志之不欺與勇於從善이 皆可以爲學者法이라 故備詳之요 而餘行則不具焉이라

강주는 雍正 모년 모월에 卒하였으니, 나이 75세이다. 부친은 휘 某君이요 모친은 馬氏이다. 생모 마씨는 明나라 錦衣衛指揮 斌의 따님으로 명나라가 망하고 집안이 몰락하자 孝慤에게 시집와서 강주 형제를 낳았다. 妻는 某氏이고 아들은 3인이다. 장남 습인은 요절하였고 차남 習禮과 삼남 習中은 모두 邑의 秀才이다. 모년 모월 모일에 某鄕 某原에 안장하였다.

剛主卒於雍正某年某月하니 年七十有五라 父諱某君이요 母馬氏라 生母馬氏는 明錦衣衛指揮斌女니 明亡家落하여 歸孝慤하여 生剛主兄弟라 妻某氏요 子三人이라 長習仁早夭하고 次習禮와 次習中은 皆邑庠生이라 以某年某月某日로 葬於某鄕某原이러라

銘은 다음과 같다.
습재는 말하기를
"자신을 힘써 검속하지 않고

입으로 程朱를 헐뜯으면
귀신의 문책을 면하기 어려우리."라 했으니
참으로 이 말대로라면
근본으로 가는 데 갈림길이 없어
저마다 자기 할 일을 할 것이니
어찌 헐뜯을 필요가 있으리오
君은 스승의 학문을 이어받아
그 울타리를 굳게 지키다가
노년에 크게 깨달았으니
흐름은 다르고 근원은 같아라
이미 가진 견해를 尊信하지 않고
비로소 큰 근원을 보았으니
과오를 고침이 중요하다고 한
예전에 들은 말을 존중하였네
흠을 제거하고 옥을 잘 지켜
스승에게도 광휘가 있으니
지하에서 사제가 서로 만나면
의당 불평하는 말이 없으리라

銘曰 習齋矢言하되 檢身不力하고 口非程朱하면 難免鬼責이라하니 信斯言也인댄 趨本無歧라 各從所務니 安用詆娸리오 君承師學하여 固守樊垣이라가 老而大覺하니 異流同源이라 不師成心하고 乃見大原하니 改過爲大라한 前聞是尊이라 琢瑕葆瑜하여 有耀師門하니 九原相見이면 宜無間言이라

47. 王生의 墓誌銘　王生墓誌銘*

*이 글은 方苞의 제자인 王兆符(1679~1724)의 묘지명이다. 왕조부는 방포의 친구 王源의 아들로 방포가 크게 기대했던 제자이다. 이 글에는 사랑하는 제자를 잃은 깊은 슬픔이 느껴진다. 방포가 57세 때 쓴 글이다.

雍正 원년(1723) 겨울 12월에 내가 병석에 누워 일어나지 못하다가 王生 兆符가 쓰러졌다가 소생했다는 말을 듣고 병든 몸을 수레에 싣고 가서 보고 그와 얘기할 때에는 정신과 기운은 변동이 없는 듯하더니, 사흘 뒤에 죽고 말았다. 슬프다! 이 사람은 나의 벗 崑繩(王源)의 아들이다.

雍正元年冬十有二月에 **余病不能興**이라가 **聞王生兆符蹶而蘇**하고 **輿疾往視**하여 **與之語**에 **神氣若未動**이러니 **越三日而死**라 **嗚呼**라 **是吾友崑繩之子也**라

王氏는 明나라 초엽부터 軍功으로 宦族이 되었는데, 곤승의 부친 中齋公[1]에 이르러 五服[2]의 親屬이 한 사람도 없었다. 중재공의 두 아들 중에 장남 汲公은 아들이 없고 崑繩은 兆符로써 小宗[3]의 後嗣를 삼았다. 그런데 이제 조부는 겨우 한 아들을 두었건만 형님 급공의 후사로 보내 조부를 잇게 하였으니, 곤승은 사후에 제사를 지낼 후사가 없게 되었다.

王氏自明初로 **以軍功爲宦族**이러니 **至崑繩之父中齋公**하여 **而五服親屬**이 **無一人**이라 **中齋二子**에 **長汲公無子**요 **崑繩以兆符後小宗**이러니 **今兆符僅一子以繼祖**하니 **則崑繩無主後矣**라

---

1) 中齋公 : 王世德을 가리킨다. 그는 자가 克承이고 호가 霜皐이다. 錦衣衛指揮를 世襲하였고 李自成이 北京을 함락할 때 객지인 高郵에 가서 살았다.

2) 五服 : 종족의 親疏에 따른 다섯 가지 상복으로, 斬衰(참최), 齊衰(자최), 大功, 小功, 緦麻이다. 高祖로부터 자신에 이르기까지 8촌 이내의 종족을 뜻한다.

3) 小宗 : 嫡長子로 이어지는 계통을 大宗이라 하고 그 나머지 계통을 소종이라 한다.

조부는 나에게 와서 수학하였다. 병자년(1696) 봄, 내가 京師에 있으면서 汪氏 집에 私塾(글방)을 열고 있었다.[4] 곤승은 王氏 집에 사숙을 열면서 조부로 하여금 내게 와서 수학하게 하였다. 조부는 汪氏 집 마구간 곁에 자리를 잡고 단정히 앉아 묵묵히 글을 암송하여 마치 사람이 없는 듯이 고요하였다. 한창 날씨가 더운 여름날 그는 세 번 왔다가 세 번 돌아가곤 했는데도 汪氏 집의 물 한 잔도 마시지 않았다.

兆符從余遊라 在丙子之春에 余在京師하여 館於汪氏러니 崑繩館於王氏하여 使兆符來學한대 次汪氏馬隊旁하여 危坐默誦하여 闃若無人이라 方盛暑日에 三至三返하되 不納汪氏勺飮이러라

그 후 곤승이 가정을 버리고 세상을 유람하자 조부는 天津으로부터 金壇으로 옮겨와 살면서 다시 白下에서 나와 從遊하였다. 곤승이 일찍이 나에게 말하기를, "조부는 그대를 아버지와 같이 여긴다. 나의 뜻이 맞는 벗은 오직 그대와 강주뿐이라 내가 강주를 師事하게 했더니, 그 아이가 말하기를 '저는 方子(방포를 높여 부른 말)의 학문에 대해 아직 다 배우지 못했습니다.'라 하더라."라 하였다.

其後崑繩이 棄家漫遊어늘 兆符自天津으로 遷金壇하여 復從余於白下라 崑繩嘗語余曰 兆符視子猶父也라 吾執友惟子及剛主라 吾使事剛主한대 曰 符於方子之學에 未之能竟也라하다

조부는 약관의 나이에 諸生(生員)이 되었다가 남쪽으로 옮겨가 살면서 그 신분마저 버렸다. 마흔 살이 넘어서 입에 풀칠하기 위해 京師에 가자 혹자가 과거에 응시하라고 권하였다. 그리하여 경자년(1720)에 京兆의 小科에 응시하여 합격하였고 이듬해 진사가 되었다.

혹자가 금을 보내주어 속히 벼슬하여 어머니를 봉양하게 하였다. 나는 말하기를 "이 돈으로 논밭을 사서 농사를 지으면 어머니를 봉양할 수 있고 학문을 증진할 수 있어 先人(선친)의 못 마친 저술을 끝마칠 수 있을 것이다."라 했더니, 조부가 급히 나를 재촉하여 서찰을 써서 금을 보내준 사람에게 보내게 하였는데, 그 사람이 허락한다는 답신이 왔을 때는 조부가 죽은 지 이미 한 달이 지났다.

弱冠爲諸生이라가 南遷遂棄去라 逾四十하여 以糊口至京師어늘 或勸以應擧라 庚子擧京兆하고

4) 汪氏……있었다 : 방포가 汪氏의 집에 유숙하며 글을 가르치고 있었다.

明年成進士라 或餽之金하여 使速仕以養母어늘 余曰 用此買田而耕하면 則母可養學可殖하여 而先人之緖論을 可終竟矣라한대 兆符蹙然趣余爲書하여 抵餽金者러니 及報(詔)〔諾〕5)而死已彌月矣라

조부가 남쪽으로 옮겨갈 때 어린 나이에 홀몸으로 어머니와 누이들을 데리고 육로와 물길로 3,000리를 갔고 부친 곤승이 죽은 뒤에는 사방으로 분주히 다니느라 열흘 내지 한 달도 편안히 쉰 적이 없었다. 게다가 그 어머니가 늙고 병들어 시도 때도 없이 갑작스레 화를 내기 때문에 아내와 딸, 奴婢들이 오래 견디지 못해 어머니를 보살피는 데 정성을 다하지 않을까 늘 염려하였다. 그래서 그는 몸은 외지에 있어도 근심은 늘 집에 있었고, 게다가 나이는 날로 많아지고 학문은 증진하지 못하는 것을 염려하여 人事가 많은 와중에서 부지런히 공부하였다. 이런 까닭에 心力이 소진되고 形神이 손상되어 한 번 병이 나자 치료할 수 없게 되었던 것이다.

方兆符之南遷也에 以稚齒獨身으로 將母及女兄弟하여 陸行水涉三千里요 及崑繩旣歿하여 奔走四方하여 未嘗旬月寧居하고 而其母老病하여 暴怒不時라 常恐妻女僕婢이 久不能堪하여 而在視不盡其誠이라 故身在外에 憂常在家요 又慮年日長學不殖하여 而矻矻於人事叢雜中이라 是以로 心力耗竭하고 形神瘀傷하여 一發而不可救藥也라

나는 곤승과 사귄 것이 가장 먼저이고 그 뒤에 강주를 알게 되었다. 우리 세 사람은 배운 학문은 같지 않았지만 뜻이 서로 맞아 교유하는 것이 가족과도 같았다. 강주의 장남 習仁도 나에게 와서 수학하였다. 신축년(1721) 가을에 강주가 습인으로 하여금 강남에 가서 거주할 곳을 잡게 하였는데, 가는 도중에 죽고 말았다. 습인이 죽은 뒤로는 우리 세 사람의 자식들 중 기대할 만한 품행을 갖춘 사람이 없었거늘 이제 또 조부마저 죽었으니, 文學과 義理를 함께 깊이 얘기할 만한 사람이 드물어졌다. 나는 노쇠한 몸이라 德行은 이미 무너졌고 학문도 더 보충하기 어려우니, 믿는 바는 후생이거늘 하늘의 뜻이 이와 같으니, 내가 슬퍼하는 바가 어찌 곤승의 제사를 맡을 後嗣가 없다는 사실뿐이겠는가.

余與崑繩交最先이요 旣而得剛主하니 三人者所學不同이나 而志相得하여 其遊如家人이러라 剛

---

5) (詔)〔諾〕: 저본에는 '詔'로 되어 있으나, ≪方苞集≫에 의거하여 '諾'으로 바로잡았다.

主之長子習仁亦從余遊라 辛丑秋에 剛主使卜居於江南而道死라 自習仁之死로 三人子姓中質行無可望者矣어늘 今又重以兆符하니 而文學義理可與深言者亦鮮矣라 余羸老라 德旣隳하고 學亦難補하니 所恃者後生이어늘 而天意若此하니 余所痛豈獨崑繩之無主後邪아

조부는 성품이 孤高하여 남을 용납하지 못하였다. 비록 자기 부친의 친구일지라도 관직이 顯達해졌을 경우에는 그 사람의 안색을 살펴보아 조금이라도 종전과 달라졌으면 다시는 만나려 하지 않았다. 몸가짐이 단정하고 게다가 문학으로 이름이 알려졌으므로 그가 병들었을 때 그 소식을 들은 사람들은 모두 걱정하였고 그가 죽었을 때 모두 애석해하였다.

兆符性孤特하여 不能容物이라 雖其父故交라도 旣宦達에 察其意色하여 少異於前이어든 卽不肯再見이요 而行身端直하고 又以文學知名이라 故其疾也에 聞者皆憂之하고 其死也에 皆惜之러라

조부는 先世의 묘역에 渴葬[6]하였는데 그의 어머니와 처자식은 강남에 있다. 그래서 장사를 마치자 士友들 중 강남으로 돌아가는 사람이 그의 집을 보살펴주고 京師에 남아 있는 사람이 해마다 분담하여 그의 墓祭를 지내주었으니, 이는 비록 조부의 意氣에 感應한 결과이겠지만 사람들의 마음에 남아 있는 그의 祖父와 부친의 절개와 명성을 泯滅할 수 없었기 때문이기도 할 것이다.

兆符渴葬先世兆域이어늘 而母及妻子在江南이라 葬事畢에 士友南還者가 爲紀其家하고 留京師者가 分年而主墓祭하니 雖兆符意氣所感召나 抑其祖若父節槪風聲宿留於人心者不可泯也라

조부는 향년이 45세이다. 조부가 편찬한 ≪周禮≫에 관한 저술 및 詩文 몇 권을 蔣君 湘帆[7]이 編錄하여 보관하고서 조부의 아들이 성장하길 기다려 주려고 한다.

兆符年四十有五라 所排纂周官及詩文若干卷을 蔣君湘帆爲編錄而藏之하여 以俟其孤之長而授焉이라

---

6) 渴葬 : 禮制에 정해진 葬期보다 앞당겨 장사 지내는 것이다.

7) 蔣君 湘帆 : 蔣衡(1672~1742)의 자가 湘帆이다. 그는 왕조부의 백부의 사위이다.

銘은 다음과 같다.
세상에는 재능을 펴지 못했으나
행실은 이미 가정에 드러났도다
장차 도를 탐구하려 할 때
공부하여 이미 문장의 英華 얻었어라
도와 문장 다 이루어져 갈 때 중도에 꺾였으니
우리들의 탄식을 어찌 그치게 할 수 있으리오

銘曰 無所施於世나 而行能已著於家로다 將道之探에 而學焉已得其英華로다 竝垂成而中毁하니 曷以泯吾儕之怨嗟리오

48. 형 百川의 墓誌銘　兄百川墓誌銘*

* 方苞의 형인 方舟의 墓誌銘이다. 탁월한 재능과 행실을 갖추고도 37세의 젊은 나이에 세상을 떠난 형에 대한 안타까운 마음을 표현하였다.

兄은 諱가 舟이고 자가 百川이니, 성품이 豪邁하고 독서를 좋아하였으나 문장을 짓는 일을 좋아하지는 않았다. 8, 9세 때 ≪春秋左氏傳≫과 ≪史記≫를 읽으면서 전쟁을 서술한 대목을 만나면 곧 集錄하여 옷자락 속에 넣어두고 있다가 남들을 피하고 나를 불러 그 승패의 이유를 말해주곤 하였다. 당시 나의 아버님은 棠邑 留稼村에 우거하고 계셨다. 형은 한가하면 큰 늪지대로 가서 아이들을 불러 좌우로 늘어세우고 통솔하여 陣을 펼쳤다.

兄은 諱舟요 字百川이니 性倜儻하고 好讀書而不樂爲章句文字之業이라 八九歲에 誦左氏太史公書할새 遇兵事어든 輒集錄置袷衣中이라가 避人呼苞하여 語以所由勝敗러라 時에 吾父寓居棠邑留稼村이라 兄暇則之大澤中하여 召群兒하여 布勒左右爲陣이러라

나이 열네 살 때 蕪湖에서 조부를 모시고 한 해가 지나 돌아와서 말하기를, "내가 종전에 공부한 것이 아무 쓸모가 없다. 집이 가난하여 할아버지와 아버지 두 어른이 겨울에 솜옷도 없으니, 응당 鄕邑의 諸生이 되어 아이들을 가르쳐서 조석의 양식이나 넉넉히 마련하리라."라 하더니, 한 해를 넘기고 邑庠(향교)에 들어가 드디어 科文體의 글로 천하에 이름났다. 慕廬 韓公[1]이 형을 보고 감탄하며 말하기를 "200년 안에 이런 인재는 없다."라 하였다.

형은 스스로 時文(科文)을 가지고 科程을 설치하니, 이로써 공부하여 名門家의 거의[2] 십수 명이 모두 甲科·乙科에 급제하였다. 諸生의 글로 천하를 다 덮은 것

---

1) 慕廬 韓公 : 韓菼(1637~1704)을 말한다. 본서 〈與韓慕廬學士書〉 참조.

2) 거의 : 원문은 '僅'으로 거의 가깝다는 뜻이다. ≪晉書≫ 권59 〈趙王倫傳〉에 "병란이 일어난 지 60여 일 동안에 전투에서 살해한 사람이 거의 10만 인에 가깝다.〔自兵興六十餘日 戰所殺害 僅十

은 형으로부터 비롯하였다. 당시의 名士들이 다 형과 從遊하고 싶어 하였으나 형은 그들을 대하는 태도가 오만하였다.

年十四에 **侍王父于蕪湖**하고 **踰歲**에 **歸曰 吾鄕所學**이 **無所施用**이로다 **家貧**하여 **二大人**이 **冬無絮衣**하니 **當求爲邑諸生**하여 **課蒙童以贍朝夕耳**라하더니 **踰歲**에 **入邑庠**하여 **遂以制擧之文**으로 **名天下**러라 **慕廬韓公見之**하고 **嘆曰 二百年**에 **無此也**라하다 **自以時文設科**하니 **用此名家者僅十數人**이 **皆擧甲乙科者**라 **以諸生之文而橫被六合**이 **自兄始**러라 **一時名輩皆願從兄遊**나 **而兄遇之落落然**이러라

江西 梁質人[3]과 宿松 朱字綠[4]은 經世의 학문으로 의론을 자부하여 經史를 증명하면서 종횡으로 관통하니, 그 의론을 듣는 사람들은 다 굴복하지 않는 이가 없었지만 형은 늘 침묵하다가 그 자리에서 물러났을 때 뚜껑을 열고 보면[5] 식견이 막히지 않은 경우가 드물었다. 내가 형에게 "어찌 비유로 알아듣게 말해주지 않았습니까."라 하니, 말하기를 "이분들은 입으로 담론하는 것은 매우 뛰어나지만 천하를 걱정하는 것은 아니다."라 하였다.

江西梁質人宿松朱字綠은 **以經世之學**으로 **自負其議論**하여 **證嚮經史**에 **橫從穿貫**이라 **聞者莫不屈服**이로되 **而兄常默默**이라가 **退而發其覆**하면 **鮮不窒礙者**라 **苞謂兄**하되 **盍譬曉之**오하니 **曰 諸君子口談最賢**이나 **非以憂天下也**라하다

형은 나보다 두 살이 더 많다. 아동 때 집에 노비가 없기에 5, 6세 때 나는 형을 의지하여 잠자리에 들고 일어나곤 하였다. 형이 蕪湖로 가던 해에 길 떠날 즈음 내 등에 엎드려 눈물을 흘렸다. 그 후 조금 성장하자 곧 각각 헤어져 사방으로 분주

萬人]"라 하였다.

3) 江西 梁質人 : 梁份(1640~1729)을 말한다.

4) 宿松 朱字綠 : 朱書의 자가 字錄이고 宿松 사람이다. 王世貞의 門人으로 古文에 조예가 깊었다.(≪分甘餘≫ 권4)

5) 뚜껑을……보면 : 상대방의 좁은 식견을 열어준다는 뜻으로 양질인과 주자록의 의론에서 잘못된 점을 지적해 깨우쳐준 것이다. 孔子가 老子를 만나고 와서 顔回에게 말하기를 "나는 도에 대해서 마치 항아리 속에 든 초파리와 같았다. 부자께서 항아리 덮개를 열어주지 않으셨으면 나는 천지의 전체를 알지 못했을 것이다.〔丘之於道也 其猶醯雞與 微夫子之發吾覆也 吾不知天地之大全也〕"라 했다는 대목에서 온 말이다.(≪莊子≫ 〈田子方〉)

히 다녔다. 그리하여 내가 집에 돌아오면 형은 늘 외지에 있고 형이 집에 돌아오면 내가 늘 외지에 있었다. 그래서 형과 함께 지낸 시일을 헤아려보면, 친밀하게 지내는 벗들에 비교해도 못 미친다.

형은 늘 말하기를, “내가 너와 늘 집에서 함께 살아 할아버지와 아버지 두 어른께 이별의 근심이 없도록 하고 봄가을로 좋은 날이면 두세 뜻이 맞는 친구들과 더불어 北山으로 걸어가 수풀 사이를 배회하다가 날이 어두워지기를 기다려 돌아올 수 있다면 나의 소원이 족할 것이다.”라 하였다. 경진년(1700) 4월에 나는 京師에서 돌아오고, 7월에 형은 皖江에서 돌아왔다. 그러나 형은 병이 그만 위독해져 이 말을 한 번 실현해보지 못하고 말았다.

兄長余二歲라 **兒時**에 **家無僕婢**할새 **五六歲**에 **卽依兄臥起**러라 **兄赴蕪湖之歲**에 **將行**에 **伏余背而流涕**러라 **其後少長**에 **卽各奔走四方**이라 **余歸**면 **兄常在外**하고 **兄歸**면 **余常在外**라 **計日月得與兄相依**컨대 **較之友朋之昵好者**에 **有不及焉**이라 **兄常曰 吾與汝得常家居**하여 **俾二大人無離憂**하고 **春秋佳日**에 **與二三同好**로 **步北山**하여 **徘徊墟莽間**이라가 **候暝色而歸**면 **吾願足矣**라하더니 **及庚辰四月**에 **余歸自京師**하고 **七月**에 **兄歸自皖江**이나 **而疾遂篤**하여 **未得一試斯言也**러라

아우 林이 형보다 10년 먼저 죽었는데, 형이 근교의 평평한 들판에 작은 언덕을 사서 자신이 묻힐 生壙[6]을 만들고 그 곁에 아우를 묻고자 하였다. 신사년(1702) 4월에 내가 아우를 위해 泉井에 葬地를 잡았는데, 꿈에 土人이 말하기를 “伯夷가 이제 이곳에 묻힐 것이다.”[7]라 하였다. 내가 차마 형의 분부를 따르지 않을 수 없어 이듬해 3월 16일에 아우의 널을 옮겨 그 마을의 북쪽 언덕에 형과 함께 안장하였다. 형은 康熙 신사년(1701) 10월 21일에 세상을 떠났으니, 향년 37세이다. 張氏를 아내로 맞았고 아들은 道希, 道永이다.

弟林이 **先兄十歲卒**이어늘 **兄欲於近郊平疇**에 **買小邱**하여 **自爲生壙**하고 **而葬弟於其側**이라 **辛巳四月**에 **余爲弟卜地於泉井**이러니 **夢土人云 伯夷今葬是**라하여늘 **余不忍廢兄之命**하여 **遂以次年三月十六日**로 **遷弟柩**하여 **與兄幷葬其村之北原**하다 **兄歿於康熙辛巳年十月二十一日**하니 **年三**

6) 生壙 : 생전에 미리 만들어두는 무덤이다.

7) 伯夷가……것이다 : 伯夷는 叔齊의 형이므로 여기서는 방포의 형을 가리킨다. 곧 방포의 형이 죽어서 이곳에 묻힐 것이라는 말이다.

十有七이라 娶張氏요 子道希道永이라

銘은 다음과 같다.
道에 순응하지 않는 자를 하늘이 끊어버리거늘
어이하여 하늘로부터 받은 본성을 실천하고도 이에 이르렀는가!
하물며 재주와 뜻은
옛날에도 진실로 이루지 못한 이들이 있나니
또 어찌 슬퍼하리오.

銘曰 不若于道者天絶之어늘 胡體其所受而至于斯오 矧材與志는 古固有不遂니 而又何悕리오

49. 蔣氏 어머니의 70세에 祝壽하는 序　蔣母七十壽序*

* 蔣錫震(1662~1739)의 어머니의 칠순에 祝壽한 글이다. 가문에서 婦人의 역할이 중대함을 역설하고 어릴 때 남편을 잃고 어린 아들을 훌륭하게 키운 장석진의 어머니의 노고를 위로하였다.

康熙 52년(1713) 7월에 내가 邊塞에 있었는데 友人 蔣錫震이 京師에서 편지를 보내오기를, "나의 어머니가 일흔입니다. 내가 어릴 때 아버지를 잃고 집이 가난했는데 어머니가 나를 보살피고 가르쳐 지금에 이르렀으니, 그 고생은 말하지 않아도 알 수 있을 것입니다. 그대가 글을 써서 축수해줄 수 있겠습니까?"라 하였다.

康熙五十二年七月에 **余在塞垣**이러니 **友人蔣錫震**이 **自京師以書來曰 吾母七十矣**라 **吾少孤家貧**이어늘 **母撫且敎**하여 **以至於今**하니 **艱難可無述而知也**라 **子爲文以壽**가 **可乎**아라하다

내가 젊을 때 《禮記》를 읽으면서 先王의 제정한 禮에 妻에게 몹시 후하게 한 것이 諸父(아버지의 형제)와 형제들에 비해 매양 더 융숭한 것을 보고서 의심이 풀리지 않았는데, 장성하여 아내를 맞아 산 뒤에야 부모가 편안한지 불편한지와 가족이 화목한지 不和한지가 실로 妻에 달렸다는 것을 알았다. 또 친척 사이에 혹 큰 변고를 만나 남은 고아가 강보에 있을 경우 그 宗家의 제사와 가문의 명성이 모두 여자의 한 몸에 달렸고 제부와 형제들은 어찌할 수 없다는 것을 알았다. 그런 뒤에야 선왕이 제정한 禮는 곧 天理를 그대로 서술하여 사람들에게 보여준 것이니, 세상 사람들의 얕은 생각으로 헤아려 알 수 있는 바가 아니라는 것을 알았다.

余少讀戴記할새 **見先王制禮**에 **所以致厚於妻者**가 **視諸父昆弟而每隆焉**하고 **疑而不解也**러니 **旣長受室然後**에 **知父母之安否家人之睽睦**이 **實由之**라 **又見戚黨間**에 **或遭大故**하여 **遺孤襁褓**어든 **其宗祀與家聲**이 **皆係于女子之一身**이요 **而諸父昆弟有不可如何者然後**에 **知先王制禮**가 **乃述天理以示人**이니 **而非世俗之淺意所可測也**라

曾子가 말하기를 "6척의 어린 임금을 부탁할 만하며, 사방 100리 되는 나라의 政事를 맡길 만하고, 큰 절개에 임하여 지조를 빼앗을 수 없다."라 하였으니,[1] 이 세 가지는 賢人 君子도 어렵게 여기는 바이거늘 閭巷의 여자가 한번 시집가서 入室할 때 의리상 응당 이렇게 할 것을 責勵해야 하고 그 책려가 전일하고 엄격하니, 따라서 예우하는 것을 감히 厚重하게 하지 않을 수 있겠는가.

대저 婦人이 志節을 숭상하는 것은 본디 그러하거니와 아버지 없는 어린 아들을 성장시켜 立身하게 하는 것은 더욱 어려우니, 음식을 먹여 기르기만 하고 교육하지 못하면 이른바 부탁할 만하다는 것이 아니다.

게다가 혹 과부가 되어 의지할 데 없을 경우에는 衣食을 마련하고 門戶를 유지하는 것이 사방 100리 되는 나라의 정사를 맡는 것보다 더 어려운 점이 있으니, 太夫人[2]같은 분은 蔣氏 가문에 있어 참으로 艱貞[3]하여 기탁한 바를 저버리지 않았다 할 만하다.

曾子曰 可以託六尺之孤하며 **可以寄百里之命**이요 **臨大節而不可奪也**라하니 **此三者**는 **賢人君子之所難**이어늘 **乃委巷之女子**가 **一入室**에 **而義當以此責之**요 **其責之也專以嚴**하니 **則禮之敢不重歟**아 **夫婦人尙志節固已**어니와 **而立孤尤難**하니 **能食之而不能敎**면 **非所謂可託也**라 **又或煢獨無依**하면 **則紀衣食**하며 **持門戶**가 **其難有過于寄百里之命者**하니 **若太夫人**은 **於蔣氏**에 **信可謂艱貞而無負於寄託矣**로다

내가 본 바로는 婦人으로서 志節을 드러낸 이들은 타고난 운명이 기구한 경우가 많고 자손들이 훌륭하게 성장한 경우가 드무니, 대개 조물주가 이미 절개로 그 일신을 드러냈기에 다른 복록은 혹 함께 주지 못하기도 한 것이다. 그런데 태부인은 하늘의 보살핌을 받아 康寧하고 장수하며, 錫震은 進士가 되어 조용히 色養[4]하고

---

1) 曾子가……하였으니 : 君子가 될 수 있는 요건을 말한 것이다. ≪論語≫ 〈泰伯〉에 보인다.

2) 太夫人 : 蔣錫震의 어머니를 가리킨다.

3) 艱貞 : ≪周易≫ 明夷卦에 "명이는 어려울 때에 정도를 지킴이 이롭다.〔明夷 利艱貞〕"라 한 데서 온 말이다.

4) 色養 : 효성으로 봉양하는 것이다. 子夏가 孝를 묻자, 孔子가 '色難'이라 한 데서 온 말이다. 色難의 뜻은 "자식이 즐거운 얼굴색으로 부모를 봉양하는 것이 어렵다."와 "부모의 안색을 잘 살펴서 봉양을 잘하는 것이 어렵다."의 두 가지 說이 있다.(≪論語集註≫ 〈爲政〉)

있다.

향리에서 이를 美談으로 얘기하고 閨門 안에서 여인들이 이 얘기를 듣고 興感하고 있으니, 女敎에 있어 관계되는 바가 작지 않다. 이에 이 글을 써서 석진에게 보내주어 그 모친을 위로하게 하는 한편 뭇사람들로 하여금 先王이 禮를 제정한 뜻을 분명히 알게 하노라.

以余所見으론 婦人著志節者는 賦命多蹇하고 子姓成立者希하니 蓋造物旣以節顯其身에 他福祥或不能兼與어늘 而太夫人獲天佑하여 康寧壽考하고 錫震成進士하여 從容色養이라 鄕里傳爲美談하고 閨門之內聞而興感하니 於女敎에 所關不細라 因書遺錫震하여 以慰其親하고 且使衆著於先王之禮意焉하노라

50. 余石民에 대한 哀辭　余石民哀辭*

*方苞가 자신과 함께 戴名世(1653~1713)의 ≪南山集≫ 사건에 연루되어 獄死한 余湛(자는 石民)을 애도한 글이다. 대명세는 安徽省 桐城 사람으로 방포와 함께 桐城派 계열의 대표적인 인물이다. 그는 문집 ≪남산집≫에 南明의 年號를 쓰고 淸나라에 저항한 사실을 기술하였다는 죄로 康熙 52년(1713)에 처형되었다. 대명세는 여담의 스승이다. 여담은 옥중에서도 스승을 원망하지 않고 죽기 며칠 전까지도 글을 읽으며 의연한 모습을 보였다.

내가 철이 들고부터 본 인사가 많지만 성현의 학문에 뜻을 둔 사람은 없었다. 대개 道가 망하여 없어진 지 오래라 인륜의 기강이 의지하여 연결되는 것은 오직 功利요 사람의 性命이 의뢰하여 안정되는 것은 오직 嗜欲이다. 그리하여 한 집안에 悖亂한 사람, 悖逆한 기운이 없는 경우가 없고 한 사람의 몸에 패역한 행실, 남모르는 죄악이 없는 경우가 없으니, 나는 알지 못하겠다, 周公과 孔子가 다시 살아 세상에 나온다 할지라도 오히려 이러한 世運을 돌려서 바꿀 수 있겠는가.

自余有知識으로 **所見人士多矣**로되 **而有志於聖賢之學者**는 **無有也**라 **蓋道之喪**이 **久矣**라 **人紀所恃而結連者**는 **惟功利**요 **而性命所賴以安定者**는 **惟嗜欲**이라 **一家之中**에 **未有無亂人無逆氣者**하고 **一人之身**에 **未有無悖行無隱慝者**하니 **吾不識周孔復生**이라도 **其尙有以轉之否與**아

康熙 임진년(1712)에 내가 余君 石民과 함께 戴名世의 ≪南山集≫ 件으로 연루되어 체포되었다.[1] 君은 아동 때 대명세에게 수학하여 대명세의 문집에 군에게 보낸 史事를 논한 편지가 있지만 군은 이에 답하지 않았다. 군이 대명세를 만나지 않은 지 20여 년이거늘 하루아침에 禍端이 발발하여 군은 집이 망하고 질병에 걸려

1) 康熙……체포되었다 : 方苞가 康熙 50년(1711)에 戴名世의 ≪南山集≫에 서문을 썼다가 筆禍 사건에 연루되어 투옥되고 노예 신분으로 강등된 사건을 가리킨다. 2년 뒤 면죄를 받아 복권되었다.

옥중에서 죽었으나 대명세를 섬김에 禮가 매우 공손하였다.

군은 죽기 며칠 전에도 날마다 宋儒의 저서를 구입하여 단정히 앉아서 읽었다. 군이 위태한 상황에서도 자기 스승을 원망하지 않은 것을 보니 이는 인륜의 기강을 중시하여 功利 때문에 離合하지 않는 것이요, 군이 죽을 때에 가까워도 학문에 힘써 나태하지 않는 것을 보니 이는 구차한 마음을 끊어 嗜欲을 편안한 집으로 여기지 않은 것이다.

처음에 내가 군에게 말하기를, "患難에 처하는 도리는 참으로 얻었다. 비록 그렇지만 그대에게 노모가 있으니, 학문을 좋아함으로써 근심을 잊지 말라."라 하니, 군은 말없이 침묵하다가 마침내 슬픔이 복받쳐 음식을 삼키지 못하였다. 대개 그가 안으로 괴로워하는 마음을 남들은 알지 못했던 것이다.

康熙壬辰에 余與余君石民으로 竝以戴名世南山集牽連被逮라 君童稚受學於戴하여 戴集中有與君論史事書로되 君未之答也라 不相見者二十餘年矣어늘 一旦禍發에 君破家遘疾하여 死獄中이나 而事戴에 禮甚恭이라 先卒之數日에 猶日購宋儒之書하여 危坐尋覽이라 觀君之顚危而不懟其師하니 是能重人紀而不以功利爲離合也요 觀君之垂死而務學不怠하니 是能絶偸苟而不以嗜欲爲安宅也라 始吾語君하되 所以處患難之道는 信得矣라 雖然이나 子有老母하니 毋以嗜學忘憂하라하니 君默無言이라가 而卒以膈噎하니 蓋其(四)〔內〕[2]自苦者를 人不得而識也라

君이 압송될 때 온 고을의 父老와 子弟들이 성곽 문 밖까지 나와 군을 보내면서 모두 말하기를 "余君이 이 지경에 이르다니."라 하였다. 이제 군은 집은 망하고 몸은 죽어서 자기 어머니를 끝까지 섬기지 못했으니, 나는 무식한 자들이 이 일을 들으면 더욱 道를 지키는 것을 禍로 여겨 사악한 짓을 편안히 여기게 될까 염려된다. 이에 그의 상여가 돌아갈 때 이 글을 써서 나의 슬픔을 표현하노라.

君提解에 傾邑父老子弟出送郭門外하여 皆曰 余君乃至此로다라하다 今君破家亡身而不得終事其母하니 吾恐無識者聞之에 愈以守道爲禍而安於邪惡也라 於其喪之歸也에 書以鳴吾哀하노라

君은 諱는 湛이요 자는 石民이니 順治 모년 모월 모일에 태어났고 康熙 임진년

2) (四)〔內〕: 저본에는 '四'로 되어 있으나, ≪方苞集≫에 의거하여 '內'로 바로잡았다.

(1712) 4월 16일에 卒하였다.

君은 諱湛이요 字石民이니 生於順治某年月日하고 卒於康熙壬辰四月十六日이라

哀辭는 다음과 같다.

평탄한 길을 밟음에 危機에 숨어 있고
人禍가 미치자 鬼伯이 재촉하였도다[3]
어머니는 멀리서 그리워하며 아들 돌아오길 기다리거늘
아들은 옥중에서 죽어도 어머니는 알지 못하였어라
몸은 비록 죽어도 슬픔은 끝이 없으니
하늘이 이런 인물을 내고서 이 지경에 이르게 하다니

其辭曰 履道坦兮危機伏하고 人禍延兮鬼伯促이로다 母遙思兮望子歸어늘 子瘐死兮母不知로다 身雖泯兮痛無涯니 天生夫人也而使至於斯로다

3) 鬼伯이 재촉하였도다 : 귀백은 귀신들의 우두머리라는 말로 염라대왕을 가리킨다. ≪樂府詩集≫ 권27 〈蒿里〉에, "염라대왕은 어찌 이리도 재촉하는가, 사람의 목숨 조금도 머뭇거리지 못하게 하네.〔鬼伯一何相催促 人命不得少踟躕〕"라 하였다.

51. 죽은 아내 蔡氏에 대한 哀辭　亡妻蔡氏哀辭*

*方苞가 아내 蔡氏를 애도한 글로 생전에 고생만 시키고 사랑해주지 못해 후회하는 마음을 절절하게 표현하였다.

妻 蔡氏는 이름이 琬이요 자가 德孚이니 江寧 隆都鎭 사람이다. 康熙 병술년(1706) 7월 초하루 이틀 뒤에 卒하였으니, 나에게 시집온 지가 무릇 16년이다. 기묘년(1699) 이전에는 내가 京師, 河北, 淮南에 가서 사느라 집에 돌아와 쉰 것이 오래라야 고작 서너 달뿐이었고, 경진년(1700)으로부터 지금까지 과거에 응시하러 간 것이 세 차례이고, 先兄의 병구완을 한 것이 해를 넘겼고, 居喪한 것이 해를 넘겼고, 나의 아버님이 봄부터 가을까지는 반드시 외지로 나가 特室[1]에 거처하셨기에 내가 모시고 갔었고 게다가 간혹 近地에 나다니기도 했으니, 內室에 들어가 지낸 것은 오래라야 고작 열흘 내지 한 달뿐이었다.

妻蔡氏는 名琬이요 字德孚니 江寧隆都鎭人이라 以康熙丙戌秋七月朔後二日卒하니 在余室이 凡十有六年이라 自己卯以前에 余客京師河北淮南하여 歸休於家가 久者乃三數月耳요 自庚辰至今히 赴公車者三이요 侍先兄疾踰年이요 持喪踰年이요 而吾父自春徂秋에 必出居特室인새 余嘗從焉이요 又間爲近地之遊하니 其入居私寢이 久者乃旬月耳라

나는 집은 가난하고 일은 많은 데다 나의 아버님은 때로 울분에 차서 아침과 낮에 탄식하고 나의 어머님은 질병이 간혹 발작하시어 나와 아내는 반드시 이부자리를 달리하고 밤새도록 말없이 지냈다.

아내가 한번은 조용히 나에게 말하기를 "내가 당신에게 시집온 뒤로 우리 두 사람은, 생일 및 伏臘 명절, 봄가을의 좋은 날에 당신은 늘 외지에 있고 한 집에 서

---

1) 特室 : ≪莊子≫ 〈在宥〉에 "특실을 만들어 띠 자리를 깔고 석 달 동안 조용히 보내었다.〔築特室席白茅 閒居三月〕"라 한 데서 온 말로, 사람들을 멀리하고 홀로 조용히 지내기 위해 한적한 곳에 지은 집을 말한다.

로 모였을 때에는 어김없이 事故로 내실에 들어오지 못하고 혹 근심스런 눈길로 서로 마주할 뿐 반갑게 손을 잡고 한번 웃으며 즐겁게 산 적이 없으니, 어쩌면 나와 당신의 좋은 연분이 지극히 얕은 것이 아니겠습니까?"라 하였다.

余家貧多事하고 吾父時拂鬱하여 旦晝嗟吁하며 吾母疲疴間作일새 吾與妻必異衾裯하여 竟夕無言이라 妻常從容語余曰 自吾歸於君으로 吾兩人生辰及伏臘令節春秋佳日에 君常在外하고 其相聚에 必以事故不得入室하고 或蒿目相對하여 無歡然握手一笑而爲樂者하니 豈吾與君之結歡至淺耶아라하다

나의 先世는 皖桐에 살면서 집안 대대로 官爵이 이어지다가 江寧으로 이주한 뒤부터 가업이 죄다 몰락하여 손님을 대접하거나 제사를 지낼 때 외에는 여러 달 내지 한 철을 넘기도록 가족들 중 고기를 먹는 사람이 없었고 거친 나물밥도 혹 배불리 먹지 못하였다. 그러다 올해에 이르러 내가 會試에 급제하여 禮部의 官籍에 들어가고 돌아온 지 한 달 만에 아내가 卒하였다.

余先世家皖桐하여 世宦達이라가 自遷江寧으로 業盡落하여 賓祭而外에 累月踰時토록 家人無肉食者하고 蔬食或不充이라 至今年하여 余會試注籍春官하고 歸逾月而妻卒이라

아내는 성품이 질박하고 강하였으나 大義를 조금 알았다. 先兄이 병환 중에 있을 때 첫닭이 울자 내가 일어나 藥物을 만들면 아내는 자기가 대신 하겠다 하고 나는 안 된다고 했지만 아내는 굳이 도왔고 내가 또 그만두게 하면 동이 틀 때까지 몸을 뒤척이며 잠을 이루지 못하였다. 몇 달 동안 하루같이 이렇게 하였다.

임오년(1702) 여름에 우리 어머니가 肝疾이 갑자기 심해져서 한낮에도 정신이 괴롭고 산만하여 그냥 지낼 수가 없었다. 아내에게 稗官小說을 읽어 어머님의 마음을 달래드리게 하였다. 당시 아내는 임신 중인 터라 가끔 숨이 차서 글을 읽을 수 없었다. 내가 조금 쉬라고 하니, 아내가 말하기를 "어른의 마음을 달래드릴 수만 있다면 내가 감히 힘을 아끼겠습니까."라 하였다.

妻性木强이나 然稍知大義라 先兄之疾也에 鷄初鳴에 余起治藥物하면 妻欲代하고 余不可라하되 必相佐하고 又止之하면 則輾轉達曙하여 數月如一日也러라 壬午夏에 吾母肝疾驟劇하여 正晝煩瞶

不可過라 命妻誦稗官小說以遣之러라 時妻方娠하여 往往氣促하여 不能任其詞어늘 余戒以少休한대 妻曰 苟可移大人之意면 吾敢惜力耶아라하다

나는 성품이 鈍直하고 아내도 우둔하였다. 그래서 생전에는 아내를 어질다고 여긴 적이 없었는데 아내가 세상을 떠난 뒤에 사물을 볼 때마다 悲感이 일어난 뒤에야 고생했다는 것을 알았다. 내가 젊을 때 ≪中庸≫을 읽다가 聖人이 자신에 돌이켜 까닭은 찾은 것이 넷인데[2] 妻는 여기에 들지 못한 것을 보고 그 의리는 지나치게 친밀한 사이를 귀하지 여기지 않은 것이라고 생각했다. 그래서 내가 마침내 이 의리를 지나치게 지키다가 후회를 초래하고 말았으니, 심하도다, 性情을 다스리기 어려움이여!

余性鈍直而妻亦戇이라 生之日에 未嘗以爲賢也러니 旣其歿에 觸事感物然後에 知其艱이라 余少讀中庸이라가 見聖人反求者四而妻不與焉하고 謂其義無貴於過暱也러니 乃余竟以執義之過而致悔焉하니 甚矣라 治性與情之難也여

蔡氏는 江寧에서 儒者 집안이다. 아내는 아들 둘을 낳았지만 모두 일찍 죽었고 딸 둘만 남았다. 아내가 죽을 때 임신한 지 한 달이 채 못 되었으니, 대개 자신을 원망한 나머지 병이 든 것이다. 향년은 37세이다. 이에 눈물을 흘리며 글을 써서 애도하노라.

살아서는 늘 밀리해버렸더니
죽은 뒤에 더욱 가련하여라
아! 영혼이 知覺이 있으면
내 말에 슬픔과 기쁨 교차하리

蔡氏在江寧爲儒家라 妻生男二人하되 皆早殤이요 女二人이라 其卒也에 產未彌月하니 蓋自懟以致疾也라 年三十有七이라 於是에 流涕爲辭以哀之曰 惟在生而常捐이러니 乃旣死而彌憐이로다 羌靈魂其有知면 併悲喜於余言이라

2) 聖人이……넷인데 : 孔子가 "군자의 도 네 가지 가운데 나는 하나도 능하지 못하다. 아들에게 바라는 것으로 부모를 섬기지 못하였고, 신하에게 바라는 것으로 임금을 섬기지 못하였고, 동생에게 바라는 것으로 형을 섬기지 못하였고, 벗에게 바라는 것으로 먼저 베푸는 것을 하지 못하였다.〔君子之道四, 丘未能一焉. 所求乎子, 以事父未能也, 所求乎臣, 以事君未能也, 所求乎弟, 以事兄未能也, 所求乎朋友, 先施之未能也.〕"라 하였다.(≪中庸章句≫ 13章)

52. 顧書宣 先生에 대한 祭文　祭顧書宣先生文*

* 顧圖河(1653~1716)에 대한 제문이다. 고도하는 자가 書宣이고 江都 사람이다. 이 글을 보면, 方苞가 39세의 나이로 進士試에 급제할 때 고하도가 試官으로서 방포를 적극 추천하여 뽑았다는 사실을 알 수 있다. 방포는 이 글에서 자신의 知己요 은인인 고하도와의 인연을 술회하면서 그의 죽음을 애도하는 한편 善人君子가 사라져가는 세상을 걱정하였다.

슬프다!
大雅[1]가 황폐해져서
실낱처럼 겨우 이어지거늘
공이 또 세상을 떠났다 하니
후인들이 누구를 뵐거나
옛날의 哲人들은
도를 지켜왔는데
후대로 내려와 문학은
그래도 그 지류였어라
陸相이 韓退之를 등용하니[2]
그 도가 당나라에 빛났고
程張蘇曾과 같은 인물들은
歐陽脩로 인해 현달하였지[3]

---

1) 大雅 : 덕망이 높고 재주가 뛰어난 인물을 일컫는 말이다. 班固의 〈西都賦〉에 "국량이 크고 통달한 이들이 여기에 무리로 모였어라.〔大雅宏達 於茲爲群〕"라 하였는데, 李善의 注에 "大雅는 大雅의 재주를 갖춘 사람이다."라 하였다.

2) 陸相이……등용하니 : 육상은 唐 德宗 때 재상을 역임한 陸贄를 가리킨다. 당나라 貞元 8년(792)에 육지가 試官이 되어 歐陽詹, 韓愈, 李絳 등 23인의 뛰어난 인물들을 뽑았다. 이들을 龍虎榜이라 일컬었다.(≪新唐書≫ 권203 〈文藝列傳 下〉)

가사 이 두 분이 없었다면
唐宋 두 시대에 무엇을 말할 건가
어진 인재들이 그 뒤를 이었으니
이 길은 막힘이 없었어라
내가 禮部에서 과거를 볼 제
실로 공의 권유로 나갔었는데
공은 나의 글을 좋다고 했으나
다른 試官은 반대하였지
공이 이르기를 이 글은
아무개(방포)라야 지을 수 있으리니
천거한 바가 이뤄지지 못하면
기꺼이 관직을 버리리라 했는데
막상 뚜껑을 열고 보니
과연 그 말대로 다른 사람 아니었으니
그 자리에 가득한 사람들 깜짝 놀라고
하인들도 다 같이 떠들썩하였지
나는 공과 동년배 벗이라
일찍부터 知音으로 일컬어졌지만
지극히 공정하게 뽑혔으니
두 사람 다 부끄러운 마음 없었어라
연로한 모친이 나를 재촉하여
여장을 꾸려 돌아가는 길에[4)]
공이 사람을 시켜 뒤쫓아와서
길가에서 말 가슴걸이를 끊었지[5)]

---

3) 程張蘇曾……현달하였지 : 程張蘇曾은 程顥·程頤 형제와 張載, 蘇洵·蘇軾·蘇轍 三父子, 曾鞏을 가리킨다. 이들은 모두 歐陽脩가 등용한 인물들이다.

4) 연로한……길에 : 방포가 39세 때 進士試에 급제하였으나 모친의 병환이 위중하여 殿試를 포기하고 낙향한 일을 말한다.

5) 말 가슴걸이를 끊었지 : 길을 못 가게 만류했다는 뜻이다. ≪春秋左氏傳≫ 昭公 26년 조에

나는 뒤돌아보지 않고 떠나면서
공이 나를 督責할까 걱정했었건만
공은 내게 보내온 편지에서
말이 따스하고 뜻이 후덕했어라
공은 얼마 뒤 使命을 받아 楚 땅에 가면서
나에게 속히 서쪽으로 오라 분부했지만
나는 당시 뱃속에 슬픔을 품었기에[6)]
겨울에 찾아가리라 기약했더니
갑자기 공의 부음을 받고서
絰帶를 띠고 길게 號哭했더니
공의 시신을 실은 상여가
얼마 뒤 강가에 와 멈추었지
내가 태학에 들어갔을 때
공이 실로 함께 시험을 보았는데
공은 이미 날로 현달하기에
나는 늘 스스로 공을 피했지
그러나 공은 과분하게 나와 사귀어
오직 친하지 못할까 걱정하였으니
이 우직한 사람이 귀중한 줄을
진정 공만이 홀로 알아주었어라
10년 동안 세 차례 만났을 뿐
서로 헤어져 날로 멀어졌으니
情誼는 무겁고 마음은 지성스러웠으나
우의를 맺을 연분은 얕았어라

"聲子가 淵捷의 말을 쏘아 말의 가슴걸이〔鞅〕를 끊으니 말이 죽었다.〔聲子射其馬 斬鞅 殪〕"라 한 데서 인용한 말이다.

6) 뱃속에……품었기에 : 아내가 죽었음을 뜻한다. 漢나라 應劭의 ≪風俗通≫에 "속어에 아내가 죽으면 슬픔을 뱃속에 품으니, 오직 자신만이 안다.〔俚語 婦死腹悲 唯身知之〕"라 하였다. 康熙 병술년(1706) 7월에 방포의 아내가 죽었다.

공이 지은 시편들은
이미 후대에 절로 전해질 터이니
공에 있어서야 슬퍼할 게 없겠지만
오직 세상을 위해 근심하노니
예로부터 말하기를 선한 사람은
천지의 기강[7]이라 하였지
내가 스승과 벗으로 삼은 이는
거의 손가락을 꼽을 정도이니
행실이 질박한 大理[8]
경술이 뛰어난 秩宗[9]
조정에서 강직한 少宰는
관직에 있으며 굽히지 않았고
곤궁하여 벼슬하지 못한 이
劉와 徐 두 서생은
경학에 밝고 행실이 훌륭하니
우리 儒道의 기둥이었건만
전후로 10여 년 사이에
장년에 병약해 죽고 노년에 세상을 떠났으니
내 사적 친분 때문에 슬퍼하는 게 아니라
세상이 눈멀고 귀먹게 될까 두려워하노라
楚山[10]은 완만히 뻗어 있고
邗水[11]는 오열하며 흐르나니

---

7) 선한……기강 : ≪春秋左氏傳≫ 成公 15년 條에 보이는 말로 선한 사람이 천지를 바르게 지탱한다는 뜻이다.

8) 大理 : 형법을 집행하는 부서인 大理寺(대리시)의 관원을 말한다.

9) 秩宗 : 宗廟의 祭禮를 관장하는 관원이다.

10) 楚山 : 南嶽 荊山의 이칭이다. 초나라 지역의 산들을 가리키는 말로 쓰인다.

11) 邗水 : 물 이름으로 邗溝, 邗江, 邗溟溝로도 불린다. 춘추시대에 吳王 夫差가 양자강의 물을 淮水로 끌어들이려고 만든 운하이다.

눈물을 흘리며 이 글을 읽노라니
간장이 끊어지는 듯하여라

嗚呼라 大雅蕪塞하여 不絶如線이어늘 公復云亡하니 來者何見가 古惟哲人은 以道相持러니 降而文學은 猶其流支로다 陸相登韓은 道光於唐이요 程張蘇曾은 顯以歐陽이라 假無二公이면 二代曷述가 群賢繼武하니 玆塗無闕이라 余試禮部는 實出公門이러니 公嘉余文이나 或有違言이라 公謂斯文은 惟某能然이라 所擧不遂면 甘棄一官이러니 旣發其覆에 果匪異人이라 滿堂動容하고 僕隷同喧이러라 與公朋齒라 宿號知音이로되 得以至公하니 兩無愧心이라 老親趣余하여 歸裝在途러니 公使來追하여 斬軼道隅라 余不反顧하여 懼公見督이러니 公以書來에 詞溫意渥이라 公尋使楚에 命余速西어늘 余時腹悲하여 冬以爲期러니 忽承凶問에 帶絰長號하니 紼輤帷荒이 尋駐江皐라 余入太學에 公實朋試러니 公旣日顯일새 余每自避러라 辱公交余하여 惟恐不親하니 鈍直可貴를 公知獨眞이라 十年三接하고 違離日遠하니 誼重心勤이나 結懽則淺이라 公之詩篇은 已足自壽하니 在公無悲로되 獨爲世疚하노니 古稱善人은 天地之紀라 余所師友는 蓋可屈指하니 大理質行①과 秩宗經術②과 侃侃少宰③는 守官不屈이요 窮在下者 劉徐二生④은 經明行修하니 吾道之楨이언만 後先一紀에 壯朏老終하니 匪余恩私요 懼世瞽聾이라 楚山峛崺하고 邗水嗚咽하니 涕泣陳詞에 肝腸斷絶이라

① 宛平 高公 裔이다.
宛平高公裔라

② 長洲 韓公 菼[12]이다.
長洲韓公菼이라

③ 太原 姜公 橚이다.
太原姜公橚이라

④ 劉言潔과 徐詒孫이다.
言潔詒孫이라

12) 長洲 韓公 菼 : 韓菼(1637~1704)을 말한다. 본서 〈與韓慕廬學士書〉 참조.

附錄

1. ≪明淸八大家文鈔 1≫ 參考書目

◇ 底本

• ≪明淸八大家文鈔≫, 王文濡(淸) 編, 進步書局, 1915, 石印本.

◇ 底本 관련 자료

• ≪明淸八大家文鈔≫, 趙伯陶 導讀, 李保民・冷時峻 整理集評, 上海古籍出版社, 2008.
• ≪歸有光全集≫, 歸有光(明) 撰, 嚴佐之 等 主編, 上海人民出版社 , 2015.
• ≪震川先生集≫, 歸有光(明) 撰, 周本淳 校點, 上海古籍出版社, 1981.
• ≪震川集≫, 歸有光(明), 四部叢刊本.
• ≪望溪集≫, 方苞(淸), 咸豐元年(1851) 戴鈞衡刻本.
• ≪方苞全集≫, 方苞(淸) 撰, 彭林・嚴佐之 主編, 復旦大學出版社, 2017.
• ≪方苞集≫, 方苞(淸) 撰, 劉季高 校點, 上海古籍出版社, 1983.

◇ 原典

〔經部〕

• ≪論語集註大全≫, 朱熹(宋) 集註, 胡廣(明) 等 編, 朝鮮 內閣本, 影印本, 學民文化社.
• ≪大戴禮記≫, 戴德(漢) 撰, 盧辯(南北朝) 注, 中華書局, 1985.
• ≪大學章句大全≫, 朱熹(宋) 集註, 胡廣(明) 等 編, 朝鮮 內閣本, 影印本, 學民文化社.
• ≪孟子集註大全≫, 朱熹(宋) 集註, 胡廣(明) 等 編, 朝鮮 內閣本, 影印本, 學民文化社.
• ≪孟子注疏≫, 阮元(淸) 校刻, 十三經注疏(淸 嘉慶刊本), 中華書局, 2009.
• ≪尙書正義≫, 阮元(淸) 校刻, 十三經注疏(淸 嘉慶刊本), 中華書局, 2009.
• ≪書傳大全≫, 蔡沈(宋) 集傳, 胡廣(明) 等 編, 朝鮮 內閣本, 影印本, 學民文化社.
• ≪詩傳大全≫, 朱熹(宋) 集傳, 胡廣(明) 等 編, 朝鮮 內閣本, 影印本, 學民文化社.
• ≪禮記集說大全≫, 陳澔(元) 集說, 胡廣(明) 等 編, 朝鮮 內閣本, 影印本, 學民文化社.

- ≪儀禮注疏≫, 鄭玄(漢) 注, 賈公彥(唐) 疏, 北京大學出版社, 2000.
- ≪程氏經說≫, 程頤(宋) 撰, 文淵閣四庫全書. 제183책, 經部177, 臺灣商務印書館, 1983~1986.
- ≪周禮正義≫, 孫貽讓(淸), 續修四庫全書 82~84, 上海古籍出版社, 1995~1999.
- ≪周易傳義大全≫, 程頤(宋) 傳, 朱熹(宋) 本義, 胡廣(明) 等 編, 朝鮮 內閣本, 影印本, 學民文化社.
- ≪中庸章句大全≫, 朱熹(宋) 集註, 胡廣(明) 等 編, 朝鮮 內閣本, 影印本, 學民文化社.
- ≪春秋穀梁傳注疏≫, 范寧(晉) 注, 楊士勛(唐) 疏, 北京大學出版社, 1999.
- ≪春秋公羊傳注疏≫, 何休(漢) 注, 徐彥(唐) 疏, 北京大學出版社, 1999.
- ≪春秋左傳正義≫, 杜預(晉) 注, 孔穎達(唐) 疏, 北京大學出版社, 1999.
- ≪韓詩外傳≫, 韓嬰(漢) 撰, 文淵閣四庫全書 제89책 經部83, 臺灣商務印書館, 1983~1986.
- ≪孝經集傳≫, 黃道周(明) 撰, 文淵閣四庫全書 제182책 經部176, 臺灣商務印書館, 1983~1986.

〔史部〕

- ≪江西通志≫, 謝旻(淸) 修, 文淵閣四庫全書 제513~518책 史部271~276, 臺灣商務印書館, 1983~1986.
- ≪舊唐書≫, 劉昫(後晉) 等 撰, 中華書局, 1996.
- ≪舊五代史≫, 薛居正(宋) 等 撰, 中華書局, 1976.
- ≪國語≫, 左丘明(周) 撰, 朝鮮 鐵鑄字本, 學民文化社.
- ≪高士傳≫, 皇甫謐(晉) 撰, 文淵閣四庫全書 제448책 史部206, 臺灣商務印書館, 1983~1986.
- ≪南史≫, 李延壽(唐) 撰, 中華書局, 1975.
- ≪大淸一統志≫, 穆彰阿(淸) 等 纂修, 續修四庫全書 613~624, 上海古籍出版社, 1995~1999.
- ≪明史≫, 張廷玉(淸) 等 撰, 中華書局, 1987.
- ≪明史紀事本末≫, 谷應泰(淸) 編, 中華書局, 1985.
- ≪明一統志≫, 李賢(明) 撰, 文淵閣四庫全書 제472~473책 史部230~231, 臺灣商務印書館, 1983~1986.
- ≪明會典≫, 申時行(明) 等 奉勅撰, 中華書局, 1989.
- ≪史記≫, 司馬遷(漢) 撰, 中華書局, 1974.
- ≪史記索隱≫, 司馬貞(唐) 撰, 文淵閣四庫全書 제246책 史部4, 臺灣商務印書館, 1983~1986.
- ≪史記正義≫, 張守節(唐) 撰, 文淵閣四庫全書 제247~248책 史部5~6, 臺灣商務印書館, 1983~1986.

- ≪史記集解≫, 裴駰(南朝 宋) 編, 文淵閣四庫全書 제245~246책 史部3~4, 臺灣商務印書館, 1983~1986.
- ≪史記會注考證≫, 瀧川資言(日) 編, 上海古籍出版社, 2015.
- ≪三國志≫, 陳壽(晉) 撰, 裴松之(南朝 宋) 注, 中華書局, 1971.
- ≪蘇州府志≫, 馮桂芬(淸) 撰, 中國地方志集成 江蘇府縣志輯 1~25, 江蘇古籍出版社, 1991.
- ≪宋史≫ 脫脫(元) 等撰, 中華書局, 1985.
- ≪新唐書≫, 歐陽脩(宋)·宋祁(宋) 撰, 中華書局, 1975.
- ≪新五代史≫, 歐陽脩(宋) 撰, 徐無黨(宋) 注, 文淵閣四庫全書 제279책 史部37, 臺灣商務印書館, 1983~1986.
- ≪歷代職官表≫, 永瑢(淸) 等 奉勅修纂, 臺灣商務印書館, 1968.
- ≪元史≫, 宋濂(明) 等 撰, 中華書局, 1976.
- ≪資治通鑑≫, 司馬光(宋) 撰, 胡三省(宋) 音註, 中華書局, 1956.
- ≪資治通鑑後編≫, 徐乾學(淸) 撰, 文淵閣四庫全書 제342~345책 史部100~103, 臺灣商務印書館, 1983~1986.
- ≪戰國策≫, 高誘(漢) 注, 姚宏(宋) 續注, 文淵閣四庫全書 제406책 史部164, 臺灣商務印書館, 1983~1986.
- ≪晉書≫, 房玄齡(唐) 等 撰, 中華書局, 1997.
- ≪淸史稿≫, 趙爾巽(淸) 等 撰, 中華書局, 1974.
- ≪通鑑節要≫, 江贄(宋) 編, 朝鮮 內閣本, 影印本, 學民文化社.
- ≪漢書≫, 班固(後漢) 撰, 中華書局, 2002.
- ≪後漢書≫, 范曄(南朝 宋) 撰, 中華書局, 1996.
- ≪湖廣通志≫, 邁柱(淸)·夏力恕(淸) 等 編纂, 文淵閣四庫全書 제531~534책 史部289~292, 臺灣商務印書館, 1983~1986.
- ≪欽定四庫全書總目≫, 文淵閣四庫全書 제1~5책 總目, 臺灣商務印書館, 1983~1986.

〔子部〕

- ≪孔子家語≫, 王肅(魏) 注, 文淵閣四庫全書 제695책 子部1, 臺灣商務印書館, 1983~1986.
- ≪癸巳存稿≫, 兪正燮(淸) 撰, 續修四庫全書 1159, 上海古籍出版社, 1995~1999.
- ≪近思錄≫, 朱熹(宋)·呂祖謙(宋) 同編, 文淵閣四庫全書 제699책 子部5, 臺灣商務印書館, 1983~1986.
- ≪大智度論≫, 龍樹菩薩 造, 鳩摩羅什(晉) 譯, 香港佛慈淨寺, 2007.

- ≪穆天子傳≫, 郭璞(晉) 註, 文淵閣四庫全書 제1042책 子部348, 臺灣商務印書館, 1983~1986.
- ≪夢溪筆談≫, 沈括(宋) 著, 中華書局, 1985.
- ≪法苑珠林≫, 道世(唐) 撰, 文淵閣四庫全書 제1049~1050책, 子部345~356, 臺灣商務印書館, 1983~1986.
- ≪說苑≫, 劉向(漢) 撰, 文淵閣四庫全書 제696책 子部2, 臺灣商務印書館, 1983~1986.
- ≪性理大全≫, 胡廣(明) 等 纂修, 山東友誼書社, 1989.
- ≪世說新語≫, 劉義慶(南朝 宋) 撰, 文淵閣四庫全書 제1035책 子部341, 臺灣商務印書館, 1983~1986.
- ≪荀子≫, 荀況(戰國) 撰, 楊倞(唐) 注, 盧文弨(淸) 等校, 中華書局, 1985.
- ≪揚子法言≫, 揚雄(漢) 撰, 李軌(晉) 注, 臺灣中華書局, 1968.
- ≪呂氏春秋≫, 呂不韋(秦) 撰, 文淵閣四庫全書 제848책 子部154, 臺灣商務印書館, 1983~1986.
- ≪玉海≫, 王應麟(宋) 撰, 文淵閣四庫全書 제943~948 子部249~254, 臺灣商務印書館, 1983~1986.
- ≪容齋續筆≫, 洪邁(宋) 撰, 文淵閣四庫全書 제851책 子部157, 臺灣商務印書館, 1983~1986.
- ≪二程遺書≫, 朱熹(宋) 編, 文淵閣四庫全書 제698책 子部4, 臺灣商務印書館, 1983~1986.
- ≪莊子≫, 莊周(周) 撰, 文淵閣四庫全書 제1058책 子部362, 臺灣商務印書館, 1983~1986.
- ≪朱子語類≫, 黎靖德(宋) 編, 中華書局, 1994.
- ≪中說≫, 王通(隋) 撰, 文淵閣四庫全書 제696책 子部2, 臺灣商務印書館, 1983~1986.
- ≪助字辨略≫, 劉淇(淸) 著, 中華書局, 2004.
- ≪宗鏡錄≫, 延壽(五代) 撰, 續修四庫全書 1284, 上海古籍出版社, 1995~1999.
- ≪天中記≫, 陳耀文(明) 撰, 文淵閣四庫全書 제965~967책 子部271~273, 臺灣商務印書館, 1983~1986.
- ≪太平御覽≫, 李昉(宋) 等撰, 中華書局, 1960.
- ≪韓非子≫, 韓非(周) 撰, 文淵閣四庫全書 제729책 子部35, 臺灣商務印書館, 1983~1986.
- ≪黃帝內經素問≫, 王氷(唐) 次注, 林億(宋) 等 校正, 文淵閣四庫全書 제733책 子部39, 臺灣商務印書館, 1983~1986.

〔集部〕

- ≪嘉祐集≫, 蘇洵(宋) 撰, 沈斐 輯, 文淵閣四庫全書 제1104책 集部43, 臺灣商務印書館, 1983~1986.

- ≪唐宋八大家文鈔≫, 茅坤(明) 編, 文淵閣四庫全書 제1383~1384책 集部322~323, 臺灣商務印書館, 1983~1986.
- ≪陶淵明集≫, 陶潛(晉) 撰, 文淵閣四庫全書 제1063책 集部2, 臺灣商務印書館, 1983~1986.
- ≪東坡全集≫, 蘇軾(宋) 撰, 文淵閣四庫全書 제1107~1108책 集部46~47, 臺灣商務印書館, 1983~1986.
- ≪明文海≫, 黃宗羲(淸) 編, 中華書局, 1987.
- ≪文選≫, 蕭統(梁) 編, 李善(唐) 等註, 文淵閣四庫全書 제1330~1331책 集部 269~270, 臺灣商務印書館, 1983~1986.
- ≪文心雕龍≫, 劉勰(梁) 著, 中華書局, 1985.
- ≪文章精義≫, 李耆卿(宋) 撰, 文淵閣四庫全書 제1481책 集部420, 臺灣商務印書館, 1983~1986.
- ≪文忠集≫, 歐陽修(宋) 撰, 文淵閣四庫全書. 제1102~1103책 集部 41~42, 臺灣商務印書館, 1983~1986.
- ≪白香山詩集≫, 白居易(唐) 撰, 淵閣四庫全書 제1081책 集部 20, 臺灣商務印書館, 1983~1986.
- ≪詞綜≫, 朱彝尊(淸) 編, 文淵閣四庫全書. 제1491~1493책 集部 430~432, 臺灣商務印書館, 1983~1986.
- ≪詳說古文眞寶大全≫, 黃堅(宋) 編, 朝鮮 影印本, 學民文化社.
- ≪王右丞集≫, 王維(唐) 編, 臺灣商務印書館, 1968.
- ≪韓昌黎文集校注≫, 韓愈(唐) 撰, 馬其昶, 馬茂元 整理, 上海古籍出版社, 1987
- ≪晦庵集≫, 朱熹(宋) 撰, 文淵閣四庫全書 제1143~1146책 集部82~85, 臺灣商務印書館, 1983~1986.

◇ 研究論著 및 飜譯書

〔韓國〕

- 김희경, 〈方苞의 散文 批評 研究〉, 고려대학교 박사학위논문, 2016.
- 김 호, 〈「極詆朱子者, 多絶世不祀」: 학술사상과의 관련성에서 본 方苞 사망관에 관한 일고〉, ≪중국문학≫ 73, 한국중국어문학회, 2012.
- 박경란, ≪귀유광 산문 예술≫, 진산, 2010.
- ───, ≪아내의 방(귀유광 산문선)≫, 태학사, 2002.

- 백광준, ≪동성파 산문집≫, 지식을 만드는 지식, 2019.
- 吳孟復 著, 심경호·김봉희 譯, ≪桐城文派述論≫ 태학사, 1998.
- 이강래, 〈桐城派 方苞의 古文理論 研究〉, ≪중국문학≫ 14, 한국중국어문학회, 1986.

〔日本〕

- 大谷敏夫, 〈戴名世斷罪事件の政治的背景：戴名世·方苞の學との關連において〉, ≪史林≫ 61(4), 1978.
- 木本拓哉, 〈方苞の思想：≪周官≫を中心として〉, ≪九州中國學會報≫ 53, 2015.
- 野村鮎子, ≪歸有光文學の位相≫, 汲古書院, 2009.
- 田口一郎, 〈歸有光の文學　所謂「唐宋派」の再檢討〉, ≪中國文學報≫55, 中國文學會, 1997.
- 佐藤一郎, ≪中國文章論≫, 研文出版, 1988.
- ———, 〈歸有光の系譜〉, ≪藝文研究≫20, 慶應義塾大學藝文學會, 1965.
- ———, 〈戴名世·方苞の交遊より見たる桐城派古文の成立〉, ≪藝文研究≫ 16, 1963.
- ———, 〈方苞の散文：その形成をめぐって〉, ≪藝文研究≫ 12, 1961.
- 淺井邦昭, 〈方苞の〈義法〉と八股文批評〉, ≪日本中國學會報≫ 53, 2001.

〔中國〕

- 楊榮祥 譯注, ≪方苞姚鼐文選譯≫, 鳳凰出版社, 2011.
- 葉龍, ≪桐城派文學史≫, 香港龍門書店, 1975.
- 鄔國平 注譯, ≪新譯歸有光文選≫, 三民書局, 2009.
- 鄔國平·劉文彬 注譯, ≪新譯方苞文選≫, 三民書局, 2016.
- 錢仲聯 主編, ≪明淸八大家文選叢書 歸有光文選≫, 蘇州大學出版社, 2001.
- 周中明, ≪桐城派研究≫, 遼寧大學出版社, 1999.
- 貝京, ≪歸有光研究≫, 商務印書館, 2008.
- 許福吉, ≪義法与經世~方苞及其文學研究≫, 學林出版社, 2001.
- 忻平, ≪歸有光与嘉定文壇關系研究≫, 上海大學出版社, 2013.

〔英美〕

- R. Kent Guy, *Qing Governors and Their Provinces: The Evolution of*

Territorial Administration in China, 1644~1796, University of Washington Press, 2013.
- Benjamin A. Elman, *A Cultural History of Civil Examinations in Late Imperial China*, University of California Press, 2000.
- Edward Wang, "The Tongcheng School and Late Qing Intellectual Change: Introduction", *Chinese Studies in History* 51(2), 2018
- Katherine Carlitz, "WANG SHIZHEN AND THE MYTH OF GUIYOUGUANG", *Ming studies* 55, 2007.
- ――――――――, "Ming Literati Commemorate Their Mothers, Sisters, and Daughters", *Men, Women and Gender in China* 15, Brill, 2013.
- Siyen Fei, "Writing for Justice : An Activist Beginning of the Cult of Female Chastity in Late Imperial China", *The Journal of Asian Studies* 71, Cambridge University Press, 2012.

◇ 年譜

- 蘇惇元(淸), ≪望溪先生年譜≫, 淸咸豐刻本.
- 孫岱(淸), ≪歸震川先生年譜≫, 淸光緖刻歸顧朱三先生年譜合刻本.
- 王雲五 主編, 張傳元・余梅年 著, ≪明歸震川先生有光年譜≫, 臺灣商務印書館股份有限公司, 1980.

◇ 데이터베이스(DB) 자료

- 동양고전종합DB(http://db.cyberseodang.or.kr)
- 상우천고(http://www.s-sangwoo.kr)
- 電子版 文淵閣四庫全書, 上海古籍出版社.
- 中國基本古籍庫, 黃山書社.
- 한국고전종합DB(http://db.itkc.or.kr)

2. ≪明淸八大家文鈔 1≫ 參考圖版 目錄 및 出處

(1) 〈歸有光〉, 顧沅(淸) 輯, 孔繼堯(淸) 繪, ≪吳郡名賢圖傳讚≫ / 22
(2) 〈方苞〉(鄔國平, 劉文彬 譯註, ≪新譯方苞文選≫(三民書局, 2016)에 수록된 畫像을 재수록) / 27
(3) 〈合巹匏爵〉, 黃以周(淸), ≪禮書通考≫ 〈名物圖〉 / 44
(4) 〈伯夷〉, 田琦(朝鮮) 畫, ≪萬古際會圖像≫ / 50
(5) 〈泰伯〉, 田琦(朝鮮) 畫, ≪萬古際會圖像≫ / 50
(6) 〈歷山往田圖〉, 孫家鼐(淸) 撰, ≪欽定書經圖說≫ / 58
(7) 〈甌〉, 王圻(明) 撰, ≪三才圖會≫ / 60
(8) 〈賈誼〉, 顧沅(淸) 撰, ≪古聖賢像傳略≫ / 64
(9) 〈西施〉, 顔希源(淸) 撰, 王翽(淸) 繪, ≪百美新詠圖傳≫ / 68
(10) 〈屈原〉, 田琦(朝鮮) 畫, ≪萬古際會圖像≫ / 69
(11) 〈莊周〉, 田琦(朝鮮) 畫, ≪萬古際會圖像≫ / 69
(12) 〈韓愈〉, 田琦(朝鮮) 畫, ≪萬古際會圖像≫ / 69
(13) 〈伏生授經圖〉, 王維(唐) 畫, 大阪市立美術館 / 74
(14) 〈西王母〉, 王圻(明) 撰, ≪三才圖會≫ / 78
(15) 〈淸風勁節圖〉, 夏昶(明), 上海博物館 / 83
(16) 〈揚雄〉, 田琦(朝鮮) 畫, ≪萬古際會圖像≫ / 91
(17) 〈伍子胥〉, 田琦(朝鮮) 畫, ≪萬古際會圖像≫ / 101
(18) 〈孔子弟子像〉, 李公麟(宋), 北京故宮博物院 / 106
(19) 〈吳淞江圖〉, 王圻(明) 撰, ≪三才圖會≫ / 125
(20) 〈悠然見南山圖〉, 鄭敾(朝鮮) 畫, 國立中央博物館 / 142
(21) 〈太湖圖〉, 王圻(明) 撰, ≪三才圖會≫ / 152
(22) 〈輞川圖〉, 王維(唐) 畫, 日本 聖福寺 / 154
(23) 〈樂志論圖〉, 董邦達(淸) 畫, 臺灣故宮博物院 / 156
(24) 〈東籬採菊圖〉, 鄭敾(朝鮮) 畫, 國立中央博物館 / 157
(25) 〈采薇圖〉, 李唐(宋) 畫, 北京故宮博物院 / 166

(26) 〈陶淵明〉, 王仲玉(明) 畫, 北京故宮博物院 / 170
(27) 〈馬鞍山圖〉, 王圻(明) 撰, ≪三才圖會≫ / 198
(28) 〈洞庭山圖〉, 王圻(明) 撰, ≪三才圖會≫ / 204
(29) 〈扆〉, 永瑢(淸) 撰, ≪欽定周官義疏≫ / 220
(30) 〈鞠衣〉, 王圻(明) 撰, ≪三才圖會≫ / 242
(31) 〈霞帔〉, 王圻(明) 撰, ≪三才圖會≫ / 243
(32) 〈周公〉, 田琦(朝鮮) 畫, ≪萬古際會圖像≫ / 249
(33) 〈九罭袞衣圖〉, 王圻(明) 撰, ≪三才圖會≫ / 252
(34) 〈九罭繡裳圖〉, 王圻(明) 撰, ≪三才圖會≫ / 252
(35) 〈韓琦〉, 田琦(朝鮮) 畫, ≪萬古際會圖像≫ / 258
(36) 〈富弼〉, 田琦(朝鮮) 畫, ≪萬古際會圖像≫ / 258
(37) 〈方孝儒〉, 方孝儒(明) 撰, ≪方正學先生遜志齋集≫ / 259
(38) 〈于謙〉, 上官周(淸) 撰, ≪晚笑堂竹莊畫傳≫ / 262
(39) 〈董仲舒〉, 田琦(朝鮮) 畫, ≪萬古際會圖像≫ / 266
(40) 〈楊廷樞〉, 顧沅(淸) 輯, 孔繼堯(淸) 繪, ≪吳郡名賢圖傳讚≫ / 288
(41) 〈宋人伐木〉, 金振汝(朝鮮) 繪, ≪金振汝筆聖蹟圖≫, 國立中央博物館 / 293
(42) 〈司馬遷〉, 田琦(朝鮮) 畫, ≪萬古際會圖像≫ / 308
(43) 〈韓信〉, 上官周(淸) 撰, ≪晚笑堂竹莊畫傳≫ / 315
(44) 〈泰山圖〉, 王圻(明) 撰, ≪三才圖會≫ / 320
(45) 〈蓬萊山〉, 王圻(明) 撰, ≪三才圖會≫ / 321
(46) 〈彭蠡湖圖〉, 王圻(明) 撰, ≪三才圖會≫ / 333
(47) 〈李塨〉, 李塨(淸) 撰, ≪恕谷後集≫(續修四庫全書本) / 352
(48) 〈韓菼〉, 顧沅(淸) 輯, 孔繼堯(淸) 繪, ≪吳郡名賢圖傳讚≫ / 368
(49) 〈孫奇逢〉, 葉衍蘭(淸)·葉恭綽(淸) 編, 黃小泉(淸)·楊鵬秋(淸) 繪, ≪淸代學者象傳≫ / 375
(50) 〈蘇門山圖〉, 王圻(明) 撰, ≪三才圖會≫ / 377
(51) 〈王陽明〉, 王守仁(明) 撰, ≪王文成公全書≫ / 384
(52) 〈鴈蕩山圖〉, 王圻(明) 撰, ≪三才圖會≫ / 395
(53) 〈姜宸英〉, 葉衍蘭(淸)·葉恭綽(淸) 編, 黃小泉(淸)·楊鵬秋(淸) 繪, ≪淸代學者象傳≫ / 398
(54) 〈黃道周〉, 未詳(淸) 繪, 黃道周紀念館 / 410
(55) 黃道周 小楷, 黃道周(淸) 撰, ≪明黃道周詩翰冊≫, 臺灣故宮博物院 / 412
(56) 〈萬斯同〉, 葉衍蘭(淸)·葉恭綽(淸) 編, 黃小泉(淸)·楊鵬秋(淸) 繪, ≪淸代學者象傳≫ / 417

3. ≪明淸八大家文鈔 1≫ 板本 見本

歸震川文鈔

貞女論

女未嫁人而或為其夫死又有終身不改適者非禮也夫女子未有以身許人之道也未嫁而為
其夫死且不改適者是以身許人也男女不相知名婚姻之禮父母主之父母不在伯父世母主
之無伯父世母族之長者主之男女無自相昏姻之禮所以厚別而重廉恥之防也女子在室唯
其父母為之許聘於人也而己無所與純乎女道而已矣六禮既備壻親御授綏母送之門共牢
合巹而後為夫婦苟一禮不備壻不親迎無父母之命女不自往也猶為奔而已女未嫁而為其
夫死且不改適是六禮不具壻不親迎無父母之命而奔者也非禮也陰陽配偶天地之大義也
天下未有生而無偶者終身不適是乖陰陽之氣而傷天地之和也曾子曰女未廟見而死則如
之何孔子曰不遷於祖不祔於皇姑不杖不菲不次歸葬於女子氏之黨示未成婦也未成婦則
不繫於夫也先王之禮豈為其薄哉幼從父兄嫁從夫從夫則一聽於夫而父母之服為之降從
父則一聽於父而義不及於夫蓋既嫁而後夫婦之道成聘則父母之事而已女子固不自知其
身之為誰屬也有廉恥之防焉以此言之女未嫁而不改適為其夫死者之無謂也或曰以勵世
可也夫先王之禮不足以勵世必是而後可以勵世也乎

譜例論

世之為譜學者稱歐陽氏蘇氏予攷二家之書小異而大同蓋其法使族人各為譜而各詳其宗

歸震川文鈔　卷一　一

≪明淸八大家文鈔≫〈歸震川文鈔〉進步書局 石印本

震川先生全集卷之一

明　崑山歸有光著　廬陵後學　蕭國琛

常熟錢氏選定　門人王

經旨

易圖論上

易圖非伏羲之書也此邵子之學也昔者庖羲氏之王天下也仰則觀象於天俯則觀法於地觀鳥獸之文與地之宜於是始作八卦以通神明之德以類萬物之情蓋以八卦盡天地萬物之理宇宙之間洪纖巨細往來升降生死消息之故悉著之於象矣後之人苟以一說求之無所不

≪震川先生全集≫ 南昌府學 清 道光 23年刻本 清華大學圖書館 所藏

方望溪文鈔

周公論

劉子古塘問於余曰周公不以東征屬二公而親加刃於管叔何也余曰是乃所以為周公也明知管叔之當誅而假手於二公是飾於外以避其名也觀後世亂臣賊子必假手於他人或責而誅之以塞衆口則周公之純乎天理可見矣蓋天理不可以為偽且以昭萬世之人紀使知大義滅親雖弟可加刃於其兄又以明居位而不能討亂則與之同罪孔子作春秋於隱之大夫而臣於桓桓之大夫而死於莊閔之世者皆不書其卒以示皆有可誅之罪也然觀鴟鴞之詩早已歎育子之閔斯則終公之身長隱痛乎文考文母之恩勤而愁然無以自解蓋討賊之義與哀兄之仁固並行而不相悖也古塘復問曰以周公之聖暴師三年而僅乃克奄何也曰此時也勢也武王徵九牧之君登豳阜以望商邑已憂未定天保而夜不能寐及三叔流言武庚誕紀其序凡羞行暴德逸德之人皆乘時而思逞雖有善類亦追念殷先王之舊德而不能忘當是時非大動以威不能革也故滅國至於五十之多非誠服其心不能久而安也故破斧缺斨之後袞衣繡裳駐大師於徐兗之間俾東夏無搖心然後徐察其鄉順者而教告之取其不迪者而戰要囚之周防如兕虎撫育如嬰兒至班師之日東人以公歸不復為悲則奄雖屈强無與同惡矣故討其君而罰不及民分其族姓以隸兄弟之邦遷其尤桀驁者於新邑而身拊循焉所以久安而無後患也匪特此也形勝者守國之末務而聖人亦不廢當武王克商之初即定周居於洛邑周召卒營之

≪明清八大家文鈔≫〈方望溪文鈔〉進步書局 石印本

望溪先生文集卷一

讀經

讀古文尚書

先儒以古文尚書辭氣不類今文而疑其僞者多矣抑思能僞爲是者誰與夫自周以來著書而各自名家者其人可指數也言之近道莫若荀子董子取二子之精言而措諸伊訓大甲說命之閒邪肖也而謂左邱明司馬遷揚雄能爲之與而況其下焉者與然則其辭氣不類今文何也嘗觀史記所采尚書於肆覲東后則易之曰遂見東方君長太子朱啟明則曰嗣子丹朱開明有能奮庸熙帝之載則曰有能成美堯之事者如此類不

≪望溪先生全集≫ 淸 咸豐 元年刻本 貴州省圖書館 所藏

4. ≪明淸八大家文鈔≫ 總目次

권2 方望溪文鈔

권3 劉海峰文鈔

권4 姚姬傳文鈔

권5 梅伯言文鈔

45. 倪孺人墓誌銘
46. 遊小盤谷記
47. 盋山餘霞閣記
48. 江亭消夏記
49. 金山寺藏鼎記
50. 歐氏又一村讀書圖記
51. 吳淞口驗功記
52. 從吾軒從征記事
53. 書李林孫事
54. 書棚民事
55. 書楊氏婢
56. 家寶約書
57. 謁墓記

권6 曾滌生文鈔

01. 原才
02. 孫芝房侍講芻論序
03. 歐陽生文集序
04. 國朝先正事略序
05. 衡陽彭氏譜序
06. 湖南文徵序
07. 黃仙橋前輩詩序
08. 書歸震川文集後
09. 復賀耦庚中丞書
10. 致劉孟容書
11. 答劉孟容書
12. 復彭麗生書
13. 復胡潤之書
14. 復黃恕皆侍郎書
15. 復劉霞仙中丞書
16. 復吳南屛書
17. 復陳虎臣書
18. 復陳右銘太守書
19. 與王叶庭書
20. 送郭筠仙南歸序
21. 送劉椒雲南歸序
22. 送謝吉人之官江左序
23. 歐陽氏姑婦節孝家傳
24. 江忠烈公神道碑銘
25. 羅忠節公神道碑銘
26. 李忠武公神道碑銘
27. 李勇毅公神道碑銘
28. 畢君殉難碑記
29. 林君殉難碑記
30. 何君殉難碑記
31. 新甯劉君墓碑銘
32. 仁和邵君墓誌銘
33. 苗先簏墓誌銘
34. 鄧湘皐先生墓表
35. 聖哲畫像記
36. 湖口縣楚軍水師昭忠祠記
37. 金陵軍營官紳昭忠祀記
38. 金陵湘軍陸師昭忠祠記
39. 湘鄉昭忠祠記
40. 金陵楚軍水師昭忠祠
41. 五箴
  (1) 立志箴
  (2) 居敬箴
  (3) 主靜箴
  (4) 謹言箴
  (5) 有恒箴

권7 張濂亭文鈔

01. 書元后傳後
02. 書藝文志後
03. 書魏其武安傳後
04. 書外戚世家後
05. 歸震川評點史記後序
06. 重刊毛詩古音考序
07. 鍾祥縣志後序

08. 高淯縣志序
09. 翊翊齋遺書序
10. 退學軒同懷遺藁序
11. 跋明三原焦公家書
12. 跋明周忠毅公手蹟
13. 送梅中丞序
14. 送黎蒓齋使英吉利序
15. 贈査生燕緒序
16. 送黃蒙九序
17. 送湘鄉相國曾公之任直隸總督序
18. 送吳筱軒軍門序
19. 贈吳淸卿庶常序
20. 送李佛笙序
21. 湘鄉相國曾公五十有八壽序
22. 吳育泉先生暨馬太宜人六十壽序
23. 范鶴生六十壽序
24. 與黎蒓齋書
25. 答吳至甫書
26. 答劉生書
27. 答李佛笙太守書
28. 答黎蒓齋書
29. 與張煦堂大令書
30. 贈道銜湖北升用知府荊門直隸州知州李剛介公殉難碑記
31. 誥贈奉政大夫山東長山縣知縣黎府君墓表
32. 唐端甫墓誌銘
33. 莫子偲墓誌銘
34. 吳母馬太淑人祔葬誌
35. 外舅黃君墓表
36. 黃孺人墓誌銘
37. 兄子慕梁葬志
38. 蟲單傳
39. 遊狼山記
40. 遊虞山記
41. 愚園雅集圖記
42. 北山獨遊記

권8 吳摯甫文鈔

01. 廣西潯陽府知府薛君墓碑
02. 記寫本尙書後
03. 再記寫本尙書後
04. 孔敍仲文集序
05. 家嚴慈六十雙壽微言略
06. 廣昌縣城隍墓碑
07. 送張廉卿序
08. 讀淮南王諫伐閩越疏書後
09. 題玉露禪院
10. 姚公談藝圖記
11. 賀蘇生先生七十壽序
12. 題范肯堂大橋遺照
13. 合肥淮軍昭忠祠記
14. 贈光祿大夫記名御史刑部郎中合肥李公廟碑
15. 程忠烈公神道碑
16. 黃來庭墓表
17. 左文襄公神道碑
18. 誥封太夫人陳母熊太夫人墓誌銘
19. 光祿大夫刑部左侍郎袁文誠公神道碑
20. 江安傅君墓表
21. 李勤恪公墓銘
22. 祭李文忠公文
23. 跋蔣附鈔深州風土記四篇
 (1) 明以來孝義序
 (2) 流寓物産後敍
 (3) 歷代兵事
 (4) 深州風記敍綠

責任飜譯

李相夏

啓明大學校 中語中文學科 졸업
高麗大學校 大學院 國語國文學科 文學博士
民族文化推進會 부설 常任硏究員 졸업
朝鮮大學校 漢文學科 敎授 역임
韓國古典飜譯院 부설 古典飜譯敎育院 敎授(現)

論文 및 譯書
〈漢文古典 文集飜譯의 특성과 문제점〉
〈≪朱子書節要≫가 조선조에 끼친 영향〉
〈退溪·南冥의 시와 대조적인 학문성향〉 등
≪寒洲 李震相의 主理論 硏究≫, ≪冷淡家計≫, ≪儒學的 思惟와 韓國文化≫(공저) 등
≪挹翠軒遺稿≫, ≪月沙集≫, ≪容齋集≫, ≪鵝溪遺稿≫, ≪石洲集≫ 등

共同飜譯

金玟榮

서울大學校 英語英文學科·國語國文學科 卒業
서울大學校 大學院 國語國文學科 博士 修了
韓國古典飜譯院 附設 古典飜譯敎育院 專門課程II 卒業
韓國古典飜譯院 飜譯委員(現)

論文 및 譯書
〈凌壺觀 李麟祥 산문 연구〉
≪日省錄≫ 등

金成恩

延世大學校 國語國文學科 卒業
延世大學校 大學院 國語國文學科 文學碩士
韓國古典飜譯院 附設 古典飜譯敎育院 專門課程 卒業
誠信女子大學校 附設 古典硏究所 硏究員(現)

論文 및 譯書
〈而已广 張混의 漢詩 硏究〉
≪梅山集≫, ≪東槎日記≫ 등

安埈奭

서울大學校 國語國文學科 卒業
서울大學校 大學院 國語國文學科 博士 修了
韓國古典飜譯院 附設 古典飜譯敎育院 專門課程Ⅰ 卒業
韓國古典飜譯院 飜譯委員(現)

論文 및 譯書
〈李奎象 人物傳의 作法上 特徵과 立傳意識〉
≪承政院日記(英祖代)≫ 등

禹羅映

서울大學校 中語中文學科 卒業
서울大學校 中語中文學科 碩士 卒業
서울大學校 中語中文學科 博士 修了
韓國古典飜譯院 附設 古典飜譯敎育院 專門課程Ⅰ,Ⅱ 卒業
韓國古典飜譯院 飜譯委員(現)
서울大學校 奎章閣韓國學硏究所 硏究員(現)

論文 및 譯書
〈王思任 遊記文의 공간인식 연구〉

東洋古典譯註叢書 137
譯註 明淸八大家文鈔 1 歸有光·方苞 45,000원

2020년 12월 31일 초판 발행
2025년 12월 31일 초판 3쇄

著　　者　歸有光·方苞
編　　者　王文濡
責任飜譯　李相夏
共同飜譯　金玟榮 金成恩 安埈奭 禹羅映
企劃編輯　東洋古典飜譯編輯委員會
原文校閱　吳圭根
飜譯研究管理　南賢熙
潤　　文　朴勝珠
校　　訂　李孝宰
裝　　幀　김진디자인

發行人　金 炫
發行處　社團法人 傳統文化研究會
서울 종로구 삼봉로 81 두산위브파빌리온 1332호
전화 : (02)762-8401 전송 : (02)747-0083
전자우편 : juntong@juntong.or.kr
홈페이지 : juntong.or.kr
사이버書院 : hm.cyberseodang.or.kr
온라인서점 : book.cyberseodang.or.kr
등록 : 1989. 7. 3. 제1-936호
총판 : 한국출판협동조합(070-7119-1750)

ISBN 979-11-5794-286-2 94820
978-89-85395-71-7 (세트)

※ 이 책은 2020년도 교육부 고전문헌 국역지원사업 지원비에 의해 초판 간행.